전쟁과 평화 학술총서 I-1

# 태평양전쟁사 1

## 만주사변과 중일전쟁

전쟁과 평화 학술총서 I-1

# 태평양전쟁사 1
만주사변과 중일전쟁

1판 1쇄 펴낸날 2017년 12월 31일
1판 2쇄 펴낸날 2019년 8월 15일

지은이 일본역사학연구회
편역자 아르고(ARGO)인문사회연구소(오일환, 이연식, 방일권)

펴낸이 서채윤 펴낸곳 채륜
책만듦이 김승민 책꾸밈이 이한희

등록 2007년 6월 25일(제2009-11호)
주소 서울시 광진구 자양로 214, 2층(구의동)
대표전화 1811.1488 팩스 02.6442.9442
E-mail book@chaeryun.com Homepage www.chaeryun.com

이 도서의 국립중앙도서관 출판예정도서목록(CIP)은 서지정보유통지원시스템 홈페이지(http://seoji.nl.go.
kr)와 국가자료공동목록시스템(http://www.nl.go.kr/kolisnet)에서 이용하실 수 있습니다. (CIP제어번호 :
2017032495)

채륜, 채륜서, 앤길, 띠음은 한 울타리에서 성장합니다.
물과 햇빛이 되어주시면 편하게 쉴 수 있는 그늘을 만들어 드리겠습니다.

전쟁과 평화 학술총서 I-1

만주사변과 중일전쟁

# 태평양전쟁사 1

일본역사학연구회 지음
아르고(ARGO)인문사회연구소 편역

채륜

　우리에게 태평양전쟁은 그 단어만큼이나 낯설고 막연한 남의 전쟁인 듯싶다. 전쟁의 종말이 곧 우리에게 해방이라는 기쁨을 안겨다 주었기에 딱 한 번 감격했을 뿐, 그 드넓고 깊은 심연을 헤아려 볼 여유도 관심도 없었다. 하지만 이 전쟁에 우리는 일본제국의 일원으로서 참여를 강요당했고 일본군으로 끌려 가 만주와 중국, 태평양에서 죽거나 다쳤다. 태평양전쟁은 광복 이전에 '우리의 전쟁'이기도 했다. 기억에서 사라져가는 남의 전쟁인 양 외면할 수 있는 것이 아니다.

　일본에 의해 나라를 빼앗기고 오랜 세월 뼈아픈 식민 지배를 경험한 우리는 비단 연구자가 아니더라도 이런 자문을 해 보았을 것이고 그에 대한 나름대로의 답을 하나쯤 갖고 있을 것이다.

　'우리는 왜 일본에 나라를 빼앗기고 식민지가 되었을까?'

　'일본은 왜 조선을 침략하고, 중국과 아시아, 태평양에서까지 전쟁을 일으켰을까?'

　이에 대한 답변의 시작은 논자에 따라 청일전쟁에서부터, 혹자는 메이지유신에서, 개항을 강요하며 다가온 미국 함선(흑선)의 출현에서부터, 또는 아편전쟁과 에도 막부의 탄생까지 거슬러 올라간다. 이것은 연구자들의 몫이지만, 다음의 질문은 누구나 한 번쯤 해보았을 것이다.

　'우리만 일본에 침략을 당하고 지배를 당했을까?' '당시 약소 국가와 민족을 침략하고 지배한 나라는 일본 뿐이었을까?' '일본과 세계열강이 약소국을 침략한 데에는 어떤 공통점이 있을까?' '침략 국가들 사이에는 항상 공통의 이해와 협조만 있었을까?' '연합국과 추축국은 처음부터 적대관계였을까? 아니라면 왜 적대관계가 되었을까?'

이런 의문들은 위의 큰 질문을 풀어가는 데 실마리가 될 수 있지만, 위의 질문들 중 몇 개만 묶어도 평생의 연구과제가 될 수 있고 또 실제로 수많은 대가들이 이에 대한 답변의 산을 쌓아가고 있다.

이 중에서 굳이 하나를 골라야 한다면, 국내 연구자들이 직접 궁구하고 피땀으로 엮어낸 명답을 꼽고 싶지만 애석하게도 우리는 아직까지 그런 답변을 발견하지 못했다. 우리는 과연 얼마나 진지하고 절박한 심정으로 그러한 의문들을 품고 해답을 구하고자 했는가?

그렇다면 일본인 스스로는 그 전쟁을 어떻게 바라보았을까? 그런 의미에서 우리는 패전 직후 일본의 진보적 지식인들이 공동집필한, '일본역사학연구회 편, 『태평양전쟁사』(전5권)'에 주목하게 되었다. 사실 전후 일본에서는 식민전쟁을 반성하고 그 원인과 책임을 분석한 책들이 무수히 쏟아져 나왔지만, 대부분 군부의 독주와 전략전술적 실패, 영미의 음모와 협조적 외교정책의 실패, 소련의 배신 등을 이유로 들고 있다. 심지어 미국에는 졌지만 조선과 중국에서는 지지 않았다는 등 지엽적이거나 자가당착에 빠진 일방적 주장이 즐비하다.

이에 비해, 일본역사학연구회가 펴낸 『태평양전쟁사』는 일본인들이 자신들의 식민침탈과 전쟁의 역사를 세계 자본주의와 제국주의의 모순에 의한 필연의 역사로 인식하고, 이에 대한 세계의 반제·반파쇼 투쟁과 인민해방운동이라는 거시적 관점에서 전쟁을 바라보았다. 그런 점에서 『태평양전쟁사』는 매우 특이하고 이론적인 분석의 시도였다고 평가할 수 있다.

여기서 반드시 밝혀두어야 할 점이 있다. 우리는 역사학연구회 연구자들이 가지고 있는 반자본주의적·공산주의적·혁명적 관점에 절대 찬동하지 않는다.

역사학연구회의 저자들은 구 일본제국이 독일, 이탈리아와 마찬가지로 소련과 중국공산당에 반대하는 파시즘국가라는 데에 더 큰 비판을 할애하고 있다. 이들은 스탈린의 소련과 마오쩌둥의 중국공산당이 자행한 독재와 파시즘을 간과한 채 이들을 유럽과 일본의 파시즘을 무너뜨린 세계 인민의 영웅으로 치켜세우고 있다. 이런 점에서 이들의 시선은 매우 이념적이고 단순한 진영논리에 빠져 있다고 할 수 있다. 우리는 이런 시각에 전혀 동감하지 않는다.

그럼에도 불구하고, 이념적 과장과 단순논리의 비약만 걷어낸다면 이 책의 미덕은 충분하다. 일본인 스스로 자신들이 패망에 이르게 되는 근본적 원인을 정치와 경제, 사회와 문화에 이르기까지 다양한 층위에서 매우 자세하고 꼼꼼하게 비춰주고 있기 때문이다.

이 책은 만주사변에서 중일전쟁을 거쳐 태평양전쟁에 이르기까지, 그리고 패전 이후의 전 과정이 상호 유기적으로 연계되어 있음을 치밀하게 분석했다. 그리고 공간적으로 중국과 태평양에서뿐만 아니라 유럽, 아프리카, 미국, 유라시아, 만주, 조선, 타이완 등 거의 전 세계적 수준에서 벌어진 제국주의와 반제국주의, 파시즘과 반파시즘, 자본주의와 사회주의 간의 전쟁과 투쟁을 드라마틱하게 묘사해 주고 있다. 일본 정부, 군부, 정당, 재벌들 간의 암투와 거래, 힘겨루기는 마치 소설의 한 장면처럼 펼쳐지고, 각 시기별 경제상황과 노사 간의 대결을 설명하는 데 사용된 각종 통계와 수치는 당시 시대상을 생생하게 뒷받침하고 있다. 지성계와 문화예술 분야에서 프롤레타리아 지식인과 문화예술인들이 겪은 힘겨운 투쟁에 관한 묘사는 세세하고도 꼼꼼하다.

일본의 전쟁사에 관해 일본인들이 쓴 책 중에서 이렇게 정치精緻하고 방대한 책은 아직까지 국내 일반에 소개된 적이 없는 것 같다. 이번 기회에 여전히 유효한 일본인들의 통절한 반성문을 통하여 우리 스스로를 각성하는 계기가 되었으면 한다. 이 책을 통해 약 1세기 전 군국주의국가로 변모해 가는 과정과, 우경화의 길을 걷고 있는 최근 일본의 모습을 비교해 보는 것도 책을 읽는 묘미 중 하나가 될 것이다. 그리고 일본에서의 파시즘적 조치와 경향이 순차적으로 조선에 파급되는 과정을 연계시켜 읽어보는 것도 흥미로운 자극이 될 것이다.

또한 21세기를 살고 있지만, 수십 년 전까지만 해도 남의 전쟁에 휘말려 전세계와 전쟁을 벌여야 했던 한반도의 20세기가 여전히 끝나지 않았다는 사실을 각성하는 데에 이 책이 일조하기를 바란다.

『태평양전쟁사』는 모두 5권으로 이루어진 책이다. 만주사변, 중일전쟁이 각각 1권과 2권, 진주만공격에서부터 패전까지 각각 3권과 4권, 그리고 전후의 일본과 세계 정세가 5권으로 구성되어 있다. 이 중에서 이번 책은 만주사변과 중일전쟁을 다룬 1권과 2권을 하나의 책으로 엮은 것이다. 앞으로 3권과 4권을 또 하나의 책으로 묶고, 나머지 5권을 하나로 묶어서 펴 낼 예정이다. 이번 책은 두 권의 책을 하나로 묶다 보니, 분량 등을 고려해서 약간의 편집과 내용 수정이 불가피했다. 독자들의 양해를 바란다. 자세한 사항은 일러두기에 밝혀 두었다.

1930년대 이후의 세계 정세와 일본의 정치외교, 그리고 조선, 만주, 중국 등 아시아 각국의 경제 상황, 문화예술·지식인들의 동향을 처음부터 끝까지 모두 읽겠다는 야심은 과욕일 수 있다. 국내에서 이 분야 전체에 걸쳐 일정한 수준 이상의 관심과 이해력을 두루 갖춘 사람은 그리 많지 않을 듯하다. 각자 관심 있는 분야별로 살펴보기를 권한다.

아르고ARGO인문사회연구소 편역자 일동

## □ 일러두기

○ 이 책은 일본역사학연구회 편, 『태평양전쟁사』 전5권(1953~1954) 중에서, 제1권 만주
　사변, 제2권 중일전쟁을 번역하여 한 권으로 엮은 것이다.

○ 번역원칙
－ 국문번역은 『국립국어원 표기법』 권고안을 준용하되, 일부 인명, 지명, 사건 명칭은 예
　외를 적용했다.
－ 기본적으로 종전 직후의 용어와 문체를 가급적 사용하되, 동서양에 걸쳐 다양한 역사
　적 사건과 전문용어 중 부득이 의역하거나 풀어서 번역해야 할 경우에는 가독성에 중
　점을 두고 원활한 어의 전달에 유의하였다. 또한 30여 명의 필자가 집필한 결과 다양
　한 문투가 혼재되어 있어 번역 후 최대한 일관된 한국어 문체로 윤문하였다.

○ 연호
－ 연호는 일괄 양력으로 통일하였고, 역사적 사건의 시간은 원문에 따라 일본 현지를 기
　준으로 하였다.
　예) 소화 17년 →1942년

○ 인명·지명·사건명
－ 인명의 경우, 들어가기와 각 편의 처음에 등장할 때 한자와 영문을 병기하였다. 그리고
　지명의 경우 본문에 처음 등장할 때 그 사람 혹은 지명의 독음을 확인한 후 각기 일본
　어 발음 혹은 중국어 발음을 한글로 적고, 뒤에는 한자를 병기하였다. 이후에 등장하
　는 경우는 한자를 생략하였다. 단, 예외적으로 독음이 확인되지 않는 경우, 문맥만으
　로는 동명이인이 많아 특정 인물을 판단할 수 없을 때에는 원문 그대로 한자만 표기하
　였다.
－ 서양인명의 경우 한글 독음 뒤에 로마자로 병기하였다.
－ 사건명의 경우 원문에 따라 일본식 용어를 그대로 사용하거나 편의상 현대용어로 혼
　용하였다. 다만, 일본식 용어로만 표기하였을 때 어떤 사건인지 알 수 없는 경우에 한
　하여 (　) 안에 한국식 용어 혹은 세계적으로 통용되는 보편적 용어를 병기하였다.
　예) 9·18사변→9.18사변(만주사변), 지나支那→중국, 북지北支→화북, 日支→일중
　예) 지나사변→중일전쟁

- 단, 고유명사의 경우는 원문 그대로 표기하였으며 구 지명의 경우는 최대한 현재의 지명 혹은 해당 국가를 병기하고자 했다.
  예) 支那派遣軍→지나파견군支那派遣軍
  예) 레닌그라드→레닌그라드(세인트피터스버그)

○ 도표와 숫자
- 본문 안의 숫자는 읽기 편하도록 4자리를 기준으로 잘랐으며, 표 안의 숫자는 그대로 아라비아 숫자로 적었다.
  예) 123,456,789엔(본문에서는 1억 2,345만 6,789엔, 도표 안에서는 그대로 표기)
- 도표는 일괄 가로식으로 바꾸었다.

○ 그림과 사진
- 일부 그림과 사진은 본문의 이해를 돕기위해 원문캡션을 한국어로 바꾸어 달았다.
- 원문의 그림과 사진을 최대한 그대로 사용하되 해상도가 좋지 않은 경우 비슷한 사진으로 대체하거나 또는 삭제하였다.
- 원문에는 없지만 독자의 이해를 위해 추가로 사진과 그림을 추가하였다.
- 지도에 표시된 지명, 삽화의 지문 등은 이해를 돕기 위해 약간의 수정을 가했다.

○ 괄호 안 설명
- 본문의 (  ) 안 설명은 원문에서 부연설명한 것과 역자가 풀어 쓴 내용을 혼용했다.

○ 미주
- 부연설명이 필요한 항목에 대해서는 원문에 없지만 각 장의 말미에 미주를 달아 참고하도록 했다.

○ 부록과 연표
  원문(제1권 및 제2권)에 포함된 부록과 연표는 이번 편역본(제1권)에 수록하지 않는다.
  원문 전체(전5권)의 부록과 연표 중 일부를 발췌하여 추후 편역본 제3권에 수록할 예정이다.

# ●차례●

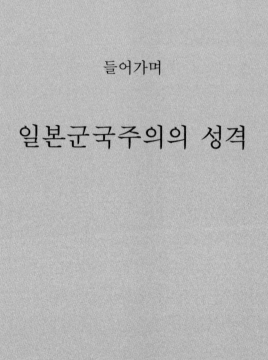

들어가며

# 일본군국주의의 성격

　근대 일본의 역사는 쉴 새 없는 전쟁의 연속이었다. 전쟁과 침략은 천황제와 자본주의국가인 일본의 생존과 발전에 가장 중요한 수단이었다. 한 차례 전쟁이 끝난 뒤에 또 다른 전쟁이 있기까지의 기간은 매우 짧았다. 게다가 그것은 지난 전쟁의 사후처리와 다음 전쟁을 준비하는 시간이었다. 이러한 현상은 마치 마약 중독자가 점점 더 많은 양의 마약에 의존하게 되는 것과 같다. 천황제와 자본주의국가인 일본이 저지른 전쟁은 점점 더 확대되어 급기야 전 세계 국민을 적으로 삼게 되었다. 그 결과는 가공할 만한 파국이었다. 그러나 철저하게 전쟁에 패한 지 8년이나 지났지만, 또 다시 군국주의가 대대적으로 부활하여 고개를 들고 있다.

　도대체 왜 우리 일본인들은 지난 3대에 걸쳐 잇따라 전쟁을 벌였는가? 혹시 그것은 일본인의 민족적 특성과 관련된 것일까? 그것은 결코 아니다. 일본인은 호전적인 민족이 아니다. 일본의 민중들은 다른 세계의 근로 대중과 마찬가지로 평화를 사랑하고 요구했으며 그것은 지금도 마찬가지이다. 근대 일본의 어떠한 전쟁도 민중들로부터 진심어린 지지를 받은 적이 없다. 민중은 항상 침략전쟁을 싫어했고 그것에 반대했다. 다만 그러한 저항은 항상 지배자들에 의해 묵살되었고, 전쟁 반대를 정치적으로 실현할 수 있는 길을 차단당했을 뿐이다.

　그렇다면 전쟁으로 내달은 것이 일본의 숙명이었을까? 흔히 말하길, "일본은 국토가 비좁고 자원도 부족한데 인구가 너무 많다.

따라서 일본인이 민족으로 살아남기 위해서는 전쟁을 통해 영토와 자원을 획득하는 방법 밖에는 없다"고 한다. 이러한 주장은 이미 청일전쟁 전부터 나타나기 시작했다. 그런데 청일전쟁을 통해 타이완을 획득하고 사실상 조선을 일본의 식민지나 마찬가지로 지배하게 된 뒤에도 전쟁은 멈추지 않았다. 뿐만 아니라 그 후에 더 큰 전쟁을 준비하기 시작했다. 그리고 일본이 영토와 세력권을 확장하면 할수록 점점 더 '인구과잉'을 외치기 시작했다. 제1차 세계대전 후 일본의 '인구과잉론'은 거의 상식처럼 널리 퍼져나갔다. 당시 수상 하라 다카시原敬[1]와 원로 야마가타 아리토모山県有朋[2]는 다음과 같이 말했다.

"일본은 인구를 수용할 여지가 있으며 소농을 장려할 필요가 있다고 야마가타가 말한 바 있다. 이것은 얼마 전 내가(하라 다카시) 발언한 내용과 거의 비슷한 취지로서 나는 그의 말에 전적으로 동감하는 바이다. 일본은 인구과잉 때문에 외국으로 진출해야만 한다고 외국인들에게 말한다면 그들의 양해를 얻는 데에는 일단 도움이 되겠지만 실상 일본의 인구증가율이 어떠할지도 의문이다. 우리 내지(*본토)에는 늘어난 인구를 수용할 충분한 여지가 있기 때문에 인구과잉은 걱정할 필요가 없다. 지금부터 공업이 차츰 번창해 나간다면 얼마 되지 않아 인구가 부족해질지도 모른다."(『하라 다카시 일기原敬日記』, 1920년 10월 21일)

야마가타와 하라는 근대 일본의 제일가는 정치가들이다. 이들은 일본의 현실을 누구보다 잘 알고 있었다. 따라서 이들은 일본의 '인구과잉' 문제를 국내외에 선전하면서도, 인구과잉론이 대외침략을 합리화하기 위한 명분에 지나지 않는다는 것을 내심 확신하고 있었다. 야마가타나 하라의 뒤를 이어 나온 정치가들이 거론한 인구과잉론 역시 이와 같은 선전에 불과했다.

그렇다면 근대 일본의 역사는 왜 전쟁과 침략으로 점철되었을까? 그것은 바로 천황제와 반半봉건적 지주제, 그리고 이 두 가지와 깊이 결부된 특권적 대자본이 일본을 지배하게 되면서 자신들의 이익을 확보하기 위해 일본을 끊임없는 전쟁으로 내몰았기 때문이다.

## 제1절 압박 받는 나라에서 압박하는 나라로

### 청일·러일전쟁

일본이 근대국가와 자본주의로 이행하는 과정은 메이지유신明治維新을 거쳐 천황제의 주도 아래 이루어졌다. 19세기 초부터 격화된 일반 백성들의 자연발생적인 반反봉건투쟁, 그리고 이것과 때를 같이 한 구미 열강의 압력에 대해, 혹은 이러한 중압에 제대로 대응하지 못했던 막부幕府에 대해 사회 각 계층은 다양한 입장을 바탕으로 격하게 분노를 표출했다. 그러자 이러한 사회적 분노를 이용해 개량주의적인 무사·지주·상인들이 도쿠가와막부德川幕府를 타도하고 이윽고 다이묘大名³·사무라이武士에 의한 토지 영유와 인민 지배의 관행을 폐지했다. 그리고 천황을 절대군주로 한 통일국가를 세웠다.(1868~1871년)

천황제 국가는 1873년부터 '지조개정地租改正'이라는 농업개혁을 단행했다. 이것은 농민의 토지사유권을 확인하고, 동시에 수확량을 기초로 현물을 납부하던 연공年貢을 토지 가격을 기초로 돈을 납부하는 지조(일종의 토지세)로 개혁한 것이다. 그러나 농민 입장에서 보자면 이것은 봉건적 부담에서 해방된 토지를 준 것이 아니었다. 단지 연공에서 지조로 형태만 바꾸었을 뿐 본질적으로는 똑같은 봉건적 지대를 국가가 착취하는 것이었다. 그리고 개인 소유가 아닌 임야 등은 촌락의 입회지入會地까지 국유화시켰다. 이러한 개혁은 농민을 노예처럼 부리거나 소작인을 착취하는 지주들의 토지 소유를 인정했고, 실제로 농사를 짓는 자의 상황을 전혀 개선시키지 못했다. 소작인은 예전처럼 전 수확의 50% 이상을 현물 소작료로 지주에게 빼앗겼고 농노 상태에서 전혀 벗어나지 못했다. 중소 자작농민도 현금납부식 지조에 의해 상당한 착취를 감수해야 했고, 점차 토지마저 잃게 되어 1890년 무렵에는 전 농민의 68%가 완전 또는 부분 소작농으로 전락했다. 봉건적 지주제는 농업과 농촌을 지배했다. 지주는 마을의 천황으로 군림하며 국가를 지배하는 천황의 세포로 기능했다.

자본주의산업은 천황제에 의해 우선 천황제의 가장 중요한 권력기관인 군대와 경찰을 근대적으로 정비하기 위한 수단으로 육성되었다. 그 사이 미쓰이三井·스미토모住友·미쓰비시三菱와 그 밖의 소수 신구 거대상인이 관료와 결탁해 '정상政商'으로 변신해 막대한 특권을 누리며 보호를 받게 되었다. 이들은 처음부터 국가자본과 더불어 상업·운수·금융·광산에 지배적 영향력을 행사했다. 그리고 1880년대 후반부터 이들 정상배들은 근대적 대공업의 선두에 섰으며 처음부터 독점적 지위를 차지했다.

이들 정상배들이 지배하는 자본주의를 육성한 금융의 실체는 바로 위에서 본 지조였다. 그리고 일본 자본주의는 지주제 아래서 고통 받던 농민을 극단적으로 낮은 임금과 열악한 조건에서도 일할 수밖에 없는 노동자로서 제공했고 불법적 착취를 용인했다. 바로 이것이 일본 자본주의 발전의 가장 중요한 기초였다.

다시 말해, 자본이란 측면에서나 노동력이란 측면에서나 일본의 자본주의는 직간접적으로 반半봉건적 지주제와 강고하게 결탁하고 있었다. 천황제는 양자에 의해 지탱되었고, 양자를 매개했다.

그리고 천황제는 농민과 노동자들의 작은 저항마저도 가차없이 탄압함으로써 지주와 자본가를 보호했다.

여러 봉건적 관계로부터 해방되지 못한 국민은 일본의 대외적 독립을 민주적·혁명적으로 수행할 수 없었다. 그리고 천황제는 처음부터 구미 열강에 대해 굴종을 거듭하면서 그것에 대한 보상과 민족적 자존심의 회복을 조선과 중국 영토에 대한 정치적·경제적 침략을 통해 실현하고자 했다.

실제로 근대 일본이 시작되면서 불평등조약을 방패로 삼은 구미 자본주의 열강의 압력을 뿌리쳐야만 했던 상황은 천황제에 의해 군대와 경찰 강화에 전력을 쏟음으로써 군국주의를 고취하는 과정에서 최상의 구실을 제공했다.

이들 지배세력도 독립을 완성하기 위해서는 국내의 민주주의가 선결과제라는 점을 이론적으로는 알고 있었다. 그러나 이들은 국내의 민주주의 실현을 외국의 압박보다도 더욱 두려워했다. 그래서 민주혁명을 요구하는 국민을 진압할 군대와 경찰 병력을 갖추었고, 이를 통해 약한 이웃 나라를 침략함으로써 대외 독립을 요구하는 국민들을 속여가며 만족시키고자 했다. 이렇게 군국주의는 천황제의 선천적 본성이 되어버렸다.(메이지明治정부 성립 직후부터 나온 정한론征韓論, 1874년 타이완 침략, 1875년 조선 강화도 침략, 이듬해 조선을 상대로 한 불평등조약〈강화도조약〉 강요, 이후 수년 동안 깊어진 조선의 내정간섭과 침략 등을 그 예로 들 수 있겠다)

그러나 이러한 침략정책은 구미 열강 가운데 최소 한 나라 이상의 지지나 승인을 얻어야 비로소 이루어질 수 있었다. 이는 어떠한 침략전쟁이든 사실로 논증할 수 있다. 예를 들어, 타이완 침략은 미국의 적극적인 '지도'에 따라 비로소 계획과 준비가 이루어졌다. 강화도사건 이후 조선 침략은 영국의 권유에 의해 비로소 착수되었다. 그러나 영국과 미국을 상대로 한 불평등조약 개정은 계속해서 거부되었다. 1880년대 후반부터 극동에서 영국과 러시아의 대립이 격화되고, 영국이 일본을 극동에서 러시아를 견제하는 파트너로 육성하겠다는 방침을 세웠을 때에야 비로소 일본은 조약개정을 이루어낼 수 있었다.

일본의 대규모 자본주의식 산업은 이제 막 방직과 철도 건설 등이 시작되었을 뿐인데 1890년대에 벌써 과잉생산 공황을 경험했다. 이것은 천황제 국가의 가혹한 착취, 지주의 착취, 특권적 정상배의 육성에 따른 산업의 극심한 불균형, 그로 인해 필연적으로 발생하는 국내시장의 약체화를 극명하게 보여주었다. 또한 그해와 전년도의 쌀과 보리 흉작으로 인해 반봉건적 농업은 발달하는 자본주의가 필요로 하는 식량을 조달할 만큼 안정된 생산력을 더 이상 제공하지 못한다는 것을 보여주었다. 이러한 난국을 타개하기 위해 천황제와 거대 부르주아는 해외 침략에 박차를 가했다.

조선은 식량공급지로서 일본의 모든 지배층으로부터 주목을 받았다. 또한 서양의 여러 나라와 똑같은 특권을 지닌 채 청淸의 풍부한 시장에 진출하고자 하는 욕망이 고조되었다. 그런데 해마다 강화되는 일본의 침략정책은 1882년 이래 조선은 물론이고 조선의 종주국을 자임하던 청국과의 대립을 심화시켰다. 그 결과가 1894~1895년의 청일전쟁이었다. 이때 일본의 지배층이 고의로 전쟁을 결의한 까닭은 영국이 조약개정 요구에 응할 정도로 일본을 지지했고 제정帝政 러시아의 간섭도 막아주었기 때문이었다. 일본과 영국 사이에 개정된 조약의 조인이 이루어진 지 9일만에 일본 함대가 갑자기 청국을 공격한 것은 결코 우연이 아니었다.

청일전쟁 승리의 대가는 제법 컸다. 막대한 배상금과 넓은 영토를 빼앗았고, 조선에서 청국 세력을 영원히 내몰았으며, 구미 열강들은 청국으로부터 빼앗은 것보다 유리한 특권을 명시한 불평등조약을 청국에게 강요했다. 일본은 이 전쟁을 계기로 구미 열강으로부터 압박 받는 민족에서 구미 열강과 어깨를 나란히 하며 다른 민족을 압박하는 나라가 되었다. 천황제는 구미 열강의 압박에서 벗어나려는 국민적 투쟁을 이웃 여러 민족에 대한 압박이라는 방식으로 이끌어 갔다. 그 결과 청일전쟁이 발생했고 나아가 일본이 제국주의 국가로 발돋움하는 계기가 되었다.

전쟁 결과 일본의 자본주의는 약진했고 경공업이 확립되었다. 그러나 그것은 미쓰이·미쓰비시·스미토모·야스다安田·오쿠라大倉·후루카와古河·시부사와渋沢 등 소수의 특권적 대자본이 금융·상업·운수·광업·공업 등 모든 방면에서 직간접적으로 지배력을 강화하는 결과를 가져왔다. 또한 이것은 그들로 하여금 정치적 지위를 높여주었으나 국민생활을 풍요롭게 하지는 못했다. 그리고 자본주의의 발달은 전전戦前에는 '빈곤문제'로만 나타났던 도시근로자 문제를 그야말로 '노동문제'로 바꾸어 놓았다. 노동과 자본의 계급대립이 국내의 근본적인 대립 문제로 나타났다. 파업의 빈발, 가타야마 센片山潜"을 필두로 한 노동조합운동, 1901년 사회민주당 창립선언 등은 노동자들이 계급으로 성장한 것을 보여준다.

자본주의 발달은 농업에도 심각한 영향을 미쳤다. 그러나 그것은 농업의 반봉건적 생산관계를 파괴하지 않고 기생지주제寄生地主制를 강화시켰다. 손수 경작하던 지주도 기생지주가 되었다. 대지주는 주식이나 공채에 투자했고 이따금씩 공업·상업 경영자가 되었다. 또 한편으로는 대자본가는 산림과 농지를 대거 사들여 기생지주를 겸하기도 했다. 이렇게 대지주와 대자본가의 결합이 심화되었고 대규모 부재不在지주가 늘어갔다. 그리고 기생지주 대對 소작인 사이의 대립이 노동과 자본의 대립에 이어 일본의 기본적 계급대립으로 표면화되기 시작했다.

이렇듯 도시와 농촌에서 새롭게 계급대립이 발전하자 이에 대응하여 천황의 정부와 지주·부르주아 의회는 하나가 되어 1900년에 치안경찰법을 만들어 모든 인권과 자유를 빼앗고 특히 노동쟁의, 소작쟁의를 탄압하도록 규정했다.

대외적으로도 국내와 마찬가지로 기존의 대립은 쇠퇴하는 가운데 새로운 대립 양상이 발생했다. 조선에서 청국을 몰아낸 일본은 제정 러시아라는 더욱 더 강력한 적과 직면했다. 또 청일전쟁은 열강에 의한 청국 분할의 신호탄이 되었다. 대일 3국간섭이 바로 첫 번째 징후였다. 일본은 열강의 간섭에 굴복했지만 가까운 장래에 이에 대해 복수하고자 했다.

일본이 천황제와 침략주의 아래 놓여있는 한 경제적 경쟁을 통해 구미 열강을 이길 방법은 없었다. 만약 일본이 제국주의적 진출을 도모하는 데 다음 세 가지 조건을 충족하지 못하거나 그 가운데 하나라도 빠진다면 구미 열강과의 경쟁은 불가능했다. 첫째, 동아시아에서 일본만이 강대한 군비를 독점한다. 둘째, 강력한 열강과 멀리 떨어져 있으며 주변 이웃 나라는 모두 약체국이라는 정치·지리적 이점을 최대한 활용한다. 셋째, 제국주의 상호간의 대립, 혹은 다른 이유로 일본이 유력한 제국주의 국가의 지지를 얻어낸다.

일본의 지배자들도 이 점을 자각하고 있었다. 1900년 청국에서 발생한 의화단의 민족투쟁을 진압하기 위한 제국주의 열강 연합군에 일본이 적극 참여함으로써 극동에서 가장 민첩하게 대규모 군대를 이동시킬 수 있는 유일한 나라라는 점을 만방에 알렸다. 또 이때 일본은 열강들이 정신없는 틈을 이용해, 타이완 건너편의 샤먼厦門(또는 '아모이')에 출병해 푸젠성福建省을 차지하고자 했으나 영국의 만류로 포기한 적이 있다. 이것은 바로 위에서 언급한 세 가지

조건을 일본이 갖추지 못했기 때문에 실패한 것이다.

위의 세 가지 조건 가운데 가장 기본적인 것이 군사력의 독점이다. 그래서 천황제와 부르주아는 청일 간의 강화회담 전부터 그 다음 전쟁을 내다보고 군비 확장에 집중했다. 청국으로부터 받은 3억 6,000만 엔의 90% 이상을 군사비로 사용했다. 육해군성 예산은 1896년 7,300만 엔에서 1903년에는 1억5,000만 엔으로 두 배 이상 늘었다.

그러나 이처럼 비생산적인 군사비로 국부가 흘러나가자 가뜩이나 빈약한 국내시장은 발전하는 생산력에 비해 점점 더 좁아졌고 산업자금도 부족해졌다. 또 조선을 시장으로 육성할 수 없게 되자 그저 약탈 일변도의 정책만을 고집하게 되었다. 그 결과 조선 민중의 저항을 불러와 조선에서 주도권을 제정 러시아 측에 내주게 되었다. 그 결과 일본은 또 다시 전쟁의 길을 선택하고 점점 더 군비에 의존하게 되었다. 그런데 이것은 경제의 기초를 약하게 만들었다. 이러한 악순환으로 인해 영토가 아무리 넓어지고 배상금을 받아도 호경기는 금세 무너졌고 1897년에 공황을 맞았으며, 3년 후와 그로부터 또 다시 3년 후에도 연거푸 불황을 맞이했다. 그 사이에는 일반적으로 호황이라고 부를 만한 국면도 없었다. 이것이 바로 부르주아가 해외시장으로 눈을 돌려 천황제에 못지않은 침략욕을 불태운 계기였다. 천황제의 군국주의와 자본주의적 침략주의는 상호 보완적 관계를 유지하며 발전했다.

한편, 일본을 침략적으로 만든 경제의 약체화는 '혼자 힘으로 극동의 주도권을 담당하는 것은 곤란'하다는 사실을 가쓰라桂 수상(대장)조차 인정한 요인이었다. 그래서 그는 '구미 열강 가운데 한 나라와 모종의 협약을 체결'할 필요가 있다고 판단했다. 그 결과가 바로 1902년의 영일동맹이었다. 일본은 극동에서 다른 민족을 압

박하는 나라이면서 동시에 여전히 제국 열강에 종속되지 않으면
안 되는 국가였다.

한편으로는 종속되고 또 다른 한편으로는 침략을 도모하는 현
상은 경제에서도 나타났다. 일본은 자본의 빈곤을 한탄하면서도
청나라 다예大冶의 철광을 독점하고 조선에 철도를 부설하는 등 군
사적 목적을 위해서는 없는 돈을 쥐어짜서라도 자본을 수출했다.
그러다 보니 국내 자본은 점점 더 부족해졌다. 유일한 타개책으로
정부와 자본가는 외국 자본의 수입에 광분했다. 러일전쟁은 영미의
금융원조로 시작할 수 있었다. 러일전쟁 비용 약 17억2,000만 엔
가운데 8억 엔이 외채였다.

1904~1905년의 러일전쟁은 이렇게 부르주아의 제국주의적 요
구와 천황제의 군국주의가 하나가 되었고 영미, 특히 영국 제국주
의의 지지를 받았다. 이 전쟁으로 근대의 제국주의적 성격이 명백
해졌고, 동시에 노동자 계급의 입장에서 이에 반대하는 투쟁이 우
리 역사상 처음으로 대두했다. 가타야마 센, 고토쿠 슈스이幸德秋
水, 사카이 도시히코堺利彦 등이 그 대표적 인물이었다. 그 사이 러
일 양국의 인민들이 평화적 연대를 자각한 것은 특히 역사적으로
의의가 컸다. 사회주의자들의 적극적인 반전투쟁은 우치무라 간조
内村鑑三, 요사노 아키코与謝野晶子 등 평화를 염원하고 전쟁을 싫
어하거나 꺼리는 여러 사람들을 분투하게 만들었다.


## 제2절 제국주의 확립

러일전쟁은 결국 일본의 승리로 끝났다. 일본은 영국과 미국으
로부터의 막대한 금융과 대대적인 군수품 원조가 없었더라면 펑톈

奉天[5]에서의 결전 이후에는 도저히 전쟁을 지속할 수 없었다. 그러나 영국과 미국, 특히 미국은 일본의 완전한 승리를 바라지 않았고, 미국의 압력 아래 러시아와 일본 사이의 강화가 성립되었다. 조선과 남만주에 대한 일본의 목적을 달성했고 가라후토樺太(사할린)[6]의 남부 지역도 손에 넣었다.

자본주의는 이 전쟁을 도약대로 삼아 더욱 약진했다. 전쟁 이전인 1903년 말 회사 불입 자본금 총액은 약 8억9,000만 엔이었는데, 1910년 말에는 14억8,000만 엔에 달했다. 일본상품이 만주로 흘러들어감에 따라 그곳에 있는 영국과 미국의 상품을 몰아냈다. 중공업도 건설되기 시작했다. 그러나 이것도 일본 자본주의의 질적인 허약함을 해소하지는 못했다. 1907년에는 심각한 공황을 맞이했고, 그 후에도 불황이 계속 이어졌다. 그 사이에도 기업이 생겨났고 각종 광공업 생산은 상승했지만 그것은 재벌독점자본의 확립에 이용되었다. 또 이 산업발전은 막대한 영미 자본의 수입에 의존하는 경우가 많았다. 1906년부터 제1차 세계대전 전년도까지 6억4,000만 엔의 외국 자본이 증가했다. 이것을 같은 시기 회사 불입금 증가액 약 10억 엔과 비교하면 외자의 비중이 얼마나 컸는지를 알 수 있다. 즉 제국주의 일본의 확립은 동시에 영국과 미국에 대한 종속을 심화시키고 있었다.

천황제와 대자본은 이러한 취약점을 타이완, 조선, 만주에서의 약탈을 통해 만회하고 있었다. 일본은 미국의 남만주철도 경영권 분할 요구를 거절하고 독자 경영을 고집하였으며, 남만주에서 모든 외국세력을 완전히 배제시키는 방침을 강행했다. 조선에서 러시아의 견제를 뿌리친 뒤 일본은 1910년에 결국 조선 민족의 강력한 저항을 제압하고 식민지로 병합했다. 타이완에서는 원주민과 한족 지주·자본가(매뉴팩처)를 무자비하게 박해했고 이들의 토지를 약탈했으며 주민을 완전히 노예처럼 착취해 제당업을 확립시켰다.

이러한 조치는 제국주의 열강과, 특히 미국과 만주시장을 둘러싼 대립으로 발전했다. 미국은 태평양을 건너 일본에 전쟁을 도발하지는 않았지만 가쓰라·태프트桂·Taft 밀약협정[7](일본의 조선 독점을 승인, 1905년), 다카히라·루트高平·Root 협정(1908년, 위 협정과 대동소이한 내용) 등의 양보를 얻어냈다. 그런데 미국은 '달러 외교'를 통해 중국 화베이와 만주에 세력을 넓히고자 했다. 여기서 시작된 미국과 일본의 제국주의 국가들 간의 중국 쟁탈전이 30여 년 뒤에 태평양전쟁으로 발전하게 된 것이다.

때마침 중국에서는 1911년 청조타도 혁명(신해혁명)이 성공했고, 이듬해 2월에는 중화민국이 들어섰다. 그러나 군벌의 야심 때문에 다시 중국의 강력한 통일은 실현되지 못했고 혼란이 이어졌다. 일본은 이 기회를 틈타 1911년에 만몽滿蒙 '독립' 운동을 시작했다. 남방에서는 혁명파를 '원조'했고 이들의 승리 후에는 그 '대가'를 챙기고자 했으며, 북방에서는 친영·친미 성향의 위안스카이遠世凱에 반대했다.

이러한 미 제국주의와의 대립, 중국 침략정책의 강행, 또 조선민족의 격렬한 반일투쟁 진압을 위해 지배계급은 군비의 무한 확장을 도모했다. 육군 4개 사단의 증설, 88함대[8] 건설이 군부에 의해 강력히 주창되었다. 그것은 일본의 경제력과 동떨어진 구상이었으므로 일부 대자본가들은 이에 반대했다. 그러나 이들도 경제적 취약성을 군사력으로 만회한다는 기본정책에는 반대하지 않았다. 그리고 경제적 어려움이 심화될수록 중국 침략을 서둘렀다.

국민 대중의 생활은 이러한 정책 아래서 어려워져만 갔다. 러일전쟁으로 기만 당한 민중의 불만은 1905년 9월 도쿄東京 전 지역의 경찰서를 습격하는 폭동(히비야日比谷공원 방화 사건)[9]으로 발전했다. 대중은 권력에 징면으로 맞서 싸우는 것을(여전히 전근대적 민란의 성격을 띠었지만) 두려워하지 않게 되었다. 특히 공황 이후에는 광산, 군수공장 등에서 대규모 파업이 발생해 마치 군대와 대치하는 형국이 되었다. 그 밖의 공장에서도 파업이 일어났고, 소작쟁의도 곳곳에서 발생했다. 그리고 사회주의자들의 움직임은 더욱 활발해졌다.

정부는 이러한 저항을 탄압하기 위해 '대역大逆사건'을 날조했고, '사회'라는 용어의 사용조차 허락하지 않았다. 이렇듯 철저한 탄압으로 인해 사회주의 운동은 잠시 소강상태에 들어갔으나 노동계급의 경제투쟁은 지속되었다. 이에 대자본가 시부사와 에이이치渋沢栄一는 스즈키 분지鈴木文治의 '우애회友愛会'[10] 조직을 원조했다. 이 모임의 취지나 지도자와 상관없이 선진적인 노동자들은 조직을 원했고 우애회에 참여하여 이것을 노동자의 전국적 조합 조직으로 한 걸음 발전시켜 나갔다.

노동계급의 약진은 소小부르주아인 진보파에게 용기를 주었다. 이들은 재벌에 의해 탄압 받는 일반 산업자본의 요구를 대표해 천황제, 특히 군부의 독재를 공격했고 군비확장 정책에 반대했다. 이들은 정부가 천황만이 아니라 의회에 대해서도 책임을 지고, 군부대신 무관제와 통수권 독립 폐지를 요구했으며, 또 노동계급과 함께 보통선거권을 주창했다.

이들의 지도에 의해 1912~1913년 호헌운동이 이루어졌다. 민중은 의회를 둘러싸고 천황대권을 운운하며 전제를 일삼는 가쓰라 타로桂太郎 군벌관료 내각의 퇴진을 요구했다. 이에 가쓰라는 퇴진할 수밖에 없었다. 이러한 투쟁의 결과 1913년에는 군부대신을 예비역 대장과 중장 가운데 뽑도록 관제를 개편했다. 1914년에는 해군의 부패 사건(지멘스Siemens 사건)[11]이 폭로되었는데 이때에도 수

만 명의 민중은 의회 옆에 있는 히비야공원日比谷公園에서 국민대
회를 열고 해군 군벌의 거두인 야마모토 곤노효에山本権兵衛의 타
도를 외쳤다. 이 사건으로 경찰의 대병력과 유혈충돌이 벌어졌는데
민중은 한 치도 물러서지 않았다.

천황제와 대大부르주아는 정치·경제적으로나 국내외적으로도
해마다 궁지에 몰렸다. 이를 타개하기 위해 이들은 무언가 구실을
삼아 중국에 대한 침략전쟁을 도발하고자 했다. 바로 그 때 1914년
8월 제1차 세계대전이 발발했다. 일본 지배계급에게 이것은 그야말
로 천우신조의 기회였다. 정부는 영일동맹의 의무를 다한다는 구실
로 정작 영국이 마뜩찮아 했음에도 불구하고 무리하게 참전했다.

일본군은 곧장 중국 산둥성山東省 안에 있던 독일군을 분쇄하
고 조차지와 그 주변의 중국 영토를 점령했다. 일본은 이곳에 대규
모 군대를 항시 주둔시키고 1915년 1월 '21개조 조약'을 중국 정부
에 강요했다. 주요 내용을 크게 다섯 가지로 나눌 수 있는데, 첫째
는 산둥성의 실질적인 일본영토화, 둘째는 동부 내몽고와 남만주
의 실질적인 일본영토화, 셋째는 한예핑공사漢冶萍公社[12]의 철·석탄
산업을 일본이 독점할 것, 넷째는 중국 해안과 섬의 할양 반대, 다
섯째는 중국 정부에 일본의 군사·재정고문을 둘 것, 중국 경찰을
양국이 공동으로 구성하거나 일본인 고문을 둘 것, 중국 군대의 무
기를 일본에서 공급할 것, 혹은 중국 무기 산업을 일본 지배 아래
둘 것 등이었으며, 그 밖에도 7개조가 더 있었는데 요컨대 전 중국
을 일본의 완전한 식민지로 삼겠다는 요구였다.

비록 매국적인 위안스카이정권이라고 할지라도 이 모두를 수락
할 수는 없었다. 그는 일본의 요구를 폭로했다. 일본에 대한 중국
인민의 적개심은 성난 파도처럼 고조되어 갔다. 중국인은 지금까
지 일본을 모범으로 삼아야 할 동양의 선진국, 혹은 이웃이라고 생

각했으나 이때부터 중국인은 일본 제국주의야말로 자신들에게 최악의 적이라고 낙인찍었다. 이러한 중국인민들의 반감이 두려워서 일본 정부도 위의 다섯 가지 요구를 철회했다. 그러나 그 의도는 한 번도 버리지 않았다. 이를 실현하기 위해 황제가 되려는 위안스카이의 음모를 원조하거나 또는 중국을 분열시키는 온갖 책동을 일삼았다.

1차 세계대전 중에 일본은 승리한 교전국의 이익과 중립국의 이익을 모두 취할 수 있었다. 일본은 전술한 바와 같이 산둥성에 있던 소수의 독일군과 싸웠을 뿐이었지만 거의 무방비 상태에 있던 남양군도의 독일령 제도를 점령한 것 외에도 전쟁 말기에는 연합군의 상선 호송을 명분으로 지중해에 소함대를 배치했다.(하지만 이것은 전후에 영국과 프랑스로부터 일본이 점령한 독일령 제도를 일본 영토로 인정한다는 약속을 얻어 낸 뒤에 이루어졌다.) 이처럼 일본은 전쟁 부담을 거의 지지 않으면서 막대한 이익을 취했다. 한편 중국과 아시아, 그리고 남양에 걸쳐 거래되었던 구미 열강의 상품들은 일본상품으로 대체되었다. 일본은 또 연합국에 무기와 군수품을 판매했다.

이렇게 일본 자본주의는 전에 없던 대대적인 번영에 힘입어 경이적인 발전을 거두었다. 1914년 말부터 1920년 말까지 회사 불입 자본금은 20억7,000만 엔에서 82억4,000만 엔으로 늘었다. 공장은 3만1,740개에서 4만5,806개로, 공장노동자 수는 약 85만 명에서 155만 명으로 늘었다. 이 기간에 총 광공업 생산고는 5배를 넘어섰는데, 그 가운데 기계·기구 공업은 8배, 금속 공업은 6배로 늘었다. 조선·제철의 약진은 특히 눈부셨다. 이로써 일본의 중공업이 확립되었다. 수출무역은 이제까지 오랜 기간 수입초과였으나 1915년부터는 수출초과로 바뀌었고 이러한 현상은 1918년까지 계속되었다. 그 총액은 40억9,300만 엔에 달했다.

농업에서도 누에 생산이 1914년 1억7,000만 엔에서 1919년 7억7,000만 엔으로 격증했다. 또 일반적으로 상품작물 재배와 축산이 증가해 부농 경영의 싹이 텄다. 이러한 번영을 통해 재벌독점 자본주의가 확립되었다. 일본은 신생 제국주의 단계로 접어든 것이다.


## 제3절 전반적 위기

그러나 이러한 전에 없던 호황과 여러 산업의 약진도 일본농업의 반봉건적 성격을 변혁하지 못했고, 자본주의 산업과의 결합도 근본적으로 개선시키지 못했다. 이처럼 근본적 변화가 없는 상황에서도 도시의 여러 산업은 이상할 정도로 급속히 발전했다. 동시에 이것은 사회적 모순을 급격히 증대시키는 결과를 낳았다. 이러한 모순은 1918년 8월에 폭발했다. 전에 없던 번영 속에서 전국을 뒤덮은 일본 역사상 최대의 기아폭동, 즉 쌀 소동이 발생한 것이다.

쌀 소동의 주된 원인은 다음과 같다. 첫째, 자본주의의 급속한 발전에 의한 공업인구와 도시인구의 급속한 증가로 쌀 수요가 급격히 늘었으나 쌀 생산은 기생지주제의 제약으로 거의 늘지 않았다. 또 농민의 쌀 소비량이 늘었기 때문에 쌀 수급에 문제가 생겼다. 둘째, 정부는 지주의 이익을 보호하기 위해 외국산 쌀 수입을 폐지하기는커녕 미쓰이, 스즈키 등 특권 정상배에게 쌀 수입을 독점시킴으로써 쌀 가격 인상에 따른 이익을 보장해 주었다. 셋째, 당시 정부는 러시아혁명에 간섭하기 위해 군용미를 비축하고 있었는데 이 때문에 쌀 부족이 더욱 심해졌지만 이를 무시함으로써 쌀 투기가 극에 달했다. 넷째, 이렇게 쌀값은 폭등하고 있었지만 인플레이션으로 인해 실질 임금과 수입은 현격히 악화되고 있었다. 다섯째, 1905년 히비야공원 방화 사건 이래로 대중의 행동이 조직화되고 있었으며 1917년 11월 러시아혁명의 영향으로 국민의 전반적 정서가 바뀌고 있었다.

이러한 요인들이 복합적으로 작용한 결과 쌀 소동이라는 대사건으로 불거졌다. 이것은 결국 일본 자본주의가 지닌 모순이 이미 개선의 여지가 없는, 수습할 수 없는 파국으로 치달았다는 것을 의미한다. 그리고 그것은 러시아혁명의 승리로 인한 자본주의 세계의 전반적 위기가 일본 자본주의에도 영향을 미치고 있었다는 것을 뜻한다. 쌀 소동이 전반적인 위기의 신호탄이었다는 것은 다음에서 보듯이 쌀 소동 이후부터 일본 제국주의의 모든 모순이 하나씩 폭발적으로 발전해 결국 지배자가 수습하기 어려운 국면으로 빠져든 사실을 보아도 확실히 알 수 있다.

쌀 소동은 돌풍처럼 전국으로 퍼져나갔다. 60여 시정촌市町村에서는 군대가 출동한 뒤에야 비로소 진정될 만큼 격렬하게 전개되었다. 그런데 탄광을 제외하고는 투쟁이 며칠밖에 이어지지 않았다. 이것은 이 소동이 자연발생적이었으며 아직 조직화되지 않았다는 것을 의미한다. 그러한 점에서 이것은 전근대 시기의 '민란'과 비슷한 양상을 띠었다. 그러나 쌀 소동은 일본 민중의 계급적 자각을 일거에 진전시켰다. 이러한 움직임과 11월 러시아 사회주의혁명이 맞물리며 노동자·농민의 계급투쟁은 비약적으로 발전했다. 군수창고라든가 조선·제철·기계·방적 등의 대규모 공장 노동자, 광산 노동자들이 앞장 선 파업은 양과 질에서 모두 비약적으로 늘었다.

노동조합이 각 산업 분야에 걸쳐 조직되기 시작했다. 우애회는 1919년에는 '일본노동조합총동맹우애회'로 개칭했다. 그리고 2년 뒤에는 '우애회'라는 이름을 지우고 '일본노동총동맹'으로 개칭하고 사회주의자와 연계하여 계급적 노동조합의 길을 걷기 시작했다. 1920년에는 도쿄에서 최초로 메이데이 시위가 열려 약 1만여 명이 참가했다. 소작쟁의는 관청 통계에 따르면 1918년 256건에서 1921년에는 1,680건으로 약 7배가 늘었다. 그 이듬해인 1922년에는 처음으로 일본농민조합이 결성되었다. 또 피차별 부락민의 해방을 위한 전국수평사全國水平社[13]도 1922년 3월에 창립되어 빠르게 전국적으로 확산되어 갔다. 여성운동도 소부르주아의 소규모 단체에서 대중운동으로 발전했고 맑스주의에 입각한 학생운동도 시작되었다. 압박 받고 착취 받는 모든 인민이 움직이기 시작한 것이다. 그리고 1922년 7월 코민테른의 지도 아래 일본공산당이 비합법 조직으로 창립되어 천황제 폐지, 민주공화국 수립을 목표로 노동자계급과 전 인민의 혁명적 전위로서 활동하기 시작했다. 인민이 자기 자신의 권력을 창출하고자 하는 자각적 투쟁이 일본 역사상 처음으로 탄생한 것이다.

쌀 소동과 때를 같이해 천황제와 독점부르주아는 러시아혁명을 진압하기 위해 7만3,000명의 시베리아 원정군을 파견했다.(시베리아출병[14]) 이것은 다른 제국주의국가들과 공동으로 간섭하기 위한 것의 일환이었다. 일본은 그 가운데 매우 열심히 이 진압작전에 임했다. 왜냐하면 첫째, 각종 사회적 모순이 심화된 일본 제국주의는 사회주의 국가의 성립과 존재 자체가 향후 소련과 육지로 이어진 조선이나 만주 인민에게 혁명적 영향을 미칠 수 있다는 점을 특히 우려했기 때문이다. 둘째, 일본은 시베리아와 사할린 북부의 자원 획득을 열망하고 있었는데 경제적 경쟁으로는 미국에 질 수밖에 없으므로 이곳을 군사적으로 점령해 일본의 괴뢰정권을 수립하고자 했다. 셋째, 멀리 북만주와 외몽고도 일본이 독점하고자 했기 때문이다.

그런데 주지하는 바와 같이 일본의 이러한 계획은 완전히 실패했다. 일본은 다른 나라들이 패배를 인정하고 철병한 후에도 1922년 10월까지 시베리아에서 버텼고, 별도의 부대는 북北사할린을 1925년 5월까지 점령하고 있었다. 가장 쓰라린 패배를 맛보았음에도 불구하고 목적을 달성하지 못했기 때문이었는지 스스로 자국의 침략성을 전 세계에 증명해 보이고 말았다.

이 전쟁은 완전히 천황제와 거대재벌만이 참가한 전쟁이었다. 인민은 이 전쟁에 강력히 반대했다. 「동양경제신보東洋経済新報」 등은 일관되게 간섭에 반대하며 노동자와 농민의 러시아를 국가로 승인할 것을 지속적으로 요구했다. 또한 그 만큼은 아니었지만 오사카 아사히大阪朝日신문도 일관되게 비밀외교와 출병에 반대했다. 또 일본의 선진적 노동자들, 예를 들어 사토 미치오佐藤三千夫는 시베리아로 건너가 소비에트 인민과 더불어 일본 제국주의에 반대하고 사회주의혁명을 지키는 투쟁에 헌신했다. 1922년에는 가타야마 센이 시베리아에서 일본 병사들에게 출병을 거부하고 즉시 귀국하라고 선전했다. 국내 노동자들도 1922년 메이데이 때에 시베리아 철병과 소비에트연방의 승인을 요구했고, 그 직후에는 영국 노동자들의 호소에 응하여 노동조합과 진보적 단체를 망라해 '대러 비간섭 동지회'를 조직했다. 일본 노동자 계급의 국제주의는 러일전쟁 시기보다 한층 더 성장했다.

러시아혁명의 영향 아래 일본 제국주의의 식민지인 조선에서는 1919년 3월 1일 전국적으로 '독립만세'를 외치는 민족봉기가 발생했다. 이들은 3개월에 걸쳐 일본 군대와 경찰에 저항했고 주력이 진압된 후에도 무장투쟁은 수개월 동안이나 지속되었다. 그 후 조선 민족은 가장 참혹하고도 주도면밀한 지배에 계속 저항했다. 조선의 식민지 경제와 본국 경제 사이의 모순도 깊어져 갔다. 첫째, 본국 재정은 조선지배 유지에 필요한 군사와 경찰소요 비용을 위해 매년 막대한 지출을 감수해야만 했다. 둘째, 3·1운동 후 일본은 조선민중을 기만하고 본국의 식량문제 해결을 위해 '조선 산미증산 15년 계획'을 세웠는데, 그로 인해 다소 생산이 늘자 일본 본토 지주의 이익과 모순이 발생했다. 또 조선에서 증산된 쌀은 약탈과 다름없이 일본 본토로 이출되었으므로 조선인은 쌀농사를 지으면 지을수록 그 쌀로부터 배제되어 결국 만주에서 수입된 잡곡으로 연명해야만 했다. 이러한 약탈은 본국상품의 시장으로서 조선이 지닌 의의를 약화시켰다. 타이완도 마찬가지였다.

일본 제국주의에 대한 중국민족의 반대도 매년 강화되어 갔다. 1918년 일본이 대소 침략기지를 중국의 부담으로 중국 내에 마련하고 중국군을 일본의 앞잡이로 이용하려는 조약인 '중일공동 방적防敵협정'을 돤치루이段祺瑞[15] 정권에 강요한 뒤로 일본상품 불매운동을 비롯해 학생과 상인의 배일 투쟁이 고조되었다. 일본은 돤치루이 정권을 매수하기 위해 2억4,000만 엔의 차관을 공여했다. 또 방적紡績자본을 선두로 일본자본의 공장이 상하이와 칭다오靑島 등에 건설되었고, 중국인 노동자를 채찍으로 때려가며 문자 그대로 노예처럼 착취했다. 이에 중국의 일반 대중은 반일투쟁에 나섰다. 그리고 베르사이유 강화조약에서 산둥성에 대한 구 독일의 이권이 그대로 일본에 넘어간 데 대한 반감으로 1920년 유명한 '5·4운동'이 발생했다.

일본과 열강 제국주의, 특히 미 제국주의 사이의 대립은 대전 이후 점차 격화되어 갔다. 그 결과 '미일 간의 전쟁은 피할 수 없다'는 이야기가 나왔다. 1917년 '이시이-랜싱石井·Lansing 협정'[16]에서는 중국에서 일본의 '특수권익'을 인정할 정도로 타협적으로 나왔던 미국도 전쟁 이후에는 공세로 전환했다. 1921년 워싱턴 회의가 그 대표적 결과였다. 이 회의에서 일본 주력함은 미국에 비해 60% 규모로 제한되었다. 일본 제국주의와 천황제의 가장 중요한 존립기반인 극동에서의 군사력 독점이 흔들리기 시작했다. 또 그 사이 중국에 관한 9개국조약[17]이 체결되어 일본이 대전 기간에 중국에서 취한 권리가 제한되었으며 지금까지 미국이 취한 양보정책은 철회되었다. 중국의 문호개방 구실로 중국을 열강의 공동관리 아래 둠으로써 미 제국주의가 중국에 진출하는 계기를 마련했다. 그리고 이때 미국의 압력도 작용해 영일동맹이 파기되었다. 일본을 지지하는 제국주의 국가가 사라진 것이다. 일본 제국주의는 이제 고립의 시대로 접어들었다.

이처럼 쌀 소동 이후 국내 계급대립의 격화, 대소련 간섭의 실패, 조선과 중국 반反제국주의 운동의 고조, 미 제국주의와의 대립 격화, 이 모든 것이 상호 영향을 미치면서 일본 제국주의의 위기는 점차 심화되어 갔다. 그리고 1920년 공황으로 시작된 경제공황은 그러한 위기를 배가시켰다.

대전 기간에 이상할 정도로 확장된 생산력은 전후 시장 축소와 함께 필연적으로 과잉생산 공황을 초래했다. 1919년 이래 일본 무역은 다시 수입초과로 돌아섰다. 시장의 급속한 축소가 확실히 나타났지만 생산은 오히려 급상승했다. 그 결과 1920년 3월에 주식 폭락으로 시작된 공황이 발발했다. 물가는 일제히 폭락했고 방적·모직을 비롯해 철·구리·설탕·제사 등의 생산 감소가 시작되었고, 은행과 회사의 도산이 줄을 이었다. 농민은 생사의 대폭락(성수기 때의 1/4)과 쌀값의 폭락으로 회복할 수 없는 타격을 입었다.

그 후 일본경제는 완전히 흔들렸다. 1921년에는 군비축소, 1922년에는 29개 은행이 파산하고 1923년에는 관동대지진을 겪었다. 1924년에는 지진복구사업으로 약간 회복되었으나 역시 은행은 계속 파산했고, 1925년에는 거대 무역상사인 다카다高田상회가 도산했으며 타이완은행, 조선은행 등도 거액의 불량 대출로 인해 동요하기 시작했다. 이에 대해 정부는 직접 구제금융, 조세감면, 보조금 교부, 혹은 정부자금에 의한 식산흥업 등으로 파산 방지를 위해 노력했다. 그 때문에 공채 발행 규모는 거액에 달했고, 인플레이션을 유발시켰다. 또한 그로 인해 1917년 9월에 정부는 미국을 따라 금의 유출을 금지했으나, 1919년 6월에 미국은 이를 해제하고, 1925년 4월에 영국도 해제하였지만 일본은 해제조치를 취할 수 없었다. 당시의 해제조치는 필연적으로 디플레이션을 유발할 수밖에 없었고 기업의 도산을 심화시키며 미곡 판매자인 지주에게 손실을 안겨줄 수 있었기 때문이다. 이렇게 일본은 단순히 파국을 겨우 연장시키고 있을 뿐이었기에(이른바 '재계에 대한 구조조정'을 하지 않았다.) 이러한 모순이 쌓여 점차 내홍을 심화시켰고 경제안정 따위는 전혀 기대할 수 없었다.


## 제4절 파국: 다시 압박당하는 국가로

경제파탄의 최대 희생자는 노동자계급이었다. 실업자는 1920년 공황 이래 날로 격증해 '실업문제'는 정계의 가장 큰 사회문제로 대두했다. 예전 같으면 도회지의 실업자는 다시 농촌으로 흡수되었다. 그러나 이제는 농촌 자체가 먹고 살 수 없는 상황이 되었다. 노동자와 농민의 활로는 단결하여 자본가와 지주, 그리고 정부를 상대로 투쟁하는 길 밖에 없었다. 잔혹한 탄압에 굴복하지 않고 노동조합·농민조합은 발전했으며 무산계급의 정치투쟁도 격화되었다. 보통선거권 쟁취, 치안경찰법 수정, 악법 반대, 시베리아로부터의 철수, 소련 승인 등을 외쳤으며, 동시에 1921년 이래 합법적인 사회 민주주의 정당을 요구하는 움직임이 시작되었다.

노동자와 농민 대중의 요구는 소부르주아 민주주의자를 만들어냈고, 보통선거를 강력히 요구하게 되었다. 그러자 독점자본가도 보통선거를 통해 대중을 의회에 가두어 두는 도구로 삼고, 또 자신들도 천황제 권력기구 안에서 세력을 뻗칠 수 있는 수단으로 삼고자 이러한 주장에 편승했다. 그러나 보통선거가 노동자와 농민의 정치의식을 고양하고, 투쟁의 무기가 되는 것은 절대로 용납할 수 없었다. '보통선거의 신'으로 일컬어진 오자키 유키오尾崎行雄가 '노동운동에 근왕勤王의 정신'을 불어넣기 위해 궁내성(천황)으로부터 자금을 끌어오려던 사건마저 있었다.(『하라 다카시 일기』 1919년 2월 20일)

이러한 여러 계층의 복잡한 투쟁의 결과가 바로 1924년 관료 내각에 반대하여 헌정을 지키고자 한 헌정회憲政会, 정우회政友会, 혁신클럽 3개 정파의 연합(호헌3파)의 정권 장악이었고, 이것은 이듬해인 1925년 초 제50회 제국의회에서 남자 보통선거법 제정, 그리고 이와 동시에 공산주의 탄압을 명분으로 모든 진정한 민주주의 투쟁을 탄압하는 치안유지법이 제정되었다.

호헌3파 내각 이래 보통선거와 이른바 정당내각의 관례가 성립됨으로써 일본의 국가권력이 부르주아의 독재로 전화했다는 설도 있으나 반드시 그런 것만은 아니다. 그것은 단지 독점자본가와 지주, 그리고 천황제관료 사이의 연계가 한층 긴밀해진 것이며, 독점부르주아의 정치적 세력이 강화되었다는 것을 의미할 뿐, 천황제의 독자성은 절대로 상실되지 않았다. 관료들의 아성인 추밀원樞密院이나 군부대신 무관제와 통수권 독립을 방패로 삼는 군부권력은 보통선거에 의해 조금도 흔들리지 않았다. 또한 내각은 의회의 불신임으로 무너진 적이 없으며 아무리 의회의 지지를 받더라도 추밀원이나 군부의 눈 밖에 나면 그대로 물러나곤 했다. 이러한 상황에서 이른바 정당내각이라 해도 군부대신을 절대로 당에서 내지 못하고, 외무대신도 반드시 외무관료 가운데서만 뽑는 관례를 보더라도 이것은 진정한 의미의 정당내각이 아니었다. 게다가 정당이란 것은 관료와 지주, 그리고 부르주아의 연합체로서 그 지도권은 관료세력이 쥐고 있는 것이 통례였다.

그렇다면 과연 이 '정당내각'은 어떤 일을 했는가. 호헌3파인 가토 다카아키加藤高明 내각과 그의 사후 뒤를 이은 와카쓰키 레이지로若槻礼次郎 내각은 '국민협조'를 간판으로 내걸었다. 사실 1925년에는 소비에트연방을 승인했고, 중국에 대해서도 영국·미국과 보조를 맞추고자 했다. 그러나 그것은 어디까지나 보여주기식 외교에 불과했다. 가토는 21개조 요구를 중국에 강요했던 장본인으로서 외무대신 출신이었다. 그의 내각도 1925년 중국의 '5·30투쟁'을 탄압하기 위해 군함을 파견하거나 펑톈 군벌 장쭤린張作霖 군대 안에 일본군을 잠입시켜 영미계가 후원하는 직례군直隷軍과 맞서 싸우도록 했다. 또 1926년 3월 다구太沽에 함대를 파견해 반일을 외치는 군대에 포격하기도 했다. 즉 이들은 단지 이러한 침략을 영국이나 미국과의 협조 기조 위에서 실현하고자 한 것에 지나지 않는다.

또 국내에서는 치안유지법을 처음으로 학생운동 탄압에 적용하거나 일본농민조합·노동조합평의회를 비롯한 그 밖의 노동자·농민조합 조직이 고심 끝에 통일전선을 구축해 단일 무산정당 결성을 지향하며 만든 '농민노동당'을 결성 당일 해산시켰다.(1925년 12월) 이처럼 이들은 맘대로 폭압을 휘두르며 재벌과 지주 보호를 위해 온갖 수단을 동원했다.

그러나 지배자들은 얼마 되지 않아 국제적으로 영국·미국과 대립을 피하면서 국내적으로는 다소 민주적인 완화조치를 취하는 보여주기식 정치를 할 수 있는 여유조차 잃어버렸다. 왜냐하면 앞서도 언급한 바와 같이 경제파탄이 이어져 1927년에는 금융대공황이 발생했고, 또 다른 한편으로는 중국혁명이 1926년부터 급격히 고조되어 일본 제국주의를 뿌리부터 흔들었기 때문이다. 그래서 중국이 아직 통일되지 않은 상황에서 확고한 정치세력을 서둘러 부식하고, 시장을 확보해야만 했다. 아울러 중국을 분열하여 약화시켜야만 했다. 이러한 상황에서 영국·미국과의 협조라든가 국민을 상대로 한 헌법에 입각한 절차적 민주주의 따위에는 신경 쓸 상황이 아니었다.

지배자들은 매일같이 격화되는 내적 모순으로 인한 현상을 어떻게 하면 타개할 수 있을까 전전긍긍하면서도 이러지도 저러지도 못하는 진퇴양난에 빠졌다. 그 과정에서 과거 일본 제국주의 성공의 세 가지 조건을 스스로 파괴했다. 가령 영국과 미국 사이의 대립을 이용하기는커녕 모든 제국주의 국가를 하나같이 일본에 등을 돌리도록 만들었고, 노골적인 중국 침략과 국내 탄압의 길로 나아갔다. 그로 인해 와카쓰키 내각은 다나카 기이치田中義一 내각으로 교체되었고, 이때부터 지난출병濟南出兵(제남사건), 장쭤린 암살, 3·15사건, 치안유지법 개악을 거쳐 1931년 드디어 만주 침략전쟁을 도발했다. 그리고 이어서 5·15사건, 2·26사건을 거쳐 태평양전쟁으로 치닫게 된 것이다. 그 사이의 역사에 관해서는 본문에서 다루기로 한다. 그 후 지배자들이 일면 종속, 일면 침략이라는 기존의 전략을 버리고 오로지 침략의 길로 들어서면서 전에 없는 패배를 맛보게 되었다.

패전의 무거운 짐은 모두 국민 대중의 몫이 되었다. 일본은 또다시 압박 받는 민족이 되었다. 하지만 그것은 이전과 같은 온화한 성격의 것이 아니라 미국이라는 세계 최대의 제국주의에 의한 식민지 지배와 압제였다. 영사재판이 아니라 군사재판을 받았다. 한정된 거류지가 아니라 전 국토에 걸쳐 군사기지가 만들어졌다. 5%세금 정도의 구속이 아니라 전 산업과 금융, 그리고 재정이 완전히 장악되었다. 그리고 민족을 이러한 비극으로 몰아넣은 침략전쟁의 장본인들은 패전의 와중에도 이익을 챙겼으며 현재는 미국 점령제도의 도구로 전락했다. 그리고 한편으로는 침략, 한편으로는 종속을 감수해야만 한다는 일본 제국주의의 역사적 성격을 제대로 파악한 이른바 영미파 외교관들은 점령제도 아래에 있는 일본정권에 기웃거리며 미국의 노예로서 굴종하면서도 하루 빨리 군국주의를 부활시킴으로써 미군의 선봉으로서 아시아를 다시 침략하고자 하는 꿈을 꾸고 있다. 과거의 천황제, 과거의 지주제, 과거의 재벌독점자본이 남아 있는 한 이들의 태생적인 군국주의 본성도 그대로 잔존하기 마련이다.

그러나 세계는 변했다. 특히 동양은 완전히 변했다. 중국도, 조선도 이제는 젊고 창조적 힘이 넘치는 인민의 나라가 되었다. 일본국도 변했다. 일본국민의 혁명적·평화적 전통은 과거 그 어느 때보다도 상상 이상으로 양이나 질에서 모두 비약적인 발전을 이루었다. 바로 여기에 역사의 희망이 있다. 평화는 전쟁을 이기고, 국민은 매국반동을 이기며, 일본 민족은 완전한 독립과 항구적 평화, 그리고 인민의 민주주의를 위해 분투하고 있다. 이것은 60년 전에 이루어진 구미와 맺은 조약 개정의 길과는 완전히 다른 혁명적 독립이다. 바로 여기에 역사의 법칙이 있다.

# | 주 |

1  하라 다카시(原敬, 1856~1921) 제19대 총리. 군벌이나 국가 원로가 아닌 민간인 출신으로 총리에 선출된 첫 번째 사례였다. 1896년 주한 공사를 지냈으며 3.1운동 당시 일본의 총리로서 무단통치를 문화통치로 바꾸기도 했다. 영미협조 노선을 추구하며 군비감축에 나서자 군부와 우익의 불만을 초래해, 1921년 한 우익청년에 의해 살해되었다.

2  야마가타 아리토모(山県有朋, 1838~1922) 메이지유신 참여, 육군참모총장과 육군경을 거쳐 제3대, 제9대 총리 역임. 청일전쟁과 러일전쟁을 이끌었고, 일본 군국주의의 아버지로 불리는 원로로서 추앙되었다. 제2차 세계대전 발발에도 영향을 미쳤다.

3  10세기에서 19세기에 걸쳐 일본 각 지방의 영토를 다스리며 권력을 누렸던 영주. 에도막부 시대에는 주로 1만 석 이상의 영지를 막부로부터 부여받은 무사를 지칭한다.

4  가타야마 센(片山潜, 1859~1933) 일본의 사회운동가, 공산주의자. 미국에서 신학을 공부한 후 귀국해서 잡지 노동세계(勞動世界)를 발간하고 초창기 노동조합 운동의 중심인물로 활동했다. 1912년 코민테른 상임집행위원으로 소련에 머물면서 일본의 공산주의 운동을 지도하다가 1933년 모스크바에서 사망했다.

5  펑텐전투(봉천전투 또는 선양전투) 러일 전쟁 당시 1905년 2월 20일부터 3월 10일까지 약 20일간 만주의 펑텐 근처에서 벌어졌던 마지막이자 가장 치열했던 지상전. 양측은 큰 손실을 입고 전쟁 자금도 바닥난 상태였고 육상전투는 소강상태를 보이다가 쓰시마 해전을 통해 러일 전쟁은 끝이 난다.

6  가라후토(樺太)는 현재의 러시아 사할린 지역을 일컫는 일본말이다. 오랫동안 현지 원주민과 만주족, 러시아와 일본의 여러 민족이 어울려 살았으며 러시아와 일본의 관할권이 미치지 못했다. 19세기 중엽에는 러일 양국의 합동관할지였다가 1875년 러시아 제국의 영토로 편입되었다. 1905년 러일전쟁의 승리로 일본은 북위 50도선 이남의 남사할린을 획득했다. 이후 일본은 조선인 노동자 등을 동원해 사할린을 경영했지만, 1945년 소련군이 사할린 지역을 탈환하여 현재에 이르고 있다. 전후 사할린지역에 억류되었던 조선인들은 냉전 기간 동안 귀환하지 못했다가 1990년대 이후 영주귀국 사업을 통해 약 3,500만명이 귀국했다.

7  1905년 7월 29일 도쿄에서 미국의 태프트(William H. Taft) 전쟁부장관과 일본의 총리 가쓰라 타로(桂 太郎)가 맺은 밀약. 러일전쟁의 휴전회담을 중재하던 루스벨

트 대통령은 미국의 아시아진출, 특히 필리핀에 대한 식민지배에 일본이 방해가 될 것을 염려해서 친구인 태프트 장관을 일본에 급파해 일본의 조선 합방을 용인하는 대신 필리핀의 미국 지배를 상호 인정하는 밀약을 체결했다. 당시 3국간섭의 교훈에 따라 일본은 조선의 지배와 합병을 성사시키는 데는 주변 열강, 즉 영국, 러시아, 청 그리고 미국의 승인이 필요하다고 판단했었다. 이 밀약을 계기로 일본의 제국주의 침략노선이 열강으로 승인받아 더욱 노골화되었다는 평가를 받는다. 이로부터 약 35년 후 일본은 진주만공격과 동시에 필리핀을 침공한다.

8  러일전쟁 승리에 고무된 해군이 거함거포주의를 내걸고 주력함대를 증강하려던 계획. 전함 8척과 순양전함 8척을 건함하고 예비용으로 구형 전함 8척과 장갑순양함 8척을 유지한다는 내용이었으나 워싱턴 해군 군축조약에 의해 성사되지 못했다.

9  히비야공원 방화 사건. 1905년 9월 5일 도쿄 히비야 공원에서 러일 전쟁에 대한 보상에 불만을 품은 군중들이 내무대신 관저, 신문사, 파출소 등을 방화한 사건. 청일전쟁 승리로 시모노세키조약을 통해 거액의 배상금을 받아냈던 일본은 러일전쟁의 결과로 포츠머스 조약이 체결되었지만 사할린과 요동 반도 할양 외에는 배상금을 받지 못하게 되자, 일본 군중들의 분노가 폭발했다. 폭동은 수습되었지만 군중들의 분노와 여론 악화로 마침내 1906년 1월 가쓰라 내각은 총사퇴했다.

10  전전 시기 일본의 전국적인 노동단체인 일본노동총동맹(총동맹)의 전신. 1912년 스즈키 분지(鈴木文治) 등 15명이 결성한 공제조합 성격의 노동자단체로 출발했다. 1919년 대일본노동총동맹우애회로, 1921년에 일본노동자총동맹으로 개칭했다.

11  1914년 일본 해군 관료들이 독일 조선사 지멘스로부터 뇌물을 받았다는 의혹이 제기된 이후 당시 정부 관료와 군인, 미쓰이 물산 등이 독일(지멘스사)과 영국(빅커스사) 등 조선사로부터 거액의 뇌물과 커미션을 수수한 사실이 잇따라 폭로되었다. 이로 인해 군중들의 항의 집회와 의회 난입과 충돌 사건이 발생했고, 야마모토 내각이 총사퇴하기에 이르렀다.

12  1908년 중국의 漢陽鉄廠, 大冶鉄山, 萍郷炭鉱을 통합하여 설립한 제철회사. 현재 우한(武漢)의 철강 콤비나트의 전신이다. 일본은 21개조 요구에서 이 제철회사의 공동경영, 사실상 운영권을 요구했다.

13  1922년 3월에 결성되어 제2차 세계대전 이전까지 활동한 일본의 부락해방운동단체. 일명 젠스이(全水) 또는 줄여서 수평사로 불렸다.

14  일본의 시베리아 간섭 전쟁, 또는 시베리아 출병으로 불린다. 볼셰비키혁명에 의한 공산 정권을 붕괴시키기 위해 1918년 일본군이 러시아를 침략한 전쟁. 미국, 영국

등 연합군의 일원으로 일본 역시 백군을 지원한다는 명분으로 출병했지만, 일본은 사할린과 연해주, 만주 철도 배후지 확보에 더 큰 목적을 두었다. 일본군은 다른 연합국이 모두 철수한 이후에도 바이칼 호 서쪽의 이르쿠츠크까지 진출해 괴뢰국가를 건설하려고 했지만, 혹독한 추위와 풍토병, 적군과 조선독립군 등의 게릴라전, 백군의 패퇴, 병참선 유지 곤란과 사기 저하로 결국 1922년 별다른 소득없이 철수하고 말았다.

15 돤치루이(段祺瑞, 1865~1936) 중국의 군벌정치인. 1916년부터 1920년까지 중화민국의 최고 권력자였다. 위안스카이 사후 총리가 되어 정권을 장악, 일본의 지원을 받아 독일에 항전했다. 노골적인 친일적 행보에 분노한 군중들이 베이징에서 궐기하여 5.4운동을 일으켰다.

16 제1차 세계대전 중 워싱턴에서 미국 국무장관 랜싱(Robert Lansing)과 일본 특사 이시이 기쿠지로(石井菊次郎) 사이에 체결된 협약. 일본이 세계대전을 이용해 독일의 조차지였던 칭타오와 태평양지역의 도서를 장악해 나가자 이에 불안을 느낀 미국은 중국에서 일본의 특수이익(special interests)을 인정한다고 하면서 사실상 일본의 부상을 견제하기 위해 협약을 체결했다. 마치 러일전쟁 승리 직후 가쓰라·태프트 밀약을 통해 필리핀과 조선의 교차지배를 주고받은 것과 같은 맥락이다. 이후 일본은 일본대로 중국 북부, 특히 만주 지역에서 일본의 배타적 이익을 미국이 인정했다고 생각하고 중국 침략의 고삐를 더욱 당겼다.

17 중국에 관한 9개국 조약. 1922년 워싱턴 회의에 참가한 미국, 영국, 네덜란드, 이탈리아, 프랑스, 벨기에, 포르투갈, 일본, 중화민국 간에 체결된 조약. 문호개방·영토보전·기회균등·주권존중의 원칙 속에서 일본의 중국진출을 억제함과 동시에 중국의 권익보호를 표명하고 있다. 일본은 이시이-랜싱 조약을 해소하고 이 조약에 따라 중국과 조약을 맺어 산동성 권익의 대부분을 반환하였다.

제1편

# 만주사변

제1장

# 세계의 변모

## 제1절 중국혁명과 열강

### 중국혁명 발발의 의의

제1차 세계대전 이후인 1923년까지, '러시아 혁명'의 열풍이 전 세계로 번지며 자본주의체제를 크게 뒤흔들었다. 혁명운동은 독일, 오스트리아, 헝가리, 일본(1918년 쌀 소동)을 비롯해 종속국이나 식민지였던 이집트, 터키, 이란, 아프가니스탄, 인도, 외몽고, 조선(1919년 3월 만세운동)에 영향을 미쳤다.

중국에서는 5·4운동이 발생했다. 전쟁기간과 이후에 중국의 자본주의가 급속히 발전했고, 민족부르주아와 함께 프롤레타리아가 성장했으며 노동운동이 현격히 진전되었다. 이러한 배경 아래서 반反제국주의·반反봉건주의를 명확히 내건 최초의 대중운동으로서 5·4운동이 전개되었다.

그리고 이 운동을 계기로 중국의 민족주의혁명은 새로운 단계로 접어들었다. 러시아 혁명의 결과 국제자본주의에 반대하는 세계혁명의 시대가 출현했고, 중국혁명은 식민지에서 나타난 전형적인 민족해방운동으로서 세계혁명의 모범이 되었다.

1923년부터 1928년에 걸쳐 자본주의체제는 이른바 상대적 안정기를 맞이했다. 일본, 영국, 미국은 중국에서 서로의 세력범위와 수탈방식에 관해 서로 협조하고 노력했다. 그러나 이러한 일시적 안정은 어디까지나 중국 이외의 식민지를 더욱 가혹하게 수탈함으로

1919년 5월 4일 5·4운동 때 학생의 가두연설(베이징)

써 겨우 유지되었으므로 이들 식민지의 민족운동이 격화되는 것은 피할 수 없었다. 동시에 제국주의의 여러 모순이 심화되면서 이러한 안정은 무너져 갔다.

1921년 중국공산당이 성립되었고, 이듬해에는 홍콩해관원들의 파업이 발생했다. 1923년에는 경한선京漢線(베이징 서역에서 광저우 역에 이르는 노선) 철도파업이 있었고 제국주의가 가장 두려워했던 혁명세력인 프롤레타리아가 민족해방운동 안에서 수행하는 역할이 증대되었다. 그때까지 이른바 모험적 거병주의에 의존하며 혁명에서 대중이 지닌 위력을 자각하지 못했던 부르주아 민주주의자인 쑨원孫文도 이러한 운동을 통해 통렬한 교훈을 얻었다. 이미 그는 5·4운동이 한창일 때 대중의 역량에 대해 다음과 같이 평가한 바 있다. "이렇게 짧은 시간에 훌륭한 성과를 거두다니. 역시 뭉치면 큰 힘이 된다. … 우리의 주장 아래 뭉치자. 베이징의 군벌정부도 이미 그것을 거절할 수 없을 것이다."

## 반제운동

1924년 1월 코민테른이 열심히 중재한 결과 국민당과 공산당 사이에 통일전선이 성립되었다. 이것은 중국혁명의 발전에 획기적인 사건이었다. 그 후 광둥廣東의 국민당 정부는 확실히 군벌과 제국주의 타도를 내걸었고 노농원조정책과 소련과의 우호정책을 실행했다. 대중의 혁명운동은 발전했고, 소련의 원조를 받아 황포군관학교黃埔軍官學校를 6월에 설립하였으며 혁명군은 강화되었다.

이에 대해 영국은 조속히 광둥에 있는 매판자본과 호신豪紳[1]의 무장조직과 상단을 이용해 간섭을 시도했으나 광둥정부는 곧바로 상단군이 이끄는 군대를 진압했다.(1924년 10월) 이 무렵 북방에서는 직례파견군벌 차오쿤曹錕이 의원들을 매수해 대통령이 되었다. 그런데 이들 군벌은 농촌의 봉건제도를 기반으로 한 전제적 지배자였으므로 민중들 사이에는 차오쿤에 반대하는 운동이 확산되었다. 쑨원은 이에 두 번째 북벌을 기획했다. 장쭤린 등의 반反직례파견군벌도 이에 참가하자 차오쿤은 패배하고 말았다. 베이징에는 장쭤린과 펑위샹馮玉祥이 지지하는 돤치루이段祺瑞 집정부가 들어섰다. 민중들 사이에는 다시 국민회의가 개최되었는데 헌법을 정해 민주공화정부를 세우고자 하는 열망이 강했다. 쑨원도 국민회의를 열어 인민의 생활문제를 해결하고, 불평등조약을 폐기할 필요가 있다고 생각해 1924년 11월 베이징北京으로 향했다. 그러나 돤치루이는 유력자들만 모아서 회의를 열고 제국주의와 결탁해 불평등조약을 인정하려고 했다. 이에 대항해 국민회의촉진대회가 1925년 3월 1일 베이징에서 개최되었다. 그러나 이 무렵 쑨원은 이미 병세가 악화되어 3월 12일 '혁명을 달성하기 위해서는 반드시 민중을 일으켜세워야 하며 소련과 연합해 공동투쟁을 벌여야 한다'는 유언을 남기고 세상을 떠났다.

직례파를 무찌르고 나서 민중 조직은 급격히 발전하여 1925년 5월에는 노동조합의 전국조직인 전국총공회全國總公會가 결성되었고 이어서 프로핀테른Profintern² 가입을 결정했다. 농민조직도 수개월 사이에 3만 명에서 20만 명으로 늘었고 같은 해 9월에는 광둥성농민협회 제1회 대회가 개최되었다.

이 무렵 제국주의 국가들은 전후 자국 안에서 번진 혁명의 위기를 넘기며 또 다시 식민지와 반식민지 착취에 열을 올렸다. 이것은 국내의 모순을 외부로 돌리기 위함이었다.

영국은 이전부터 양쯔강 유역을 자국의 세력범위로 각지에 방적공장 등을 경영하고 있었다. 그리고 전승국으로서 중국을 제1차 세계대전의 전쟁성과를 뽑을 수 있는 주된 원천으로 삼고자 중국혁명과 민족산업의 발전에 가장 적극적으로 간섭했다. 따라서 제국주의에 반대하는 중국의 반제운동은 주로 영국을 대상으로 했다.

전후 전승국 반열에 오른 미국은 국내산업의 눈부신 발달로 인해 중국에 대한 자본 투자와 무역이 해마다 늘어갔다. 그러나 중국 영토 안에 특수한 세력범위를 확보하지 못했으므로 문호개방, 기회균등주의를 내세우며 중국시장을 분할하고자 했다.

일본은 전후에도 국내의 정치적·경제적 난국을 타개하기 위해 중국 진출을 바라고 있었으나 5·4운동을 계기로 시작된 중국의 반일운동과 1921년 워싱턴 회의로 불거진 영국과 미국의 견제로 인해 이들 국가와 협조하면서 서서히 기회를 엿보는 것이 유리하다고 판단했다. 이에 '시데하라幣原외교'(1924~1926)를 정책의 기조로 삼았다. 또 한편으로는 중국에서 영국과 미국 위신의 실추, 영국 상품의 불매운동(1922년 홍콩해원들의 파업)을 이용해 자국의 수출을 늘리고자 했다.

이렇듯 제국주의 국가들은 서로 자국의 이해관계로 인해 대립하면서도 중국혁명에 대해서는 하나같이 적대시하며 함께 간섭하고자 했다.

1925년 그 유명한 '5·30사건'도 바로 이러한 상황 속에서 발생했다.

## 5·30사건

상하이와 홍콩 등지에는 이전부터 일본인과 영국인이 경영하는 방직공장이 많았다. 그곳 노동자들의 대우는 열악했고, 이들은 항상 '임금인상'과 더불어 '노동조합 승인', '직공을 밧줄로 묶거나 때리지 말 것' 등의 조항을 요구사항에 넣곤 했다. 1925년 2월 상하이 일본인 소유 방적공장에서 발생한 파업은 비슷한 환경에 있던 공장으로 파급되어 7만 명의 노동자가 이에 호응했다. 4월에는 칭다오의 일본 방적공장에서 대규모 파업이 연이어 발생했다. 4월 8일 식민지교육에 반대하는 푸저우福州 학생들의 청원운동 과정에서 학생이 학살되었다. 이러한 가운데 5월 15일에 발생한 일본 방적자본가에 의한 노동자 살상사건은 민중의 거센 항의를 불러일으켰다.

이에 항의하는 전단을 뿌리던 학생이 유치소에 감금되었다. 그러자 5월 30일 학생들이 공동조계로 들어가 '노동자 사살에 항의', '학생 체포 반대' 등을 외치며 연설을 했다. 진압에 나선 영국인 경찰관은 가는 곳마다 연설하는 학생을 체포했다. 난징루 경찰서 부근에서는 약 1만 명의 군중이 '학생 석방'을 외치며 경관과 대치하고 있었다. 그러다가 결국 영국인 경찰서장이 발포를 명령하자 맨손의 노동자와 학생들 다수가 살상되었다. 이것이 바로 5·30사건이다.

이 사건은 전국적으로 반제국주의 국민운동을 불러일으켰다.

5·30 사건을 풍자한 당시 선전포스터

상하이에서는 6월 1일 노동자, 학생, 상인에 의한 3대 파업이 발생했는데 영국조계에 있던 중국인 순사까지도 이에 동참했다. 7일에는 상하이에서 반대운동을 지도하는 최고기관인 공상학工商學연합회가 결성되었다. 베이징, 칭다오, 톈진天津과 기타 지역에서도 격렬한 운동이 일어났다. 홍콩에서는 6월 18일 해운조합이 상하이, 한커우漢口 등지의 운동에 동조하며 제국주의와 결전을 결의했다. 6월 23일 제국주의 국가들은 광저우廣州, 홍콩의 7만여 명에 달하는 시위대에 포격을 가해 200여 명을 살상하고 광둥정부와 단교를 선언했다. 이에 대해 홍콩의 중국인노동자 수 만여 명은 광둥으로 물러나 영국상품, 일본상품 불매운동을 벌였다. 이 운동은 16개월에 걸쳐 일어났고 이듬해 10월까지 지속되었다. 이렇게 '5·30사건'은 노동자계급을 중심으로 한 각 계급의 혁명연합을 결성케 했고 전국적으로 반제국주의운동을 발전시키는 계기가 되었으며 1925년부터 1927년에 걸쳐 혁명의 기초를 굳건히 했다.

'5·30사건'은 국제적으로도 획기적 사건이었다. 이 사건은 자국의 제국주의와 투쟁하는 일본 노동자 자신의 문제이기도 했다. 당시 막 결성된 일본노동조합평의회가 제일 먼저 제기한 문제가 이것이었다. 즉 '중국노동자 원조', '일본정부에 대한 항의'를 외치며 여론을 환기하는 운동을 시작했다. 동시에 삼엄한 탄압을 뚫고 미타무라 시로三田村四郎와 야마모토 겐조山本県蔵를 대표로 상하이에 보냈다. 이들 대표를 파견함으로써 중일 노동자의 연대를 강화했고 거기에 모인 여러 나라의 노동자 대표들은 태평양연안노동자조합의 단결을 재확인했다. 그리고 일본 노동자는 이 혁명운동을 통해 풍부한 경험을 쌓음으로써 향후 노동운동에 교훈으로 삼을 수 있었다.

'5·30사건' 이후 반제운동이 확산되자 제국주의 국가들은 학살 등의 방법으로 혁명세력의 분열공작에 적극 나섰다. 이들은 노동자계급의 세력이 강해지자 두려움을 느낀 상하이의 민족자본가 계급을 상대로 한편으로는 관세회의라든가 법권회의 등을 제안하며 융화적 태도를 취하는가 하면, 또 한편으로는 조계 안에 있는 중국인 공장을 대상으로 송전과 급수 중지라는 위협적 태도를 취했다. 매판자본가 총상회회장 유야칭虞洽卿 등도 이에 동참했다. 그 결과 총상회는 6월 26일 결국 상점휴업을 중지하고 역으로 운동을 방해하기 시작했다. 대중은 이에 격분했고 파업의 영향이 중국인 기업에도 미치게 되었다. 그 후 민족자본가 계급은 점점 더 반혁명 대열로 모여들었다.

워싱턴회의 이래 프랑스의 책동으로 연기되었던 관세회의가 이해에 접어들어 겨우 소집되었다. 그러나 중국정부는 국내 관세의 일종인 이금釐金[3]을 폐지하는 조건을 내세웠다. 제국주의 국가들의 이해가 정리되지 않자 회의는 오래 계속되었다. 게다가 이들이 지지하는 각 군벌 사이에 분쟁이 일어나자 중국에는 교섭에 응할 능력 있는 정부가 없다는 구실로 회의는 해산되었다.

## 북벌의 성공

광저우廣州의 통일이 완성되자 혁명적 대중 사이에서는 제국주의 앞잡이인 군벌을 타도하고 전 중국을 해방시키는 것이 현실적 과제로 대두했다. 1926년 5월에 열린 제3회 노동대회에서는 '반제 반군벌, 광동국민정부의 북벌 옹호'를 결의했다. 이에 국민정부는 북벌을 준비하기 시작했다.

그러나 이 무렵에 이미 장제스蔣介石를 중심으로 한 국민당 우파는 민족부르주아와 함께 혁명을 배반하고 좌파의 지도권을 빼앗으려 했다. 그는 3월 20일 '공산당이 폭동을 기도하고 있다'는 구실로 황포군관학교와 국민혁명제일군에서 공산당원을 내쫓고 5월에는 공산당원의 활동을 제한하는 '당무정리안'을 만들었다. 그러나 당시에는 아직 공개적으로 반공을 외칠 힘이 없었다. 1926년 7월 국민혁명군은 반혁명을 일소하기 위해 북벌을 개시했다. 장제스는 북벌군 총사령이 되어 군령과 정령을 손에 쥐고 완전한 군사독재를 실현했다.

7월 12일 공산당은 '제5회 시국선언'을 발표하고 각 계급의 혁명적 연합전선을 강화해 군벌, 제국주의를 타도하자고 외쳤다.

이 무렵 북방에서는 일본의 후원을 입은 장쭤린이 세력을 넓히고 있었고, 양쯔강 유역에서는 영국이 우페이푸吳佩孚의 재기를 돕는 등 반혁명 세력을 강화하고 있었다. 북벌군은 우선 후난으로 진격해 그곳에서 마오쩌둥毛澤東 등에 의해 이미 조직되어 있던 노동자와 농민 자위군과 합류하여 갑자기 북상하여 후베이湖北에서 우페이푸의 주력부대를 완파했다. 그리고 9월 7일에는 한커우, 10월 10일에는 우창武昌을 점령했다. 장시江西 방면에서는 쑨촨팡孫傳芳 군대와 싸웠고, 11월에는 난창南昌, 주장九江 등을 점령했다. 이렇게 그해 말까지 혁명군은 양쯔강 유역 일대를 해방시켰다. 상하이에서는 이에 호응해 10월 24일 공산당 지도 아래 무장봉기를 일으켰다. 그러나 쑨촨팡 군軍의 공격과 준비 부족으로 실패하고 말았다. 북방에서는 소련에서 귀국한 펑위샹이 9월 17일 국민군연합총사령에 올라 전 군을 이끌고 국민당 가입을 선언했고 그 해 말에는 산시성陝西省을 평정했다. 1927년 1월 혁명정부의 수도는 우한武漢으로 이전되었다.

### 4·12쿠데타

북벌전쟁의 압도적 승리는 민중운동의 급속한 발전을 의미했다. 전국의 노동운동은 급속히 확대되었고 우한에서만 30만 명의 노동자가 조직되었다. 농민도 후난湖南, 광둥을 중심으로 한 각지에서 일어나 농민조합을 조직했고, 지주의 토지를 몰수하고 소작인들에게 나누어 주었으며 농민의 무장을 강화했다. 그리고 손수 도박과 아편을 금지하는 운동을 벌이기 시작했다. 이것은 제국주의 국가나 그 앞잡이 입장에서 보자면 매우 놀랄 만한 일이었다. 이들은 이미 탄압정책만으로는 혁명을 분쇄할 수 없다는 사실을 깨달았다.

1927년 1월 3일 우한에서는 성대한 혁명축하대회가 열렸다. 이때 영국 수병이 민중을 습격해 사상자가 발생했다. 이에 격분한 민중이 곧바로 조계의 영국인 순사를 내쫓고 우한국민정부는 대중의 결의를 실행하여 영국 조계를 접수했다. 이어서 6월에는 주장九江의 영국 병사가 또 다시 노동자를 사살하자 주장의 조계를 접수했다. 대중운동의 압도적 위세 앞에서 영국은 형식적으로 항의하였을 뿐 물러서지 않을 수 없었다. 이것은 100년에 걸친 제국주의의 중국 침략 사상 전례 없던 일이었다.

이러한 정세에 직면하자 열강은 점점 더 적극적으로 국민당 내부의 분열공작에 주력했다. 장제스는 먼저 다이지타오載季陶를 일본으로 보내고, 후앙푸黃郛, 장췬張群, 왕쩡팅王正廷을 통해 저장折江의 재벌과 손을 잡는다거나, 혹은 열강과 맺은 상하이총상회 회장 유예칭虞洽卿과 '반공멸공'을 조건으로 6,000만 위엔을 받기로 약속하는 등 반혁명을 준비했다.

이 무렵 상하이에서는 혁명군의 북상에 호응해 중국공산당 지도 아래 3번에 걸쳐 노동자와 시민이 봉기했다. 제1회 봉기(1926년 10월 24일)가 실패로 끝난 뒤 1927년 2월 17일 북벌군의 항저우杭州 점령에 호응해 재차 무장봉기에 나섰다. 이번에는 36만 명이 대규모 파업에 들어갔다. 그럼에도 불구하고 아직 공작이 충분히 준비되지 않았고 북벌군도 상하이 진격을 중지한 채 실패로 돌아갔다. 두 번의 실패에도 불구하고 상하이의 노동자들은 3번째 봉기에 들어갔다. 이번에는 광범위한 정치공작을 통해 노동자 규찰대를 조직해 무장했다. 3월 21일 압도적 다수의 노동자들이 총파업에 들어갔다. 이어서 공산당 지도 아래 무장봉기를 결행했고 격렬한 시가전을 거쳐 군벌부대를 조계에서 쫓아내 승리를 거두었다. 22일에는 상하이 노동자들이 상하이 전 지역을 탈취했고 몇 시간 뒤 북벌군사령관 바이충시白崇禧가 이끄는 부대가 상하이로 들어왔다. 이때 정권은 노동자 수중에 들어갔는데 정세가 절박해 북벌군과 노동자, 그리고 시민의 통일전선이 승리할지, 아니면 민족부르주아와 조계세력이 단결해 혁명을 좌절시킬 것인지 기로에 놓였다. 장제스는 이것을 보고 반혁명 쿠데타를 일으킬 시기가 무르익었다고 판단했다. 그는 한편으로는 제국주의와 매판계급 등을 상대로 정치적 거래를 하고, 또 다른 한편으로는 혁명의 아군인 것처럼 행동했다. 그래서 당시 공산당에서 지도적 위치에 있었던 천두슈陳獨秀 일파의 타협적 온건주의를 이용해 혁명세력을 압박했다. 먼저 인민의 자치정부인 상하이시민회의를 금지했고, 천두슈 일파가 부르주아와의 통일전선에 매몰된 틈을 타서 이들 세력을 분쇄했다.

한편 영국과 미국을 선두로 한 제국주의 국가들은 북벌군이 난징南京을 점령한 당일(3월 24일) 거류민의 손해를 구실로 그곳을 포격하여 2천여 명의 병사와 주민을 살상했다. 이렇게 반제운동의 열기를 억누르고 민족부르주아의 혁명대열 이탈을 재촉했다. 이 난징사건이 발생한지 보름 남짓 지난 뒤 가공할 만한 4·12쿠데타가 발생했다. 4월 11일 바이충시는 부대를 비밀리에 상하이로 집결시킨 뒤 부랑자와 비밀결사원을 노동자로 위장시켜 폭력단을 만든 뒤 노동자 규찰대와 싸우게 만들고 내란을 진압한다는 구실로 무장을 해제시켰다.

그럼에도 불구하고 노동자들은 그를 어제까지 마음을 나눈 친구로 믿고 있었다. 12일 상하이 전 지역의 노동자는 시민대회를 열고 사령부에 청원을 하고자 대규모 행진을 벌였다. 대중이 유산로玉山路로 접어들자 갑자기 기관총을 난사해 시체가 산처럼 쌓였다. 그리고 상하이공회는 부랑자들에게 점령당하고, 각 공회도 파괴되었다. 노동운동 지도자는 체포되었으며 모든 혁명적 조직이 폭력적으로 파괴되었다. 이 쿠데타는 동시에 난징, 우시無錫, 닝보寧波, 항저우에서도 일제히 일어났고 4월 15일에는 광둥에서도 대규모 학살이 자행되었다.

혁명을 배반한 장제스로 대표되는 민족부르주아 상층은 매판자본가와 호신 세력들과 손을 잡고 제국주의에 굴복하면서 민족적 성격을 잃고 말았다. 이렇게 새로운 군벌로 전락한 장제스 일파는 우한정부에 대항하며 난징정부를 세웠다.

### 우한정부의 반동화

반혁명정권인 난징정부가 수립되었기 때문에 1927년 4월 17일 우한정부는 장제스를 국민당에서 제명하고 그를 토벌할 것을 전국적으로 호소했다. 그러자 장제스는 상하이 일대의 시장을 지배하고 있던 저장재벌(저장성 출신의 대금융·매판자본가 집단)과 손을 잡고 원조를 받아가며 세력을 넓혀 양쯔강 하류 일대를 차지한 뒤 우한의 경제봉쇄를 강화했다. 그러자 열강들은 장제스를 적극적으로 원조해 우한을 압박했다. 영국·미국·일본의 함대가 양쯔강을 휘저으며 위협했다.

이런 가운데 우한의 경제는 필수품 부족과 물가인상으로 인해 점차 피폐해졌다. 자본가와 대상인들은 동요하기 시작했다. 이들 가운데 일부는 난징과 손을 잡고 의식적으로 공장을 폐쇄하거나 생산을 거부해 무역을 중지시킴으로써 혼란을 한층 격화시켰다.

우한을 지지한 이들은 노동자와 농민이었다. 류사오치劉少奇가 지도하는 노동조합은 반혁명음모에 대비해 무장규찰대를 강화했다. 또 농촌에서는 후난성을 중심으로 한 마오쩌둥이 지도하는 농민운동이 활발히 전개되었다. 이 지역에서는 300여만 명의 농민들이 농민조합으로 조직되었고 농민자위대를 만들었다. 농민들은 마을의 대지주와 유지들을 체포했고 그들의 토지를 몰수해 분배하기 시작했다. 이러한 농민혁명의 발전은 우한정부가 이용하고 있던 지방군대의 고급장교들을 떨게 만들었다. 본래 지방 지주와 유지들의 자식이었던 이들이 국민혁명에 참가한 이유는 새롭게 대두한 강력한 정치세력과 연대해 북방의 구 군벌을 타도함으로써 정치·경제적으로 자신들의 기반을 확대하기 위함이었다. 이들에게 소작인들이 마을이나 지방의 주인공이 된다는 것은 상상도 할 수 없는 불상사였다.

한편 떨쳐 일어난 농민들은 자신의 가족조차도 용서하지 않았다. 제36군 허젠何健의 고향 농민들은 자신의 부모를 체포했고 토호열신土豪劣紳(대지주나 지역 유지)으로 지목해 긴 모자를 씌운 채 조리돌림을 하고 굴욕감을 느끼게 했다. 이러한 노농세력의 급격한 발전을 목도한 우한국민당 좌파의 영수 왕징웨이汪精衛"와 쑨커孫科 등은 자본가, 군벌의 힘에 밀려 '노농운동이 국민혁명을 파괴한다'고 비난하고 지나친 행동을 시정할 것을 요구했다. 5월로 접어들자 각지에서는 지방군대의 반란이 빈발했다. 후난성의 중심도시인 창사長沙에서는 유력한 지방군이 국민당 내 우파 간부와 내통해 '당을 구하기 위한 쿠데타'를 일으켰다. 이들은 성 노동조합, 농민조합 건물을 파괴하고 해산시켰다. 그리고 100여 명의 공산당원을 사살했으며, 우한정부에 '청당淸黨', 즉 공산당과 절연할 것을 요구했다. 이러한 움직임을 주시하던 서북군의 영수 펑위샹은 중간자적 입장을 이용해 곧바로 난징, 우한 사이를 조정하는가 하면, 왕징웨이와 쑨커에게 소련인 고문 보로딘Mikhail Borodin의 귀국, 공산당과의 절연, 난징정부와의 합류 등을 제안했다.

그 결과 6월 초 왕징웨이와 쑨커는 보로딘을 해임하고 노농운동에 대한 압박을 한층 강화함으로써 우한의 정서는 중대한 기로에 놓였다. 일찍이 설익은 지방군대를 이용하기보다는 차라리 노동자와 농민, 학생으로 구성된 의용군 창설을 주장하였던 마오쩌둥, 류사오치 등은 이러한 위기를 맞이해 노농운동을 한층 강화하고 이들로 하여금 무장하도록 하여 반혁명 음모에 대항할 것을 주장했다. 그런데 창사에서 벌어진 쿠데타에 대해 10만 농민자위대가 포위체제를 구축하고, 또 도시지역에서는 노동자들이 급속히 무장을 하던 상황이었으므로 이러한 주장은 충분히 가능했다.

천두슈(좌), 마오쩌둥

그러나 당시 공산당 서기장 천두슈 등은 마오쩌둥 그룹의 주장에 반대하며 창사 포위작전의 중지와 노동자의 무장해제를 명령하고 타협과 후퇴를 통해 국민당과의 연합전선을 유지하고자 했다. 그런데 이러한 위기의 순간을 틈타 군벌세력은 점차 테러를 강화해 나갔다. 6월과 7월에 걸쳐 국민당 좌파의 공인 아래 우한정부치하에 있던 전역에서 좌익세력에 대한 철저한 탄압이 이루어졌고 수천 명의 노동자, 농민, 학생이 '마치 가을에 벼를 베듯이 쓰러져 갔다.'

## 국·공 분열

사태가 이 지경에 이르자 공산당 중앙부도 점차 우한정부에서 탈퇴하기로 결의했다. 아울러 쑨원의 미망인 쑹칭링宋慶齡은 "우한의 국민당 지도자는 중국 어린이들에게 신발과 쌀밥을 주겠다는 당초의 일념으로 출발한 쑨원의 혁명사업을 배반했다"며 은퇴선언을 고하고 정부에서 탈퇴했고, 궈모뤄郭沫若과 덩얀다鄧演達 등 소련 용공파가 뒤를 이음으로써 국공통일은 종말을 고했다.

그리고 난징, 우한을 막론하고 전 중국에 걸쳐 백색테러가 난무해 시가나 마을에서는 수만 명의 공산당원과 이에 동조한 사람들이 피를 흘렸다. 당시 루쉰魯迅은 그러한 참경을 실랄하게 비판했다.

이렇듯 미친 듯이 번져나가는 테러에 저항하며 8월 난창南昌의 노동자는 주더朱德(당시 난창 지역의 장교훈련단장) 등의 지도 아래 있던 혁명적 장병 2만여 명과 호응해 폭동을 일으켰고 쑹칭링과 궈모뤄 등과 함께 국민혁명위원회를 조직하였으나 대규모 공격에 패배하고 말았다. 이어 12월에는 광둥의 노동자와 빈민 약 5~6만 명이 '제국주의 타도', '군벌 타도', '빵을 노동자에게', '토지를 농민에게', '모든 권력을 소비에트 의회로' 등의 슬로건을 내걸고 무장봉기하여 처음으로 소비에트 정권을 세우고, 반공세력, 대자본계급에 대한 '피의 보상'을 강행했다. 그러나 도시에서 이루어진 최초의 반격도 외국 군함의 포격과 각 파벌 군대의 집중공격을 받아 패배하고 말았다. 그 사이 '공산주의'의 위협 앞에서 하나가 된 우한국민당 정부와 기타 국민당 각 파는 점차 난징정부에 합류했고 장제스를 수석으로 하는 중국국민당 정부를 수립했다. 그리고 "1928년 1~8월 사이에 최소한 10만 명 이상의 노동자와 농민이 살해되었다."고 하는 가운데 백색테러의 광풍 속에서 중국혁명의 힘은 점차 쇠퇴하고 말았다.

다나카 기이치田中義一 내각의 산둥출병은 이러한 상황이 한창 벌어지고 있을 때 발생했다.


## 제2절 세계공황과 국제정세의 변모

### 「안정」의 붕괴

세계 자본주의의 상대적 안정기를 뒤흔든 중국혁명의 진전은 일본 지배자들의 입장에서 볼 때 중국에 대한 적극적인 침략정책을 필연으로 만들었다. 또한 그것은 영국과 미국 양대 세력의 경쟁과 대립을 격화시켜 새로운 전쟁의 원인을 제공했다. 1925년 로카르노조약Locarno Pact과 1928년 부전不戰조약Kellogg-Briand Pact이 체결될 무렵 국제정세는 일견 안정된 것처럼 보였다. 하지만 전쟁의 위협은 완전히 제거되지 않았다. 중국혁명의 새로운 진전은 이러한 국제관계의 안정이 한편으로는 특히 식민지 민중의 희생 위에서 이루어졌음을 반영하고 있고 그런 측면에서 보자면 안정국면이 무너져 가고 있음을 보여주는 사건이었다.

1929년 세계공황이 소련을 제외한 전 세계로 번져가면서 모든 안정은 파괴되고 말았다. 끝을 알 수 없는 불경기와 실업자의 증대, 민중의 생활 악화와 정치의 반동화, 군비 확장, 국제 대립의 첨예화는 어느 나라에서나 공통된 현상이었다. 국제협조는 이미 파괴되어 각국은 각자의 길을 걸어갔고, 시시각각으로 세계전쟁의 위험은 고조되어 갔다. 동양의 사정, 혹은 그 사이에 놓인 일본의 국제적 지위도 이러한 세계정세와 맞물려 연동했다. 그 사이의 국제정세를 되짚어보면 다음과 같다.

'국가의 정책적 수단으로서의 전쟁을 포기할 것을 각국 인민의 이름으로 엄숙히 선언한다'는 문구로 시작되는 부전조약은 1928년 8월 파리에서 열강들 간에 체결되었는데 채 1년도 되지 않아 가맹국이 60여 국가에 달했다. 제1차 세계대전 후 약 10년 동안 국제협조주의가 유지되면서 이제 '영구평화'는 이상이 아니라 현실이 되는 듯했다.

그 가운데 자본주의 세계의 지도적 위치에 있던 미국의 발전은 놀라울 정도로 눈부셨고 '끝없는 번영', '영구 번영'을 누리는 듯했다. 미국 쿨리지John C. Coolidge 대통령은 1928년 말 의회에서 다음해 경제정세를 언급하면서, "미합중국의 상황을 개관해야 하는 의회는 오늘날처럼 밝은 전망을 누려본 적이 없었다. … 이 나라는 현재에 만족하며 장래에 대해 전폭적으로 낙관할 수 있다."고 자신감에 찬 어조로 성명을 발표했다.

1923~1924년부터 1928년에 이르는 시기는 이른바 '자본주의의 상대적 안정기'였다. 이 시기에 자본주의 국가들은 미국의 경제적 주도라든가 국내 생산의 합리화, 혹은 국내 혁명운동의 진압을 통해 일단 안정의 실마리를 찾았고 제1차 세계대전에 의한 경제적 황폐와 전후 혁명적인 위기에서 벗어날 수 있었다.

그런데 이러한 세계의 정치적·경제적 '안정'은 1929년 10월에 시작된 세계공황에 의해 완전히 새로운 국면에 접어들었다. 이것은 그 '안정'이 얼마나 상대적이었는지를 말해 주는 동시에 제2차 세계대전의 위기가 시작되었음을 의미한다.

이 '안정기'에 자본주의 세계는 그 번영 속에 공황이라는 나락으로 전락할 수 있는 여러 요소를 내재하고 있었다고 볼 수 있다. 유럽 여러 나라의 부흥은 미국의 자본 수출에 의존했다. 더군다나 일본이나 기타 후진국에서도 자본주의는 눈에 띄게 발전했다. 그래서 유럽 여러 나라의 산업부흥은 각각 미국, 일본과의 경쟁을 격화시키는 모순된 결과를 가져왔다. 또 열강의 산업합리화에 의한 생산능률 향상은 대중의 빈곤화를 초래해 국내시장을 더 좁게 만들었고 생산물의 적체 현상이 불가피해졌다.

월 스트리트 주식거래소 앞의 혼란(1929년 10월 24일)

이런 가운데 열강의 자본주의가 발전하기 위해서는 본국의 노동자는 물론이고 식민지 대중의 착취를 강화할 수밖에 없었다. 그 결과 필연적으로 중국, 인도, 인도네시아, 모로코 등지에서 민족혁명운동을 야기해 격렬한 저항에 직면했다.

1928년 무렵부터 세계경제는 확실히 과잉생산의 조짐이 보였다. 캐나다, 호주, 아르헨티나 등지에서는 농업위기가 시작되었다.

1929년 말에는 중유럽과 동유럽 국가들이 공업공황으로 고심하고 있었다. 이렇게 자본주의 세계는 점점 더 위기가 심화되어 언젠가는 폭발할 운명에 놓였는데 발화가 시작된 곳은 바로 미국이었다.

### 공황 발발

1929년 10월 24일 뉴욕 월가에서는 주식 값이 폭락하기 시작했다. 그 불똥은 삽시간에 런던, 암스테르담, 브뤼셀 등의 주식거래소로 번졌다. 공황은 곧장 공업과 농업 부문에서 나타났다. 세계경제의 구조와 법칙에 따라 캐나다, 일본에 이어 중국과 식민지 여러 나라로 공황이 파급되었고 이내 전 세계로 확대되었다. 지역과 산업부문에 따라 그 영향의 정도와 속도는 다르게 나타났지만 공황은 미증유의 격렬한 형태로 전 세계를 뒤덮었다. 세계의 공업생산과 무역은 절반으로 줄었다. 기업 파산이 줄을 이었고 임금 하락과 해고가 이어졌다. 실업자는 시시각각 늘어가 1932년 말 유럽의 실업자 수는 2,000만 명에 달했고, 세계적으로는 3,500만 명 내지 5,000만 명에 달했다.

물가도 폭락했는데 특히 농산물가격의 하락 폭이 컸다. 그러자 가격 하락을 방지하기 위해 브라질에서는 1년에 1,000만 자루의 커피가 소각되고 바다에 버려지거나 혹은 석탄재 대신 도로에 뿌려졌다. 런던에서는 배에 가득 실은 오렌지를 전부 바다에 버렸다. 이렇게 농산물이 팔리지 않은 채 과잉 생산되거나 낭비되었기 때문에 농민들은 곧바로 빈곤에 허덕이게 되었다. 특히 식민지 농민의 궁핍은 더욱 심해져 신문에 '상하이 외곽 지역과 산시성 선양호 해안에서는 인간시장이 들어섰다. 그곳에서 10세 미만의 소녀는 1인당 2~3달러에 팔렸다. 10세 이상의 소녀들 가격은 5달러'(『South China Morning Post』) 라는 기사가 실릴 정도였다. 또 미국에서도 아칸소

주State of Arkansas의 농민은 '빈약한 수확물의 마지막 한 톨까지 모두 소비했다. 역마는 숲으로 끌고 가 그곳에서 폐사하도록 방치했다. 아이들은 입을 것이 없어 학교에 갈 수 없었다. 적십자가 마지막 희망이다'고 할 정도로 상황이 악화되었다.(『Chicago Tribune』)

### 독일의 파산과 그 영향

공황의 경제적 위기는 독일에서 가장 심각했다. 1926년에 성립된 '영안Young Plan'은 이전의 '도즈안Dawes Plan'보다는 다소 완화된 것이었으나 원래부터 독일 입장에서는 중대한 부담을 안게 된 규정이었다. 독일은 경제적으로 열강에 종속되었고 배상금 지불도 외국 자본에 의존하고 있었다. 공황의 발생, 독일 정권의 불안으로 프랑스와 여타 국가들은 독일에 투자한 자본을 회수했기 때문에 독일 경제는 흔들릴 수밖에 없었다.

1931년 5월 13일에 오스트리아 금융의 7~80%를 좌지우지하던 대은행인 크레디트안슈탈트Kreditanstalt가 파산했고, 금융공황의 여파가 독일과 오스트리아를 덮쳐 독일 국내 생산은 쇠퇴하고 재정적자는 거액에 달했으며 실업자는 격증했다. 그래서 파산에 직면한 경제위기로 인해 6월 6일 독일 수상 브뤼닝Heinrich Brüning은 영국 측에 배상금 지불이 어렵다고 호소했으나 별다른 소득이 없었다.

독일과 기타 중부 유럽에 많은 돈을 투자한 미국 입장에서 독일 경제의 파탄은 중대한 손실을 의미했다. 그러자 미국 대통령 후버Herbert Hoover는 연합국에 대한 독일의 배상금 지불을 1년 동안 유예(모라토리움)하겠다는 성명을 발표했다. 그러자 그로 인해 손실을 입게 된 프랑스는 지불유예에 반대한다는 뜻을 표명했으나 결국 8월 11일에는 영국, 프랑스, 일본, 이탈리아 등이 모라토리움에 동조하는 협정을 맺었다.

그러나 이미 7월 13일 독일에서 두 번째로 큰 다나트Danat은행이 휴업에 들어가 금융공황이 심각해졌기 때문에 1932년 1월 독일 정부는 배상금지불이 불가능하다고 선언했다. 그러자 6월부터 로잔Lausanne에서는 배상회의를 열어 위기에 놓인 국제 채무에 관해 토의하고 독일배상액을 '영안'의 1/10로 줄임으로써 이 문제는 일단락되었다. 그런데 영국과 프랑스가 이 협상에 응한 것은 이것을 명분 삼아 미국에 갚을 전시채무액을 대신 깎아달라고 요구할 생각이었다. 미국은 일단 이 제안을 거절했지만 이후 영국과 프랑스의 대미채무는 모호한 방식으로 해소되었다. 영국과 프랑스가 독일로부터 배상금을 받아 대미전시채무를 상환하는 국제경제의 순환 고리는 이로써 소멸되었다.

그런데 독일의 금융공황은 제1차 세계대전 후 경제회복이 더뎠던 영국에 위기를 초래했다. 영국은 미국과 프랑스로부터 단기 자금을 빌려 독일과 오스트리아에 장기 자금으로 대부하는 중개역할을 했다. 독일과 오스트리아의 금융공황과 그것이 영국에 미칠 영향을 경계했기 때문에 특히 프랑스 등은 런던에서 자금을 회수했다. 이렇게 1931년 여름의 외자 회수와 금의 유출은 막대한 금액에 달해 파운드화는 큰 타격을 입었다. 그러자 9월 21일 영국 정부와 잉글랜드은행은 금본위제를 중지했다. 파운드화의 붕괴가 각국에 미친 영향은 엄청나 인도, 노르웨이, 덴마크, 그리고 일본 등도 연이어 금본위제를 중지했다. 1933년 4월에는 미국도 같은 상황이 되어 이로써 세계 화폐기구는 붕괴하고 말았다.

화폐기구의 붕괴는 어음 덤핑을 초래했고, 이것은 그 대응책으로서 각국의 관세인상을 불러와 열강 사이의 경쟁은 점점 뜨거워졌다. 각국은 자신의 종속국과 식민지를 확보하고 타국에 대해 높은 관세로 대항하고자 했다. 이른바 '블록경제'가 여기서 탄생하게 된 것이다.

1933년 6월 12일 런던에서 66개국이 참가한 세계경제회의가 열렸다. 여기서 전시채무 문제와 어음협정 문제에 대해 논의했으나 열강의 대립으로 실패로 끝났다. 이것은 당시 공황이 얼마나 심각하고 동시에 블록경제가 심화되고 있는지를 적나라하게 보여주는 것이었다. 이미 영국은 1932년 여름 오타와Ottawa회의에서 제국 내 모든 영토의 연대 강화, 외국 상품 수입 방지를 결의함으로써 대영제국의 결합을 도모했다.

이에 비해 금을 많이 보유하고 있고 금본위제의 아성으로 불리던 프랑스는 이를 무기 삼아 중유럽과 동유럽의 여러 나라에 대한 금융지배를 확립하고자 했다.

그리고 미국은 남북아메리카 여러 나라를 세력권 안에 두고자 했기 때문에 일본과 독일 등도 자신만의 블록을 형성할 수밖에 없었다.

이렇게 세계는 몇 개의 블록으로 편성되고 있었으나 한 블록의 형성은 다른 블록을 배제하면서 자기 세력권을 확대하려는 충동으로 이어졌다. 제국주의 열강 사이의 이해 대립은 이처럼 격화되어 갔다.

### 전쟁 위기 발생

1933년으로 접어들자 구미 자본주의 국가들은 부분적으로 생산을 회복했지만 번영이 아닌 만성적 불황에 빠졌다. 열강 사이의 경제적·정치적 대립은 점점 악화일로를 걸었다. 동시에 공황의 중압으로 각국의 노동자와 식민지 민족들의 혁명적 저항은 점차 고조되어 갔다.

더욱이 이때 공황의 영향에서 벗어날 수 있었던 사회주의국가 소련은 제1차 5개년계획을 착실히 실행하고 있었고 그러한 발전은 자연히 자본주의 열강에게 무언의 위협으로 작용했다. 열강은 세계의 군사적 재분할 요구와 함께 혁명 세력과 소련에 대항하지 않을 수 없었다. 그래서 각국은 각기 군비확장을 시도하고 군사공업을 확장하며 군사예산의 비중을 높여갔다.

이렇게 열강은 각기 혁명 세력의 탄압과 전쟁수행을 위한 정치적 지배체제를 구축해 나갔다. 그 노골적 형태가 독일과 이탈리아에서는 파시즘이라는 형태로 나타났다. 공황의 영향 속에서 일본은 만주를 침략하고 독일에서는 나치가 정권을 장악한 뒤 공공연한 재군비에 들어갔다. 이탈리아는 에티오피아를 침략했다. 이것은 모두 제2차 세계대전의 직접적인 원인이 되었다.

## 히틀러

앞서 언급한 바와 같이 세계공황 아래서 독일은 온갖 어려움을 겪었다. 실업자가 1931년 500만 명에 달했고, 1932년에는 800만 명을 넘어섰다. 취업한 사람들도 노동조건은 악화되었고 임금은 반으로 줄었다. 이러한 상황은 당연히 대중을 혁명적으로 만들었다. 그 결과 총선거에서 공산당의 득표수는 1928년의 326만 표에서 1930년에는 460만 표, 1932년 11월에는 600만 표에 달했다.

이러한 혁명적 위기에 직면하자 독일의 금융자본이 지배하는 회사기구를 유지하기 위해 선택한 탈출구가 당시 세력을 확대하고 있던 히틀러Adolf Hitler의 나치 정권을 세워 반동적인 폭력정치, 즉 나치즘을 확립하는 것이었다. 1932년 9월 독일자본가단체의 대변지는 자본가 지배를 보호하기 위해서는 히틀러 운동을 벌여야 한다고 보도했다.

이듬해 1월 초 라인 은행가의 한 저택에서 전 수상 파펜Franz

Von Papen과 히틀러가 만났다. 이 모의는 티센Fritz Thyssen을 대표로 하는 자본가들과 지주귀족들인 융커들이 주도했다. 회담은 성공적으로 끝나 1월 30일 히틀러를 수반으로 하는 나치스와 극우파의 연합내각이 성립되었다. 대내적으로는 '전체주의', 대외적으로는 호전적인 대외강령을 내세운 히틀러정권의 성립은 독일사회가 모든 민주주의적 자유를 상실하게 되었다는 것을 의미했다. 또한 그것은 제2차 세계대전의 위기가 다가왔음을 알리는 신호탄이었다.

본래 히틀러의 파시즘은 하루아침에 이루어진 것이 아니었다. 제1차 세계대전 후 독일자본주의의 발전은 그러한 파시즘 지배를 내부적으로 배태하고 있었다고 볼 수 있다.

제1차 세계대전 과정에서 독일을 휴전으로 이끈 것은 1918년 독일혁명이었고, 이것은 혁명적 노동자 세력에 의해 이루어졌다. 그러나 철저한 혁명을 바라지 않았던 사회민주당 지도부에 의해 이것은 단지 시민혁명으로 그치고 말았다. 당시 가장 민주적이라고 선전했던 바이마르헌법으로 상징되는 새로운 독일공화국은 한편으로는 의회제도를 확립하고, 노동자의 정치적 지위를 향상시켰다. 그러나 다른 한편으로는 사회주의혁명을 저지하기 위한 반동적 세력을 온존시켰고, 반半봉건적인 융커-지주의 토지소유를 폐지하지 못했다.

독일 군부는 축소되었지만 그 중추기관은 정부의 보호를 받았다. 이때 독일의 '적화赤化'를 우려한 열강이 이에 관대했다는 점은 분명하다. 독일의 반동세력이 이 점을 이용했다는 사실에 주목할 필요가 있다. 베르사이유조약은 독일의 전쟁책임을 규정하고, 식민지 박탈, 영토축소 등의 조치들을 규정했다. 1921년에는 1,320억 금화마르크의 배상금이 독일에게 부과되었다. 그러자 국민들의 조약반대 움직임이 고조되어 갔다. 패전에 의한 사회적·경제적 피폐에 직면한 독일 입장에서 이것은 분명히 가혹한 조건이었다. 독일은 그야말로 민족적 위기를 맞았다.

1923년 프랑스는 독일의 배상불이행을 이유로 루르Ruhr 지방을 점령했다. 이 영향은 더욱 심각해져 생산은 침체했고 또 전시 지폐남발과 배상금 충당으로 인한 인플레이션이 급속히 진행되었다. 이 해 11월에 마르크화 지폐는 1조 분의 1로 가치가 폭락했다.

노동자와 중산계급은 비참한 상황에 처했다. 지폐 가치가 시시각각 떨어지는 바람에 노동자들은 급료를 받고 공장 문을 나서자마자 빵집으로 뛰어갔다. 전보를 치기 위해서 차에 지폐를 가득 싣고 운반했다든가, 영화를 보기 위해 어린이들이 지폐 대신 연탄을 들고 갔다든가 하는 많은 이야기는 이 무렵에 나온 것이다. 중산계급의 알량한 저축도 바닥이 났다. 이러한 사회적 불안 속에서 좌우 세력은 첨예하게 대립했다.

위기가 심화되자 독일이 혁명국이 아니라 소비에트혁명의 방벽이 되기를 바랐던 영국과 미국 입장에서도 매우 우려할 만 했다. 붕괴된 독일을 구제하는 것은 구미 열강에게 매우 중요한 문제였다.

마르크화의 가치 폭락과 초인플레이션(hyperinflation)

그러나 독일을 구제하기 위해서는 자본이 필요했다. 미국은 제1차 세계대전 후 유럽의 국제관계에 관여하지 않고 국제연맹에도 가입하지 않았다. 그러나 이 시기 독일 구제에 참가하지 않을 수는 없었다. 미국의 부통령 도즈Charles G. Dawes를 위원장으로 한 배상조사위원회가 조직되었다. 1924년 5월 이른바 도즈안이 성립되어 독일의 합리적인 배상금 지불방법이 결정되었다. 독일재정을 복구하기 위해 거액의 외채가 발행되었는데 그 절반 이상이 미국자본이었다.

도즈안이 성립되자 일단 독일의 정치와 경제가 안정되었다. 그러나 이것은 독일의 대자본가와 정부 입장에서 본 결과였을 뿐 독일 국민의 희생은 점점 더 커져갔다. 이러한 가운데 1923년 인플레이션을 계기로 한 독일의 위기는 대자본가 입장에서는 오히려 좋은 기회였다. 실업자의 증대와 노동자의 빈곤은 업주로 하여금 열악한 노동조건을 쉽게 강요하는 조건이 되었고, 중소기업의 몰락으로 대자본의 독점은 용이해졌다. 이러한 독점자본의 힘을 배경으로 정부는 공산주의 세력을 탄압하고 동시에 1925년 제1차 세계대전의 불운했던 패장이지만 국민들로부터 높은 인기를 얻고 있던 힌덴부르크Paul Von Hidenburg를 대통령으로 내세워 지배를 계속했다.

이렇게 안정기의 독일자본주의는 외국자본에 의존하고 외교적으로는 국제협조를 유지하면서 기회를 보아 제국주의적 부흥을 꾀하고 있었다. 차츰 독일경제가 회복되자 중유럽, 발칸, 근동지방으로 진출을 모색하며 열강들의 경쟁에 뛰어들고자 했다. 그리고 비밀리에 국방군을 확충하고자 했다. 그런데 나치스와 같은 국수주의 단체나 우익 단체가 반드시 바이마르공화국 아래서 불우했던 것은 아니었다.

나치스란, '국가사회주의 독일 노동자당'의 약칭으로서 본래는 제1차 세계대전 직후에 탄생한 극히 소규모의 군소 국수주의 단체들 중 하나에 불과했다. 이 당이 차츰 세력을 넓혀가며 결국 정권까지 획득한 것은 1919년 1월에 가입한 아돌프 히틀러가 지닌 음모가·선동가로서의 수완 때문이었다. 히틀러가 참가한 이 나치스당이 얼마나 무력했는지는 그 자신이 쓴 『나의 투쟁』을 통해서도 엿볼 수 있다. "지금도 기억하고 있는데 처음 우리들이 이 당의 집회 안내장 80매를 돌리고 나서 저녁에 오기로 한 사람들을 기다리고 있었다. 정해진 시간을 한 시간이나 넘겨서야 결국 '위원장'이 '집회' 개회사를 해야만 했다. 그런데 정작 참석한 사람은 7명이었다. 우리는 언제나 7명이었다."

그는 1920년 2월 24일 국수주의 세력의 집결지인 뮌헨에서 열린 최초의 당 대중집회에서 이른바 '25개조 강령'을 발표하고 당의 깃발을 선명히 올렸다. 그 요지는 베르사이유조약 반대, 대독일 건설, 식민지 요구, 의회정치 반대, 유태인 배척 등과 더불어 전시이득의 몰수, 트러스트 국유화, 대토지 소유의 재분배 등에 관한 것이었다. 이 내용은 서로 모순되기도 했는데 한편으로는 매우 급진적인 사회주의적 요구를 내거는 한편 또 다른 한편으로는 어려움에 직면한 독일인의 민족감정에 호소하는 극단적인 국가주의와 대외강경론을 설파해 국민을 기만하고 유혹했다.

우선 제대한 병사, 실업자, 청년, 부인 등이 히틀러의 말에 빠지기 시작했다. 나치스는 국방군과 자본가, 고위관료로부터 운동자금을 받아 선전활동을 벌이며 당세를 확대해 나갔다. 그리고 같은 해 12월 국방군으로부터 얻은 자금 6만 마르크를 가지고 신문 뵐크셔 베오바흐터Völkischer Beobachter를 매입해 기관지로 삼고, 1921년 8월 국방군 바이에른군단참모 에른스트 룀Ernst Julius Günther Röhm 대위의 지도에 따라 히틀러돌격대S.A.를 결성했다. 이 비밀무장단체를 중핵으로 한 나치스당의 성격은 결국 폭력주의로 변해갔다.

"대중은 적들의 잘못이 무엇이며, 우리의 옳음이 어디서 시작되는지 확실히 판단하지 못한다. 대중은 항상 우리가 적을 인정사정없이 공격할 때에야 비로소 우리가 옳다는 것을 인정한다." "실제로는 아무런 관계도 없는 몇 개의 적들을 같은 종류로 보이게 하는 것은 약하고 자신감 없는 사람들로하여금 자기 자신의 입장을 쉽게 의심하도록 만드는 토양을 제공한다"는 것이 그가 선전하던 일종의 신조였다.

히틀러, 『나의 투쟁』 표지

히틀러는 1923년 11월 반동적인 바이에른 정부와 국방군 일부와 결탁해 뮌헨에서 폭동을 일으켰으나 실패하고 투옥되었다. 바로 이때 감옥에서 구상한 것이 유명한 『나의 투쟁』이다. 이것은 히틀러의 사상과 정견을 기술한 것으로서 나치스의 대내외적 정책을 이해하는 데 매우 중요한 기록물이다.

1924년 12월 히틀러가 출옥할 무렵에 독일은 안정기로 접어들었고 나치는 잠시 주춤했다. 그러나 나치가 운동방침을 전환하고 당의 대중화, 청년층의 조직화, 의회투쟁에 중점을 두기 시작하면서 군소 우익단체를 흡수해 차츰 당세를 확장해 나갔다 그 결과 1928년에는 의회에서 12석을 차지했고 당원은 10만 명을 넘어섰다. 1929년 세계공황의 도래와 함께 공산주의에 반대하면서 자본주의에 반감을 지녔거나 무력한 사회민주당에 환멸을 느껴 절망하고 있던 대중, 특히 중산계급·청년층·보수농민들은 나치 세력을 비약적으로 키워주었다. 덕분에 1930년 9월 총선거에서 나치는 의회에서 107석을 차지해 제2의 정당으로 도약했다. 나치가 불과 2년 반 만에 세력을 확대할 수 있었던 이유는 다양했다. 확실한 것은 공황으로 타격을 입은 중산계급의 절망과 분노가 바로 나치의 비합리적 선전으로 인해 일정한 방향성을 띠게 되었다는 점이다. 글레저Ernst Glaeser의 소설 『최후의 시민』에서는 나치 집회의 연설을 다음과 같이 소개하고 있다.

"1918년 이래 여러분들은 현재의 세계, 현재의 유럽을 믿어왔다. 여러분들은 저 모욕적인 조약에 서명한 것이다. 여러분들은 현재 세계가 정직하다고 믿은 만큼 명예를 더럽히게 되었다. 그런데 이번에는 딱 하나 남은 와이셔츠까지도 빼앗기게 되었다. 여러분들은 얼마나 어리석은 바보인가! 각국 정부에 숨어든 유태인들은 바로 여러분들의 목을 죄고 있다. 그러나 여러분들은 평화주의라든가 인도주의라는 비독일적 감상 속에 깊이 잠들어 있다. 자 이번에야 말로 진정으로 그러한 감상 따위는 집어치우자! 지금 당장 현재의 세계를 확 뒤집어버리자! 우리들은 현재의 세계가 정직하다고 믿어본 적이 없다. 그러나 세상 사람들은 10년 동안이나 우리들을 조롱해왔다. 나는 바로 지금 여러분께 재차 촉구하고자 한다. 바로 여러분께 정면으로 외치고자 한다. 독일은 강해져야만 한다고. 다시 칼을 들어야 한다고. 그래야만 비로소 다시 존경을 되찾을 수 있다고. 그것은 모든 세계의 민족을 지배하는 것이 바로 권력이요 공포라는 것을."

나치의 확산은 동부와 북부 농촌지역에서 특히 눈에 띠었다. 동東프로이센의 경우 나치의 득표율은 1928년 0.8%에서 1930년 21.5%(전 유효투표수의 백분율)로 늘었다. 그리고 대도시, 공업지역에서도 세력을 확대했는데 함부르크에서는 2.6%에서 19.2%로 득표율이 올라갔다.

그러나 동시에 공산당의 진출도 눈부셨다. 사회민주당에 대한 실망, 나치의 대두에 위협을 느낀 노동자들은 공산당에 대한 지지를 강화했다. 중부 독일, 북 슐레지엔, 베를린 등의 공업지대에서 공산당은 다른 모든 당을 제치고 제1당이 되었다. 이때부터 총선거에서는 매번 나치와 공산당이 득표수를 확대재생산했고, 중앙당이나 사회민주당 등 바이마르공화국을 떠받쳐온 중간파는 점차 소수파로 전락해 갔다.

이러한 상태에서 금융자본가 샤흐트Hjalmar Schacht 등의 활동으로 금융자본은 점차 나치를 선명하게 지지하기 시작했고, 국방군과 융커 등 반동적 세력들도 친 나치 성향으로 기울기 시작했다. 대공황이 시작되고 난 후 나치에 자금을 제공한 인물 가운데 확실히 이름이 알려진 자로는 라이히스은행Reichsbank 총재로서 라인·베스트팔렌 중공업 자본을 등에 업은 샤흐트, 강철자본가 티센, 루르의 석탄자본가 키르도루프E. Kirdorf가 있었다. 이들은 모두 노동자계급의 혁명을 방지하기 위해서는 나치의 활약이 필요하다고 믿었던 부르주아였다. "애국적 정신이 파괴된 오늘날 국수적·동포적 동지를 저렇게 결집시켜 이끌 수 있다는 것을 보면 큰 자신감을 지닐 자격이 충분하다. 나치당 대회에 참석하는 영광을 얻은 나로서는 설령 귀 당의 강령 조항에 반대하더라도 귀하의 운동이 우리 조국 독일의 회생을 가져올 수 있다고 생각하기에 부디 성공하기를 바란다"고 한 1929년 키르도루프의 발언은 이러한 상황을 그대로 반영하고 있다.

이렇게 해서 나치당원 수는 1929년 17만6,000명, 1930년 38만9,000명, 1931년 80만6,000명, 1932년 100만 명으로 비약적으로 늘어갔다.

## 나치 독일의 성립

공황 속에서 독일은 중앙당의 브뤼닝이 정권을 유지하고 있었다. 그런데 의회 의석의 다수를 점하지 못한 이 정권은 의회의 동의를 거치지 않고 대통령의 긴급명령을 통해 반反노동자계급의 독재정치를 행하고 있었다. 이것은 이미 바이마르공화국의 민주적 질서가 상실되었다는 것을 의미한다. 그런데 오히려 사회민주당은 그런 브뤼닝 내각을 지지하고 있었다.

이 내각에서 확인된 독재적 경향은 1932년 6월에 들어선 파펜 내각 때 더욱 강화되었다. 파펜 내각은 7월에 프로이센 주정부로부터 사회민주당 추방을 단행하고 경찰권을 장악했다. 이른바 '프로이센의 능욕'이다. '프로이센을 지배하는 자는 독일을 지배한다'는 말이 있다. 파펜의 행동은 분명히 바이마르공화국 전체에 대한 도전이었다. 이때 사회민주당이 저항하지 않은 것이 결국 파시즘을 낳았다고 논자들 사이에 자주 거론되곤 한다.

그러나 노동자계급을 중심으로 한 반反파시즘 세력도 결집하고 있었다. 1932년 11월 총선거에서 나치는 일거에 200만 표를 잃었고, 공산당은 600만 표 가까이 득표했다. 노동계의 공세도 격렬해졌다. 그러나 이 반파시즘 세력의 확대를 지켜보던 반동적인 세력들이 뭉치기 시작했다. 그 결과 이듬해인 1933년 1월 29일 베를린에서 1만 명이 참가한 반 나치 시위가 벌어졌지만, 다음날 힌덴부르크 대통령은 히틀러를 수상으로 임명했다. 그동안 바이마르 민주주의 타도를 외쳐온 나치가 이로써 정권에 참여한 것이다.

이때 공산당과 사회민주당 사이에 반파시즘 통일전선이 구축되어 있었다면 히틀러의 수상 임명은 불가능했을 것이다. 그러나 사회민주당은 공산당과의 협력에 냉담했다. 공산당이 제창하는 통일전선을 항상 거절했다. 그리고 히틀러 내각 성립 때에도 내각 성립의 합법성을 주장하고 히틀러에 반대하는 실력 행사를 꺼렸다. 그런데 공산당도 대규모 공장 노동자를 충분히 조직하지 못했고 국민들의 베르사이유체제에 대한 반감을 적절히 지도하지 못한 잘못이 있었다. 아무튼 이때 히틀러 내각에 반대하는 세력들이 결집하지 못한 것은 향후 독일 국민을 불행으로 빠뜨린 단초를 제공했다.

정권을 잡은 나치는 곧바로 국회를 해산하고 3월 5일 총선거를 노리며 공포정치를 시작했다. 2월 27일 밤 국회의사당을 방화하고 이것을 공산당의 책임이라고 선전했다. 다음 날에는 '공산당에 대한 인민보호령'을 공포하고, 공산당 의원들을 체포하고, 언론과 집회의 자유를 금지시켰으며 3월 1일에는 당 해산을 명했다. 3월 5일 선거에서는 나치당이 전 투표의 43%를 득표하는 데 그쳤고, 공산당과 사회민주당 계열이 1,200만 표를 얻었다.

불타고 있는 독일 국회의사당(1933년 2월 27일)

그러자 히틀러는 이른바 '수권법授權法'을 의회에 제출해 독재권을 요구하며 가결하도록 했다. 사회민주당은 이에 반대하였으나 이미 때가 늦었다. 6월에는 이 당도 해산되었고, 이어서 중앙당과 국권당 등 기타 정당의 해산 명령이 떨어졌다. 이로써 나치 일당 독재가 확립되었고 이듬해인 1934년 여름 힌덴부르크 대통령이 세상을 떠나자 히틀러는 대통령과 수상의 권한을 겸한 총통직을 만들어 취임했다. 이를 통해 드디어 나치 파시즘지배가 완성되었다.

그러나 나치 정권의 성립은 공황이 초래한 독일사회의 위기를 해결할 수 없었다. 정권 유지를 위해 많은 반反나치 세력을 탄압해야만 했다. 반 나치주의자들의 체포와 투옥이 이어졌다. 국민의 정치비판과 언론의 자유는 완전히 사라졌다.

이때 히틀러는 국민에게 무엇을 약속했을까. 그가 공황대책으로 내건 것은 군대의 재건, 군수공업 확장, 토목사업을 통한 실업자 흡수 등인데, 이것은 전쟁준비를 의미했다. 히틀러의 최측근인 괴링Hermann Wilhelm Göring은 '대포가 버터보다 중요하다'고 했다.

이러한 군비 확장으로 독일의 무력은 강화되었고 국민의 불만을 외부로 돌릴 필요에 따라 히틀러는 국내체제의 정비와 함께 노골적인 대외침략에 나섰다.

## 소련의 사회주의 건설

세계공황은 전 세계를 전쟁의 위기로 몰아넣었다. 그러나 예외지역이 있었다. 그것은 바로 소련이었다. 공황이 지속된 3년 동안에도 소련의 산업생산은 열강과 대조적으로 대거 늘었다.

그러나 원래 소련도 공황으로 인한 영향에서 완전히 자유로울 수는 없었다. 오히려 소련은 공황으로 무르익어가는 열강의 전쟁위협에 적극적으로 대처할 수밖에 없었다.

'사회주의 경쟁의 영웅' 탄광 노동자, 알렉세이 스타하노프(가운데)

제1차 세계대전과 뒤이은 혁명, 그리고 내란에 의해 황폐화된 소련의 경제를 부흥시키기 위해 레닌Vladimir Lenin은 '신경제정책 NEP'을 채용했다. 그러나 레닌이 사망하자 그의 사업은 1924년 스탈린에 의해 계승되었다. 1927년의 생산총액은 전전의 수준을 회복했다. 사회주의경제 확립의 전제가 되는 여러 조건들이 성숙되었다.

원래 소련은 제정 러시아 시대의 경제적 후진성 때문에 열강에 비해 만족스런 경제상태가 아니었다. 공업생산 가운데 소비부문이 차지하는 비중이 컸고 생산수단은 대거 외국에서 수입해야만 했으며 기술 수준도 열강에 비해 뒤쳐졌다. 이러한 상태를 빨리 극복해야만 했다. 1928년 10월부터 제1차 5개년계획이 국내의 공업화와 농업의 사회주의화를 목표로 시작되었다.

'사회주의 경쟁'으로 불리는 국민의 노동의욕 향상 정책으로 제1차 5개년계획은 1932년 12월 예정보다 9개월이나 빨리 완료되었다. 공업의 약진은 눈부셨고 소련은 미국에 이어 세계 제2의 공업국으로 발돋움했다. 드네프르 수력발전소, 스탈린그라드 트랙터 공장, 마그니토고르스크Магнитогорск 야금공장 등의 건설이 유명했다. 기계와 자동차, 트랙터, 비행기 등의 제조는 소련에서 처음 생산된 부문이었는데, 이것이 지금은 빠른 속도로 발전하고 있다. 철도 건설, 유라시아의 개발 등은 국방에 있어서도 매우 중요했다.

농업에서는 기계화가 촉진되고 콜호즈Kolkhoz라는 집단농장 건설이 이루어져 자본주의적 요소가 대부분 배제되었다. 이러한 사회주의적 발전과 더불어 노동자의 물질적·문화적 생활도 향상되었다. 국민소득은 1930년 350억 루블에서 1933년 500억 루블로 성장했고 노동자 사무원의 수는 1930년 1,453만 명에서 1933년에는 2,188만 3,000명으로 늘었다. 임금은 50% 이상 늘었고 노동시간은 7시간으로 단축되었다.

또 여성이 생산에 적극적으로 진출했다. 어둡고 습한 대부분의 동굴 같은 빈민굴이 훌륭하고 명랑한 노동자 거리가 되어 지금은 노동자 밀집지가 도시의 중심을 차지하게 되었다. 가장 눈에 띄는 장소에 교회가 있고, 그 앞으로는 마을의 경찰, 종교인, 부농의 훌륭한 집이 자리 잡고, 뒤로는 다 무너져가는 인민들의 작은 집들이 즐비했던 예전의 농촌은 소멸되기 시작했다. 클럽, 라디오, 영화관, 학교, 도서관, 탁아소를 갖추고, 트랙터와 콤바인, 탈곡기, 자동차를 갖춘 새로운 농촌이 조성되었다.

물론 이러한 국내의 변혁은 아무런 장애 없이 이루어진 것이 아니었다. 원활한 수행을 위해서는 많은 어려움을 극복해야만 했고 국민의 희생도 적잖았다. 그 과정에서 농업 집단화에 반대하는 부농과 보수적 의식을 지닌 농민의 강한 반대가 있어 변혁이 결코 원활하지만은 않았다. 그러나 국민의 인내와 노력은 결국 결실을 거두었고 사회주의 국가를 건설하게 되었다. 1937년 스탈린헌법은 이것을 총결산한 것으로 나중에 제2차 세계대전 과정에서 발발한 독일과의 전쟁은 이렇게 건설한 사회주의 체제의 강고함을 반증하는 계기가 되었다.

이러한 소련의 국력 향상을 목격하며 자본주의국가 지도자 가운데에도 놀라움을 표명한 자가 있었다. 1931년에 일본 자본가 진영의 대표적 이론가 가운데 한 명으로서 당시 상공대신을 지낸 나카지마 구마키치中島久万吉는 다음과 같이 말했다. "나는 지금 실로 러시아를 두려워하는 병에 걸려 있다. 내가 말한 것을 두고 단지 공로병恐露病(러시아를 두려워 하는 병) 환자의 지나가는 말로 들을지도 모르겠다. 하지만 지금 특히 러시아의 산업 5개년계획의 완성을 보고 있자면 우리 조국의 산업은 도대체 어디로 가고 있는가 하는 병적인 비관에 빠지곤 한다. 아마도 나는 작년(1930) 초까지만 해도 러시아의 5개년계획은 첫째 러시아 국민생활의 궁핍과 물자 결핍, 둘째 재정의 곤란, 셋째 청년의 각성, 이 세 가지가 원인이 되어 대체로 실패할 것이라고 내다보았다. 그러나 작년(1929~1930) 실적을 돌아보면서 러시아는 계획에 성공할 수 있을 것이라고 믿게 되었다. 그리고 그것이 성공할 경우, 일본은 물론이고, 세계 각국의 산업에 어떤 영향을 미칠지 생각해 보면…(매우 놀랍다)"(나카지마 구마키치, 『러시아의 산업 5개년계획』) 이러한 경탄의 시선은 머지않아 증오와 공포의 시선으로 바뀌었다.

## 소비에트 외교

소련의 발전은 자본주의 열강들로부터 고립된 상태에서 이루어졌다는 데에 주목해야만 한다. 제1차 세계대전의 종결과 더불어 조직된 국제연맹은 한편으로는 분명 집단안전보장의 평화기구였지만, 다른 측면에서 보자면 혁명 후의 소비에트 사회에 대한 간섭전쟁

과정에서 탄생한 기구였다. 소련 측 입장에서 보자면 소련을 공격하고 고립시키기 위한 체제였다.

소련은 1922년 패전국으로서 같은 고립감에 젖어 있던 독일과 라팔로조약Rapallo Treaty을 체결하고 배상권의 상호 포기, 생필품의 상호 공급 등을 약속하였으며, 처음으로 타국으로부터 국가로 인정받게 되었다. 그리고 다른 유럽 국가도 소비에트와 통상관계를 재개할 필요를 느꼈으므로 1924년에 영국, 이탈리아를 시작으로 꽉 막힌 경제로 고심하던 여타 유럽의 열강들도 결국 소비에트연방을 승인할 수밖에 없었다. 다만 자본주의 국가 가운데 비교적 여유가 있었던 미국만은 그 후로도 약 10년 동안 소비에트 승인을 거부하고 있었다.

그러나 이러한 사태도 본질적으로 소비에트의 고립을 변화시키지는 못했다. 일찍이 1924년 10월 코민테른 지도자 지노비예프 Grigory Y. Zinovyev가 영국공산당에게 반란을 촉구하는 서한을 보냈다고 보도가 되자, 5일 후 벌어진 총선거에서 소련을 승인한 노동당 내각이 몰락하는 계기가 되었다. 이것을 이른바 '지노비예프 편지 사건'[5]이라고 하는데 영국의 반소정책을 반영한 사건이다. 그 후 1926년에 영국에서 유명한 탄광 파업이 발생했을 때 보수당 내각은 더욱 반동화하여 소련과의 국교를 단절했다. 또 국제적으로 보아도 1925년의 로카르노조약은 확실히 독일을 중심으로 한 안전보장체제였다. 그러나 독일과 벨기에, 프랑스 쪽 국경의 안전은 보장했지만 소련과의 동북국경은 거론하지 않았기 때문에 소비에트 측에서 보자면 반소적인 체제로 받아들여졌다.

원래 소비에트 정부는 원칙의 문제로서 제국주의 침략전쟁에 반대했다. 그런데 이렇듯 현실적으로 자본주의 세계에 의해 포위되자, 소련의 외교는 시종 평화유지를 기조로 할 수밖에 없었다. 그래서 소련은 터키(1925년), 독일, 아프가니스탄, 리투아니아(이상 1926년), 이란(1927년) 등의 인접국과 차례로 불가침조약 혹은 중립조약을 체결하며 안전보장을 꾀했다. 1926년 5월 스위스 제네바에서 군비축소준비위원회가 열렸다. 소련은 이 회의에 솔선해 참가를 신청하고 리트비노프Maxim M. Litvinov를 파견해 '완전한 군비 폐기'라는 파격적 제안을 했고 베르사이유체제와 로카르노체제의 미비함을 비판했다. 그리고 1928년 부전 조약에도 참가했고 1929년 세계공황과 파시즘 대두에 따른 침략전쟁의 위험을 목전에 둔 상황에서 평화정책을 명확히 천명했다.

스탈린은 "소련은 한 뼘의 땅도 침략하지 않겠지만, 한 뼘의 소련 땅이라도 침략 당한다면 이를 용서하지 않을 것"이라고 밝혔다. 불가침조약은 핀란드, 폴란드, 라트비아, 에스토니아 등의 인접 국가들을 비롯해 프랑스(1932), 이탈리아(1933)까지 확대되었다. 1933년 5월에는 군축회의 안전보장위원회에서 소련이 제안한 '침략의 정의에 관한 조약'이 채택되었다. 그리고 1934년에는 이미 일본과 독일이 탈퇴한 국제연맹에 가입함과 동시에 프랑스의 지지 아래 동유럽 7개국 즉 라트비아, 에스토니아, 리투아니아, 폴란드, 체코슬로바키아, 독일, 소련이 이른바 '동유럽 로카르노 협정안'을 제안했다. 그러나 히틀러의 독일과 이미 그 영향 아래 있던 폴란드의 반대로 실현되지는 않았다. 그런데 1935년에는 독일이 베르사이유 조약의 군사조항을 파기하고 재군비에 착수하자, 소비에트는 프랑스와 상호원조조약을 체결했다.

이상에서 개관한 바와 같이 소련의 외교에서 집단안전보장 문제는 추상화된 국가와 국가 사이의 관계일 뿐만 아니라 파시즘에 대항하는 인민전선이라는 민중의 단결에 기초해 이루어졌다는 점에 특징이 있다.

그러나 세계공황과 전쟁의 위기가 진행되고 있는 상황에서 사회주의 건설을 수행하기 위해서는 단지 평화적인 외교정책만으로는 부족했다. 당시와 같은 상황에서 전쟁의 위기를 방지하고 소비에트 사회의 발전을 꾀하기 위해서는 구체적인 실력을 구비할 필요가 있었다. 그래서 5개년계획은 필연적으로 국방력을 충실히 하는 목적도 지니게 되었고 중공업 중심으로 진행될 수밖에 없었다. 그 결과 소비물자의 생산과 국민생활의 향상이라는 부분을 어느 정도 억제할 수밖에 없었다.

소련의 국방 강화를 보면, 가령 항공기의 경우 1927년에 85중대 700기였던 것이 1931년에는 194중대 1,600기로 늘었다. 또 1933년에는 2,500기가 되어 비약적으로 증가했다. 또 전차의 경우도 1928년 말에 220대에서 1931년 6월에 500대, 1933년 1월에 1,500대로 단기간에 급증했다. 이러한 국방력의 강화는 자본주의 국가의 군인과 군사전문가도 높이 평가했으나(가령 영국의 리델과 하트의 보고), 이러한 평가를 자본주의 국가의 정치가는 '소련의 위협'으로 선전하면서 반소감정을 자극하고 자국의 군비를 확장하는 구실로 삼기도 했다.

### 뉴딜정책

1929년 10월에 시작된 미국의 공황은 점점 더 심화되어 갔다. 후버 대통령은 기회가 있을 때마다 상황이 '근본적으로 건전하다'고 연설했지만, 현실은 그의 낙관을 넘어설 정도로 매우 심각했다. 여러 산업의 주가가 급속도로 폭락했다. 1932년에는 공업생산액이 1929년의 거의 절반으로 줄었다. 공장과 상점은 셀 수 없이 도산하거나 폐쇄되었다. 파산으로 자살하는 경영자도 적잖았다. 실업자 수는 1930년 300만 명, 1931년에는 700만 명으로 급증했고,

1933년 초에는 1,200만 명에 달했다.

농촌의 황폐도 심각해서 농민의 수입은 1/3로 줄었다. 거리에는 얼마 되지 않는 사과를 늘어놓고 팔고 있는 실업자, 레스토랑에서 나온 잔반을 차지하려고 서로 싸우는 굶주린 사람들이 곳곳에서 눈에 띄었다. 어느 저널리스트는 광산 상황에 관해 다음과 같이 보도한 바 있다. '수천 명에 달하는 광부가 산중턱에 모여 있다. 서너 세대가 작은 집에 함께 살며 진달래나 들풀의 뿌리를 캐어 연명하고 있다.'

그런데 한편으로는 공황이 장기화되자 기계와 과잉생산품을 파괴하거나 버리는 상황이 급증했다. 100만 톤짜리 배가 파괴되고 수십만 리터의 우유가 버려졌으며 640만 마리의 돼지가 살처분 당했다.

후버 대통령은 부흥금융회사를 설립해 은행에 구제금융을 실시하고 토목사업을 일으켜 실업자를 구제하려고 했지만 그러한 미봉책으로는 효과를 거둘 수 없었다. 나날이 바닥으로 꺼져가는 심각한 불황 속에서 후버는 난국 타개에 무능하다는 이유로 국민의 맹렬한 비난을 샀다. 도시에서 집을 잃고 교외나 빈터에 가주택을 지은 사람들은 그 허름한 집을 비꼬아 '후버별장'이라고 불렀다. 미국 국민은 차츰 당시 사회제도에 대해 새로이 반성해야만 했다. 경제위기를 과학과 능률로 극복할 수 있다고 주장한 테크노크라시가 잠시 풍미하기도 했지만 조금도 위로가 되지 않았다.

부호들의 재산을 분배하라는 휴이 롱Huey P. Long 등의 선동적인 정치가도 등장했다. 노동자 파업이 속출했고 실업자는 시위행진을 이어갔다. 1932년 7월에는 생산이 바닥을 쳤다.

1933년 11월 대통령 선거에서 '뉴딜New Deal'을 주창한 프랭클린 루즈벨트Franklin D. Roosevelt가 당선되었다. 제1차 세계대전 당

전국산업부흥국(NRA) 깃발 아래 모인 연방부흥집행위원회 일행

시의 윌슨 이래로 12년 만에 민주당에서 대통령을 배출했다. 다음 해 3월 4일 백악관에 입성한 루즈벨트는 취임 연설에서 강력한 통솔력을 보이며 개혁의 필요성과 신속한 실천을 주장했다. '우리가 두려워해야 할 것 가운데 하나는 두려워하는 그 마음이다.' 또 '현재의 급선무는 토론이 아니라 과감한 실행'이라고 강조하며 즉각 정책을 행동으로 옮겼다.

다음 날인 5일 그는 금융수출 금지, 전국은행 휴업 선언을 통해 금융비상대책을 먼저 취했다. 이어서 9일에는 임시의회를 소집해 그로부터 3개월의 회기 동안 실업자구제법, 농업조정법AAA, 테네시 강 계곡사업TVA, 은행법, 전국산업부흥법NRA 등 15개에 달하는 중요 입법을 뉴딜의 일환으로 처리했다. 개별 법령의 내용은 서로 모순된 점도 있었지만 산업의 전 분야, 노자관계에 대한 국가 권력의 간섭, 통제경제에 의한 공황 대처, 사회정책적 조치들에 의한 혁명적 위기 발생 방지 등을 지향한 것으로서 전체적으로 보자면 미국자본주의를 구제하고자 한 정책이었다.

그런데 이 정책들을 실행하기 위해 대통령 측근에 브레인 트러스트를 구축하고, 그 아래에 국가산업부흥국NRA 등 이른바 슈퍼내각Super Cabinet이 설치되었다. 그리고 대통령은 의회에서 광범한 입법권을 부여 받았다. 이것은 종래의 삼권분립을 축으로 한 미국식 민주주의 전통적 입장에서 보자면 가히 '혁명적'인 조치였다. 그로 인해 대통령의 권력집중 현상이 뚜렷해졌다. 그러나 루즈벨트 자신은 민주주의적 인식을 지니고 있었고 더욱이 차기 선거에 대비해 노동자의 지지를 얻어야만 했기에, 1935년 7월에는 노동조합의 단체교섭권과 파업권을 인정하는 와그너Robert F. Wagner 노동관계법Wagner Act을 입안했다. 또 1936년 1월 초 교서를 통해 루즈벨트는 '경제귀족을 타도하라!'고 외치기도 했다. 이 무렵 반동적인 미국의 대법원은 뉴딜 관련 법률에 위헌적 요소가 있다고 판결하기도 했다. 그러한 점에서 루즈벨트의 입장은 독일이나 이탈리아의 파시즘과는 구별된다고 볼 수 있다.

분명 미국의 자본주의는 그 강인함과 탄력성을 선보이며 뉴딜을 통해 잠시 회생하는 듯 했는데, 1936년 공업생산은 1933년에 비해 실제로 30% 가량 상승했다.

그러나 뉴딜을 도입했다고 해도 공황 아래 자본주의의 부흥책이었다는 점에서는 다른 열강의 경우와 본질적으로 다를 바 없었다. 즉 위기 해결에 한계가 있을 수밖에 없는 것이다. 오히려 뉴딜에 의해 대자본의 집중이 가속화되었고 자본의 이윤율은 상승했다. 그렇다고 구매력 증대를 통한 생산 확대라는 그의 구상이 반드시 성공한 것도 아니었다. 취업노동자 수는 실업자 수에 미치지 못했고 물가인상으로 민중의 생활은 나아진 게 없었다. 노동쟁의는 빈발했고 노동조합의 조직화가 가속화되었다. 그래서 1937년 후반기에 미국은 다시 공황을 맞이하게 되고 루즈벨트 정권도 다시 미국경제의 군사화를 통해 난국을 타개하려는 방향으로 전환하였다. 결국 미국도 세계전쟁의 위기에 무관할 수 없었던 것이다.

그렇지만 세계공황의 대책인 뉴딜이 그 주된 목표를 우선 국내시장의 개발에 둠으로써 어쨌든 미국이 민주주의적 형식을 유지하고, 대외적으로는 어느 정도 비非침략적인 자세를 취할 수 있게 했다. 남미에 대한 루즈벨트의 정책은 '선린정책'이었다. 이것은 중남미 여러 나라에 대한 영국의 영향력을 배제하고 아메리카 블록을 형성하고자 한 범凡아메리카 정책이었다. 쿠바, 아이티, 파나마 등에 대한 병력주둔권 철폐와 더불어 이들 국가에 독립을 약속했다. 또한 호혜조약을 체결하는 등 전에 비해 온화한 모습을 보였다.

그리고 이전까지 미국은 소련과 전혀 교섭이 없었으나 루즈벨트는 1933년 초 소련을 승인하고, 1935년에는 미소통상협정을 체결했다. 이것은 대소무역을 통해 무역의 위축을 타개하고 정치적으로는 동양에서 일본을 견제하기 위함이었다. 국무장관은 후버 시대의 스팀슨Henry L. Stimson에서 헐Cordell Hull로 바뀌었다. 그런데 루즈벨트는 대통령 취임 전인 1933년 1월에 일찍이 '미국의 외교정책은 국제조약의 신성함을 지키는 것'이라는 성명을 발표하고, 일본의 (만주)침략을 승인하지 않겠다는 스팀슨 이래의 외교원칙을 그대로 계승할 뜻을 밝혔다.

그럼에도 불구하고 미국은 점차 세계전쟁의 위험에 말려들어갔다. 루즈벨트의 취임 초기 국내 경제회복을 제1의 목표로 삼고, 유럽불간섭주의를 표방한 것은 미국의 전통으로서 여론의 지지를 받았다. 1935년 제정된 중립법안은 교전국에 군수품 수출을 금했는데 에티오피아전쟁에 이 법을 적용했다. 그러나 1937년 스페인 내전 동안 이 중립법을 적용하기로 했지만, 그 때는 '현금거래cash and carry 원칙', 즉 자국이 위험에 빠지지 않는 한 무역상의 이익을 취할 수 있다는 정책으로 돌아섰기 때문에 점차 전쟁과 이해관계가 충돌하기 시작했다.

그해 시작된 중일전쟁의 경우를 보면 중국 측에 불리하다는 이유로 중립법은 적용되지 않았다. 아무튼 이렇게 뉴딜정책 아래에서 미국도 비록 노골적인 침략주의에 대해서는 대항하는 입장을 견지했지만 차츰 전쟁에 개입하는 방향으로 돌아서고 있었다.

1   호신(豪紳). 청조 말기 이후 지방의 봉건 지주이자 토호 세력을 가리키는 말

2   Profintern, 코민테른의 지도로 1921년에 모스크바에서 결성된 좌익 노동조합의
    국제 조직

3   1853년에 신설된 중국 내지의 상품 통관세

4   본명은 왕징웨이(汪兆銘)이다. 쑨원의 심복으로 혁명에 참여했으나 쑨원 사후 장제
    스와 대립했다. 중일전쟁 이후 난징에 친일 괴뢰정권을 수립하여 중국의 대표적인
    매국노(한간(漢奸))로 유명하다.

5   나중에 지노비예프 본인은 편지를 쓴 적이 없다고 했고, 편지가 조작되는 것을 보
    았다는 증언도 나왔다.

제2장

# 공황 속의 일본

## 제1절 금융공황과 산둥출병

### 중국혁명의 영향

일본 자본주의와 중국의 관계는 역사적으로 매우 밀접하다. 원래 철과 석탄 등의 중요자원 매장량이 부족한 일본 입장에서 중국은 주된 원료공급지로 주목되었다. 또 국내시장이 좁은 일본 입장에서 보자면 이웃나라 중국은 방대한 시장이기도 했다. 일본 총 수출 물량의 35%가 중국의 여러 항구로 향하고 있었다. 나아가 중국은 자본수출 시장으로서 의의도 컸다. 이른바 재화방직이라든가 만철을 중심으로 한 일본의 중국자본은 일본에게는 사활이 걸린 돈이었다. 1927년까지 만주지역만 보더라도 25억 엔의 투자가 이루어졌다. 따라서 중국혁명의 발전은 일본 자본주의의 안정을 현격하게 해치는 요인이었고 일본 자본가에게는 직접적이고도 치명적인 위협이었다. 이들은 중국의 혁명세력과 노동자·농민운동을 가장 위험한 적으로 간주하고 이들을 압살하기 위해 어떠한 희생이라도 감수할 기세였다.

1925년 2월 상하이에 있는 일본의 내외면방직공장 파업이 폭동으로 발전하고 6월에는 그것이 전 상하이 지역의 방직공장으로 파급되자 상하이의 중국상인들은 상거래를 중지했고 시 전역에 계엄령이 선포되었다. 이에 일본이 육전대를 상륙시켜 이를 진압하고 파업 중인 노동자에게 발포하자 그 불씨는 곧이어 홍콩, 한커우, 칭다오, 톈진 등 여러 도시로 번져나갔다. 그리고 반反일본제국주의 혁명운동이 중국 전역으로 확대되었다.(5·30사건)

이것은 관세회의를 중심으로 한 제국주의 여러 나라 사이의 대립과 복잡하게 얽혔고, 일본 자본주의의 안정을 더욱 어렵게 만들었다. 일찍이 일본 자본주의의 안정화를 위한 첫 번째 방책이었던 금 수출금지 해제를 시행하고자 하는 움직임이 금융자본 최상층에서 시작되었으나, 1926년 3월 하마구치 오사치浜口雄幸 대장대신 大蔵大臣(재무장관)은 금화의 수송 중지를 명하고, 금 해금은 아직 시기상조라고 밝혔다. 그 이유는 이 사건으로도 명확히 알 수 있듯이 중국에서 일어난 반제운동의 확산 때문이었다.

1926년 후반기 국민혁명군은 중국 남부의 제국주의 세력을 몰아내는 데 주력했다. 이것은 화난華南 지방에 권익을 보유하던 영국 자본주의에 중대한 타격을 입혀 국제관계상 일본에 잠시나마 유리한 국면이 전개되는 듯했다. 그러나 실은 그와 반대로 일본의 중국 경영의 주요 기관이었던 타이완은행에 결정적인 파국을 초래하고 말았다. 이것은 후술하겠지만 금융공황 발발의 주된 원인이 되었다.

타이완은행은 제1차 세계대전으로 구미 열강이 중국시장에서 잠시 후퇴한 '천재일우의 호기를 이용해 중국 경제정책 실행을 위해 노력하고 중국 재정의 궁핍을 구제함과 더불어 사업자금 수요에 응함으로써 중국 경제진출에 기여했다.'(『타이완은행46년사』) 1919년에는 전 중국을 대상으로 한 자본투자 총액은 2,576만 엔에 달했다. 그러나 그 후 중국 국민혁명의 발전으로 이 은행은 중국 경영에 어려움을 겪었다. 즉 중국 투자 자본이 위험에 처했고 급기야 자본회수를 포기할 지경에 이르렀다. 1923년 말에는 중국 중부지방 진출의 주요기관이었던 주장九江 지점을 폐쇄했다. 그리고 1925년

6월에는 산터우汕頭 지점도 거의 폐쇄할 지경에 이르렀는데 이것은 당시의 상황을 함축적으로 보여준다. 그 결과 은행 경영은 매우 악화되어 1925년에는 자본금의 1/4을 감액했다. 그럼에도 불구하고 경영은 점점 더 악화되어 1927년에는 파국을 맞이했다. 당시 중국 투자액은 1919년의 17% 수준까지 하락했다.

이렇게 1927년에 접어들자 중국혁명의 영향은 북쪽으로 확대되었고 1927년 3~4월경에 국민혁명군은 상하이 일대를 점령하며 새로운 양상을 띠게 되었다. 바로 이때를 전후해 일본은 금융공황을 맞이했고 일본 자본주의의 위기는 점점 더 심화되어 갔다.

### 쇼와 금융공황

1923년 9월 관동대지진은 원래 우연히 일어난 돌발적 참사였으나 제1차 세계대전 후 공황으로 어려움에 처한 일본 자본주의 입장에서는 마치 '엎친 데 덮친' 격이었다. 그로 인해 이른바 '진재(지진 재해)공황'이라는 현상이 나타났다. 그리고 수도 부흥사업은 수입 초과를 초래했고 제1차 세계대전 4년 동안 애써 축적한 국부를 소진하게 만들었다.

진재공황 후 사태 수습을 위해 정부는 10억 엔이 넘는 진재복구 공채를 발행했고 진재어음할인손실보상법을 공포했다. 이를 통해 불량은행과 일부 정상배들을 구하고 타격을 입은 금융기관을 구제하고자 했다. 진재어음이란 것은 지진 피해지역을 지불지역으로 한 어음, 이들 지역에 영업소를 보유한 자가 발행한 어음, 또는 그 영업소를 지불인으로 한 어음을 말한다. 이것은 마치 지진 당일 이전에 은행이 지급보증해 준 것처럼 진재로 인해 결제불능 상황에 빠진 어음을 구제하기 위해 일본은행이 특별히 직인을 찍어준 것이다. 그리고 이들 어음에 대해 일본은행은 어음할인을 해주고 그로

관동대지진 직후의 도쿄 시가지의 모습

인해 일본은행이 손실을 감수해야 할 경우에는 정부가 1억 엔에 한하여 이를 보상해주도록 했다. 이러한 진재어음의 재할인은 1925년 9월 말까지를 기한으로 했으나 정리는 예정대로 이루어지지 않았다. 결국 2회나 연장하여 마지막 정리기간은 1927년 9월 말까지로 정했다. 그러나 마감에 즈음해 1억 엔으로는 부족해 금융계는 불안에 떨었다. 그래서 와카쓰키 레이지로若槻礼次郎 내각은 일본은행의 손실보상을 위해 1억 엔의 공채를 교부하고 또 진재어음으로 일본은행에서 자금을 융통 받은 은행에 대해서는 그 어음을 정리할 수 있도록 다시 10년 동안(전자를 포함해 2억700만 엔 한도) 교부금을 지급하고자 진재어음수습처리법안과 진재어음 손실보상공채법을 검토했다. 그러나 야당은 이것을 정치쟁점화 했다. 그 결과 의회에서 심의가 이루어지는 가운데 진재어음에 대한 불신은 결국 진재어음 보유 은행에 대한 불안을 고조시켰다. 결국 1927년 3월 15일에는 그 전날 의회에서 대장대신 가타오카 나오하루片岡直溫가 범한 실언이 발단이 되어 도쿄와타나베東京渡辺은행, 아카지あかじ

저축은행이 휴업하게 되었다. 이렇게 일본의 금융공황은 세계공황(1929)보다 2년 여 앞서 폭발하게 되었다.

이어서 19일에는 나카이中井은행이 휴업에 들어가자 뱅크런, 즉 도쿄 일대의 각 은행에는 예금인출을 위한 소동이 벌어졌다. 같은 날 도쿄의 나가노中野은행도 이러한 뱅크런 사태에 직면하자 일본은행과 유력 은행들은 협력하여 이를 방지하고자 석탄 방출, 은행 간 융자 완화 등을 협의했다. 특히 일본은행의 비상 융자는 1억 엔을 돌파했다고 발표했다. 그런데 도쿄의 무라이村井은행·나카자와中沢은행·하치쥬욘八十四은행과 요코하마의 사유타左右田은행은 결국 22일 휴업에 들어갔고 금융공황을 방지할 수 없었다. 가타오카 대장대신과 일본은행 총재 이치키 오토히코市来乙彦는 재계의 안정과 공황상태에 관한 성명을 발표하였는데 아무런 효과도 없었다. 더욱이 사회적 공황상태는 지방으로 번져갔다. 사이타마의 구키久喜은행, 우라와浦和상업은행, 교토의 후센桑船은행, 가나가와 현의 가와사키川崎은행, 기후현(오가키大垣)의 아사누마浅沼은행 등은 22일에, 도쿠시마 현의 도쿠시마德島은행은 23일에 각각 뱅크런에 직면하였거나 휴업에 들어갔다. 그러나 진재어음 처리법안이 정부와 연구회 사이의 타협으로 어렵게 귀족원을 통과하자 일단 공황 분위기를 진정시켜 시민들의 동요를 막는 듯 싶었지만 결국 이것은 앞으로 다가올 더 큰 파란의 서막에 불과했다.

왜냐하면 지난 3월 11일 귀족원에서 가타오카 대장대신의 발언에서 드러난 스즈키鈴木상점[1]과 타이완은행 문제가 새로운 불씨를 제공했기 때문이다. 4월 2일 스즈키상점은 타이완은행 측에 정리를 일임하고 전무인 가네코 나오키치金子直吉는 사임했다. 원래 스즈키상점은 타이완의 사탕수수, 장뇌 등을 전매하며 타이완은행과 밀접한 관계를 맺었다. 그런데 이 회사는 제1차 세계대전의 호황 속에서 점점 해운, 제강, 인견, 제분 등으로 사업을 확대해 지배회사가 60여 개에 달했다. 그러나 제1차 세계대전 후 대부분의 회사는 불황에 허덕였고 진재어음은 바로 이 회사를 구하기 위한 법안이었다는 이야기까지 돌았다.

그 사이 타이완은행은 타이완, 중국 남부지역, 남양군도에서의 부진으로 막대한 융자를 끌어와 스즈키상점에 쏟아 부었다. 그로 인해 양자의 관계는 매우 밀접해졌고 이 회사의 파산은 곧 타이완은행 자체의 파국을 불러올 수밖에 없었다. 그래서 타이완은행의 연이은 불량융자는 '빌려주고 또 빌려주고, 빌려오고 또 빌려오고'를 반복해 결국 그 규모가 3억5,000만 엔까지 늘었다. 이것은 앞서 언급한 타이완은행의 중국 경영의 실패와 맞물려 이 은행의 재무상태를 궁지로 몰고 갔다.

## 타이완은행 구제안과 와카쓰키 내각의 붕괴

그래서 4월 14일 와카쓰키 내각은 타이완은행을 구제하기 위해 2억 엔을 한도로 하는 '타이완은행 구제에 관한 긴급칙령안'을 준비해 추밀원에 제출했다. 그런데 추밀원에서는 이 칙령안을 17일 부결시켰다. 그러자 와카쓰키 내각은 총사직했다. 그 사이 15일 정우회 임시대회에서는 당칙을 개정하고 구 육군대신 다나카 기이치 육군대장을 새 총재로 추대했다.

와카쓰키 내각의 총사직은 타이완은행의 구제와 관련해 큰 암운을 드리웠다. 18일 결국 타이완은행 본점은 뱅크런에 직면했고 본토와 해외 지점은 일제히 휴업에 들어갔다. 이 은행의 부채 총액은 8억9,000만 엔에 달했는데 그 가운데 긴급을 요하는 2,800만 엔을 조달할 가능성이 없었다. 그러자 그 영향은 오사카의 오미近江은행으로 파급되었고 이렇게 금융계의 동요가 더욱 심각해져 가는 가운데 19일 다나카에게 후계내각을 조직하라는 어명이 내려졌다.

원래 추밀원이 이 '긴급칙령안'을 부결한 것은 아직 '임시의회를 소집할 시간'이 있고, '헌법 제78조 위반'이라는 구실 때문이었는데 사실 이것은 이러한 헌법과 관련한 절차상의 문제가 아니었다. 추밀원은 국내의 공황위기를 무시하면 엄청난 희생을 감수해야 한다는 것을 예상하면서도 동시에 중국 정책을 변경하고자 했기 때문이다. 이것은 추밀원을 사실상 장악하고 이 법안에 반대한 핵심 인사인 정밀조사위원회 위원장 이토 미요지伊東巳代治의 발언에 가장 잘 나타나 있다. 그는 다음과 같이 정부 조치의 부당성을 지적하고 비판했다.

"이번 법안과 관련해 현 내각의 처리만 부당한 것이 아니라 대중국정책 또한 잘못되어 있다. 사안마다 중요한 적기를 놓치고 국위를 실추시키고 있으니 우리 국민은 이 사태를 도저히 묵과할 수 없다. 대중 외교가 실패한 결과 현재 중국은 수천 명의 동포가 궁지에 몰려 자신의 생명과 재산을 위협받고 있다. 뿐만 아니라 하나의 특수은행 구제를 위해 2억 엔이라는 거액을 융통해 줄 여유가 있다면 오히려 정부는 중국에 있는 일본인 구제에 힘써야 할 것이다. 이번처럼 미비한 법안에 찬성한 것은 와카쓰키 수상 이하 각료들뿐이다. 7,000만 국민은 모두 이에 반대할 것으로 믿는다. 와카쓰키 수상의 평소 언동을 보건대 의회에서나 본 추밀원에서 누차 책임을 회피한 바 있으며, 우리들은 아직까지도 그가 책임 소재를 명확히 하는 것을 보지 못했다. 지금은 실로 그 책임을 명확히 해야만하는 중요한 때이다. 나는 와카쓰키 수상이 오늘 이점에 대해 깊이 생각해보기를 바란다." 이것은 그가 내각을 타도하기로 맘먹고 한 일종의 작심발언이었다.

이처럼 와카쓰키 내각에 대한 비판은 공황에 대한 경제적 근본
정책이 없다는 점 보다는 대외적으로 특히 연약한 대 중국 외교와
국위 실추에 초점이 맞춰졌다. 추밀원이 이렇게 움직인 데에는 당연
히 미쓰이 재벌과 결탁한 정우회의 내각타도 운동이 막후에 존재했
다고 추측할 수 있다. 정우회의 영수 스즈키 기사부로는 사법성 시
절부터 추밀원 부의장 히라누마 기이치로平沼騏一郎와 의형제 같은
관계를 유지했다. 그래서 당시 추밀원을 좌우하던 히라누마와 이토
의 뒤에서 맹렬하게 내각 타도를 위해 움직였다. 또 정우회 간사장
모리 가쿠森恪는 군부와 결탁해 적극적인 대 중국 정책을 마련하
고 있었고 나중에 만철총재가 된 야마모토 조타로山本条太郎와 때
마침 중국 시찰을 위해 함께 출장 중에
있었으나 갑자기 돌아온 뒤 야마모토에
게 전보를 보냈다. 이러한 움직임을 종
합해 보면 군부, 추밀원, 정우회(미쓰이
재벌)가 한 몸이 되어 '대중 외교의 쇄
신'을 위해 와카쓰키 내각을 쓰러트렸
다고 말할 수 있을 것이다.

그러나 이미 폭발한 공황상태는 좀
처럼 잦아들 기미가 보이지 않았다. 천
황의 내각교체 명령이 내려진 19일에는
사가 현의 우라오浦生은행, 히로시마의
아시나芦品은행, 오사카의 센요泉陽은
행이 휴업했고, 새 내각이 들어선 20일
에는 히로시마의 히로시마広島산업은
행과 모지의 모지門司은행이 휴업했고,
도쿄의 교에이共栄저축은행이 파산했

예금인출 소동이 벌어진 은행

다. 그리고 21일에는 도쿄의 제15은행, 타이쇼泰昌은행, 다케다武田할인은행, 아카시의 아카시明石상공은행이 휴업했고 전국은행과 신탁 등의 금융기관이 21일과 23일 이틀간 일제히 휴업을 결정했다. 이렇듯 혼란은 극에 달했고 심지어 일류 은행들 창구에도 예금자가 쇄도하게 되었다.

### 다나카 내각의 재계 구제

다나카 내각은 재계 구제와 '대중 외교의 개선'이라는 사명을 내걸고 다나카 자신이 외무대신을 겸했고, 재계에서 명망 높던 다카하시 고레키요高橋是清[2]를 대장대신에 앉혔다. 다카하시의 공황 대책은 일단 성공을 거두었다. 즉 4월 22일에는 사법상 금전 채무의 지불연기를 실시했고, 어음 등의 권리 보존행위의 기한 연장에 관한 건을 발하여 3주 동안의 지불유예 긴급칙령(모라토리움)을 공포하고 즉시 실시했다. 이날 비상 대출로 21억9,000만 엔을 지급하기 위한 일본은행의 태환권 발행고는 23억1800만 엔을 기록했다. 그리고 25일에는 전국의 은행이 일제히 개업했고 재계는 겨우 평온을 되찾았다.(그 후 5월 10일 일본은행 총재 자리에는 이치키 오토히코가 사임하고 이노우에 준노스케井上準之助가 취임했다.) 그리고 5월 3일 소집된 제53회 임시의회는 5억 엔의 일본은행특별융통법안과 손실보상법, 2억 엔의 타이완은행금융법과 지불연기령 사후승인 건을 가결했다. 이로써 정부는 이전 내각의 타이완은행에 대한 2억 엔 구제안보다 더 많은 금액을 보상하고 거대자본을 구제하기 위해 국민들로부터 거둔 거액의 세금을 지출했다. 국민의 희생으로 재벌을 구제하는 임무를 마친 다카하시는 대장대신 자리를 미쓰치 주조三土忠造에게 물려주고 떠났다.(6월 2일)

금융공황이 한창일 무렵부터 사후처리 기간에 이르기까지 약소은행, 지방은행이 급속히 대은행에 합병되었다. 일본은행에서 특별 대출을 받아 지불한 예금은 일류은행이 약소은행 합병을 가속화했고 이른바 미쓰이, 미쓰비시, 스미토모, 야스다, 다이이치 등 5대 은행에 의한 금융지배를 확립했다. 은행의 파탄은 회사 조직에 막대한 타격을 입혔다. 타이완은행과 스즈키상점의 관계에서 보듯이 은행과 산업의 결합이 밀접하게 이루어진 만큼 그 영향도 컸다. 가와사키조선소의 경우도 해군의 구제로 겨우 파산을 면할 정도였다. 특히 직물업을 중심으로 도산하는 중소기업이 연이어 발생했고 실업자는 급격히 늘었다. 사회적 불안도 한층 고조되었다. 반면에 5대 은행을 중심으로 한 각 재벌은 각종 산업부문으로 지배의 손길을 뻗어 자신의 휘하에 중소기업을 정리하며 집중시켰다. 금융공황 속에서 독점자본은 국가권력의 도움을 받지 않으면 존립할 수 없다는 것을 명확히 보여주었다. 아울러 이들의 구제를 위해 충당된 거액의 자금은 거의 영세한 민중의 예금과 대중에 대한 과세로 마련되었으며, 그것은 격렬한 계급대립을 야기함으로써 자본주의의 위기를 한층 가속화시켰다. 다나카 내각은 이러한 위기에서 벗어나고자 산둥출병이라는 '모험'을 불사했다. 이렇게 1926년의 대 중국 수출 감소, 1927년 3~4월의 금융공황은 일본의 침략적 군사주의자 집단의 세력을 강화하는 데 이용되었다.

**산둥출병과 동방회의**

공황이 시작된 1927년 3월 20일 중국 국민혁명군이 드디어 상하이를 점령하자 각국의 육전대가 상륙했다. 27일에는 일본 제1함대도 상하이에 집결하기 시작해 '협조외교', '유화외교'로 일컬어지던 시데하라 기주로幣原喜重郎[3] 외상도 '비간섭주의'에 '수정'을 가할 수밖에 없었다. 공황이 겨우 수습된 5월 28일 다나카 내각은 국민혁명군이 북상해 화베이, 만주로 영향력을 확대하는 것을 보고 이를 저지하기 위해 더욱 적극적으로 개입했다. "불미스런 사건의 재발을 예방하고자 육군으로 하여금 거류일본인의 생명과 재산을 보호하지 않을 수 없었다."(출병 이유 성명서)는 명분 아래 군대를 산둥성으로 파견하고 남쪽 지역에서 올라온 국민혁명군을 상대하도록 했다.(제1차 산둥출병)

다나카 내각의 대對 중국 적극외교정책은 6월 하순부터 열린 '동방회의'⁴, 또 8월 13일 다롄大連에서 열린 '제2차 동방회의'에서 구체화되었다.

'동방회의'는 재중在中외교관을 소집하고 육군성, 관동군, 참모본부 수뇌가 참석한 가운데 '대對중국강령'을 결정했다. 펑톈 총영사 요시다 시게루吉田茂⁵도 참가자 가운데 한 명이었다. 그런데 여기서 공표된 것을 보아도 만몽, 특히 동북3성에서 '아국은 특수를 고려해야만 할 뿐만 아니라 이 지방의 평화 유지, 경제 발전을 위해 이 지방을 내외인이 안주安住할 수 있는 지역으로 만드는 것은 인접한 제국으로서 특별한 책무를 느끼는 바이다. 또 만에 하나 동란이 만몽 지역에 파급되고 치안이 문란해져 해당 지역에 보유하고 있는 우리의 특수한 지위와 이익이 침해될 우려가 있다면, 제국은 그들이 어느 방면에서 오더라도 이를 방호함으로써 내외인 모두의 발전의 땅으로 유지할 수 있도록 기회를 놓치지 않고 적당한 조치를 취할 각오가 필요하다'고 결의했다. 즉 일본의 특수한 지위를 옹호하고 생명선으로서 만몽 지역을 확보하기 위해 일본이 이 지역의 치안유지를 담당하고 '단호한 자위 조치'를 취하겠다고 밝힌 것이다. '만몽사변' 발발 후 동방회의의 사실상 주최자였던 외무정책 차관 모리 가쿠는 중국의 적화에 대항하기 위해 "만몽 지역을 중국 본토에서 떼어 내 일본의 세력 범위 안에 편입한다. 여기에 일본이 참여하고 치안은 일본이 담당한다. 이를 노골적으로 말하면 자칫 시끄러울 수 있으니 '동방회의'라는 우회적 방식을 취했다"고 했다.(山浦貫一, 『모리 가쿠森恪』) 중국 본토에서 분리된 괴뢰국가 수립을 구상하고 있던 것이다 그리고 그것을 방해하는 세력이 어디선가 나타난다면 단호히 '국력으로 반격'하기로 했다.

중국 측은 '동방회의' 결정에 기초한 다나카 수상의 상주문을 폭로했다.(다나카 상주문⁶) 여기에서 다나카는 구체적인 만몽경영 방침을 다음과 같이 기술하고 있다.

"중국을 정복하기 위해 우리는 먼저 만주와 몽고를 정복해야만 한다. 세계를 정복하기 위해 우리는 먼저 중국을 정복해야만 한다. 우리가 중국을 정복하면 그 밖의 모든 아시아 여러 나라와 남양의 여러 나라는 우리를 두려워해 항복할 것이다. 그 때 세계는 동아시아가 우리들의 것이라는 것을 이해하고 우리의 권리를 침범하지 않을 것이다. 중국의 자원을 지배한 후 우리는 인도, 소아시아, 중앙아시아, 그리고 유럽 정복에 나설 것이다. 야마토 민족이 아시아 대륙에서 우뚝 서고자 한다면 만주와 몽고를 지배권역으로 장악하는 것이 그 첫걸음이다."

이것은 대일본 제국주의의 침략성을 증명하는 문서로서 전 세계에 선전되었다. 그러나 문서 안의 세부적인 기술에 대해서는 사실의 오류가 섞여 있어 그대로 믿을 수는 없지만 앞서 모리의 담화와 더불어 생각해 본다면 '동방회의' 결의의 기본적 방향을 보여준다고 보아도 무리한 해석은 아닐 듯하다. 특히 "그 후에 발생한 동아시아 사태와 이에 따른 일본의 행동은 흡사 다나카 각서를 교과서로 삼아 추진한 듯한 인상을 주었으므로 이 문서에 대한 의혹을 불식시키기 어려웠다."(重光葵, 『쇼와의 동란昭和の動乱』)

## 미국의 장제스 정권 지지 정책

다나카 내각의 산둥출병은 제국주의 열강의 중국 침략을 부추긴 선구적 계기가 되었다. 때마침 난징정부를 중심으로 한 반혁명 세력의 강화, 혁명운동의 퇴조가 절호의 기회를 제공했다. 주로 중국의 중부에서 남부에 걸쳐 특권을 지닌 영국, 미국, 프랑스 등의 서구열강은 중국시장을 둘러싸고 치열한 경쟁을 벌이면서도 혁명 진압과 중국에서의 권익 보호 및 확대를 위해서는 서로 협조했다. 이들 여러 나라는 난징南京사건[7]을 구실로 '책임 있는 군대의 지휘관계자 전부를 처형'하고 '외국인의 생명과 재산은 어떠한 형식의 것이든 침략하거나 위협하지 않는다고 보장하라'며 새 정부를 압박했다. 그런데 일단 통일된 정부 내부에서는 국민당 각 파의 대립이 격화되었다. 이들은 각각 지방군대와 결탁해 지배지역의 공공기관과 군대의 요직을 자신들의 지인과 친인척으로 채워가며 새로운 군벌로 변해갔다. 그리고 서로 중국 전체로 지배권을 넓혀나가려고 했다.

장제스를 중심으로 한 난징파는 당시 이들 세력을 강력히 지배하며 하나로 통일할 만큼 힘을 지니지 못했다. 4·12쿠데타[8] 이후 장제스는 대외적으로 '타도 제국주의'는 폭동수단을 동원하지 않으며 배외적 성격을 지니지 않는다고 변명하고 적당한 시기를 보아 불평등조약을 폐지할 것을 제안하는 타협적 신외교방침을 표방했다. 이를 통해 열강으로부터 혁명 진압에 필요한 원조를 얻고자 했다. 그러나 강력한 외국 세력과 언제 결탁할지 모르는 반대파, 군벌세력을 누르고 전국을 통일하기 위해서는 열강들의 대립을 적절히 이용하고 가장 유리한 교화조건을 제공할 외국세력과 결탁해 원조를 얻을 필요가 있었다. 이 세력은 바로 미국과 일본이었다.

미국은 제1차 세계대전 이후 영국을 제압하며 중국에서 급속도로 시장을 장악해 나갔고 상하이 일대의 부르주아와 깊은 관계를 맺었을 뿐만 아니라 종래 영국이나 일본의 노골적인 중국 분열 정책과 달리 문호개방정책을 제창했다. 이에 중국 민중의 반감도 적었다. 그리고 미국과 손을 맞잡을 경우 국민혁명을 거쳐 급속히 확산된 '매국노'라는 비난을 살 위험도 적다고 생각했다. 4·12쿠데타를 전후해 장제스는 저장성浙江省 재벌을 통해 미국과의 관계 형성에 노력했고 난징정부 외교부장에 친미파인 우차오슈伍朝樞를 임명했다.

한편 일본은 전략적으로 가장 가까운 지역에서 중국 위에 군림하는 나라들 가운데 가장 강력한 힘을 지니고 있었던 만큼 이를 무시할 수도 없었다. 이 무렵 장제스는 그의 사상적 지주이자 은사인 다이지타오를 일본에 파견해 대일 타협공작을 지속했다. 이에 미국 측은 장제스의 양다리 외교에 불만을 가졌다. 1927년 9월 국민당의 내부 대립으로 장제스가 갑작스럽게 하야한 것은 미국이 그를 견제한 결과였다. 외국으로부터 적극적인 지지를 상실한 장제스 일파의 무력함이 드러난 것이다. 하야 후 장제스는 친히 일본을 방문해 조야의 명사들과 만났다. 일본 체류 동안 그를 둘러싼 일본 지배계급의 동향은 아직도 베일에 싸여 있다. 그런데 당시 세력과 그 후의 동향을 보면 그의 방일 목적은 일본으로부터 원조를 요청하고 세부 조건을 조율하는 데 있었던 것이 확실하다.

우익의 거두 도야마 미쓰루頭山滿'는 회담 후 '장제스는 아무튼 일본과 일치하는 인간'이라고 했다. 이것은 장제스가 일본의 대륙 진출정책을 전면적으로 승인했다는 뉘앙스를 풍긴다. 그러나 후에 장제스가 "일본 방문 중에 나는 방미를 희망했는데 일본 친구들의 권유로 갈 수 없었다"고 회고한 점이라든가, 귀국 후 갑자기 친미노선으로 급선회한 그의 행동으로 보건대 일본의 지배자 계급은 그를 포섭하는 데 실패한 듯하다. 일설에 의하면 이때 미국은 일본에 있던 사신을 통해 장제스와 또 다른 협정을 맺었다고 전한다. 그 내용은 '미국은 장제스가 다시 정권을 잡는 것을 지지하며 그로 하여금 일본의 천황과 만나도록 하여 일본의 만주 특수권익, 니시하라西原 차관을 승인하도록 한다. 그리고 이것을 일본이 그의 정권 획득에 반대하지 않는 교환조건으로 삼는다'(劉大年, 『미국의 중국 침략사』)는 것이었다. 이 내용의 진위 여부는 확실히 알 수 없지만 강경외교를 내걸고 장쭤린을 원조하던 다나카 내각이 이때 장제스를 품을 정도의 유연성이 없었던 것은 분명하다.

1927년 11월 다시 총통 자리로 되돌아온 장제스는 대외방침의 변경을 발표했다. 즉 '중국정부의 전복을 기도하려는 음모를 지휘한' 대가로 각지에 주재하던 소련 영사의 승인을 취소하고 소련영사관을 수색하였으며, 소련 국적의 공산당원을 체포했다. 이로써 미국의 반소정책을 추종하는 태도를 분명히 했다. 다음해 3월에는 미국 측에 '중미 양국의 외교에 새 시대를 열기 바란다'는 취지를 전달했다. 그리고 미해결 상태의 난징사건에 대해서도 맨 먼저 미국정부의 요구를 받아들이고 미국이 지명한 폭행책임자 린보쿠林伯渠 (당시 난징 점령군 지도자, 전후 중화인민공화국 정부위원, 중공중앙위원) 에게 체포영장을 발부했다. 외국인이 입은 손해에 대해 충분한 배상을 약속하고 '심심한 사죄'를 표했다. 그리고 장제스는 정부 안에서도 아내 쑹메이링宋美齡의 오빠 쑹쯔원宋子文을 재정부장으로 임명했고 그 밖에도 자신의 일파 즉 친미파로 요직을 채웠다. 그리고 모든 정치와 군사상의 대권을 자신에게 집중시켜 독재체제를 강화했다. 그리고 미국도 장제스의 국민당 정부를 정식으로 승인했고 (1928년 11월) 관세특권을 취소하고 새롭게 중미관세협정을 체결하는 등 일련의 개량주의 정책을 동원해 중국 부르주아로부터 지지기반을 넓혀가며 기반을 공고히 했다. 이후 다수의 미국군인, 유력재벌 대표가 국민당 정부의 정치, 군사, 재정, 교통 등의 고문으로 초빙되었다. 미국은 이들을 통해 최대의 특권을 보장받았다. 따라서 미국의 대 중국 정책도 종래의 '문호개방'에서 차츰 중국의 통일, 즉 일본과 영국의 지지를 받고 있던 모든 신·구 군벌을 중앙=난징파가 장악한 국민당정부로 통일하고 이를 통해 일본과 영국의 중국 진출을 견제하는 방향으로 수정되었다.

### 지난濟南사건(제남사건)

이에 대해 일본은 미국에 대항하며 화베이華北 지방으로 노골적인 군사 침략을 추진했다. 제1차 산둥출병 직후 난징정부는 '국민군에게 외국인의 생명과 재산 보호를 강화하도록 명령하고, 이를 위해 타국 정부와는 친선관계를 맺도록 하였으나 오히려 일본은 국제공법을 유린했다'며 항의하고 철병을 요구했다. 그런데 일본 정부는 이 말을 듣지 않고 1928년에 구루메久留米 사단 5,000명을 파견하고 칭다오, 자오저우膠州 간 철도膠済線 주변을 점령하고 3월에는 별도로 화베이주둔군 2개 중대로 하여금 지난濟南을 점령하게 했다. 그리고 장쭤린과 교전중인 국민당 군대에 단호한 결의를 표했다. 그로 인해 중국 민중의 분노는 고조되어 갔고, 화베이 일대에는 반일 내지 배일운동이 팽배했다. 한편 국민당 군대는 거듭 일본군의 영사주권 침해에 항의하면서 북상을 계속해 5월 1일 지난으로 입성하였는데, 여기서 중일 양군은 상호 대치국면에 들어갔다. 일본군은 높은 방벽을 구축하고 국민당군의 장쭤린 군대 토벌을 방해했다. 그래서 국민군 사령관은 예하 부대에 가급적 일본군과의 접촉과 충돌을 회피하도록 훈령을 내리는 한편 일본 영사를 사령부로 불러 내전에 간섭하지 말 것과 방어설비를 철폐하도록 요구했고 일본 영사는 이를 받아들였다.

그러나 국내의 반대를 무시하고 거액의 군사비를 들여가며 출병한 일본군 입장에서는 중국군에게 도발함으로써 '거류민 보호'의 필요성을 입증해야만 했다. 방벽 철거 이후 일본군은 마음대로 경계구역을 확대하고 5월 3일 경계선을 통과한 국민당군 병사 한 명을 사살했다. 국민군의 동요를 틈타 총공격을 감행해 이들을 격퇴했다. 곧이어 12시간의 말미를 주고 다음 요구에 회답하라는 최후통첩을 보냈다. 첫째, 중국군은 지난과 칭다오-자오저우 간 철도 주변에서 20리 밖으로 물러간다. 둘째, 중국 군대 점령지에서 모든 반일선전과 항일운동을 금한다. 셋째, 소요나 폭동에 관계된 고위 관료를 엄벌에 처한다. 넷째, 일본과 교전한 군대의 무장해제를 요구한다. 그 후 일본군은 교섭을 위해 방문한 중국 측 대표를 사살하고 이어서 국민당 정부를 대표해 일본군을 방문한 외교부장 후왕푸黃郛에게 식사도 제공하지 않고 매우 모멸적인 태도를 보였다. 게다가 일본은 1개 사단을 증파해(제3차 출병) 국민군을 압박했다. 그로 인해 격앙된 중국 민중의 반일·배일운동은 전국적으로 확산되었다. 그러나 장제스는 "일본거류민을 보호하는 것은 국가를 위한 것이므로 각 개인은 무슨 일이 있어도 참아야 한다." 심지어 "한 사람의 일본인을 구하기 위해서는 열 명의 중국인을 죽여도 좋다"는 말까지 하며 부하들에게 훈령을 내렸고 배일운동을 진압했다. 이렇듯 오로지 일본과의 화친만을 위해 노력하며 일본의 요구를 전면적으로 받아들이고 사태를 잠시나마 수습하는 듯했다. 이 무렵 장제스의 친미반소 정책은 일본과의 융화정책을 수반하기도 했다.

## 장쭤린 폭사 사건

지난濟南사건은 중국의 반제운동의 초점이 일본으로 향하는 계기가 되었다. 국민정부 외교부장 왕쩡팅은 다나카 상주문을 인용하며 일본의 침략의도를 국제연맹에 호소했다. 때가 때이니 만큼 장쭤린과 장제스의 '남과 북의 초미의 결전'은 바로 눈앞에 다가왔으나 이미 장쭤린의 군대는 패색이 짙었다. 5월 18일 다나카 내각은 전란이 만주에 미친다면 제국정부는 치안유지를 위해 적당하고 유효한 조치를 취하겠다고 발표했다. 동시에 뤼순旅順의 관동군사령부를 펑톈奉天으로 진주시켰다. 아울러 베이징의 요시자와 겐키치芳沢謙吉 공사에게 훈령을 내려 만주를 공고히 하기 위해 관외 지역으로 물러날 것을 장쭤린에게 권고하도록 했다. 장쭤린은 베이징을 떠나고 싶지 않았다. 지난사건 발발 당시 그는 남과 북이 하나되어 외적에 대항하자고 밝힌 바 있고, 국민정부와 타협함으로써 자신의 정치적 생명을 유지하고자 했다. 그런데 만주로 물러난다는 것은 일본군의 완전한 괴뢰군으로 전락했다는 것을 뜻하는 만큼, 민족운동이 고조된 상황에서 이 권고를 감수하기 어려웠다. 그 후 장쭤린과 일본 사이에 몇 차례에 걸쳐 교섭이 이루어졌다. 만일 권고를 받아들이지 않고 국민군과 충돌해 패전한 뒤 만주로 물러날 경우 일본군은 이를 산해관山海關에서 저지해야 할지도 모른다는 위협에 결국 장쭤린도 베이징을 옌시산閻錫山에게 맡기고 펑톈으로 돌아가기로 결심했다. 그리고 6월 3일 오전 1시 베이징 발 특별열차에 올랐다. 아사히신문의 베이징 전보는 '장(쭤린)이 남해 숲 건너편을 되돌아볼 때 그의 눈에는 그동안 볼 수 없었던 눈물이 비쳤다'고 정황을 보도했다.

도쿄에서는 5월 20일부터 연일 외무성, 육해군성, 대장성 관계자가 참석해 동방회의를 열었다. 이것은 만주에서 어떠한 적극적 행동도 벌이지 말라는 미국의 경고에 어떻게 회답할 것인지, 그리고 만일에 대비해 대기하고 있던 관동군에게 어떤 지령을 내릴 것인지에 관한 회의였다. 산둥출병에서 지난 사건에 이르기까지 늘 주저하던 다나카 수상을 편달하고, '만일 다나카가 응하지 않으면 총재 자리에서 물러나겠다'는 말까지 서슴지 않던 외무정무차관(사실상 외무대신으로 알려졌다) 모리 가쿠, 그리고 그와 결탁한 군부가 이때 무엇을 기획하고 있었는지는 구체적으로 알 수 없다. 다만 만주를 독립시키기 위해 군사력을 행사하려고 한 사실은 의심의 여지가 없다.

그런데 미국은 내각에 압력을 가했다. '왕쩡팅은 우선 미국에 원조를 요청했고, 일본 측에 모종의 경고를 발했다. 미국의 경고가 다나카 총리와 그 주변 요인들에게 상당한 충격을 주었다. 그리고 그 충격이 모리의 숙원이던 대륙정책 수행을 저지해 좌절시키는 요인이 되었다.'(야마우라 간이치 편, 『모리 가쿠』)

5월 25일 밤 다나카 수상은 '일체의 행동을 중지'하도록 명령했다. 그 결과 펑톈에 진주한 관동군은 급히 되돌아가지 않을 수 없는 진퇴양난에 빠졌다.

6월 4일 오전 5시 반 펑톈역을 떠난 뒤 약 1킬로미터 지점에서 장쭤린이 타고 있던 열차가 갑자기 폭음을 내며 폭발했다. 장쭤린은 그가 입고 있던 대원수 정복에 선혈을 남긴 채 폭사했다. 육군성은 '남방군 갱의대원更衣隊員의 소행이 틀림없다'고 발표했다. 그러나 원로 사이온지 긴모치西園寺公望[10]는 이 사건을 접하고, "뭔가 이상하다. 사람들에게는 말할 수 없지만, 역시 육군 언저리 인물들이 원흉이 아니겠는가"라고 의혹을 제기했다. 진실은 속일 수 없었다. 다나카는 어쩔 수 없이 "장쭤린 폭사 사건은 우리 육군 안에 다소 원흉으로 지목할 만한 요인이 있다고 생각해 현재 육군대신에게 조사를 지시했습니다"라고 천황에게 보고했다.(原田熊雄, 『사이온지 공과 정국西園寺公と政局』) 그러나 정부와 군은 최대한 이 사실을 숨기

기로 담합하고 조사를 연기했다. 그 무렵 중국에서 일어난 일본상
품 배척운동은 중국무역을 중심으로 하는 오사카 재계를 위협했
고(가령 대중국 면포 수출은 1928년 5월 약 19만 필에서 동년 8월에는 1
만7,000필로 격감), 그로 인해 다나카 내각에 대한 비난이 고조되었
다. 오사카에서는 시데하라 전 외무대신과 하마구치浜口 민정당 총
재가 다나카 외교를 비난하는 연설을 했다.

장쒀린 피살사건을 보도한 호외 기사
(『도쿄아사히신문』 1928년 6월 5일)

### '만주에서의 중대 사건'과 다나카 내각의 붕괴

제56회 의회 개회 전에 정부는 사건에 관한 신문 보도를 금하
고 야당인 민정당에게는 의회에서 이 문제를 거론하지 말 것을 요
청했다. 그러나 내각타도를 노리고 있던 하마구치는 이를 거부했
고 의회가 열리자마자 나가이 류타로永井柳太郎와 나카노 세이고
中野政剛로 하여금 이 사건의 진상을 질의하도록 하여 정부의 적극
적 해명을 촉구했다. 이에 다나카는 '조사중'이라는 답변을 반복할

뿐 의혹만 가중시켰다. 그런데 의회의 공격을 어렵게 넘어선 내각이 그 직후 갑자기 총사직을 결행했다. '만주에서의 중대 사건(장쭤린 폭사사건)'이 원인이라고 국민들은 막연히 생각했다.

그런데 그 사건이 왜 정계의 중대 사건으로 대두했는지, 의회의 문턱을 넘어선 정부가 왜 여지없이 와해되었는지, 당시에는 이에 관해 전혀 알려진 바가 없었다. 그러나 종전 후 도쿄재판 과정에서 이 사건이 관동군 참모 고모토 다이사쿠河本大作[11] 대좌 등의 모략에 의해 자행된 사실이 명백히 밝혀졌다. 그리고 또 『하라 다카시 일기原敬日記』(『사이온지 공과 정국』 제1권)에서는 다나카 내각 붕괴의 비화를 이렇게 전하고 있다.

정부도, 군 중앙도 조사 결과 범인이 육군 군인이라는 사실을 확실히 알게 되었다. 그럼에도 불구하고 다나카는 범인은 알 수 없다며 단지 사건과 관련된 경비 책임자에 대해서만 행정처분을 행할 것을 천황에게 상주했고 관동군사령관(무라오카 조타로村岡長太郎)을 예비역으로 물러나게 하고 고모토 참모를 퇴역시키는 선에서 사건을 마무리했다. 그러자 천황은 다나카에게 '당신이 처음 보고한 내용과 다르지 않은가?'라고 물었다. 그리고 스즈키 간타로 시종장에게 '다나카 총리가 말한 내용은 전혀 이해가 되지 않는다. 다시 묻기도 싫다'고 푸념했다. 스즈키에게 이 이야기를 들은 다나카는 '몹시 송구할 따름'이라며 총사직을 결행했다.

일선 군인이 군 수뇌부와 정부의 의향을 초월해 외교정책의 근본을 흔들 만한 중대 사건을 일으킨 것이다. 그런데 군이든 정부든 이 사건을 처리하지 못했고 육군에서는 사건 주모자의 본뜻은 국가에 대한 충성에 있었다며 상을 내리자는 이야기마저 나왔다. 결국 이 사건의 처리가 흐지부지 됨으로써 그 후 군이 전횡을 일삼게 만들었다. 국민의 의혹을 해소하기는커녕 국가와 천황을 위한 행위였다며 내각을 규탄하던 민정당조차도 관동군의 경비 소홀이라든가, 만몽 권익을 보전하지 못한 점을 들어 정부를 비난했지만 정작 사건의 핵심을 짚는 데는 실패했다. 베일에 싸인 통수권이라는 표적에서 크게 벗어난 것이다. 정변의 직접적인 원인을 제공한 천황의 발언은 정치적 의지를 표명한 것으로서 매우 이례적인 일이었다. 오래 동안 궁내성 출입기자를 지낸 다카미야 다헤이高宮太平는 나중에서야 천황이 그 때의 일을 두고 고심한 끝에 그 후 정치적인 책임을 지는 일은 삼가했다고 적고 있다.(『천황폐하』)

이것은 분명 국민들이 알 수 없는 궁정세력의 움직임이 정부와 정당의 배후로 작용했다는 점에서도 이후 정치사의 한 특질을 이룬 출발점이 되었다. 아무튼 이 사건은 고모토 대좌 개인의 우발적 소행으로 발생한 것이 아니었다. 또 다나카의 퇴진은 천황의 한마디로 좌우된 것이 아니었다. 장쭤린의 존재를 눈엣가시처럼 여기던 대 만주정책의 향방은 동방회의 결론에서 지향하는 바와 필연적으로 일치했고, 다나카의 이른바 '적극정책'에 불만을 느끼며 이것을 전환하려고 한 것은 바로 일본 지배층 전체였다.

### 무산정당의 분열

다나카 내각이 붕괴한 배경에는 노동자·농민쟁의의 격화, 반전 운동의 고조도 한 몫 했다. 그리고 이러한 투쟁에서 맨 앞에 나선 것은 공산주의자였다. 이미 노동운동에서는 노동조합 간부들이 대거 포진한 사회민주주의자들의 개량주의적 입장, 그리고 혁명적 대중의 전투적 입장 사이에 대립과 분열이 드러나고 있었다. 1925년 3월 일본노동총동맹(이하 총동맹)이 제1차 분열하고, 같은 해 5월 일본노동조합평의회(이하 평의회)의 창립은 이것을 상징하는 사건이었다.

좌익계 조합의 결합체인 평의회는 1925~1927년에 노동 공세의 중심세력이 되었다. 와타나베 마사노스케渡辺政之輔[12]를 조직자로 한 평의회는 공장위원회 활동, 공장대표자회의 운동 등의 창의적 전술로 노동자를 조직하고, 파업을 지도했다. 또한 태평양노동자회의나 프로핀테른Profintern에 참가함으로써 국제적 연대를 강화하며 비약적으로 발전했다. 그러나 그 거점은 대체로 중소공장에 그치고 있었고 대공장은 개량주의적 조합에 장악되어 있었다. 이러한 노동정세는 무산정당의 분열로도 나타났다. 1925년 보통선거법이 통과되면서 무산정당조직준비회가 열렸다. 그런데 전국적 단일 무산정당조직은 총동맹 간부인 좌익의 반대에 직면했다. 그래서 총동맹 준비회를 탈퇴한 후에야 겨우 농민노동당을 결성했지만 곧바로 결사금지 처분을 받았다. 그 후 평의회를 제외하고 좌익의 지도 아래 1926년 3월 노동농민당이 탄생했는데 이번에는 대중들 사이에 계급전선 통일을 위한 '문호개방' 요구가 고조되어 같은 해 말 우익간부와 산하조합들은 이 당을 떠나 별도로 사회민중당을 설립했다. 동시에 중간파는 일본노농당을 결성했다. 이로써 오야마 이쿠오大山郁夫의 노농당(평의회, 일본농민조합), 미와 주소三輪寿壯의 일로당(일본노동조합동맹, 일본노동조합총연합, 전일본농민조합, 그 후 이것은 아소 히사시麻生久의 일본대중당으로 발전함), 아베 이소오安部磯雄의 사민당(총동맹, 일본해운조합, 해운협회, 관업노동총동맹)의 3대 파벌이 서로 대립하였는데 그 사이 몇 차례 통일전선의 움직임이 있었으나 실현되지는 못했다.

## 후쿠모토福本주의

그런데 일본공산당은 1924년 봄 정부의 탄압에 굴복한 아카마츠 가츠마로赤松克麿와 야마카와 히토시山川均에 의해 당 해산을 선언했으나, 이러한 패배적 방침에 반대하는 자들이 코민테른 본부의 지령 아래 1925년 1월부터 당 재건에 착수했다. 사카이 도시히코堺利彦, 야마카와, 아카마츠 등을 제외하고, 와타나베 마사노스케와 도쿠다 큐이치德田球一 등에 의해 재건파가 조직되었다. 그리고 1926년 재건대회가 열렸다. 그 배경에는 원래부터 노동운동이 격화되면서 공산당의 지도가 필요하다는 움직임이 있었다. 1926년의 대파업, 가령 공동인쇄회사와 하마마쓰약품회사 파업에도 이러한 현상이 나타났다.

한편 5·30사건으로 시작된 중국혁명에서 나타난 노동자, 농민의 투쟁이 일본 노동자에게 큰 영향을 준 것도 간과할 수 없는 요인이었다. 이때 공산당 지도이론은 '야마카와山川주의'[13]에서 '후쿠모토福本주의'로 바뀌었다. 야마카와주의가 우익 기회주의였던 것에 비해 후쿠모토 가즈오福本和夫의 이론은 일종의 좌익 기회주의였다. 아울러 소시민적 지식계급의 관념적 혁명이론이었다고 볼 수 있다. 즉 종래의 사회운동이 경제투쟁과 이에 기초한 '조합주의적 정치투쟁주의'였다고 비판하면서 이것을 '전 무산계급의 정치투쟁주의'로 발전시켜야 한다고 주장했다. 이를 위해서는 결합 이전에 먼저 분리할 필요가 있고, 아울러 이론투쟁이 불가피하다고 역설했다. 이로써 혁명의 '주체'를 확립하고자 했는데 인텔리 당원들로 구성된 당과 그의 글은 대중으로부터 고립을 자초했고, 아울러 전위와 대중조직의 역할을 혼란스럽게 만드는 오류를 범했다. 이러한 후쿠모토주의를 극복할 수 있었던 것은 1927년 안으로는 공황의 참상과 싸우며 밖으로는 중국 침략전쟁에 반대했던 노농운동이 가능했기 때문이다.

공산당의 합법기관지였던 『무산자신문』의 제창으로 '의회해산 청원운동'이 '노농당'을 중심으로 전개되었다. 그리고 관헌의 격렬한 탄압을 물리치고 전국적으로 투쟁을 전개하며 악법반대, 경작권 확립, 실업자운동, 대 중국 간섭 반대 등의 슬로건을 내걸었다. 또 평의회가 제창한 공장위원회, 공장대표자회의 운동과 연대해 많은 노동자, 농민을 움직였고, 사민당, 일로당은 대중을 동원해 조직을 확대하고 '정치적 자유획득'의 필요성을 대중에게 학습시켰다.

### 대 중국 비간섭동맹

와카쓰키와 다나카 내각의 중국 침략에 용감하게 반대한 것도 이들 근로대중이었다. 중국 국민당 주일 총지부의 요청으로 두 차례에 걸쳐 열린 일중간담회(2월 26일, 4월 13일)는 '대 중국 비간섭 운동단체(중국에 대한 외교적 간섭을 반대하는 단체)'를 논의했다.

2월 26일 무산자신문은 와카쓰키 내각의 군함, 육전대 파견에

'노동자와 농민은 누구를 지지할 것인가? 일본 자본주의제국은 무엇을 노리고 있을까?' 라는 제목의 야나세 마사무(柳瀬正夢)가 그린 만화(『무산자신문』 1927년 4월 9일)

대해 '즉시 철병할 것을 요구하자! 대 중국 비간섭 동맹을 조직하자!'는 논설을 싣고 중국과 일본 인민의 연대를 호소했다. 그리고 4월 2일과 9일 '중국에 대한 외교적 간섭에 반대하는 전 민중적 운동을 일으키자!' 그리고 '중국혁명과 일본무산계급 – 신속히 대 중국 비간섭 동맹을 조직하자!'며 계속해서 중국 간섭에 대한 반대를 호소했다. 그리고 중국 국민당 총지부가 발표한 '일본의 전 무산계급에 호소한다'는 격문에 답하여 같은 달 14일 일중간담회가 열렸다. 그리고 4월 26일에는 '대 중국 비간섭 동맹 준비회'가 조직되었다. 이날 노농당과 일로당 사이에 공동전선이 조직되었고 5월 1일 도쿄 노동자대회에서는 중국에 대한 간섭에 반대하는 슬로건을 내걸었다. 5월 6일에는 노농당과 일로당이 주최한 대 중국 비간섭 연설회가 열렸으나 이를 두려워한 관헌은 이를 해산시켰다.

이러한 탄압에 후퇴한 일로당은 노농당과의 공동투쟁을 거부했는데 5월 28일 산둥출병이 단행되자 같은 달 31일에는 오사카, 교토, 나고야, 고베, 아오모리, 이와테, 나가노, 시즈오카, 나라, 미에, 오카야마, 후쿠오카 등지의 지방 동맹의 협력을 얻어 '중국 출병에 반대한다!', '중국 파견군을 철수하라!'는 슬로건 아래 '대 중국 비간섭 전국동맹'이 결성되었다. 그런데 일로당과 사민당은 결국 여기에 참여하지 않았다. 사민당은 제국주의자에게 매수된 장제스와 손을 잡고자 미야자키 류스케宮崎竜介와 마츠오카 고마키치松岡駒吉를 난징으로 보내 참모본부와 협력하기로 했고, 일로당의 경우 표면적으로는 일단 '중국 간섭 반대'를 표명했으나 실제로는 투쟁을 조직하지 않고 중국 프롤레타리아와 손을 잡을 생각이 없었다. 이에 반해 의식 있는 노동자들은 이 비간섭동맹을 열렬히 지지했고, 이러한 대중의 압력에 의해 일로당계 간사이합동, 도쿄와 요코하마 일대의 교하마京浜노동기우회, 총연합 등의 단체도 솔선해 여기에 참여했다. 이 간사이합동의 움직임에 대해 일로당은 '제명처분'을 내렸으나 참가자는 이에 굴하지 않았다. 이 동맹은 '출병 반대 주간'을 두 차례나 시행했고 또 '중국시찰단파견운동'을 전개했다. 대표는 8월 26일 도쿄 역을 출발해 28일 후쿠오카에 도착할 때까지 정부의 압박을 받아가며 나라, 오사카, 오카야마, 야하타, 후쿠오카에서 연설회를 열었다. 그러나 후쿠오카에 이르는 과정에서 대표자들이 검거되어 송환되는 바람에 중국 도항은 실패하였으나 이 '중국 간섭 반대' 운동을 서일본 지역 노농대중에게 확산시키는 계기를 마련했다.

### '27년테제'와 '3·15사건'

　　'27년테제'가 부각된 것은 이러한 정세가 배경이 되었다. 1927년 7월 15일 모스크바에서는 코민테른 상임집행위원회 회의가 열렸다. 의장은 부하린Nikolai I. Bukharin이었는데 여기서 '일본에 관한 테제'가 채택되었다. 이 회의에는 와타나베와 후쿠모토가 일본공산당 대표로 참가했다. 이 테제는 당내 두 가지 편향, 즉 야마카와주의와 후쿠모토주의를 모두 비판하고, 공장 세포조직을 기초로 당의 혁명적 실천운동을 재조직할 것을 결의했다. 그리고 이를 위한 전략목표와 전술적 슬로건을 과학적이고 구체적으로 확립하고자 했다.

　　여기에서 일본의 객관적 정세를 분석하였는데, 이는 '일본의 자본주의가 상향곡선을 그리고 있으나 그 발전은 제한된 것이며 내부적으로는 모순이 격화되고 있다. 또 그것은 이미 자본주의로서 위협적인 형태를 갖추기 시작했으며 자본가와 지주의 반동적 블록인 국가권력은 종래 지주적 세력에서 부르주아로 주도권이 이동했다. 따라서 앞으로 도래할 혁명은 급속히 사회주의혁명으로 전화할 수 있는 부르주아 민주주의혁명이 되어야 한다. 그러나 현 단계에서 혁명의 객관적 조건은 무르익었으나 혁명의 주체적 조건이 성숙하지 않았다. 그로 인해 공산당의 확대 강화, 지도적 역할, 대중에 대한 정치적 지도권 획득이 매우 중요하다'는 점들을 명확히 했다. 바로 이러한 '27년테제'에 기초해 당의 새 중앙위원회가 코민테른에 의해 임명되었고, 기관지로서 『아카하타赤旗』[14]가 발행되었으며 그 해 말부터 활발한 활동을 개시했다.

비합법적으로 모습을 감추고 있던 공산당이 공장 세포라는 기초 위에서 공공연히 정강을 내걸고 대중들 사이에 모습을 드러낼 기회를 맞이한 것은 1928년 2월 초에 실시된 보통선거에 의한 총선거였다. 노농당은 후보자로 당원을 입후보시키고 '천황제 타도', '노동자·농민의 정부 수립'이라는 슬로건을 내걸어 대중에게 호소했다. 이에 대해 다나카 내각의 내무대신 스즈키 기사부로는 노농당을 비롯한 무산정당을 무자비하게 탄압하고 간섭했으나 노농당의 득표수는 19만3,028표로서 야마모토 센지山本宣治와 미즈타니조사부로水谷長三郎 2명을 당선시켰다. 사회민중당은 12만8756표를 얻어 4명을, 그 밖의 무산정당은 2명을 당선시켜 도합 8명의 당선자를 배출했다.(그 밖에 기성 정당 가운데는 정우회가 219명, 민정당 217명, 혁신당 4명, 실업동지회 4명, 중립 1명이 당선되었다.)

공산당의 출현과 선거 과정에 나타난 노동자 계급의 조직, 그리고 힘을 두려워한 정부는 사전에 준비하고 있던 만몽군사점령계획을 실행해 옮기기 위해 3월 15일 새벽을 기해서 전국적으로 일제히 1,600여 명의 일본공산당원과 동조자를 체포했다. 이것이 이른바 '3·15사건'이다.

이어서 4월 10일 공산당의 영향 아래 있던 노농당과 일본노동조합평의회, 전일본무산청년동맹 3개 단체를 해산시켰다. 3·15사

'3·15사건'을 보도한 기사, '일본공산당탄압, 전국에 걸쳐 대검거', 『무산자신문』(1928년 3월 23일)

건에 의한 기소자 수는 400명에 달했는데 일본공산당 재건은 검거를 면한 와타나베 마사노스케, 이치카와 쇼이치市川正一 등의 주도 아래 이루어졌다. 4월에는 비교적 빨리 전국적 연락망을 회복했다. 그리고 3개 단체의 해산 후 노농당은 정치적 자유 획득 노농동맹을 조직했고, 같은 달 혁명적 노동조합으로 일본노동조합전국협의회가 결성되었다. 그리고 제2차, 제3차 산둥출병 후 전국반대동맹을 조직해 '중국혁명의 옹호', '중국에서 손을 떼라!' 등의 슬로건이 국민사이에 혹은 출동한 군대 내에서 제창되었다. 이렇게 일본공산당과 중국공산당은 공동회의를 열어 일본 제국주의의 중국 침략에 반대하는 공동선언을 발표했다.

이러한 노동자, 농민의 투쟁에 대해 정부는 1928년 6월 의회 개회중임에도 불구하고 긴급칙령으로 치안유지법 개정(최고형 사형을 부과)을 단행하고 7월에는 200만 엔의 예산으로 특별고등경찰

제도를 실시했다. 이때 관헌의 탄압은 테러 위협을 수반했다. 와타나베 마사노스케가 타이완 지룽항基隆港에서 경찰에 의해 살해[15]된 것이 1928년 10월이었고, 이듬해 3월 미즈타니 조사부로가 테러 위협 때문에 혁명진영에서 이탈했다. 그러자 노농당 국회의원인 야마모토 센지는 "나 혼자서 지킨다. 그러나 나는 외롭지 않다. 내 뒤에는 수백만 노동자 대중이 있다"는 말을 남기고 제56회 의회 도중에 칠생의단七生義団 단원에게 암살당했다.(3월 5일)[16] 공산당이 다시 전국적으로 검거된 것은 그 직후인 4월 16일이었다.

야마모토 센지의 암살 소식을 듣고 달려온 무산당 사람들

## 1엔 책 시대와 프롤레타리아 문학·연극

이러한 계급투쟁의 발전은 사상계에 맑스주의가 본격적으로 소개되고 보급되는 기반이 되었다. 『맑스·엥겔스 전집』 32권(개조사改造社)은 1927년부터 간행되기 시작했는데, '1927년테제'를 구체

적으로 논증하기 위해 편집되었다. 1928년에 발행된『맑스주의 강좌』를 중심으로 한 노로 에이타로野呂栄太郎의『일본 자본주의 발달사』와 핫토리 시소우服部之総의『메이지 유신사』등 기타 노작들은 일본에 맑스주의 이론을 구체적으로 적용할 수 있는 토대를 마련했다. 산업노동조사소에서 나온『무산자정치필휴』는 사회운동 실천에 필요한 마르스크주의 지식을 제공했다. 종합 잡지에 맑스주의자의 글이 다수 실리게 된 것도 이때부터이며, "특권계급이 독점한 지식과 미를 되찾자"는 목적으로 출발한 이와나미문고岩波文庫의 발행도 이러한 시류를 반영한 것이다.

개조사판『마르스크·엥겔스 전집』의 신문광고

문화의 대중화가 가장 단적으로 나타난 것으로 당시 '1엔 책円本 전집'의 유행을 들 수 있다. 이것은 1926년부터 시작된 경향으로서 개조사의 야마모토 사네히코山本実彦가 기획한『현대 일본문학 전집』을 보급판으로 만들어 1권에 1엔, 상급 제본은 1엔50전에 팔아 대중으로부터 큰 반향을 얻은 것이 발단이었다. 이에 따라『대중문학전집』,『세계문학전집』을 비롯한 수십 종류의 책이 나왔고 드디어『라쿠고落語[17]전집』이나『고단講談전집』까지 나오게 되었다. 이러한 대중화의 영향을 받아 출판 자본을 반동적으로 악용하고자 하는 움직임도 생겼다. 대단히 많은 출판 부수를 기록하며 대중 오락잡지 『킹』을 발간하던 대일본웅변회 고단샤講談社의 노마 세이지野間清治가 취한 정책은 그러한 전형을 보여준다. 즉 통속적 상식이나 저급한 예술을 대중에게 제공함으로써 오랜 권력의 토대인 가족과 도덕을 강조하고, 국가주의적 교학을 선전해 '출판보국出版報国'을 실현하고자 했다.

도쿠나가 스나오(德永直), 『태양이 없는 거리(太陽のない街)』(1929년 간행)

문학 분야에서도 두 가지 조류가 확실히 대립했다. 1921년 창간된 『씨 뿌리는 사람種蒔く人』안에서 탄생한 프롤레타리아문학은 그 후 노동운동과 연계를 강화하며 맑스 문학운동의 기초를 다졌다. 1924년에는 동인조직으로 『문예전선(문전)』이 발행되었고 '일본 프롤레타리아 문예연맹'이 창립되었다. 이를 통해 하야마 요시키葉山嘉樹, 구로시마 덴지黒島伝治, 하야시 후사오林房雄, 사토무라 긴조里村欣二, 히사이타 에이지로久板二郎 등이 등장했다.

그리고 이듬해에는 문학 외에도 연극, 미술, 음악을 포용하면서 반맑스주의 분자로부터 분리 독립해 '일본 프롤레타리아 문예연맹'으로 발전했다. 당시 후쿠모토주의를 기계적으로 도입한 영향을 받아 문학에서도 이론 투쟁이 활발했다. 예술은 전 무산계급의 정치 투쟁에서 '조직되어 가는 대중의 진군나팔'이 되어야 한다고 주장

했다. 그리고 이러한 급진화 경향은 1927년 '일본프롤레타리아예술연맹'(프로게이プロ芸)의 분열을 가속화했다.

『문예전선』 동인이 6월에 대거 참가해 만든 '노농예술가연맹'(로게이労芸)은 문학에서의 '정치적 헤게모니' 확립과 인텔리겐차의 역할을 둘러싼 '정치와 문학' 문제가 쟁점이 되었다. 이렇게 해서 『문예전선』은 노농 예술가연맹의 기관지로서 다시 속간되었다. 이에 일본프롤레타리아예술연맹 측은 『프롤레타리아예술』을 창간했다.

그리고 노농예술가연맹은 야마가와 히토시山川均의 원고 게재를 둘러싸고 재차 분열해 '전위예술가동맹'(젠게이前芸)이 떨어져 나온 뒤 기관지 『전위』를 발행했다.(1928년 1월) 이로써 문예계는 3개의 파벌로 나뉘어 서로 각축했다.

이러한 전선 분열에 속에서 '1927년테제'의 지도 아래 '일본프롤레타리아예술연맹'과 '전위예술가동맹'이 합동해 1928년 3월에는 '일본좌익문예가총연합'이 탄생했고, 『반제국주의 전쟁 창작집』이 제2차 산둥출병 와중에 집필되어 5월에 『전쟁에 대한 전쟁』이라는 제목으로 간행되었다. 이것은 3·15 탄압 후 조직 정비 과정에서 '전일본무산자예술연맹(나프NAPF)'이 맑스주의 예술가의 통일전선 조직으로 결성되어 5월부터 기관지 『전기戦旗』가 창간되었다. 이렇게 나프는 공산당을 탈당한 야마카와 히토시, 이노마타 쓰나오猪俣津南雄, 아라하타 간손荒畑寒村 등의 노농파 이론가들과 긴밀하게 협조해 '노농예술가동맹' 즉 문예전선파와 대립하며 이론상으로나 작품상으로나 프롤레타리아 문학의 본격적인 개화를 일구어냈다. 문예전선파에 속한 하야마 요시키의 장편소설 『바다에 사는 사람들』(1926)이라든가, 히라바야시 타이코平林たい子, 구로시마 덴지 등에 대립하는 '전기파'에서는 고바야시 다키지小林多喜二의

『1928년 3월 15일』(1928), 『해공선蟹工船(게잡이 가공선)』(1929), 도쿠나가 스나오의 『태양이 없는 거리』(1929) 등 이 시대의 대표적 프롤레타리아 리얼리즘 방법이 나타나 나프의 실질적인 정통성을 드러냈다. 또 구보카와 이네코窪川いね子의 『캐러멜 공장에서』라든가 나카노 시게하루中野重治의 『이른 봄의 바람春さきの風』, 『쇳소리鉄の話』 등이 그 뒤를 이었다.

이러한 프롤레타리아 문학이 대두했음에도 불구하고 문단의 주류는 여전히 부르주아 문학이 장악하고 있었다. 1923년 관동대지진은 도쿄에서 과거의 에도 정서를 느낄 수 있는 마지막 모습을 앗아갔으며, 그 대신 '부흥'이라는 화두는 서양 문화의 싸구려 모방을 불러왔다. 그리고 '모던'이란 말은 마치 시대의 유행어처럼 번져갔고, '모더니즘'은 힘을 지닌 사람들 속에서 신新감각파라고 불리는 작가군을 탄생시켰다. 대표적 작가는 가와바타 야스나리川端康成, 가타오카 텟페이片岡鉄兵, 요코미쓰 리이치横光利一 등이 있었다. 이들은 대개 기쿠치 칸菊池寛의 『문예춘추』를 통해 자라난 작가군이었다. 이 문예파는 프롤레타리아 문학의 '정치성'에 반대하며 예술지상주의 입장에 섰다. 그리고 기계문명의 물질성과 향락주의에 기초한 감각성을 중시했다. 또 전후 유럽문학의 새로운 기법, 즉 심리주의 등을 도입했다. 그런데 모더니즘이 꽃 피는 가운데에는 자본주의 위기의 심화에 동요하는 소시민의 불안과 절망 같은 기분이 자리 잡고 있었다는 것을 간과해서는 안 된다. 1927년 7월 아쿠타가와 류노스케芥川竜之介의 자살은 그가 남긴 유서에 있는 '막연한 불안'을 상징한다. 이것은 세상 사람들의 가슴에 심각한 충동을 불러일으켰다.

그러나 메이지 이래의 자연주의 리얼리즘의 발전에 대항한 신감각파의 전 작가를 통틀어 보아도 이 현실의 불안 해결을 과제로 삼

126

는다든가 인간성을 부활시키고자 하는 방향으로 나간 이는 없었다. 뿐만 아니라 5·30사건을 다룬 요코미쓰橫光의『상하이』등을 정점으로 오히려 신감각파는 해체와 분화의 길을 걷게 되었다.

신감각파 문학 속에서 가타오카 텟페이, 다카다 다모쓰高田保, 그리고 그 다음 세대인 후지사와 다케오藤沢桓夫, 다케다 린타로武田麟太郎, 다카미 준高見順 등이 '좌경화'한 것도 1928년 무렵이었다. 따라서 이것은 시인 가운데 쓰보이 시게지壺井繁治, 호소다 겐키치細田源吉, 호소다 다미키細田民樹(『진리의 봄』,『생활선 ABC』) 등이 사회문제를 다루기 시작한 것도 이 무렵이고, 또 노가미 야에코野上彌生子의『마치코真知子』가 연재되기 시작한 것이라든가, 쥬조(미야모토) 유리코中條(宮本)百合子의『노부코伸子』가 간행된 것도 역시 1928년이었다. 이것을 보면 역시 이때가 하나의 확실한 문예사조가 자리잡은 시기였음을 보여준다. 고바야시 다키지라든가 도쿠나가 스나오의 작품도 곧『개조』라든가『중앙공론』에 실리게 되었다.

신감각파의 분화는 물론 여기에 그치지 않았다. 류탄지 유竜胆寺雄 등의 모더니즘 작가가 나왔고 사사키 미쓰조佐々木味津三처럼 대중문학으로 치닫는 작가도 나왔다. 드디어 '에로·구로·넌센스'의 시대로 이어진 것이다. 그러한 가운데 히로쓰 가즈로広津和郎나 야마모토 유조山本有三도 '동반자' 문학을 시작했고, 메이지·다이쇼 시기부터 문단의 주류가 된 심경소설=개인소설이 이 무렵에는 거의 자취를 감추었다. 이러한 때 고립된 개인소설 작가로서(다음 세대의 가교 역할로서)는 가무라 이소다嘉村礒多 등이 있었다.

1927년부터 1928년에 걸쳐 연극계에서도 커다란 사건이 있었다. 1927년 11월에는 러시아혁명 10주년 기념제를 위해 오사나이 가오루小山内薫가 국빈으로 초대되었고, 1928년에는 이치카와 우자에몬市川羽佐衛門이 유럽에 갔고, 이치카와 사단지市川佐団次 극단도 유럽으로 건너가는 등 지금까지는 생각도 못했던 일이 연이어 발생했다. 그런데 1928년 말 오사나이가 갑자기 세상을 떠났다. 이것은 특히 관동대지진이라는 재앙이 발생한 뒤였고, '연극의 실험실'로서 일본의 근대극운동을 비약적으로 발전시키고 리얼리즘 연극 확립에 뜻을 둔 쓰키지築地 소극장을 중심으로 한 신극운동에 큰 충격을 주었다. 이미 발전하고 있던 프롤레타리아 문화운동은 쓰키지의 오사나이 등의 아카데믹한 경향과 달리 비판적인 사람들을 배출했다. 프롤레타리아 연극에서는 이미 센다 고레야千田是也와 무라야마 도모요시村山知義를 중심으로 '전위좌前衛座'가 만들어졌고, 실천적 극단으로서 1926년 1월 교도인쇄共同印刷 쟁의에 참가한 '트렁크 극장'도 '프롤레타리아 극장'으로 이름을 바꾸고 발전하고 있었는데, 이들과 합동해 '도쿄좌익극장'이 되었다.(1928) 이러한 가운데 오사나이의 갑작스런 죽음은 1929년 3월 '제84회' 공연을 마지막으로 '극단 쓰키지 소극장'과 '신 쓰키지 극단'의 분

쓰키지 소극장 공연 '울부짖어라, 중국'(1929년 8월 혼고좌(本郷座))

열을 가져왔다. 전자에 남은 사람들은 기타무라 기하치北村喜八, 아오야마 아야사靑山彩作를 중심으로 '아침부터 밤까지'라든가 '하리쓰케 모자에몬磔茂佐前衛門', '아편전쟁', '울부짖어라 중국吼えろ支那', '서부전선 이상 없다'를 상연했다. 또 프롤레타리아 연극에 접근하고자 후자에 모인 사람들은 히지카타 요시土方与志를 중심으로 구보 사카에久保栄, 스스키다 겐지薄田研二, 마루야마 사다오丸山定夫, 야스모토 야스에山本安英 등으로서 이들은 힘을 다해 연기했다.(특히 '좌익극장'의 합동은 문학계의 나프와 밀접한 관계를 구축했고, 쓰키지의 양 극단은 함께 그 영향을 받게 되었다.)

그런데 오사카(전기좌), 고베(노동자일야극단), 마쓰모토(청복극장), 도쿄(데모좌), 등의 프롤레타리아 운동의 중심지가 생겨나자 각 지역의 극단은 '도쿄좌익극장'을 주체로 하여 '일본 프롤레타리아 극장 동맹'(약칭 프로토)를 결성했다. 뒤에 '신 쓰키지'도 여기에 참가했다. 그리고 이러한 프롤레타리아극단의 공연은 결국 도쿄나 지방에서도 경찰당국에 의해 점점 더 강력한 간섭을 받게 되었다.


## 제2절 이노우에井上 재정과 시데하라幣原 외교

### 하마구치浜口 내각의 성격

다나카 내각 뒤에 하마구치 오사치浜口雄幸 민정당 내각이 1929년 7월 2일에 들어섰다. 신 내각은 재정정리, 국채감소, 금 해제, 국제협조를 내용으로 한 정강을 발표하고 출범했다. 다나카 내각의 방만하고 모험적인 내외 정책은 국민에게 불안을 안겨주었을 뿐만 아니라 지배계급도 나중에 '2보 전진'을 위한 '1보 후퇴'를 선택하고 현재의 기반을 강화할 필요가 있다는 점을 통감했다.

총리대신
하마구치 오사치
(濱口雄幸)

외무대신
시데하라 기주로
(幣原喜重郞)

대장(재무)대신
이노우에 준노스케
(井上準之助)

하마구치 내각은 '시데하라幣原 외교'와 '이노우에井上 재정'이라는 새로운 옷으로 갈아입고 직접적인 무력행위 대신에 보다 '신중'하고 '교묘'한 대외침략 방책을 실행하고자 했다. 정우회와 민정당은 발족 때부터 독점자본과 관계를 더욱 긴밀히 했고, 일본 양대 재벌의 직접적이고도 공공연한 정치적 대리인을 자처했다.

그러나 정우회는 일본의 국가권력 가운데 매우 큰 역할을 하고 있는 지주세력, 궁정세력, 그리고 군부세력과 더욱 긴밀한 관계를 맺고 있었다. 가령 금융공황의 와중에 대 중국정책을 군사적으로 추진하기 위해 궁정세력이 군부와 결탁해 강하게 압력을 가하고, 와카쓰키 헌정회 내각 대신에 다나카 육군대장을 총재로 한 정우회 내각을 성립시킨 것도 정우회의 성격을 확실히 엿볼 수 있는 대목이다.

이에 비해 민정당(와카쓰키 내각 붕괴 후 헌정회는 도코나미 다케지로床次竹二郞의 정우본당과 합당하여 하마구치를 총재로 하는 입헌민정당이 되었다.)의 경우 궁정이나 군부와는 그 정도로 깊은 관계를 맺지 않았고, 독점자본의 이익을 대표하는 세력으로 등장해 주로 국가권력을 통해 자본주의적 착취를 강고히 하는 데 주력했다. 이것은

130

정우회에 비하여 민정당이 '평화적'이었다는 의미가 아니라 대외침략을 신중하게 준비한 것에 불과했다. 일본 국내와 식민지의 혁명운동에 반대했다는 점에서는 양당 사이에 본질적 차이가 없었다.

아무튼 다나카 정우회 내각이 무너지고 하마구치 민정당 내각이 성립된 것은 중국에 대한 직접적 무력 간섭이 실패한 결과였으며, 동시에 금융공황의 결과 국가권력 내에서 독점자본가들의 세력이 크게 증대하였으며, 그 대리인으로서 민정당이 선택되었다는 것을 뜻한다.

### 금 해금과 긴축정책

그런데 민정당은 금 수출 금지를 해제하고자 헌정회 이래로 다년간 이것을 주요 정강으로 주장해왔다. 중국에 대한 직접적인 군사행동이 성공하지 못한 결과 일본 자본주의는 외국시장에 경제적으로 진출할 힘을 한층 강화할 필요가 있었다. 이를 위해서는 무엇보다도 일본상품의 가격을 가급적 낮추어 외국시장에서 경쟁력을 강화해야만 했다. 또 자본의 축적을 강화해 식민지에 대한 투자를 늘리는 한편 구미 자본주의와의 식민지 쟁탈전에서 유력한 지위를 확보해야만 했다. 제1차 세계대전 후 일본은 금 수출을 금지했기 때문에 일본상품 가격을 국제적인 수준으로 낮추기 어려웠고 역대 정부의 인플레이션 정책으로 오히려 가격은 더욱 높아져 있었다. 그래서 일본상품의 가격은 외국과 비교할 때 매우 비싸졌고 무역에서도 수출은 고전하는 반면 수입은 현저히 늘어 매해 거액의 수입 초과가 발생함으로써 자본 축적을 저해했다. 따라서 금 수출 금지 철폐와 디플레이션 정책을 실시하고 일본상품의 가격을 내려야 한다는 목소리가 독점자본주의자 사이에서 고조되어 갔다. 독점자본과 강력한 유대관계를 맺고 있던 헌정회는 특히 이 점을 주장해 왔으나 1차 세계대전 후 불안정한 경제정세 속에서 갑자기 이러한 정책을 실행하는 것은 가격의 급속한 하락과 기업 도산에 따른 경제계의 혼란을 가중시키고, 결과적으로 독점자본의 기초를 뒤흔들 수 있다고 보았다. 즉 지배계급은 어쩔 수 없이 이 정책을 잠정적으로 미룰 수밖에 없었다.

이미 금융공황 속에서 대중의 희생을 통해 독점적 지배력을 강화한 자본가들은 드디어 하마구치 내각을 통해 오랜 현안이었던 금 해금정책을 단행하게 되었다.

대장大藏대신 이노우에 준노스케는 우선 '재정 긴축'을 선언하고 1929년도 예산 절약을 단행했다. 1930년도 예산에는 1억 6,000만 엔의 긴축과 재정 계획에 의한 8,500만 엔의 공채 발행계획을 완전히 폐지함으로써 일본 재정사상 이례적으로 '빚 없는 예산'을 편성해 디플레이션 정책을 추진했다. 그리고 1930년 1월부터 금 수출 금지 해제를 실시하겠다고 발표했다.

하마구치 내각이 금 해금에 기대한 것은 앞서 본 것처럼 근본적인 요인과 더불어 미국자본과의 결탁을 긴밀히 하여 외자도입을 활성화하는 것이었다. 또 한편으로는 이를 통해 식민지를 침략해 온 전통적 방식 즉 '남의 힘을 빌려 이익을 취하는 것'을 의미하며 자본 축적의 취약함을 외자로 보강함으로써 자국 식민지에 대한 경제적 지배력을 증대하고자 하는 교묘한 방책이었다. 시데하라 외교는 영국과 미국에 대한 협조 노선을 뜻하는데 이러한 경제정책은 협조 노선의 외교정책을 추진하기 위한 사전포석에 불과했다. 금 해금은 1929년 11월 우선 미국과 영국 시장에서 총액 1억 엔의 외자 도입이 성공한 후 이루어졌다.

신문에 '국력 발전의 가을이 도래한다'는 기사를 내보내, 금 해금 정책을 선전했다. 1930년 1월 15일 당일 이른 아침부터 태환을 위해 일본은행을 찾은 사람들이 13년 만에 보게 된 5엔 짜리 금화, 10엔 짜리 금화에 호경기가 도래했다는 꿈을 품게 되었다. 거리에는 '금 해금'에 관한 노래가 축음기에서 흘러나왔다. 거리마다 붙어 있던 긴축 포스터가 의미하는 것은 무엇이었을까?

금 해금과 긴축정책이 국민생활에 미친 영향은 곧바로 나타났다. 1930년 7월 농촌의 어려움을 호소하기 위해 상경한 사이타마 현 기타아다치北足立의 대표자는 자신들의 생활을 다음과 같이 말했다. "실제로 오늘날 우리네 농민 생활은 살아야 할지 죽어야 할지, 아니면 서로를 도와야 할지 서로 죽여야 할지의 기로에 서있다. 참으로 눈물 나는 고난의 시대를 살고 있다. 땀 흘려 기른 양배추는 50포기에 빵 한 봉지 값이고, 순무는 100파把를 팔아도 접시 하나 사지 못한다. 누에는 3관貫, 대맥은 3표俵에 단 돈 10엔이다. 이래서야 비료 값도 뽑을 수 없다. 이것저것 다 빼고 나면 뭐가 남는가"(일본경제연보 제1집)

생사의 기로에 선 것은 단지 농민만이 아니었다. 재정 긴축을 위한 행정 정리로 인해 다수의 관리와 더불어 하급관리가 해고되었다. 불황으로 도산한 기업이 줄을 이었다. 실업자는 늘어만 갔고 기차표도 살 수 없는 실업자들은 걸어서 농촌으로 돌아갔다. 실업문제는 취업난 시대를 낳았고 '맞선 한 번 봐야지?' 하며 대접 받았던 '학생 나으리'조차도 보험 외판원이나 소학교 임시교사까지 몸값을 낮춰야 했다. 강도, 살인, 자살, 동반자살 등등 불안과 어둠을 상징하는 기사들이 연이어 신문 사회면을 장식했다.

금 해금으로 유출된 정화는 아마도 1억 엔 내지 1억4,000~5,000만 엔 정도에 그칠 것으로 예상했으나 실제로는 1930년 6월까지 약 2억3,000만 엔에 달했다. 그 후에도 점차 늘어나는 추세였다. 따라서 이미 해금 준비과정에서 하락하기 시작한 물가는 점점

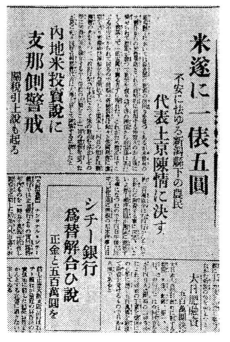
'쌀 드디어 한 가마니에 5엔'(『도쿄아사히』 1930년 10월
15일)

더 가속화되어 1930년 6월에는 전년도 같은 기간에 비해 약 22%
가 떨어졌다. 물가의 지속적 하락은 경제 불황을 초래했다. 그런데
그 공황을 더욱 심화시킨 것이 바로 세계공황이었다.

### 산업합리화

　세계공황은 미국인들의 소비에만 의존하고 있던 일본의 생사
수출업계에 먼저 큰 타격을 주었다. 이는 공황의 영향으로 은괴 값
이 하락해 대 중국 수출이 완전히 막혀버린 상황과 맞물렸다. 그 결
과 금 해금에 의한 가격 하락과 그로 인한 수출 증대를 기대하던
독점자본가들의 꿈을 여지없이 무너뜨렸다. 이렇게 국내의 구매력

감퇴와 더불어 불황은 한없이 깊어져 갔다.

이는 심각한 공업 불황으로 이어졌다. 1929년 3월부터 1930년 9월까지 중요 상품 8종의 상품가격 붕괴 상황을 보면 다음과 같다. 평균 가격하락율은 37%였다. 종이가 13% 하락해 가장 낮게 조사되었고, 가장 높은 것은 시멘트가 56%, 생사가 52%, 면사 43%를 기록했다. 그 결과 생산액 역시 하락했는데 1929년 10월 기준으로 가장 낮았을 때 하락률을 보면 생사 60%, 면사 28%, 석탄 30% 등으로 나타났다.

이렇게 공황이 진행되는 가운데 독점자본은 공황의 부담을 오로지 노동자에게 재빨리 전가해 위기를 벗어나고자 했다. 가령 가네보방적은 1930년 30%의 임금인하를 단행한 반면 주주들에게는 무려 28%에 달하는 고율 배당을 계속했다. 독점자본은 임금인하, 노동강화로 노동자에게 부담을 전가하고 생산을 조직적으로 제한하여 독점가격을 유지하고자 했고, 국가도 이른바 '산업합리화' 정책을 통해 이를 거들었다.

앞서 금 해금조치를 실시할 때 독점자본이 가장 두려워한 것은 금 유출과 더불어 물가가 급격히 하락해 일시적으로 국내에 경제적 불황이 발생하고, 한편으로는 외국과의 경쟁도 격화되어 내외 시장에서 입지가 좁아짐에 따라 생산과 판매 사이에 모순이 격화되는 것이었다. 그래서 '생산비 인하'와 '생산제한'을 동시에 실시할 필요가 있었다. 하마구치 내각이 1929년 11월 산업합리화심의회를 설치하고 다음해 6월에 임시산업합리국을 창설한 것은 독점자본을 위해 국가권력으로 생산비 인하와 생산제한을 강제하려는 것이다.

그런데 이러한 공업공황은 농업공황과 맞물려 심화되었다. 농산물 가격은 미국 불황의 영향을 직접적으로 받았다. 우선 누에고치가 타격을 입었다. 1930년 5월 1,100엔이던 생사는 불과 1개월 사이에 36.8%나 폭락해 795엔이 되었다. 그런데 이러한 가격 폭락은 공교롭게도 춘잠기에 발생했다. 그 결과 누에고치 가격 하락률은 생사보다 심했다. 누에고치 가격은 1930년 9월 전년도의 같은 기간에 비해 무려 65%나 하락했다. 이것은 생사 가격 하락의 부담이 고스란히 양잠농가에 전가되었다는 것을 의미한다. 전 농민의 40%을 점하는 양잠농가는 극심한 궁핍에 시달렸다. 나가노 현의 양잠농가지대에서는 각 농가가 현금 수입이 없어 5전, 10전이라고 적은 종이를 장례식 부조금으로 들고 간 뒤 나중에 수입이 생기면 그 돈을 지불하는 관습마저 일반화되었다.

이러한 상황은 쌀값에도 나타났다. 1930년 10월 그 해 미곡수확량 예상고가 대풍년으로 발표되자 쌀값이 대거 폭락해 이른바 '풍년기근'이 시작되었다. 전년도 같은 기간 27엔 대이던 것이 1931년 1월에는 16엔 대로 폭락해 농가 경영은 파국을 맞았다. 그리고 1931년에는 도호쿠, 홋카이도 지역에 미증유의 흉년이 들었다. 이들 지방에서는 "농민은 기근에 대한 공포로 눈이 오기 전에 야산에서 고사리를 캐고, 감자와 덩굴풀을 섞어 먹어 겨우 연명하"는 비참한 상황까지 나타났다. 풍작이든, 흉작이든 '기근'을 면할 수 없던 것이 바로 농민 생활의 실체였다.

공업 분야에서는 독점자본의 생산제한으로 독점가격이 비교적 높게 유지되었다. 이들 제품과 농산물가격 차이가 증대되어 농민들의 생활은 더욱 어려워졌다. 동시에 농민 수입의 약 20%을 점하던 '농업 외 수입'은 공업불황으로 격감했다. 방직여공, 노임직, 실 짜기 등의 임금은 조업단축, 임금 인하, 해고 등으로 타격을 입어 농민들의 '농업 외 수입'은 줄어들었다. 게다가 농촌에서는 도시에서 먹고 살 수 없어 귀향하는 막대한 실업자군을 책임져야만 했다. 이렇게 공업공황은 농업공황과 겹쳐 농민의 빈곤화를 촉진시켰다.

공황시기 무를 베어먹는 아이들

　이렇듯 노동자와 농민이 공황으로 인한 희생을 치르고 있던 반면에 대자본은 공황에서 벗어나고자 생산제한이나 그 밖에 카르텔(독점자본 상호간 협정) 운동을 광범위하게 추진했다. 공황 속에서 50개 가까운 산업부문에 걸쳐 카르텔이 결성되었는데, 특히 중공업 부문에서 생산제한, 생산할당, 가격협정, 공동판매협정, 생산수량 할당 등을 도모했다.

　이러한 생산과 판매통제를 위한 카르텔 운동은 하마구치 내각의 '생산합리화정책'에 의해 강력히 권장되었다. 그것은 대공업에 대한 중요산업 통제법, 중소공업에 대한 공업조합법, 수출산업에 대한 수출조합법을 주요 내용으로 하고 있었다. 그 가운데 중심이 된 것은 중요산업통제법이었다. 이것은 국가권력의 도움으로 독점자본을 위한 카르텔 통제를 강화하기 위한 법이었다. 그 결과 일본 산업의 거의 대부분을 카르텔이 지배하게 되었다.

　이렇게 각 산업부문에 걸쳐 카르텔화가 진행되는 가운데 카르텔 자체를 지배함으로써 일본의 전 산업을 지배하게 된 것은 미쓰이, 미쓰비시, 스미토모 등의 재벌자본이었다. 가령 석탄업에서는 석탄광업연합회라는 카르텔 조직을 만들어 석탄광업의 자주적 통제를 실시했는데, 그 생산고 가운데 미쓰이가 31%, 미쓰비시가 19%, 스미토모가 5%를 차지했다. 다른 재벌들 몫까지 합하면 83%에 달하는 수치였다. 이것은 각 산업 별로 약간의 차이는 있지만 대체로 대동소이한 양상이었다. 그러나 이들 재벌자본이 일단 카르텔로 결집했어도 그 재벌 상호간, 대재벌과 중소재벌 사이의 대립과 경쟁은 여전히 계속되었고 때로는 격렬한 형태로 나타났다.

또 주의할 점은 이러한 카르텔이 거대은행의 지도 아래 이루어졌고 은행의 산업지배가 촉진되었으며 재벌은행의 주인이 전 산업을 지배하는 체제가 점점 더 강화되어 갔다는 점이다. 가령 1931년 대동전력, 일본전력, 도쿄전등 등의 대회사 사이의 전력공급협정은 미쓰이 재벌의 지도자인 이케다 시게아키池田成彬의 지도 아래 이루어졌고, 미쓰이은행은 도쿄전등에 간섭하였으며 완전히 자신의 지배 아래 두고 맘대로 했다.

이상에서 보듯이 하마구치 내각이 금 해금으로 "나중에 크게 신장할 기반"을 만든다는 계획은 노동자, 농민의 생활을 매우 어렵게 했다. 한편 독점자본, 특히 거대재벌은 '산업합리화' 정책 등과 같이 국가권력을 자신이 생각하는 대로 움직여 공황 속에서도 최대의 이윤을 뽑아내고자 애썼다. 이 공황을 계기로 국가권력은 점점 더 거대재벌의 이익 아래 종속되어 갔다.

### 런던 군축회담

시데하라 기주로는 외무대신으로 있던 1924년부터 1931년까지 5년 3개월 간 (1) 중국 내정에 대한 불간섭, (2) 경제 제휴를 통한 공존공영, (3) 중국 현상에 대한 관용과 동정, (4) 합리적 권익의 합리적 옹호를 강조했다. 이 4가지 원칙을 대 중국정책의 근간으로 한 '국제협조외교'는 당시 일본 외교정책의 기조가 되었다.

그러나 국내외 정세는 이러한 원칙을 그대로 지키기 어려운 상황으로 전개되었다. 이미 다나카 외교의 뒤를 이은 하마구치 내각의 시데하라 외교는 침략적인 본질을 점차 드러내고 있었다. 이제 그는 군국주의적 전쟁정책을 저지할 만한 힘을 잃어가고 있었다. 시데하라 외교의 마지막 소산이자 그에게 좌절을 안겨 준 대미는 런던 군축회의였다. 군비축소회의라는 것은 일면 전쟁의 희생자인 민중의 평화 요구를 반영함과 동시에 군사비 삭감을 통한 재정절약이라는 강대국 정부의 필요에 따른 것이지만, 다른 한편으로는 이를 통해 강대국들이 서로 견제하고 우위를 점하려는 노력의 산물이기도 하다.

1921~1922년 워싱턴회의에서 5대 해군강국 사이에 군함에 관한 협정이 이루어짐에 따라, 이후에는 그것을 대신할 보조함정 건조 경쟁이 치열해졌다. 그래서 1927년 제네바에서 제2차 해군군축회의가 열렸으나 영국과 미국 사이에 의견이 충돌해 타결에 이르지 못했다. 그 후 1930년 1월 새로 미국 대통령에 취임한 후버와 역시 새로 취임한 영국 노동당 내각의 대표 맥도날드Ramsay MacDonald 사이에 협의가 이루어져 런던회의가 개최되었다.

일본전권대표단은 민정당의 가장 원로이자 전직 수상이었던 와카쓰키 레이지로, 해군대신 다카라베 다케시財部彪, 주영대사 마쓰다이라 쓰네오松平恒雄, 주벨기에대사 나가이 마쓰조永井松三였다. 해군 측에서는 대형 순양함 비율을 미국의 70%, 보조함 70%, 잠수함 7만8,000톤 보유를 주장하고 있었다. 그러나 정부는 70%를 확보할 수 있다고 공언하지 않고 '공격에는 불충분하지만, 방어에는 충분'한 '위협이 되지 않는 범위 내 축소'를 표방하고 '국제협조'

야나세 마사무(柳瀬正夢)의 '세계평화라는 가면을 쓴 군축회의'라는 제목의 만화(『무산자신문』 1927년 2월 26일)

방침을 취했다.

그렇지만 '위협이 되지 않는 범위 내 축소'의 실상은 반드시 평화를 의미하는 것이 아니었다. 결국 일본이 극동에서는 영국이나 미국보다 군사적 우월성을 유지하고, 중국과 남양 진출을 방해받지 않도록 하는 것이 목표였다. 그러나 국가재정이 극심하게 궁핍한 가운데, 특히 세출에서 군사비가 차지하는 비율이 영국과 미국에 비해 거의 두 배나 되는 일본의 입장에서 영국, 미국과 군함 건조경쟁을 벌이기 위해서는 결정적인 대립을 피할 수밖에 없다. 이에 국방 보전을 위한 최소한의 요구로서 미국 대비 70% 요구안이 제시되었던 것이다.

한편 시데하라는 "가급적 70%를 주장하겠지만 상대방도 체면이 있으니 일본의 주장대로만 흘러가지는 않을 것"이라는 정도의 타협적 태도로 임했다.

회의 분위기는 영국과 미
국 사이에는 이미 협의가 완료
된 상황이었으므로 주된 대립
은 일본과 미국 사이에서 발
생했다. 결렬과 절충을 거듭
한 끝에 대형 순양함은 미국
의 60%, 경순양함과 구축함
은 70%, 잠수함은 미국과 같
은 5만2,700톤으로 타협안이
이루어졌다.

런던 군축협정을 기념하는 국제방송에 출연한
하마구치 수상(1930년 10월 27일)

이 소식이 전해지자 해군
측은 강하게 반대했으나 결국
각의에서는 만장일치로 승인
되었다. 승인 회신을 보낸 것은 4월 1일이었다. 그러자 다음날 군령
부장 가토 히로하루(간지)加藤寬治는 이에 반대하는 의사를 천황에
게 상주하고 국방의 안전을 지킬 수 없다는 성명서를 발표했다. 그
리고 병력 결정은 통수권에 관한 사항이므로 해군 군령부가 동의
하지 않았는데 회신을 보낸 것은 '통수권 침범'이라고 비난하면서
논란이 일기도 했다.

메이지 헌법에서, "천황은 육해군을 통수한다."(제1조), "천황은
육해군의 편제와 상비병액을 정한다."(제12조)라고 규정하고 있다.
이들 규정은 군사에 관한 회의 간섭을 피하고자 하는 절대주의 정
부의 요청에 의한 것이었다. 그런데 이 가운데 전자에 관해서는 통
수권 독립의 원칙이 널리 받아들여졌다. 즉 천황 아래에서 육해군
용병을 다루는 것은 통수부 즉 참모본부와 군령부, 전시에는 대본
영이고, 국무대신도 여기에는 관여할 수 없다고 이해되었다. 그러

나 후자에 대해서는 육해군 편제와 상비병력 및 예산이 용병과 밀접한 관련이 있지만, 또 다른 한편으로는 널리 정치, 외교, 재정에 영향을 미치므로 통수권 독립에 포함되는 것인지 여부를 놓고 여러 의견이 제시된 바 있다. 런던조약의 병력량 결정은 그야말로 메이지 헌법 제12조에 해당하는 문제였다. 나중에 천황기관설을 주장해 박해를 받은 미노베 다쓰키치美濃部達吉[18] 박사는 정부 입장을 지지했다. 즉 군축조약 체결과 관련해 군령부의 의견에 대해서는 어떠한 결정권도 없다는 입장을 취했다.

때마침 제58회 의회가 열렸다. 하마구치 내각은 런던조약은 해군의 군사비 결정에 관한 조약이며 그 결정권은 정부에 속하므로 이번 회신과정에서 다소 군령부와 이견이 있다고 해도 통수권 침범에는 해당하지 않는다는 견해를 밝혔다. 다만 제12조에서 규정한 편제대권 차원에서 보자면, 통수부가 이를 좌우할 수 없다고 언명하는 것은 육해군의 반대를 초래할 것이 우려된다는 모호한 입장을 취했다.[19] 그러자 이를 둘러싸고 야당 정우회와 귀족원에서는 내각을 격렬히 비난했다.

때가 때이니 만큼 런던회의에 전문위원으로 참석한 군령부 참모 구사가리草제 소좌는 '런던조약 건을 사죄하고자 국민 앞에 죽음으로 보답한다.'는 유서를 남기고 자살했다. '자유주의자의 이해에 가려진 구사가리 소좌의 죽음을 잊지 말자!'는 주장이 육해군 청년장교와 민간 우익단체 사이에 확산되었고, '협조외교'와 '유화외교' 노선에 대한 공격이 강하게 일었다.

이러한 분위기 속에서 4월 22일 런던 해군조약이 조인되었다. 7월 4일에는 추밀원에서 심의 절차를 밟았다. 통수권 문제, 국방의 결함 유무를 둘러싸고 정부와 추밀원 사이의 논쟁이 연일 3개월 가까이 계속되었다. 추밀원 일부 멤버는 이를 부결하자는 의견을 제

도쿄 역에서 테러를 당한 하마구치 수상(1930년 11월 14일)

시했으나 내각은 비장한 각오로 이에 임했고 결국 10월 1일 가결되었다. 그러나 군부와 우익 측으로부터의 공격은 조금도 잦아들지 않았고, 결국 11월 14일 아침 하마구치 수상은 도쿄 역에서 한 청년으로부터 저격을 받아 중상을 입었다. 범인은 사고야 도메오佐郷屋留雄라는 우익 청년으로서 이와타 아이노스케岩田愛之助의 '애국사愛国社' 관계자였다.

런던조약을 둘러싼 통수권문제는 민간 우익세력과 군부가 결합해 초국가주의운동이 표면화되는 계기가 되었다. 공황 속의 사회불안도 한 요인으로 작용했다. 이에 대해 정부는 의회에서 '불경기의 원인은 세계적 불경기 때문'이라고 답변함으로써, 전혀 성의있는 태도를 보이지 않았다. 우익이 정당과 재벌타도를 외치게 된 것은 바로 이것 때문이었다. 그럼에도 불구하고 정부가 이런 상황에서 뜻밖에 군축을 강경하게 실행한 것은 그해 2월에 열린 런던 회의 기간에 치러진 총선거에서 여당인 민정당이 절대 다수로 압승했다는 자신감이 있었고, 또 재벌들로부터 내각의 산업합리화 정책이 지지를 받고 있었으며, 직접적으로는 구 원로 사이온지 긴모치가 뒤에서 내각을 격려하고 있었기 때문이다. 또한 당시에는 사회적으로 자유주의 분위기가 지배하고 있어 여론은 군축에 의한 평화유지에 기대를 걸고 있었다. 이러한 사회 분위기도 여기에 한 몫 했다.

### 시데하라 외교

이렇게 런던조약은 비준되었지만 다음해 1931년도 예산 편성 때 정부는 해군 당국이 제출한 3억9,400만 엔(이 가운데 초년도분 9,540만 엔)에 달하는 군비보충계획을 승인할 수밖에 없었다. 이것은 런던조약 문제로 야기된 해군 내부의 불만을 잠재우기 위함이었다. 하마구치 내각은 런던회의에서 해군부 내의 강경파 요구를 일단 회피하는 데는 성공했으나 보충계획까지도 거부한다면 해군 내부의 타협파까지 등을 돌리거나 해군부의 신망을 상실할 수 있다고 보았다. 그러한 위험은 내각 자체를 흔들 수도 있었다. 일본의 정당 내각은 전성기 때에도 이러한 취약성을 드러냈다. 그럼에도 불구하고 시데하라의 '협조외교'의 본질은 전쟁 자체를 반대하는 것이 아니었다는 점에 주의해야 한다.

하마구치 내각에서도 국가예산 중 직접군사비가 차지하는 비율은 전혀 감소하지 않았다. 1929년 예산은 '긴축정책'에 의해 총액이 6.89% 줄었는데 육해군성 예산은 4.3%만 줄었다. '다나카 군벌 반동내각' 때보다 군사비 비율은 줄어들지 않았을 뿐만 아니라 약간이지만 늘어났다. 1930년도에는 육해군성비 실액이 전보다 감소했지만 총예산 가운데 점하는 비율은 28.5%로 전년도보다 늘었다. 그 사이 군수품 수입은 전체 수입무역액 중에서 다나카 내각 시절인 1927년도에 35%, 1928년도에 39%였는데, 하마구치 내각이 들어선 후 1930년도에는 41%로 오히려 늘어났다. 당시 일본의 군사비가 일반 국비에서 차지하는 비율은 29%로서, 영국 14%, 프랑스 22%, 이탈리아 24%와 비교할 때 세계에서 제일 높았다. 즉 영국의 2배였다.

이러한 사실을 보아도 하마구치·시데하라 외교는 표면적으로는 '협조주의', '평화정책'을 내세웠지만 전쟁준비는 속도를 내며 추진되고 있었다. 다만 열강과의 대립을 우려해 노골적인 모험주의적 정책은 피하고 '긴축정책', '산업합리화' 정책에 의해 독점자본의 강화를 꾀하고 독점자본에 의한 군수산업의 충실화, 총동원체제의 정비에 중점을 두었을 뿐이다. 가령 다나카 내각에 의해 설치된 내각 직속 '자원국'은 '전쟁의 산업적 준비'를 위한 참모본부격이었지만, 하마구치 내각에 들어서는 드디어 실제 업무를 관장했다. 자원국 설립취지에 관해 『자원의 통제운용과 자원국』(1930년 5월)은 다음과 같이 적고 있다. "이번 (제1차) 세계대전은 대규모이자 장기간에 걸친 병력전이었다. 동시에 무기전이자 군수전이었다. … 전후 관리 또한 평상시의 국방준비가 얼마나 큰 영향을 미치는가 하는 체험에 기초해 이루어져야 한다. 이에 병력 편중에 치우친 기존의 국방관념은 크게 바뀌어, 시급한 국방은 군의 사업이 아니라 실로 국가 전체의 대업이며, 전쟁은 병력 대 병력의 싸움이 아니라 국력 대 국력의 싸움이라는 것을 충분히 인식하게 되었다."

이는 국가총력전, 총동원 사상을 공공연히 주장하고 이를 위해 자원통제와 운용의 임무를 강조한 것이다. 이에 따라 산업동원에 관한 치밀하고 구체적 조사와 계획이 이루어져 일단 유사시에는 산간벽지의 자동차와 마차에 이르기까지 동원계획에 집어넣었다. 자원조사법과 관계령이 1929년 12월 1일을 기해 일본 전역에 시행되었다. 1929년에는 교토, 오사카, 고베에서 국가총동원 준비로서 공장생산연습, 조달연습, 수송연습이 이루어졌다. 산업합리화 정책은 한편으로는 군수품 생산에 직접 관계된 중공업과 화학공업의 진흥을 꾀하고 근대전에 적합한 경제구조로 전환하는 '군사적' 의미도 지녔다. 가령 다이너마이트, 독가스 제조로 곧바로 전환 가능한 화학공업, 인조비료, 염색공장(대·중 공장 99곳까지는 전쟁개시 후 24시간 내에 군수품 제조공장으로 전환 가능했다고 전한다.)은 공황 속에서도 발전하고 있었다. 직접적인 군사산업도 고도화되었다. 1931년 9월 만주 침략전쟁 개시 직전에 미쓰비시 항공기제작소는 처음으로 국산 중폭격기를 완성하고 이 무렵 전차, 장갑차, 고사포 등 기타 현대적인 무기들의 국산화에 성공했다. 그리고 또 육군 대연습에 재향군인, 청년단원, 청년훈련소생, 소방대의 동원이 이루어졌다. 교토·오사카·고베 지구, 도쿄·요코하마 지구, 요코스카·구레·사세보 등의 군항지구에서 방공훈련과 등화관제훈련이 실시되기 시작한 것도 바로 하마구치 내각 때였다.

## 파업의 물결

하마구치 내각은 긴축정책에 착수하자마자 솔선해서 공무원임금 10% 감봉안을 발표했다. 그런데 사법관을 비롯해 전 관리가 이에 반대함으로써 정부는 이 안을 철회할 수밖에 없었다. 천황의 충성스런 관리, 그 가운데 특히 관료적 특성이 강했던 사법관이 총사직을 각오하고 이에 반대하는 진정서를 제출한 것은 전례 없는 일이다. 공황의 희생을 노동자·농민에게 전가하기 위한 긴축정책·산업합리화정책을 좌절시킨 원동력은 노동자·농민의 투쟁에서 비롯되었다. 산업노동조사소 조사결과에 따르면 실업자와 반실업자는 1930년 300만 명에 달했고, 이러한 상황에서 1929~1930년 사이 노동쟁의 건수와 참가인원은 모두 비약적으로 늘었다(아래 도표 참조).

노동쟁의

| 연도 | 건수 | 참가인원(명) |
|---|---|---|
| 1928 | 1,021 | 102,000 |
| 1929 | 1,420 | 172,144 |
| 1930 | 2,289 | 191,805 |
| 1931 | 2,456 | 154,528 |

소작쟁의

| 연도 | 건수 | 참가인원(명) |
|---|---|---|
| 1928 | 1,866 | 75,136 |
| 1929 | 2,434 | 56,830 |
| 1930 | 2,478 | 39,799 |
| 1931 | 2,689 | 60,365 |

몰락 위기에 처한 중소공업자와 소시민도 생존에 대한 위협을 완화하기 위해 일상생활의 다방면에서 저항했다. 전기요금인하운동, 가스료 인하운동, 세입자운동, 소비조합운동 등의 생활옹호 투쟁이 전국 각지에서 일어났다. 도시에서도, 농촌에서도, 공장에서

도, 가두에서도, 불만과 저항의 기운이 넘쳐흘렀다.

1930년에는 전년도 말부터 시작된 관동의 도쿄전기, 간사이의 오사카 제너럴모터스 노동자투쟁이 계속되었다. 도쿄전기의 투쟁은 일본노동조합전국협의회(전협)의 혁명적 반대파를 중심으로 한 조합원대중의 강력한 활동에 의해 12월 5일 자동차는 전 노선에서, 전차는 신주쿠新宿와 미타三田 등 7곳에서 파업을 결행했다. 그러나 일본대중당에 소속된 도쿄교통 구 간부 4명의 배신으로 잠시 투쟁을 멈출 수밖에 없었다.

동양모슬린(東洋モスリン, muslin) 쟁의에 참가한 여공들(*muslin, 면사(綿絲)를 촘촘하게 짜서 표백하지 않은 흰색 직물)

제너럴모터스 쟁의는 280명 종업원의 해고 조치에 반대해 1,300명 노동자가 대규모 시위와 더불어 12월 26일부터 파업에 돌입했는데, 정월에도 불구하고 데모의 여파는 2월 1일까지 계속되었다. 그러나 이 투쟁은 신노동당 오사카연합회 간부들이 보신과 지위 강화를 꾀하는 바람에 패배하고 말았다. 이 사건으로 신노동당의 본질이 폭로되었고, 신노동당 해소운동이 일어난 직접적인 계기를 제공했다.

이어서 실업반대, 해고반대 투쟁이 각지에서 일어났다. 도쿄와 오사카의 체신종업원 3,000명은 대우개선, 해고반대를 요구했고, 동양모슬린에서는 공장폐쇄에 맞서 파업에 들어갔다. 그리고 지금까지 가족적 온정주의를 자랑으로 여기며 창립 이래 쟁의가 한 번도 없었던 가네가후치 방적회사鐘淵紡績会社(鐘紡=가네보)의 각 공장에서 3만5,000명이 4월에 40% 임금삭감 조치에 반대하며 쟁의에 들어갔다.

이를 위해 설치된 무산당공동위원회는 4월 21일 가네보 반대의 날을 개최하기로 결의하고 이를 계기로 가네보의 총파업 결행을 제창했다. 이렇게 가네보 파업이 전국적으로 번져갈 때 도쿄시영市營진철(시전) 종업원은 전년도 춘계투쟁에 이어 4월 20일 일제히 파업에 들어갔다. 이 소식은 전국 교통업노동자에게 큰 영향을 주었다. 그 결과 도쿄시내버스東京青バース, 도쿄교외전차, 고베시영전철神戸市電, 오사카시전, 요코하마시전도 여기에 호응해 투쟁에 들어갔다. 전국에 걸쳐 노동자들은 격렬한 투쟁에 들어갔다. 이때의 투쟁은 노동운동사에 획기적인 대규모 쟁의로 기록되었다.

이에 대해 자본가·관료는 해고, 탄압으로 대응했다. 노동자는 열심히 싸웠으나 투쟁이 장기화되면서 간부들이 타협하거나 배반하는 사태가 발생했다. 도쿄시전에서는 파업 3일째 되는 날, 전에도 배반한 적이 있던 도쿄교통의 전직 간부 4명이 자신들의 영향 아래 있던 시바우라芝浦공장 750명에게 파업을 중단하도록 하여 분열을 획책했다. 이것을 계기로 우익계 구 자치회현실동맹 소속의 7,100명도 23일 파업을 중지했다. 그럼에도 1만5,000명의 대중은 그 후로도 2일 동안이나 파업을 계속했으나 25일 오후 파업을 중지할 수밖에 없었다. 그로 인해 각지의 노동자 투쟁이 분쇄되었고 가네보 역시 회사의 탄압과 위원 매수로 인해 참패하고 말았다.

그러나 파업의 영향은 다시 확산되었다. 혁명적 반대파가 강했던 도쿄시전에서는 파업철회 후에도 투쟁이 계속되었다. 해고자의 복직과 파업 중의 임금지불을 요구했다. 5월 1일 메이데이 때 일부 대중은 직장을 포기하고, 안전의 날, 요구의 날, 불복종의 날 등 다양한 수단을 동원해 투쟁했다. 결국 5월 25일 관헌의 엄중한 포위에도 불구하고 요구 관철을 위해 시 전기국으로 몰려갔다. 이에 대해 경찰이 최루탄을 발사해 많은 부상자가 속출하는 가운데 시위대를 해산시켰다. 이러한 탄압에도 굴하지 않고 쟁의는 계속되었다. 그 결과 이번 쟁의의 책임자인 호리키리撾切 도쿄시장, 가케이筧 전기국장이 퇴진했다.

6월의 동양모슬린 카메이도龜戶 공장쟁의는 전국노동조합의 지도 아래 2,600명의 여공들에 의해 2개월 동안 지속되었다. 그러나 회사 측에서 고용한 대일본정의단과 파업단 사이에 대규모 난투극이 벌어졌고, 경찰이 충돌해 '시가전'을 방불케 했다.

## 소작쟁의

공황은 농촌에서도 심각했다. '농촌의 궁핍'이 자주 언론에 보도되었다. 지주는 공황의 희생을 소작인에게 전가하고자 했기 때문에 앞서 표에서 보았듯이 소작쟁의가 고조되었다. 매년 2,000건에 달했던 소작쟁의 건수는 1930년 이후 급격히 증가했다. 종래에는 소작료 감면, 소작료 인상 반대 쟁의가 대부분이었으나, 소작계약의 지속, 소작권 혹은 영구소작권의 확인 등 경작권을 둘러싼 쟁의가 대부분을 차지하게 되면서 투쟁은 급격히 심화되어 갔다. 지주는 출입금지, 입도 차압 등의 탄압수단을 동원했고 국가권력은 이들을 옹호했다.(1931년 2월 28일 '출입금지 땅에 들어가 경작하는 자에 대한 차압표시 무효 형사피고사건'에 대한 대심원의 새로운 판례가 계기가 되었다.) 이에 대항하여 소작농민은 공동추수, 공동경작으로 대응했고 종종 유혈투쟁이 벌어졌다. 야마나시 현의 오쿠노다奧野田에서 지주가 30여 명의 부랑자를 고용해 토지 회수를 강행하자 소작인 18명이 가래와 쟁기로 투쟁하여 토지를 돌려받았다. 그런데 경찰이 소작인 전원을 검거하자 전국농업협동조합연합회(전농)의 야마나시현 지부가 전 현에 동원령을 내려 700여 명의 농민들이 이들을 구출하고자 했다. 그러자 검거자가 속출해 200여 명이 희생되는 가운데 투쟁은 계속되었고 결국 조합이 승리했다.

또 니가타현의 오우라하라大浦原에서 빈농들이 '실력' 행사를 통해 토지를 지키고자 했다. 이 투쟁에는 소작인의 자식들이 붉은 기를 들고 참가해 돌을 던졌다. 이들은 '노농소년단' 멤버였는데, 이러한 글을 지었다. "우리는 조합은 만들어 지주 놈들에게 바칠 연공을 크게 깎아야 겨우 입에 풀칠을 할 수 있습니다. 올해 같은 불경기에 연공을 바친다면 우리들은 어쩌란 말입니까. 야채 값은 떨어지고 일조량 문제로 작황이 좋지 않으니 앞으로 어떻게 먹고살아야할지 정말 걱정입니다. 그래서 조합을 늘려야만 합니다."(久保寺三郎,『농촌의 붕괴』)

이러한 혁명운동을 탄압했다는 점에서 볼 때, '자유주의적'이라고 불렸던 하마구치 내각도 '반동적인 다나카 내각'과 다를 바 없었다. 당시 치안유지법 위반으로 검거된 자와 기소된 자의 수는 1929년 검거자 4,924명(기소자 339명), 1930년 6,124명(461명), 1931년 1만 422명(307명), 1932년 1만3,938명(646명), 1933년 1만4,064명(1,285명)에 달했다.

이렇게 노동운동은 전에 없이 격화되었다. 그럼에도 불구하고 이것을 지도해야 할 혁명적 정치세력은 3·15사건, 4·16사건 등으로 연이어 탄압을 받아 타격을 입은 나머지 제대로 활동할 수 없었다. 그 결과 1929년 8월 결성된 신노동당 수뇌부는 공산당과 조직적인 연락을 취하지 않고, 오히려 그들과 대립하는 경향마저 띠었다. 그로 인해 당 안에서는 가와카미 하지메河上肇, 무라카미 스스무上村進 등에 의해 '전투적 해소' 운동이 벌어지는 등 자중지란에 빠졌다. 또 공산당의 하부조직으로서 1928년 평의회를 거쳐 재건된 일본노동조합협의회(전협)도 '일체의 투쟁을 정치파업에 집중하라'는 슬로건 아래 극좌적 방침을 취하자 이에 불만을 품은 '쇄신동맹'이 파생되기 시작했다. 이러한 좌익세력의 분열은 때마침 등장한 우익사회민주주의자의 배반행위를 가능하게 했고 노농운동의 발전을 저해했다. 혁명운동이 다시 일어난 것은 1930년 후반부터였는데 공산당은 다시 대중과 연계를 강화하기 시작했고 공산청년동맹이 재건되었다. 전협은 복귀한 쇄신동맹을 아우르며 '아래로부터의 통일전선운동'을 전개하여 힘을 보탰다. 그 결과 도쿄교통노동조합(동교)의 지도권을 장악할 정도로 성장했다. 이러한 정세를 반영해 합법무산정당 측에서도 1930년 보통선거 제2회 선거 참패의 경험에 비추어 연대의 기운이 생겨났고, 1931년 7월 전국대중당과 노동당, 그리고 사회민주당 일부의 이른바 중간파가 모여 전국노농대중당을 만들게 되었다. 그러나 이미 때는 늦었다. 그로부터 2개월 후에 만주사변이 발발하면서 노농운동은 후퇴하게 되었다. 당시 조직노동자는 약 30만 명으로 전 노동자의 약 7%를 차지했다. 그런데 이들은 좌, 중, 우 각 정치세력의 대립 속에서 혼란을 거듭했고, 이들이 서로 보조를 맞추어가려는 국면에서 타격을 입었기 때문에 당연히 전쟁으로 치닫는 정세를 바로잡을 만큼 강력한 힘을 발휘할 수 없었다.

1     스즈키상점(鈴木商店) 현재 아지노모토(Ajinomoto)사의 전신. 조미료 아지노모
      토의 제조사로서 해방후 대상그룹이 출시한 조미료 '미원'은 여기에서 유래했다.

2     다카하시 고레키요(高橋是清, 1584~1936) 제20대 총리. 총리 퇴임 이후에도 여
      러 차례 대장대신직을 맡아 쇼와공황과 재정위기를 돌파했다. 5.15사건 때 이누
      카이 총리가 암살되자 총리대신을 겸임하기도 했다. 인플레이션 억제를 위해 군사
      비를 축소하려고 하자 군부의 불만을 초래해 2.26사건 때 청년장교들에게 암살당
      했다.

3     시데하라 기주로(幣原喜重郎, 1872~1951) 전쟁 전 외무대신과 총리대리를 지내며
      군부와 대립하여 중국에 대한 불간섭, 영미 협조노선 외교를 이끌었다. 영미 협조
      노선 경력이 고려되어 전후 미군정 치하에서 총리에 취임했다. 미쓰비시 재벌의 창
      립자인 이와사기 야타로가 장인이다.

4     1927년 6월 말부터 7월초까지, 다나카 내각이 종전의 시데하라 외상에 의한 중국
      불간섭노선 및 영미협조 노선을 폐기하고, 중국에서의 일본 기득권 유지와 거류일
      본인 보호 등을 명목으로 대중국 적극개입 노선을 정하기 위해 내각과 군부 수뇌부
      가 총집결한 회의. 7월 7일 마침내 '대중국 정책 요강'이 발표되었는데, 이는 사실
      상 이후 전개된 만주 및 중국 침략의 기본 방침이 되었다.

5     요시다 시게루(吉田茂, 1878~1967) 전쟁 전 외교관으로서 영미 협조노선을 주장
      했던 인물. 전후 미군정 치하에서 시데하라 총리에 뒤이어 총리 겸 외상에 취임하
      여 친미노선을 확립하고 샌프란시스코 평화조약에 조인했다. 이후 무려 다섯 차례
      에 걸쳐 총리를 역임하고 소위 '요시다 스쿨'로 일컬어지는 후배 정치인들에 의해
      자민당을 통한 장기집권의 기틀을 만든 인물로 평가된다.

6     다나카 기이치 총리가 1928년에 쇼와 천황에게 올렸다는 문서(上奏文). 중국과 만
      주, 몽골의 정복, 나아가 유럽 정복까지 망라한 내용과 계획이 담겨 있다. 현재 일본
      에서는 이 문서를 중국이 위조한 괴문서라고 폄하하고 있지만, 내용상 일본인이 작
      성했던 것은 분명하며 만주사변에서부터 1945년 패망까지의 일본의 실제 행보를
      담고 있어 당시 일본 수뇌부와 군부의 속내가 담긴 실제 문서였을 가능성이 높다는
      견해가 상존하고 있다.

7     1927년의 난징사건(일반적으로 널리 알려진 난징사건은 1937년에 발생함). 북벌을
      진행하던 국민당 군이 난징에 진주한 후 일본과 영국, 미국 영사관에 침입하여 난

동을 피우고 외국인에 대해 박해를 가하자, 영국 등 함대가 국민당 군에 대해 함포 사격을 가하며 상호 충돌한 사건. 급거 장제스가 사태를 진정시키고 조사한 결과 코민테른의 보로딘이 일부 공산계열 군부대를 사주하여 발생한 사건으로 밝혀졌다. 이로써 장제스는 국공합작을 파기하고, 중국국민당과 영국이 소련과 국교를 단절하고, 일본은 시데하라 내각이 사퇴하고, 다나카 내각이 출범하여 대중침략노선을 본격화하는 계기가 되었다.

8   4.12반혁명정변 또는 4.12참안으로 불린다. 1927년 4월 12일 상하이에서 국민당이 중국공산당을 공격한 사건. 이 사건으로 제1차 국공합작이 종료되고 국공내전이 이어지게 되었다.

9   도야마 미쓰루(頭山滿, 1855~1944) 한때 민권운동에 참여하고 아시아주의를 표방했지만 사실상 일본 제국주의의 대외 팽창주의, 침략노선을 주창한 우익의 거두. 우익조직인 현양사(玄洋社)를 설립하고 그 산하의 흑룡회(黑龍會) 등을 지도했다. 이들 단체는 명성황후 시해 사건과 각종 범죄 사건의 주역이었다. 도야마는 김옥균, 쑨원, 장제스 등 조선과 중국의 주요 망명인사를 후원하여 향후 친일 인사로 만들고자 노력했다.

10  사이온지 긴모치(西園寺公望, 1849~1940) 황족이자 원로 정치인으로 1900년대 초 두 차례 총리를 지냈다. 프랑스 유학 이후 젊은 시절 신문기자를 자처하며 자유주의자의 행보를 보이고 군부 세력에 비해 온건파로 분류되기도 하지만, 이토 히로부미와 함께 한일합방을 적극 후원하고 쇼와 천황 시기에 원로로서 활약했다.

11  고모토 다이사쿠(河本大作, 1883~1955) 장쭤린 폭사 사건(황고둔 사건(皇姑屯事件))의 배후 인물. 당시 장쭤린은 장제스와 대립하며 친일적인 입장을 보였으나, 관동군 입장에서는 본국 정부와 장쭤린의 신중한 정치외교적 태도가 관동군의 만주 진출과 군세 확장에 방해가 된다며 불만을 품었다. 이에 고모토와 관동군이 장쭤린 암살을 결행한 것이다. 쇼와 천황은 관동군의 독단에 불만을 표시했지만 군부의 비호 아래 고모토는 가벼운 처분을 받았고, 예편 후 군부와의 인맥을 활용해 만철 이사와 만주 탄광회사 이사장 등을 지냈다. 전후 만주에서 포로가 된 후 중국 수용소에서 병사했다.

12  와타나베 마사노스케(渡辺政之輔, 1899~1928) 노동운동가. 일본공산당이 불법이었을 때(제2차공산당) 서기장을 지냈다.

13  1922년 일본공산당 창립 초기부터 1925년 해산 무렵까지 야마모토 히토시(山川均)는 무산계급의 대중적인 연합전선 운동을 주장했다.(야마카와주의) 그후 후쿠모토는 계급성이 약화된다며 이를 비판했다.(후쿠모토주의)

14 일본공산당 중앙위원회가 발행하는 일간 기관지. 1928년 지하신문으로 창간된 이 래 전후 1945년 10월 20일 정규 일간지가 되었다.

15 와타나베 마사노스케는 1928년 타이완 지룽항에서 형사에게 불심검문을 당하자 권총으로 형사를 쏘고(다음날 사망) 도주했다. 이후 와타나베는 자신을 쫓는 경찰 에 포위를 당하자 자신의 총으로 자살했다.

16 야마모토 센지(山本宣治, 1889~1929)는 생물학자 출신의 노농당 정치인으로 1928년 중의원 의원에 선출되어 치안유지법 등에 반대하는 의정활동을 펼치다가, 1929년 3월 5일 우익단체인 칠생의단 소속의 테러리스트인 쿠로다 호쿠지(黒田 保久二)에 의해 살해되었다.

17 라쿠고(落語)는 에도시대에 성립된 만담형식의 예능이다. 여러 명의 예능인들이 음 악과 의상, 인형 등으로 표현하는 장르와 달리, 주로 라쿠고카라 불리는 장인이 무 대에 홀로 앉아서 이야기와 목소리, 몸짓, 추임새 등으로만 서민들의 일상생활과 흥 미로운 이야기를 풀어나간다.

18 미노베 다쓰키치(美濃部達吉, 1873~1948) 도쿄제국대학의 헌법학자로서 전전에 '천황기관설'을 주장한 것으로 유명하다. 천황주권설을 압도하는 그의 논리는 한때 학계와 정계에서 거의 통설로 자리잡기도 했지만, 30년대 중반 이후 군국주의화가 가속화되면서 그와 천황기관설은 우익의 탄압을 받았다. 전후 헌법 개정 논의에 참 여했지만, '국민주권주의'에 반대하는 한계를 드러내기도 했다.

19 메이지헌법 제12조의 편제대권이란, '천황이 육해군의 편제(編制) 및 상비군의 숫 자를 결정한다'는 것이다. 이는 곧, 비록 런던 군축회의에 관한 결정권은 내각에 있 지만, 제12조의 편제대권에서 보자면 군부 즉 통수부가 반발할 여지가 인정된다는 유보적 태도를 보인 것으로 볼 수 있다.

제3장

# 만주사변

## 제1절 절박한 만몽문제

### 조선의 고뇌

공황의 결과 일본 국내시장은 결국 위축되고 말았다. 그로 인해 일본 자본주의가 탈출할 수 있는 길은 국외시장의 확보와 확대 외에는 없었다. 그런데 세계공황의 여파로 모든 외국시장이 굳게 닫히고, 외국무역도 계속 줄어들었다. 1930년도는 전년도에 비해 수출의 32%, 수입의 30%가 줄었으며, 같은 기간 영국, 미국, 프랑스, 독일의 무역액과 비교할 때 훨씬 더 심각하게 줄어들었다. 이러한 경향은 일본의 정치가와 자본가들로 하여금 현상 타개책으로서 식민지 착취를 강화하고, 무력으로 새로운 식민지를 획득하는 길을 선택하도록 만들었다.

일본의 최대 식민지였던 조선에서 민중들은 3중의 압박에 시달렸다. 그것은 공황의 직접적 영향 아래 맞은 농업공황의 타격, 내지 공업공황의 부담을 떠안게 된 식민지 농업의 상황, 그리고 지주·상인·고리대에 의한 착취였다. 1930년 일본과 조선의 풍작으로 인해 쌀값이 44% 이상 급락하면서 겪게 된 고통은 다음 해 맞이한 흉년으로 인해 더욱 심화되었다. 여기에 전 조선 농가의 43%를 점하는 소작, 33%를 점하는 자작 겸 소작의 빈농들은 평균 50%, 곳에 따라서는 6~70%에 달하는 현물소작료를 부담하고 있었다.

또 달마다 1~20%에 달하는 높은 금리의 고리대와 상업자본에 시달렸다. 그리고 농민들은 필수품인 소비재를 일본의 공업제품 독점가격 때문에 비싸게 구매하고 있었다. 이와 반대로 조선의 농민들이 생산한 물자는 강제로 싼 가격에 팔아야 했다. 그 평균 가격이 1930년 3월부터 1931년 3월까지 1년 동안 28%나 하락했다. 그러나 수입품(대부분은 일본의 생산품)의 가격 하락은 12.8%에 불과했다. 또 대부분의 조선 농민은 농업으로만 생계를 유지할 수 없기 때문에 일자리를 찾아 일본으로 떠나든가, 가족 일부가 도회지의 공장이나 토목공사장에서 일하며 겨우 입에 풀칠하던 상황이었다. 그런데 공황의 영향으로 일본으로 갈 수도 없었고 이미 그곳에서 일하던 사람도 일자리를 잃어 고향으로 되돌아오는 상황이었기에 농가는 더욱 궁핍해졌다.

농민만이 아니라 전 조선의 민중들이 모두 고통을 겪었다. 공식 기록을 보더라도 조선의 실업률은 일본의 2배에 달했다. 또 가뜩이나 낮은 조선인 노동자의 임금은 더욱 하락했다. 50인 이상 고용한 공장의 평균 임금을 보면 일본인 성인 직공은 1일 1엔96전이었다. 이에 비해 조선인 성인 직공은 94전에 그쳤다. 그런데 이마저도 더욱 하락해 농촌의 단순노동자 임금은 1일 65전까지 떨어졌다. 조선은 공장법이 적용되지 않아 공장에서는 식민지적 성격의 장시간 노동(여성과 유년공도 11시간)이 더욱 연장되었다. 노동자들은 매를 든 일본인 감독의 지시에 따랐으나 최저생활조차 보장되지 않는 저임금을 강요당했다. 게다가 그러한 일자리조차 점점 사라져 농촌의 과잉인구가 현저하게 늘었다.

농촌의 참상은 더욱 심각해졌다. 일례로서 경상북도에서 실시한 조사 결과를 보면 평균 5인 가족이 연 수입 100엔, 즉 월 8엔 남짓으로 생활하고 있었다.(일본의 평균임금은 월 30엔이었다.) 이것은 한 마을, 36호를 대상으로 한 것인데 그 가운데는 6인 가족이 연

수입 50엔으로 살아가는 사례가 3가구나 되었다. 즉 1인이 하루에 2전 남짓(가령 현재 물가를 당시의 400배로 잡아도 8엔밖에 되지 않는 돈이다)으로 살아가는 상상도 하기 어려운 생활 상태에 있었다. 조선 인구의 80%는 농민이었으므로 이것은 당시 조선 민중의 생활 상태를 단적으로 보여주는 조사결과이다.

이렇게 조선이 공황에 휘말린 것이 거꾸로 일본 자본주의의 모순을 더욱 격화시켰다. 첫째, 일본은 공황의 부담을 식민지 조선에 전가하고자 수탈을 강화했는데 이는 가뜩이나 좁은 조선 시장을 더욱 위축시켰다. 조선 농민의 구매력은 완전히 저하되어 1931년 내지로부터의 수입고는 전년도에 비해 약 25%, 2년 전에 비해 33%이나 감소하여 일본의 공업공황을 더욱 촉진시키는 결과를 낳았다. 둘째, 조선의 농업공황에 의한 쌀값의 하락은 일본의 공업공황을 더욱 촉진시켰다. 제1차 세계대전 이후 일본의 저임금정책을 유지하고 군사적 자급자족정책을 지탱하고자 조선에서 산미증식을 장려했다. 그 결과 조선에서 내지로의 쌀 이출은 전 이출고의 절반을 차지해 일본 쌀 값에서 큰 비중을 점하게 되었다. 그로 인해 조선 쌀 가격의 하락은 직접적으로 일본의 미곡시장에 영향을 미치게 되었다. 셋째, 식민지 조선의 정치적 위기가 격화되었다. 즉 공황이 심화되자 소작층은 물론이고 자소작층, 자작·반지주층까지 궁핍해져 반지주, 자작이나 자소작농이 소작층으로 전락했다. 그리고 소작층은 화전민으로 연쇄적으로 전락했을 뿐만 아니라 유민화하여 만주, 중국으로 유랑하게 된 자가 많아졌다. 소작 농가는 1929년 128만3,000호에서 1930년 말 133만4,000호로 늘었다. 화전민은 343만 호에서 375만 호로 늘었다. 한편 경작하지 않는 지주는 약간 늘어 대토지소유자의 증가와 내지인 지주의 진출이 눈에 띄었다. 1927년 통계이지만 100정보 이상의 지주 878명 가운데 일본인이 543명을 차지했고, 그 가운데에는 9만 정보를 소유한 동양척식회사가 있었다.

이렇게 빈부의 차가 한층 확대되는 가운데 심화되는 농민의 빈곤은 격렬한 소작쟁의를 초래했다. 이들의 요구는 소작권, 소작료에 그치지 않고 납세거부 문제까지 불거졌으며, 전통적인 민족독립투쟁과 결합해 고도의 정치성을 띠면서 일본 제국주의의 식민지 지배를 흔들었다.

1931년 1월에 검거된 함경남도 정평定平농민조합은 '거의 군郡 전체가 극좌사상의 세례를 받아 농촌으로서는 드물게 강고한 세포조직을 보유하게 되었다.' 그리고 같은 해 5월에는 같은 함경남도 홍원군洪原郡에서 2,000여 명의 농민이 산림조합비, 농회비와 기타 일체의 잡세 납부를 거부했고, 호세 납입 연기를 요구했다. 때마침 장날이었기 때문에 홍원읍의 동서남북 대로는 사람들로 가득했고 이들은 가래와 낫을 들고 혁명적인 대규모 시위를 결행했다.

계급투쟁은 노동자 사이에도 격렬하게 전개되었다. 1930년 1월 조선방적 부산공장의 여공 2,000명은 '민족적 차별대우 반대, 8시간 노동, 최저일급 80전, 청부임금의 30% 인상' 등 21개조를 요구하며 파업에 들어갔다. 또 1929년 11월 광주에서는 조선인 중학생과 일본인 중학생이 충돌했는데 이 학생들 사이의 싸움은 공산당의 지도 아래 전국으로 파급되어 앞서 본 부산방적 노동자 시위와 결합되었다. 인천의 사이토齋藤정미소, 성진의 마쓰시타松下통조림공장, 경성의 다이쇼大昌직물회사, 함경남도 신포新浦 통조림공장, 대구의 전全정미공장, 원산의 덕흥德興 통조림공장, 경성제과주식회사, 용산공작주식회사, 진남포의 가토加藤정미소 등의 노동자들이 연이어 파업에 들어갔다. 이것은 1919년 3·1만세운동 이래 발생한 대사건이었다. 함흥탄광 300명 노동자의 투쟁, 평양의 12개 고

무공장 노동자의 총파업, 조선공산당원 김일산金佚山의 학살에 분노한 원산의 400여 명 노동자들의 시신 탈환 시위처럼 일본 관헌과의 유혈투쟁이 이어졌다.

타이완에서도 사정은 거의 비슷했다. 1917년부터 농민운동, 노동운동이 격화되어 1930년 11월에 타이추주臺中州 우서霧社의 원주민 1,500명이 폭동을 일으키자 총독부는 육군과 항공대를 동원해 이들을 진압했다.(우서 사건) 이 폭동의 대상은 명백히 일본인이었고, 타이완인이 살해된 경우는 거의 없었다. 이 사건의 근본적인 원인은 도쿄아사히신문의 사설조차도, 타이완에 '자치권도 참정권도 부여하지 않고, 원주민들이 사는 미개척지를 행정구역 밖으로 간주해 산업이나 교육을 경찰관 손에 맡겨 둠으로써 경찰이 전횡을 휘두른 것에서 비롯된 무리한 처사'라고 논했다.

조선, 타이완의 노동자·농민 운동을 중심으로 부르주아 민족주의자 운동이 결합된 민족해방운동이 이토록 격화된 것은 일본의 식민지체제의 기초를 뒤흔든 사건이었다. 탄압의 강화는 민족적 반발을 초래할 뿐 저항은 더욱 뿌리 깊어졌다.

### 만보산萬寶山사건

그런데 빈곤을 이기지 못하고 조선에서 대량의 유민이 만주로 흘러가기 시작한 것은 만주에 새로운 정치적 위기를 조장하는 계기가 되었다.

이미 일본통치 초기부터 일본의 극단적인 식민지 착취를 이기지 못하고 고향을 떠나 만주로 이주하는 조선농민이 많았다. 지린성 간도지방은 이렇게 이주자들이 인구의 대부분을 차지하게 되었는데 이 시기에 더욱 많은 농민들이 유입되면서 중국인 농민과 분쟁이 발생했다.

만보산사건으로 혼란스런 평양시가 입구의 군중(1931년 7월 5일)

1930년 5월 중국 군벌과 일본 경찰의 이중의 압박에 대항해 간도지방에서는 공산당의 지도 아래 조선농민의 봉기가 발생했으나 곧이어 진압되었다. 그 후 중국 군벌과 경찰의 탄압이 한층 강화되자 조선농민 300여 명은 간도에서 창춘長春 부근으로 이주했다. 이들은 창춘 서북방 50리 부근(만보산萬寶山과 이통하伊通河의 중간)에서 약 1,000정보 가량의 황무지를 수전으로 개간하기로 하고 중국인 지주와 차지借地계약을 맺고 수로공사에 들어갔다. 그러나 조선농민을 일본 제국주의의 앞잡이로 간주하고 있던 중국 민족의 감정이 고조되면서 이 계획은 원활히 추진되지 못했다. 1931년 5월 말 중국 관헌은 즉시 퇴거를 요구했다. 급기야 수로공사가 수해를 초래하지 않을까 걱정하던 상류 부근에 사는 중국농민들이 반대운동을 일으켰다. 7월 1일에는 500명의 중국농민이 현지로 몰려와 소총, 권총을 쏘아댔고 제방과 수로를 파괴했다. 이것이 바로 널리 알려진 만보산사건이었다.

일본 측은 만주문제를 해결하는 수단으로 이용하기 위해 중국 측의 불법행위를 대대적으로 선전했다. 그 결과 조선인과 중국인 사이의 보복 폭행이 발생했다. 7월 2일 밤 인천에서 발발한 폭동은 삽시간에 전 조선으로 번져갔다. 조선 내 중국인은 보복 폭행을 당했다. 중국인, 조선인, 그리고 관헌 가운데 수백 명의 사상자가 속출했다. 원래 만주로 이주한 조선 농민은 이른바 일본 제국주의의 불행한 희생자였다. 다나카메모에 따르면, '동북3성에 거주하는 조선인이 250만 명을 상회한다면 … 군사 활동을 하게 하고, 이것을 단속의 명분으로 삼아 이들의 행동을 원조하는 등 편의를 제공한다. 이와 별도로 동척과 만철로 하여금 이들을 방패삼아 조선인의 경제와 금융을 원조하도록 하고, 조선인의 힘을 이용해 내몽고와 외몽고를 개척하고 …'(다나카메모)라고 했듯이, 조선인들은 일본 제국주의 침략의 첨병 역할을 자신도 모르는 사이에 짊어지게 되었다. 만보산사건에 대한 보복 폭행의 대상은 사건의 장본인인 일본 제국주의가 아니라 함께 손을 잡아야 할 중국인민이 되고 말았다.

## 「생명선」 만몽

공황이 심각해지자 조선, 만주 식민지의 모순도 심화되어 갔다. 그러자 만몽문제가 갑자기 큰 의미를 지니며 부각되었다. 일본에서 흔히 만몽을 생명선으로 부르기 시작한 것도 이 무렵부터이다. 일본 자본주의 안에서 만주가 지닌 비중은 다음의 예를 통해 명확히 알 수 있다. 무역의 경우 만주는 1930년 일본 총 수출액의 8%를 점했다. 그 가운데 설탕은 총액의 14%, 면직물은 12%, 종이는 12%, 기계와 기구는 37%에 달할 정도로 중요한 상품시장이었다.

또 만주는 일본에 대한 원료자원의 공급지로서도 큰 부분을 차지했다. 만주로부터의 수입은 일본 전 수입액의 11%를 차지했는데, 그 가운데 콩류는 76%, 석탄은 64%, 선철은 46%, 콩 지게미는 86%가 이곳에서 공급되었다. 그리고 만주의 대외무역 가운데 일본이 차지하는 비중은 단연 다른 나라를 압도했다. 특히 석탄, 선철의 대부분이 일본으로 수출되었다는 점에 주목할 필요가 있다.

한편 만주는 단지 상품시장만이 아니라 일본 최대의 자본 수출지였다. 1930년 1월 현재 일본의 만주에 대한 투자는 차관이 2억3,806만2,000엔, 법인기업에 의한 것이 11억3,535만2,000엔, 개인기업에 의한 것이 9,499만1,000엔으로 합계 14억6,840만5,000엔이었다. 이는 타이완에 대한 투자액 3억500만 엔, 조선에 대한 투자액 8억400만 엔, 중국 본토 투자액 11억9,000만 엔과 비교할 때 매우 큰 금액이었다. 이 금액은 만주에 대한 열강들의 투자총액에서 73%를 차지하며 소련(동중국철도)의 23%를 제외하면 거의 절대적 비중이다. 투자 내역을 보면 운수업이 56%, 광농임업 8.4%, 공업 9.7%로서 대부분 생산적인 역할을 수행하고 있었다는 점에서 중요한 의미를 지녔다.

이처럼 중요한 지위를 점하고 있던 만주의 사정이 1930년 무렵부터 차츰 변화하기 시작했다. 공황의 영향으로 만주에서 일본으로의 원료 수입이 줄고, 만주 대중의 생활이 악화되면서 구매력이 감소하자 일본의 수출액이 하락하고, 중국의 혁명이 만주에 영향을 미쳐 일본 제국주의에 대한 민족적 저항이 고조됨으로써 일만무역액도 감소했다.

이러한 사정은 우선 만주의 다양한 모순을 심화시켰다. 만주의 인구는 매년 100만 명 가까이 늘었다. 그 가운데 중국 본토에서 이주한 사람들이 거의 절반을 차지했다. 이들 이주민들은 만주에서 자유로운 자영농이 되지 못했다. 거대한 미개간지는 이미 군벌, 관료, 대상인이 차지해서 그들 밑에서 소작인이 될 수밖에 없었다. 그리고 50~60%에 달하는 소작료 가운데 군벌이 부과하는 각종 세금, 지주가 부과하는 수도세, 아울러 매년 10일 이상 지주를 위해 노동해야만 하는 관습이 유지되었다. 토지경영의 규모도 편차가 심해서 남만주 대부분의 현에서는 농가의 50%, 북만주에서는 80%가 농사지을 땅이 없는 고용된 농민들이었다. 토지는 소수의 지주와 군벌의 손에 집중되었다. 2~3명의 지주가 전체 현의 토지를 점유한 예도 드물지 않았다.

이러한 봉건적인 관계 외에도 만철의 독점운임, 미쓰이물산, 미쓰비시상사 등 대상인에 의한 대두의 매점매석, 높은 가격의 소비물자 등으로 인해 이들은 다시 착취를 당했다. 만주에서도 수공업의 파산이라든가 농촌의 계급분화로 인해 양산된 빈민을 흡수할 만한 공장이 없었다. 그 결과 쿨리라든가 고용농, 빈농으로 인간 이하의 삶을 살아야만 했다. 이들은 만철과 외국자본에 의한 부분적인 공업화가 만들어낸 프롤레타리아와 함께 중국공산당 만주성위원회에 결집해 가장 강경한 반反일본제국주의 세력을 형성했다.

지방에서는 매년 늘어가는 중국의 농업인구를 배경으로 제국주의 독점자본의 틈바구니 속에서 민족자본이 발전했다. 이 세력은 원래 봉건적 지주세력을 대표하는 동북군벌 장쉐량張學良을 움직여 동북정권의 통일 강화, 일본의 영향력 배제, 국민정부에 대한 접근을 모색했다. "러시아와 일본이 북만주와 남만주에서 각자의 이익범위를 설정하고자 몰두하는 사이에 중국 농민은 토지를 점령했고, 만주는 곧 어쩔 수 없이 중국적인 색채를 띠게 되었다. 이러한 상황에서 중국은 다시 주권을 주장할 수 있는 기회를 얻게 되었다."(『리튼보고서』)

장쉐량은 아버지 장쭤린이 일본군에게 암살된 후 일본 제국주의를 적대시했는데, '청천백일기'를 내걸고 국민당에 접근하고자 했다.

때마침 세계공황이 심화되는 가운데 각 제국주의 국가, 특히 영국과 미국은 상품의 판매시장 확대를 위해 민족자본의 반일적 자세를 원조하면서 일본이 만주에서 지니고 있던 독점적 지위를 흔들었으며 틈틈이 만주시장을 장악하고자 온갖 수단을 동원했다. 이러한 움직임은 먼저 토지상조권土地商租權 문제로 나타났다. 1915년 중일조약에서는 '일본국 신민은 남만주에서 각종 상공업상 건물을 건설하거나, 혹은 농업을 경영하기 위해 필요한 토지를 상조商租할 수 있다'고 정했는데, 위와 같은 정세 속에서 장쉐량 정권은 사실상 이 조항을 여러 차례 부인하게 되었다. 만보산사건에서도 '중국인 토지는 중국인에게'라는 구호가 널리 제창되었다. 1922~1923년 동안 8만 에이커에서 1931년에 50만 에이커 이상으로 조차지를 늘려갔던 일본의 대규모 금융업자들은 이러한 상황 때문에 불안에 떨었다.

이러한 상황에서 만철을 견제하려는 중국의 경쟁노선 건설 문제가 불거졌다. 중국은 1930년 7월 네덜란드치항공사治港公司의 차관으로 다롄항에 대항할 부동항을 축항하고자 후루다오葫蘆島에서 공사를 개시했다. 이로써 만철경주선을 실현하기 위한 첫걸음을 내딛었다. 그리고 이곳을 기점으로 동대간선東大幹線, 서대간선西大幹線 부설을 계획했다. 물론 이것은 중화 민족자본이 움직인 것인데 배후에는 미국과 영국 자본의 원조가 영향을 미쳤다. 1930년도에는 만주지역 특산품인 대두大豆 가격 폭락, 중국철도의 운임 인하, 은값 폭락으로 인해 만철운임의 환율 인상 등이 가중되어 일본의 대 중국 본토 투자의 40%, 만주 투자의 63%(1931년)를 주도하던 만철의 수입이 3,080만 엔 감소했다.[1] 전년도에 비해 1/3 이하로 떨어진 것이다. 그러자 중국본토와 만주는 생산물 판매시장으로서의 지위가 흔들리기 시작했다. 특히 1926년을 기점으로 매년 중국에서 일본의 시장 점유율은 후퇴했고, 5년 동안 5%의 감소를 보였다. 반면에 일본의 총수출에서 중국·만몽에 대한 수출이 차지하는 비중은 오히려 늘어나고 있었다. 이같은 현상은 일본의 원료수입에서도 나타났다. 즉 중국과 만몽 지역의 총 수출액 가운데 대일수출액 비중은 1930년을 기준으로 5년 동안 1%정도 감소했는데 일본의 총 수입액 가운데 이들 지역에서 수입한 금액의 비율은 계속 상승했다. 사정이 이렇다보니 일본은 만몽문제를 실질적인 '생명선'의 위기로 인식하게 되었다. 일본 제국주의자들은 만주의 민족자본과 반일운동을 탄압하고 외국자본을 몰아내고자 했다. 심지어 무력을 사용해서라도 권익을 확보하고자 했다. 즉 만주를 식민지로 삼아 독점할 필요성을 절감한 것이다. 자본의 이익을 대표하는 시대하라 외교는 자본의 요구로 인해 방침을 수정할 수밖에 없었다.

### 중국의 내전과 중국공산당 세력의 발전

일본의 만주 침략계획을 가능하게 한 조건 가운데 하나는 중국의 정세였다. 장제스는 미국의 원조 아래 일단 중국통일에 성공했다. 그러나 민중의 생활은 여전히 어렵기만 했다. 장제스는 중국통일 과정에서 열강의 이해관계 대립 속에 무수히 많은 군벌 간의 크고 작은 내전을 초래했다. 국민정부 성립 이래 1930년까지 4년 동안 큰 것만 열거해도 8차례나 내전을 치렀다. 그로 인해 국민정부가 군사관계로 지출한 금액은 평균적으로 매년 총예산의 약 90%를 차지했고, 이 가운데 채권 발행액은 1927~1936년 사이에 무려

202억 위엔에 달했다. 비록 이전의 북양군벌 시대는 끊임없는 내전과 가렴주구의 표본으로 불렸지만, 당시 총예산 대비 군사비는 70%, 채권 발행액은 15년 동안 6억 위엔에 불과했다. 그런데 장제스는 그를 중심으로 장蔣, 쑹宋, 천陳, 공孔 씨의 4대 가문이 정부에서 요직을 독점한 채 채권발행, 외채차입, 지폐발행을 통해 전국의 부를 끌어 모았고 전국의 은행, 산업, 교통, 상업에 대한 지배권을 손에 넣었다.

한편 일반민중은 정식 세금 외에도 그것의 10배 내지 30배에 달하는 부과세, 즉 갓 태어난 아이의 '출생세', 죽은 자의 '관통세棺桶稅', 각 집의 '굴뚝세', 밭의 '비료세' 등으로 몸살을 앓았다. 그 밖에도 지배자가 맘대로 부과하는 각종 명목의 '세금'을 강요당했다. 이들 세금 외에 유력자들이 군벌에게 바치는 '안전보장비'도 결국 일하는 민중들의 몫이었다. 이렇게 하나 둘씩 각종 명목으로 뜯어가는 돈 때문에 노동자의 임금은 하락하고 소작료는 상승하고 심지어 미리 떼이는 경우도 많았다. 그런데 정작 이들에게 돌아온 것은 황폐해져만 가는 전답을 가로질러 지나가는 '근대적' 군용도로와, 강제로 군대에 끌려간 육친의 백골 뿐이었다. 이런 사람들이 1927~1930년 사이에 50만 명에 달했다.

반면에 이러한 상황은 혁명세력에게 새로운 발전의 계기와 방향성을 제공했다. 그리고 그 같은 기초를 만든 것은 마오쩌둥과 주더가 주도하는 장시성江西省 징강산井岡山의 홍군紅軍 근거지 건설 투쟁이었다. 난창폭동 패배 후 주더가 이끄는 약 1,200명의 부대는 1927년 11월 다시 광둥성 하이펑海豊과 루펑陸豊에서 소비에트를 건설했다. 그러나 별다른 효과가 없어 후난으로 이동해 동남부 산악지대에 근거지를 마련하고 강경하게 지주와 군벌의 테러와 맞서 싸우며 농민과 광부들로 이루어진 빨치산 부대와 합류하고, 각지에서 농민폭동을 조직하면서 병력을 약 6,000명으로 확대했다. 이렇게 국민당의 주력부대를 피하면서 1928년 봄 장시성과 후난성 경계에 있는 징강산 자락에 이르러 마오쩌둥과 합류했다.

마오쩌둥과 주더의 징강산 합류

마오쩌둥은 전년도 7월 왕징웨이에 등을 돌린 모범적인 한커우경비연대를 이끌고 후난, 장시 북부 경계로 남진해 농민 빨치산, 철도노동자, 광부를 결집해 빨치산전투를 전개하면서 각지에서 농민대폭동을 조직하고 노동자농민혁명위원회(뒤에 소비에트)를 수립했다. 그러나 이들도 대부대의 추격을 받아 약 1,000명의 부대가 '이가 득실거리는 상황에서 피를 흘려가며 협곡과 산악을 오가는 투쟁'을 통해 그 해 가을 징강산으로 퇴각한 뒤 혁명근거지를 마련했다.

5개의 견고한 산으로 둘러싸인 징강산은 당시 600명의 수병水兵(생활난에 처한 인근 농민들로 구성)과 60정의 낡은 총으로 주변 지역을 압박하던 비적왕 위안원차이袁文才의 소굴이었다. 마오쩌둥

군대는 이들 비적들을 설득하여 이 산에 적기赤旗를 올렸다. 그 후 백색테러를 피한 상하이, 한커우의 많은 노동자와 학생, 그리고 후난성 남부에서 봉기했다가 가을 폭동에 패한 약 4,000명의 농민 빨치산이 도착했다. 노농홍군 제4군으로 명명한 뒤 4개 연대로 편성된 이들 1만2,000명의 허름한 군대야말로 오늘날 중화인민공화국을 지탱하는 중국인민해방군의 기원이 되었다. 당시 무기다운 무기라면 주더 부대가 가지고 있던 2,000정의 소총과 권총, 6문의 대포, 20정의 기관총, 빨치산이 각지에서 적으로부터 탈취한 약간의 소총이 전부였다. 그 밖에는 빨치산들이 허리에 차고 다니던 쇠몽둥이, 칼, 단도, 도끼, 낫, 창으로 무장했을 뿐이었다.

마침 내전이 막 끝난 화난의 지방군벌군은 8~18개 연대의 대군을 집중하여 후난성과 장시성에서 이들을 포위했다. 홍군은 8개월에 걸쳐 근거지를 지켜냈고 포위군의 허를 찔러 주변으로 출격해 지주를 몰아내고 각 곳에서 농민 정권을 수립했다. 그리고 1929년 1월 마오쩌둥과 주더가 이끄는 주력군 약 4,000명의 부대가 충칭을 돌파하고 장시성 남부 일대에서 유격전을 전개하였으며 푸젠성과 광둥성까지 진격하였다. 이러한 어려운 싸움 속에서 나중에 일본군을 끊임없이 괴롭힌 전술, 즉 '적이 퇴각하면 쫓아가고, 멈추면 소란을 피우고, 지치면 타격'하는 유격전의 교묘한 전술, '일반 민중들에게는 바늘 하나도 빼앗지 않는다'는 군대의 규율, 그리고 '두려움을 모르는 붉은 야만인'으로 일컬어진 불굴의 용기를 결합해 강력한 군대를 만들어냈다.

이들은 군벌 사이의 분열과 통일 국면에 각기 대응하며 병력을 집중하거나 분산해 점령지역을 점차 확대해 나갔다. 점령지역에서는 빈농과 소작인을 동원해 지주를 내몰았고, 모든 토지를 거두어 빈농과 중농에게 분배해 이들로부터 강력한 지지를 얻어냈다. 지주와 부농의 참가를 허락하지 않는 노농병사의 정권을 수립하고 홍군과 적위대를 확대하였다. 이렇게 평지에서도 민중의 혁명적 결의로 견고하게 근거지를 지켜냈다.

장제스와 옌시산·펑위샹 간의 내전이 일어난 1930년에는 이미 장시성과 후난성을 중심으로 후베이성, 광시성, 광둥성, 푸젠성, 안후이성, 허난성에서 각 구별로 몇 개의 현을 묶어 15개의 변구(소비에트)가 만들어졌다. 그리고 정규군만 해도 13군 6~7만 명에 달했다. 1930년 봄 후난성 전역에 기근이 들어 기아에 굶주린 농민들이 각지에서 폭동을 일으켰다. 참고 참았던 주요도시 노동자의 투쟁도 눈에 띄게 늘었다.

이러한 상황에서 펑더화이彭德懷가 이끄는 홍군은 장제스와 옌시산·펑위샹 사이의 내전을 틈타 7월에 창사를 점령함으로써 후난 제일의 요충지를 장악했다. 혁명의 새로운 진전은 곧바로 영국, 미국, 프랑스, 일본의 공동간섭을 초래했다. 창사는 미국 함포함 팔로스를 선두로 한 7척의 외국 함포의 도움을 받고 있던 국부군에 의해 다시 빼앗겼다. 이러한 열강의 간섭과 당시 중공최고지도자 리리싼李立三의 모험적 지도(한커우 등의 중요 도시에서 노동자를 봉기하도록 하고 무리하게 홍군을 투입한 것)로 인해 홍군은 다시 큰 타격을 입었다. 그러나 마오쩌둥과 주더의 장시성을 중심으로 한 활동으로 홍군은 다시 세력을 확대하여 1931년에는 10만 명을 넘어섰다. 이들은 양쯔강유역 일대에 큰 이해관계를 가진 미국과 영국, 그리고 국부군을 압박했다.

장제스는 옌시산·펑위샹 간 내전이 끝나자 긴급히 치죄법을 발동하여 '빨갱이'와 그 용의자에게 전에 없는 테러를 가했고, 8개 사단 10만 명의 병력을 투입해 장시성 중앙변구를 포위했으나 토벌에 실패한 후 다시 1931년 5월 20만 대군을 동원해 7월에 손수 주력군 30만 명을 이끌고 토벌에 나섰다. 그 후에도 1933년 10월까지 2차례에 걸쳐 포위공격을 실시했으나 이 내전 과정에서 소비에트 지구 내 토지혁명이 진행되었고 이를 통해 노농층의 견고한 동맹이 이루어졌다. 이러한 기초 위에 혁명을 위한 프롤레타리아 지도권이 확립되었으며 실로 민주적인 권력기구가 싹을 틔웠다. 또 인민의 무장을 통해 홍군이 점차 성장하였고 '중국 혁명투쟁의 구체적 조건, 정치방침, 군사정책이 만들어졌다.' 드디어 중국혁명이 승리의 궤도에 오른 것이다.

대륙침략계획을 품고 있던 일본의 제국주의자는 이러한 중국혁명의 진전과 이를 저지할 수 없는 난징정부의 무능함에 대해 일찍부터 극심한 조바심에 시달렸다. 뿐만 아니라 1928년 9월부터 제1차 5개년계획을 개시한 소련의 존재가 중국혁명에 큰 힘이 되고 있다는 사실에 불안감은 더욱 깊어갔다. 그래서 중국혁명을 소련의 영향으로부터 차단하기 위한 계기를 만들고, 전 중국을 정복할 기지 내지는 반소전쟁의 전초기지로서 만몽 지역의 점령을 강행하기로 하고 기회만 엿보고 있었다.

## 3월사건

만몽의 정황은 국내의 불황과 사회불안의 심화 등과 맞물려 일본의 정치가와 자본가, 군인들을 초조하게 만들었다. 그러자 이들은 이러한 위기를 타개하고 제국주의국가로서 살아남을 수 있는 방법은 전쟁과 인플레이션 밖에 없다는 생각을 품기 시작했다. 국내의 파시즘적 개혁과 만주의 무력독점을 진지하게 고민하기 시작한 것이다. 여기에 가장 앞장 선 집단은 바로 군부였다.

원래 일본 육해군은 천황제의 가장 중요한 기둥이었다. 이들의 계급적 기반은 메이지시대에 봉건사족이 압도적이었으나, 이것이 점차 사라지면서 육군에서는 1914~1916년 유년학교가 폐지되고, 1차 세계대전 기간 동안 해군이 대규모로 확장되면서 간부들 가운데 소부르주아층이 광범위하게 자리 잡았다. 도회지의 육해군 장교들은 농촌 출신이 압도적으로 많았다. 직업은 소지주, 부농, 관리, 교원, 상공업자 등 소부르주아 하층이 많았다. 일본 자본주의의 일반적 위기가 시작된 이래, 특히 공황 이후 소부르주아층의 빈곤과 몰락은 이들로 하여금 정치에 대한 불만을 품게 했다. 또한 앞날에 대한 불안, 계급투쟁에 대한 공포심을 안겨주었다. 육해군 장교들도 중간계급으로서의 고민과 동요를 느낄 수밖에 없었다. 특히 이들은 감봉조치의 적용을 받아 생활이 어려워졌다. 예산 삭감으로 승진도 지연되고 있었으며 여러 차례 군비축소로 인해 대량 감원을 경험하는 등 현실에 대한 불만과 초조함에 시달렸다. 더욱이 농업공황이 진전되고 농촌의 위기가 격화되자 대부분 농촌 출신인 하사관들은 자신들의 절절한 체험을 통해, 혹은 런던회의 결과로 인한 해군군축, 중국혁명의 진전, 만몽문제의 긴박 등 내외 정세로 인한 국방 불안을 목도하면서 크게 동요했다. 이들의 사회적 불만과 국방 불안이 결합되면서 정치·경제의 위기를 국내 개조를 통해 타개하려는 파쇼적 무력혁명을 꿈꾸는 자가 늘어갔다.

1930년 9월 터키의 케말 파샤Mustafa Kemal Atatürk에 의한 무력독재를 보고 귀국한 하시모토 긴고로橋本欣五郎 중좌를 중심으로 육군 중앙 부서에 있던 중견장교들이 사쿠라회桜会[2]라는 비밀결사를 조직했다. 이 사쿠라회는 '국가개조를 종국의 목표로 삼고 이를 위해 필요하다면 무력행사도 불사한다'는 강령을 내걸고 만몽문제 해결과 이를 위한 국가개조 방책을 연구하기 위한 모임이었다. 이들이 주장하는 국가개조란 국영기업의 확장, 금융과 무역의 국가관리, 의회 정지, 일국일당, 군비제일주의 등으로서 이들은 파시즘과 나치즘을 본떠 국가사회주의를 실현하고자 했으며, 이를 위해 강력한 군부독재정권을 수립하고자 했다.

사쿠라회의 회원인 하시모토 중좌(참모본부 제2부 러시아반)와 네모토 히로시根本 博중좌(참모본부 제2부 중국반) 등의 주도로 참모본부 제2부는 '1930년 정세판단'에 '적극적으로 만몽문제를 해결하려면 필연적으로 국가개조를 선결조건으로 삼아야 한다'는 항목을 추가시키고 이것을 참모본부의 공식의견으로 내세웠다.

다이쇼大正시대부터 국가주의자로서 유명했던 오카와 슈메이大川周明[3]는 1929년부터 참모본부의 지지 아래 만주에 왕도낙토王道樂土의 신국가를 건설하고 소련침략의 기지로 삼자고 전국을 돌며 정력적으로 유세를 했다. 오카와 등의 민간 국가주의자와 군부는 긴밀히 손을 잡고 '국가개조' 계획을 추진했고, 군부독재내각 수립 쿠데타를 기획하기 시작했다.

1931년 3월 오카와와 하시모토 등은 쿠데타를 통해 당시 육군대신 우가키 가즈시게宇垣一成를 수상으로 한 내각을 만들어 만주침략을 추진하려는 음모를 추진했다. 사쿠라회의 멤버인 다나카 기요시田中淸 소좌의 '수기'에 의하면, 우가키는 계획에 동의했고 '정계에 진출해 내각을 조직할 결의를 굳혔다'고 한다. 1월 13일에는 스기야마杉山 육군차관, 니노미야二宮 참모차장, 고이소小磯 군무국장, 다테가와建川 참모본부 제2부장 등이 모여 다음과 같은 계획을 세웠다.

즉 사회민중당, 전국대중당, 신노농당 등의 무산당 3파가 내각규탄 대연설회를 개최하고 내각타도의 기운을 고양시킨다. 의회에 대해서는 노동조합법안이 제출되었을 때 사회민주주의자와 군국주의자들이 이끄는 노동자 1만 명을 동원해 의회를 규탄하는 시위를 조직한다. 그리고 정우회, 민정당 본부, 수상관저를 공격한다. 이

때 군대를 비상소집하고 의회를 보호한다는 명목으로 의회를 점령한다. 모 중장은 고이소와 다테가와 소장 중 한 명을 데리고 의회에 가서, "국민은 이제 현 내각을 신임하지 않는다. 우가키 대장을 수상으로 하는 내각만을 신뢰한다. 지금 국가는 중대한 기로에 놓였다. 마땅히 행동해야만 한다"고 선언하고 내각 총사직을 결행한 뒤 우가키를 수반으로 한 군부내각을 세운다는 계획이었다. 그리고 사회민중당 간부 카메이 간이치로龜井貫一郎는 노동자를 동원하는 역할을 맡았다.

봉기는 3월 20일로 예정했다. 그러나 바로 직전에 우가키가 군이 쿠데타가 아니더라도 수상에 오를 수 있다는 정보를 입수하면서 마음이 흔들리기 시작했다. 더욱이 노동자 1만 명을 동원하겠다는 계획은 오카와가 터무니없이 과장한 것으로 판명되어 그는 중지 명령을 내렸고 계획은 무산되었다. 이것이 이른바 '3월사건'이다. 정부는 이 음모사건을 알게 되자 경악했으나 군 수뇌부가 관여했으므로 처벌하지도 못했다. 결국 사건 일체를 비밀에 부쳐 묻어두었다.

이 3월사건은 그 후 일본 정치의 방향을 크게 뒤흔들어 놓았다. 공황에서 벗어나기 위한 마지막 카드로서 만주침략을 계획하던 군부는 그 후 차츰 계획을 구체화했다. 동시에 국내정치에서도 실권을 쥐기 시작했다. 이 사건 이후 군부는 직접적인 관계자 가운데 사쿠라회의 중심분자였던 자들을 중앙에서 좌천시켰을 뿐 사건에 대한 처벌은 전혀 하지 못했다. 이때 중앙에서 멀리 떨어져 있던 급진파들은 만주 주둔 관동군 관하에 모여 이번에는 만주에서 직접 군사행동을 계획하기 시작했다.

## 제2차 와카쓰키 내각과 군부

1930년 11월에 피격을 당한 하마구치 수상은 그 후 건강을 좀처럼 회복하지 못했고, 결국 1931년 4월 13일 하마구치 내각은 사직했다. 뒤이어 와카쓰키 레이지로를 수상으로 한 민정당 내각이 14일에 들어섰다. 와카쓰키 내각은 이전 내각에 있던 시데하라 외무대신, 이노우에 대장대신 등 주요 각료를 그대로 유임시켰으나 우가키 육군대신은 3월사건을 계기로 육군 내 파벌싸움 등으로 인해 퇴진했고 후임으로 미나미 지로南次郎가 임명되었다. 비교적 궁정과 정계 양 쪽에 친분을 유지하고 있던 우가키 전 육군대신과 비교할 때 미나미 신임 육군대신은 그러한 관계도 없었고 완전히 군부 내에서 강경분자의 꼭두각시처럼 행동했다. 그 결과 새 내각에서 정부와 육군은 눈에 띄게 따로 행동했으며 만몽문제에 관해서도 육군은 정부를 무시한 채 앞서서 의견을 내세우거나 행동에 나서기 시작했다.

와카쓰키 내각이 이전 내각으로부터 물려받은 큰 과제는 관리의 감봉과 군제개혁이었다. 이 가운데 관리 감봉안은 군부의 저항에 직면했고, 실질적으로 핵심 내용은 모두 빠진 채 같은 해 5월에 발표되었다. 군제개혁은 원래 세계적 여론이 해군군축에 이어 육군군축을 요구하고 있었고 국내에서도 비슷한 여론이 고조되고 있었기 때문에 이러한 여론을 적절히 회피하면서 육군병비의 합리화라는 형태로 근대적인 군비 개편을 꾀하고자 한 것이었다. 그러나 만몽문제의 무력 해결을 군부가 결정하면서부터 그 내용이 차츰 변하기 시작했다. 즉 뒤떨어진 육군의 편성장비를 근대전투에 맞도록 개편하는 쪽으로 바뀌어 갔다.

3월사건 무렵부터 군제개혁안이 차츰 논의되기 시작했다. 항공, 전차 등의 보강, 조선 주둔부대의 증강 등 많은 예산을 필요로 하는 개혁안은 불황으로 고심하던 정부 입장에서 쉽게 처리할 수 없었다. 그러나 7월 1일 육군이 정부의 양해 없이 군제개혁 초안을 발표하자 정부와의 괴리는 더욱 심화되었다. 게다가 8월 4일 미나미 육군대신은 사단장회의 석상에서 훈시를 통해 만몽문제를 거론하며 무력해결의 필요성을 시사하는 연설을 했다. 이것이 신문과 기타 매체를 통해 대대적으로 보도되었다. 미나미 육군대신의 훈시는 큰 정치문제로 대두했다. 육군대신 뿐만 아니라 각지의 연대 군사령관이나 배속장교 등도 기회 있을 때마다 만몽문제의 실력해결을 주장했다. 1931년 여름 무렵에는 육군의 만몽출병에 관한 소문이 전국에 파다했다. 정부와 중신들은 육군의 앞서가는 행동을 경계하면서 이를 견제하기 위해 노력했지만 육군의 만몽문제에 대한 태도는 더욱 강경해졌다.

같은 해 8월 만주 서북방의 오지에서 일본군의 군사탐정 나카무라 신타로中村震太郞 대위와 동행자 1명이 변장하고 잠행하던 과정에서 지방군벌에 의해 피살되는 사건이 발생했다.[4] 그러자 기회만 엿보고 있던 육군은 이 나카무라 대위사건을 절호의 기회로 삼아 현지에서 장쉐량에게 강경한 요구를 강요하는 한편 국내에서도 대규모 선전을 벌였다. 나카무라 대위 사건이 계기가 되어 육군이 만주에서 일을 벌일 예정이라는 것은 이미 명백해졌다. 그럼에도 불

변복한 나카무라 대위(오른쪽 사진의 왼쪽 인물)

구하고 정부와 정당들은 팔짱만 낀 채 군부의 강경한 태도를 방관하고 있었다. 비상한 정치력을 발휘했던 하마구치 전 수상에 비해 미약했던 와카쓰키 수상은 육군에 아무런 영향력을 행사하지 못했다. 미나미 육군대신은 각의에서도 자신의 의견을 강하게 주장했고 육군은 정부의 입장과 상관없이 독자적인 길을 걷기 시작했다.

## 제2절 만주사변과 상하이사변

### 류타오거우柳條溝의 폭음

'만주에서 조만간 무슨 일이 일어날 것이다.' '분명 관동군이 무슨 일을 벌일 것'이라는 등의 소문이 1931년 여름 무렵부터 국내에 퍼졌다. 9월에 접어들자 관동군의 병력 이동과 연습이 점점 활발해졌다. 일본과 만주 사이에 사람은 물론이고 전보의 왕래가 늘어갔다. 만주철도 일대에는 음산한 기운이 감돌았다. 그리고 부근의 주민들은 전란에 대한 불안감으로 떨었고, 우익 낭인과 협잡꾼 등 다양한 일본인이 속속 만주로 건너가기 시작했다.

9월 14일 참모본부 제1부장이었던 다테카와 요시쓰구建川美次 소장이 육군대신의 명을 받아 관동군에 밀사로 파견되었다. 그의 사명은 이미 공공연한 비밀이 되어버린 만주의 관동군이 획책하고 있는 계획을 막기 위한 것이라는 소문이 돌았다. 그러나 다테카와 소장은 참모차장 니노미야 하루시게二宮治重 중장이라든가 육군성 군무국장 고이소 구니아키小磯国昭 중장 등과 함께 만주에서 무언가를 꾸미고 있는 중심적 인물로 간주되었다. 역시 9월 18일 펑톈에 도착한 다테카와 소장은 긴급한 사명을 관동군사령부에 전달할 의지도 없었고 그대로 시내 요정에서 하룻밤을 보내고 말았다. 그런데 그날 밤 사건이 터진 것이다.

9월 18일 밤 10시 펑톈 북부 교외의 류타오거우에서 낮은 폭발음이 연이어 들려왔다. 이 폭음을 들은 사람은 몇 명밖에 되지 않았고, 이들 또한 연일 계속되는 군대의 연습이라고 생각했다. 그러나 이 폭음이야말로 이후 15년에 걸친 제2차 세계대전의 서막을 알리는 소리였다. 당시 이러한 사태를 예견한 사람이 몇 명이나 되었을까.

분명 이 사건은 제1차 세계대전을 촉발시킨 사라예보사건보다도 훨씬 작은 규모의 우발적 사건이었다. "9월 18일 오후 10시부터 10시 반 사이에 철도노선 위나 그 부근에서 폭발이 일어난 것은 분명한데 설령 철도가 손상되었다고 할지라도 창춘에서 남행열차의 정시 도착이 지연됐다고 해서 그 이유만으로 군사행동에 나선 것을 정당화할 수는 없다"고 후에 리튼보고서[5]는 지적했다. 당시 폭음은 만철노선에 대한 어떠한 실질적 피해도 주지 않았다.

누가 무엇을 위해 이 폭발음을 낸 것인지 분명하지 않다. 혹시 안다고 할지라도 만주사변이라는 중대한 결과를 발생시킬 정도의 사건은 분명 아니었다. 그럼에도 불구하고 이 폭발이 만주 주둔 일본군을 일제히 움직였다. 철저히 준비된 비상동원 연습보다 훨씬 더 신속하게 움직였다. 폭발사건 1시간 후 펑톈 주둔 일본군 수비대가 현장 근처에 있던 동북군 북부사령부를 공격하기 시작했다. 그날 밤 만주 주둔 전 육군부대는 펑톈, 창춘, 쓰핑四平, 궁주링公主嶺 등의 중국군 병영을 집중 공격했다.

19일 아침 일찍 펑톈성에는 일본 국기가 펄럭였다. 이날 일본군은 만철 연선을 차례로 제압했고, 23일에는 멀리 있는 지린吉林까지 점령했다. 그리고 21일에는 조선군사령관 하야시 센쥬로林銑十郎 대장의 단독 결정으로 1개 여단이 칙령도 없이 압록강을 넘

어 만주로 파견되었다. 사건 후 5일 동안 펑톈성, 지린성 양 지역의
주요 지역이 일본군에 의해 점령되었다. 사건 발발 당시 만주에 있
던 일본군 병력은 제2사단과 독립수비대를 합해 1만400명이었다.
사건 발발 후 조선에서 월경한 1개 여단을 합해도 1만5,000명을
넘지 않았다. 그러나 준비를 거듭한 공격 훈련과 완전한 기습의 성
공으로 거의 저항 없이 약 10만 명에 달하는 장쉐량 군대를 대파
했다.

만주사변을 보도한 신문　　　　펑톈으로 입성하는 일본군(교토통신 제공)
(『도쿄아사히』1930년 9월 19일)

　　간발의 차이도 용납하지 않은 신속한 일본군의 남만주 점령 소
식에 세계는 놀랐다. 일본정부는 19일 곧바로 각의를 개최해 사건
을 확대시키지 않겠다는 원칙을 세우고, '가급적 사건을 확대하지
않도록 한다. 일단 아군의 우세를 확보하는 선에서 사건을 마무리
하는 방향으로 일을 수습하라'고 재외기관에 훈시했다. 그러나 현
지에서 전개된 군사행동의 엄청난 진전 상황을 접하고 와카쓰키
수상, 시데하라 외무대신 이하 정부 각료는 망연자실한 태도로 연
일 긴급각의를 개최했다. 그러나 사건 해결에 대한 어떠한 적극적

수단도 취하지 못했다. 21일 각의에서는 미나미 육군대신이 만주에 추가병력을 파병하자고 제안했으나 시데하라 외무대신, 이노우에 대장대신은 이에 반대했다. 그러나 정부의 결의를 기다리지 않고 조선군이 국경을 넘었고, 다음날 22일 육군대신이 이 사실을 보고하자 내각은 어쩔 수 없이 이를 사후 승인했다. 24일에 이르러서야 비로소 정부는 일단 성명을 발표하는데 사건을 국지적으로 해결한다는 확대불가 방침을 결정했다. 그러나 정부의 결정은 군부와 현지 병력에 어떠한 권위도 행사하지 못했다. 관동군은 더욱 활발하게 행동범위를 확대했다. 10월 8일에는 진저우錦州를 폭격했고, 북만주에도 병력을 진주시켜 11월 19일에는 치치하얼을 점령했다. 정부가 결정한 전선 불확대 기준은 매일같이 수정되었다. 전투상황이 전개될수록 외교와 군사의 완전한 불일치, 정부의 정치력 부재를 국내외에 폭로하는 결과를 초래했다. 그저 정부는 군부를, 군 중앙은 관동군을 따라갈 뿐이었다.

### 다른 나라들의 반응

9월 18일 사건이 세계에 알려진 것은 다음날인 19일이었다. 그날은 바로 스위스 제네바에서 제12회 국제연맹 총회가 막을 내리는 날이었고, 오후에는 제65회 이사회가 열릴 예정이었다. 일본과 중국의 대표는 일단 사건에 대한 첫 소식을 이사회에 보고했다. 그리고 21일 중국은 정식으로 사건을 일본의 침략행위로 연맹에 제소했다. 22일 연맹은 양국에 대해 같은 문장의 통첩을 발하고 사건의 불확대, 양국군의 즉시 철수를 위해 노력할 것을 권고했다.

이에 대한 답변으로 일본 정부는 23일 '일본은 만주에 어떠한 영토적 야심도 없고, 가급적 신속히 군대를 철도부속지로 철수할 것'이라 밝혔고 연맹은 이를 받아들였다. 이어서 9월 30일 연맹이 사회는 사건의 불확대에 관한 결의를 일본을 포함해 전체회의 만장 일치로 채택했다. 일본 정부는 사건의 불확대와 신속한 철병을 정부성명과 국제연맹 결의문을 통해 세계에 확약했다. 그러나 사태는 일본의 외교 수준을 뛰어넘어 전개되고 있었다.

10월 8일의 진저우 폭격은 연맹의 분위기를 경색시켰다. 10월 15일 미국대표를 연맹에 초청한다는 결의에서 일본은 처음으로 고립되었다. 그리고 11월 16일에는 일본군의 철병을 요구하는 결의문이 13대 1로 채택되었다. 그러나 일본에 대한 국제연맹의 강경한 태도는 주로 일본의 도덕적 배신에 대한 소국들의 반발을 배경으로 한 것이었다. 만주에 대해 직접적 이해관계를 지니고 있는 미국과 영국의 참가 없이는 실질적인 영향력을 행사할 수 없었다. 따라서 연맹은 미국의 태도를 주시하면서 우선 옵서버로서 미국 대표의 초청을 결의했던 것이다.

사건 발발 직후인 9월 22일 미국의 스팀슨 국무장관은 데부치 가츠지出淵勝次 주미대사를 불러 미국의 입장을 전달했다. 하지만 당시 미국 측은 사건에 관해 현지 부대의 과격한 행동일 뿐이고 일본정부가 사태수습 노력을 기울이고 있다고 판단했기 때문에 미온적인 태도를 취했다. 특히 스팀슨은 이 사건을 일본 내 두 세력이 충돌한 결과로 이해하고 "우리는 일본 외무성과 시데하라 외상이 자유롭게 사태를 수습하도록 내버려 두는 것이 방책이라고 믿었다"고 술회할 정도로 일본정부의 사건 불확대 방침에 일단 신뢰를 보냈다.

그러나 10월 8일의 진저우 폭격은 미국의 태도를 완전히 바꾸게 만드는 계기가 되었다. 9개국조약과 켈로그 부전 조약⁶의 수호자임을 자처한 미국은 일본의 군사행동에 따른 세력균형 파괴에 관해 강경한 태도로 임했다. 특히 대공황 이후 미국에게 중요한 의미를 지니게 된 만주시장에서 미국도 쫓겨 날 수 있는 위험이 명백해지자 더욱 강경한 태도를 취했다. 1월 7일 미국은 국무장관의 성명을 통해 일본이 만주에서 자행한 행동을 승인하지 않겠다고 선언했다. 그러나 스팀슨독트린으로 알려진 이 성명은 대공황 이래 점점 더 강화되고 있는 미국 외교정책의 고립주의 경향 때문에 그저 '불승인주의' 원칙을 선언한 정도에 그쳤을 뿐, 일본의 행동을 적극적으로 제어하지는 못했다.

영국의 태도는 더욱 소극적이었다. 1927년 무렵부터 극동정책을 두고 미국과 대립하는 모습을 보였던 영국은 만주문제에 대해서도 보조를 맞추지 않았다. 중국 본토에 거대한 권익을 지니고 있던 영국은 미국처럼 9개국조약에 고집하지 않고 이해관계에 관해서는 한층 현실적으로 대응했다. 영국은 자신의 권익을 위협할 수 있는 일본 군사력의 탈출구로서 만주는 충분히 용인할 수 있는 지역으로 보았다. 따라서 일본의 행동이 만주에 국한된다면 영국은 이를 묵인하고자 했다. 스팀슨선언과 관련해 1월 11일 영국정부는 일본이 이미 문호개방정책을 실행하고 있고 만주의 여러 사업에 여러 나라의 참가와 협력을 환영한다고 밝힌 이상 '일본 정부에 어떠한 공식 문서를 보낼 필요는 없다'는 성명을 발표했다. 이 때문에 영국은 오히려 일본의 행동을 옹호하는 듯한 태도를 보임으로써 미국과의 대립은 더욱 깊어졌다.

국제연맹은 거듭 회의와 성명을 되풀이할 뿐 아무런 영향력을 행사하지 못했고 미국과 영국의 보조도 무너졌다. 그 결과 일본의 만주 점령과 관련해 국제적 차원의 심각한 장애물은 없었다. 치치하얼을 점령하고 북만주 헤이룽장성 일대를 제압한 일본군은 다시 일본 본토와 조선에서 병력을 증파했다. 12월 22일 관동군은 '요서 일대의 토비 토벌' 성명을 발표하고 요서작전(요하 이서 지역)을 개시했다. 이듬해인 1932년 1월 3일에는 만주 지역에서 중국 측의 최후 거점인 진저우를 점령했다. 불과 3개월 남짓의 군사행동을 통해 일본군은 동북3성을 완전히 제압했다. 이렇게 일본이 신속하게 만주를 점령한 것은 비록 극동정책을 둘러싼 미국과 영국의 갈등이라는 유리한 정세가 있었지만 다른 두 가지 조건이 더 있었기 때문에 비로소 가능했다.

하나는 중국의 국내정세이다. 앞서 언급한 바와 같이 우한정부 붕괴 후 국민정부와 공공연히 투쟁 단계로 들어간 중국공산당은 홍군과 소비에트지구의 강력한 발전으로 장시성을 중심으로 대규모 소비에트지구를 완성했고, 300여 현에 걸쳐 수천만 명의 인구를 아우르는 확고한 기반을 구축했다. 국민정부에게 이 소비에트지구의 발전은 일본의 만주 점령보다도 더 큰 위협이 되었다. 이 때문에 장제스는 1930년 12월부터 전면적인 무력토벌을 개시했고 1931년 5월부터 9월에 걸쳐 30만 명 이상의 군대를 동원해 대규모 포위작전을 감행했지만 패배하고 말았다. 만주사변 발발 후에도 국민정부는 장쉐량의 요구에도 불구하고 단 한 명의 병력조차 일본군과의 전투에 투입하지 않는 대신, 제5차 공산당 소탕작전을 개시했다. 이러한 중국의 정치적 분열과 군사적 약체화는 일본군의 군사행동을 용이하게 했고, 동북군벌은 국민정부의 군벌 정리로 인해 일본군 앞에서 힘을 쓸 수 없었다.

또 다른 조건은 소련의 발전과 이에 대한 열강의 공포를 들 수 있다. 제1차 5개년계획을 완성하고 세계공황 속에서도 발전해 가는 소련의 실력에 드디어 제국주의 국가들은 공포를 느끼기 시작했다. 이들은 특히 중국의 혁명이 착실히 성과를 거두자 중국의 식민지 확보를 위해 소련의 영향과 위협을 차단하는 데에 지대한 관심을 보이기 시작했다. 비록 일본의 만주점령이 열국의 시장축소를 초래하더라도 소련에 대비한 제국주의 국가들의 교두보를 마련했다는 점에서 의미를 두기도 했다. 그 결과 일본의 군사행동은 열국의 간섭을 전혀 받지 않고 성공할 수 있었다. 일본의 만주점령은 이러한 국제적 조건의 영향이 컸다.

## 금 수출 재再금지와 이누카이大養 내각의 성립

만주 침략은 파멸에 처한 일본 자본주의의 위기를 국외 독점시장 획득으로 타개하고, 만주경영의 위기를 무력점령으로 돌파하며, 아울러 공황과 그로 인한 합리화정책으로 팽배해진 국민들의 불만을 대외전쟁으로 전환시키려는 일본의 정치가와 자본가들이 선택한 필연적 코스였다. 비록 이들이 그 실현방법이나 수단에 관해서는 군부의 독단과 전횡에 적잖은 위구심을 품었다고는 하지만 근본적으로는 만주침략에 뜻을 같이 했다. 그래서 정부도 그 과정에서 이러저러한 마찰은 있었지만 결국 군부를 따랐으며 만주 확보를 국책으로 삼아 협력했다.

대외적으로 만주침략을 강행할 수밖에 없었던 일본 자본주의는 국내에서도 새로운 수탈체제로서 인플레이션 정책 도입을 준비해야만 했다. 이들은 그에 앞서 금융공황 타개책으로 금 해금과 디플레이션 정책을 채택했으면서, 자본가의 이익을 확보하기 위해 다시 금 수출 금지와 인플레이션 정책으로 이행하는 길을 선택해야만 했다. 이러한 움직임을 촉진시킨 것은 영국을 비롯한 여러 나라들의 금본위체제 정지 조치와 만주사변이었다.

1931년 7월 독일을 붕괴시킨 금융공황은 더욱 심화되었고, 파국을 막기 위해 필사의 노력을 다하던 영국에서는 노동당 내각이 총사직하고 거국일치 내각이 들어섰으며, 이 내각은 1931년 9월 21일 금본위체제의 정지를 전 세계에 발표했다. 류타오거우 폭파사건 후 3일째 되던 날이었다. 이 소식이 전해지자 세계의 금융시장이 혼란에 빠졌다. 금본위체제에서 이탈하는 나라가 속출하는 가운데 이것은 일본에도 영향을 미쳤다. 즉 일본에서도 조만간 금수출 재再금지 조치가 발표될 것이라는 전망이 나오자 거대 재벌은행은 재금지 조치로 인한 막대한 이익을 예상하고 앞 다투어 달러화 투자에 광분했다. 이것이 흔히 말하는 재벌의 '달러 사재기' 현상이었다. 이 '달러 사재기'는 재벌과 정부의 교감 아래 이루어졌고 국민의 궁핍을 도외시한 채 재벌과 관계있는 거대은행과 회사에게는 막대한 이익을 가져다 주었다. 1930년 7월 런던조약 비준 문제 이래 정금正金은행을 통한 달러매입액은 아래 표에서 보듯이 총계 7억6,000만 엔에 달했다. 이 가운데 영국의 금본위 이탈 후의 통계만 보아도 스미토모은행 4,000만 엔, 미쓰이은행 4,500만 엔, 미쓰비시은행 2,000만 엔, 미쓰이물산 3,000만 엔, 이들 재벌계의 달러 매입액은 1억3,000만 엔을 넘어설 정도였다.

정금의 달러매입 내역

| 매입인 | 달러매입액, 백만엔 |
| --- | --- |
| 외국은행 | 313(41%) |
| 재벌계은행회사 | 226(30%) |
| 스미토모(住友)은행 | 64 |
| 미쓰이(三井)은행 | 56 |
| 미쓰비시(三菱)은행 | 53 |
| 미쓰이(三井)물산 | 40 |
| 미쓰이(三井)신탁 | 13 |
| 조선은행 | 34(4%) |

| 매입인 | 달러매입액, 백만엔 |
|---|---|
| 기타 | 187(25%) |
| 계 | 760(100%) |

'달러 사재기'는 국민들로부터 엄청난 공분을 샀다. 군부와 우익 단체는 이러한 국민의 분노를 교묘히 이용해 세력 확장을 꾀했다.

이러한 '달러 사재기' 등을 통한 금 유출은 영국의 금본위체제 이탈 후 특히 심화되었다. 그로 인해 국내 금융은 경색되었고 이미 심각한 불황으로 고심하고 있던 산업계를 더 깊은 위기 속으로 몰아갔다. 이러한 위기는 커다란 정치적 위기로 나타났고 독점자본도 위기 타개를 위해 종래의 금 수출을 금지하고 다시 인플레이션 정책을 채택하고자 했다. 또 세계공황, 특히 중국 은의 폭락으로 큰 타격을 입은 일본 수출산업, 그 가운데 다수인 방직자본은 영국의 금본위 이탈과 영국 면제품의 동양시장 진출로 인해 가장 심한 피해를 입었다. 그 결과 금 수출의 재금지를 단행하여 저환율을 통한 덤핑을 강행함으로써 활로를 개척하자고 강력히 요구했다. 한편 하마구치 내각의 당초 계획은 대공황 속에서 어려움을 겪고 있었다. 당시 내각이 첫 번째로 내세운 카드가 '긴축정책'이었으나 이것은 '관리감봉' 문제를 둘러싸고 하급관리의 저항, 런던조약 문제를 둘러싼 군부의 군사비 증대 요구, 불황대책 비용 지출 등으로 인해 큰 저항에 부딪혔다. 그 결과 예산은 매년 실질적으로 팽창하는 경향을 보였으며 디플레이션 정책을 정부 스스로 파기할 수밖에 없었다. 만주침략 이후 군부의 막대한 군사비 요구는 필연적으로 금 수출 재금지를 통한 인플레이션 정책으로의 전환을 초래했다.

자본가들의 강력한 요구는 같은 해 11월 10일 야당인 정우회의

'금 수출 재금지 요구' 성명으로 나타났다. 공황 탈출을 위한 2대에 걸친 민정당 내각의 합리화, 즉 디플레이션 정책은 이미 한계에 직면했고 부르주아는 새로운 국면에 대응하고자 새로운 정책을 요구하게 되었다.

게다가 만주사변의 전전과 시데히라 외교의 모순, 이노우에 재정의 위기, 불경기 정책에 대한 국민의 불신이 와카쓰키 내각을 동요하게 만들었다. 만주사변 후 내각의 시책은 줄곧 정치력의 빈곤을 드러냈는데 이에 신물이 난 기성정치인 가운데 일부는 영국의 거국일치 내각의 사례에 자극받아 '비상사태에 대응가능한 협력내각'을 주장하기 시작했다. 신흥 콘체른의 대표인 닛산日産의 아이카와 요시스케鮎川義介와 의형제 관계인 정우회의 구하라 후사노스케久原房之助, 그리고 민정당에서는 내무대신 아다치 겐조安達謙蔵 등이었다. 특히 와카쓰키 내각의 중요 각료인 아다치 내무대신은 와카쓰키 수상, 이노우에 대장대신, 시데하라 외무대신으로 대표되는 내각의 시정방향에 불만을 품고 있었으며, 아라키荒木 중장 등 육군 혁신파라든가 야당 간부 도코나미 다케지로床次竹次郎, 구하라 후사노스케 등과 교감하며 더욱 열심히 연립내각을 주장했다. 아다치 일파의 목표는 이미 기대할 수 없는 와카쓰키 이하 민정당 내각을 밀어내고 정우회와 손잡은 뒤 정국의 주도권을 잡는 것이었으며, 운이 좋으면 차기 내각을 장악하는 것이었다

그러나 정우회 안에서도 모리 가쿠森恪, 스즈키 기사부로 등은 정우회 단독으로 차기정권 담당을 노리고 이누카이 총재를 움직였기 때문에 협력내각운동은 성공하지 못했다. 하여간 아다치 내무대신의 움직임은 내각이 통일되지 않았다는 점을 드러냈고, 민정당 내각은 그로 인해 스스로 내부에서 붕괴해 결국 12월 11일 총사직했다. 그 결과 이 정변의 직접적인 계기를 만든 민정당 내 협력내각

추진파 아다치 겐조, 나카노 세이고中野正剛 등이 탈당해 파시즘적인 주장을 표방한 최초의 정당인 국민동맹을 결성했다. 그러나 정우회는 이에 대응하지 않고 13일 정우회 단독내각으로 이누카이 내각을 출범시켰다. 이누카이 내각은 결국 마지막 정당내각이 되었는데 조각 때 군부 혁신파 대표자로 지목된 아라키 사다오荒木貞夫를 육군대신으로 하고, 적극적인 대륙진출론자인 모리 가쿠를 서기관장으로 앉히는 등 재빨리 군부나 우익의 환심을 사야만 했으므로 이 내각은 약체화를 면할 수 없었다.

이누카이 쓰요시(犬養毅) 내각 각료(1931년 12월 13일 취임식 후)

신내각은 예정대로 조각 당일 금 수출 금지를 단행하면서 정책전환의 첫걸음을 내딛었다. 이어서 금화 태환을 정지하고 인플레이션 정책으로 전향했다. 합리화 정책이 부진에 빠지고, 만주진출이 새롭게 전개되는 등 부르주아 정책의 전향에 대응하여 탄생한 이누카이 내각은 군부를 앞세우는 급진세력과는 어느 정도 차이를 드러내기도 했지만 민정당 정책을 전면적으로 수정했고, 만주사변을 지지하고 추진하는 방향으로 기울어갔다. 작은 정당이었던 정우회는 제60회 의회를 열고나서 얼마 후 해산되었지만 선거는 불경기 극복을 슬로건으로 하는 정우회가 국민 다수의 표를 얻어 171명에서 일약 303명으로 약진한 반면에 민정당은 247명에서 146명으로 전락했다. 이렇게 이누카이 내각은 절대다수당을 배경으로 막대한 만주사변 관련 임시군사비 지출을 포함해 인플레이션 정책을 추진하게 되었다.

### 상하이사변

만주점령이 빨리 달성되자 드디어 중국본토에 대한 침략의도를 드러내기 시작했다. 특히 만주에서 육군이 성공을 거두고 그것을 배경으로 거액의 임시군사비를 획득하자, 항상 육군과 대립해 온 해군도 자신들의 주무대인 상하이에서 무언가 일을 벌이자는 생각을 지니게 되었다.

그리고 상하이 현지의 정세도 해군의 모사를 부추겼다. 중국 최대의 도시로서 의식 수준이 높은 노동자와 학생들이 모인 상하이에서는 일본의 만주침략에 대한 반발이 거셌다. 류타오거우사건 직후인 9월 22일에는 대규모 반일대회가 개최되었고 항일구국회가 조직된 이후 항일 시위와 집회가 매일같이 열렸다. 이러한 상황은 일본 거류민과 해외의 공관, 육군과 해군을 민감하게 자극했다. 1932년 1월 18일 일본인 승려들이 구타당하는 상하이사건[7]이 발생했는데 같은 달 20일 일본거류민은 대회를 열어 이 사건을 구실로 육군의 상하이파견을 요청하기로 결의했다.

그 때까지 일본해군은 양쯔강 연안에 제1해외파견함대를 포진했는데 다음날인 21일 거류민보호를 명목으로 순양함과 제15구축대(구축함 4척)를 증파하기로 결정했다. 이 함대는 23일 상하이에 도착해 특별육전대를 상륙시켰다. 그리고 1월 28일에는 제2차 육

상하이의 항일대회(상하이사변 당시)

전대를 파견하고 총병력 2,800명을 일본조계에 집중시켰다. 그리고 무력을 배경삼아 중국군대의 철수를 요구하며 상하이 시 당국을 압박했다. 그리고 같은 날 일본군은 일방적으로 육전대 경비구역을 29일 오전 0시를 기해 일본조계 밖으로 확대하겠다고 통고한 뒤 이를 강행했다. 그로 인해 그날 밤 쓰촨四川북로 부근을 경비 중이던 중국 군대와 일본 육전대 사이에 충돌이 발생해 전투가 벌어졌다.

전투는 우선 시가전으로 시작되어 밤이 새자 일본 측은 항공모함에서 비행기를 띄워 시가지를 폭격했다. 그러나 일본 육전대는 곧 고전을 면치 못했다. 상하이 부근을 지키고 있던 중국의 19로군은 만주에서 패배한 지방 군벌 군대와 달리 강한 민족의식을 지니고 있었고 노동자와 시민의 열렬한 지원을 받고 있었다. 즉 일본 측의 오산이었다. 게다가 상하이는 열강들의 권익이 얽혀 있고 각국

외교단이 조정에 나섰으므로 일시적으로 정전협정이 맺어졌으나 이것은 일본의 진의가 아니었다. 현지 해군의 최고지휘관인 노무라野村 중장은 '휴전교섭은 잠시 영국과 미국의 신경을 자극하지 않기 위한 조치였고 육군이 도착하기를 기다려 우리 군의 위력을 보여줌으로써 장차 화근을 남기지 않는 것이 최고의 득책이라고 생각한다. … 하여간 육군이 오기를 기다려 일격을 가하는 것이 중요하다'고 보고했다.(『하라 다카시 일기』 제2권)

2월 3일 각의는 출병을 결정했고 7일 아침 일찍 혼성1개여단의 육군이 상하이 북방 우쑹吳淞 부근에 상륙해 19로군의 배후를 공격하기 시작했다.

이어서 2월 13일에는 주력부대인 제9사단도 도착해 총공격을 개시했다. 그러나 육군의 도착도 중국 측에 일격을 가하는 데 큰 도움이 되지 못했다. 중국군의 저항은 예상 외로 강했고 일본군은 해안 초입지대에서 한 발짝도 진격하지 못했다. 그 결과 일본은 다시 대규모 파견군을 편성해 시라카와 요시노리白川義則 대장을 사령관으로 하는 제1사단과 제14사단을 증파하고 비행기, 함포사격 등을 총동원해 공격을 가한 끝에 3월 1일 어렵게 상하이 북방 일대로 진출할 수 있었다.

상하이사변에 대한 이누카이 내각과 요시자와 겐키치 외상의 외교는 만주사변 발발 당시 와카쓰키 내각, 시데하라 외교보다 적극적이었다. 상하이로 파견된 육군 3개 사단 남짓한 병력과 해군 10여 척은 만주를 점령한 병력의 2배 이상이었다.

그러나 전황은 만주의 경우와 정반대로 흘렀다. 일본군은 계속 고전했고 중국 군대 뿐만 아니라 민중의 강한 저항에 부딪혀 예상했던 침략의 성과를 거두지 못했다. 게다가 상하이에서는 세계 열강들이 일본의 독점적 군사행동을 인정하지 않았던 여러 사정이

상하이 부근으로 출동한 일본 육전대 장갑차

있었다. 각국의 여론은 일본의 행동에 비판적이었다. 미국과 영국
은 자국의 이해관계가 얽혀있는 양쯔강 연안에 일본군이 무력으로
진출하는 데 강하게 반대했다.

　　2월 2일 영국, 미국, 프랑스 3국의 중국주재 대사들이 공동조정
안을 제안했다. 그 후에도 때때로 휴전과 중립지대 설정을 중재하
고, 일본에 항의서한을 보냈다. 2월 24일에는 미국 국무장관 스팀
슨의 대일성명이 발표되었고, 3월 3일에는 양국 간 분쟁에 관한 국
제연맹총회가 제네바에서 열렸다. 국제정세가 불리하게 전개되고
전황이 부진에 빠지자 일본의 전투의지도 꺾였다. 3월 3일 일단 전
투를 멈추고 상하이파견군이 정전성명을 발표하고, 재차 각국 외교
단의 중개로 정전협의에 들어갔다. 이후 양국군의 정전협상은 난항
을 거듭했고 때때로 중단되었다. 5월 5일 정식으로 중일정전협정이

조인됨으로써 일단 상하이에서 일본육군이 철수하여 전투는 종결되었다.

상하이사변의 실패는 중국 인민의 저항, 특히 제1선에서 싸운 19로군의 용감한 전투 덕분이었다. 이 사건에 대해 국민정부는 여전히 패배주의적이었다. 전면적 항전의지도 부족했거니와 일본군을 이용해 공산당의 영향이 강한 19로군을 격멸하고자 하는 방침을 취했다. 그 결과 제1선 전투부대에 대한 어떠한 원조도 없었다. 그러나 정부의 방침과 반대로 각 도시의 노동자와 학생들은 19로군을 열광적으로 도왔고 위문품과 격려를 아끼지 않았으며 지원병으로 전선에 참가한 자도 많았다. 이러한 격려에 부응해 제1선 부대는 분투할 수 있었고 최신 무기로 무장한 일본군을 해안선에서 저지할 수 있었다.

군사적 패배는 군부의 자신감을 실추시켰다. 이로 인해 그후 중국본토 침략을 피하고 주로 만주와 화베이지역 경영에 전념하게 된 것이다. 열강들의 간섭이 강했던 것도 실패 원인 가운데 하나였다. 당시 일본의 지배자들은 영미와 전쟁의 위험을 무릅쓰고 대결할 자신은 없었다. 전황이 불리해지자 국내에서도 원로 중신들을 중심으로 한 궁정세력이나 재벌 대표들도 국제관계를 위협하는 군사행동을 멈추기 위해 종종 군부를 견제하는 태도를 보였다.

일본 국민도 결코 무분별한 침략전쟁에 찬성하지 않았다. 만주사변 직후부터 의식있는 노동자 계급의 반전투쟁은 탄압에도 불구하고 계속되었는데, 상하이사변 당시에는 중국의 반침략투쟁세력과 손을 잡고 일본 제국주의에 대한 공동전선을 형성했다. 일반 민중들도 이 침략의 목적에 의문을 품었고 만주사변을 찬양하던 주요 신문조차 상하이 사태에 대해서는 어느 정도 비판적 논조를 보였다. 그 결과 군부도 내외정세의 불리함, 군사적 실패 등을 고려해 침략전쟁 수행을 잠시 포기할 수밖에 없었다.

## 만주국 건설

1932년 1월 3일 진저우 점령으로 일단 만주 전 지역의 군사점령을 완성한 관동군은 완전한 지배를 구축하고자 만주에 독립국가 건설계획을 세웠다. 원래 만주독립 구상은 사변 발발 전부터 군부나 우익 일부가 추진하고 있었는데, 현지에서는 관동군 참모부와 특무기관, 만철 정보기관 등이 꾸준히 준비하고 있었다. 사변 발발과 함께 이들 기관들과 민간의 낭인, 책사 등이 일제히 활동하기 시작했다.

펑톈에서는 특무기관장 도이하라 겐지土肥原賢二 대좌를 지도자로 한 자치정부가 수립되었다. 그 후 일본군이 진출함에 따라 펑톈, 지린 등 각 성에는 자치정권이 차례로 수립되었다. 이들 자치정권의 명목적 수장은 지역적 기반에 대한 집착으로 일본군과 손을 잡은 지방군벌이라든가 불우한 처지에 놓인 청조 시대의 대관들로서 일반 민중의 지지와는 인연이 먼 자들이 대부분이었다. 그런데 이렇게 우후죽순처럼 생겨난 자치기관들은 비록 일본의 주도로 만들어지기는 했지만 관동군, 특무기관, 만철 등 각 기관의 독자적인 계획에 따라 움직였다. 그 사이에 우익 낭인이 개입하는 등 일관된 대책도 없이 혼란한 상황이었다. 그러나 사변이 진행되면서 지도권은 점차 관동군에게 집중되었고 군사행동의 성공으로 자신감을 얻은 현지 군부는 정부의 태도와 관계없이 독자적으로 만주독립 계획을 추진했다.

이미 1931년 10월 무렵부터 관동군이 만주독립을 획책하고 있다는 사실이 국내외에 알려졌다. 처음에 일본정부는 만주문제 처리에 대한 확신이 없었고, 국제관계를 고려해 영토적 야심이 없다고 선언했고, 현지 정세의 변화에도 민감했다. 그러나 이미 탄력을 받은 현지군의 행동을 억제할 힘도 없어 그저 만주국 건국과정을 지켜볼 수밖에 없었다. 이누카이 내각 성립 후에는 정부 자체가 군부의 행동에 동조하기 시작했고 관동군의 계획은 정부에 의해 묵인되었다.

이러한 정세 속에서 현지 특히 관동군의 독립국가 건설계획이 결정된 계기는 청조에서 폐위된 푸이溥儀를 끌어들이는 데 성공한 점과 리튼조사단의 방문이었다. 구 군벌의 잔당이나 잊혀진 청조 시대의 관리만으로는 독립국가를 건설할 명분이 약하다고 본 군부는 톈진 일본조계에 숨어 지내던 청조의 마지막 선통제 푸이에 주목하고 그를 만주로 호송했다.

푸이(溥儀)

한편 국제연맹에서는 1932년 초 만주의 특수한 사정을 강조하는 일본의 주장이 어느 정도 인정되었으며, 결론을 내리기 전에 리튼조사단을 현지로 파견하기로 결정했다. 4월로 예정된 조사단 도착 이전에 만주정세를 기정사실화하고, 일본군 주둔의 명분을 확보하기 위해서라도 만주를 중국으로부터 분리해야 할 필요가 있었다.

그 결과 관동군을 중심으로 만주의 독립국가 건설계획이 급속히 추진되어 3월 1일 왕도낙토王道樂土, 오족협화五族協和라는 우아한 강령을 내건 만주국이 성립되었다. 신국가는 푸이가 집정으로서 원수의 지위에 오르고, 청조의 유신 정샤오쉬鄭孝胥, 그리고 지방군벌의 우두머리였던 장징휘張景惠, 장하이펑張海鵬, 펑즈馮治, 마잔산馬占山 등이 주요 보직을 맡았다. 그러나 이것은 이름뿐인 독립국가였다.


## 제3절 5·15사건

### 일본의 우익

만주사변은 일본 우익들에게 힘을 실어주었다. 군부 혁신파와 국가주의자들은 사태가 전개됨에 따라 더욱 고조되는 군국주의적 풍조에 편승해 활발히 활동했으며, 국가주의 운동은 새로운 단계로 발전하게 되었다.

일본에서는 메이지유신 이래 겐요샤玄洋社라든가 흑룡회黑龍会 등의 우익결사체가 알려져 있지만 이것은 메이지, 다이쇼 시기 정계의 이면에 등장하는 흑막과 같은 세력에 그쳤고 사회적 영향력은 크지 못했다. 다이쇼기에 들어서자 자본주의 모순이 심화되고 사회운동이 활발해지자 이에 반항하는 반동단체로서 적화방지단赤化防止団, 국수회国粹会 등이 조직되었다. 이 단체들도 당장의 이권이라든가 생활자금을 마련하기 위한 단순한 모임이나 폭력단에 불과했다.

근대적인 국가주의가 탄생한 것은 역시 제1차 세계대전으로 자본주의가 위기에 직면한 이후였다. 1918년 쌀 소동 직후에 생겨난 노장회老壯会는 이러한 시대의 변화를 반영한다. 이것은 사카이 도시히코堺利彦나 다카바타케 모토유키高畠素之 등 좌익에서 전향한 자들이라든가, 기타 잇키北一輝[8]나 오카와 슈메이 등 구 우익 가운데 진보적 인사, 오이 겐타로大井憲太郎나 나카노 세이고中野正剛 등 우파 정치인, 그리고 기타 자본가와 군인 등을 포함하는 새로운 우익세력이 결집해 조직한 것으로서 그 후 여러 계통의 국가주의 운동의 출발점이 되었다. 이를 모태로 기타 잇키의 유존사猶存社, 오카와 슈메이의 행지사行地社, 다카바타케 모토유키의 경륜학맹経綸学盟, 아카오 빈赤尾敏의 건국회建国会 등이 생겨났다. 그러나 이들 단체는 개인적 결합이 중심이라서 사회적 기반을 지니지 못했으며, 활동도 가두선전에 그치거나 정계 상층부 이면에서 움직이는 등 사회적 영향력은 크지 못했다.

이들 국가주의 운동이 비로소 사회적 힘을 얻게 된 것은 공황 이후 계급투쟁이 격화되고 혁명운동이 고조된 까닭이다. 공황으로 몰락하고 있던 소부르주아층을 어느 정도 획득할 수 있었기 때문이다. 이탈리아 파시스트의 정권 획득, 독일 나치스의 대두과정을 목도하고, 종래의 애국단체가 모두 봉건적 사대주의적 폭력단체에 그친 점을 유감스럽게 여긴 사회파시스트들은 3·15, 4·16 혁명운동에 대한 정부의 탄압을 계기로 국가주의적 대중조직 결성에 나서게 되었다.

1929년 다카바타케 모토유키, 쓰쿠이 다쓰오津久井竜雄 등은 '첫째, 천황중심주의 아래 전 일본대중을 충실하게 대표하고, 이것을 옹호하고 신장하도록 한다. 둘째, 국제프롤레타리아로서 일본의 지위를 자각하고 국내 계급대립의 소탕과 더불어 국제적 진출을 감행한다'는 강령을 내세우며 급진애국당을 결성하고 노동조합을 흡수하기 위한 하부조직으로 급진애국노동자연맹을 조직했다.

이듬해 봄에는 아마노 다쓰오天野辰夫, 오카와 슈메이 등을 중심으로 애국근로당과 전위조직으로서 애국무산청년동맹이 결성되었다. 그리고 1931년에는 우후죽순처럼 생겨난 국가주의 단체의 통일을 기하기 위해 행지사, 급진애국당, 건국회 등을 규합한 '전 일본 애국자공동투쟁 협의회'(일협)과 흑룡회, 일본국민당, 대일본청년당, 오사카·교토 등의 우익노동조합 등을 통일한 대일본생산당이 결성되었다.

일협은 '의회정치 박멸, 자본주의 타도, 국내계급대립의 극복과 국위 발양' 등의 사이비적 사회주의 슬로건을 내걸고 파시즘적 행보를 시작했다. 이에 반해 생산당은 '군민일치, 자급자족 경제' 등의 정강을 내걸며 더욱 일본주의적 색채를 띠었다.

이러한 조직과 강령을 지닌 국가주의 운동은 그 어느 것이든 실제로는 노동자 대중을 조직할 수 없었고 부패한 노동귀족이나 어용조합 간부를 흡수할 뿐이었고, 기껏해야 파업을 방해하는 폭력단 역할을 수행할 뿐이었다. 1932년 이누카이 내각 시기에 치른 제2차 보통선거에서는 국가주의단체가 대중화를 지향하며 대거 입후보하였으나 참담한 패배를 맛본 것도 이러한 상황을 여실히 드러낸 것이다.

이렇게 국가주의 운동을 근로대중 속에서 확산시키려는 시도는 항상 떠들썩하기만 했을 뿐 성과를 거두지 못했기에 일협이나 생산당 조직은 조금도 확장되지 못했다. 오히려 이러한 운동이 의미하는 바는 유존사, 행지사 계통의 활동으로 인해 정계, 재계,

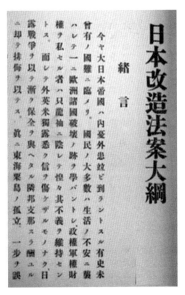

기타 잇키(北一輝), 『일본개조법안대강』

관료, 군부 내부에서 관제파시즘의 전위가 육성되고 있었다는 점일 것이다. 특히 기타 잇키는 니시다 미츠기西田稅' 등과 관계를 맺고 육해군 중견 간부 사이에 그의 저서 『일본개조법안대강』의 열광적 신자들을 만들어냈고, 오카와 슈메이는 교우관계를 통해 정계, 재계, 군부 등의 상층부와 접촉하게 되었다.

## 10월사건

이 무렵 군부 안에서도 이러한 국가주의 사상이 새롭게 주목을 끌었다. 사쿠라회 결성과 3월사건에 관해서는 전술했듯이, 만주사변은 군부의 혁신파를 더욱 더 음모와 모험에 나서도록 만들었다. 3월사건에 실패한 사쿠라회의 하시모토 긴고로, 초 이사무長勇, 오카와 슈메이 등은 곧바로 재기를 계획했다. 그리고 3월사건의 후속 사건이란 바로 관동군 참모장교들이 중심이 되어 9월에 일으킨 만주사변이었고, 또 다른 하나는 국내 개조를 기도하기 위해 10월에 일으킨 이른바 10월사건이었다. 국가사회주의가 대외적으로 강경론으로 치달은 것은 당연한 일로써 이들은 국방상 만주점령이 필요하다고 누누이 역설했다. 그리고 국내의 기운을 일신하고자 대외적 무력침략을 기획한 것도 당연한 일이었다. 이 사건은 관동군 참모부를 중심으로 펑톈특무기관장 도이하라 겐지 등과 하시모토, 초 이사무 등에 의해 치밀하게 준비되었고, 일종의 연극처럼 9월 18일 철도 폭파사건 다음날 펑톈, 창춘 점령을 연출했다는 것은 나중에 도쿄전범재판 법정에서 여지없이 입증되었다. 이처럼 객관적 조건이 완비되자 이들은 사건을 의도대로 이끌어갈 수 있었다.

8월 초 도쿄에서 만주문제를 준비하던 사쿠라회는 곧바로 사변을 이용해 쿠데타를 일으킨다는 계획에 들어갔다. 베이징에 주재하던 초 이사무는 사변 발발과 더불어 몰래 도쿄로 돌아왔다. 그는 쓰키지築地에 있는 아지트인 요정 킨류테이金龍亭에 숨어서 이곳을 본부삼아 준비를 개시했다. 하시모토 긴고로를 우두머리로 하고 네모토 히로시根本博, 가게사 사다아키影佐禎昭 등의 보좌관급 사쿠라 회원 다수와 오이카와 슈메이를 중심으로 한 행지사 계열 민간인이 참여했다. 그리고 사변 발발 후 1개월이 되는 10월 18일을 기해 와카쓰키 수상, 시데하라 외무대신, 마키노牧野伸顕 내대신(천황과 궁중의 업무를 전담하는 내대신부內大臣府의 대신) 등을 암살하고 동시에 도쿄를 혼란에 빠뜨린 후 군대를 출동시키고 계엄령 아래 새로운 내각을 조직해 국가사회주의 정책을 실현한다는 구체적인 계획을 세웠다.

내각 수반으로는 아라키 사다오, 각료로는 오이카와, 하시모토, 다테카와, 초 이사무 등을 염두에 두고 있었다. 이 계획을 준비하는 기간 동안 이들은 시종 요정에 틀어박혀 연일 성대한 잔치를 벌이고 아름다운 기생을 데리고 놀면서 유신의 의지를 키웠다. 여기에 반감을 품은 위관급의 순수한 청년장교들은 모두 이 모임에서 탈퇴하여 별도로 황도파皇道派[10]를 만들어 독자적으로 움직이기 시작했다고 하는데, 어쨌든 여기에 들어 간 자금은 거의 대부분 재계 상층부와 친분이 있던 오카와가 마련했다고 한다.

하지만 이 계획은 실행 직전에 참모본부 작전과장인 이마무라 대좌에게 발각되어 육군대신 이하 군 수뇌부가 알게 되었다. 그러자 군 수뇌부는 하시모토, 초 이사무 등을 구금하여 사건을 예방했다. 그러나 사건에 관한 처벌은 전혀 없었으며 3월사건과 마찬가지로 흐지부지되었고 중심인물들은 외지로 좌천되었을 뿐이다.

10월사건이 실패하자 사쿠라회는 해체되었다. 그러나 도쿄전범 재판에서 와카쓰키 레이지로의 증언에 따르면 와카쓰키 내각 총사직 전후에 정책의 대전환이 이루어진 배경에는 이 사건이 중대한 영향을 미쳤다고 한다. 또 적극적인 정책을 취한 이누카이 내각의 아라키 육군대신의 발언권이 크게 확대된 것도 바로 10월사건의 영향이었다.

10월사건 실패로 군부 안에서는 황도파와 통제파統制派[1]의 대립이 발생했다. 3월과 10월 사건의 핵심이었던 육군참모본부 등 중앙의 고위급 장교들 대부분은 실현성 없는 쿠데타를 통한 국가개조계획을 포기했다. 그것은 만주사변 후 국가정세 안에서 군부의 발언권이 크게 신장되었으므로 무모한 쿠데타 등을 도모하지 않더라도 점진적으로 군비를 확장하고 국방국가를 실현한다는 목적을 달성할 수 있다고 보았기 때문이다.

그래서 이들은 각 관청에 새로이 대두하고 있던 혁신관료와 신흥재벌기업 세력을 대표하는 아이카와 요시스케鮎川義介, 모리 노부테루森矗昶 등, 그리고 궁정 내 혁신적 분자였던 고노에 후미마로近衛文麿, 기도 고이치木戸幸一 등의 청년귀족 등과 접촉해 금계학원金鶏学院, 국유회国維会 혹은 고노에의 조반회朝食会 등의 회합을 통해 구체적인 개조계획을 다듬어 갔다.

이러한 일파들과 달리 주로 위관급 청년장교들은 단순하고 순수한 마음에서 재벌관료와의 접촉을 격렬히 비판했고, 합리성이 결여된 관념주의에 빠져 무력행동계획을 여전히 포기하지 않았다. 그로 인해 기타 잇키 등과의 관계도 한층 깊어졌으며 그의 정신주의적 경향으로 인해 아라키 사다오와 마사키 진자부로真崎甚三郎 등을 영수로 받들었다.

나중에 후자는 황도파라고 불리게 되었으며, 전자는 황도파 탄압을 위한 군의 통제를 항상 주장했으므로 통제파로 불렸다. 양 파벌의 대립은 우익진영 무력계획의 중심이었던 군부 혁신파의 행동에 잠시 동안 침체를 가져왔으나, 이들을 대신해서 급진적인 민간 우익단체가 선두에 나서게 되면서부터 혈맹단사건과 5·15사건이 연이어 발생했다.

## 혈맹단사건

이누카이 내각에 의한 선거전이 치열하게 벌어지던 1932년 2월 9일, 민정당의 선거대책위원장으로 전 대장대신이었던 이노우에 준노스케가 연설회장인 도쿄 혼고本郷의 한 소학교에서 이바라키현의 한 농촌 청년인 오누마 쇼小沼正에게 살해되었다.

그리고 같은 해 3월 5일 미쓰이 재벌의 총수로서 재계의 중진인 미쓰이합명회사 이사장 단 다쿠마團琢磨가 미쓰이은행 본점 앞에서 히시누마 고로菱沼五郎에 의해 사살되었다.

경시청이 범인들을 추궁한 결과 이들의 배후에는 일련의 암살 계획을 지닌 비밀결사인 '혈맹단'이 있다는 것이 밝혀졌다. 이들의 우두머리인 이노우에 닛쇼井上日召를 비롯해 십여 명이 체포되었다.

이 혈맹단은 이노우에를 포함해 13명인데 '1인1명 암살' 주의를 내세워 이노우에 전 대장대신이나 단 다쿠마 외에도 이케다 시게아키池田成淋, 사이온지 긴모치, 와카쓰키 레이지로, 고 세이노스케郷誠之助 등 정계와 재계의 유력자를 암살하고, '정당재벌과 특권계급 등 구세력을 타도하려 한'(공판 판결이유서) 테러조직이었다.

혈맹단 우두머리인 이노우에

경찰에 자수하는 이노우에 닛쇼(井上日召)

닛쇼는 농촌의 의사집안에서 태어났다. 전문학교를 중퇴한 후 만주를 유랑했고 귀국 후에는 독실한 일련종日蓮宗 신자가 되어 이바라키현 농촌에서 릿쇼立正호국당을 세우고 칩거했다. 그 사이 전궁내대신 다나카 미쓰아키田中光顯의 도움을 받았으며 농촌의 빈곤을 접하고 혁신사상을 강하게 품게 되어 오카와 슈메이나 부근의 츠치우라 항공대 장교와 아울렸다. 그는 열렬한 추종자를 모아 개인적으로 사상을 전파했다. 그의 사상은 뚜렷하게 농민적이었고 몰락한 농촌 소부르주아층의 동요를 반영했다. "지배자 계급은 자기의 이익만을 위해 광분하여 사랑의 문을 닫았고, 농민이 들판에서 죽어나가도 모른 척했다.", "지배자 계급을 자각시키기 위해서는 일대 철추를 가해야만 한다.", "우리는 어디까지나 버려진 돌맹이가 되어야만 했다."(공판진술)라는 그의 진술을 통해서 보듯이 그의 행동은 단순하고 관념적이었으며 농촌중심적이었다. 혈맹단원 13명은 모두 그로부터 개인적 감화를 받은 농촌출신자였다. 오누마의 경우도 암살 결행 직후, "농촌의 빈곤을 보면서 더 이상 참을 수 없었다. 이것은 전 대장대신의 정책이 잘못되었기 때문"이라며 살해 이유를 밝혔다.

혈맹단 사건은 실제로 벌어진 우익 최초의 조직적 테러행위였다. 3월사건이나 10월사건과 비교하면 규모도 작고 합리성이나 계획성도 떨어지는 단순한 테러였지만 이들이 보인 실천력은 정치와 재계 상층부에 큰 동요를 가져왔고, 국민도 점점 더 확산되어 가는 파시즘에 불안을 느끼기 시작했다.

## 5·15사건

혈맹단 사건이 잊히기도 전에 같은 해 5월 15일 상하이에서의 정전 성립으로 겨우 안정을 되찾은 사회를 다시 놀라게 하는 사건

트럭을 타고 헌병대로 들어가는 보병(5·15사건)

이 발생했다.

　그날 낮 육해군 부대원 1개부대가 4개 반으로 흩어져 각기 수상관저, 마키노 내대신 관저, 경시청, 정우회 본부, 일본은행, 미쓰비시은행 본점을 습격했다. 수상관저에서는 "내 얘기를 들어 보면 알 수 있을 것"이라며 폭거를 제지하려던 이누카이 수상을 권총으로 사살했고, 그 밖의 다른 곳에서는 권총을 발사하고 수류탄을 던지는 등 시위를 벌인 후 헌병대를 찾아가 자수했다. 그리고 같은 날 민간인 몇 무리가 다바타田端, 기누가와鬼怒川, 카메이도亀戸, 하토가야鳩ヶ谷, 메지로目白, 요도바시淀橋 등지의 변전소를 습격했는데 이들은 아무 피해도 입히지 못하고 그대로 체포되었다. 수상관저 등을 습격한 것은 해군중위 고가 기요시古賀清志, 나카무라 요시오中村義雄, 미카미 타쿠三上卓 등과 육군사관학교 생도 12명이었다.

변전소를 습격한 것은 애향숙愛鄕塾 회원 16명이었다. 이들 가담자 외에 이들을 원조하거나 계획에 참여한 오카와 슈메이, 도야마 히데조頭山秀三, 혼마 겐이치로本間憲一郎 등 우익의 중요인물들도 체포되었다. 애향숙을 주재하던 다치바나 고자부로橘孝三郎[12]는 만주로 도망간 뒤 체포되었다.

이누카이 수상의 사거 후 내각은 곧바로 총사직했다. 정우회의 대책은 우선 다음 총재를 임명하고 후계 내각 조직을 준비하는 것이었다. 당시 정우회 내부는 스즈키 기사부로, 하토야마 이치로, 모리 가쿠 등의 파벌 외에 도코나미 다케지로 계열, 구하라 후사노스케 계열의 파벌 등으로 분열되어 있었다. 그리고 오카자키 구니스케岡崎邦輔, 모치즈키 게이스케望月圭介, 마에다 요네조前田米蔵 등 이른바 구 정우계 세력이 산재하고 있어 서로 파벌싸움에 여념이 없었다. 그 후 혼란은 예상되었지만 일단 17일에 스즈키 기사부로가 총재에 취임하고 후계 내각을 꾸렸다.

한편 사건 직후 긴장감 속에서 정당내각 성립에 반대하는 기류가 강하게 존재했다. 해군 측은 사건의 범인이 해군이었기에 적극적인 의사표명을 자제하고 있었지만, 육군, 특히 중견 간부들은 정당내각에 반대하고 거국일치내각을 바라고 있었다.

정우회 내부에서도 군부와 친분이 두터운 모리 가쿠 등이 국본사의 지도자인 히라누마平沼 추밀원 부의장을 수상으로 내세워 강력한 내각을 수립하고 군부와 손잡고 만주문제를 적극적으로 해결하고자 했다.

한편 민정당은 의회정치 옹호를 기조로 하되 정우회 내각에 반대해 야당인 민정당을 중심으로 한 거국일치 내각을 바랐다. 또한 민정당계 관료인 이자와 다키오伊沢多喜男를 중심으로 한 그룹은 은밀하게 사이토 마코토斎藤実[13]를 수상으로 옹립하려 했다.

정국을 수습하기 위해서는 이러한 정당과 군부 사이의 대립을 어떻게든 해결할 필요가 있었다. 그러나 정우당의 스즈키 총재와 아라키 육군대신이 만나 어느 정도 타협에 성공하자 군부 내 중견 간부들은 이에 반발해 정당내각을 배격하자는 분위기가 더욱 고조되었다.

원로 사이온지 긴모치가 천황에게 후계수상 후보를 추천하기 위해 오키쓰興津에서 상경한 것은 그 뒤였다. 사이온지는 추천에 앞서 다카하시 임시 수상을 비롯해 마키노 내대신, 쿠라토미倉富 추밀원 의장, 기요우라清浦와 와카쓰키 전 수상, 육해군대신, 우에하라 유사쿠上原勇作와 도고 헤이하치로東鄕平八郎[14] 양 원수 등에게 의견을 구하며 전에 없이 신중한 태도를 보였다.

그 결과 해군대장과 조선총독을 지낸 사이토 마코토가 천거되었다. 사이온지의 선택은 군부와 가까운 우익 일파가 정권을 잡는 것을 피하는 한편 군에 의해 배격되지 않을 만한 인물, 국민의 신뢰를 잃어버린 정당내각의 현실을 모두 고려한 결과였다. 그래서 비교적 온건파로 분류되는 이 해군 인사를 천거함으로써 군과 정부 사이의 마찰을 완화하고 다시는 5·15사건과 같은 불상사가 발생하지 않도록 하면서, 서서히 사태를 진정시켜 이른바 비상시국을 해소하고자 했던 것이다.

### 사이토斎藤 내각의 농촌정책

신임 수상으로서 내각 조직의 어명을 받게 된 사이토 마코토는 우선 다카하시 대장대신의 유임을 바랐다. 그의 양해를 얻은 뒤 정우회와 민정당 양 당 총재를 만나 지지를 부탁하고 정우회에서 3명, 민정당에서 2명이 입각하도록 했다. 이로써 군부, 관료, 정당이 모두 참가하는 거국일치 내각을 조직했다. 5·15사건 후 열흘이 지나서야 겨우 후계내각이 조직되었다는 것은 지배층이 받은 충격을 짐작케 한다. 육군대신에는 5·15사건의 책임자였던 아라키 사다오가 유임되었는데 이것은 당시 불온한 정세 아래에서 청년장교들을 진정시키고 군의 통제를 꾀하기 위함이었다. 또 이자와 다키오 계열의 내무관료를 대표해서 고토 후미오後藤文夫가 농상부대신에 취임했다. 그러나 내각의 주류는 사이토 수상과 다카하시 대장대신(정우회), 야마모토 다쓰오山本達雄 내무대신(민정당)의 세 중진이었다. 이들에 의해 '비상시국'을 진정시키기 위한 타협적이고 보수적인 정책이 추진되었다.

5·15사건 때 농민결사대가 참가한 것에서 알 수 있듯이 심각한 농업공황을 수반한 농촌의 불안은 그 후로도 계속되었다. 사이토 내각 성립 후 불과 1주일 만에 열린 제62회 임시의회에서 만주사변 비용을 중심으로 한 추가예산이 통과되었는데 이 회기 동안에는 농민구제 청원운동이 연이어 쇄도했다. 그 내용은 크게 두 가지인데, 하나는 단순히 농민의 빈곤을 구제하자는 것이며, 다른 하나는 이를 계기로 사회개혁을 추진하자는 파쇼적 움직임이었다. 후자는 주로 나가노 아키라長野朗 등의 우익 일파가 결성한 자치농민협의회가 중심이 되었다.

이들은 농본주의 입장에서 공동자치, 자급자족, 상호부조를 주장하는 단체로서 '농가부채 3년 거치, 비료자금 단보 당 1엔 보조, 만몽이주비 5,000만 엔 보조'를 슬로건으로 내걸고 나가노長野, 니가타新潟, 이바라키茨城 등 16개 현 3만2,000명의 서명을 받아 진정서를 제출했다. 이 운동은 슬로건에서 보듯이 경작권 확립, 소작료 감액이라는 소작인의 절실한 요구와는 거리가 있는 중농이라든가 일부 부농층의 요구를 기초로 한 것이다.

나가노 아키라의 주장에 따르면 이 청원운동의 목적은 사회의 농민경시 풍조에 반발해 3,000만 농민의 결속을 꾀하기 위한 것이었으며, 청원 슬로건의 내용에는 무게를 두지 않았다고 한다.(나가노 아키라, 「농민청원운동의 경과」, 『개조』 제14권 10호)

그 밖에도 농민 5,000명의 서명을 받은 나가노현 호쿠신北信[15] 불황대책회 등 각 현의 농민들로부터 청원운동이 이어져 이들 사이의 연대와 제휴가 이루어졌다. 이런 가운데 '농촌 출신 병사들의 서명을 받아 농병을 모으고, 이를 연대구聯隊區 마다 정리하고 연대구사령관을 통해 천황에게 상주'하자는 전술도 나왔다. 일본국가사회당은 이들을 강력히 지지했다. 이것은 급진파시즘 세력이 군부에 의존해 자신의 의도를 관철하려는 전술로서 일본 급진파시즘 운동의 특질을 잘 보여준다. 이러한 우익의 운동에 자극을 받아 전국정촌장회全國町村長會, 농회장農會長협의회도 진정운동을 전개했다. 한편 전국농민조합도 전국노농대중당과 공동전선으로 농림성을 찾아가 농민부채, 세금, 소작료의 5년 지불유예, 토지회수금지 등을 요구했다.

농민들의 압력으로 각 파의 농촌출신 국회의원 54명은 정우회와 민정당 양 당에 호소해 시국결의안을 통과시켰다. 그리고 신속히 임시의회를 열어 농촌, 산촌, 어촌과 중소상공업자의 빈곤을 구제하기로 결의했다. 그러나 이것은 의회의 갈등만 조장했을 뿐 문제 해결은 다음 의회로 보류되었다. 그러자 농촌문제 해결이 어렵다고 내다 본 정부는 의회를 폐회한 후 우선 '자력갱생'을 통한 불황 극복을 내걸고 수상이 솔선하여 가두선전에 나섰다.

농촌구제정책이 제63회 의회에서 심의되었다. 이때 '자력갱생'을 외치던 정부가 제출한 안은 토목사업을 중심으로 한 응급대책이었으나 '있으나마나'라는 혹평을 받았다. 그 내용은 1932년에서 1934년까지 3년 동안 토목사업비 8억 엔(중앙 6억 엔, 지방 2억 엔),

저리자금 융통 8억 엔, 도합 16억 엔을 풀어서 사회불안을 방지한다는 것인데, 그 가운데 농촌구제에는 1932년도에 1억1,300만 엔, 1933년도에 1억8,500만 엔이 포함되었다. 농촌구제와 함께 자력갱생 운동이 구체적으로 추진되었는데, 우선 내무성과 문부성에서 정신작흥운동을 실시하고, 농림성에서 농촌경제의 계획화를 추진하는 것이었다.

농촌구제 정책의 특징은 지방은행, 지주, 중농 등에 대한 금융구제라든가 토목사업 실시에 머물렀다는 데 있다. 공황으로 타격을 받은 소작인의 요구는 전혀 반영되지 않았다. 또한 추진된 여러 정책에도 불구하고 정부는 '비상시국'이란 명목 아래 '자력갱생'만을 외치며 재정지출을 극도로 축소했다.

이러한 어설픈 구제책의 이면에서 오히려 정부는 농민, 특히 소작인, 빈농의 빈곤이 폭발할 위험을 고려해 농민운동에 대한 단속을 강화했다. 8월의 제63회 의회에 앞서 내무성 경보국은 좌익과 우익이 대중운동을 일으킬 것으로 내다보고 청원운동을 철저히 단속하겠다고 했다. 그 밖에도 지방 경찰관회의에서도 농민의 집단행동을 철저히 단속하도록 명령했다. 이 무렵 도쿄로 상경하여 청원하는 운동 외에도 도치기, 아키타를 비롯해 각 지방에서 촌사무소나 현청 등을 목표로 한 대중운동이 일어나고 있었다. 이것은 쌀을 달라는 모임, 반미투쟁 등으로 불리는 이른바 대중시위로서 모두 반지주 투쟁과 관련이 있다. 정부는 이러한 운동이 확대되는 것을 극도로 경계하며 탄압을 강화했다. 또한 대부분 보도를 금지하여 세상에 알려지지 않도록 했다.

### 위로부터의 파시즘

이와 같이 농촌불안을 배경으로 한 급진파시즘 운동은 만주사변 후 급속히 고조되었다. 그러나 1932년 말부터 1933년 초가 되자 이들 운동은 침체기에 들어갔다. 사회적 원인은 충분하지 않았지만 농촌구제가 일단 진전되었고, 이 무렵 쌀값과 누에 값이 올라 농촌의 불안이 일시적으로 완화되었기 때문이다. 그런데 유의해야 할 것은 군부 수뇌부와 중견 간부들이 자중하는 경향을 보였다는 점이다. 5·15사건 직후 해군에서는 군기를 바로잡고 군인의 정치개입을 배격하도록 훈시했다. 육군에서도 군인의 내부 모임을 경계했다. 이렇게 군부와 민간 파쇼 단체의 관계가 눈에 띄게 약화되면서 군부에 의존했던 민간 파쇼 세력이 급속히 침체기를 맞이한 것이다.

군부의 분위기가 이렇게 변화된 것은 만주사변 이후 군부가 대내외적으로 발언권을 합법적으로 강화할 수 있는 여지가 생겨났고, 사이토 내각이 군부와의 마찰을 피하기 위해 군부의 진출을 용인했기 때문이다. 정당들도 만주국 승인결의안 등을 통해 군부와의 협조노선을 유지했는데 이러한 경향은 우익 무산정당들에게서 뚜렷이 나타났다.

이에 따라 재벌들도 이른바 자숙정책을 취했다. 1932년 4월 미쓰이와 미쓰비시는 만주국 성립 후 최초의 대외차관으로 상환 연한 7년, 이자 연 5%로 2,000만 엔의 차관을 공여했고, 5·15사건 직후에는 실업구제, 사회사업비로 미쓰이와 미쓰비시가 각각 300만 엔씩, 스미토모가 100만 엔을 기부했다. 이른바 '재벌의 방향전환'이 추진되기 시작한 것이다.

이런 가운데 1933년 7월에 발생한 신병대神兵隊사건[16]은 민간 파쇼 단체가 대중동원을 통해 국가개조를 꾀했다는 점에서 일본 파시즘에 한 획을 그었다. 그러나 대중운동계획은 유산되었다. 5·15사건, 신병대사건으로 파시즘단체 간부가 체포되자 강고한 대중조직을 꾸리지 못하고 오로지 개인적 유대관계에 의존하던 파시즘 운동은 약화되었다. 그리고 신병대 간부가 정보를 흘려주는 대가로 주식거래소에서 자금을 마련한 것이 폭로되면서 관련 업계의 신용이 떨어지기도 했다.

이러한 정치적, 사회적 동향의 배경에는 막대한 군사비 지출, 공채정책과 연관된 독점자본의 발전, 기존의 정당 세력을 대신한 관료세력의 진출 등이 작용했다. 군부를 추진체로 삼고 기존의 지배체제를 합법적으로 변혁하려는 이른바 '위로부터의 파시즘'적 경향이 나타나기 시작했다. 관료세력은 군부의 정당 공격에 편승해 '정계 정화'를 슬로건으로 내세우며 세력을 확장해 나갔고 통제경제에 편승해 기반을 닦아나갔다.

1932년 12월 문관분한령文官分限令 개정에 따른 관리의 신분보장[17]은 관료 진출의 토대가 되었다. 이전까지 정당내각 체제 아래서는 '관청사무의 상황에 따라 필요한 경우'라는 명목으로 자유롭게 단행한 관리의 면직 관행과 달리, 이제는 문관분한위원회의 동의를 얻도록 한 것이다. 그런데 위원회는 고급관리 내지는 실세 관리들로 구성되기 때문에 관리의 지위를 크게 강화할 수 있었다. 내무성 언저리에서는 종래 매년 300명 이상의 인사 교체가 이루어졌으나 이 법안 개정 후에는 그 규모가 30명 정도로 크게 줄었다. 이 개정으로 정당 대신 관료들의 정치적 진출이 보장되었다.

## 우치다內田의 초토화焦土化 외교

사이토 내각은 대외적으로 만주사변을 기점으로 한 군부의 대외정책을 거의 무조건 따라가는 경향을 보였다. 그 결과 대외관계는 더욱 심각한 상황에 이르렀고 일본은 국제적으로 고립을 면할 수 없었다. 물론 군부가 추진한 대외침략은 독점자본의 이익과도 거의 일치하기 때문에 독점자본은 이에 대해 그다지 반대하지 않았다. 다만 이들은 열강과 직접 충돌하는 위험을 초래해 일본이 위험 지역으로 전락하는 것을 경계했다. 하지만 이러한 충돌위험이 고조되지 않는 이상 군부의 주장을 받아들여 국내에서는 가급적 군부와의 갈등을 피하고자 했다.

1932년 7월 외교관 출신의 만철총재인 우치다 고사이內田康哉[18]가 새 외무대신에 임명되었다. 그는 8월 제63회 의회에서 모리 가쿠의 적극적 만주국 승인론에 답하며, "만몽사건은 우리 제국 입장에서 보자면 이른바 자위권 발동에 따른 것입니다. … 이 문제 해결을 위해서는 이른바 거국일치로, 온 나라를 초토화하더라도 이 주장의 관철을 위해서는 한 발도 양보할 수 없다고 결심하는 바입니다"라고 했다. 이것이 이른바 우치다의 초토화외교 선언이었다. 초토화외교의 결과는 1932년 9월 만주국을 승인하고, 마침내 1933년 3월 국제연맹 탈퇴로 이어졌다.

그에 앞서 1932년 3월 1일 관동군의 '내면지도'[19] 아래 만주국

일만(日滿)의정서 조인식(좌측은 일본전권 무토 노부요시(武藤信義), 우측은 만주국 수상 정샤오쉬(鄭孝胥))

이 수립되었고 청조의 혈통을 잇는 푸이가 집정에 취임했다. 6월에는 중의원에서 정우회와 민정당 양 당의 공동제안으로 만주국 즉시승인 결의안이 만장일치로 가결되었다. 이어서 만주국 승인의 전제로서 일본의 재만在滿기관 통일을 위해 새로이 주만주대사를 임명하기로 하고 관동군사령관이 관동주장관을 겸임하도록 했다. 8월에는 육군대장 무토 노부요시가 관동군사령관 겸 주만주대사·관동주장관에, 고이소 육군차관이 관동군참모장 겸 특무부장에 취임했다. 관동군특무부는 만주경제를 통제하는 사실상의 최고기관이었다.

9월 15일에는 일만日滿의정서가 조인되어 만주국 승인이 이루어졌다. 일만의정서는 겨우 2개조로 구성되었다. 만주국 내에서 일본국과 일본인이 보유한 권리와 이익을 만주국이 확인할 것, 아울러 일만 양국의 공동방위와 일본군의 만주 주둔을 규정한 것이 전부이다. 이것은 관동군의 만주지배를 '국제조약'이란 명목으로 확인한 것에 불과했다.

그에 앞서 1932년 3월 10일 푸이가 혼죠 시게루本庄繁 관동군사령관에게 보낸 서한에는 첫째, 관동군이 필요로 하는 일체의 군사시설을 만주국이 공여할 것을 양해하며 경비는 만주국 부담으로 한다. 일본은 신국가의 국방과 국내질서 유지를 맡는다. 둘째, 일본은 일체의 철도 및 다른 운수시설의 관리, 그리고 바람직하다고 인정되는 새로운 시설의 부설을 맡는다. 셋째, 일본인이 만주국 정부의 전 부문에 관리로 근무한다. 다만 관동군사령관이 임의로 임용, 해직, 경질할 수 있다고 확약한다.(도쿄전범재판 속기록) 군부가 왕도낙토 건설을 내세운 만주국은 다름 아닌 군인의 강압 아래 강요된체제였다.

## 만주사변과 사회주의 진영

만주사변을 계기로 파시즘이 전진한 것은 이를 저지할 수 있는 저항세력이 후퇴했기 때문이다.

사회민주주의 진영의 우파인 사회민중당은 11월 중앙위원회에서, "첫째, 일본 국민대중의 생존권 확보를 위해 만몽 지역에서 얻은 조약상의 권익이 침해되는 것은 부당하다고 생각한다. 둘째, 우리들은 종래의 잘못된 부르주아적 만몽관리를 배척하고 이것을 사회주의관리 체제로 이행한다."고 결의하며 만주사변 지지를 명확히 했다.

이 같은 노선전환을 지도한 것은 서기장 아카마츠 가츠마로赤松克麿였다. 그는 이미 제2인터내셔널 사회민주주의 노선에서 벗어나 확실히 국가사회주의를 표방하기 시작했다. 그리고 파쇼·공산주의·자본주의에 대한 배격, 즉 3반三反강령 아래 여전히 사회민주주의 노선을 지키려 한 마츠오카 고마기치松岡駒吉, 가타야마 테츠片山哲 등의 주류와 대립하더니 결국 다음해 4월 중앙위원회에서 패배한 뒤 아카마츠파는 조직을 탈퇴했다.

중간파인 전국노농대중당은 어떤 자세를 취했을까. 9월 제국주의 전쟁 반대성명을 발표하고 즉각적인 철병과 대중국 내정간섭 반대를 정부에 요구했다. 그러나 성명과 결의는 그저 말의 성찬일 뿐 실천적 투쟁이 뒤따르지 않았고, '만몽의 위기가 심각한 오늘날 슬로건만 외쳐댐으로써 투쟁에서 완전한 무력함을 드러냈다.'는 내부 비판을 받게 되었다.

의회민주주의자들의 입장은 괴로웠다. 사변이 발발하자 합법적 활동공간이 크게 줄어들었다. 내부에서는 일본국민사회당준비회라든가 일본국가사회당과 같이 파쇼로 치닫는 무리가 속출하고 있었다. 그러나 하부에서는 반전·반파시즘을 위한 강력한 투쟁을 요구하고 있었다. 이렇게 사회민주주의 좌, 우, 중간 그룹 사이의 간격이 좁아지자 '강력한 단일무산정당 수립' 기운이 무르익어 드디어 1932년 7월 전국노농대중당과 사회민중당이 합당해 사회대중당이 출현했다.(위원장은 아베 이소오安部磯雄, 서기장은 아소 히사시麻生久) 이 당은 '극좌 일당의 망동을 혁파하고 파쇼반동의 부패운동을 일소하며, 무산계급해방의 기치를 고양한다.'(창립선언)며 이른바 좌우를 배격하는 중간적 입장의 통일체를 지향했다.

일본공산당은 이미 사변 발발 2개월 전에 '일본 제국주의의 전쟁준비에 대항해 투쟁하자'고 주장했다. 사변이 시작되자 전력을 반전 조직화에 쏟았다. 1932년 7월에는 당 중앙에 군사부를 설치하고 9월에는 병사를 대상으로 한 기관지 『병사의 친구』를 발간했으며 병영과 군함 내에 세포를 만드는 활동에 힘썼다. 당원확대도 궤도에 올랐고 기관지 『아카하타赤旗』의 활판인쇄를 추진해 영향력 확대에 주력했다. 또 가두시위 조직화에도 힘썼는데 이전까지는 비밀로 하였던 시간과 장소 등이 기관지나 선전물에 명시될 정도로 당 활동의 대중화가 이루어졌다. 이것을 지탱한 힘은 계급투쟁이 격화되고 있는 정세였다.

1931년은 만주사변 발발이라는 암운이 드리운 가운데 노동자, 농민투쟁이 가장 고조된 시기였다. 노동쟁의 건수는 2,456건, 참가인원은 15만4,528명, 소작쟁의 건수는 2,689건, 참가인원은 5만2,789명이었다. 특히 소작쟁의에서 주목할 대목은 소작료 외에 소작계약권의 지속, 소작권 확인 등 토지문제와 관련된 사안이 많다는 점이다.

### 32년테제

만주사변은 세계자본주의 일반적 위기의 심화, 제국주의 열강의 대립 첨예화를 반영한 것으로서 다가올 제2차 세계대전의 발단이 된 사건이었다. 과연 이 전쟁에 맞서 어떻게 싸워나가야 할 것인가. 그것은 일본 혁명세력이 세계 인류와 일본 근로민중에 대해서 짊어져야 할 중대한 임무였다.

「32년테제」,'일본의 정세와 일본공산당의 임무에 관한 테제'(『아카하타(赤旗)』,1932년 7월 10일)

전쟁은 필연적으로 국내 계급대립을 격화시키고 혁명의 기회를 만들었다.

1932년 3월 코민테른 집행위원회 상임위원회 회의에서 동양부를 주재하던 쿠시넨Otto V. Kuusinen은 '일본 제국주의와 일본 혁명의 성질'에 관해 보고했다. 그 과정에서 지금까지 일본공산당 내부에 존재하던 좌익적 오류, 즉 천황제의 역할에 대한 과소평가라든 가 봉건제와 농업혁명을 위한 투쟁의 과소평가 등을 지적했다. 이러한 분석에 기초해 같은 해 5월 코민테른 서구뷰로 명의로 공개된 것이 '일본정세와 일본공산당의 임무에 관한 테제', 즉 이른바 '32년테제'로서 이 문건은 혁명의 전략 전술을 매우 명쾌하게 풀어냈다. 그 주된 내용은 다음과 같다.

"일본 지배체제의 첫째 요소는 바로 천황제이다. 이것은 착취계급의 독재를 강고하게 만드는 척추와 같은 역할을 한다. 둘째는 지주적 토지소유관계이다. 일본 농촌의 뒤쳐진 반봉건적 구조야말로 농업의 퇴화와 농민대중의 궁핍을 가속화하고 있다. 셋째는 관료적 천황제 체제와 긴밀히 결합된 독점자본주의이다. 이 세 가지 요소로 구성된 지배 권력과 싸워야 하는 당면한 혁명은 사회주의혁명으로 전화할 수 있는 부르주아 민주주의혁명이다. 당면 단계의 주요 임무는 천황제 타도, 기생적 토지소유 관계의 소탕, 하루 7시간 노동제의 실현 이 세 가지이다."

'32년테제'의 의의는 천황제와의 싸움을 회피하는 좌익사회민주주의(노농파)라든가 해당파解黨派[20]와는 확실히 다른 전략방침을 택했다는 데 있다. 또한 이 테제는 만주사변을 계기로 독점자본을 위기에서 구해 낸 파시즘의 가장 반동적인 파트너로서 정치 표면에 등장한 천황제군부·관료와 가차 없는 투쟁을 지시하고 있다. 1932년 5월부터 간행된 『일본 자본주의 발달사 강좌』는 이 '32년테제'가 발표(일본에서는 7월)되기 전에 기획된 책이었다. 이 책은 '27년테제'의 극복 방향을 이끌어내고자 사실상 이 새로운 테제의 학문적 논증을 거쳐 노로 에이타로野呂栄太郎의 지도 아래 히라노 요시타로平野義太郎, 야마다 모리타로山田盛太郎, 하니 고로羽仁五郎, 핫토리 시소服部之総 등 많은 외부의 뛰어난 이론가를 동원해 편집한 책이다. 이 책의 성과는 당시 지식인에게 큰 영향을 미쳤다는 데 있다.

즉 이들 강좌파 이론가들과 견해를 달리하는 이노마타 쓰나오猪俁津南雄, 구시다 다미조櫛田民蔵, 사키사카 이츠로向坂逸郎 등의 노농파 이론가들 사이에 저널리즘을 통해 치열한 논쟁이 벌어졌던 것이 이른바 일본 자본주의 논쟁이다. 이 논쟁은 이미 전년도 봄부터 노로와 이노마타 사이에 시작되었다. 이노마타는 현재의 정치적 지배권을 지닌 계급은 자본가 계급 뿐이며 봉건적 절대주의의 계급적 물질적 토대는 상실되었다고 주장했다. 이에 대해 노로는 반半봉건적 지주제는 다름 아닌 일본 자본주의의 기반으로서 독자성을 보유하고 있으며 부르주아와 동맹하고 있다고 비판했다.

『일본 자본주의 발달사 강좌』의 신문광고

이 논쟁은 앞서 본 『강좌』시리즈의 간행으로 본격화되었다. 막부 말기와 메이지유신을 둘러싼 문제, 일본 자본주의의 구조분석 문제 등 광범위한 논점에 대해 당시 맑스주의자로 불리던 거의 대부분의 학자들이 참가하는 대논쟁으로 확대되었다. 그런데 이 강좌도 결코 탄압에서 자유로울 수 없었다. 많은 문구가 삭제되거나 가려진 채로 간행되어야만 했고 발행금지처분으로 개정판을 내야만 했다. 그리고 가능한 한 이러한 필화사태를 피하고자 집필자들은 레닌이 말한 '노예의 언어'를 사용해야만 했다.

'32년테제'는 혁명전략을 제시함으로써 일본공산당의 뒤늦은 대응을 각성하고 이를 극복하라고 요구한 것이다. 그러나 일본공산당의 중추부에 대한 숨 돌릴 틈 없는 탄압과 공격이 이어졌다. 1932년 10월부터 이듬해 1월에 걸쳐 가자마 조키치風間丈吉, 곤노 요지로紺野与次郎, 이와타 요시미치岩田義道, 미야가와 도라오宮川寅雄 등의 당 수뇌부와 전 교토대 교수 가와카미 하지메河上肇, 전 상과대 교수 오츠카 긴노스케大塚金之助, 구 큐슈대 교수 가자하야 야소지風早八十に 등 관계자 1,500명이 대거 검거되었다. 이것은 그 해 6월 경시청이 특고경찰을 확대하여 단속을 강화하고, 경찰 스파이를 당내에 침투시켜 비합법조직 파괴에 나섰기 때문이다.

이렇게 사회민주주의 정당이 동요하고, 공산당에 대한 탄압과 타격이 이어지고, 그리고 혁명 세력의 저항이 주춤한 틈을 비집고, 파시즘 세력은 결정적인 힘의 우위를 점하게 되었다.


## 제4절 국제연맹 탈퇴와 탕구塘沽정전협정의 체결

### 리튼보고서Lytton Report

상하이사건이 1932년 5월의 정전협정으로 일단락된 뒤 국제연맹의 관심은 오로지 만주사변에 대한 리튼조사단의 보고서 작성과 제출에 모아졌다. 일본의 만주국 승인에 대해서도 연맹은 당장 어떠한 조치도 취하지 않았다. 그에 앞서 리튼조사단은 2월 도쿄에 도착한 데 이어서 상하이, 난징, 베이핑北平[21]을 거쳐 4월에 만주로 들어갔다. 그리고 6월에 베이핑으로 돌아가 보고서 작성에 착수했다. 보고서는 9월 30일 중국과 일본 양국에 전해졌고 10월 2일 공표되었다.

보고서는 9월 18일 밤의 일본 측 군사행동은 정당방위라고 인정할 수 없으며, 또한 만주국은 순수하고 자발적인 독립운동의 결과로 발생한 것이라 생각할 수 없다고 했다. 하지만 동시에 만주의 특수사정을 인정해 단순히 9월 18일 이전의 원상태로 복귀하는 것도 해결책이 될 수 없다고 했다. 리튼보고서가 제시한 문제 해결을 위한 일반원칙은 다음과 같다.

첫째, 중국과 일본 쌍방의 이익 양립. 둘째, 소련의 이익 고려. 셋째, 현존하는 다자간 조약과의 합치. 넷째, 만주에서의 일본 이익의 승인. 다섯째, 중국과 일본 사이에 신조약 관계의 설정. 여섯째, 장래 분쟁 해결을 위한 유효한 조치. 일곱째, 만주의 자치. 여덟째, 만주의 내부적 질서와 외부적 침략에 대한 안정 보장. 아홉째, 중국과 일본 사이의 경제적 접근의 촉진. 열째, 중국의 개조에 관한 국제협력(이상 보고서 제9장).

아울러 이 보고서는 동북3성에 자치적 특별행정조직을 설치하고 해당지역을 비무장지역으로 하여 헌병대에 의해 치안을 유지한다든가, 외국인을 자치정부의 고문, 경찰재정감독관, 중앙은행 총고문에 임명할 것을 주장했다.(보고서 제10장) 이것은 제국주의 열강에 유리한 만주국관리 방침을 나타낸 것이며 동시에 일본에 대한 유화적 카드이기도 했다.

11월 제네바에서 리튼보고서 심의를 위한 연맹이상회가 열렸다. 일본 대표로는 마츠오카 요스케松岡洋右가, 중국 대표로는 구웨이쥔顧維均이 각각 출석했다. 마츠오카 대표는 일본의 행동이 자위행동이었다는 점과 만주국의 독립운동은 자주적으로 발전한 것이라고 주장하며 리튼보고서에 반대했다. 한편 구웨이쥔 대표는 마

철도 폭파 현장을 조사 중인 리튼 조사단 일행

츠오카의 주장을 반박했다. 결국 이 문제는 총회로 이관되었고 12월에 총회가 개최되었다.

총회에서 영국, 프랑스, 독일, 이탈리아 등의 열강은 일본에 유화적인 태도를 보인 데 반해 스웨덴, 노르웨이, 아일랜드자유국, 그리고 체코슬로바키아 등의 소국들은 연맹규약의 원칙을 지켜야 한다며 만주에서 일본이 취한 행동을 부인해야 한다고 강조했다. 일반 토론이 끝난 뒤 중국 대표는 중일간의 분쟁은 이미 문명세계 대 일본과의 싸움이 되었다고 말하고 리튼보고서의 원칙에 찬성을 표했다.

일본 대표는 이에 반대하여 만주는 일본의 생명선이며, 공산주의 중국의 침입 위험을 강조하고 일본의 약체화는 극동의 붕괴를 재촉할 뿐이라고 연설했다. 그리고 만일 소국들의 견해가 채택되면 연맹에서 탈퇴하겠다고 위협했다. 그로 인해 총회는 실질적인 결론도 내리지 못하고 19개국 위원회로 중일문제 심의를 이관했다. 일본은 이 위원회안에 대해서도 반대했고, 영국은 일본에 대해 유화정책을 취하며 연맹과의 조정자 역할을 하려고 했다.

　1933년 1월 초 영국대사와 우치다 외무대신 간에 회담이 열렸다. 이어서 연맹의 드러먼드Drummond 사무총장(영국)과 스기무라 요타로杉村陽太郎 사무차장 사이에 회담시안이 작성되어 일본에 전달되었다. 이것은 리튼보고서 채택을 제한함과 동시에 '만주국 불인정'이란 문구를 일단 삭제하여 연맹으로서는 최대한 양보하는 자세를 취했다. 그러자 일본에서도 중신들은 이를 수락하자고 주장했으나, 정부는 아직도 수정의 여지가 남아있다며 강경한 태도를 보였다.

　이런 가운데 일본군의 러허熱河 지역 토벌은 순조롭게 진행되고 있었다. 일본군은 펑톈, 지린, 헤이룽장성성黑龍江省 점령을 마친 후 방향을 서쪽으로 틀어 1932년 7월 일본군 장교가 러허성 베이퍄오北票 부근에서 행방불명되었다는 구실로 러허 지역을 공격하기 시작했다. 7월과 8월에 걸쳐 두 달 동안 일본군의 공격은 중국의용군에 의해 저지되었으나 일본군은 '러허는 만주국의 영토'라고 선언하고 병력을 증강했다. 1933년 1월 일본군은 산해관 폭파사건[22]을 계기로 이 지역을 점령했고 산해관의 완충지대화를 요구함으로써 러허 일대는 풍운에 휩싸였다. 2월 27일 일본군은 중국군에 대해 만주국의 이름으로 러허에서 물러가라는 최후통첩을 보낸 뒤 공격을 재개했다.

### 국제연맹 탈퇴

　산해관 사건과 일본군의 러허공격 개시로 국제연맹의 분위기는 경색되었다. 일본 국내에서도 연맹 탈퇴를 피하려면 러허공격을 잠시 연기해야 한다는 중신들의 의견도 있었으나, 오히려 연맹을 탈퇴해 자유롭게 중국 침략을 추진해야 한다는 군부를 당해낼 수 없었다. 게다가 타협적인 드러먼드-스기무라 시안에 대해 중국 측이 항의했을 뿐만 아니라 영국 대사와 우치다 외상 간 회담에서도 일본 정부의 태도는 강경하기만 하다는 인상을 주어 연맹의 분위기는 타협의 여지가 없다는 것으로 일변했다.

한편 독일에서는 히틀러가 정권을 잡고 현상 타개를 외치고 있었기 때문에 연맹은 어떻게든 규약을 준수해야한다는 강경한 태도를 취할 필요가 있었다. 그 결과 연맹은 그동안 중일간의 화해를 이끌어내고자 했던 입장에서 한 발 더 나아가 분쟁 해결을 위해 리튼보고서의 주장을 골자로 하는 권고안을 작성해 2월 24일 연맹총회에서 심의했다.

이런 가운데, 일본에서는 아라키 육군대신과 우치다 외무대신이 주장하고 있던 연맹탈퇴론이 힘을 얻고 있었다. 종래 연맹탈퇴에 반대하고 있던 중신들도 동의하기로 했다.

2월 24일 연맹 총회에서 리튼보고서가 42대 1로 채택되자, 마침내 마츠오카 대표는 "일본정부는 이제 중일분쟁에 관해 연맹과 협력하는 데 한계를 느낄 수밖에 없다"고 발표한 뒤 퇴장했다.

일본은 총회에서 채택된 보고서에 대한 성명을 발표하고, "일본정부는 만주에서 군대의 행동이나 일만의정서의 체결이 국제연맹, 9개국조약, 파리조약 또는 기타 어떠한 국제조약도 침해하지 않았다고 생각한다"고 주장했다. 그리고 "공산화하는 중국은 구미 여러 국가에 대한 중대한 문제이며 이에 비하면 다른 문제들은 별것도 아니다. 그러나 중국과의 관계에서 완전히 벗어난 만주는 극동의 공산주의화를 방지하는 장벽을 세우기 위한 것"이라며 반공을 내세워 자신의 입장을 정당화하고자 했다.

3월 28일 일본은 연맹에 탈퇴를 통고함과 동시에 탈퇴에 관한 조서詔書를 발표했다. 천황은 이 조서에서 '연맹 탈퇴는 단지 만주문제와 관련해서 불행하게도 일본과 연맹의 의견이 달랐으므로 본의 아니게 탈퇴할 수밖에 없었던 것이지, 인류의 복지 증진 등 연맹의 근본방침에 조금도 배치되는 것은 아니다'는 의미를 강조하도록 명했다.(『하라 다카시 일기』)

천황의 이런 발언이 어느 정도 효과가 있었는지 모르지만, 또한 조서에 그런 문구가 단편적으로 반영되었다 하더라도, 조서의 역할은 명백히 연맹탈퇴에 관해 일체의 정치적 비판을 금지한다는 의미도 담고 있다.

국제연맹 탈퇴야말로 일본의 국제적 고립을 초래한 결정적 행보였다. 그러나 당시에는 '자주외교'의 기세가 정국을 압도했고, '아시아인의 아시아'라든가 '동양으로 돌아가자'[23]는 슬로건이 언론계를 지배했다. 연맹 탈퇴를 선언한 마츠오카 대표가 귀국하자 초등학생들까지 마중을 나갈 정도로 대중들은 열광했고 그는 영웅 취급을 받았다. 러일전쟁 승전에 따른 포츠머스조약을 마무리하고 돌아온 고무라 쥬타로小村寿太郎에 대한 험악한 귀국 분위기와는 매우 대조적이었다. 그가 출발할 때에도 국민들로부터 1만 통의 격려 편지가 답지했는데 그 가운데 '회의를 잘 정리하고 돌아오기 바란다'는 내용의 편지는 불과 한 두 통에 불과했고,(清沢洌, 『격동기를 살아가다激動期に生く』) 대다수는 연맹 탈퇴를 고무하는 내용이었다. 이처럼 군부나 정부가 선동하고 작위적으로 만들어낸 '공식적인 여론'이 비등하는 분위기 속에서, 정부는 만주사변 수습의 기회를 스스로 내던지고 말았다.

### 각국의 태도

당시 국제정세상 극동문제에 관해 일본에 어떠한 적극적 간섭도 실현되지 못했다.

우선 국제연맹은 연맹이 취할 수 있는 수단을 결정하고자 자문위원회를 설치하고 미소 양국에 초청장을 보내 협력을 구했다. 미국은 이를 승인하고 옵서버를 보내기로 했지만, 소련은 거절했다. 자문위원회에서 대일무기수출금지 문제와 만주국 불승인 실력행사 방법을 안건으로 상정했으나 일본에 대한 유효한 제재방법을 강구하지는 못했다. 또한 총회 당시 진행 중이던 러허 문제에 대해서도 중국대표는 총회에 제소했으나 연맹은 이에 대해 어떠한 조치도 취하지 않았다. 이렇게 연맹의 위신은 땅에 떨어지고 있었다.

연맹과 마찬가지로 영국 역시 만주사변 이후 대일유화정책에 실패함으로써 중국에서 위신이 실추되고 외교정책도 부진을 면치 못했다.

미국도 영국과 공동전선을 구축하지 못했고 현실적으로 어떠한 행동도 취하지 못했다. 1933년 3월 공화당의 후버 대통령에 이어서 민주당의 루즈벨트가 대통령에 취임했다. 또한 국무장관도 스팀슨에서 헐Cordell Hull로 바뀌었다. 루즈벨트의 극동정책은 스팀슨의 외교가 말로만 강경하게 항의할 뿐 어떤 효과도 거두지 못한 점을 교훈 삼아 일본의 만주 침략에 대한 불승인 정책을 그대로 유지하면서도 위협적인 성명은 피하되 착실히 해군 전력을 증강해 나갔다. 이것은 루즈벨트가 말한 '부드럽게 말하되 커다란 곤봉을 준비하라'는 훈계에 따른 것이다.(Alfred W. Griswold, 『미국 극동정책사』) 그런데 이러한 유화적(적어도 표면적으로는) 정책을 취한 원인 가운데 하나는 만주사변 이후 일본의 중공업 발전이 공황으로 부심하던 미국 산업자본에게 새로운 시장을 제공했다는 점을 들 수 있다.

한편 이 시기 소련의 극동정책은 일관되게 대소통일전선의 결성을 저지하는 데 중점을 두었기 때문에 그 결과 대일정책도 매우 신중한 태도를 보였다. 그에 앞서 1931년 12월 리트비노프 외무위원은 이누카이 내각의 외무대신으로 취임하기 위해 귀국 과정에 있던 요시자와 겐키치에게 일소 간의 불가침조약 체결을 제안한 바 있다.[24] 그리고 1932년 10월에도 소련은 히로타広田 주소련대사를 통해 다시 조약 체결을 제안하고 만주국 총영사를 모스크바에 체류하도록 하는 것이나 일본의 주소련대사가 만주국 총영사를 겸임하는 데에도 동의할 용의가 있으며, 동청철도를 적당한 가격에 매각해도 상관없다는 점을 명확히 밝혔다. 그러나 반공이념에 사로잡힌 일본정부는 아직 정식 교섭을 개시할 시기가 아니라며 이를 거절했다. 하지만 아직 소련 측에 기회가 남아있었다. 즉 국제연맹 자문위원회 참가 요청에 대해 리트비노프는 위원회의 과반이 소련에 적대적 감정을 지니고 있는 나라라는 점 등을 이유로 들며 이를 거부했는데, 사실 결정적인 이유는 일본이 적대국으로 돌아서는 것을 피하는 데 있었다.

1933년 4월과 5월에 만주국은 만주리滿洲里와 포그라니츠나야 두 역의 동청철도와 소련철도의 연락 봉쇄를 단행했는데, 이때에도 소련은 일본과의 마찰을 피하려고 했고 5월에는 동청철도 양도를 제안했다. 6월이 되자 양도에 관한 교섭이 시작되었는데 소련 측은 2억5,000만 루블(1루블=1.04엔)을 주장했고(8월에는 2억 루블로 양보), 만주국 측은 5,000만 엔을 강경하게 주장함으로써, 9월 말 교섭이 중단되었다. 그 후로 일본과 소련의 관계는 점차 골이 깊어졌다.

이러한 극동의 정세와 맞물려 독일에서는 독재체제를 수립한 히틀러가 1933년 10월 군축회의와 국제연맹 탈퇴를 선언함으로써 국제연맹의 영향력은 크게 쇠퇴했다. 이러한 국제주의의 패배와 더불어 1933년 3월 제네바 군축회의와 같은 해 6월의 런던 경제회의도 모두 실패했다. 특히 후자의 실패로 인해 세계적으로 블록경제

화 경향이 강화되었고 관세장벽도 높아졌다. 이러한 정세와 맞물려
국제적 대립은 점점 격화되어 갔다.

## 탕구협정塘沽協定

일본군은 3월 초 러허 지역의 토벌을 마쳤다. 국민정부가 러허
를 지키려던 이유는 연맹의 분위기를 중국에 유리한 방향으로 이
끌 시간을 벌기 위한 것에 불과했고, 러허성 주석 탕위린湯玉麟도
항전하는 대신 재산을 정리해 망명길에 올랐다. 3월 10일 일본군
은 만리장성 전선에 대한 총공격을 개시했다.

정세가 이런 가운데, 여전히 공산군 토벌에 온 힘을 쏟고 있던
장제스는 북상하여 장쉐량, 쑹쯔원, 허잉친何應欽과 모여 회담했다.
그 결과 화베이의 지배권을 지니고 있던 장쉐량이 하야하고 화베이
정권과 군권을 모두 허잉친에게 인계하였으며, 이어서 장쉐량 휘하
의 동북군을 개편했다. 이로써 국민정부는 손에 피 한 방울 묻히지
않고 만리장성까지 세력을 확장할 수 있었다.

그러나 장제스와 허잉친 등은 일본군과 싸움으로써 자신의 세
력을 일부러 약화시킬 의도가 없었다. 일본군의 공격에 맞선 중국
제29군이 시펑커우喜峯口에서 역습을 시도해 러허로 진격해 들어
갔지만, 장제스와 허잉친은 주력군에 철수 명령을 내리고 롼허灤河
동쪽까지 후퇴시켰다. 이 때문에 제29군은 고립을 면하지 못하고
일본군에 격파되고 말았다. 일본군은 계속 진격해 롼허 동부, 베이
핑, 톈진까지 압박해 들어갔는데 이 무렵 국민정부 내부에서는 항
일전투를 피하고 화베이에 완충지대를 설치해 사태를 수습하자는
움직임이 고조되었다.

5월 말 지일파인 후앙푸黃郛 등이 분주히 노력한 결과 일본군
과 중국군 사이에 정전협상이 시작되었고 같은 달 31일 탕구塘沽에

서 협정이 체결되었다.[25] 그 내용은, 중국군이 만리장성 이남의 롼 허 동부지대까지 철수하고 이 지역을 비무장지대로 만들 것, 이 지역의 치안유지는 중국 측 경찰이 담당할 것, 일본군은 중국군 철수 후 만리장성 전선으로 자발적으로 돌아갈 것 등을 담고 있다. 탕구 협정 자체는 단순한 군사적 정전협정이었다. 하지만 이것이 의미하는 바는 국제연맹의 집단안전보장주의 원칙을 무시하고 양국이 직접 협상을 통해 협정을 체결함으로써 국제연맹에 큰 타격을 주었다는 데 있다.

탕구에서 정전에 관해 협의하는 일본군(좌측)과 중국 국민정부군

6월에는 완충정권으로서 후앙푸를 위원장으로 하고 산둥, 산시山西, 허베이河北, 차하얼察哈爾, 쑤이위안綏遠과 베이핑 및 칭다오를 관할하는 주駐베이핑 행정원정무위원회가 설치되었다. 8월에 관동군은 장성 전선으로 복귀했는데 종래 2개 대대를 주력으로 한

화베이주둔군은 혼성 1개 여단으로 강화되었다.

이러한 국민정부의 타협적 태도에 반발한 세력들이 중국 각지에서 봉기했다. 차하르에서는 펑위샹, 팡전우方振武, 지훙창吉鴻昌 등이 항일동맹군을 조직해 비무장지대를 공격했고, 푸젠성에서는 상하이전투로 명성을 얻은 19로군의 지도자 리지선李濟深, 카이팅카이蔡廷鍇 등이 푸젠 인민정부를 수립하고 무장항일 투쟁을 주장했다. 그러나 이들은 모두 국민정부의 무력 토벌로 궤멸되었다.

이 무렵 국민정부는 장제스와 왕징웨이의 합작으로 공산군 토벌, 국내통일 정책을 추진하고 있었다. 국민정부는 일본에 대한 저항을 포기하지 않았다면서 입으로는 '일면一面저항, 일면협상'을 외쳤지만, 일본에 접근하고자 노력한 사실에 대해서는 말하지 않았다.

# | 주 |

1     대두(大豆)는 만주의 주요 특산품이자 만철의 주요 수송품이었다. 공황으로 대두
의 수요가 급감하자 대두 가격과 수송량이 급감한 가운데 경쟁 노선인 중국의 철도
운임 인하와 외자 결제수단인 은값 폭락은 만철의 경영 악화에 큰 영향을 미쳤다.

2     1930년 일본을 군국주의국가로 개조(사실상 쿠데타)시킨다는 목표로 결성된 군부
내 비밀결사 조직. 1931년 3월사건과 10월사건을 계획했으나 모두 실패했다.

3     오카와 슈메이(大川周明, 186~1957) 초국가주의 사상가. 한때 인도 독립운동을
지지했지만 기타 잇키 등 국가주의자들과 교류하며 극우단체인 유존샤(猶存社),
고지샤(行地社), 진무카이(神武会) 등을 주도했다. 이후 체제전복을 꾀하며 3월사
건, 10월사건 등에 관여하여 복역했다. 1945년 일본의 패전 이후 민간인으로서는
유일하게 A급전범으로 기소되었고, 전범재판 법정에서 도조 히데키의 뒤통수를 때
렸던 인물이다.

4     1931년 6월 변장을 하고 중국 동북의 흥안령(興安嶺) 지방에서 스파이 여행 중이
던 참모본부의 나카무라 신타로(中村震太郎) 대위가 중국군에게 붙잡혀서 동행하
던 이스키 노부타로(井杉延太郎) 예비역 상사 등과 함께 사살되었다. 사건의 진상
은 8월이 되어서야 일본 측이 발표했는데 군부는 7월에 발생한 만보산사건 등을 통
해 반중국의식을 자극했다.

5     만주사변 발발과 만주국 건설에 따라, 영국의 리튼(Victor Bulwer-Lytton) 백작
을 단장으로 하는 국제연맹의 조사단이 작성한 보고서. 만주사변에 일본군의 정당
성과 만주국 설립의 자립성 등은 인정하지 않았지만, 해결책으로서 만주국에 대한
일본의 권익을 일부 인정하고 서구인이 참여하는 자치정부 수립안을 권고함으로써
일본을 비롯한 관련국들의 동의를 받지 못했다.

6     켈로그-브리앙 부전(不戰) 조약(Kellogg-Briand Pact). 1928년 8월 27일 미국의
국방장관 프랭크 켈로그(Frank B. Kellogg)와 프랑스 외무부 장관 아리스티드 브리
앙(Aristide Briand)이 발의하여 파리에서 15개국이 체결한 부전 조약. 조약에 가담
한 국가는 국제 분쟁의 해결 수단이나 국제 외교 정치의 수단으로 전쟁을 일으키는
것을 거부함과 동시에 포기하는 것을 조약의 기본 이념으로 삼고 있다. 그러나 이후
독일과 일본 등 조약을 위반한 국가들에 대한 강제와 제재 수단이 없다는 한계를 드
러냈다.

7     상하이에서 일본인 승려가 중국 군중들에게 구타를 당하는 사건이 발생하는데, 이

를 계기로 상하이 거류 일본인들의 항의데모와 중국인들 사이에 충돌이 이어지고, 결과적으로 중일 양국 군대의 전투로 이어졌다. 당시 일본인 승려에 대한 구타는 일본 측에 고용된 중국인에 의한 도발이었다는 것이 정설이다.

8  기타 잇키(北一輝, 1883~1937) 초국가주의 사상가, 국가사회주의자, 파시스트. 그의 〈일본개조법안대강〉은 일본제국 육군의 황도파 청년 장교들에게 많은 영향을 끼쳤고, 결국 그의 사상대로 청년 장교들이 쿠데타(2·26사건)을 저지르지만, 쇼와 천황이 이를 승인하지 않자 주동자와 관련자들이 체포, 처형, 자결하는 가운데 기타 잇키도 체포되어 처형되었다.

9  니시다 미츠기(西田税, 1901~1936) 육군사관학교 출신 군인. 제대 후 국가주의사상가 및 혁명가로 활동. 기타 잇키와 교류하며 청년 장교들의 체제전복을 고무했다. 2·26사건 주모자로 체포되어 처형되었다.

10  일본 육군 내에서 천황을 중심으로 하는 전체주의적 국가개조론을 주장하던 파벌. 아라키 사다오(荒木貞夫)와 마사키 진자부로(眞崎甚三郎) 등을 중심으로 육군 주도 아래 천황, 국민, 국가, 국토 전체주의 국가건설을 주장하며, 청년 장교들의 지지를 받았다. 이들과 대척점에 서 있던 통제파(統制派)와의 파벌싸움 끝에 황도파가 주도한 2·26사건이 실패로 끝나자 사실상 황도파는 사라졌지만, 이들의 국수주의 사고방식은 전체 군부에 적지 않은 영향을 남겼다.

11  천황중심의 국수주의적 전체주의국가를 지향했던 황도파와 달리, 처음에는 천황친정 강화나 재벌규제 등에 불만을 품고 군부에 대한 법률통제와 문민통제를 존중하는 입장에서 출발한 육군 내 파벌. 과격무도한 황도파에 비해 비교적 온건파로 비쳐졌지만, 2·26사건 이후 황도파가 사라지고 사실상 통제파가 군부를 주도하게 된 이후 도조 히데키(東條英機)나 이시와라 간지(石原莞爾) 등이 통제파와 군부를 대표하면서 세계침략주의 노선을 노골화했다.

12  다치바나 고사부로(橘孝三郎, 1893~1974) 처음에는 농사를 지으며 강연활동을 하던 농본주의 사상가였지만, 1929년 애향숙을 설립하고 제자들에게 천황론과 국수주의 사상, 나아가 극단적인 혁명론을 주입했다. 5·15사건을 주도하여 무기징역형을 선고받고 복역하다가 사면되었다. 전후 공직추방자 명단에 포함되었고, 전일본애국자단체회의의 고문 등 극우활동을 전개했다.

13  사이토 마코토(齋藤實, 1858~1936) 해군 대장과 대신을 지낸 후 1919~1927년 간 제3대, 그리고 1929~1931년 간 제5대 조선총독부 총독을 두 차례 지냈다. 1919년 9월 남대문역에서 강우규의 폭탄습격을 받기도 했다. 1932년 5·15사건 이후 총리대신을 지내며 외무대신과 문부대신을 겸임했다. 퇴임 후 1936년 2·26

사건 때 청년 장교들에 의해 암살되었다.

14  도고 헤이하치로(東郷平八郎, 1848~1934) 러일전쟁을 승리로 이끈 해군 제독. 정치에 관여하지 않고 순수 군인으로서 일생을 마쳤다. 일본인들은 '군신'(軍神), '동양의 넬슨'으로 존경하고 추앙한다.

15  호쿠신(北信) 지방은 나가노현의 북부 지역을 가리킨다.

16  아마노 다츠오(天野辰夫)가 주도하는 우익단체인 애국근로당(愛国勤労党) 등이 모의하다가 발각된 쿠데타 미수 사건. 혈맹단사건, 5·15사건 등의 영향을 받아 애국근로당과 대일본생산당 등이 각료와 원로 등 주요 정치인들을 제거하고 황족내각을 발족시킨다는 계획이었다. 특별고등경찰에 의해 발각되어 아마노 등 주모자 50여 명이 내란모의죄로 검거되었지만 형은 면제되었다.

17  금고 이상의 선고나 징계 처분 등이 아닌 이상 관리는 면직되지 않는다는 조항(제2조)이 개정됨에 따라, 관리의 신분이 보장되었다. 전후 관리분한령, 인사원규칙에 이어 국가공무원법으로 이어졌다.

18  우치다 고사이(内田康哉, 1865~1936) 외무대신 다섯 번, 총리대신대리 두 번을 지낸 외교통 백작. 제1차 세계대전 강화협상, 시베리아 간섭전쟁 전후 처리, 관동대지진 당시 임시 총리로서 재해 처리 등을 도맡았다. 만주사변 발발 시 만철총재로서 초기에는 사건불확대 태도를 취했지만 점차 적극적인 확대파로 변모했다. 사이토 내각에서 만주국을 승인하고 국제연맹에서 탈퇴하는 데 앞장섰다. 1932년 중의원에서 "나라를 초토화하더라도 만주국의 권익을 양보할 수 없다"고 발언하여 물의를 일으켰다.

19  일본군부와 관동군이 만주국을 실질적으로 통치하되 대외적으로는 독립주권국인 것처럼 위장하기 위해 고안한 용어. 만주국 행정을 총괄하는 총무처장과 산하 부처의 관리자는 모두 일본인으로 내정하도록 되어 있는데 이들을 실제로 임면하는 인사권은 사실상 관동군이 장악하고 있었다. 군부는 이러한 인사와 행정 장악 방식을 '내면지도'라는 용어로 위장했다.

20  일본공산당 내부에서 미즈노 시게오(水野成夫), 가도야 히로시(門屋博), 아사노 아키라(浅野晃) 등이 일본공산당노동자파를 결성하고, 천황제폐지는 공산당 전략의 오류라고 주장하며 천황제를 용인해야한다고 주장했다.

21  베이징 시의 옛 이름. 중화민국에서 화북을 차지한 후 베이핑(北平)으로 개칭하였다가, 중화인민공화국이 성립되어 베이징으로 환원되었다.

22  1932년 말부터 산해관에 주둔한 만주국경비대와 일본군이 중국군과 두어 차례 충돌이 발생하다가 마침내 1931년 1월 1일부터 3일까지 대규모 전투로 발전했다. 일본군은 중국 측이 일본 군영에 수류탄을 던지고 일본군 장교가 사망했다는 명분을 들어 대규모 병력을 투입해 중국군을 축출하고 산해관을 장악했다. 당시 중국 측의 전투적 도발은 일본군에 의해 조작된 것이라는 의견도 있다.

23  메이지유신 이후 일본은 탈아입구(脫亞入歐), 즉 '아시아를 벗어나 서구사회로 나아가자'는 슬로건을 내걸고 근대화의 길을 걸었다. 청일전쟁 이후 일본의 중국 진출과 만주국 설립 등의 식민지 팽창정책이 본격화되고 서구 열강과의 대립이 노골화되자 '아시아로 회귀하자'는 슬로건이 나타난 것이다.

24  요시자와는 외상으로 지명될 당시 주프랑스대사였다. 프랑스에서 일본으로 귀국하는 과정에서 리트비노프와 접촉했다는 뜻이며, 요시자와는 1925년 주중대사로 있던 중에 소련 측과 협상을 통해 일소기본조약을 체결하고 국교를 수립하는 데 기여한 적이 있다.

25  탕구 정전협정이라고도 하는데, 이는 만주사변에 관한 일본과 중화민국 간의 정전협정이다. 이는 국민당 정부가 만주국을 사실상 인정하고 러허 지역의 상실을 인정한 것이다. 장제스의 의도는 화베이 지역을 일본에 양보해서라도 공산당을 토벌하는 데 전력을 기울이려 했지만, 이는 중국인들에게 굴욕감을 주었고 일본군이 군사를 재정비할 수 있는 시간과 공간을 허용함으로써 본격적인 중국 침략의 발판을 마련하여 마침내 중일전쟁을 초래하는 계기가 되었다.

제4장

# 비상시국

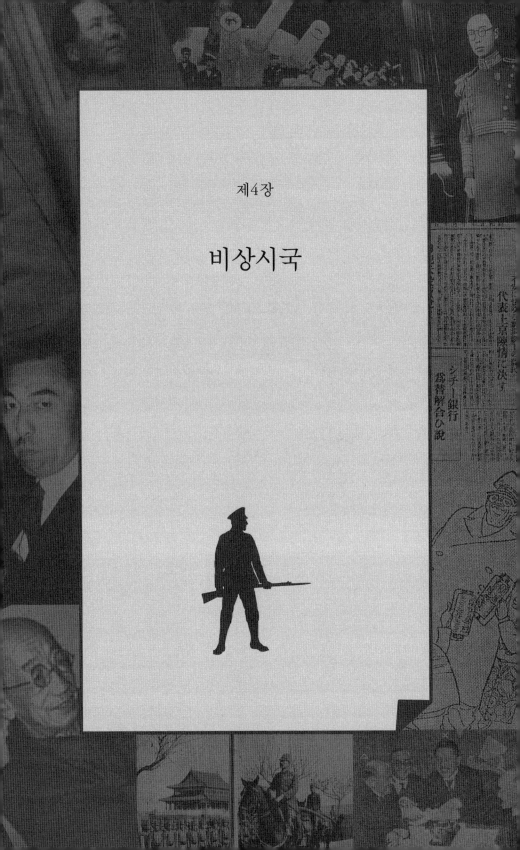

## 제1절 군수 인플레이션과 농업 공황

다카하시高橋 재정

일본의 자본주의는 대공황에서 탈출하기 위해 감행한 만주사변을 통해 전시경제로의 전환을 꾀하면서 일단 재기하는 듯 보였다. 그러나 그것은 더욱 심각한 모순과 위기를 내포한 것이었다.

'재정의 베테랑'으로 불리는 다카하시 고레키요를 대장성 대신으로 임명한 이누카이 내각의 초기 경제시책은 금 수출 재금지였는데, 이것은 국제자본시장에 대한 '선전포고'를 의미했다. 왜냐하면 이것은 엔화를 평가절하(환율인상)함으로써 덤핑 수출을 늘려 결국 미국·영국과의 통상 경쟁에 도전한다는 뜻이기 때문이다. 또한 이 것은 전쟁과 시국 수습을 위한 경비를 공채로 메워나가는 재정 인플레이션을 초래함으로써 침략을 위한 경제체제 굳히기에 들어갔음을 의미하기 때문이다.

우선 다카하시 대장대신은 이전 내각의 긴축재정, 채권발행 자제 방침, 증세계획 등을 폐기했다. 1932년도 예산은 전년도에 비해 5억 엔이 늘었고, 공채 발행액은 이미 1932년도에 10억 엔에 달했다. 게다가 그 대부분은 직접군사비로 사용되었다. 이러한 적자공채로 전쟁비용을 조달하기 위해 다카하시 대장대신은 일본은행의 국채매수[1]와 공채시장 조작이라는 방법을 동원했다. 이것은 산업계의 불황으로 인해 거대은행에 집중된 막대한 잉여자본에 국채라는

236                                      _ 태평양전쟁사 1

유리한 투자대상을 제공하고, 한편으로는 전쟁비용 조달이라는 군부의 요구와 투자난에 고심하는 금융자본의 요구를 모두 만족시킬 수 있는 방법이었다. 또한 이것은 직접적인 인플레이션을 피할 수 있는 방법이기도 했다. 하지만 주도자들은 이 방법을 '일석삼조'의 '묘안'이라고 자화자찬했으나, 결국 일본의 재정적 곤란을 해결할 수 없었고 인플레이션도 막지 못했다.

또 다카하시 대장대신은 농민구제 명목으로 시국광구비時局匡救費[2]를 계상했다. 이미 농업공황이 심각한 상황으로 접어든 가운데 농민들은 차츰 혁명화 조짐을 보이며 지주제의 기초를 크게 흔들고 있었다. 이것은 지배계급을 긴장하게 만들었고 정부 입장에서는 '충량'한 군대의 '보급원'인 농촌을 어떻게든 '보호'할 필요가 있었다. '시국광구비'는 이를 위해 마련한 항목이지, 결코 농민의 구제와 생활 향상을 목적으로 한 것이 아니었다. 그런데 이러한 '시국광구비'조차 군사비의 압박으로 인해 1933~1934년 계속 감소하더니 1935년에는 결국 자취를 감추었다.

이러한 다카하시 재정은 군부의 만주 침략때문에 날로 늘어가는 군사비(1931년도 세출총액 가운데 30.8%에서 1936년도에는 45.8%로 증가)를 가능한 한 저항 없이 조달하되, 금융자본가에게 확실한 이익을 보장해주고 아울러 군사비로부터 떡고물을 받아 챙기는 '죽음의 상인'들의 요구를 충족시키는 것이었다. 그리고 그것이 초래한 인플레이션 부담은 노동자, 농민, 중소기업가들에게 전가했다. 이것이 바로 '비상시 재정'이라고 불리던 다카하시 재정의 내용이자 실체였다.

### 군수생산

이렇게 군사비를 중심으로 한 재정팽창은 대규모 자본이 살포된 중공업 부문을 급격히 확장시켰다. 종래 섬유공업을 중심으로 해외시장에 의존해 왔던 일본 자본주의 구조는 이로써 완전히 탈바꿈했다. 이 변화를 생산액으로 보자면 1931년 섬유공업의 대부분을 차지했던 방적업 생산액과 군수공업의 중심인 금속기계공업 생산액은 각각 19억 엔 대 9억 엔에 달했으나, 1935년에는 34억 엔 대 33억 엔으로 거의 비슷한 규모가 되었다. 이것은 재정 인플레이션 아래서 군수공업이 발전했다는 사실을 뚜렷하게 보여준다. 흔히 군수 인플레이션이라고 부르는 것이 바로 이것이다.

이러한 군수 인플레이션 아래 일본의 경제는 매우 급속히 전시경제로 이행해 갔다. 한 나라의 경제를 전시경제의 궤도에 올려놓는다는 것은 산업 전체의 방향성을 전쟁과 결부시키는 것으로서 이것은 일반인들의 소비와 전혀 상관이 없는 대포라든가 전차 등의 군수물자 생산을 급속히 확장하는 것을 의미한다. 이렇게 일반인들이 땀 흘려 만든 전쟁물자들은 노동의 결정품을 바다에 내던지는 것과 마찬가지이며, 군수생산의 증대는 국민을 풍요롭게 하기는 커녕 점점 더 빈곤하게 만들 뿐이다. 군수 인플레이션으로 막대한 이익을 얻은 이들은 군수품을 생산하는 자본가들뿐이었다.

군수생산 확대의 중심은 우선 육해군의 군수공창이었다. 육군은 고쿠라공창小倉工廠을 대규모로 개조해 종합적인 대공창으로 만들었다. 특히 이곳은 주변의 야하타八幡 제철소의 철강, 치쿠호筑穗 탄전의 석탄, 그리고 중국대륙의 원료지대 등을 연계하는 집약적인 군수공업의 집결지였다. 그 밖에도 오사카와 나고야의 육군공창, 요코스카横須賀·구레吳·마이즈루舞鶴의 해군공창도 확대되어 이들 공창을 중심으로 군수생산을 늘려나갔다. 군수산업의 핵심은 금속정련업, 그 가운데 특히 철강업이었다.

일본의 철강업은 처음부터 국가의 보호 아래 발전해 왔는데,

연기를 뿜어내는 일본제철 야하타(八幡) 제철소

1934년 1월 '일본제철 주식회사'가 만들어졌다. 이것은 국영기업인 야하타 제철소를 중심으로 미쓰이, 미쓰비시, 야스다, 시부사와 등 각 재벌이 소유하던 제철회사를 합병해 거대 트러스트인 일본제철 주식회사로 만든 것이다. 이로써 선철과 철괴 부문의 생산량은 일본 내 총 생산량의 절반을 확보할 수 있게 되었다. 철강회사의 합병으로 각 재벌사의 제철회사 평가액은 실제보다 높아졌고 재벌들은 합병으로 막대한 이익을 취했을 뿐만 아니라 통제력까지 행사하게 되었다.

이렇게 철재鐵材 생산은 1931년 91만 톤에서 1935년 211만 톤으로, 강재鋼材 생산은 같은 기간 166만 톤에서 386만 톤으로 늘어났다. 이러한 생산증대에 따라 광석, 고철scrap 등의 수입도 확연히 늘어났다. 고철의 70%는 당시 주요 경쟁상대국인 미국에서 수입해야만 했다. 이것은 일본 철강업의 약점을 그대로 말해주는 것이다. 또 군수품 원자재로서 중요한 석유의 경우는 1933년에 '석유업법'이 제정되었다. 이로써 원유 저장과 정유 설비는 국가 통제에 놓이게 되었고 일본석유 주식회사를 중심으로 한 석유 독점은 국가권력과 결합하면서 심화되었다.

기계와 기구공업, 화학공업은 이전까지 발전이 더뎠으나 이 시기에 이르면 괄목할만 성장을 하게 된다. 기계·기구공업은 공작기계, 전기, 자동차, 조선 등 병기 증산을 목적으로 크게 성장해 군의 통제 아래 국가의 절대적 도움을 받게 되었다. 나카지마 비행회사는 확장 과정에서 애초 흥업은행에서 빌린 자본금의 수십 배에 달하는 자금으로 운영되었다. 화학공업은 폭약, 독가스 제조에 반드시 필요한 분야였으므로 특히 군부의 통제 아래 육성되었다. 1931년과 비교해 1935년의 총생산액은 약 2배 이상으로 늘었다.

## 소셜 덤핑

금 수출 재금지로 인해 초래된 외환시장의 급격한 평가절하는 일본의 수출업계를 크게 자극했다. 즉 외환시장의 환율에서 엔화 가치는 1932년 말까지 끊임없이 하락했는데 1933년에 접어들어 대체로 원래 엔 환율의 약 40% 정도로 안정화되었다. 이렇게 엔화 가치가 60% 가까이 하락하자 인플레이션 때문에 국내 물가는 오르는 반면 일본의 수출상품은 세계시장에서 매우 낮은 가격에 거래되었다. 그래서 다른 자본주의 국가에서는 무역이 부진을 면치 못하고 있었으나 일본의 무역은 상당히 활기를 띠게 되었다. 일본 상품이 환율인상으로 인해 값싸게 팔리게 되었다는 것은 그만큼 부등가 교환이 이루어졌다는 것이고, 이것은 그만큼 일본 자본가들에 의해 노동자가 생산한 막대한 가치가 외국 시장에서 헐값에 '투매'되었다는 것을 뜻한다. 그런데 이 '투매'로 인한 손실은 모두 노동자의 희생(저임금과 장시간 노동)과 국내에서의 높은 독점가격

유지 때문에 가능했던 것이다.

이렇게 외국 시장을 상대로 한 '투매'가 바로 '소셜 덤핑Social Dumping'이다. 예를 들어 1929년과 1931년 사이에 생산비를 비교해 보면 견사는 53.5%, 면제품은 36.3%, 화학제품은 23.3%가 낮아졌다. 이것은 오로지 자본가가 대공황 속에서 강행한 '생산합리화'에 따른 결과로서 노동자의 임금 삭감과 노동시간 연장을 기반으로 한 것이다. 이러한 희생 위에서 1932년 8월 일본의 방적업은 이전부터 주요 경쟁 상대국이었던 영국을 추월해 수출액에서 세계 제1위를 차지했다. 이것은 소셜 덤핑과 더불어 세계공황 속에서 식민지 민중이 빈곤해짐으로써, 영국 상품보다는 품질은 조악해도 가격이 싼 일본상품을 선택할 수밖에 없었던 까닭이다.

이렇게 '투매'로 수출을 늘린 것은 군수품 생산에 필요한 주요 원료를 외국에서 매입하기 위한 자금 마련 때문이었다. 그러나 필요한 군수산업 원료 수입액만큼 수출이 늘지는 않았다. 뿐만 아니라 1934년이 되면 '투매'의 기초가 된 환율 인상이 중단되어 수출이 원활하지 못했다. 이것은 노동자의 희생 위에서 번영을 만끽한 무역업계에 중대한 장애가 되었다. 이것은 1935~1936년에 노동자와 자본가의 대립이 점점 격화되자 이전까지 무역 이익을 독점해온 기존 재벌(미쓰이, 미쓰비시, 스미토모)이 다시 더 높은 이익을 얻고자 군수공업에 전념하는 계기를 제공했다.

### 구 재벌과 신흥 재벌

이러한 재정 인플레이션에 의한 군수공업의 발전과 덤핑으로 인한 수출의 약진으로 이익을 독점한 것은 미쓰이라든가 미쓰비시와 같은 대재벌이었다. 우선 미쓰이 재벌은 '달러 사재기'로 큰 이익을 보았는데 1932년 단 다쿠마團琢磨의 뒤를 이어 이케다 시게아키池田成彬가 경영을 맡게 되면서 상업, 금융, 경공업을 중심으로 한 종래의 경영방식을 바꾸어 점차 군수공업에 투자를 늘리면서 전쟁에 협력하는 체제를 갖추어갔다. 제철업에서는 미쓰이가 일본제철에 약 7.4%를 투자했는데 주로 해군 발주에 응하고 있던 일본제철소를 지배했다. 석탄과 광업에서는 특히 강력한 지배력을 발휘했는데 미쓰이광산, 홋카이도탄광, 태평양탄광 등 3개 회사를 통해 전국 채탄량의 약 25%를 지배했다. 그 밖에 도쿄시바우라제작소東京芝浦製作所, 도요정기東洋精機, 쇼와중공업昭和重工業, 도요타직기豊田織機 등을 지배하며 이들 회사를 통해 함선과 기계, 병기 등을 제작했다. 도쿄전등, 니혼제분 등을 포함하면 미쓰이가 불입한 총 자본액은 십 억여 엔에 달했다. 특히 군수 인플레이션에 의해 거두어들인 수익이 막대했으므로 일본제강소의 경우만 보더라도 1931년에서 1936년 사이에 약 2배 정도 이익률이 늘었다.

미쓰비시도 미쓰이와 마찬가지로 막대한 이익을 군수 인플레이션으로 벌어들였다. 또 군수생산에 본격적으로 돌입하기 위해 미쓰비시조선과 미쓰비시항공기를 병합하고 규모를 확대해 미쓰비시중공업을 만들었다. 그 밖에 미쓰비시전기, 니혼광학공업, 니혼전지 등을 군수생산 관련 회사로서 지배했는데 불입자본 총액은 12억 엔에 달했다. 또 미쓰비시중공업만 보더라도 1931년에서 1936년 사이 이익률은 2배 가까이 늘었다.

특히 스미토모 재벌은 직접 여러 군수 관련 회사의 발전에 힘을 쏟았다. 스미토모광업을 통해 석탄, 구리 등의 생산을 꾀하고 스미토모금속, 스미토모전선, 스미토모기계 등을 통해 무기재료나 무기완제품을 생산했다. 또 새로이 스미토모알루미늄을 통해 항공기재료 생산에 들어갔고, 스미토모화학을 통해 화약류 제조에 뛰어들었다. 스미토모금속의 경우 1931년부터 1936년 사이에 이익률이 약 4배 가까이 늘었다.

이처럼 철, 석탄 등 군수공업의 기초부문에서 기계와 무기 공업에 이르기까지 주요 부문은 재벌이 지배하고 있었고, 앞서 본 바와 같이 만주 침략 이전과 5년 후(1931-1936)의 이익률은 2배 내지 4배까지 격증했다. 이처럼 군수 인플레이션을 통한 군수공업의 비약적 발전 속에서 재벌들은 막대한 이익을 늘려갔다.

그런데 각 재벌들은 여러 군수공업 부문에서 눈부신 약진을 보였는데, 방적이라든가 탄광 등과 같이 미쓰이, 미쓰비시, 스미토모 등 구 재벌이 독점하던 분야가 아닌 화학공업과 기타 무기 산업을 중심으로 한 새로운 분야에서도 군수 인플레이션을 통해 새로운 재벌이 등장했다. 이는 자본가 상호간의 치열한 경쟁의 결과이자 구 재벌이 신규 사업에 대해 '신중한' 태도를 취했기 때문이다. 또 구 재벌과 군부 사이에 중국 침략을 두고 전술상 '의견차이'가 있었는데, 그 틈을 비집고 군과 결탁한 새로운 기업군이 배출되었다. 이들을 흔히 신흥재벌이라고 부르는데 니혼광업, 히타치제작소, 닛산자동차, 닛산화학 등을 지배하고 있던 닛산콘체른(구하라 후사노스케久原房之助와 아이카와 요시스케鮎川義介), 니혼질소비료를 모체로 1926년부터 북한 지역에 진출해 부전강, 장진강에 막대한 수력발전소를 완성하고 대규모 화학공업체계를 형성한 일본질소콘체른(노구치 시타가우野口遵)[3], 쇼와전공을 모체로 한 모리森콘체른, 닛소日曹콘체른(나카노 도모노리中野友礼), 리켄理研콘체른(오코치 마사토시小河內正敏) 등이 대표적인 신흥재벌이었다.

이렇게 신흥 콘체른은 오로지 군수공업을 모체로 한 기업으로서 군수 인플레이션 덕분에 눈부신 발전을 이루었다. 그러나 이들 신흥재벌은 모두 자기 기업 계열의 은행자본을 지니지 못했기 때문에 발전자금을 정부, 신흥은행, 기성 재벌계 은행에 의존할 수밖에

일본질소콘체른이 건설한 수풍댐 발전소. 당시 아시아 최대 규모였다.

없었다. 이 때문에 미쓰이, 미쓰비시가 특히 화학부분의 독점적 지배력을 강화하자(예를 들어 미쓰이의 화학부문 독립, 미쓰비시 계열인 니혼화성의 대확장) 이들 신흥재벌의 활동은 큰 제약을 받았고, 식민지로 진출할 수밖에 없었다. 처음에는 화려하게 출발했으나 군부와 더욱 직접적으로 결탁했음에도 불구하고 신흥재벌은 구 재벌의 왕좌를 위협하지 못했다. 군부와의 결탁도 구 재벌은 더욱 능수능란했고 확실한 방법으로 추진했다.

그렇다고 해서 구 재벌들에게 전혀 고민이 없었던 것은 아니었다. 국민생활의 악화로 인해 대중들은 재벌에 반대하는 정서를 지니게 되었다. 이러한 정서는 군과 결탁한 신흥재벌에 의해 이용된 측면도 있어 군부와 우익들에게 비판의 표적이 된 것은 오로지 미쓰이, 미쓰비시, 스미토모 등의 구 재벌이었다. 특히 재벌들의 달러 사재기는 대중의 반감을 자극했다. 1932년 2월 이노우에 준노스케井上準之助가 피격을 당하고 3월에는 단 다쿠마가 암살된 사건 등은 바로 이러한 사회분위기가 발현된 것이었다. 미쓰이 재벌의 이케다 시게아키는 당시를 회고하며 다음과 같이 말했다.

"만주사변 발발, 1931년 10월 무렵부터 달러 사재기에 대한 비난, 미쓰이은행과 나에 대한 비난이 고조되기 시작했다. 11월 2일 사민청년동맹이라는 아카마츠 가츠마로 휘하의 20여 명이 은행 영업부로 쳐들어와 횡포를 부렸다. 12월 21일에는 사회민중당 수십명이 미쓰이 하치로우에몬三井八郎右衛門과 이와사키 히사야岩崎久彌의 저택으로 몰려가 '달러 사재기로 번 이익금을 기근으로 고통받고 있는 오우奧羽 지방의 빈민을 구제하는 데 사용하라, 실업자가 백만 명에 달하는데 이들을 구제하라'고 결의하고 현관에서 신발을 신은 채 내실로 들어오기도 했다. 그러나 이것은 외부로 표출된 소동에 불과했고 여기에는 사민청년동맹이라든가 사회민중당 등이 앞장섰다. 한편 음지에서는 이것보다 더한 압박을 가해왔다. 전화가 매일같이 걸려와 국적國賊이라고 비난하며 끊어버렸다. 험악한 인상의 폭력단이 찾아와서 협박편지를 건네고 사라진 일은 셀 수 없이 많았다. 이러한 일은 마치 급성폐렴처럼 9월, 10월을 거쳐 12월 내내 유행했다. 그 뒤로는 만성화 조짐을 보였다. … 그리고 1932년 2월에는 이노우에 준노스케군가, 4월에는 단씨가 암살을 당했다. 이렇게 험악한 분위기 속에서 결국 2·26사건까지 터지고 말았다. 그 사이 나는 끊임없이 위협을 받고 있었다."(『재계회고』)

이런 분위기 탓에 구 재벌 수뇌부는 당황한 나머지 공공사업과 사회사업에 헌금을 하거나 직제를 바꾸어 재벌 가족을 일선에서 잠시 물러나게 했다. 혹은 고위 책임자를 교체하거나 과거 비공개주의를 원칙으로 하던 재벌 주식의 일부를 공개하기도 했다. 이것을 '재벌의 전향'이라고 불렀다. 그러나 이러한 '전향'은 공격을 피하기 위한 단순한 위장에 불과했다. 최대한의 이윤을 획득하고자 하는 독점자본의 기본방침은 전혀 바뀌지 않았다. 다만 이 '전향'에 관한 한 경쟁자인 신흥재벌의 눈부신 약진이 영향을 미친 것만은 확실하다.

## 국가독점자본주의

이 과정에서 재벌들은 국가의 권력을 이용했다. 그로 인해 재벌에게 최대한 많은 이윤을 확보해주는 '국가독점자본주의' 경향이 점차 강화되어 갔다. 천황제 국가권력은 이러한 재벌의 이익을 위해 다양한 '통제경제' 정책을 실시했다. 중요산업통제법, 공업조합법, 일본제철법, 외환관리법 등이 대표적인 예였다. 또한 일본은행 제도의 개정, 흥업은행 자금의 적극적 투자, 일본제철과 제국연료의 설립과 같이 군사적 경제 기초부문에는 국가가 솔선하여 참가함으로써 독점자본주의 체제를 강화했고 이윤을 보장해 주었다. 이로써 국가가 독점자본의 지위를 한층 강화시켜 준 것이다.

예를 들어 일본은행 제도의 개정과 기타 입법으로 일본은행의 강화된 통제력은 위기에 직면한 재벌은행의 지위를 보장했을 뿐만 아니라, 방출된 엄청난 자금은 이러한 재벌은행에 집중됨으로써 이들 은행이 산업계에 행사할 수 있는 영향력을 한층 강화시켜 주었다.

이처럼 만주 침략을 계기로 일본경제 전체가 군사적 방향으로 나아갔고, 국가권력이 국민 생활 구석구석까지 간섭하며 재벌 독점자본의 이윤을 꾀함으로써 대재벌들이 나라의 정치를 의식하며 움직이도록 했다. 독점자본은 국민들을 최대한 착취함으로써 빈곤화는 더욱 심화되었고, 만주를 침략한 군부와 결탁해 전쟁정책을 촉진했다.

군수 인플레이션으로 인해 산업은 비교적 호황으로 돌아섰으나 노동자들의 생활은 점점 더 어려워졌다. 산업의 호황은 대공황 속에서 발생한 막대한 실업자 수를 어느 정도 줄일 수 있었다. 그러나 이것은 노동자의 생활 상태를 결코 개선시키지 못했다. 이 무렵 노동자의 증가는 대부분 '임시직' 고용 형태로 이루어졌다. 여기서 '임시직'이란 미숙련 노동자가 임시로 고용되었다는 뜻이 아니라 일반 숙련노동자와 다를 바 없는 노동자가 '임시직' 대우를 받았다는 것이다. 이것은 자본가가 노동자에게 낮은 임금을 지불하며 한층 더 가혹하게 부렸다는 것을 뜻하며, 방대한 실업자군의 존재를 이용해 '건강보험법' 등의 적용을 회피하면서 저렴하게 노동자를 확보할 수 있는 방책이었다.

이러한 '임시직' 제도 등을 통한 임금 인하로 인해 이 시기 물가는 나날이 오르고 있었음에도 불구하고 임금 수준은 오히려 크게 떨어졌다. 실질임금은 공황 때보다도 더욱 줄었는데 1931년부터 1936년 사이에 약 15%나 하락했다. 그리고 이 시기에 노동시간은 연장되었다. 일본은행의 조사에 따르면 특히 경기가 좋았던 기계·기구공장에서는 1931년 하루 9.16시간에서 1935년 10.06시간으로 늘었다. 이것은 군수공업의 발전이 일련의 노동강도 강화를 통해 이루어졌음을 뜻한다.

## 농업 공황의 심화

자본가의 이러한 번영은 단지 노동자에 대한 착취 강화로만 이루어진 것이 아니었다. 노동자보다 더 많이 수탈을 당한 것은 농민들이었다. 이미 대공황 속에서 농촌은 심각한 위기에 놓였는데 만주 침략 후 군수공업이 경기회복으로 돌아섰음에도 불구하고 농촌의 공황은 더욱 심각해졌다. 특히 농업공황은 공업제품의 가격 인상으로 인해 농산물과의 부등가교환 현상이 발생하기 때문에 공업과 정반대 상황에 몰려 점점 더 악화되어 갔다. 1930년의 풍작 공황, 1931년과 1932년의 대흉작, 1933년 7,000만석을 넘어서는 풍작 기근, 1934년의 풍수해·한해·냉해로 인한 미증유의 흉작 등 매년 농촌은 연속되는 불행으로 인해 사지로 내몰렸다.

농산물 가격은 해에 따라 상당히 오르기도 했지만 지주적 토지 소유 아래서는 그러한 가격 인상에 따른 이익을 지주가 독점하고 전 농가의 40%에 달하는 빈농은 당장 먹을 쌀조차 확보하지 못해서 별도로 쌀을 구매해 생계를 유지해야 했다. 따라서 상당한 불이익을 감수해야만 했다. 또 반대로 풍작으로 쌀값이 하락한 경우에도 생산비를 회수하지 못할 정도로 빈농에게 타격을 가했다. 농촌 내부에서 이러한 빈부의 대립은 점점 더 심화되어 갔다. 당시 흉작으로 딸 자식을 파는 일이 비일비재했는데 동북지역 5개 현의 경우 이들의 규모는 매년 5만 명에 달할 정도였다. 또 아오모리 현의 한 농촌에서는 흉작으로 식량이 부족해지자 병든 사람들이 늘었는데 모든 가정에 최소 한 사람 이상의 환자가 발생했다. 흉작과 기근으로 소집된 병사가 훈련을 견디지 못할 정도로 건강이 악화된 상황에 대해 당시 한 신문은 다음과 같이 보도했다.

"히로사키 보병 제31연대에 소집된 이와테 현 출신 병사 가운데 몸이 아파 훈련을 견디지 못하고 12일 귀향명령을 받은 자가 21명에 달하자 군 당국은 크게 놀랐다. 그 원인은 흉작으로 인해 식량사정이 악화되었기 때문인 것으로 보인다." 또 다른 신문에는 다음과 같은 놀라운 사실이 보도되었다. "농어촌의 궁핍으로 결식아동은 크게 늘어났다. 이 때문에 문부성에서는 담당자를 각 방면으로 출장을 보내 상세한 조사를 실시했다. 결식아동에 관한 보고는 … 놀라운 수였다. … 당국이 추정한 바에 따르면 현재 이미 전국적으로 결식아동은 20만 명을 돌파해 미증유의 비극적인 상황이다."(『일본경제연보』)

이러한 농촌의 곤궁은 전국적으로 소작쟁의를 촉발했다. 당시 농민들의 투쟁은 매우 심각해 천황제의 기반인 기생지주제를 크게 위협했다. 이 때문에 앞에서 언급한 시국광구비 등과 함께 지배계급은 쌀값정책, 농촌갱생운동, 부담경감대책, 부채정리대책 등 다면적으로 농촌 '보호' 정책을 강구할 수밖에 없었다. 1931년 '미곡법' 개정, 1933년 '미곡통제법' 등을 통해 쌀값을 유지하기 위해 노력했다. 그러나 실제로는 지주가 판매하는 쌀값을 보호했을 뿐 대부분의 농민에게는 아무런 이익도 돌아가지 않았다. 농촌갱생운동은 이른바 산업합리화운동에 맞춰 이루어진 것인데, 농민에게 더 많은 노동과 더 낮은 생활수준을 강요했다. '자력갱생'이란, 허울 좋은 구호로 국비를 사용하지 않고 내핍을 강요했을 뿐이다. 부담경감, 부채정리 등도 거의 실질적인 효과는 없었고 농민을 기만해 이들의 혁명화 움직임을 완화하고자 한 정책에 불과했다.


## 제2절 파시즘의 진전

### 5상회의

만주국 승인, 국제연맹 탈퇴, 그리고 이른바 우치다 외상의 초토화외교가 전개되는 가운데 사이토 내각은 대내적으로 군부와 마찰을 피하면서 타협적인 정책을 통해 정국을 안정시키고자 했다.

그러나 의회에 지지기반이 없는 사이토 내각은 중의원에서 304명의 절대 다수를 차지하고 있는 정우회로부터 공격을 받자, '비상시국', '거국일치' 등의 구호로 이를 극복하고자 했다.

하지만 내각과 정당 사이의 알력은 피할 수 없었다. 정우회 입장에서도 정부와 정면으로 대결할 수 없는 사정이 존재했다. 당시 군부를 중심으로 정당내각에 반대하는 분위기가 그대로 남아 있었고 정당내각에 대한 국민의 신뢰도 여전히 낮았다. 따라서 정당의 당리당략적 행동은 격렬한 비판을 받았고, 사이토 내각을 쓰러뜨려도 정권을 장악할 수 있다는 전망이 보이지 않았다.

이런 가운데 국제연맹 탈퇴로 정국이 일단락 된 직후, 정부와 정우회 사이에 정국 안정과 정권 안배를 위한 정치공작이 이루어졌다. 그러나 정우회 각 계파의 행보는 일치하지 않았다. 정부와 손을 잡는 것을 두고 강경론을 주장하는 스즈키파鈴木派와 자중론을 주장하는 도코나미파床次派·히사하라파久原派가 사사건건 대립했다. 이러한 상황에서 1934년도 예산안이 해군의 막대한 보충계획비 요구로 인해 큰 재정적 부담을 안게 되자 정부가 강력한 정치력을 발휘해야만 했다.

바로 이 대목에서 정부와 정당의 연대공작이 표면화되었다. 7월 하순 사이토 수상은 "재정의 확립이라든가 교육제도의 개혁 등 각 방면에 걸쳐 확고한 대책을 수립할 필요가 있다."면서 정우회와 민정계 양 당 총재의 입각을 요청했다. 그러나 정우회의 스즈키 총재는 끝까지 시시비비를 가리자며 입각을 거부했다. 그러자 사이토 수상은 정우회와 민정계, 그리고 국민동맹의 3당 총재를 만나 국책을 협의했다. 그런데 정우회가 제출한 국책안도 그다지 새로운 내용은 없었다. 내용을 보면 국방의 강조, 군사비 팽창 승인 등 시국과 관련된 것이었는데, 군사비와 재정의 근본적인 문제에 관해서는

5·15사건 관련자에 대한 해군 제1회 군법회의

아무런 대책도 내놓지 못한 채 정책의 빈곤을 드러냈다.

이렇게 정치 수뇌부가 우왕좌왕하는 가운데, 5·15사건(육군, 해군, 민간인)의 공판이 연이어 개최되어 적잖은 파문을 던졌다. 공판정에서 피고들은 기성 정당과 재벌을 공격했고 농촌의 피폐를 호소했다. 이를 저널리즘이 대대적으로 다루자, 5·15사건 이후 다소 침체기에 있던 우익단체들은 다시 힘을 얻게 되었다. 8월의 육군 측 공판에 이어 9월에는 해군 측 피고에 대한 구형이 이루어졌다. 이때 육군 측에서는 피고의 범행동기를 시인했으나, 해군 측 야마모토 검찰관은 논고를 통해 군인의 정치 관여를 신랄하게 비판함과 동시에 피고에게 사형 이하의 중형을 구형했다. 그러자 해군 청년장교들 사이에 논고 반대운동이 전국적으로 확산되었다. 요코스카의 수교사水交社'는 뜻을 같이 하는 장교 연합회를 열어 40기(중좌급)에서 58기(소위급)까지 소장파 장교가 참가해 런던조약의 부당함을 논하고 통수권에 대한 간섭이라고 주장하기도 했다.

이에 대해 와카쓰키 민정당 총재가 런던조약을 변호하는 연설을 하자 곧바로 도쿄의 예비역 장교들이 반박성명을 발표했고, 5·15사건의 해군 측 특별변호인인 아사다 중위는 와카쓰키를 찾아가 힐난했다. 이렇게 국민들의 쇼비니즘이 고조되고 1936년 국제위기(해군군축조약 유효기한 종료 시한)가 다가오는 가운데 해군군비 확장을 위한 포석이 하나 둘씩 마련되어 갔다. 군령부 조례가 개정되어 군령부 직제가 참모본부와 동격이 되면서 권한이 크게 확장되었다. 이어서 오스미 미네오大角岑生 해군대신은 현재의 해군조약 비율에 대해 다음 회의에서 개정을 요구하겠다고 언명했다. 일본의 만주침략은 육군의 군비확장 뿐만 아니라 대미관계의 악화를 초래하는 막대한 해군 건함계획을 필연적으로 수반했다. 이렇게 제국주의 모순은 점점 더 심화되어 갔다.

9월에는 우치다 외무대신 후임으로 히로타 고키広田弘毅가 취임하자마자 미·소·중과 친선을 꾀하겠다고 밝히고 우치다의 초토화 외교 대신에 협화協和외교 노선을 천명했다. 히로타 외무대신 취임 직후 아라키 육군대신은 수상에게 정부가 국책결정을 할 때는 군부도 포함시킬 것을 진언했다. 이는 정부와 정당 간의 국책협정을 대신해서, 즉 정당을 배제한 채 정부 내부에서 국책결정을 강행한다는 움직임이었다. 이어서 다카하시 대장대신 등도 1934년도 예산 심의에 대비하고 국방, 외교, 재정의 조화를 꾀하는 차원에서 이에 동의했다. 그 결과 수상, 대장대신, 외무대신, 육군대신, 해군대신의 5명으로 구성된 장관회의가 10월 3일부터 12월 1일까지 5차례에 걸쳐 열렸다. 이 5상회의에서 국제협조와 국방·외교·재정의 조화를 강조한 다카하시와 히로타, 그리고 대외강경론과 국내혁신을 강조하는 아라키 등의 주장이 대립하기도 했으나, 결국 전자의 방침으로 정리되어 다음과 같은 대강이 발표되었다.

1. 일본과 불가분의 관계에 있는 만주국의 건전한 발전을
   조장한다.
2. 국방은 안전을 위협 받지 않는 범위에서 재정의 상황을
   고려해 충실을 기한다.
3. 외교는 국제협조 방침에 기초해 특히 이웃나라인 중국,
   미국, 러시아와 친선관계를 증진하도록 강구한다.
4. 현재의 국제관계, 국내 상황에 비추어 제반 정무의 개혁
   을 추진함과 동시에 국민정신의 진작을 도모한다.

비록 5상회의에서 아라키 육군대신의 강경론이 받아들여지지
않았지만, 이것은 관료진영의 진출과 더불어 군부가 국정 일반에
강력한 발언권을 행사하게 되었음을 보여준다.

5상회의에 대해 내정, 특히 긴급한 과제로 대두한 농촌문제를
토의하기 위해 군부의 주장에 따라 수상, 대장대신, 내무대신, 농
상공부대신 등 8명의 대신이 모여 내정회의를 열었다. 아라키 육군
대신은 농촌의 궁핍으로 인해 농촌출신자가 80% 가까이를 점하는
군대의 사기가 저하되었다며 농촌구제의 필요를 강조했다. 고토後
藤 농상공부 대신은 농촌 부담의 경감을 비롯한 구체안을 제시했
다. 그러나 막대한 군사비를 고려해 가능한 한 재정의 팽창을 억제
하려는 다카하시 대장대신 등은 농촌구제비의 증가에 반대하면서
여전히 자력갱생을 주장했다. 12월, 회의는 농민정신의 진작, 농촌
협동조직의 철저, 농가부담의 경감, 중요 비료의 통제, 잠사蠶絲대
책안 등 5항목의 대책을 결의했다.

그런데 이를 뒷받침할 예산에 관해서 다카하시 대신이 확약하
지 않았기 때문에 회의는 효과를 거두지 못했다. 하지만 이 기회를
이용해 고토 농상공부 대신으로 대표되는 이른바 새로운 관료군이

농촌대책 분야에서 군부와 제휴하여 정계에 깊이 발을 들여놓았다는 사실은 주목할 만하다.

일반적으로 파시즘 형성기에는 반자본주의적 슬로건으로 공황에 시달리던 중간층을 포섭하고 이들을 파시즘 지지층으로 전화시키는 것이 상례이다. 그런데 일본의 경우는 주로 농업공황에 시달리는 농민층을 포섭하기 위해 노력했다. 아라키 육군대신, 고토 농상공부 대신 등의 주장은 농촌대책을 통해 지주·자작농의 몰락을 저지하고 이들을 파시즘의 지지층으로 흡수하고자 한 것이다. 그러나 내정회의에서 이러한 주장이 받아들여지지 않고 다카하시 대장대신 등의 자력갱생 노선이 관철되었다는 것은 원래 저가미, 저임금을 이윤 축적의 기반으로 삼은 독점자본이 농민의 요구에 대해 쉽사리 양보할 의사가 없다는 것을 보여준다.

노동자와 농민의 강력한 저항 없이 발전해 온 일본 파시즘은 민중지배에 필요한 최소한의 당근조차 아끼려고 했다. 1934년 1월 아라키 육군대신이 사직하고 하야시 센쥬로가 뒤를 이었는데, 이는 5상회의와 내정회의를 통해 아라키 육군대신이 군부로부터 큰 불만을 샀기 때문인 것으로 보인다.

### 데이진帝人 사건

5상회의, 내정회의가 정당을 제외하고 국책결정을 추진한 결과 정당들 사이에 필연적인 연대운동이 일어났다. 이들은 일단 '정당정치로의 복귀'를 제창하고 '파쇼반대'를 외쳤으나 이것은 고립된 정당이 이에 대응하면서 세력을 회복하기 위한 일종의 정치적 시도였다. 이들은 1934년도 예산에서 비대해진 군사비 때문에 농촌구제비가 부족해진 데 대해 일단 군부를 공격했는데 이것은 내정회의 실패로 인한 농민의 반정부적 기운을 군부로 향하도록 하기위한 것이었다.

그러자 군부는 '군민軍民 이간에 관한 성명'을 발표하고 '최근 예산문제와 기타 사안과 관련해 군민 사이의 분리를 획책하는 언동을 일삼는 자가 적지 않다. 가령 1936년 위기가 군부 때문이라며 선전하거나 과거 전쟁에서 전사한 자는 오로지 서민계급 뿐이고 고급 지휘관은 없었다는 설, 혹은 군사예산으로 인해 농촌문제가 희생양이 되었다는 이야기 등 군민 사이를 이간하는 일련의 운동을 군부는 결코 묵시하지 않겠다.'고 반박했다.

이렇게 정당은 군부에 아부하고 영합하던 태도를 버리고 독자적인 주장으로 새로운 길을 가는 듯했지만, 이들의 정책은 전쟁을 저지할 만한 차이점도 없었고 정권욕을 노골화한 나머지 정당연대 운동은 그 출발부터 분열의 조짐을 내포하고 있었다.

정우회와 민정계의 연대 움직임에서 주의할 점은 이들의 주요 지지자였던 독점자본의 태도 변화이다. 전술한 바와 같이 재벌은 군수생산을 통해 국가재정과 밀접히 결합했고 관료·군부와의 관계도 더욱 긴밀해졌다. 그런데 재벌에 대한 비난 여론에 이들은 '자숙'한다는 구실로 대응하며 정당과 차츰 거리를 두기 시작했다. 미쓰이 재벌의 이케다 시게아키에 따르면 1932년 선거에 이어 1936년 선거부터는 정당에 대한 헌금을 중지했다고 하는데(『재계회고』), 이 시기에 이미 이러한 경향이 나타나기 시작했다. 자금원을 상실하기 시작한 기성 정당은 힘을 발휘할 수 없었다.

그러나 이것은 재계의 정치적 발언권이 약화되었다는 것을 의미하지 않는다. 재계는 기성정당만을 통로로 삼지 않았을 뿐, 오히려 광범위하게 독자적 영향력을 행사했다. 재계의 뒤를 보아주던 고세이노스케鄕誠之助를 우두머리로 삼고 나가노 마모루永野護, 나가사키 에이조長崎英造, 고바야시 아타루小林中 등 경제관계자들이 모이던 반초회番町会[5]가 바로 이 시기에 정치무대 뒤에서 엄청난 역할을 수행한 좋은 예이다.

한편 정당연대운동에는 기존의 노선을 고집한 정우회의 하토야마 일파와 민정당의 마치다町田, 다노무키頼母木 등의 라인과, 신흥재벌을 배경으로 새롭게 대두한 정우회의 구하라久原, 민정당의 도미타富田, 다와라俵 등의 라인이 존재했다. 그런데 양자는 오히려 대립적 관계였는데, 후자가 더욱 파쇼적 라인을 대표했다. 이렇게 정당연대는 강력한 하나의 주장을 이끌어내지 못했고 오히려 정당의 내부항쟁을 야기해 분열의 길을 걸어갔다.

1933년 12월 반초회를 배경으로 나카지마 구마키치中島久万吉 상공대신의 알선으로 정당연대운동에 진전이 있었지만, 이에 대해 제65회 의회 기간 중 정우회의 구하라 계열과 우익의 공격이 계속되면서 내각타도 움직임이 활발해졌다. 최초의 화살은 나카지마 상공대신을 향했다. 즉 나카지마가 예전에 쓴 『아시카가 다카우지 찬미론足利尊氏賛美論』[6]이 귀족원의 기쿠치 다케오菊池武夫(후비역육군중장[7])에 의해 거론되면서 결국 집중 공격을 받아 사직했다. 이어서 하토야마 문부대신도 구하라 계열의 오카모토 가즈미岡本一巳가 폭로한 기강 문제로 인해 사직했다.

그리고 데이진帝人 사건이 거론되자 사이토 내각의 배경으로 알려진 반초회가 집중 공격을 받았다. 데이진사帝人社('제국인견회사'의 줄임말)는 금융공황의 진원지인 스즈키상점의 자회사였다. 공황 후 타이완은행은 스즈키에 대한 채권의 담보로 이 회사 주식 22만여 주를 소유하고 있었는데, 주가가 상승하자 스즈키의 경호대장격인 가네코 나오키치金子直吉 등이 그 주식을 매수하고자 반초회 사람들에게 알선을 의뢰했다. 일단 매수운동은 성공했으나 도중에 매수가격 문제를 둘러싸고 브로커들 사이에 알력이 생기자 중개에 실패한 사람들이 매수 과정에 뇌물 수수가 있었다는 사실을 폭로하면서 일대 의혹사건으로 번졌다.

이로 인해 타이완은행과 데이진사의 수뇌부, 반초회 관계자, 대장성 차관 구로다 히데오黒田英雄 등이 차례로 소환되었고, 나카지마·하토야마·미쓰치三土 등 전·현직 관료도 연루되었다는 소문이 돌았다. 나중에 무죄로 판명된 것을 보더라도 이 사건은 내각 타도

히라누마 기이치로(平沼騏一郎)

를 위해 이용한 흔적이 있지만, 당시에는 사법 파쇼라는 말까지 돌았다. 검사들의 뒤에 후계 정권을 노리는 사법부의 원로인 히라누마 기이치로가 있다는 것은 쉽게 미루어 짐작할 수 있다.

히라누마 파와 사이토 내각 사이의 싸움은 뿌리가 깊다. 그에 앞서 1934년 5월 추밀원의장 구라토미 유자부로倉富勇三郎가 사임하자 후임에 부의장 히라누마 기이치로가 유력했는데, 사이온지의 뜻을 받든 사이토 수상이 전 궁내부 대신 이치키 도쿠로一木喜德郎를 추밀원 의장에 임명하면서 궁중의 중신 세력을 강화했다. 이어서 6월에는 이토 미요지伊東巳代治라든가 히라누마와 친분을 유지하며 추밀원에서 아성을 쌓았던 후타가미二上 추밀원 서기관장을 행정재판소장관으로 전보시킴으로써 추밀원에서 히라누마 세력을 완전히 몰아낸 적이 있다.

그런데 앞서 본 사이토 내각 타도 모의는 정우회 다수파의 힘으로 의회 내부에서는 일단 수습되었지만, 의회에서의 이전투구는 정당의 위신을 다시 한 번 무너뜨렸다. 그러나 데이진사건 조사가 진행되면서 대장대신의 책임문제가 대두하자 결국 사이토 내각은 7월 3일 물러날 수밖에 없었다.

　사이토 내각은 정당의 부실로 인한 최초의 거국일치내각이었다. 이 내각은 애당초 잡다한 정치세력, 즉 중신, 정당, 관료, 군부의 동상이몽을 피할 수 없었다. 따라서 내부 대립이 계속되었고 정치 지도자가 독자적인 방향을 제시할 수 없었고 이를 추진할 정치력도 없었다. 이런 사정 때문에 여러 계파가 힘의 균형을 유지하는 것 이상은 불가능했고, 그 결과 5·15사건 이후 정국의 불안을 피하면서 조심스레 파시즘으로 이행해가려는 소극적 역할을 맡았던 것이다. 이러한 수동적 태도 때문에 급진파시즘 세력의 비난과 공격을 받게 된 것이다.

### 오카다岡田 내각의 약체성

　사이토 내각 총사직 후 원로 사이온지는 계획에 따라 후계 수상 선임을 위해 중신회의를 열었다. 회의 석상에서 사이온지와 뜻을 같이 한 사이토 수상은 수상 후보로서 예비역 해군대장 오카다 게이스케岡田啓介를 추천했고, 사이온지의 천거를 거쳐 오카다가 내각을 구성하게 되었다. 여기에서 알 수 있듯이, 오카다 내각의 성격은 다분히 사이토 내각의 연장이었다. 오카다가 간택된 이유는 1935년 런던 해군군축조약 개정에 대비하고, 직전의 내각이 기강 문제로 물러났기 때문에 이것과 관계가 없는 인물이라는 점 때문이었다. 사이온지는 1930년 런던조약 문제 때 오카다의 정치적 수완을 높이 평가하고 있었다.

　오카다는 사이토 내각의 고토 농무대신, 가와타 척무차관을 조각 참모로 기용해 내각 구성에 들어갔는데 우선 육군대신, 해군대신, 외무대신의 유임을 결정했다. 그리고 내무대신에 고토, 대장대신에 후지이藤井 대장성 차관, 법무대신에 오하라小原 도쿄공소원장 등 주요 보직에 관료를 포진시킨 후에 비로소 정우회와 민정당 양 당에 내각 구성과 관련해 입각과 협력을 요청했다. 민정당에서는 이를 받아들여 마치다 쥬지町田忠治, 마쓰다 겐지松田源治를 입각시켰다. 그러나 정우회는 협력을 거부했지만, 반反스즈키파인 도코나미 등 3명이 정우회의 제명 조치를 감수하고 입각했다.

조각의 경과를 보더라도 오카다 내각은 관료적 색채가 농후했다. 그리고 이 관료세력의 진출은 '정치계를 정화淨化하고 관가의 기강을 세운다'(오카다 내각 정강)는 명분 아래 이루어졌다. 이미 사이토 내각이 거국일치내각을 자칭했으나 정치세력의 기초가 없었고 그로 인해 정책은 항상 동요했는데 관료적 색채를 강화한 오카다 내각에서는 관료 내부의 불일치로 인해 이러한 결함이 한층 심화되었다. 결국 머지않아 이 내각은 약체성을 드러내고 말았다.

조각 때부터 오카다 내각은 육해군의 강력한 요구에 직면했다. 해군은 군축회의에 대해 강경한 태도를 취함과 동시에 워싱턴조약을 폐기하자고 했고 육군은 만주 기구의 개혁을 요구했다.

통수권 문제를 야기했던 런던 해군군축조약의 효력은 1936년이 만기였다. 그래서 개정을 협의하기 위해 1년 전부터 다시 런던회의를 개최하기로 했다. 해군에서는 조각 초부터 워싱턴조약의 폐기와 총 톤수를 기준으로 미국과 평등한 자격을 주장했다. 이들은 군령부 총장 후시미노미야伏見宮를 통해 직접 천황에게 간언하고, 해군수뇌부 회의를 열어 이 주장을 관철하고자 했다. 오카다 내각은 상대국의 반대가 불을 보듯 뻔하다면서 회의 참석을 거부했고 한때는 해군대신의 경질까지 고려했으나 결국 소장 장교들의 압력에 굴복해 해군 측에 양보했다. 그 결과 10월 런던에서 열린 해군군축 예비회담에서 최대한의 공통 제한규정을 주장한 일본과 비율제한

주의를 주장한 미국이 충돌했다. 영국은 양국의 의견을 조율하려고 했지만 실패했고 회의는 중단되었다. 군축회의 뒤편에서 미국을 비롯한 각국은 건함계획을 촉진했고 군축회의를 자국에 유리하게 이끌고자 했다. 그래서 일본정부는 영국, 미국, 프랑스, 이탈리아를 상대로 워싱턴조약의 공동폐기를 제안했다. 그러나 모든 국가가 거부하는 바람에 12월 말 단독으로 조약 폐기를 통고했다.

육군 측이 요구한 만주 기구의 개편 문제는 결국 만주에서 일본의 정치행정기구를 육군이 완전히 장악하겠다는 의도에서 나온 것이다. 재만기구는 지금까지 관동군사령관, 주만주대사, 관동주장관을 사실상 한 사람이 겸임하도록 하는 과도적 형태를 띠었기 때문에 기구 개혁은 중요한 현안이었는데 그 해 9월 각의에서 육군측의 제안을 채택했다. 그 내용을 보면 만주에 관한 사무를 외무성과 척무성에서 분리해 내각 직속의 대만對滿사무국으로 이관하고, 관동주장관 직제를 폐지한 뒤 주만주대사 지휘 아래 관동주지사를 두고, 주만주대사는 관동군사령관이 겸임한다는 것이었다. 이렇게 되면 만철 부속지 안에서는 일체의 경찰권이 군부로 귀속된다. 경제적으로 보자면 이것은 군부가 만철의 감독권을 얻게 되는 중요한 의미를 지녔다. 대만對滿사무국은 1934년 12월에 설치되었는데 총재는 하야시 육군대신이 겸임했다. 이 재만기구의 개편은 육군이 만주국의 지도권과 관동주, 만철부속지 등의 행정권 장악을 제도적으로 승인하는 것이며 일반 행정에 대한 군부의 개입을 용인하는 최초의 사례였다. 이 과정에서 척무성 관리, 특히 관동청 경찰들이 강력히 반대했다는 것은 내각의 정치력이 얼마나 빈곤했는지를 보여준다.

10월 1일 육군성 신문반에서 '국방의 본의와 강화 제창'이라는 팸플릿을 배포했다. '싸움은 창조의 힘, 문화의 어머니이다. … 국방은 국가성장과 발전의 기본적인 활력의 작용이다.'로 시작하는데, 국방의 우월성과 국방국가 건설의 필요성을 주장했다. 그리고 긴박한 국제정세에 대비해 군비 확충, 통제경제 채택, 농어촌 구제의 필요성을 역설했다. 이것은 군부가 내정 분야에 이르기까지, 광의의 국방 내지 국방국가 수립이라는 방향을 위해 정치력을 지닌 실체적 집단으로 등장했다는 것을 뜻한다. 그러나 그 해 초 제65회 의회에서 각 정당은 군부의 군민 이간에 관한 성명과 관련해서 군사비 증대와 농어촌 구제 문제를 제기한 바 있었는데, 이때 육해군위원은 군부의 성명을 반박하며 군사비 증대가 오로지 중공업 부문의 독점자본에게만 흘러들어가고, 농촌은커녕 중소자본에게조차 혜택을 주지 못한다는 현실을 인정할 수밖에 없었다.

군부의 정치적 진출과 요구안의 관철로, 1935년도 예산에서 군사비가 현저하게 늘었다. 육해군성비는 10억2,000여만 엔으로 총세출의 46.6%를 차지했다. 군사비 팽창과 인플레이션의 위험으로 농촌구제비는 이 해부터 항목에서 제외되었다. 그리고 1934년 간사이지방의 풍수해, 도호쿠지방의 냉해 대책에 쓸 돈도 모자랐다. 그 사이 후지이 대장대신은 금융자본의 이익을 대표해 건전재정주의를 유지하고자 했고 시국산업에 대한 임시이득세 부과를 주장했으나 내각의 강력한 반대에 부딪혔다. 후지이 대장대신은 예산편성과정에서 쓰러져 결국 다카하시 전 대장성 대신이 후임으로 입각했다. 이 무렵부터 정우회와 민정계 양 당의 연대운동이 다시 부활해 1934년 11월 소집된 제66회 의회에서는 군사비로 편중된 파행적 예산안과 재해 및 농촌구제대책을 경시하는 내각에 강력한 비난이 쏟아졌다. 그러나 양 당은 정부에 대한 태도와 관련해 보조를 맞추지 못했으며, 정우회는 굳이 당의 해산을 감수하면서까지 정부와 싸울 의사가 없었다. 하지만 이 의회를 계기로 오카다 내각의 약체성은 만천하에 드러났고, 사이토 내각이 슬로우slow모션이었다면 이 내각은 완전히 노no모션이라는 비난을 받았다. 그럼에도 불구하고 이 내각이 유지된 것은 군부가 오카다 내각을 통해 자신의 요구를 쉽게 관철하고자 했기 때문이다.

### 천황기관설 문제

1935년에 접어들자 천황기관설 문제가 불거졌는데, 이 사안은 당시 격화되기 시작한 여러 정치적 대립의 교착점이 되었다. 천황기관설이라는 것은 메이지 말기에 미노베 다쓰키치美濃部達吉가 당시 공인된 학설이었던 천황주권설에 반대하며 제기한 헌법학설이다.

미노베 다쓰키치 교수와 천황기관설을 설명한 『헌법촬요』

메이지 헌법 제4조에서, '천황은 국가의 원수로서 통치권을 총람하고 이 헌법 규칙에 따라 이를 수행한다'고 규정하고 있다. 그런데 이에 대한 해석을 두고 천황기관설은 천황이 국가통치의 주체(천황주권)라는 사실을 부정하고, 통치권은 국가에 귀속되며 천황은 국가의 최고기관으로서 통치권을 행사한다고 이해한다. 따라서 천황기관설은 국가의 통치권이 천황에게만 귀속된다는 사실을 부정하고 불충분하지만 정당내각제의 이론적 기초를 세웠다. 또 천황이 행사하는 통치권이 무제한적 성격이 아니라 헌법에 의해 제한된다는 점을 강조했다. 이 점에서 천황기관설은 국가기구 내부에서 군부 내지 관료적 요소의 절대적 지위를 확보하고자 하는 천황주권설에 반하여 국민을 대표하는 명분을 지닌 국회의 독자적 지위와 권능을 인정하고자 한 것으로서 다이쇼 데모크라시 운동 이후 헌법학계에서 지배적 지위를 획득한 학설이었다. 따라서 천황기관설에 대한 비난은 본래 의회세력에 대한 군부나 관료세력의 공격을 의미하는데 실제로는 당시 정세와 맞물려 더욱 복잡한 양상을 띠었다.

이 문제는 제67회 의회 귀족원에서 육군중장 기쿠치 다케오가 미노베 다쓰키치의 천황기관설을 공격하고 미노베가 이에 반박한 것을 계기로 불거졌다. 처음에는 하야시 육군대신도 "미노베 박사의 학설은 몇 년 동안에 걸쳐 역설된 것으로서 이 학설이 군에 특별히 악영향을 미친 사실은 없다."고 말했을 정도로 그다지 문제가 되지 않았다. 그러나 귀족원의 국수주의자라든가 오카다 내각에 강한 반감을 지닌 야당 정우회에 의해 거론되고 정부를 공격하는 초점이 되면서 군부도 천황기관설을 공공연히 공격하기 시작했다. 그런데 이것이 사회문제화 된 배경에는 50만 부에 달하는 팸플릿을 배포한 전국의 재향군인회의 영향력을 무시할 수 없다.

약체 정부는 군부의 공격이 강화되자 단지 그것을 추종하면서 이 사실을 호도하고자 했다. 천황기관설 문제는 4월, 미노베 박사의 저서에 대한 발매금지, 미노베 박사의 처분 문제, 8월과 10월에 걸친 정부의 국체명징성명[8]으로 번져갔다. 이렇게 문제가 불거진 것은 정우회가 이 문제를 군부급진파를 타도하는 계기로 삼으려 했고, 가즈키 추밀원장과 가네모리 법제국장관이 기관설논자로 지목되었기 때문에 히라누마 일파가 이를 빌미 삼아 가즈키와 중신층을 공격하고자 했기 때문이다. 이 계획은 모두 수포로 돌아갔지만 언론 탄압, 파쇼화 수단으로서는 큰 효과를 거두었다.

천황기관설 문제는 나아가 육군 내부의 파벌싸움과 결합해 더욱 복잡한 양상으로 전개되었다. 전황기관설 문제가 대두될 때 육군에서 적극적인 역할을 수행한 것은 아라키에 버금가는 황도파의 거두 교육총감 마사키 진자부로真崎甚三郎였다. 그는 전 군에 국체명징을 훈시하도록 통달함으로써 정부와 중신들의 미움을 샀다. 그런데 7월이 되자 마사키는 하야시 육군대신과 대립했다. 하야시는 마사키의 사직을 압박했는데 두 사람이 대립하던 끝에 간인노미야閑院宮 참모총장을 아군으로 삼은 하야시가 승리했다. 결국 교육총장은 경질되고 말았다. 황도파는 하야시가 중신·관료·재벌과 결탁해 마사키를 경질하고 황군을 더럽히며 통수권을 넘봤다고 주장했다. 그 결과 8월에는 아이사와 중좌가 통제파의 지략가인 나가타永田 군무국장을 살해하는 사건이 발생하는데 그로 인해 하야시 육군대신이 사직하고 가와지마川島 대장이 뒤를 이었다. 이러한 군 내부의 대립은 2·26사건으로 이어졌다.

이와 더불어 일본의 경제적 곤란을 반영하듯 예산편성을 둘러싼 대립은 격화되었다. 만주사변 이후 예산편성 때마다 금융자본의 견지에서 재정의 합리성을 고수하는 대장성 관료와 오로지 군사비 팽창만을 바라는 군부가 심하게 대립했는데, 군부의 협박은 일상이 되었고 이러한 경향은 점점 더 심해졌다. 1935년 1월 차년도⁹ 예산을 위한 각의가 난항을 겪더니 3일째에는 밤을 새웠다. 그런데 그날 밤 군은 다음과 같은 성명을 발표하며 위협했다.

"육군의 이번 예산은 현재 아국의 국방을 책임지기 위해서 절대로 부족해서는 안 되는 항구 병비를 위한 기초사항이다. 이전과 이번 예산과 관련해 만일 더 이상 군부가 무리하게 압박한다면 아마도 국민의 원망을 받을 것이라고들 하는데 이것은 실로 국가와 국민을 생각해 온 군에 대한 심각한 무고일 뿐이다."

그러자 정치적 모순은 더욱 심화되었다. 또 1935년 12월부터 열린 런던 군축회의에서는 일본 대표가 회의탈퇴를 선언한 뒤, 본격적인 건함경쟁에 돌입했다. 이러한 상황들은 정치적 모순을 더욱 심화시켰다.

## 오카다 내각의 보강작업

정국이 천황기관설 문제로 혼란해진 것은 당시 이를 공격하는 측이나 반박하는 측이나 모두 진퇴양난의 상황에 빠졌기 때문이다. 오카다 내각도 이러한 상황을 타개할 적극적인 대책을 내놓지 못했다. 다만 내각을 보강했을 뿐이다. 1935년 5월 내각심의회와 내각조사국 설치는 그 첫 시도였다. 그러나 이것은 단지 내각의 보강작업이었을 뿐만 아니라 동시에 통제경제의 진전과 국방국가로의 전환과정에서 요구되는 필연적 조치였다. 심의회는 중요 정책의 조사, 심의를 행하는 자문기관이었으나 실제로는 중신, 귀족원, 정당, 재계의 대표자가 모인 매우 정략적인 기구였다.

오카다 내각은 재벌 대표로 이케다 시게아키(미쓰이)와 가가미 겐키치各務鎌吉(미쓰비시)를 끌어들이는 데 성공했다. 이때도 정우회의 지지를 얻는 데는 실패했고 모치즈키 게이스케 등이 탈당해 심의회에 참가하는 정도였다. 그러나 그후 영향을 미친 것은 오히려 그 산하의 사무국인데, 이것이 나중에 기획원으로 발전해 내각조사국이 되었다.

내각조사국은 관료를 중심으로 한 정책참모본부인데 각 성에서 파견된 조사관으로 구성되었다. 장관은 내각서기관장인 요시다 시게루吉田茂[10]였고 스즈키 데이이치(육군), 야마다 사쓰오山田竜雄(대장성), 와다 히로오和田博雄(농림성), 오쿠무라 기와오奥村喜和男(체신성) 등이 조사관으로 임명되었다. 여기서 중견관료가 좌관급 군인과 함께 국책을 논함으로써 나중에 통제경제의 진전에 중요한 역할을 하게 된다. 2·26사건 뒤에 히로타 내각의 전시체제 정책 수립에 이들이 중요한 역할을 하게 된다.

그리고 관료내각인 오카다 내각은 오로지 '정치계 정화'라는 소극적인 슬로건만 외치며 존재감을 드러내고자 했다. 실제 조치는 폭력단 검거라든가 부정선거 단속 등이었다. 폭력단 검거는 1935년에 시작되었는데 이 폭력단 검거의 특징은 단지 경찰을 통해 실시한 것이 아니라 내각 전체의 방침으로 이루어졌다는 데 있다. 이것은 천황기관설 문제에 편승해 기승을 부리는 우익단체를 통제하는 동시에 관료내각의 중립성을 과시하기 위한 목적이었다. 과거 폭력단은 정당과 부패의 연을 맺고 선거 때마다 정당의 기반이 된 경우도 적잖았고, 정당내각에서는 철저히 손을 쓰지 않았다. 따라서 관료내각이 폭력단을 검거함으로써 여론의 칭찬을 받기도 했다. 이것은 국가권력을 잡은 관료지배의 우위를 상징하는 것이기도 하다. 고토 내무대신이 주장한 부정선거 단속운동은 각 부현에 선거숙정위원회를 설치하고 간담회, 강습회를 열어 선전했다. 그러나 이 위원회는 위원회장이 지사였고 중앙선거숙정 중앙연맹의 장이 사이토 전 수상이었다는 점, 부현청의 관리, 판검사, 시정촌장, 교장 등으로 구성되었다는 점에서 관료적 색채가 농후했다. 관료세력은 부정선거 단속으로 민중과 군부의 지지를 얻고 동시에 이를 통해 정당의 '정화'를 꾀하며 정당과 군부를 매개로 자신의 세력을 확립하려는 것으로 보인다.

1936년 1월 제68회 의회에서 정우회는 국체명징문제를 중심으로 내각불신임안을 제출하려고 했지만, 정부는 이 안이 상신되기 전에 의회를 해산시켜 버렸다. 총선거는 부정선거 단속 강화와 더불어, 정우회와 민정계 양당도 정당내각 성립이 어렵다는 것을 깨닫고 정쟁에 매달리지 않았기 때문에 저조한 양상을 보였다.

2월 20일의 선거 결과는 민정계 205석, 정우회계 175석, 쇼와회(정우회 탈당파를 중심으로 한 정당) 20석, 사회대중당 18석, 그 밖에 무산정당 6석, 국민동맹 15석, 국가주의 단체 3석, 중립 26석으로써, 민정당의 승리로 돌아갔다.

당시 부정선거 단속의 영향도 있고 정부로부터 뚜렷한 탄압도 받지 않았다고 하지만, 사회대중당의 진출은 세상의 주목을 받았다. 이것은 사회민주주의 지도자의 동요나 반동화에도 불구하고, 여전히 국민들이 파시즘의 진전에 불만을 품고 있다는 것을 합법적인 무산정당 가운데 가장 큰 조직에 대한 지지의사로 나타낸 것이라 할 수 있다.


## 제3절 비상체제와 언론탄압

### 노농운동의 퇴조

만주사변 이후 예측된 바와 같이, 일본 자본주의의 체제적 모순과 농촌의 위기는 점점 더 심화되어 갔다. 노동자의 투쟁과 더불어 농민들의 치열한 소작쟁의가 전개되었다. 특히 중소공장 단위에서 아직 조직되지 않은 노동자들이 전개한 파업투쟁이라든가, '토지를! 그렇지 않으면 죽음을!'이라는 구호 아래 농촌의 토지투쟁이 소빈농층 뿐만 아니라 중농층까지 끌어들여 전개된 것은 주목할 만

한 현상이었다. 그와 동시에 만주사변 발발 이후 반전투쟁이 강화
된 것도 주목할 만한 현상이다.

임금수준표

| 연차 | 명목 실제임금 지수 | 소매 물가지수 | 실제임금 지수 |
|---|---|---|---|
| 1930 | 100.0 | 100.0 | 100.0 |
| 1931 | 92.0 | 87.1 | 105.3 |
| 1932 | 89.4 | 88.0 | 101.5 |
| 1933 | 90.4 | 94.6 | 95.5 |
| 1934 | 92.9 | 95.7 | 97.0 |
| 1935 | 92.8 | 97.5 | 95.1 |
| 1936 | 93.0 | 102.6 | 90.6 |
| 1937 | 98.0 | 112.2 | 87.2 |

노동쟁의 건수와 참가인원표

| 년도 | 건수 | 인원 |
|---|---|---|
| 1932 | 870 | 53,338 |
| 1933 | 598 | 46,787 |
| 1934 | 623 | 49,478 |
| 1935 | 584 | 37,650 |
| 1936 | 546 | 30,857 |
| 1937 | 628 | 123,730 |

그러나 만주사변 이후 군수軍需 인플레이션이 발생하자 자본
가의 막대한 이윤에서 흘러나온 떡고물이 미미하지만 노동자의 임

금 상승을 가져왔고 실업자에게 일자리를 제공하는 듯 했다. 그러나 임금인상은 물가 상승률에 비해 낮은 수준이었고, 오히려 노동시간이 연장되었고 실질임금은 하락했다. 실업자의 취업도 대부분 임시직으로서 이들은 매우 불안정한 노동환경에 처했다. 그러나 이러한 상황은 아직 조직되지 않은 노동자의 뇌리에 경기회복에 대한 환상을 심어주었다. 게다가 당국의 노동운동 압박 강화, 노조 간부인 개량주의자들의 동요로 인해 1932년 이후 노동운동은 차츰 약화되어 갔다. 쟁의 건수는 참가인원과 함께 1937년을 제외하고는 계속 줄어들었고 노동조합 조직률도 1933년 이후 급속히 저하되었다.

이에 반해 1934년 도호쿠지역의 대흉작으로 상징되는 농업불황은 계속 진행되어 심각한 상황에 처했다. 소작쟁의는 1932년부터 1935년 사이에 해마다 건수와 참가자가 모두 늘었다. 공산당 지도 아래 있던 전농전국회의는 정부미政府米획득투쟁으로 빈농들을 조직했고, 도시에서는 일본소비조합연맹의 '쌀을 달라' 투쟁과 연계해 일시적으로 활발한 양상을 띰으로써 정부의 막대한 비축미와 자본주의적 덤핑 문제를 폭로할 수 있었다.

그런데 앞서 본 바와 같이 노동운동이 후퇴한 것은 농민운동의 발전을 저해했다. 소작쟁의 건수는 증가했지만 건 당 참가인원은 오히려 줄어드는 경향을 보였다. 이것은 쟁의가 점차 산발적이며 소규모 형태의 투쟁으로 변해갔다는 것을 뜻한다. 그러자 농민들의 반자본주의적 정서를 이용해 반동적인 농본주의를 표방한 우익운동이나 혹은 지주와 소작인의 경작지를 둘러싼 투쟁을 '토지기근'으로 몰아가면서 이를 해결하기 위해서는 결국 해외진출이 필요하다는 논리를 전개하는 국가주의운동이 지주와 중농층을 사로잡으며 농촌을 파시즘의 기반으로 삼으려는 움직임이 대두했다.

이렇게 노농운동이 쇠락한 원인 가운데 하나는 진보적 정치세력의 동요와 분열이었다. 사회대중당이 파시스트로서 본색을 드러낸 것은 1934년 "국방의 본의와 강화를 제창함"이라는 육군 팸플릿 사건이었다. 아소麻生 서기장은 "일본의 정세로 보아 자본주의 타도라는 사회개혁을 위해서는 군대와 무산계급의 합리적 결합이 필연적이다."라고 주장하며 육군의 파시즘적 사상을 공공연하게 지지했다. 게다가 이들은 "노동조합은 가능한 한 파업을 피하고 눈물을 머금고 임금삭감을 감수함으로써 30명 해고할 것을 20명 선으로 줄이는 등 수 많은 고통을 참아내야 한다."(니시오 스에히로의 의회 연설)며 '비상시국' 하에서의 '근로봉공'과 '산업보국'을 역설했다.

산하의 총동맹은 계급협조주의에서 더욱 더 후퇴해 결국 어용노조가 되었다. 그 결과 일본노동조합총연합, 해군노동연맹, 도쿄전력東電애국동맹, 체신종업원동맹 등 당시 우후죽순처럼 생겨난 일본주의를 표방하는 우익국가주의적인 노조들과 함께 무산정당의 우익화를 지지했다. 농민운동의 주요 조직이었던 전일본농민조합은 1931년 좌파와 결별하고(좌파는 전농전국회의를 결성) 우경화되었는데 1934년 제7회 대회 이후 거의 활동을 중단했다.

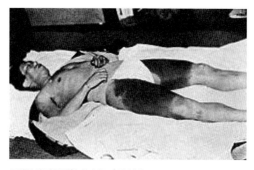

고바야시 다키지(小林多喜二)의 시신

당국의 탄압은 점점 더 거세졌고 백색테러는 포악하기 그지없었다. 비상시국이라는 명목 아래 노농운동 관계자를 국책에 협력하지 않는 자, 애국의 정신이 없는 국적國賊으로 간주하고 불법으로 체포했으며 인권을 무시한 채 고문을 자행했다. 그로 인해 이와타 요시미치岩田義道, 고바야시 다키지小林多喜二[11] 등이 희생되었다. 공산당의 핵심을 괴멸시킨 검찰은 그 후에 노농구원회라든가 공산청년동맹 등의 외곽단체, 그리고 일본노동조합전국협의회(전협)과 전농전국회의 등의 하부 조합, 그리고 일본프롤레타리아문화연맹 KOPF 등의 문화단체도 탄압하기 시작했다. 그런데 공산당 입장에서 볼 때 가장 큰 타격은 사노 마나부佐野学[12], 나베야마 사다치카 鍋山貞親의 전향이었다.

## 사노佐野·나베야마鍋山의 전향

1933년 6월, 옥중의 사노와 나베야마는 재판과정에 『공동피고 동지들에게 고하는 글』을 발표했다. 이 글의 요지를 보면, '일본 공산당이 코민테른의 지시에 따라 외관만 혁명적일 뿐 실천적 측면에서 볼 때 유해한 군주제 폐지라는 슬로건을 내건 것은 근본적인 오류'라며 코민테른에서 벗어나야 한다는 주장이다. 이러한 전향의 논리를 보면 혁명운동의 국제주의를 부정하고 일국적 사회주의 건설의 가능성을 주장하는 듯하지만, 그 이면을 보면 이것은 분명히 계급투쟁을 없애고 민족의 통일을 주장하였으며, 결국 천황제와의 투쟁을 포기한 것이다.

사노가 '내가 새롭게 결심한 동기는 만주사변 이후 전쟁의 정세'라고 말한 것처럼,(「코민테른과의 결별」, 『개조』 1933,8) 그는 파시즘에 굴복했다. 사노는 인텔리 출신이고 나베야마는 노동자 출신이었는데, 이들은 모두 공산당 최고 지도자로서 널리 신망을 얻고 있었다.

그러한 만큼 이들의 성명은 세상 사람들에게 엄청난 충격을 안겨주었다. 그리고 미타무라 시로, 다카하시 사다키高橋貞樹, 나카오 쓰이데中尾ついで, 가자마 조키치도 차례차례 전향을 발표했다. 이로써 이른바 전향시대가 시작되었다.

사법성 행정국이 사노와 나베야마 성명 직후 그 다음 달 말까지 조사한 바에 따르면, 치안유지법 관련자로서 전향자 내지 이탈자는 미결수 1,370명 가운데 415명, 기결수 393명 가운데 133명에 달했다. 극심한 고문과 끝도 없는 구금생활로 인한 건강 문제, 가족의 은혜와 의리, 생활고 등 다양한 이유들 때문에, 전쟁에 따른 민족적 자각이라든가 황실의 역사성이라든가 하는 '이론'의 외피를 빌어 다양한 전향자가 속출했다. 사법당국이 전향의 유무로 형량을 좌우한 정책도 주효했다. 의식적인 배반을 비롯해 맘에 내키지는 않으나 고단한 실천으로부터 도피하고자 하는 경우에 이르기까지 다양한 수준과 형태의 전향이 이루어짐에 따라 양심을 저버리는 풍조가 만연했다.

가와카미 하지메河上肇[13] 박사가 양심을 저버리는 고뇌 속에 스스로 계급전쟁의 이탈자로 규정하고 실천운동에서 손을 떼겠다고 선언한 것은 세인들의 공감을 얻기도 했다. 그러나 그것이 진심이라고 하더라도 오히려 그로 인해 전향을 불가피한 것, 어쩔 수 없는 것으로 용인하는 분위기를 강화했다는 점에서 볼 때 매우 부정적인 영향을 미쳤다. 이 시기 파시즘에 대한 저항은 외부로부터의 탄압 외에도 이렇듯 내부로부터의 붕괴로 인해 결정적인 파탄에 이르렀다.

### 나프NAPF에서 코프KOPF로

저널리즘은 전향의 문제를 프롤레타리아 문학 분야에서 가장 많이 다루었는데 그 내용은 패배한 지식인이라는 인상을 심어주는 것이었다. 이 문제를 다루기 전에 1928년 3·15사건 직후에 결성된 전일본무산자예술연맹NAPF 이후의 프롤레타리아 문화운동의 추이를 돌아볼 필요가 있다.

"프롤레타리아의 예술을 전 무산대중에게 불어넣는 것을 임무로 한다."고 표방한 나프는 『프롤레타리아 예술』과 『전위』를 합쳐 『전기戰旗』를 창간했다. 그리고 이론과 창작 측면에서 지도적 의견을 발표해왔다. 이 조직은 문학부, 연극부, 미술부, 음악부, 영화부, 출판부 등 6개 부문으로 나뉘어졌는데, 같은 해 12월에 재조직되어 '재일본무산자예술단체협의회(신新나프)'가 창립되었다. 그리고 산하 각 부문은 이듬해 초에 일본프롤레타리아작가동맹(날프, NALP), 일본프롤레타리아극장동맹(프로트), 일본프롤레타리아미술가동맹PP, 일본프롤레타리아음악가동맹PM, 일본프롤레타리아영화동맹(프로키노) 등으로 활동을 시작했다. 이들은 '예술운동의 볼셰비키화'를 목표로 오로지 유물변증법적 창작 이론을 주장하며, 사회민주주의적 경향을 지닌 노농예술가연맹의 『문예전선』과 대립했다.

1930년 8월의 모스크바 프로핀테른 제5회 대회에서 '프롤레타리아 문화와 교육조직의 역할과 임무에 관한 테제'가 채택되었다. 여기에 참석한 나프의 지도자 구라하라 고레히토藏原惟心가 1931년 3월에 돌아와 '프롤레타리아 예술운동의 조직문제'(『예술론』에 수록)를 발표하고 다가오는 파시즘의 광풍 속에서 과거 나프의 활동방침은 비정치주의였고 문화주의적 경향을 지니고 있어 파시즘과의 투쟁에서 무력했다고 비판함으로써, 이 테제가 향후 프롤레타리아 문화운동의 기본방침이 되었다.

이미 구라하라는 1930년 4월 '나프 예술가의 새로운 임무'라는

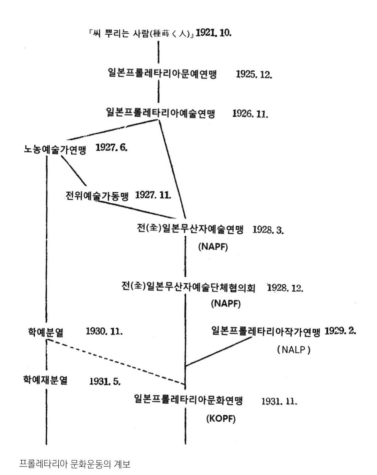

프롤레타리아 문화운동의 계보

글에서 "사회민주주의적 관점과 확실히 구별되는 명확한 공산주의적 관점"에 서야 한다는 것을 회원 예술가들에게 요구하고, 1931년 9월 '예술적 방법에 대한 감상'이라는 글에서는 "프롤레타리아와 당의 필요에 따라, 완전히 동떨어진 제재題材를 다루지 말아야 한다"고 강하게 주장했다. 이렇게 프롤레타리아 문화운동은 공산주의 운동의 일환으로 이루어졌다. 이어서 1931년 7월부터 8월에 걸

쳐 나프 산하의 각 동맹에 과학단체인 프롤레타리아과학연구동맹,
일본프롤레타리아 에스페란티스트동맹이 참가하여 '프롤레타리아
문화연맹중앙협의회조직발기자회'가 만들어졌다. 11월에는 나프
해체 후 '일본프롤레타리아문화연맹KOPF'가 결성되었고 기관지로
『프롤레타리아 문화』를 발행했다.

프롤레타리아 문화(창간호)

이것은 프롤레타리아 문화운동 관계자들의 통일적 협의기관으
로서 발족했는데, "첫째, 부르주아, 파시스트, 그리고 사회파시스트
등 문화반동들과 투쟁한다. 둘째, 노동자·농민 등 기타 근로자의
정치적 경제적 임무에 대한 체계적 계몽을 수행한다. 셋째, 노동자·
농민 등 기타 근로자의 문화적 생활적 요구를 충족시킨다. 넷째, 맑
스·레닌주의에 입각해 프롤레타리아 문화를 확립하는 것을 목적으

로 한다."는 규약을 내걸었다.

그러나 코프KOPF는 운동방침을 충분히 살리지도 못한 채 다음 해인 1932년 3월에 대탄압을 받아 구라하라, 나카노, 구보카와 등 중앙그룹의 400여 명이 체포·투옥되었다. 미야모토 겐치宮本顯次[14], 고바야시 다키지小林多喜二는 지하에 숨어 계속 지도했으나 잇따른 탄압으로 각 기관은 파괴되었고 치안유지법의 개악으로 운동은 한층 어려움에 처했다. 그 결과 공식적인 해산은 없었으나 약 3년 만에 활동을 멈출 수밖에 없었다.

**반전작품**

나프와 코프는 연이은 탄압 속에서 반파쇼·반전 문화투쟁을 수행했다. 나프 결성의 매개역할을 한 일본좌익문예가총연합이 편집한 반군국주의적 창작집 『전쟁에 대한 전쟁』(1928년)에 대해서는 앞에서 언급했다. 그 후에도 구로시마 덴지黑島伝治는 1929년에 「반전문학론」(『프롤레타리아예술교정』 제1집에 수록)을 집필해 프롤레타리아 반전문학의 역사적 계급적 의의를 명확히 했다. 이런 가운데, 얼마 되지는 않지만 반전·반군국주의 작품이 나오게 되었다.

창작집 『전쟁에 대한 전쟁』에 수록된 「한 병졸의 진재 수기」를 집필한 에츄야 리이치越中谷利一는 일본 군대의 실체를 폭로했다. 그는 그 밖에도 반군 소설로서 『한 병졸 다나카多仲의 죽음』, 『나중을 대비하는 자』 등을 집필했다. 『군대병軍隊病』(1928년 5월호 『아카하타赤旗』에 수록)을 집필한 다테노 노부유키立野信之는 그 밖에도 『표적이 된 그놈』, 『호우』, 『붉은 하늘』 등의 작품을 남겼다. 1933년 쓰키지경찰서에서 고문으로 살해된 고바야시 다키지는 『해공선蟹工船(게잡이 가공선)』(1929년 4-5월호 『아카하타赤旗』에 수록)을 통해 식민지 어업노동자의 실상을 묘사함으로써 제국주의 일본의 타국 영해에 대한 도적과도 같은 침략의도를 폭로했다.

그리고 쿠로시마 덴지의 작품 『라랴와 마르샤』(1926년), 『눈 덮인 시베리아』, 『썰매橇』「휘몰아치는 새떼」(1927년), 『빙하』(1928년), 『밤나무의 부상』(1929년) 등은 '시베리아 출병' 때 일개 병졸로서 응소했던 작가의 체험을 통해 '일본 군대'의 실체를 폭로한 작품으로서, 지난 齊南사건을 묘사한 장편소설 『무장하는 시가』

『해공선(蟹工船)(게잡이 가공선)』

와 더불어 의미 없는 전쟁과 군대생활에 대한 증오심을 감동적으로 묘사했다.

구로시마의 「반전문학론」과 더불어 고바야시 다키지의 「전쟁과 문학」(1932년, 『도쿄아사히』 게재)은 반전문학의 이론적 우수성을 보여주었다. 그런데 당시 반전적 성격의 여러 작품과 시詩, 그리고 이러한 작품들을 지도한 이론 사이에는 상당한 괴리가 있었다. 바로 이 점 때문에, 만주사변을 계기로 대대적인 탄압이 이루어지자 적극적으로 반전을 이야기하던 것에서 점차 '부르주아 문학의 반동화에 대한 투쟁'으로 방향을 선회하게 된 것이다.

문학 외에 다른 부문의 반전활동도 나프 전선을 중심으로 전개되었다. 1928년 '노동예술가동맹'(로게이勞芸)에 속한 '전위좌'(뒤에 '전위극장'으로 개명)와 '일본프롤레타리아예술연맹'(프로게이プロ芸)에 속한 '프롤레타리아 극장'으로 분열된 프롤레타리아 극단은 '나프 통일전선' 성립을 계기로 하나가 되었고, 나프 연극부로서 '좌익

극장'을 결성하고 쓰키지에서 무라야마 도모요시村山知義의 「역시 노예다」, 가지 와타루鹿地亘의 『돌풍』 등의 작품으로 제1회 공연을 개최했다. '좌익극장'은 1928년 9월 호치報知강당에서 「야마」(루 메 인테인), 「아버지」(히사이타 에이지로久板栄二郎) 등을 상연했다. 10월 에는 볼셰비키혁명 기념공연으로 「순양함 자랴」(우블레니오프)를 상 연하려다가 금지 처분을 받았지만 그 사이 각지에서는 이동극장을 통해 활동을 계속했다.

1929년 2월 나프 재조직에 즈음해 '좌익극장'을 비롯해 전국적 인 프롤레타리아 극단은 극장 단위로 연극의 전국적 조직인 '일본 프롤레타리아극장동맹'(약칭 프로토)을 확립하게 되었다. 그리고 창 립대회에서 대공연, 이동극장, 낭독 등의 형태로 대중적 연극 활동 의 기준으로서 '노동자 농민의 나라 소비에트 동맹의 옹호'와 함께 '제국주의 전쟁 절대 반대' 구호를 선명하게 내걸었다. 이렇게 해서 1929년 '좌익극장'은 메이데이 공연으로 우에노에서 「노도怒濤」, 「다리가 없는 마틴」을 상연했고, 이어서 6~7월에는 무라야마 도 모요의 작품인 『전선全線』(연출은 사노 세키佐野碩)을 상연했다. 이것 이 대성공을 거두고 운동방침이 확립되자 10월에는 3대 급진적 극 단이었던 '심좌心座', '극단 쓰키지소극장', '신新쓰키지극단'이 앞장 서 신흥극단협의회를 조직해 상호부조를 꾀하게 되었다. 그런데 '심 좌'가 「장갑열차」 상연금지 처분을 받게 되자 '좌익극장'은 이를 응 원하는 차원에서 총력을 기울여 「전선」을 재상연하고, 레마르크의 「서부전선 이상 없다」를 '극단 쓰키지소극장'과 '신쓰키지극단'이 '좌익극장'의 응원에 힘입어 상연함으로써 관객들에게 반전의 메시 지를 호소했다.

그 후 프로토는 이동극장을 통해 전국적인 활동을 전개하며 「폭력단기」, 「승리의 기록」, 「태양이 없는 거리」, 「부재지주」 등을

278

상연했다. 그러나 정세가 악화되면서 초기의 반전적 성격은 점차 약해져 갔고, 1934년 '좌익극장'의 해산 이후에는 거의 반전극 활동은 정지되었다. 다만 혁명적 전통은 삼엄한 파쇼체제 아래서 '신협극단'에 의한 구보 사카에久保栄의 「화산회지火山灰地」를 통해 겨우 명맥을 이어갔다.

영화에서는 1929년 일본프롤레타리아영화동맹(프로키노)가 결성되어 이동 영사대映寫隊를 조직하고 어느 정도 활동은 이어갔지만, 획기적인 반전영화 활동이라고 부를 만한 것은 없었다. 오히려 좌익연극의 영향 아래 이른바 영화계에서는 좌익적 경향의 영화가 1920년부터 1930년에 걸쳐 제작되었다는 점에 주목할 필요가 있다.(우치다 도무内田吐夢 감독의 「살 수 있는 인형」, 미조구치 겐지溝口健二의 「도회교향악」, 스즈키 시게요시鈴木重吉 감독의 「누가 그녀를 그렇게 만들었는가」 등. 물론 이것들은 부르주아적으로 개량된 것이며 반전적 성격을 지니지 못했다.) 또 당시 엄격한 검열제도 아래서 공개된 소비에트 영화 「아시아의 돌풍」, 「전선」, 「토우루쿠시프」 등이 일본인에게 미친 감동은 잊을 수 없다.

이어서 미술 분야를 보면, 1929년 2월 반동적 미술의 극복과 미술을 무기로 한 무산계급 해방투쟁을 강령으로 내걸며 창립한 '일본프롤레타리아미술가동맹'은 이동 프롤레타리아 미술전의 전국적 전개, 일본 인디펜던트[15] 투쟁, 프롤레타리아 미술 대전람회 개최, 무산자신문과 전기戰旗 등에 만화 게재활동, 프롤레타리아 만화집 발간, 프롤레타리아 통계포스터전 개최 등의 활동을 이어갔다. 그리고 다수의 반전·반군 내용의 그림들도 대중들에게 선보였다.

예를 들어 야나세 마사무柳瀬正夢는 무산자신문에 다수의 만화를 게재했는데 노동자·농민 대중의 사랑을 받았다. 그가 그린 만화 가운데는 매우 뛰어난 반전반군 내용의 작품이 있는데, 제국주의 세력에 대한 단호한 계급투쟁의 메시지는 오늘날까지 전해지고 있다. 특히 「입영」(『노동신문』 65호, 1927년 1월)이라든가 「'세계평화'라는 가면에 가려진 군축회의」(『노동신문』 71호, 1927년 2월), 「노동자와 농민은 누구를 지지하는가? - 일본 자본주의제국은 무엇을 노리고 있는가」(『노동신문』 77호, 1927년 4월) 「에라이! 이 놈의 군벌정치」(『노동자신문』 88호, 1927년 6월) 등 반전만화는 강력한 필치로

상단은 「입영」(『무산자신문』 1927년 1월 13일)
하단은 「에라이! 이 놈의 군벌정치!」(『무산자신문』
1927년 6월 25일)라는 제목으로 야나세 마사무(柳瀬正夢)가 그린 반전 만화

일본 군벌의 침략 기도를 폭로하며 이에 대한 가차 없는 투쟁을 호소한 작품이다.

또한 그는 포스터에서도 장면마다 몽타쥬기법을 통해 반전의도를 표현했고 대중의 반전적인 행동을 시사했다.

그러나 일반적으로 이들 프롤레타리아 회화는 부분적으로 뛰어난 반전반군적인 작품을 남겼지만 리얼리즘을 명확히 확립하지 못한 채 형식적인 설명화로 흘러간 측면도 있었다.

### 프롤레타리아 문화운동의 패퇴

프롤레타리아 문화운동은 빛나는 성과를 남겼으나 약체화를 면할 수 없었다. 이론에 경도된 나머지 창작자에게 정치적 과제를 성급하게 강요함로써, 예를 들면 창작의 소재를 '당의 당면한 정치과제'로 국한했던 경향이라든가, 운동조직에서 '모든 예술가의 예술적 기술적 에너지를 항상 다른 방면, 즉 구체적인 예술 활동과 접목시키지 못하고 대부분 집회나 기타 잡다한 일에 동원해 소진'(야마다 세이자부로山田淸三郎, 『전기戰旗』)시킨다는 한계가 있었다. 또한 정치적 실천을 통해서는 구체적인 창작의 방법적인 문제를 해결하지 못한다는 약점을 드러냈다. 그래서 탄압이 문화운동에 집중되자 작가들의 일반적인 성향인 인텔리적 동요와 맞물려 기계적인 정치주의에서 비정치주의로 180도 돌아서는 결과를 낳아 패퇴를 면치 못했다. 이른바 전향문학은 이런 배경에서 탄생한 것이다.

일찍 전선을 떠난 하야시 후사오林房雄는 1933년 「청년」이란 작품을 발표했는데 여기에 나타난 모호한 계급적 시점은 1936년 「장년壯年」에 이르게 되면, 이토 히로부미와 그로 상징되는 절대주의 정부가 사실은 일본에서 정치적 자유를 실현한 세력이었다는 주장으로 비약하여 결국 군국주의에 영합하는 태도를 보인다.

그런데 대부분의 전향문학은 하야시보다는 양심적이었다. 다카미 준高見順은 『옛 친구를 잊을 수 있어야故舊忘れ得べき[16]』(1935년)에서 퇴폐적이지만 자기혐오를 '구토하듯 토해내는' 것으로 나름 몰락에서 탈출할 수 있는 길을 찾고자 했다. 또 시마키 겐사쿠島木健作는 『맹목』이나 『나癩』 등의 작품을 통해, 주인공들이 옥중에서 끝까지 전향을 강하게 거부하지만 각자 맹목과 나병이라는 생리적 부담을 이기지 못하고 절망에 빠지는 과정을 묘사했다. 그는 해탈자적 관점에서 이들을 방관하는 방식으로 시대를 묘사하고자 했다. 자신의 정치적 패배를 기술한 프롤레타리아 작가의 대표작 가운데 하나로 꼽히는 무라야마 도모요시村山知義의 『백야』(1934)에서는 전향한 주인공의 '인간성'이 지닌 결함을 있는 그대로 묘사해 화제를 모았다. 나카노 시게하루中野重治는 『마을집村の家』(1935), 『소설을 쓸 수 없는 소설가』(1936)를 발표해 전향으로 인한 괴로운 심경을 담담히 고백했다. 『마을집』에서 주인공 벤지逸次는 아버지로부터 "네 몸을 살리고자 한다면 펜을 과감히 버려라."는 말을 듣지만, "알겠습니다. 그러나 역시 저는 글을 써야겠습니다."라고 대답했다. 이처럼 그는 전향으로 인한 양심의 상처를 최소한의 활동을 통해서나마 치유하고자 했고, 이를 통해 가능한 범위에서나마 저항을 시도했다. 이렇듯, 당시 전향이란 것은 당연히 수치로 여겨야 하는 배반이나 타락으로 인식되지 않았다. 오히려 그것은 양심적인 문화인의 마음을 쉽고 광범위하게 지배했던 측면도 있었다.

### 다키가와 사건瀧川事件

반파시즘 운동의 전위인 공산주의 운동이 격파되자, 사회민주주의와 자유주의의 패배를 초래했다. 1933년 교토제국대학의 다키가와瀧川 사건은 문자 그대로 자유주의의 종말을 상징했다. 광신적 우익적 사상에 찌든 미노다 무네키蓑田胸喜, 미쓰이 고시三井甲之 등 원리일본사原理日本社의 동인들은 예전부터 '제국대학 빨갱이 교수'의 배격을 주장해왔다.

그들이 주장한 이른바 '빨갱이 교수'는 도쿄제국대학의 미노베 다쓰키치, 마키노 에이이치牧野英一, 스에히로 이즈타로末弘巖太郎, 그리고 교토제국대학의 다키가와 유키토키瀧川幸辰 등이었다. 이 가운데 제일 먼저 희생양이 된 것은 다키가와 교수였다.

다키가와의 형법이론에 따르면 "범죄는 국가 조직이 악하기 때문에 발생하는 것으로서 … 범죄는 국가에 대한 제재制裁"라는 내용이 있는데, 제64회 의회에서 이것이 적화사상이라며 문제가 되었다. 이에 당시 문부대신인 하토야마 이치로는 그의 사직을 요구했다. 그러자 교토대학 법학부 교수회는 문부성 당국의 조치는 대학의 자치를 유린하고, 학문의 자유를 위협하는 것이라며 이에 반대했고, 학생들도 대학을 지키자며 반대운동을 벌였다. 이에 정부는 문관고등분한령위원회에 회부해 다키가와를 휴직 처분하는 비상 조치를 취했다.

교토제국대학교 다키가와 사건을 보도한 기사, '위협받는 학문의 자유', 『도쿄제국대학신문』(1933년 5월 15일)

이것이 보도되자 법학부 교수와 강사 등 39명은 일괄 사표를 제출해 법학부가 사실상 폐쇄되었다. 그 후 교수단 가운데 분열이 일어나 사사키 소이치佐々木惣一, 미야모토 히데오宮本英雄, 쓰네토 교恒藤恭 등 8명의 교수가 대학을 떠났고, 남은 사람들 손에 법학부가 재건되었으나 그것은 이미 학문의 전당이 아니라 자유도 없는 껍데기뿐이었다. 다키가와 사건은 대학의 자치와 사상의 자유를 침범한 일로서 지식인의 폭넓은 공감과 동정을 이끌어냈다. 그러나 각 대학의 교수들은 그저 말로는 정부의 압박을 비난했지만 이에 반대하는 공동투쟁에는 나서지 않았다. 학생들은 전국적으로 반대운동을 벌였으나 노동자와 시민의 생활을 옹호하려는 투쟁과 결합하는 데 실패했다.

맑스주의자 가운데도 부르주아자유주의는 이미 몰락했으며 이것은 역사의 필연이라는 공식론에 서서 방관자처럼 비평만 하는 자들이 있었다. 이에 교토대학 법학부 교수들은 고립된 가운데 외로이 투쟁할 수밖에 없었다. 그로부터 2년 후 천황기관설 문제가 불거져 미노베 박사가 제2의 희생양으로 지목되었다. 파시즘의 폭력은 이처럼 거침이 없었고 순수한 학술적 견해에 대해 '모반자', '학비学匪'라는 비방을 쏟아내는 상황에서, 이미 다키가와 사건에서 보인 지식인들의 저항은 흔적도 없이 사라져버렸고 체념과 침묵 속에서 그저 패패주의에 젖어들었다.

### 교육의 우경화

다키가와 사건이 한창일 무렵 세상의 이목을 집중시킨 것은 소학교 교원 적화사건이었다. 원래 '비상시국'의 압박이 가장 극심하게 가해진 곳이 바로 교육계였다. 3·15사건 직후 사회과학연구회와 '학생연합회'는 전부 해산되었고, 학생자치운동도 탄압되었다. 그리고 '좌경화 교수'를 일소하겠다는 방침 아래 도쿄대의 오모리 요시타로大森義太郎, 교토대의 가와카미 하지메河上肇, 큐슈대의 삿사 히로오佐々弘雄, 이시하마 도모유키石浜知行, 사키사카 이츠로向坂逸郎 등의 교수들을 강제로 퇴직시켰다. 같은 해 10월 문부성은 전문학무국에 학생과를 설치하고, 각 대학과 고등전문학교에 학생주사직을 두어 학생과 교사의 사상 경향을 조사하여 사상을 적극적으로 선도하도록 했다.

'청년훈련소(靑訓) 한여름의 가두행진'이라는 제목의 『도쿄파크(東京パック)』(1931년 8월호)에 게재된 만화

이듬해에는 사회국을 설치하여 학교교육 밖에 방치되었던 근로청소년에 대한 국가주의적 교화와 훈련을 중시하고 '교화총동원'에 힘썼다. 그리고 1931년 7월에는 학생사상문제조사위원회, 그 이듬해 8월에는 국민정신문화연구소를 설치하고 사상통제를 엄격히 했다. 그리고 그 다음해에는 사상국을 설치되고, 1935년에는 청년학교가 만들어졌다. 이로써 매년 수십 만 명에 달하는 남녀 청년에게 적극적으로 국가적 통일의식을 주입하고 군사교련을 실시하게 되었다. 이것은 기존의 실업보습학교와 청년훈련소를 통합한 것으로,

병사가 될 청소년에게 군사예비교육을 실시하자는 육군의 요구와 실업보습교육을 실시하려는 문부성의 방침이 결합된 결과였다.

한편 교학쇄신평의회가 설치되자 정부는 교학 쇄신과 진흥에 관한 조치 및 학교정화 방침에 대해 자문을 구했다. 평의회의 답변은 그 첫머리에, "우리의 가르침은 국체를 근본으로 하고 일본정신을 핵심으로 삼는다. 이에 기초해 정세의 변화에 따른 인문의 발달을 꾀하고 끊임없는 발전과 황도융창皇道隆昌을 위해 최선을 다하는 것을 본의로 삼는다."면서 교육 쇄신의 방책을 밝혔다.(문부성, 『학생에 관한 제 조사회의의 심의경과』) 이 답변에 기초해 이듬해인 1936년 9월 '제학진흥위원회'가 열리고 11월에 제1회 교육학회가 개최되어 '황국교학사상'을 철저히 주입하도록 했다.

### 교사의 저항

원래 교육의 파쇼화에 저항하는 양심적인 교사들의 노력이 있었다. 다이쇼大正 시기 이래 교육의 생활화를 목적으로 하는 교육사상도 이러한 노력의 일환이었다. 이것은 교재를 생활과 결부시켜 교육하는 것인데, 작문만큼은 국정교과서의 틀에서 벗어날 수 있었기에 아동의 작문을 그들의 실제 생활과 직결시키려 노력했다. 이러한 일종의 생활작문 운동을 통해 쇼와 시대의 생활교육 운동은 발전할 수 있었다.

초기의 생활작문 운동은 스즈키 미에키치鈴木三重吉의 『붉은 새赤い鳥』(1919)의 영향과 더불어 딜타이W. Dilthey 류의 '생의 철학'에 기초했다. 이것이 타가미 신기치田上新吉의 『생명의 작문교육生命の綴方教育』(1920)에 의해 감상 중심의 작문에서 생활의 표현, 지도를 중시하는 방향으로 바뀌어 갔다. 그러나 그 '생활'의 내용은 추상적인 것 밖에 없었다. 이것을 사회의 현실생활 표현까지 끌어

올린 것은 쇼와 초기의 향토주의 교육사상이었다. 이것은 향토의 환경을 역사적 지리적으로 조사하도록 하고 작문에 반영하도록 하는 것이었다.

「마을 작문」, 「향토 작문」은 점차 보급되기 시작했다. 그러나 이것은 애향심과 향수만을 자극하고 다분히 지방에서의 목가적인 생활을 강조하는 경향을 띠었으며 향토에 신성한 권위를 부활시키려는 국수주의로 타락해 갔다.

그런데 잡지『작문생활綴方生活』(1929년 창간)에 의해 도호쿠 지역의 청년교사들은 이와 다른 길을 걷기 시작했다. 즉 농업공황이 가장 가혹한 형태로 나타난 이들 지역에서 북방교육사北方教育社가 결성되었고(1929년), 기관지『북방교육』(1930년)이 창간되자 깊어가는 공황과 생활고 속에서 청년교사들은 봉건적인 색채가 농후한 도호쿠 지역 농촌 아이들의 작품을 통해 이들을 어떻게 지도해야 할 것인지 고심을 거듭했다. 교사들의 시야는 점차 사회의 혹독한 현실생활에 미치게 되었고, 자연과 사회에 대해 과학적인 조사를 실시해야한다는 점을 깨닫기 시작했다. 그 성과가 '조사 작문', '과학적 작문'으로 나타났다. 그러자 이미 단순한 표현 기술의 지도에 그치지 않고 양심적 교육열에 불타던 교사들은 고심하기 시작했다. 혹독한 현실 속에서 아이들에게 어떻게 살아가도록 가르쳐야 하는지에 관한 문제는 곧 교사 자신이 어떻게 살아가야 하는지에 관한 문제라는 사실을 자각하게 만들었고 교사들의 자기비판을 이끌어 냈다.

청년교사들은 잡지『북방교육』을 통해 지방이라는 토대 위에서 교육과 현실에 대해 주목했고 이를 작문화한 뒤 서로 비판하도록 하는 생활작문 운동을 추진해 나갔다. 이 생활작문 운동의 대표적 결과물이『몸빼 입은 동생モンペの弟』(고쿠분 이치로国分一太郎),『손

깃발手旗』(스즈키 미치타鈴木道太), 『푸른 하늘青い空』(사가와 미치오寒川道夫), 『휴가의 집日向の家』(사카모토 아키토坂本亮人) 등의 작품이다. 이 운동은 지역적으로 아키타 현, 야마가타 현, 아오모리 현 등의 청년교사들이 주축이 되어 전개되었다. 1934년 기관지『교육 북일본』을 발간하며 '북일본국어교육연맹'이 결성되었고, 이듬해에는 '홋카이도작문교육연맹'이 조직되었다. 이를 바탕으로 도호쿠·홋카이도를 잇는 생활교육 운동이 발전해 나갔다. 뿐만 아니라 '문집'을 통해 전국적으로 생활교육에 대한 이해를 공유하는 청년교사들이 이 운동에 협력했다.

이들은 마치 파시즘 문화 속에서 빛나는 '별'과 같은 존재였다. 탄압의 광풍이 불자 교장과 시학관[17]의 끊임없는 감시 속에서 동료교사의 배반, 재향군인회 등 파시즘 앞잡이 단체와 지방관헌의 위협 속에서도 아동의 자치활동과 협력을 도모했다. 그리고 '무엇을 기뻐하고, 무엇을 슬퍼할 것인가'라는 기본적인 사고방식과 더불어 '한 사람의 기쁨이 모두의 기쁨이 되고, 한 사람의 슬픔이 모두의 슬픔이 되는 생활'을 향한 교육을 강인한 인내를 통해 실천해 나갔다.

이 생활작문 교육운동은 1935년 창간된 아동들의 소학교 기관지『생활학교』와, 1937년에 결성된 교육과학연구회로 이어졌다. 이것은 이 운동이 이미 땅에 뿌리를 내린 교육실천 운동이었다는 것을 말해준다.

이런 가운데, 더욱 급진적인 교사들의 조직도 결성되었다. 이미 1930년 8월에 '국제적 프롤레타리아 과학의 일환으로서 신흥교육의 과학적 건설'을 목표로 신흥교육연구소가 발족했다. 이들은 잡지『신흥교육』을 발간했고 맑스주의 교육학 연구를 추진하면서 다음해 코프 결성(1931년 11월)을 계기로 그곳에 가입했으나 잡지 동

288 _ 태평양전쟁사 1

인들이 검거되는 바람에 합법공간에서의 활동은 완전히 자취를 감추게 되었다.

교원조합 운동은 1927년 아오야마青山사범학교 출신의 소학교 교사가 '의족동인義足同人'이라는 문예단체를 조직하고 이듬해 교육사상에 관한 비판적 연구를 목적으로 하는 '청년교육가동맹'으로 조직을 재편하면서 시작되었는데, 1929년에는 '소학교교원조합'으로 개칭했다. 그리고 이듬해 교육노동자조합을 결성하고 에드킨테른[18]에 가입했으며, 같은 해 일본노동자조합전국협의회 일반사용인조합교육노동부로 개편했다. 이들은 '교원의 처우개선', '제국주의 교육 반대', '교장 공개선출', '직원회의 민주화', '시학視学 반대' 등의 슬로건을 내걸었다.

본래 이러한 급진적 운동은 가차 없이 단속되기 마련이다. 특히 이들은 천황제사상의 근간을 함양하는 의무교육 담당자인 소학교 교원이었기에 탄압은 더욱 엄격했다. 1933년 나가노 현에서 벌어진 '빨갱이 소학교 교원'에 대한 대대적 검거는 이제 막 출발한 조직을 기반으로 교육통제를 비판하는 교사들을 색출해 내려는 조치였다. 당국은 사상문제를 우려하는 여론을 배경으로 일부러 빨갱이의 위협을 강조함으로써 반동적 교육을 지지하는 사회 분위기를 조성해나갔다.

그러나 분명 사대주의와 봉건주의에 찌든 교육계에서, 그것도 특히 농촌 소학교 교원들이 생활작문 운동을 통해 그 후로도 소박하지만 끈질기게 파시즘에 반대할 수 있는 토양을 조성했다는 점은 주목할 만한 현상이었다.

## 비상시국의 세상

아래로부터의 저항이 약화되자, 오로지 비합리적인 국가주의사상만이 강제로 주입되었다. 이처럼 자신의 의지와 무관하게 보이지 않는 어떤 힘에 의해 사람의 운명이 좌지우지되는 정세 속에서, 민심은 서서히 성적性的이며 어둡고 불합리한[19] 자포자기식 정서에 깊이 매몰되어 갔다. 이러한 현상은 특히 도시 소시민층 사이에서 강하게 나타났는데, 이윽고 라디오와 레코드, 잡지를 통해 농촌에도 파급되었다.

'학교에서는 낙제했지만 – 유도 4단의 이 남자' 라는 제목으로
1931년 3월 『도쿄파크(東京パック)』에 게재된 만화

1931년 컬럼비아 레코드사에서 발매한 노래 '술은 눈물일까 깊은 한숨일까酒は淚か溜息か'는 이듬해에 발표된 '그림자를 사모하여影を慕いて'와 더불어 독특한 애조와 퇴폐적인 분위기를 고가 마

사오古賀政男[20]의 멜로디를 통해 전국적으로 유포한 작품이었다. 또 사카다야마坂田山에서의 남녀 동반자살 사건[21]이 '천국에서 맺어진 사랑天国に結ぶ恋'으로 인구에 회자되면서 청춘남녀의 감상을 자극해 3개월 만에 자살 16명, 자살미수 16명이 발생했다. 이즈오시마伊豆大島의 미하라야마三原山[22]에서는 사랑하는 남녀의 동반자살이 유행했다. 그런가 하면 유치하기 짝이 없는 요요 장난감에 남녀노소가 푹 빠지고, '아름다운 남장男裝 여인'의 기타 소리에 여학생들이 환호성을 지르기도 하고, 퇴폐적인 분위기 속에서 자극적인 것을 찾으며 자신의 존재를 자각하고자 하는 서민들의 덧없는 행태들이 이어졌다.

학생들의 사상이 문제가 되자, 이른바 '3S정책'을 도입하기도 했다. 열심히 공부하는 학생은 빨갱이가 될 위험이 있었으므로 카페, 바, 댄스홀에서 성(섹스)을 찾고, 영화(스크린)로 시간을 죽여가며, 운동(스포츠)에 열중하도록 유도했다. 실제로 1932년 여름 로스앤젤레스에서 열린 제10회 올림픽대회는 '국위선양'의 기회로서 애국심을 선전하는 데 대대적으로 활용되었다.

세상의 풍조를 충실히 표현하는 것은 문학이었다. 그것이 선이든 악이든 역사의 수레바퀴가 이렇게 돌아가던 시기에 시마자키 토손島崎藤村[23]은 시대가 낳은 대작 『동트기 전夜明け前』(1929~1935년)을 완성했다. 메이지유신 변혁기의 파도가 나가노 현의 깊은 산골 한촌에서 평범하게 살았던 아오야마 한조青山半藏[24]를 어떻게 사로잡았고, 그 가운데 그가 왜 비극적인 죽음을 맞이할 수밖에 없었는가를 담담하게 그려낸 이 작품은 분명 역사소설의 수준을 한 단계 끌어올렸으며 독자의 마음을 단박에 사로잡았다. 작가는 주인공을 존왕양이尊王攘夷 면모를 지닌 지사로서의 측면만 부각했는데 이를 짓밟은 메이지시기 근대화에 대한 반성의 의도를 드러낸

것으로 짐작된다. 이후 시대에의 적응을 더욱 노골적으로 드러낸 작품이 바로 『동방의 문東方の門』이라 할 수 있다.

바로 이 무렵 문학비평론 분야에서는 프롤레타리아 문학의 퇴조에 편승해 '근대의 극복'을 주장하는 낭만파가 부각되기 시작했다. 주된 인물로는 야스다 요주로保田与重郎, 아사노 아키라浅野晃, 하가 마유미芳賀檀 등을 들 수 있다. 이들과 함께 고바야시 히데오小林秀雄, 하야시 후사오林房雄, 다케다 린타로武田麟太郎 등의 『문학계』 동인들은 자주 '문예부흥'을 제창했다.

이것은 표면적으로는 정치지배로부터 문예를 '부흥'시키자는 의미였으나, 결국 반反맑시즘 세력을 내세워 파시즘과의 투쟁을 포기하도록 하고 문학을 권력의 시녀로 만드는 길을 여는 것이다. 나가이 가후永井荷風는 『쓰유노아토사키つゆのあとさき』(1931년), 『묵동기담濹東綺譚』을 통해 영락한 부둣가 생활의 정서를 그려냈고, 다니자키 준이치로谷崎潤一郎는 『요시노 구즈吉野葛』(1931년), 『맹목이야기盲目物語』(1931년), 『갈대 베기蘆刈』(1932년), 『춘금초春琴抄』(1933년)에서 에로티시즘을 환상과 서정의 세계로 끌어올렸다. 그리고 도쿠다 슈세이德田秋声는 『가상인물』(1935년)에서 노추老醜와 치정을 적나라하게 묘사하는 '개인소설'을 선보였다. 그러자 독자들은 욕정과 애정 문학을 통해 잠시나마 숨을 돌리고자 했다.

일찍이 가와바타 야스나리川端康成의 『아사쿠사홍단浅草紅団』(1930년), 다케다 린타로의 『긴자핫쵸銀座八丁』(1934년), 이시자카 요지로石坂洋次郎의 『젊은 사람若い人』(단행본 1937년)이 널리 독자의 관심을 끈 것도 바로 이러한 배경이 작용했다.

아라키 육군대신이 연설에서 말한 '비상시국의 일본'이라는 우렁찬 구호와, 기로에 선 '일본정신론'이라든가 맹목적인 황실중심주의 사상은 위에서 본 바와 같이 민중의 퇴폐적 정서 위에 구축되었다.

## 제4절 만주 경영과 화베이 침략

### 만주국의 지배 방식

일본의 만주 경영은 오로지 소련과의 전쟁에 대비한 군비 건설에 중점을 두고 이루어졌다. 만주국 성립 이후 1936년까지는 이른바 정치적·경제적 기초공작 단계로 볼 수 있다.

일만의정서에 따라 만주국의 정치적 지도는 "관동군 사령관 겸 재만주대사의 내밀한 총괄 지도 아래 주로 일본인 관리들을 통해"(『만주국지도방침요강』, 1933년 8월 결정) 이루어졌다. 일본인 관리는 만주국 정부 각 부에서 중요한 지위를 차지했을 뿐만 아니라 규모면에서도 중앙정부 총 직원의 36%, 중앙과 각 성 공관의 29%를 차지했다. 특히 국무원·재정부·감찰원 등의 주요 부서에서는 거의 과반수를 차지했다.

일만의정서에 따라 만주국 국방은 일본군에게 일괄 위임되었다. 만주국 군대는 '국내치안유지상 필요한 범위'로 한정했고 보조적 역할을 수행하는 데 그쳤지만, 일본군의 주둔 비용은 만주국이 부담하도록 했다. 국방과 관련해 주목할 것은 당시 긴급한 숙제였던 치안유지 문제인데, 이를 위해 1934년 12월에 보갑제도保甲制度를 채택했다. 이것은 에도시대의 5인조 제도와 마찬가지로 상호감시와 공동책임을 의무화함으로써 치안유지를 꾀하고자 한 제도로서 10호 이내를 패牌로 삼고 그 위의 단위에 보保와 갑甲을 두었는데, 패 안에서 중죄를 저지른 범인이 나오면 같은 패의 각 호는 연좌죄를 이유로 각각 2엔씩을 내야만 했다.

만주국은 정당조직이나 의회제도를 인정하지 않았고 독재체제를 채택했는데 민중을 강력히 지배하고 사상적으로 대소전 준비를 수행하기 위해 1국1당제로 협화회協和會를 두었다. 협화회는 만주

건국 당시 정치공작을 담당한 자치지도부의 일부로서 1932년 7월에 결성되었으며 정부와 표리일체가 되어 활동했다. 만주사변 당시 관동군 참모장이었던 미야케 미쓰하루三宅光治 중장은 협화회 활동에 관해 "대소전 준비를 위해 협화회가 광범위하게 선전활동을 하고 … 회원 가운데 청년들에게 군사교련을 실시하였으며 … 만주의 공업, 특히 군수공업 발전에 적극적으로 노력했다. … 전시 활동을 위해 '선봉단'이라는 특별전투단을 조직했다. … 전시에 선봉단은 소련군의 후방에서 적극적으로 활동하며 테러행위, 모략행위와 더불어 철도선, 교량, 군수창고 등을 폭파하고 소련군 살상 등의 주요 임무를 수행했다."고 진술했다. (도쿄전범재판 진술서)

경제건설은 관동군 특무부의 지도 아래 이루어졌는데, 이것 역시 대소전 준비 강화를 직접적인 목표로 삼았다. 따라서 주된 내용은 화폐와 재정 정비, 철도건설, 도로와 항만, 통신기구 건설 및 정비, 광산 개발 등이었다. 추진한 사업은 대개 조병造兵, 시멘트, 제강 등 군수공업과 건축토목 관련 일들이었으며 방적기업 등 평시의 산업은 소홀히 했다.

1932년부터 1936년까지 5년 동안의 만주투자액을 보면 11억 6,000만 엔에 달했는데, 이 가운데 80%은 주로 만철을 통한 철도 관계 사업으로 새로이 투자되었다. 이것은 만주를 대소련 및 대중국 군사기지로 삼고, 만주 인민의 민주주의와 독립투쟁을 억압하기 위해서는 무엇보다도 교통과 통신망 정비가 필요했기 때문이다. 동시에 이것은 일본재벌이 직접 만주에 진출하도록 유도하기 위한 기초준비이기도 했다.

이 시기 경제건설의 발전은 크게 두 시기로 나누어 볼 수 있다. 만주사변 발발부터 1933년 말까지는 관동군의 반자본주의적인 왕도낙토 이데올로기가 큰 영향을 미쳤다. 1933년 3월에 발표한 '만주국경제건설요강'은 건국 초기보다는 다소 협조적이었으나 '국방 혹은 공공적·공익적 성격을 띤 중요산업은 공영이나 특수회사를 통해 경영하도록 하는 것을 원칙으로' 하는 바람에 일본 본토의 자본가는 여전히 뜻대로 투자를 하지 못했다. 그러나 경제건설을 위한 자본조달은 긴급을 요하는 사안이었기에 관동군은 만철 개조를 통해 목적을 달성하고자 했다. 만철은 본래부터 반관반민 회사로서 정부의 보호 아래 이윤을 보장 받는 일이 적지 않았으므로 정부의 신용을 이용해 자본을 조달하려고 했다. 1933년 10월 관동군 특무부 누마다沼田 중좌가 기초한 만철개조안은 1)만철을 특수회사로 하고 철도부와 방계회사를 분리, 2)만철부속지 행정권의 만주국 반환과 치외법권 철폐, 3)만철경제조사회와 관동군 특무부의 합작으로 경제참모본부 신설, 4)관동군사령관의 만철에 대한 일괄적 경영권 보유로 요약할 수 있다. 이에 따르면 만주의 최고 경제통제기관은 주만주전권부, 경제지도기관은 경제참모본부로 정하고 이 기관의 통제와 감독 아래 특수회사로서 만철이 존재하도록 하고, 그 아래에 독립된 여러 회사를 포진시킨 것인데 이것은 철저한 국가적 통제기구를 겨냥한 것이었다.

이 개조안에 대해 만철사원회와 일본 자본가들의 격렬한 반대가 있었다. 만철의 주가는 60엔 대까지 폭락했고 만철 사채 5,000만 엔 모집도 전에 없이 부진했다. 정부 안에서도 총리대신, 대장대신, 척무대신 등이 각자 자신의 입장에서 이 안에 반대했으므로 결국 이 개조안은 철회되었다.

이러한 반대 여론에 밀려 1934년 이후에는 관동군의 반자본주의적 이데올로기도 점차 수정되어 갔다. 이러한 변화의 원인 가운데 하나는 1933년 12월 미소국교정상화였다. 이로 인해 일본의 지위가 약화되기 때문이다. 1934년 6월에는 '일반 사업에 관한 성명'이 발표되어 "국방상 중요한 산업, 공익적 사업, 그리고 일반 산업의 기초가 되는 산업에 대해서는 특별한 조치를 강구하도록 하며 … 기타 일반 기업에 대해서는 대체로 널리 민간자본의 진출과 경영을 환영한다."고 밝혔다. 그리고 이듬해인 1935년 7월에는 일만 양국의 경제제휴를 꾀하고자 일만경제공동위원회가 설치되었다. 참고로 경제건설 진전에 따라 사실상 만주국의 정치적 실권을 장악한 재만주기구의 개혁문제가 대두하자 1934년 9월에 거의 군부안의 내용대로 기구개혁이 이루어진 것은 이미 설명한 바와 같다.

이처럼 만주경제 지배가 심화된 이면에는 만주국 불승인정책을 취한 영국과 미국 등에 대한 통상상의 차별대우 정책이 자리잡고 있었다. 만주국 정부는 건국 때 국제조약의 존중과 문호개방주의를 밝힌 바 있으나 1934년 이후 중요물자에 대해 통제가 가해졌고 그해 여름에는 미국과 영국 양국의 반대를 무릅쓰고 석유독점이 단행되었다. 이것은 중국의 문호개방정책에 대한 명백한 부인행위였으므로 영국과 미국은 일본의 중국 침략행위를 더욱 거세게 반대하게 되었다.

### 만주 인민의 생활

이러한 일본의 군사적 행위와 그에 따른 경제건설이 만주 인민에게 미친 영향은 무엇일까. 우선 재정적 측면에서 살펴보자. 노동자와 농민을 중심으로 한 민족독립투쟁, 이른바 비적에 의한 치안 문란으로 장쉐량 시절의 세제稅制를 답습할 수밖에 없었던 만주사변 직후의 단계가 끝나고 "국민 대중의 경제생활을 풍요롭게 하고 안정시킨다. 국민생활을 향상하고 국력을 충실히 하고, 아울러 세계경제의 발전에 이바지한다. 그리고 문화 향상을 꾀함으로써 건국의 대 이상인 모범국을 실현한다."는 것을 "경제 건설의 궁극적 목표로 삼는다."고 밝힌 '만주국경제건설요강'이 반포된 지 1년 후인 1934년도의 예산을 살펴보자.

세입은 전년도에 비해 약 39%가 늘었다. 내역을 보면 지주와 자본가의 부담인 토지세와 영업세, 즉 수익세(직접세)가 10%를 점하는 데 그쳤고, 농민과 노동자의 부담인 소비세(간접세)는 89%에 달했다. 그런데 국세만이 아니라 지방세인 현세縣稅를 보아도 소작인의 부담인 무연畝捐은 국세인 전부田賦보다 과중했다. 그 결과 현금 수입에 대한 조세와 공과금의 비율은 지주의 경우 19.8%에 불과했으나 자소작이라든가 소작농의 경우는 30~37%에 달했다.(여기에 소작료를 추가하면 약 50% 정도가 된다.) 이것은 그나마 소비세를 제외한 수치로서 그 규모는 농가 구입상품 가격의 20~26%에 달했다.

이렇게 농민대중에게서 쥐어짜낸 혈세의 사용처를 보면 군사비가 세출총액의 30%, 경찰비가 6%, 사법비가 4%, 군인·사법관·경찰관 급여가 15%로서 군사나 치안 관계 비용만으로 전 세출액의 55%가 지출되었다. 한편 공황 대책비는 아무리 폭넓게 잡아도 3%를 넘지 않았다. 같은 해 '만주국예산요강'은 "일만 양국은 의정서에 기초해 공동으로 국가의 방위에 임하기로 하였으므로 만주국은 지난 날 과대한 군비 부담에서 벗어나 오히려 국방의 안전과 치안 유지를 향유하게 되었다."며 일본의 식민지배의 '선정'善政을 강조했으나 실상은 위에서 본 바와 같았다.

그런데 만주사변 이전 만주 농민이 높은 소작료와 세금, 대상인과 고리대의 착취로 참담한 생활을 감내해야만 했던 상황은 앞서 기술한 바 있는데(제3장 제1절 참조), 일본이 만주를 지배한 뒤에도 이것은 크게 바뀌지 않았고 오히려 악화일로에 있었다. 이것은 1934년에 개설된 금융합작사의 사례에서도 나타나고 있다. 이것은 농민을 고리대로부터 보호하고 '공정한 서민금융기관'을 만들겠다는 취지로 설립한 기관이었으나 실제로 자금을 출자할 여력이 있는 자는 지주와 부농밖에 없었다. 대출의 99.6%는 담보를 요구했으므로 대출의 대부분은 담보능력이 있는 지주와 부농에게만 이루어졌다. 결국 이 기관은 부농층 구제를 위한 것이었다. 일본 제국주의가 만주국 인민을 통제하고 착취하기 위해서는 이렇게 지주와 부농층을 자기편으로 끌어들여야만 했다. 이러한 2중, 3중의 농민 착취는 결국 일본지배의 경제적 기초를 뒤흔드는 결과를 초래했다.

만주 농민의 대두(콩) 농사

세계공황의 여파에 따른 만주의 농업공황은 전쟁, 그리고 재해(1934년 대흉작)의 영향으로 장기간에 걸쳐 심화되었다. 그래서 만주 수출액의 80%를 점하는 농산물과 가공품 가운데 대부분을 차지하는 대두·대두박·대두유는 크게 폭락했다.(가령 1934년 초에는 10여년 만에 최저치를 기록함) 이에 따라 토착상공업자도 불황에 시달렸다. 이러한 농촌의 어려움은 일본의 경제공작에 큰 장애가 되었다. 먼저 이러한 상황을 타개하려면 첫째 농산물 수송에 들어가는 철도운임의 인하가 불가피했다. 그러나 일본 본토의 자본 유치에 골몰하던 당시 만철은 운임을 인하할 수 없었다. 그런데 대두가격의 폭락에도 불구하고 유럽의 수요는 감소했고 일본의 농촌도 불황으로 인해 비료로 사용하던 대두박의 구매 능력을 상실했다. 그 결과 지금까지 수출 초과였던 만주무역은 수입 초과로 돌아섰다. 반면에 증가한 일본으로부터의 수입은 주로 만주의 기지건설, 주둔군대의 소비 물자와 관련된 것들이었으므로 만주를 일본상품의 시장으로 만들 만한 전망이 사라졌다. 일만경제블록 건설의 기초가 이렇게 파괴되고 있었다. 그래서 일본 제국주의가 만주점령을 통해 꿈꾸었던 계획, 즉 일본의 투자-만주경제의 발전-일본산업계의 호황-일본의 투자 증대라는 순順순환 구조는 만주농업이 황폐한 결과 무참히 사라질 운명에 처했다. 만주의 매력은 이미 사라져가고 있었다.

### 일화日華 접근과 우메즈梅津·허잉친何応欽 협정

1934년에 접어들자 일본의 대중국 외교는 크게 진전되었다. 당시 국제정세를 보면 영국은 히틀러 정권수립으로 시작된 험악한 유럽정세를 반영하듯 극동에서는 대일타협정책을 유지했고 대중국정책은 여전히 부진했다. 미국도 해군확장계획을 추진하고 있었는데 극동에서는 적극적인 움직임을 보이지 않았으며 영미 사이의 제휴는 이루어지지 않은 상황이었다.

미국은 1933년 초부터 은銀 매입정책을 취했는데 그로 인해 은본위국인 중국의 은 유출이 심각해졌고 경제 상태는 파국으로 치닫고 있었다. 이것은 중국이 일본과 영국에 접근하게 되는 중요한 원인이 되었고 미국의 대중국정책을 크게 제약했다.

소련과 만주국 사이에는 동청철도 양도협상이 이루어지고 있었는데 동청철도 종업원 체포문제, 빈발하는 국경 출동사건 등 일본과 만주국의 강경정책으로 인해 소련이 일만 양국의 동청철도 탈취 계획을 폭로하는 등 양국의 관계는 일시 교착상태에 빠졌다. 그러나 1933년 11월 미소 양국 사이의 국교가 회복되자 일본의 영향력이 약화되면서 다시 소련과의 양도협상이 재개되었고, 1935년 1월 소련과 만주국 사이에 1억4,000만 엔과 종업원 퇴직수당 3,000만 엔으로 협상이 타결되었다. 이로써 소련은 만주에서 철수했다.

동청철도 양도협상에 조인하는 히로타 외상(가운데)과 코레네프 소련대사(왼쪽)

이때 일본외교는 히로타 외무대신의 지도 아래 협화주의 노선을 걸었다. 이것은 만주국이 건설중이었고 동시에 만주사변이 중국 무역에 미친 막대한 경제적 타격을 회복하기 위함이었다. 중국과의 관계는 만주국의 존재를 전제로 한 것인데 일·만·중 3국의 정치적· 경제적 협력을 유도하는 방향으로 추진했다. 하지만 동시에 일본은 1934년 4월 이른바 아모우天羽성명서(아모우 에이지天羽英二는 외무성 정보부장)에서 밝혔듯이, 국제연맹을 비롯해 열강의 중국 원조로 국민정부가 국내통일과 산업건설을 추진하는 것은 일중관계를 이간질하고 동아시아의 평화를 교란함과 동시에 중국의 국제적 관리를 초래하는 행위라며 이를 배격했다.

당시 외무차관 시게미츠 마모루重光葵가 밝힌 바에 따르면, 일본의 외교방침은 "첫째, 연맹탈퇴 당시의 방침에 따라 만주 이외의 중국 본토에 대해서는 적극적인 행동을 엄격히 배제함으로써 그 지역에 대해서는 어떠한 야심도 없다는 것을 밝히고, 미국의 거듭된 문호개방정책에 특별한 주의를 기울여야 한다. 둘째, 열강이 무책임하게 중국의 배일정서를 선동하고 무기나 재정 원조를 중국 측에 공여해 일중 간에 분쟁을 격화시키는 일이 없기를 바란다. 셋째, 일중 양국은 교란을 목적으로 하는 공산당이라는 공동의 적과 직면하고 있음을 자각해야 한다."는 것이었다.(시게미츠 마모루, 『쇼와의 동란昭和の動乱』)

국민정부는 일본에 대해 '일면一面저항, 일면협상' 정책을 유지했는데, 1934년 중반부터 대일 접근을 시도했다. 이 방침은 같은 해 8월에 열린 장제스·왕징웨이의 루산廬山회의에서 결정되었는데 드디어 실행단계에 들어섰다. 같은 해 여름에는 만주와의 통상관계가 재개되었고 양국 사이에 세관이 설치되었다. 또 11월 이후 국민정부는 대일채무의 변제를 시작했으며 이듬해인 1935년부터는 만주국과의 우편교환을 개시했다.

1934년은 만주사변 이후 중국에 대한 일본의 무력침략이 이루어지지 않았던 유일한 해였다. 이러한 상황은 히로타 외무대신의 대중국외교가 전방위에 걸쳐 어느 정도 성공했기 때문이다. 첫째, 일·만·중의 협력관계 확립은 전술한 만주와의 통상관계 등의 회복 외에 국민정부와의 관세개정에 성공하고, 일본으로부터의 수출이 늘어남으로써 이루어졌다. 둘째, 항일운동의 단속은 주로 화베이에서 베이핑정무정리위원회의 노력으로 이루어졌다. 셋째, 반공이란 측면에서 공동전선은 이루어지지 못했으나 국민정부의 중공군 공격이 진전되었고 중공의 수도 루이진瑞金을 점령하게 되었다. 이러한 정세에 따라 1935년 1월 히로타 외무대신은 의회에서 불위협, 불침략 원칙을 밝히며 일중제휴를 주장했다. 일중 양국의 '친선공작'은 같은 해 5월 양국 대사 교환으로 정점에 달했다.

그러나 국민정부에 대한 외무성의 '친선방침'에 군부를 비롯한 집단의 반대는 여전했다. 즉 이에 반대하는 그룹은 국민정부가 외교를 통해 '친일을 위장한' 태도를 취한다고 공격했다. 1935년 봄다시 일본군의 침략이 시작되었다. 이러한 군부의 적대적 태도는 대내적으로는 일본 내 '온건파'에게 타격을 가하기 위함이었고, 대외적으로는 독일의 재군비라든가 동청철도 양도협상 성립이라는 유리한 국제정세를 배경으로 한 것이다. 이 계획은 우선 일본 현지 주둔군이 화베이정무정리위원회가 그동안 취한 협조적 태도를 부정함으로써 실행에 옮겨졌다.

1935년 톈진의 일본조계에서 친일파 중국언론인 암살사건이 발생했다. 그러자 일본화베이주둔군사령관 우메즈 요시지로梅津美治郎는 참모를 통해 베이징군사분회의 허잉친 위원장에게 다음과 같은 요구사항을 전달했다. 즉 이 사건은 일본군에 대한 중국 측의 도전행위이며 허베이성 안에서 제51군을 철수시킬 것, 허베이성 내 국민당 기관을 폐쇄할 것, 일체의 국민당 활동을 금지할 것, 그리고 허베이성 안에서 일체의 배일활동을 금지할 것을 요구했다. 6월 10일 허잉친은 이 요구를 전면적으로 수용했다. 이것을 우메즈-허잉친 협정이라고 부른다. 이때를 전후해 일본 측 특무기관장 도이하라土肥原 소장과 차하얼성察哈爾省 주석 대리 진더춘秦德純 사이에 이른바 도이하라-진더춘 협정도 체결되었다. 이것은 만주국경 부근에서 쑹저위안宋哲元 부대를 철수시킬 것, 차하얼성에서 배일기관을 배제할 것을 약속한 것으로 우메즈-허잉친 협정의 복사

판이었다.

이러한 일본 제국주의의 새로운 침략 개시에 대해서도 국민정부는 이에 저항하지 않았다. 이들은 허베이, 차하얼 양 지역의 국민군을 거두어 때마침 북상하며 서쪽으로 이동하고 있던 공산군을 공격하는 데 전력을 쏟도록 했다. 국민정부는 모든 항일구국운동을 탄압했다. 국교목린령國交睦隣令을 내려 이것을 탄압했고 항일단체 조직을 금지했다. 린위탕林語堂조차도 1935년 여름을 '중국 정치사에서 가장 어두웠던 암흑의 시기'로 평가했다.(Lin Yu-Tang, "China Prepares to Resist", Foreign Affairs, April 1939)

그러나 이러한 국민정부의 매국적 정책에 반대하는 목소리가 인민병사들 가운데는 물론이고 일부 국민당 장군 가운데에서도 고조되기 시작했다. 그리고 이러한 움직임은 젝트Johannes von Seeckt[25]가 지도하는 국민군의 포위를 뚫고 중국공산당이 대장정-북상항일-하는 과정에서 발표한 1935년 8월 1일의 "항일구국을 위해 전 국민에게 고하는 글"(8·1선언)을 통해 명확히 지적된 바 있다.

## 중국 화폐제도 개혁

국민정부의 소극적인 태도에 대해 영국은 국민정부가 일본의 괴뢰정권이 되는 것이 아닌가 하는 의구심을 느꼈고, 은銀 문제로 인해 중국 경제가 약화되자 이러한 불안은 더욱 깊어졌다. 당시 정세를 반영하듯 영국은 대중국정책을 둘러싸고 대미협력과 대일협력이라는 양자택일 문제에 대한 재검토에 들어갔다.

1934년부터 1935년 초까지 영국외교는 후자의 노선을 견지하면서도 영국이 중국 경제건설에 더욱 적극적으로 참가해 난징에서 영국의 지위를 재차 강화하고자 했다. 즉 이것은 한편으로 1934년 10월부터 11월에 걸쳐 이루어진 영국 산업연맹사절단의 일본·만주 방문으로, 또 다른 한편으로는 의화단사건 배상비의 중국 투자로 나타났다. 그리고 1935년 초에는 국민정부의 요청을 수용해 일본, 미국, 프랑스를 상대로 대 중국재정 공동원조를 제안했다. 미국은 이 제안을 지지했으나 일본은 열강의 중국 공동관리가 일중관계를 소원하게 할 수 있다며 반대했다. 이 제안은 결국 일본의 반대로 철회되었으나 동시에 당시 어렵사리 국민정부 안에서 세력을 확대하고 있던 영국으로 하여금 대일협력의 열의를 상실하게 만들었다. 이후 영국은 일본의 반대에도 불구하고 대 중국정책을 강도 높게 추진했다. 이러한 영국의 극동정책 전환은 1935년도 후반부터 이루어졌다.

이러한 전환의 계기는 경제사절 리스 로스Frederick W. Leith-Ross의 중국 파견으로 마련되었다. 1935년 6월 영국정부는 리스 로스의 중국 파견을 공식적으로 발표하고 그의 중국 경제 및 재정 상태 시찰보고에 따라 대 중국 경제정책을 조정하겠다고 밝혔다. 아울러 일본, 미국, 프랑스 3국의 동참을 요청했으나 실현되지 않았다. 리스 로스는 8월 런던을 출발한 후 워싱턴을 피해 캐나다를 경유해 9월에 도쿄에 도착했다. 그는 히로타 외무대신, 다카하시 대장대신 등과 만난 후 중국으로 향했다. 이것으로도 알 수 있듯이 리스 로스는 일영공동차관을 바라고 있었다. 그러나 이것은 일본, 특히 현지 군부의 반대로 실현되지 못했다.

이어 11월 11일 왕징웨이 저격사건이 일어나 뱅크런 사태가 벌어지자 국민정부는 리스 로스의 제안에 따라 은의 국유령을 발표하고 화폐개혁을 단행했다. 이로써 관리통화제를 실시함과 동시에 법정화폐를 영국의 파운드와 연계시켰다. 영국의 금융지원이 있었음이 분명하다.

이때까지는 일본의 강경한 태도가 영국의 국민정부 지지를 강화시켰는데, 이제 영국의 위신은 화폐제도 개혁의 성공 여부에 달리게 되었다. 이러한 이해관계는 중국의 경제건설과도 맞물려 있었다. 그러자 미국도 화폐제도 개혁에 동조했고 법정화폐를 달러와도 연계시켰다. 이로써 법정화폐의 안정은 한편으로 국민정부의 대외 의존성을 심화시켰지만 동시에 국민정부에 의한 국내통일을 한층 촉진하였으며 경제건설을 착실히 추진할 수 있는 원동력이 되었다.

## 화베이 분리공작

리스 로스의 사절단 파견이 초래한 일본, 특히 현지 군부의 반발은 같은 해 9월 24일 타다多田 북지주둔군사령관의 북중국자치 성명으로 나타났다. 이것은 화베이에서 반만항일분자 일소와 적화 방지 외에도 화베이 5개 성의 연합자치체 결성을 통해 국민정부로부터의 이탈을 주장한 것이다. 그리고 일본정부 안에서도 총리대신, 외무대신, 육군대신, 해군대신, 대장대신의 5상회의가 소집되어 화베이에 대한 적극적 경제제휴와 더불어 방공防共 차원에서 화베이를 특수지역으로 선포한다는 양해사항을 결정했다.

북중국자치운동을 추진한 이는 1935년 9월 관동군에서 파견된 도이하라 소장이었다. 그는 관동군과 북지주둔군의 의견을 수렴해 우선 구 군벌의 거두인 우페이푸를 끌어낸 뒤 그를 중심으로 화베이 5개 성의 자치정부를 수립하고자 했으나 실패로 끝났다. 그러자 당시 베이핑과 톈진 방면 방위사령관인 쑹저위안을 주석으로 하는 화베이자치정부를 수립하고자 했지만 중국 측이 이를 거부했다. 그럼에도 불구하고 도이하라를 비롯한 관동군의 압력으로 그 해 말까지 2개의 새로운 화베이정권이 성립되었다. 같은 해 10월 일본 특무기관의 암약으로 허베이성 샹허현香河縣에서 자치운동이라는 명목 아래 농민폭동이 일어났다. 이 폭동은 곧 진압되었으나, 이를

계기로 일본군의 압력 아래 있던 인루겅殷汝耕을 중심으로 탕구협
정塘沽協定에 따라 비무장지대의 보안대장과 각 현장縣長은 11월에
자치정권을 수립했는데 이는 사실상 일본군의 괴뢰정권이었다. 이
곳은 비무장지역이므로 국민정부가 간섭할 수 없었기 때문에 지둥
방공자치위원회冀東防共自治委員會를 만들고 이어서 12월에는 지둥
방공자치정부로 이를 개칭하고 국민정부로부터의 이탈, 적화방지,
모범자치 실시 성명을 발표했다.

지둥정권의 성립과 거의 동시에 베이핑에는 쑹저위안을 수반으
로 하는 기찰정무위원회冀察政務委員會가 성립되었다. 이것은 사실
상 일본군의 압력으로 성립된 것이지만 표면상으로는 국민정부에
의해 수립된 것처럼 보였다. 그러나 이 기관의 통치지역은 허베이와
치하얼 양 지역에 국한되었고 산둥, 쑤이위안綏遠, 산시 지역의 각
성에는 이르지 못했다. 또 지방 민의의 존중, 일중친선, 방공이라는
슬로건을 내걸었으나 이것은 여전히 국민정부 감독 아래 있어 일본
군이 처음 의도했던 화베이자치정권과는 거리가 먼 성격을 띠었다.

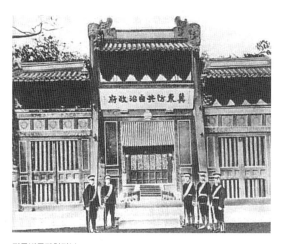

지둥방공자치정부

이제 국민정부도 일본의 압력에 굴복만 하지 않았다. 한편으로는 영국의 원조를 받고 또 다른 한편으로는 국내에서 고조되어 가는 항일민족운동의 영향을 받게 되었다. 같은 해 11월 1일 친일파 대표자와 행정원장 왕징웨이 저격사건을 계기로 국민정부 내부의 친일파 세력은 약화되었고 항일파가 대두하기 시작했다.

이렇게 일중 양국 사이의 긴장이 고조됨에 따라 경제적 대립도 심화되어 갔다. 즉 화베이지역을 특수지역으로 지정함으로써 일본의 경제 진출이 대규모로 이루어졌다. 만주국과 경계를 접하고 있던 지둥정권은 방대한 지둥무역의 근거지가 되었다. 이 정권의 관세는 국민정부의 1/4이라서 톈진해협의 수입이 반으로 줄었다. 1935년 12월에는 자본금 1,000만 엔의 만철 자회사인 흥중공사興中公司가 설립되었고 이듬해 8월에는 그 산하에 일화합병천성전업공사日華合倂天城專業公司가 설립되었다. 아울러 방적자본을 중심으로 한 각종 기업이 진출했다. 이러한 경제침략은 화폐제도 개혁 이후 추진되고 있던 중국의 경제건설과 정면으로 대립할 수밖에 없었다.

1   일본은행의 국채매입이란 국채를 시중은행에서 소화시키는 방법이 아니라 중앙은
    행이 직접 사들이는 방법으로서 사실상 정부에 재정통화를 제공하는 것을 의미하
    며, 이는 곧바로 인플레이션을 조장할 우려를 초래한다.

2   1934년부터 1936년에 걸쳐 실시된 일본판 뉴딜정책, 즉 경기활성화 대책으로 대
    규모 공공사업이다. 주로 홍수조절용댐 건설 등 치수사업과 항만, 도로, 수로 등의
    정비 사업, 개간 사업, 농업토건, 철도 건설 등에 투입되었다.

3   현재의 칫소주식회사(Chisso Corporation)의 전신. 노구치 시타가우(野口遵)가 일
    본질소비료를 기반으로 설립한 재벌그룹. 특히 조선에 진출해 압록강의 부전강, 장
    진강, 허천강 댐과 발전소 등을 건설하고 조선질소비료 흥남공장 등 공업단지를 운
    영함으로써 막대한 부를 쌓았다. 전후 미나마타(水俣)병을 일으킨 것으로도 유명
    하다. 자회사로 JNC 등이 있다.

4   1876년 해군성의 외곽단체로 창설된 해군장교들의 친목단체. 해군장교 전용 여관
    이나 찻집 등을 운영하는 클럽의 형태였다. 전후 해군성 해체와 동시에 소멸했다가
    1952년에 다시 재단법인으로 부활했다.

5   도쿄 반초(番町)에 있는 고 세이노스케(鄕誠之助)의 저택에서 재벌들이 모여 대규
    모 사업을 막후에서 조정 또는 거래하던 사적인 모임. 타이완은행의 데이진(帝人)
    주식 불하 등을 모의한 것이 데이진사건의 발단이 되었다.

6   아시카가 다카우지(足利尊氏)는 중세 가마쿠라 막부 시대에 고다이고(後醍醐) 천
    황과 막부가 전쟁을 벌이자 처음에는 막부 편에 섰다가 이내 천황 편에 가담함으로
    써 막부 타도의 공신이 되었으나, 이내 고다이고 천황을 몰아내고 다른 무력한 천
    황을 내세워 정이대장군에 올라 무로마치 막부를 개창한 인물이다. 나카지마가 아
    시카가를 찬미한 글을 쓴 데 대해 야당 측은 '배신에 배신을 거듭하고 천황을 배신
    한 인물을 찬미한 자가 대신으로 있을 수 있는가?'라며 비난했다. 이는 다분히 억지
    주장에 따른 정치적 공세였지만, 결국 나카지마는 사직했다.

7   일본 구육군에서 정년 또는 예비역을 마친 자의 병역

8   1935년 천황기관설 소동에서 입헌정우회와 군부, 그리고 우익단체들이 오카다 내
    각을 압박하여 정부가 발표한 성명. 천황이 통치권의 주체라는 점을 명시하고 일본
    은 천황이 통치하는 국가라는 점을 명확히 밝힌 선언이다.

9    일본의 예산회기는 4월부터 이듬해 3월까지이다.

10   전후 수상이 되는 요시다 시게루와 동명이인으로 별개 인물이다.

11   고바야시 다키지(小林多喜二, 1903~1933) 프롤레타리아문학 작가. 일본의 군국
     주의와 제국주의에 반대했으며, 노동계급의 고통과 그 고통의 사회적 원인을 파
     헤치는 작품을 주로 썼다. 지하운동을 전개하다가 경찰에 체포되어, 모진 고문 끝
     에 29살의 젊은 나이로 생을 마감했다. 대표작으로는 본인의 고문 경험을 묘사한
     〈1928년 3월 15일〉(1928), 게잡이 가공선(통조림가공선)에서의 가혹한 노동조건
     과 폭력, 노동자 착취를 고발한 작품인 〈해공선〉(1929) 등이 있다. 국내에서는 〈해
     공선(蟹工船)〉, 〈게잡이 공선〉으로 번역 소개되고 있다.

12   사노 마나부(佐野学, 1892~1953) 사회주의운동가로서 일본공산당(제2차)의 중앙
     위원장을 지냈다. 옥중에서 전향 성명을 발표해 큰 반향을 일으켰다. 전후 우파사회
     민주주의 계열의 정당인 민사당의 모태가 되는 민주사회주의연맹 창설을 주도했다.

13   가와카미 하지메(河上肇, 1879~1946) 맑스주의경제학자. 교토제국대학 경제학
     교수직을 사직하고 공산주의 실천을 위해 공산당에 입당했지만, 여러 번의 투옥 끝
     에 1933년 옥중에서 공산당 활동이 실패했다는 성명을 발표하고 운동을 포기했다.
     맑스의 『자본론』(제1권의 일부)를 번역하고, 『가난 이야기』, 『자본론입문』, 『자서
     전』 등의 명저를 남겼다.

14   미야모토 겐지(宮本顯次, 1908~2007) 일본공산당 정치인. 도쿄제국대학 경제학
     과를 졸업하고 일본공산당에 입당, 1933년 체포되어 종신형을 선고받는다. 일본
     패전 후 석방되어 일본공산당을 재건하고 의회에 진출시키는 데 기여한다. 1958년
     부터 1977년까지 일본공산당 당수로서 전후 일본공산당을 사실상 지도했다.

15   19세기 말 프랑스에서 시작된 독립미술가전시회에서 유래한 화가들의 전시 운동
     또는 경향. 기성 전시회와 달리 심사와 포상이 없고 자유출품의 정신을 강조하는
     전시. 이후 전 세계에 영향을 미쳤다.

16   다카미 준의 장편소설. 제1회 아쿠타가와상의 후보에 올랐던 작품. 고큐故旧는 오래
     알고 지낸 지인을 뜻한다. 결국 '옛 친구는 잊을 수 있어야 한다' 정도의 제목이지만,
     옛 친구란 고향과 같은 익숙한 것, 과거의 낡은 구습과 폐단, 지나 간 시대 등을 암시
     한다.

17   대한제국, 일제 강점기 교육전문직의 하나. 교육기관과 수업 내용을 감찰, 지도하는
     역할.

18 국제교육노동자조합(Educational Womans' International). 파리에 본부를 두었다.

19 일본어 원문에는 '에로·쿠로·넌센스'로 표현되었다.

20 고가 마사오(古賀政男, 1904~1978) 대중가요 작곡가 겸 기타리스트. 국민가수로 추앙받는 후지야마 이치로(藤山一郎)에서부터 가요계의 여왕이라 불리는 미소라 히바리에 이르기까지 고가의 노래를 즐겨 불렀다.

21 1932년 가나가와 현 사카다야마(坂田山)에서 사랑했지만 집안의 반대로 결혼에 실패해 동반 자살한 남녀 두 사람의 시체가 발견되었다. 다음날 인근 사찰에 보관 중이던 여성의 시체를 마을 화장터직원이 훔쳐 냈다가 경찰 수색에 의해 다시 발견 되었다. 로맨틱한 동반 자살과 시신 도난 사건, 그리고 여성의 시신에 아무런 흔적 이나 훼손이 없었다는 경찰 보고가 언론의 주목을 끌어, '순결한 죽음, 천국에서 맺 어질 인연'이라는 제목으로 보도되었다. 이 기사를 보고 전국의 수많은 사람들이 유행처럼 모방자살을 하는 바람에 사회문제가 되었다.

22 도쿄 앞 바다의 이즈오시마(伊豆大島)에 있는 화산. 1928년 분화구에 누군가 최초 로 투신자살한 이후 자살 명소로 유명해졌다. 1933년에만 약 130명이 자살했다.

23 시마자키 토손(島崎藤村, 1872~1943) 소설가, 시인. 근대문학의 대표적인 자연주 의 작가로서 대표작으로 〈하카이(破戒)〉〈봄〉 등이 있다.

24 시마자키 토손의 역사소설 〈동트기 전〉에 등장하는 주인공 이름. 소설의 무대는 시 마자키의 고향이며, 주인공 아오야마 한조는 작가의 아버지를 모델로 한 것이다.

25 요하네스 프리드리히 한스 폰 젝트(Johannes Friedrich Hans von Seeckt, 1866~1936) 독일군 상급대장으로 병무청장, 참모총장 등을 지낸 전쟁영웅. 장제 스의 요청으로 국민정부의 군사고문으로서 국민군 조직을 개편하는 등 전력과 전 술을 향상시켰다.

제2편

# 중일전쟁

제1장

# 파시즘과 인민전선

## 제1절 베르사유체제의 붕괴

### 파시즘의 위협

1931년 일본의 만주 침략으로 극동에 전쟁의 광풍이 몰아칠 무렵 유럽에는 또 다시 전운이 감돌기 시작했다. 노골적으로 대외팽창정책을 표방한 나치 정권이 권력을 잡은 독일은 일찍이 파시즘 지배 아래에 있던 이탈리아와 함께 가장 노골적인 제국주의적 침략국으로 부상했다.

히틀러와 무솔리니의 반동적 독재정권은 흔히 파시즘으로 불린다. 이것은 분명 "금융자본의 가장 반동적인, 가장 배외주의적인, 가장 제국주의적인 분자에 의한 공공연한 폭력적 독재"의 전형이었다. 이 시기 대두한 파시즘 국가들은 베르사유체제의 반대자로서 자신들의 대외침략을 정당화했다. 독일은 자신들이 베르사유체제의 희생양이라 여겼고, 이탈리아는 승전국이지만 베르사유 회의 결과에 큰 불만을 품고 있었다. 한편 베르사유체제에서 '세계 3대 강국 중 하나'로 부상한 일본 역시 이 체제의 일환이었던 워싱턴체제의 영향을 받게 된 이후 이러한 '구 질서'가 자국의 중국 침략에 장해가 된다고 여겼다.

흔히 이렇게 베르사유체제의 창시자인 '가진 나라'와 그러지 못한 나라들 사이의 대립이 제2차 세계대전을 이끌었다고 한다. 다시 말해, 이것은 세계자본주의체제의 모순이 제국주의 국가들 사이의 상대적 대립을 격화시켜 상호 균형관계를 동요·붕괴시킨 결과였다. 독일, 이탈리아, 일본은 원래부터 후진적 자본주의 국가였고, 제1차 세계대전의 영향 아래 제국주의 국가들 사이에서는 가장 위약한 존재였다. 그 결과 세계공황으로 가장 심각한 타격을 받았고 그것으로부터 벗어나기 위해 가장 반동적인 형태의 탈출 방법을 모색하게 된 것이다.

수상에 취임하는 히틀러(오른쪽은 힌덴부르크 (Hinden-burg) 대통령, 1933년 1월 30일)

아울러 파시즘의 본질은 원래 베르사유체제에 대한 반발에 있지 않았다. 오히려 파시즘은 러시아혁명 후 금융독점 자본주의의 반동적 정치상황, 즉 혁명세력의 공세에 대항해 이들을 탄압함으로써 자본주의의 위기를 극복하기 위한 폭력적 정치였다는 것이 핵심이다. 이것은 혁명에 대한 부정 외에는 다른 목표가 없었다. 파시즘은 공산주의자와 노동자 조직을 탄압했을 뿐만 아니라 자본주의 틀 안에서 최소한의 민주주의적 권리조차 박탈했다. 아울러 지성과 문화에 대한 야심찬 공격과 파괴가 이루어졌다. 이렇게 안으로는 민주주의의 파괴자였던 파시즘이 대외적으로는 흉포한 제국주의 전쟁의 수행자로 부상한 것이다. 원래 파시즘은 전쟁을 강행하지 않고서는 자신의 권력과 지배를 유지할 수 없었다. 그리고 파시즘은 지극히 폭력적이고 노골적인 독점자본 독재체제였다. 동시에 역설적이지만 한편으로는 어떤 형태로든 대중을 기만해 이들의 지지를 얻어야만 했다. 그 결과 각국의 역사적 조건과 사회적 상황에 따라 다양한 형태의 대중선전선동 방법이 차용되었다.

독일 재군비 당시의 중유럽 지도

독일의 나치즘은 이러한 선전선동을 가장 교묘하게 구사함으로써, 특히 몰락하고 있던 중간층의 여러 현실적인 요구들을 입으로 약속하며 이들을 기만했다. 나아가 이들을 사회적 기반으로 삼아 비합리적인 국민감정을 선동해 그 에너지를 대외침략 전쟁에 쏟아부었다. 그리고 파시즘은 이 목적을 실현하기 위해 가장 철저한 국민통제, 즉 '국민의 군대적 편성'(팜 더트Dutt, R. Palme, 『파시즘의 제문제』)을 강행했다. 이렇게 파시즘은 가장 폭력적이고 잔악한 인민억압 체제로 등장했다.

## 독일의 침략외교

일본의 만주 침략은 파시즘 국가들이 침략 전쟁에 뛰어들게 만드는 중요한 계기가 되었다. 나치 독일의 대외 침공은 우선 재군비 개시와 국제연맹 탈퇴로 나타났다. 그에 앞서 1932년 2월 2일부터 스위스 제네바에서 59개국이 모여 국제연맹의 군비축소회의를 열었다. 공교롭게도 이 무렵 일본은 상하이사변을 일으켰다.

회의는 독일 측의 군비평등 요구 문제를 둘러싸고 독일과 프랑스의 대립으로 지지부진했으나 마침내 12월에 독일의 요구를 받아들여 일단 원칙적으로는 군비의 평등 요구를 인정했다. 이것이야말로 베르사유체제가 자기 파탄에 이르게 된 결정적 사건이었다. 이어서 1933년 1월 독일에 히틀러 정권이 들어서고 4월에는 일본이 국제연맹을 탈퇴함으로써 회의는 부진에 빠졌는데, 9월에 영국, 미국, 프랑스, 이탈리아가 의견의 일치를 보아 초안을 제시했다. 그 주된 내용은 약 8년 동안 군축을 실시하되 전반기에는 독일의 군비 확충을 금지·감독하고, 후반기에는 다른 나라의 군축을 개시한다는 것이었다. 그러나 독일은 이를 불평등의 강요라며 다른 나라들이 군축에 들어가지 않는 것을 비난했는데, 그로부터 얼마 되지 않아 10월 4일 군축회의와 국제연맹을 탈퇴하게 되었다. 이것은 나치 독일이 국제적 제약에서 벗어나 마음대로 군비를 확장하겠다는 의지를 표명한 것이다.

이렇게 군축회의는 독일의 탈퇴로 어정쩡한 상태에서 1934년 6월에 막을 내렸다. 그런데 독일은 이 회의가 열리는 동안 군대확장과 무기제조를 빠르게 진행하고 있었다. 세계는 다시 군비확장과 전쟁의 위협을 느끼게 되었다. 군축회의 실패의 책임은 본디 나치 독일에게 있었으나 영국과 프랑스 등의 태도 역시 일정 정도 책임을 질 수밖에 없었다. 열강은 각자 공황이 초래한 위기를 군비확장으로 타개하고자 했고, 영국 등은 독일의 무력을 공산주의 방벽으로 활용하려는 의도와 기대를 지니고 있었다. 1933년 7월 영국, 프랑스, 독일, 이탈리아 4국협정은 이러한 배경에서 나온 것이었다. 그 이면에는 군축의 성공을 막으려는 각국의 군수공업 자본가들이 회의를 무산시키기 위해 노력했던 사정도 있었다.(F. L. Schuman, "Europe on the Eve")

연맹을 탈퇴한 독일의 대외정책은 우선 동유럽에서 프랑스 세력을 배제하고 반소 공세의 기초를 준비하는 데에 맞추어졌다. 이 공작은 폴란드에서 성공을 거두었다. 폴란드는 종래 국제연맹 측에 속했고 친프랑스 외교를 기조로 했다. 그런데 국내에서 군부가 성장하면서 반소적 태도를 강화해 나갔다. 나치 독일의 국력 증대와 더불어 폴란드는 독일과의 타협을 바랐고 독일 역시 양국 간의 제휴를 제안했다. 그 결과 1934년 1월 26일 독일·폴란드 불가침 조약이 체결되었다. 그 사이 양국 사이에는 우크라이나 분할에 관한 밀약이 이루어졌다고들 한다. 이 조약을 소련이 경계한 것은 당연한 일이고 폴란드를 종래 동유럽의 요새로 활용하던 프랑스 입장에서도 이 조약은 프랑스의 안보장치를 무력화한 것이므로 프랑스는 차츰 소련 측에 접근하게 되었다.

　유럽의 동쪽에서 기반을 다진 독일은 남쪽의 오스트리아 합병 공작에 나섰다. 히틀러의 『나의 투쟁Mein Kampf』 1면을 보면 "독일계 오스트리아는 대독일로 복귀해야만 한다."고 적고 있다. 히틀러 자신이 오스트리아 출신이었고 '대독일제국의 건설'이란 관점에서 독일과 오스트리아의 합병을 주장하고 있었다. 오스트리아는 인구의 94%가 독일계였다. 이러한 문화적·민족적 연대와 오스트리아의 경제적 필요로 인해 독일과의 합병이 거론된 것인데, 독일에 나치 정권이 탄생하자 양국의 합병은 어떠한 의미에서도 민주주의적 의의를 찾을 수 없었다. 그 결과 오스트리아의 노동자 세력은 합병에 반대했고 파쇼적인 정부 역시 나치에 대항하는 입장을 취하며 반독일주의로 기울었다.

　1932년 5월 정권을 장악한 돌푸스Engelbert Dollfuß는 파시즘 단체인 '호국단'의 협력을 얻어 '승려파시즘'으로 불리던 독재체제를 강화했다. 돌푸스는 특히 이탈리아에 의존하며 독일-오스트리아 합병에 반대했고 오스트리아-나치 운동을 억압하며 관련 조직을 해산시켰다. 그리고 나치의 압박에 대항해 '조국전선Vaterländische Front'을 조직하고 나치 이외의 반동적 세력을 결집해 권력을 강화해 나갔다.

　그러나 돌푸스는 한편으로 노동자 세력을 억압하고 공산당을 금지하였으며 노동자 조직에 탄압을 가하고 있었다. 그의 탄압에 반대하는 노동자들은 1934년 2월 12일 오스트리아 경찰의 린츠 시 사민주의당 본부 점령사건을 계기로 빈과 기타 지역에서 대규모 반란을 일으켰다. 그러자 정부는 즉각 계엄령을 내리고 이들을 철저히 탄압하게 되는데, 이 사건에 대한 사회민주당 간부들의 태도가 모호했기 때문에 1,500명의 사망자를 내며 반란은 진압되었고 사회민주당의 활동도 금지되고 말았다. 이렇게 해서 반동세력은 강화되었고 5월에 돌푸스는 이탈리아식 신헌법을 제정해 파시즘 체제를 완성했다. 그러나 진보세력을 압살한 오스트리아는 독립을 걱정하며 나치 세력의 대두를 지켜보아야만 했다.

이미 히틀러는 1934년 1월 30일 국회연설에서 오스트리아 병합을 암시했다. 이를 계기로 오스트리아의 나치 운동은 활기를 띠었고 노동자 세력이 궤멸되자 관료와 군인들 사이로 파고들더니 결국 7월 25일 쿠데타를 일으켰다. 빈에서는 나치 군대가 대낮에 수상 관저로 돌진해 돌푸스를 사살했다. 이 소식을 접한 이탈리아 수상 무솔리니는 곧바로 오스트리아의 독립을 보증하겠다고 타전하고 이탈리아-오스트리아 국경인 브렌네르 고개에 5만 명의 군대를 집결시켰다. 독일-오스트리아 합병은 이탈리아가 일찍부터 걱정하고 있던 사태였다. 즉 합병으로 독일과 이탈리아가 인접하게 되면 독일의 위협을 직접적으로 받게 되고 독일계 주민이 많은 이탈리아 북부의 남티롤에서는 새로운 분규가 일어날 수도 있었다. 또한 합병은 이탈리아의 중유럽·발칸에 대한 야망을 단념시킬 수 있는 사안이었다.

같은 해 3월 이탈리아는 오스트리아 및 헝가리와 로마조약을 체결하고 중유럽에 대한 지배적 지위를 강화하고자 했다. 이미 6월에 히틀러는 베니스에서 무솔리니를 만나 독일-오스트리아 합병에 관해 양해를 구했지만 실패했다고 전했다. 아직 이탈리아와 싸울 준비가 되지 않았던 히틀러는 사태 악화를 우려해 독일-오스트리아 국경을 걸어 잠그고 나치당 오스트리아 감독관 하비히트Habicht를 파면하는 등의 조치를 취했다. 28일 나치의 반란은 진압되었고 다음날 슈슈니크Kurt Schuschnigg가 수상이 되어 사태 수습에 나섰다. 이렇게 나치의 야망은 좌절되었다. 이 사건으로 독일에 대한 열강의 감정은 악화되었으나 독일을 상대로 이렇다 할 유효한 제지 조치는 이루어지지 않았다.

## 자르Saar 병합과 재군비 선언

　나치 독일은 자르 지방을 병합함으로써 오스트리아에서의 실패를 만회했다. 석탄과 철이 풍부한 자르는 원래 독일 땅이었다. 그러나 베르사유조약으로 탄광 소유권은 프랑스로 귀속되었고 행정은 국제연맹이 관리하고 있었으며 15년 후 주민투표에 부쳐 독일 귀속 여부를 결정하기로 했다. 바로 그 투표일이 1935년 1월이었는데 이 땅을 회복하고자 한 나치는 주민을 상대로 위협적인 선전을 시도했다. 그 결과 1월 13일 영국·이탈리아 군대의 감시 아래 투표가 이루어졌고 나치는 90% 이상 득표함으로써 3월 1일 자르는 정식으로 독일에 귀속되었다. 또한 독일은 프랑스로부터 탄광을 다시 매수했다. 이로써 베르사유조약으로 상실한 땅을 처음으로 회복하는 데 성공했다. 이 여세를 몰아 독일은 다시 베르사유체제가 규정한 군사조항의 폐기를 시도했다.

　소련을 끌어들여 대독일 포위망을 형성하려고 한 프랑스 외무장관 루이 바르투Louis Barthou가 1934년 10월 9일 '마르세유의 흉변凶變'으로 쓰러짐에 따라 피에르 라발Pierre Laval이 새 장관에 임명되었다. 그는 독일에 타협적이었고 소련 대신에 이탈리아에 접근하고자 했다. 그 결과 1935년 1월 7일에는 프랑스-이탈리아 로마협정을 체결하고 아프리카에서 영토분쟁을 해결하고 오스트리아 독립유지를 위해 협력할 것을 약속했다. 이어서 라발은 런던으로 가 2월 3일 영국-프랑스 공동선언을 이끌어내고 오스트리아의 독립 보전, 독일 재군비를 조건으로 한 안전보장의 필요성을 확인했으며, 독일의 연맹 복귀를 요청하기로 했다. 특히 주목할 것은 '공군 로카르노'라고 불리게 된 영국, 독일, 프랑스, 이탈리아, 벨기에 사이의 공군 협정 제안으로서 부당한 공습에 대비해 공군의 상호원조를 구상한 것이었다. 그러나 영국-프랑스 공동선언과 관련해 독일은 특히 공군 로카르노 조항에만 찬성했고 먼저 영국과 독일의 회담을 요구했다. 독일 입장에서 이것은 공군을 재건할 구실이 될 수 있기 때문이었다. 프랑스와 소련은 이러한 독일의 태도에 경계심을 갖게 되었고, 소련은 영국 당국자에게 소련을 방문해 주도록 요구했다. 한편 영국은 독일의 요청에 응해 사이먼John Simon 외무장관과 이든Anthony Eden 왕새장관王璽尙書을 베를린으로 파견해 3월 8일 영국-독일 회담을 열기로 했다 그런데 히틀러는 회담 이전에 자신이 원하는 바를 기정사실화하여 회담을 유리하게 이끌고자 했다. 5일에는 이 회담의 연기를 요청하였고 이어서 10일 괴링 Hermann Wilhelm Göring이 독일 공군의 존재를 언명하고, 16일 히틀러가 베르사유 조약의 독일 군비제한조항을 파기하는 폭탄선언을 한 뒤 약 50만 명에 달하는 상비군 설치를 포고했다. 이것은 나치가 공공연히 전쟁의 길로 들어섰다는 것을 표명한 것으로 전 세계에 큰 충격을 안겼다.

독일의 재군비선언을 접한 프랑스는 곧바로 독일에 항의의 뜻을 전하고 국제연맹에 제소했다. 연맹이사회는 4월 18일에 열리기로 되어있는데, 3월 23일 영국, 프랑스, 이탈리아는 파리에 모여 새로운 상황에 대처하고자 했고 4월에는 북이탈리아의 스트레자Stresa에서 3국회담을 열기로 했다. 그러나 그 사이에도 영국의 태도는 독일에 협조적이었고 프랑스의 반대를 무릅쓰고 이전에 약속한 사이먼 등의 독일 방문을 강행하기로 하고 3월 25~26일에 영국-독일 회담을 가졌다. 이때 특히 독일은 소련에 대한 영국의 반감을 간과한 채 독일 군비의 필요성을 역설했고 해군에 대해서는 영국의

35% 수준을 요구했다. 그리고 이것은 3개월 뒤 영독 해군협정으로 결실을 보았다. 영국 내부에서도 집단안보론자로서 영국 정부의 주류와 다소 견해를 달리 한 이든은 소련과 제휴할 필요성을 느끼고 이 회담에 이어 3월 28일 모스크바에 도착해 스탈린, 몰로토프와 만나 집단안전보장체제의 강화에 관해 동의를 이끌어냈다.

하지만 영국외교는 전체적으로 독일에 대해 엄격한 자세가 결여되어 있었고 차츰 친독적인 '유화정책'의 형태로 굳어져갔다. 이는 한편으로는 프랑스를 견제하기 위한 것이며 동시에 '혁명에 대한 공포'로 설명되듯이 대영제국과 본질적으로 대립할 수밖에 없는 소련 혹은 공산주의에 대한 경계 및 방어 역할을 독일에 기대했기 때문에 나온 조치였다. 이러한 영국의 태도는 기본적으로 극동에서 소련 내지 중국 혁명세력을 적대시하고 일본의 군사력에 기대를 건 것과 일맥상통한다. 바로 이러한 이유 때문에 일본의 만주 침략을 용인하는 듯한 태도를 취한 것인데, 유럽에서는 이른바 스트레자 전선에 뒤이은 영독 해군협정 체결로 나타났다.

1935년 4월 11~14일 북이탈리아의 스트레자에서 독일에 대해 영국, 프랑스, 이탈리아 3국이 대책을 협의하고자 회담을 열었다. 이 회담에서 프랑스의 국제연맹 제소 지지, 오스트리아 독립 보전 등을 결의하고 베르사유 조약에 대한 독일의 일방적 폐기를 비난했다. 이것을 흔히 스트레자 전선이라 부른다. 반독협상의 일환으로 선전되었지만 이 회의에서는 독일에 대한 구체적 대책 논의가 명확하지 않았다. 또한 15일 스위스 제네바에서 열린 국제연맹이사회에서도 독일의 재군비 선언을 비난했을 뿐 구체적인 제제 조치가 나오지 않았다. 연맹의 무력함은 이미 만천하에 드러났다.

이러한 정세와 상응해 다시 프랑스와 소련의 상호 접근이 포착되었고, 5월 2일 플랑댕Pierre-Étienne Flandin 내각에서 불소 상호원조조약이 조인되었다. 이어 16일에는 소련과 체코슬로바키아 사이에 같은 상호원조조약이 체결되었다. 소련은 이를 사실상의 동맹으로 간주하고 싶었지만, 프랑스는 국제연맹 규약에 저촉되는 것을 고려해야한다는 이유로 연맹의 틀 안에 있는 방위기구로 간주했다. 그 후 곧바로 플랑댕에 이어 수상에 오른 라발은 소련과의 제휴에 냉담했고 조약의 비준마저 연기했다. 그가 어쩔 수 없이 1936년 2월에 비준한 것도 에티오피아 전쟁을 계기로 한 독일과 이탈리아의 상호 접근, 국내 인민전선세력의 결집에 의한 것이었다.

스트레자 회의 후 잠시 히틀러는 자중하는 듯한 자세를 취했다. 5월 21일 국회연설에서는 독일의 평화적 의도를 강조했는데 이때 내건 13개 항목 가운데에 독일의 해군력을 영국의 35%로 상향 조정한다는 안이 포함되어 있었다. 이는 지난 3월 사이먼이 독일을 방문했을 때와 같은 취지인데 히틀러는 프랑스와 소련의 상호원조 체제에 대항하며 스트레자 전선을 타파하고자 영국에 손을 내밀었다. 프랑스와 소련의 제휴를 우려한 영국은 곧바로 독일과의 회합에 나섰고 6월 2일에는 독일의 해군사절단이 런던을 방문했다. 7일 영국에서는 맥도날드 수상이 물러나고 보수적인 볼드윈Stanley Baldwin 내각이 들어섰으며 친독적인 호어Sir Samuel Hoare가 외무장관이 되었다. 그는 취임 초인 6월 18일 독일 외무장관인 리벤트로프Joachim von Ribbentrop와 영독 해군협정을 맺었다. 이 조약으로 독일은 영국 해군의 35%, 즉 42만 톤 규모의 해군력을 공공연히 보유할 수 있게 되었다. 영국은 스스로 스트레자 전선을 파기하고 집단안전보장을 배신한 채 침략자에게 길을 내주고 말았다. 이미 1934년 12월 와루와루에서 도발사건을 일으키고 에티오피아 침략을 개시하고 있던 이탈리아는 이러한 영국의 태도를 간파하고 기회를 놓치지 않기 위해 10월에 본격적인 에티오피아 침략 전쟁을 시작했다. 이것은 극동의 만주사변에 이어 세계대전으로 가는 두 번째 도화선이 되었다.

### 이탈리아의 에티오피아 침략과 독일의 라인 진주

1935년 10월 우기가 걷히자 이탈리아는 아프리카의 식민지를 확장하고자 에티오피아에 대한 대대적인 침공을 감행했다. 에티오피아는 국제연맹에 제소했고 국제연맹은 같은 해 10월 19일 이탈리아에 대한 경제봉쇄를 결의했으며 11월 18일부터 실행에 들어갔다.

에티오피아 지도

그러나 전쟁을 지속하기 위해 꼭 필요한 석유는 제재조항에서 제외했다. 석유금수는 곧 전쟁을 부를 것이라 생각했기 때문이었다. 이러한 상황에서 세계 제1의 석유공급 국가인 미국이 국제연맹에 가입하지 않았기 때문에 이탈리아는 석유가 부족하지 않았다. 알루미늄의 이탈리아 수출은 엄금했지만 이것은 이탈리아가 자국 수요 이상을 생산할 수 있는 유일한 금속이었다.(이탈리아의 알루미늄 원료인 보크사이트 생산량은 세계 총생산의 약 10%에 달했다.) "이렇게 장황한 선전으로 밀어붙인 조치는 침략자를 마비시킬 수 있는 진정한 제재가 아니라 침략자도 비웃을 만한 미적지근한 제재에 불과했다. 실제로 이러한 제재는 이탈리아의 사기를 고양시켰다. 말하자면 '국제연맹은 이탈리아 침입군에게 방해가 될 일은 아무 것도 해서는 안 된다'는 기조 위에서 에티오피아 구제에 나선 꼴이었다."(처칠, 『제2차 세계대전 회고록』)

에티오피아는 압도적으로 우세한 이탈리아군을 맞아 인도, 이집트, 남아프리카연방의 인민, 그리고 미국 흑인 등으로 구성된 의용군과 함께 항전했지만 국제적으로 고립되었고 결국 1936년 5월 수도 아디스 아바바가 함락되었다. 이탈리아는 곧바로 에티오피아가 이탈리아령으로 병합되었음을 세계에 선포했다.

에티오피아 전쟁을 둘러싸고 영국과 프랑스의 태도는 서로 달랐다. 국제연맹이 무력함을 드러내고 있던 상황에서 히틀러는 1936년 3월 7일 불소 상호원조조약 비준완료(2월 하순)를 구실로 로카르노조약 파기를 선언했다. 그리고 베르사유조약 조항을 어기고 라인란트 비무장지대로 군대를 진주시켰다. 이것은 재군비선언에 이은 제2의 폭탄선언으로서 전 세계에 또 다시 충격을 안겨주었다.

이로써 중유럽에서 독일의 전략적 지위는 강화되었다. 영국과 프랑스 등은 로카르노조약 관련국들과 회의를 열어 대책을 강구했으나 영국의 타협적 태도로 인해 갈등을 되풀이하며 결국 실패했다. 이미 '현상타파'자인 독일의 지위는 확립되었다. 본래·독일에 대

쾰른 시로 들어가는 독일군(1936년 3월 7일, 라인란트 진주)

한 제재수단, 그리고 소련에 대항하는 국제조직으로 탄생한 베르사유체제는 이로써 완전히 붕괴되었다.

　열강이 독일, 일본, 이탈리아의 침략행위를 엄격히 저지하려면 이제 강국으로서 내실을 갖춘 소련과 제휴해야만 했다. 이는 제국주의자들이 본래 바라지 않았던 카드였다. 그러나 이와 반대로 영국의 태도에서 확연히 보듯이 반소국제포위망 형성을 위한 노력에도 불구하고 제국주의 열강 상호간의 심각한 대립은 그러한 가능성을 현저히 떨어뜨렸다. 역으로 말하자면 이것은 독일, 이탈리아, 일본 등 파시즘 국가에 대항하는 소련과, 이들 국가에 반대하는 열강들 사이에 협력 가능성이 확대되었다는 것을 의미했다. 다시 말해, 제국주의 국가들 간의 대립을 반파시즘 전선 형성으로 전환할 수 있는 기반이 서서히 마련된 것이다.

# 제2절 반파시즘 인민전선

## 리트비노프 외교

"유럽이여! 우리는 손을 맞잡고 큰 원을 그려야 한다. 평화의 원을. 그리고 그것을 어지럽히려는 자들을 조심하자."(로망 롤랑Romain Rolland)

파시즘의 위협에 대항해 민주주의를 옹호하고 전쟁을 저지하는 것은 세계 인류 양심에 최대의 과제가 되었다. 일본과 독일 파시즘 위협에 대해 다소 환상을 품고 있던 것은 소련이었다. 가령 히틀러의 도전적인 대외정책 강령인 '나의 투쟁'은 다른 나라의 정치가보다 소련 지도자들에 의해 면밀히 검토되었다. 동서의 파시즘 국가는 본래 민주주의 세력들 가운데 노동자 조직을 탄압해야만 존속할 수 있는 나라였고, 말할 것도 없이 이들의 성향은 '반소 반공'이었다. 여기에 더하여 일본과 독일은 동서에서 직접적으로 소련을 공격할 수 있는 지리적 위치에 있었다. 일본 육군은 항상 소련을 가상의 적국으로 상정하고 훈련했다.

히틀러가 항상 소비에트 침략을 공언한 것도 유명한 이야기이다. 그런데 이들 국가가 침략의 예봉을 소련으로 향하는 한 영국, 미국, 프랑스 등의 열강은 오히려 타협적으로 나올 여지가 있었다. 사회주의 건설을 위해 제1차에 이어 제2차 5개년계획을 수행하고 있던 소련은 이러한 새로운 위협에 대처하면서 먼저 반소통일전선 결성을 저지해야만 했다. 그

리트비노프 소련 외무장관

런데 일본과 독일 파시즘의 대두로 인한 국제정세의 변화에 따라 제국주의 국가들도 소련 측에 접근을 시도했으므로, 이러한 기회를 이용해 리트비노프Maksim M. Litvinov 외교로 불리는 이른바 자본주의 국가들과의 국교 조정을 위한 외교정책이 전개되었다.

종래 소련은 자본주의 국가들로 포위된 채 고립되어 열강들의 외교로부터 멀리 떨어진 존재였으나, 1926년 이래 인접 국가들과 불가침 내지는 중립조약을 체결하고 주로 국경의 안전 확보에 노력했다. 그러나 앞서 살핀 바와 같은 국제정세의 변화와 더불어 소련은 점차 불가침 내지 중립조약의 확대를 꾀했다. 1931년 6월 아프가니스탄, 이듬해인 1932년 2월 라트비아, 5월 4일 에스토니아와 불가침 조약을 체결했다. 이어서 1932년 7월 25일 폴란드와 불가침 조약을 체결하고, 11월 29일 프랑스와 불가침 조약을 조인함으로써 주변국과 불가침체제를 한층 강화했다.

나치 정권 수립 이듬해인 1933년 소련은 불가침 조약을 무효화하지 않기 위해 "침략의 변명이 될 만한 일체의 구실을 예방해야 하고, 가능한 한 정확히 침략을 정의定義"해야 할 필요를 깨닫고, 1933년 2월 6일 제네바 군축회의에서 '침략의 정의에 관한 조약' 체결을 제안했다. 이때는 실패하였으나 같은 해 6월 런던 세계경제회의 때 이것을 다시 제안해 7월 3~4일 폴란드 등 인접 9개국과 '침략의 정의에 관한 조약'을 맺었다. 같은 해 11월에는 미국의 루즈벨트 대통령이 소련을 승인하고 국교를 맺었다. 이로써 소련의 국제적 입지는 크게 강화되었다.

1933년 3월에 일본이, 11월에 독일이 국제연맹을 탈퇴하자 국제연맹의 내부구성은 큰 변화를 맞았다. 국제연맹은 베르사유체제의 한 축으로서 본래 소련에 대항하기 위한 자본주의 국제기구였으나 일본과 독일의 탈퇴로 오히려 이들 국가에 대항하기 위한 국가들의 집단체제라는 성격을 강하게 띠었다. 때마침 1934년 1월 독일-폴란드 불가침 조약이 체결되었고, 폴란드가 종래 수행해 온 프랑스의 대독포위망의 역할을 포기함으로써 프랑스 외무장관 바르투는 소련을 국제연맹에 가입시키기 위해 노력했고, 소련도 독일-폴란드 불가침 조약 체결로 대소 위협에 직면하자 1934년 9월 18일 국제연맹 15회 총회에서 연맹에 가입하기로 결정하고 상임이사국이 되었다.

소련의 국제연맹 가입은 분명 소련외교의 '전환'이라 할 만큼 획기적인 사건이었다. 왜냐하면 소련은 종래 국제연맹에 대해 '자본가들의 연합'이라고 비난해왔기 때문이다. 그러나 이러한 '전환'은, 파시즘 국가들이 노리는 침략전쟁을 여러 국가들의 결집으로 저지해야만 하는 세계사적 과제이자 필연이었고, 베르사유체제 타파가 파시즘 국가들의 명분인 이상 국제연맹을 통한 '현상유지'파 국가들의 결합은 반파시즘의 역할을 수행하기 때문에 진보적 의미를 지닐 수 있었다. 게다가 앞에서 설명했듯이 1935년 2월에는 영국의 이든 장관이 모스크바를 방문했고, 5월에는 지역적인 안전보장 체제로서 프랑스와 소련의 상호원조 조약이, 체코슬로바키아와 소련의 상호원조 조약이 체결되는 등 열강들이 반소 전선으로 뭉치지 않은 상황이었으므로 반파시즘 전선 결성이 명확한 과제로 떠올랐다.

하지만 본질적으로 열강의 이해관계는 국제반파시즘 전선 결성을 방해했다. 가령 프랑스의 경우는 상호원조 조약비준을 연기하고자 했고, 영국의 영독 해군협정으로 나타난 대독 '유화정책'은 소련과의 간극을 확대했다.

## 프랑스의 인민전선

세계경제공황의 영향으로 1930년 2월 프랑스령 인도차이나에서 '옌바이安沛사건'²이라는 민족독립운동이 발생했다. 이 운동은 2만 명의 월남인을 학살하는 등 당국의 가혹한 탄압으로 진압되었으나 프랑스의 식민 지배를 크게 흔들어놓았다. 이 지역도 세계공황의 타격을 피할 수 없었는데 이것은 유럽 본토에서 프랑스가 보유한 경제적·정치적 우위를 뒤흔들었고 프랑스 지배계급을 불안에 떨게 했다. 그러나 공황으로 가장 큰 피해를 입은 것은 노동자와 농민, 그리고 중산계급이었다. 자본가들은 대량 해고와 임금 삭감을 통해 공황의 부담을 근로계급에게 전가하였고 정부도 산업합리화, 수입제한, 수출장려금 등의 정책을 통해 국민생활을 압박했다. 그 결과 노동자의 60%가 실업난에 처했고 임금은 30%가 줄었으며 (1929~1934), 농민은 농작물의 극심한 가격 하락으로 큰 타격을 입었다. 이러한 생활불안과 나치 독일의 위협, 이에 대한 공화정부의 무능으로 인해 반감을 품은 민중은 급진적으로 변하고 공산당의 영향력은 날로 확대되었다.

반면에 왕당파인 '프랑스 행동동맹'Action Française이라든가 '불의 십자단'Croix-de-Feu 등 파쇼단체 세력도 확대되어 갔다. '불의 십자단'은 라로크François de La Rocque라는 전직 참모장교 대령이 이끌던 단체로서 향수왕 코티François Coty, 전기트러스트왕 메르시에Ernest Mercier 등 대자본가들로부터 돈을 받았고, 육군참모총장 베이강Maxime Weygand 장군, 해군 군사령부장 리오티 제독 등의 지지를 얻었다. 그리고 파리·네덜란드은행 총재라든가 강철위원회의 반델, 수에즈운하회사 중역이자 하원 우파의원 두메르그Gaston Doumergue 등도 이 단체에 가담했다. 이들은 공화제 반대, 사회당·공산당 박멸, 나치 독일과의 제휴를 주장했다. 그리고 내란을 기도하며 군사조직을 갖추고 야포와 기관총, 그리고 비행기까지 동원해 끊임없이 소규모 연습과 동원훈련을 실시했다. 일반적으로 프랑스의 파시스트조직은 광범한 대중적 기반을 얻지 못했으므로 이탈리아나 독일처럼 대중정당의 형태를 띠지 못하고 그저 노동자에 대한 테러라든가 군사적 쿠데타를 목적으로 한 무장단체로 활동했다. 이들 조직원은 대개 우익학생, 재향군인, 농민, 중산계급으로 이루어졌고 '불의 십자단' 사례에서도 알 수 있듯이 대자본가나 군부의 직접적인 지원을 받았다. 프랑스 지배계급인 독점자본은 동요하는 지배권력을 유지하기 위해 이들 파쇼 단체를 활용해 이탈리아나 독일처럼 파시즘 폭력 지배체제를 수립하고자 기도했다.

1933년 말 유명한 스타비스키Stavisky 사건[3]이 발생해 정·재계의 유착과 부패가 폭로되고 기성정당과 의회에 대한 민중의 실망이 커지자 파시스트들은 이 기회를 이용해 의회제도의 폐지와 파시스트 독재정부 수립을 꾀했다. 1934년 1월 이래로 스타비스키 사건에 연루된 파리 경시총감 샤프의 노골적인 비호 아래 '썩은 의회제도를 없애자!', '도둑놈을 때려잡자!'고 외치는 가두시위가 되풀이되었고, 2월 6일에는 '프랑스 행동동맹', '불의 십자단'을 비롯한 대부분의 파쇼 단체를 동원해 쿠데타를 시도했다. 그날 아침 사회당과 공산당 기관지를 제외한 모든 신문은 제1면에 '콩코드 광장으로 모이라'는 파쇼의 지령을 인쇄해 파시스트를 도왔다. 파리의 주요 역과 공장, 기타 중요 건물, 사회당, 공산당, 노동조합 건물, 인쇄소는 파쇼 단체와 이들을 동정하는 경찰들에 의해 점령되었고 노동자 계급에 대한 계엄령이 내려졌다. 7일 파시스트의 압력에 굴복해 달라디에Édouard Daladier 내각은 총사직하고 파쇼 임시정부가 들어섰으며, 3인 이상의 집회는 물론이고 언론과 출판을 금지했다. 그런데 노동자 계급의 반격과 군대의 반대로 인해 임시정부도 타도되고 9일에 도우메르Paul Doumer가 파쇼적 성격이 짙은 새 내각을 조직했다. 그러자 '불의 십자단'의 라로크는 갈채를 보내며 이를 환영했고

"1차 목표는 달성했다."고 전국의 당원들에게 타전했으며 "아마도 1934년 말까지 파시즘이 전 프랑스를 지배할 것이다."라며 호언장담 했다.

그러나 상황은 파시스트가 꿈꾸던 대로 돌아가지 않았다. 공산당이 지도하는 프랑스 프롤레타리아가 이들을 막아섰다. 이미 1930년 이래 임금 삭감과 해고에 반대하며 차츰 파업에 들어가고 있던 프랑스 노동자계급은 2월 6일 파시스트의 폭동이 일어나자 공산당의 지도 아래 그날 밤 곧바로 반대 데모를 조직했다. 그리고 9일에는 사회당 계열의 노동자도 함께 참여한 대규모 데모가 벌어졌고, 이어서 12일에는 사회당과 공산당, 그리고 노동총동맹 CGT(사회당 계열), 통일노동총동맹CGTU(공산당 계열)의 호소에 힘입어 450만 명이 참가한 총파업을 단행했고, 80만 명이 데모에 참가해 파시즘에 대해 반격을 가했다.

파쇼적 임시정부를 타도하고 파시스트의 쿠데타 기도를 좌절시킨 것은 노동자들의 투쟁이었다. 그러나 파시즘의 위력은 여전히 강력했다. "1개월에 15,000명씩 단원이 늘어난다."고 '불의 십자단'이 발표한 것은 다분히 과장된 것이었으나 2월 6일 사건 이래 중산계급을 중심으로 파쇼 단체 가입자가 늘어난 것은 사실이었다. 정권을 잡은 것은 파쇼 단체를 지지하고 이들과 손잡은 두메르그 내각이었다.

파시즘에 대한 투쟁의 성공 여부는 우선 노동자 계급 전 세력이 반파시즘 투쟁으로 결집할 수 있는가에 달려 있었다. 공산당은 1920년 분열 이래 이미 몇 차례나 사회당에 손을 내밀었고 그 때마다 거절을 당했지만 독일의 실패로부터 배운 프랑스 공산당은 '어떠한 희생을 감수하고서라도' 전선의 통일을 달성하기로 하고 통일전선 형성을 위해 온 힘을 다했다. 동시에 독일에서 나치즘의 승리와 2월 6일 사건 등으로 나타난 파시즘의 공세는 사회당 계열 노동자들에게 영향을 미쳐 통일전선에 대한 필요성을 절감하게 만들었다. 2월 12일 파업으로 사회당이 처음으로 공산당과 손을 맞잡은 것은 이러한 요구를 무시할 수 없었기 때문이다. 그 후로도 사회당 간부가 전선의 통일에 열의를 보였다고 할 수 없지만 1934년 5월 사회당 툴루즈 대회에서 드러났듯이 통일에 대한 열망은 매우 높았다고 할 수 있다. 사회당 지도부도 이러한 상황에 떠밀려 1934년 7월 27일 많은 제한을 두기는 했지만 공산당과의 행동통일을 협약하고 공동전선을 결성했으며 7월 29일 1차 세계대전 기념일에 파리에서 양 당이 공동으로 시위를 벌였다.

이와 더불어 노동조합의 통일도 추진되었는데 특히 지방에서는 파리의 노동총동맹 간부의 반대에도 불구하고 양 단체의 통합이 이루어져 갔다. 또한 프랑스의 뛰어난 지식인들도 일찍부터 파시즘에 반대하는 태도를 명확히 하였고, 이미 3월 12일에는 1,000명 가까운 인사가 '반파시스트 지식인 감시위원회'로 결집해 활발한 운동을 전개했다. 반파쇼 투쟁에서 이 운동이 미친 영향은 매우 컸다.

그러나 두메르그는 10월 말 지방선거를 앞두고 9월 24일 파쇼 독재 수립을 위해 수상의 권한을 강화하는 헌법개정안을 제출하며 이러한 움직임에 제동을 걸었고 '불의 십자가' 등의 파쇼 단체도 활발히 움직였다. 파리의 분위기는 다시 험악해졌고 '불의 십자가'가 새로운 폭동을 준비하고 있다는 소문이 파다했다. 그에 앞서 두메르그 내각은 의회에서 재정독재권을 획득했고(2월 15일), 긴급 대통령령을 공포하여 재향군인의 은급 연금, 공무원과 관업노동자 임금의 대폭 삭감 등 디플레이션 정책을 강행하여 민중의 생활을 압박했다. 그로 인해 중산계층 사이에도 두메르그 내각에 대한 불만이 팽배해 갔다. 그리고 노동자를 중심으로 한 강력한 반파쇼투쟁이 이루어진 것, 뛰어난 지식인들이 반파쇼 태도를 명확히 한 것, 파시즘 독재의 독일과 이탈리아 상황이 알려진 것(프랑스의 파쇼는 노골적으로 친나치 혹은 친이탈리아 태도를 보였다.) 등은 프랑스의 중산계급 다수를 파시스트의 선전으로부터 보호해 주는 장치로 작동했고 이들을 반파쇼 측으로 기울게 만들었다. 이렇게 10월 지방선거는 공산당의 약진과 급진사회당 우파에 대한 우익의 후퇴로 마무리되었다.

급진사회당은 두메르그의 헌법 개정에 반대를 표명했고 당 출신 입각자 6명을 소환하는 바람에 11월 8일 두메르그 내각은 와해되었고 자유주의를 간판으로 내건 플랑댕Pierre-Étienne Flandin 내각이 들어섰다. 그러자 '불의 십자단'도 잠시 모습을 감추었고 플랑댕은 의회 제도를 존중하겠다고 밝힐 수밖에 없었다.

그러나 플랑댕 내각이 자본가들의 공격으로 쓰러지고 단명한 뷔손Fernand Bouisson 내각을 거쳐 1935년 6월 7일 '불의 십자단'의 라발Pierre Laval이 내각을 조직하자 파시스트의 활동은 다시 활발해졌다. 라발은 이전에 암살된 바르투의 뒤를 이어 외무장관에 오른 바 있었는데 1935년 1월에 치른 자르 지방 인민투표 때는 나치의 성공을 보증하고 이탈리아의 에티오피아 침략을 묵인하는 등 독일, 특히 이탈리아에 대한 '유화정책'을 취하는 한편, 1935년 5월 2일 자신이 체결한 불소 상호원조협정의 비준을 의도적으로 연기하며 파시스트 독일과 이탈리아의 입장을 유리하게 만들었다. 또한 급진사회당의 지지로 얻게 된 재정전권위임법을 이용해 디플레이션 정책을 강행하였고 공황의 손해를 민중에게 전가하는 정책을 취했다. 이에 반대하는 데모에 대해서는 헌병과 군대를 동원하는 일도 마다하지 않았다.

하지만 인민전선 세력은 이번에도 파시스트의 쿠데타를 미연에 방지하는 데 성공했다. 10월 지방선거에서 급진화 가능성을 증명한 중산계급은 한층 노동자 계급에 가까워졌고, 농민층도 인민전선으로 기울며 급진성을 드러냈다. 이것은 중산계급·농민에 기초를 둔 급진사회당을 인민전선 지지로 기울도록 하였기 때문인데, 이로써 1935년 7월 14일 인민전선이 정식으로 성립되었다. 제7회 코민테른 대회가 인민전선전술을 채택한 것은 바로 이 무렵이었다. 그리고 9월 양 총동맹의 통합결의, 이듬해인 1936년 1월 10일 민간무장단체 금지, 3월 양 총동맹의 통합 완성을 통해 인민전선의 힘은 더욱 강해졌다. 또 1936년 1월 인민전선 강령이 공표되었는데 이것은 '200가족'에 대항해 대중의 빈곤을 구하고 파시즘을 방지하며 평화를 옹호하는 것을 목적으로 한 것으로서 자본주의제도 틀 안에서 실현 가능한 최저 수준의 강령이었다. 인민전선은 이 강령을 내걸고 2월 스페인 인민전선 승리에 힘입어 총선거(4월 26일과 5월 3일)에서 하원의 과반수를 득표했다. 이렇게 해서 6월 4일 사회당당수 레옹 블룸Léon Blum을 수상으로 하는 인민전선내각(급진사회당과 사회당의 연립내각, 공산당은 내각 밖에서 협력)이 성립되었다. 이 내각은 전국적인 파업 열기에 힘입어 주 40시간 노동제, 단체협약권, 유급휴가제, 프랑스은행 개혁, 군수공장의 국유화, 실업구제를 위한 대규모 공공토목공사, 소맥통제국 설립 등의 법안을 통과시켰고 6월 18일 '불의 십자단' 등 파쇼 단체의 해산을 명했다.

그러나 프랑스의 독점자본은 자본을 국외로 도피시키며 이에 저항했고 실질임금 저하를 초래할 수 있는 평가절하를 블룸 내각에게 강요했다. 이때 블룸은 공산당이 요구하는 실질임금 하락을 메울 보상대책을 방기했고, 오히려 노동자 계급의 농성파업을 탄압하는 등 급진사회당의 의견을 받아들여 대자본가들에게 계속 양

프랑스 인민전선내각 수반 레온 블룸

보했다. 뿐만 아니라 그는 이탈리아의 에티오피아 병합을 공공연히 승인하고 스페인 내란에 관해서는 영국의 반동적 태도를 따라 불간섭 정책을 취함으로써 스페인 인민전선정부의 붕괴를 묵인했다.

　이러한 내외의 문제들을 계기로 프랑스 인민전선 내부의 대립은 점차 격화되었고 1937년 2월 블룸은 인민전선강령의 '중지'를 발표한 뒤 대자본가들에게 양보정책을 취함으로써 정국의 위기를 극복하고자 했으나 실패하고 말았다. 결국 6월 21일 내각은 총사직했다. 그 후 들어선 쇼탕Camille Chautemps 내각은 제2회 인민전선 내각으로 불렸는데 실제로는 인민전선 내각으로서의 성격은 매우 희박했다. 그 후 1938년 3월에 다시 블룸이 내각을 맡았으나 3주일

만에 와해됨으로써 인민전선은 사실상 붕괴되었다.

## 스페인 내란

1936년 1월 16일 유럽의 서쪽 끝에 있는 스페인은 좌익공화당, 공화당동맹, 카탈루냐 좌익당, 사회당, 공산당, 통일노동자 맑시스트당 등 여러 당이 인민전선 협정을 맺었고 2월 16일 총선거에서 우익 제 정당의 의석 144, 중간파 64에 비해 훨씬 많은 265석을 얻어 대승을 거두었다. 19일에는 세계 최초의 인민전선정부로서 좌익공화당·공화당동맹으로 이루어진 아사냐Manuel Azaña Díaz내각이 성립되었다.

스페인 지도

본래 이러한 반파시즘 세력의 진전은 하루아침에 이루어지는 것이 아니다. 그 배후에는 1931년 4월 부르봉 왕조 타도 경험, 그리고 파시즘 대두에 대항해 궐기한 노동자들의 패배로 끝난 1934년 10월투쟁의 뼈저린 체험의 역사가 있었다. 인민전선 성립은 그 자체가 혁명은 아니었으나 자유주의적인 중간층, 농민, 중소상공인과 노동자가 하나가 되어 파시즘·봉건세력과 투쟁할 태세를 갖추게 되었다는 의미를 지녔다. 그러나 이러한 정부의 출현은 스페인사상 획기적인 사건이었고 국제적으로는 전쟁에 반대하는 세력의 확대를 의미했다.

스페인 내 파시즘 세력과 더불어 독일·이탈리아가 이러한 상황을 그냥 지나칠 리 없었다. 스페인 자본가는 생산을 거부하고 방대한 자본을 국외로 이전시켰다. 파시스트들은 활동적인 노동자를 지목해 자주 테러를 가했고, 인민전선 정당들의 내분을 유도하기 위해 교묘한 선전활동을 벌였다. 파시즘 세력은 인민전선 정부 타도를 위한 쿠데타를 준비해 7월 12일 소텔로José Calvo Sotelo 암살을 구실 삼아 반란을 일으켰다. 7월 17일 스페인령 모로코에서 파시스트 장교의 반란이 일어났고 다음날 전 참모총장 프랑코Francisco Franco가 카나리아 제도를 벗어나 모로코에 도착해 반란군을 지휘하며 전국을 뒤흔들었다. 그러자 스페인 본토에서도 이에 호응해 군대가 봉기함으로써 내란상태로 접어들었다. 그러나 반란이 일어남과 동시에 노동자들은 자발적으로 무장을 했고, 정부도 내각을 경질한 후 무력항쟁 방침을 결정했다. 이러한 인민전선 세력의 결속은 일거에 수도를 점령해 인민전선정부를 전복하고자 했던 파시스트의 계획을 무위로 돌렸다. 그러나 스페인 인민전선은 또 다시 국외 파시즘의 공격에 직면해야만 했다. 독일과 이탈리아가 프랑코를 지원하기 시작한 것이다.

원래 스페인 파시스트의 반란은 그들만의 힘으로 벌인 일이 아니었다. 그 배후에는 독일과 이탈리아의 계획적인 원조가 도사리고 있었다. 내란은 발발 전부터 국제적인 전쟁이었다고 볼 수도 있다. 스페인은 지중해 입구를 아우르는 중요한 지리적 위치를 차지하고 있고, 세계 수은 총생산액의 40%를 점하는 지역이며, 기타 유화철 등의 주요 광물자원이 풍부한 곳이다. 군비에 광분하던 독일이 스페인의 자원에 눈독을 들인 것은 당연한 일이고, 스페인은 전략적으로 피레네 산맥을 장악해 프랑스를 포위할 수 있는 지정학적 위치에 있었다. 또한 지중해를 제패하고자 했던 이탈리아에게 스페인의 항만이 지닌 전략적 중요성은 아무리 강조해도 지나치지 않았다.

독일과 이탈리아의 이러한 욕구는 스페인 인민전선이 강력한 세력을 형성하고 있는 한 실현되기 어려운 일이었다. 이미 1933년 무렵부터 독일과 이탈리아의 스페인 파시스트 원조가 시작되었는데, 인민전선 정부가 성립되자 이것은 반란계획으로 전환되어 갔으며 이들의 반란은 독일과 이탈리아의 군사원조를 기반으로 감행되었다. 프랑코의 제1차 계획이 좌절되자 독일과 이탈리아는 대량의 무기와 군인, 그리고 각종 물자를 반란군에게 제공했다. 이로써 활기를 되찾은 프랑코 군대는 8월 6일 무어인, 외국인 부대를 주축으로 한 대규모 군대를 본토에 상륙시켜 공세를 취했다. 그리고 9월 말에는 본토의 2/3를 점령하고 마드리드를 거의 설반 정도 포위하게 되었다.

독일과 이탈리아의 간섭은 오히려 침략으로 보는 것이 타당할 것이다. 독일이나 이탈리아로서는 이른바 내란의 도발이라는 형태로 자신의 목적을 달성하고자 한 것인데 이것은 반소련·반공을 명분으로 약소민족을 침략하는 파시즘 국가의 상투적인 방식이었다. 아울러 스페인 파시스트의 인민전선에 대한 무력 공격은 바로 이러한 독일과 이탈리아의 침략정책에 종속된 형태로 이루어졌다. 그로 인해 스페인 인민전선의 과제는 민족적 독립이 되었다.

이 내란은 본질적으로 서로 대립하던 사회계급 간의 투쟁이었으므로 전개과정에 따라 스페인 사회는 크게 변하기 시작했다. 반란군은 이미 스페인 북부 부르고스에 프랑코를 수석으로 한 국민정부를 수립했고, 파시스트 지배체제를 강화했는데 반란군 점령지대는 독일과 이탈리아에 예속된 채로 반동세력이 지배하게 되어 '중세'가 부활했다는 이야기마저 돌았다. 반면에 인민전선 점령지에서는 파시스트가 체포되고 반란군에 가담한 지주와 자본가의 재산은 몰수되었으며, 몰수한 토지는 농민에게 분배되었다. 또한 중요 산업과 교통기관은 정부가 총괄하고 행정기구도 개혁하여 사회적 변혁이 진행되었다.

그러나 독일과 이탈리아 군대, 그리고 반란군의 우세한 무력에 직면해 인민전선 측은 점차 패색이 짙어갔다. 각 정당과 각 노동조합 등의 의용군을 단일 공화국 군대로 편성하려면 오랜 시간이 필요했다. 9월에 정부는 카발레로Francisco Largo Caballero 내각으로 바뀌었으나 이러한 임무를 충분히 수행하지 못했다. 이듬해인 1937년 5월에 성립한 네그린Juan Negrín López 내각에 들어서야 비로소 정규군 편성이 완성되었다. 그러나 이러한 노력에도 불구하고 인민전선군은 패배를 거듭했다. 왜냐하면 영국, 프랑스 등의 열강이 독일과 이탈리아의 침략을 묵인했기 때문이다.

내란이 발발하자 프랑스 인민전선정부 수상 블룸은 7월 25일 스페인 내란에 관해 엄정 중립, 스페인에 대한 무기수출 금지를 각의에서 결정했다. 30일에는 프랑코 원조를 위해 비행하던 이탈리아 비행기가 프랑스령 모로코에 불시착하는 사건이 발생했다. 그러자 프랑스는 이를 기회 삼아 8월 1일 불간섭안을 제의했다. 여기서 '불간섭'이란 스페인 내란의 양 세력에게 모두 원조를 하지 않는다는 취지인데, 국제법적인 통념에 비추어 볼 때 엄연한 합법정부인 스페인공화국정부에게 무기를 판매하지 않는다는 것은 기묘한 발상이었다.

이러한 프랑스의 불간섭 제안은 사실 영국의 압력에 의한 것이었다. 그리고 그 배후에는 스페인의 '적화'를 두려워하는 영국 지배계급의 입장이 자리 잡고 있었다. 즉 블룸이 이끄는 프랑스 인민전선정부는 외교적으로 영국에 종속되어 결국 스페인이라는 친구를 배신하고 말았다. 불간섭제의는 결국 유럽 각국에 수용되어 9월 9일 독일·이탈리아·소련을 포함한 27개국이 런던에 모여 불간섭위원회를 만들고 첫 번째 회합을 갖게 되었다.

불간섭 그 자체는 원칙적으로 스페인 합법정부에 대한 비호의적 태도를 의미했다. 만일 독일과 이탈리아가 불간섭을 이행한다면 전세는 반드시 정부군에게 불리한 것만도 아니었다. 하지만 독일과 이탈리아는 간섭을 그만두기는커녕 점점 더 무기와 병력을 증파했다. 그로 인해 반란군은 충분한 무기와 물자를 공급받았으나 정부군은 3명이 총 한 정과 탄약 반 다스로 버텨야 했다. 프랑스 민중들은 '스페인에 비행기를 보내자'고 외쳤다.

스페인 정부는 독일·이탈리아의 간섭 문제를 각국에 호소했다. 그러나 영국, 프랑스는 여전히 이름뿐인 '불간섭'을 명분 삼아 독일과 이탈리아의 간섭에 관한 증거가 불충분하다고 주장했고, 불간섭위원회는 '런던의 희극'이라는 비아냥거림을 감수하며 구태의연한 평정을 유지할 뿐이었다. 스페인공화국 입장에서 이것은 곧 비극을 의미했다.

이 스페인 인민전선 위기와 관련해 불간섭정책의 모호함을 비판하고 공화국원조를 주장한 것은 소련이었다. 1936년 10월 23일 소련은 불간섭정책이 침략을 은폐하고 있다고 지적하고 불간섭협

스페인 정부군의 부인 의용병 모집 포스터

정에 구애받지 않겠다는 뜻을 밝혔다. 그리고 10월 말부터 소련의 스페인 인민전선군 원조가 시작되었다. 그러자 독일과 이탈리아는 반란군 원조를 더욱 증강하고 정부군 지역의 해안선을 봉쇄하며 이에 대응했다.

1936년 10월 말 수도 마드리드를 포위한 반란군은 곧 함락될 것이라고 선언했는데 스페인 정부군은 수도방위에 전력을 다했고 시민들은 참호를 파고 바리케이드를 쌓아 군을 도왔다. 부녀자들조차 총을 들고 전선에 뛰어들었다. 마드리드는 '영웅주의와 저항의 상징'이라고 불렸고 시민의 하나 된 투쟁을 지켜보면서 각국의 저널리스트는 칭찬과 동정을 담은 기사를 발신했다. 그리고 스페인 공화국방위에 감격과 동정을 표하며 독일과 이탈리아에서 온 망명자, 세계 각지의 지식인, 민주주의자 수천 명이 국제의용병으로 스페인 내전에 몸을 내던져 마드리드 시민과 함께 항전했다. 11월 7일 인민전선 정부기관은 마드리드에서 발렌시아로 옮겼는데 마드리드의 방위는 여전히 굳건했고 반란군의 거듭된 총공격은 실패했다. 마드리드의 공방은 일진일퇴를 거듭했고 의외로 장기전으로 흘러가 해를 넘기게 되었다.

그 사이 11월 8일 독일과 이탈리아는 프랑코 정권을 스페인 정통 정부로 승인하고 의용병이라는 이름으로 파견군을 증파했다. 본래 서로 손을 잡으려야 잡을 수 없었던 독일과 이탈리아의 관계는 바로 이 무렵에 이르러 매우 긴밀해졌다. 1937년 3월 이탈리아의 대부대가 마드리드 근방 과달라하라Guadalajara에서 대패했다. 봄이 되자 전선은 북쪽으로 이동했으며 4월 들어 바스크 지역의 게르니카 시는 독일 공군에 의해 내란 이래 최대의 폭격을 받았다. 그리고 6월에는 이 지역의 주도인 빌바오가 반란군 손에 들어갔다.

〈게르니카〉, 피카소는 게르니카 폭격을 위로하고 파시즘의 폭력을 고발했다.

7월 들어 프랑코는 정권의 기초로서 팔랑헤 에스파뇰라Falange Española를 창설하여 파시스트 정파들을 통일하고 '신국가'를 선포했다. 여름부터 가을에 걸쳐 북부의 주요 도시를 반군이 장악하자 북부의 아스투리아스 노동자는 산으로 들어가 게릴라전을 시작했다. 전황은 인민전선에게 절대적으로 불리해졌다. 영국은 이미 프랑코 측에 통상대표를 파견해 프랑코 정권을 실질적으로 승인했으며 멀리 떨어진 소련으로부터의 원조도 점차 어려움을 겪게 되었다. 그 해 여름 스위스의 니용에서는 불간섭위원회가 여전히 결론 없는 회의를 계속하고 있었다.

스페인 내란은 파시즘 대 인민전선이라는 이 당시 양대 진영의 대립을 국내외적으로 가장 명료하게 보여준 사건이었다. 스페인 인민의 용감하고 강인한 투쟁은 비록 패배했지만 세계 민주주의 세력에 깊은 감동을 주었고 큰 격려가 되었다. 반파시즘 투쟁에 직면한 일본 노동자와 지식인에게 미친 영향도 컸다. 하지만 동시에 이것은 일본, 독일, 이탈리아 파쇼 정부가 서로 손을 맞잡는 중요한 요인으로 작용했다. 이 사건과 관련해 스페인에서 일본무관 모리야守屋 대좌가 프랑코 군대의 작전을 지도한 것을 보아도 당시 일본 지배층의 태도를 엿볼 수 있다. 결국 영국과 프랑스의 불간섭정책, 즉 스페인 반혁명 세력에 대한 소극적 원조로 인해 일방적으로 승패가 결정되었고, 그 후 영국과 프랑스는 독일·이탈리아에 대해 타협적 노선을 강화함으로써 서서히 국제인민전선은 붕괴되었다.

# |주|

1    1934년 10월 9일 프랑스 남부 마르세유에서 프랑스 외무장관 바르투가 유고슬라
비아의 알렉산더 국왕을 만나는 중에 한 불가리아 혁명주의자의 권총에 의해 두 사
람 모두 살해되었다.

2    1930년 2월 베트남 하노이 북서쪽 옌바이(安沛)에 주둔한 2개 중대가 폭동을 일
으켜 장교를 살해한 사건. 이를 계기로 반(反)프랑스운동이 인도차이나 전역에 퍼
져 월남국민당 지도하에 1년간 각지에서 폭동이 계속되었다.

3    당시 정재계 주요 인사들이 연루된 뇌물, 자살(살인의혹) 등 대형 부패 스캔들 사
건. 이 사건으로 내각이 총사퇴했다.

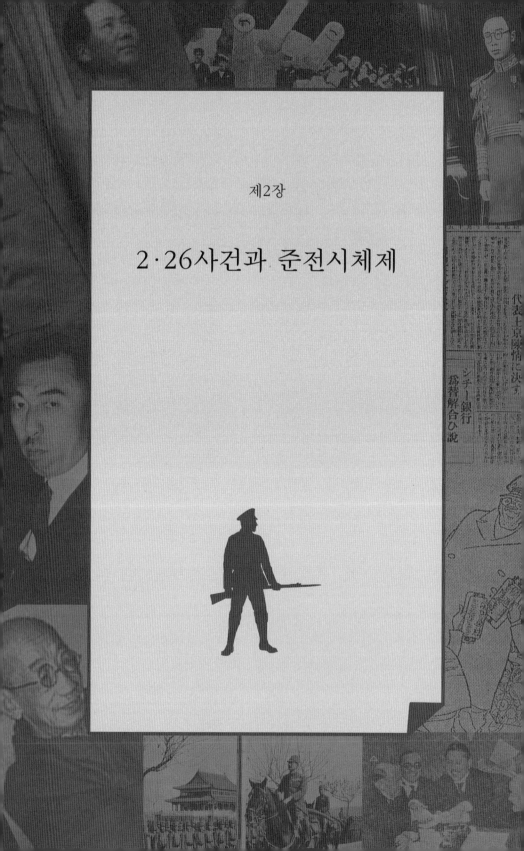

제2장

# 2·26사건과 준전시체제

## 제1절 2·26사건

### 사건의 발발

유럽에서 파시즘과 인민전선의 상호 투쟁이 불꽃을 피우던 무렵 일본에서도 파시즘의 위협이 한층 더 심각해졌다. 2·26사건의 발발은 이러한 상황을 반영한 것이었다.

이미 지적했듯이 만주사변 후 정치와 경제가 모두 정체된 가운데, 파쇼체제의 강화를 겨냥한 군부의 정치 개입을 둘러싸고 지배자계급 내부의 대립이 격화되었다. 이 문제를 처리할 수 없는 오카다岡田 내각의 무력함은 더 큰 규모의 전쟁을 계획하는 군부 파시스트에게 비난의 표적이 되었다. 특히 파시즘에 대한 비판의 목소리가 국민들 사이에 확산되고 1936년 2월 20일 총선거에서 사회대중당을 비롯해 무산정당 세력이 약진하자 지금까지 종종 군사정부 수립 쿠데타를 노리고 있던 열광적인 국가주의자, 청년장교를 자극했다. 이들은 '육군사관학교 사건'[1]으로 파면된 구 육군대위 무라나카 다카지村中孝次, 구 육군 일등주계 이소베 아사이치磯部浅一 등의 급진분자를 필두로 기타 잇키北一輝라든가 니시다 미쓰기西田税 등의 지도 아래 대규모 봉기를 계획하고 추진했다.

1935년 말부터 1936년 초에 걸쳐 진행된 '아이자와 사건'相沢事件[2]의 공판은 이들의 계획 수행을 위한 선전무대로 활용되었다. 이들은 사건의 동기를 밝힌다는 구실로 군부와 정계, 재계의 요인을 차례로 증인으로 신청해 사람들의 이목을 법정에 집중시켰다. 이들은 법정투쟁을 통해 군부 내 통제파를 공격하고 황도파의 주장을 선전했으며 정계와 재계에 대한 불만과 비난을 선동했다. 각 신문은 대대적으로 이 공판을 다루었고, 자극적인 기사 제목으로 이들의 선전선동을 도왔다.

아이자와 공판으로 시끄러웠던 1936년 초, 도쿄에 주둔하던 제1사단의 만주 파견이 갑자기 발표되었다. 이 사단은 청년장교 가운데 황도파 과격분자가 많아 불온한 계획의 진원지였기 때문에, 갑작스런 만주 파견 결정 배경에는 황도파에 대한 통제파의 의도가 깔려 있었다. 그러나 역으로 이 결정은 부대 내 청년장교들에게 만주 출발 전에 거사를 결행하도록 만들었다. 보병 제2연대의 안도 데루조安藤輝三 대위, 보병 제1연대의 구리하라 야스히데栗原安秀 중위 등이 중심이 되고, 무라나카와 이소베도 참여해 1936년 2월 무렵부터 무력행동 준비에 들어갔다. 이 계획은 짧은 기간 동안 비밀리에 추진되었는데, 2월 26일 이른 아침 부대를 비상소집 동원해 반란을 일으켰다. 동원한 병력은 보병 제3연대의 주력을 비롯해 보병 제1연대, 근위보병 제3연대 등의 일부와 기타 병력을 포함해 장교 22명, 하사관과 장병 1천 4백 수십여 명에 달하는 대규모 부대였다. 반란 장교들은 야간 경계근무 순서와 탄약준비 등 주도면밀한 준비를 마치고 길들여 놓은 하사관을 이용해 병사들을 속였다. 그리고 야간연습이라는 명목으로 대부대를 끌어들이는 데 성공했다.

반란부대는 26일 아침 20년 만에 내린 폭설을 뚫고 몇 개 부대로 나뉘어 도쿄 시내의 수상 관저, 내대신 사저, 교육총감 사저, 시종장 관저, 대장성대신 사저, 경시청, 아사히 신문사와 마키노 노부아키 전 내대신이 묵고 있는 유가와라湯河原의 여관 등을 습격했다. 이들은 내대신 사이토 마코토, 교육총감 와타나베 조타로, 대장대신 다카하시 고레키요를 살해했고, 시종장 스즈키 간타로에게 중상을 입혔다. 최초의 습격이 성공한 후 수상관저와 국회의사당을 포함한 고지마치麴町 지구 일대를 점령하고 육군 상층부에 대한 정치공작을 개시했다. 지금까지 몇 차례나 실패한 쿠데타를 분석한 뒤 이들은 부대를 해산하지 않고 실력으로 군사내각을 세워 '국가개조'를 실현할 때까지 이를 지켜볼 심산이었다. 청년장교들은 자신들이 믿고 있던 마사키 진자부로真崎甚三郎나 야나가와 헤이스케柳川平助 등의 황도파 장군들이 자신들의 의도대로 움직인다면 쿠데타의 결과가 유리한 방향으로 수습되리라 기대했다.

2.26사건 직후의 신문보도. 오카다 수상은 즉사한 것으로 보도되었지만, 그는 다른 곳에 숨어 있었고 다른 친척이 대신 죽어서 화를 면했다.

사실상 군 수뇌부는 반란이 발발하자 전혀 수습할 자신이 없었고 잠시였지만 반란부대에 휘둘리기도 했다. 가와시마川島 육군대신은 반란부대의 취지문을 전 군에 전달하고 반란군 간부를 만난

군사참의관 일동은 이들의 거사
를 입이 마르게 칭찬했다. 사건
직후에 계엄령을 내렸는데 반란
부대를 계엄사령관 지휘 아래
편입시키고 점령지역을 그대로
인정했을 정도였다.

2·26사건 당시의 애드벌룬

반란이 일어나자 일본 정치·
경제의 중추기능이 완전히 정지
되었다. 26일 증권시장과 각 상
품시장의 거래가 정지되고 이후
당분간 휴지기를 가졌다. 어음
교환도 중지되어 도쿄어음교환
소는 휴장했다. 수상관저를 비
롯해 육군성, 참모본부, 경시청 등의 많은 관청도 반란군의 점령지
역 안에 있어 기능을 상실했다. 그런데 군부는 스스로 사건에 대한
태도를 결정하지 못했기 때문에 사건에 대한 보도를 금지했다. 신
문은 이 사건을 전혀 다루지 않은 채 각 시장의 휴업만을 보도했고
라디오 역시 침묵을 지켰다.

심상치 않은 사건이 발발했음을 감지한 국민들 사이에 유언비
어가 난무하는 가운데, 28일이 되어서야 비로소 아직 반란군이
진압되지 않았다는 사실이 발표되었다. 겨우 사태를 파악하게 된
국민들은 우익과 군부의 기대와 달리 거사에 전혀 공감하지 않았
고 무언의 저항으로 대응했다. 정계와 재계도 반란을 지지하지 않
는 분위기였고, 항상 육군과 대립해온 해군도 곧바로 연합함대를
도쿄만에 집결시켜 육군이 벌인 쿠데타에 대해 무언의 시위를 벌
였다.

그로 인해 표면상으로는 반란군에 대해 동정을 표하면서도 내심으로는 자신들의 통제를 무시한 데 대해 우려하는, 이른바 이중적 태도를 보인 육군 상층부도 어렵사리 사건에 대한 태도를 결정하게 되었다. 즉 반란을 진압함으로써 자신의 권위를 유지하고자 한 것이다. 군부는 반란 발발 후 4일째인 2월 29일 강경진압에 나섰다. '국체를 옹호 개현開顯'하고자 하는 '궐기부대'라고 했던 육군성 발표는 28일부터 '소요부대'라는 표현으로 바뀌었고 다음날에는 '반란군'이라 했다. 이전까지 모호한 군 중앙의 태도를 보고 자신들에게 유리한 방향으로 사태가 진전되고 있다고 오인한 반란군 간부들은 급격한 정세변화에 놀랐고 수습할 수 없는 혼란에 빠졌다. 결국 29일 낮까지 반란군은 해산하고 간부 대부분이 체포되었으며 처음부터 속아서 나온 병사들은 삼삼오오 대오를 이탈해 귀순했다.

반란부대의 궤멸과 더불어 이전까지 혼란과 동요를 반복하던 육군 수뇌부의 태도는 갑자기 사건의 선후처리와 관련해 강경한 태도로 변했다. 군부는 반란이 군의 통제를 어지럽히고 하급간부가 상급자의 권위를 모독했으므로 사건에 대해 준엄한 처분을 할 것이며 사후 철저한 숙군작업을 강행하겠다고 발표했다. 그리고 대외적으로는 사건의 압력을 정치적으로 최대한 이용해 군부의 주장을 관철시키도록 노력했다. 일본 정치사상 미증유의 대사건이었던 군부대의 무력봉기는 정계와 재계에 군의 공포와 피비린내 나는 압력을 노골화하는 효과가 있었다. 2월 26일 사건 발발과 동시에 제1사단관구(도쿄, 지바, 사이타마, 가나가와, 야마나시 각 현)에 전시경비령을 내렸고, 27일 다시 국내에서는 처음으로 계엄령을 도쿄 지역에 내린 군부는 반란 해결 후에도 이를 해제하지 않았다. 그로 인해 7월까지는 일체의 정치적 집회와 결사가 금지되었고 시민의 기본적

인권도 제한되었다. 군부가 모든 것에 우선하며 절대적인 권능을 행사하는 상황이 계속되었다.

### 히로타広田 내각의 성립

2월 26일 수상관저가 습격을 받아 오카다 총리가 즉사했다고 알려지자 내각은 총사직했다. 이에 고토後藤 내무대신이 임시 총리 대리가 되어 후계 내각이 들어설 때까지 정무를 관할하게 되었다. 그런데 반란이 진정될 때까지는 정부 기능이 완전히 정지되었고 중신과 정당도 망연자실하여 사건의 추이를 지켜볼 따름이었다.

처음에 군부는 사건 결과를 최대한 이용해 군부독재정권을 세우려고 했다. 그러나 반란군과 민간 우익이 강하게 요구한 마사키 진자부로라든가 야나가와 헤이스케 등 황도파 영수에 의한 군사내각설은 황도파의 부활에 반감을 지닌 군부의 주류가 도저히 용인할 수 없는 것이었고, 또 육군 내부에서도 사태수습을 둘러싼 의견

내각 성립 당일의 히로타(広田) 수상

이 분분하고 사회 각 방면의 반발이 의외로 컸기 때문에 군부독재 정권에 대한 군부의 태도도 소극적으로 변해갔다. 그로 인해 후계 내각 조직은 좀처럼 그림이 그려지지 않았다.

사태가 겨우 수습된 3월 2일 원로 사이온지 긴모치西園寺公望가 상경하여 후계내각 수반을 추천하게 되었다. 이 사건으로 인해 정당의 이니셔티브가 사라지게 된 결과 원로와 중신, 궁정세력은 군부의 의향을 살피며 다음 내각의 수반을 선정하게 되었다. 요컨대 군부가 양해하는 인물이 수상의 제1조건이 된 것이다.

이런 상황에서 후보로 거론된 자는 추밀원 부의장이자 파쇼 단체인 국본사의 회장인 히라누마 기이치로平沼騏一郎와 귀족원 의장으로서 군부와도 긴밀한 관계를 맺고 있던 고노에 후미마로近衛文麿 공작 2명 뿐이었다. 히라누마는 지나친 파쇼적 언동으로 인해 재벌과 관계가 깊은 원로와 중신들로부터 위험분자로 낙인찍힌 터라 우선적으로 제외되었고, 고노에가 재벌과 군부 모두를 납득시킬 수 있는 위치에 있다고 판단해 사이온지는 고노에를 후계 수반으로 천거했다. 하지만 사태수습이 쉽지 않다는 것을 알게 된 고노에는 건강문제를 이유로 사퇴했다.

다시 후보자를 물색하는 곤란에 빠졌을 때, 갑자기 전 외무대신인 히로타 고키広田弘毅가 후쿠오카 출신으로서 예전에 겐요샤玄洋社에 몸담았던 경력을 인정받아 후보로 급부상했다. 그는 육해군의 사전 승인을 거쳐 3월 5일 조각에 들어갔다. 히로타는 전 주이탈리아대사인 요시다 시게루를 참모로 임명하고 오로지 육군과 절충을 통해 조각에 착수했다. 육군대신으로 추천한 군사참의관 데라우치 히사이치寺内寿一 대장을 육군이 수용하고, 평소 육군이 주장해 온 국방 강화, 국체 명징, 국민생활 안정(농촌대책), 외교 쇄신 등 4개의 조건을 받아들이며 다른 인사들을 내정했다. 하지만 내정자 명단이 알려지자 육군은 데라우치의 담화를 통해 "미증유의 시국을 타개해야 하는 막중한 책임을 지닌 신임 내각은 안팎으로 폐단의 근본적 혁신, 국방의 충실화 등 강력한 국책을 수행할 적극적 의지와 실행 능력을 보유할 필요가 있음에도 불구하고 여전히 자유주의적 색채를 띤 채 현상유지 내지 타협적 자세를 견지한다"며 새 내각에 대해 '곤란하다'는 의견을 공표했다.(『도쿄아사히』 3월 5일자)

히로타는 입각 예정자들 가운데 군부가 배격하는 시모무라 히로시下村宏(척무), 요시다 시게루吉田茂(외무), 오하라 나오시小原直(사법), 가와사키 다쿠키치川崎卓吉(내무-민정당), 나가타 히데지로永田秀次郎(문부) 대신을 즉시 제외하거나 교체함으로써 육군과 타협했다. 또한 3월 7일 정치기강에 관해 성명을 발표해 '서정일신'庶政一新을 외쳤다. "종래의 비정秕政을 일신하고 국제관계를 자주적이고 적극적으로 조정하겠다."며 강경한 방침을 내외에 선포함으로써 간신히 군부의 양해를 얻어 3월 9일 조각을 마칠 수 있었다.

각료들의 면면을 보면 정우회와 민정당에서 2명씩, 귀족원의원 3명이 참여하는 '거국일치내각'의 형태를 취했다. 세간에서는 '특별할 것도 신선할 것도 없는 2류 내각'이라고 불렀다. 다만 조각 과정에서 일찍부터 노골화된 육군의 압력은 새 내각의 방향을 그대로 규정하게 되었다. 대표적인 사례로 히로타가 밝힌 '서정일신' 정책을 뒷받침할 재정담당자로 취임한 대장대신 바바 에이이치馬場鍈一를 들 수 있다.

권업은행 총재였던 바바馬場 대신은 군부의 추천을 받아 내각에 들어온 인물로 취임하자마자 성명을 통해 새 내각의 '혁신재정'의 개념을 다음과 같이 밝혔다.

"… 재정경제에 대해 생각하고 있는 바를 말씀드리자면, 우리나라가 만주정책의 수행, 국방의 충실화, 농촌과 어촌경제의 갱생, 기타 국력의 신장 등 국가 근본의 배양상 여러 가지 중요한 국책의 실현이 필요한 상황에서, 특히 세출의 감소를 예상하는 것은 아마도 불가능할 듯합니다. 오히려 새로이 국비를 더 늘려야 할 상황이며 … 오늘날 공채 발행이 한계에 이르렀다고도 생각하지 않습니다. … 제가 생각하고 있는 바는 이전 내각의 재정방침과는 상당히 다른 상황입니다."

바바의 재정방침은 다카하시 대장대신 시절의 건전 재정과 공채 줄이기 방침을 완전히 폐기한다는 선언이며, 팽창하는 재정을 공채 증발과 증세로 메꾼다는 뜻이다. 또한 이는 만주 붐의 쇠퇴, 만주 침략과 환율 덤핑으로 인한 구미 열강과의 정치적·경제적 대립 격화로 고심하는 독점자본이 '재정의 생명선'을 깨고서 점점 더 강력한 무력행사를 통해 중국과 만주시장을 장악하기 위해 전쟁경제로 갈아탄다는 뜻이기도 하다. "산업무역이라고 해도 그 배후에 군비가 철저히 뒷받침 되어야 대외적으로 물건을 팔 수 있는 경우가 많다."(바바 대장대신의 시국담, 『도쿄아사히』 1936년 5월 31일)고 생각한 것은 바바 뿐만 아니라 대부분의 독점자본가도 마찬가지였다. 다음 침략에 대한 구체적 방책과 시기, 재계에 미칠 영향으로 어수선했던 당시의 재계는 바바 대장대신의 성명에 일시적으로 충격을 받아 주가가 폭락하기도 했지만, 그럼에도 불구하고 일본 전시재정의 단초는 독점자본주의의 필연적인 움직임에 따라 마련되었다고 할 수 있다.

바바 재정의 이름으로 편성된 예산은 이미 편성과정부터 이전의 방침을 허물고 국책 우선의 원칙을 적용했다. 히로타 내각에서 처음 설치한 '국책각의'는 우선 육해군 국방계획을 우선적으로 다루었고, "군사비가 정해지지 않으면 세출도 가늠할 수 없다."(바바 대장대신 담화)고 말할 정도였다.

그 사이 육해군은 군비계획을 세워 국책각의에 제출했는데 육군은 초기년도에 각각 약 6억 엔씩이 소요되는 항공방위시설 확충과 만주병력 충실화를 중심으로 하는 예산을, 해군은 1937년 군축회의 탈퇴를 계기로 세운 대규모 건함계획상의 주력함 건조와 항공병력 확충 등을 중심으로 한 방대한 보충계획을 제출했다. 해군은 "군사비의 상당 부분이 민간에 지불할 금액이므로 국민생활의 안정에 기여하는 바가 클 것이며 중공업이나 기타 산업 진흥에도 공헌할 것"이라며 대대적인 선전활동을 벌였다.

이렇게 국책각의 마지막 회의에서 결정된 7개 국책, 14개 항목의 첫 번째는 '국방의 충실'이었다. 육군의 대륙정책 수행, 해군의 군축조약 탈퇴 1년차에 대한 대책으로 국방정비가 주된 내용이다. 그리고 연료·원료, 전력통제, 항공 등 산업의 전쟁경제 동원, 시설의 확립을 넓은 의미의 국방에 추가했다. 이러한 국책을 주축으로 한 1937년도 예산요구는 총 34억 엔을 넘어섰는데, 최종적으로 30억 4,000만 엔이라는 미증유의 방대한 예산이 각의에서 불과 90분 만에 '담소를 나누며' 결정되었다.

30억 엔이면 전년도에 비해 7억 엔 이상이 늘었으니 약 1/3이 증가한 것인데 이 예산 가운데 군부예산 비율이 절대적이어서 군사비라는 명목이 붙은 것만 해도 전체 세출의 43%를 넘어섰다. 반면 국책의 일환으로 거론된 '국민생활 안정'을 위한 경비는 불과 5,000만 엔으로 전체 예산의 1.6%에 불과한 빈약한 규모였다.

이렇게 방대한 예산을 확보하기 위해, 6억 엔에 달하는 '획기적인' 대대적 증세 방안이 제출되었고 관세 인상과 담배 값 인상이 추진되었다. 이 세제개정은 '부담의 형평'을 꾀한다는 명분이었지만 3억 엔 가까운 지방세의 감세와 지방재정조정교부금을 통한 세제의 중앙집권화, 배당소득세와 소득세를 중심으로 한 6억 엔의 증세가 본질이었다. 결국 감세의 이익을 농촌 지주와 자본가에게 돌리고 증세의 부담은 고스란히 대중이 짊어지게 된 것이다. 그런데 이 증세로도 확보할 수 없는 세출은 8억 600만 엔의 공채금 수입으로 보전하려고 했다.

군사비 중심의 '파행적 예산'은 군부나 군수산업가를 기쁘게 했다. 국민소득의 23%나 되는 상당한 화폐를 국가재정이 점유하고 이를 군수산업에서 소화하겠다는 것이다. 그로 인한 모순은 물가 폭등으로 이어졌다. 바바 대장대신이 입만 열면 모든 물가가 오르는 현상이 벌어졌다. 오르는 물가로 인해 예산의 수행이 어려워지자 세간에는 '과도한' 재정을 시정하라는 목소리가 불거졌다. 전쟁경제 수행은 군사예산에 의한 재정자금 살포만으로는 부족하며 전면적인 통제경제가 필요하다는 것을 깨닫게 되었다.

## 숙군과 군부의 정치 진출

2·26사건 직후 최대의 정치적 과제는 바로 숙군 문제였다. 군부의 정치적 진출과 나날이 임박해오는 파시즘에 대한 불만은 이 사건을 통해 정점에 달했다. 이전까지 군에 반하는 의사표현의 자유를 완전히 박탈당했던 국민은 이 사건에 대한 불만을 숙군 요구를 통해 표출했다. 즉 이 사건이 군의 명령계통을 어지럽히고 칙령을 위배한 '반란'이라는 여론이 군부에 대한 비판을 합법화할 수 있는 기반을 제공했다. 저널리즘을 비롯해 정당이나 재계도 군부에 대한 국민의 반감을 외면하지 못했고, 숙군을 요구하는 목소리는 점점 더 고조되어 갔다. 그로 인해 히로타 내각은 첫 번째 소임으로 숙군 문제를 내걸었고, 데라우치 육군대신도 취임 이래 숙군을 철저히 이행하겠다고 거듭 공약해야만 했다.

국민이 내각과 군부에 기대한 숙군은 군부의 정치적 행동을 억제하고 파시즘으로 치닫는 것을 방지하라는 것이었는데, 군부 자신은 이것과는 전혀 다른 각도에서 숙군의 필요성을 느끼고 있었다. 하급 장교가 군 수뇌부에 감히 '혁신공작'을 추진하라고 강요한 것은 군부의 '위신'을 침해한 중대 사안이라는 것이었다. 청년장교의 파시스트 운동이 군 수뇌부의 보호를 받고 결국에는 이용대상으로 전락한 한계를 드러낸 것이다. 이러한 불법적인 쿠데타를 이전과 같이 모호하게 묵인한다는 것은 결국 국민의 비판이 군부로 향하게 된다는 것을 의미했다. 군부의 정치적 입지 확대는 이미 이 사건으로 인해 충분히 이루어졌으므로 숙군은 군부의 지배체제를 유지하기 위해서라도 철저히 수행해야만 했다. 그러나 그 내용은 국민이 바라던 바와 달리, 황도파에 대한 탄압을 통한 통제파, 즉 군 중앙부의 헤게모니 확립, 그리고 숙군의 대가로 군의 위신과 압력을 한층 더 강화하는 방향으로 흘러갔다.

이전의 3월사건, 5·15사건, 10월사건은 비교적 가벼운 처분을 내렸던 것과 달리 2·26사건에 대한 군부의 조치가 매우 엄격했던 것은 바로 이러한 이유 때문이다. 제69회 국회에서 데라우치 육군대신은 반란군의 지도정신에 대해 "반란행동까지 일으킨 자들의 지도정신의 근저에는 우리 국체가 도저히 용납할 수 없는 과격한 일부 외부인들이 품고 있는 국가혁신 사상이 자리 잡고 있었다는 점을 간과할 수 없다. 이것이 특히 유감스럽다."고 말했다. 이들의 행동은 국체에 반한다고 단정하고 엄중한 처분을 내리겠다는 결의를 표명한 것이다.

반란부대를 처벌하고자 3월 4일 긴급칙령으로 도쿄 육군사법회의가 특설되었다. 심리는 비밀재판으로 신속히 이루어졌고 7월 5일 제1차 판결이 내려졌다. 결과는 반란군 간부 19명 사형, 나머지

70명은 유기징역이 확정되었다. 이와 더불어 반란에 동정을 표한 자, 혹은 황도파로 지목된 자에 대한 철저한 숙군작업이 이루어졌다. 3월 23일에는 책임자 처분을 포함해 제1차 보직 이동, 7월 10일에는 제2차 책임자들의 보직 이동, 8월 1일에는 3,000여 명에 달하는 정기인사를 통해 중요 보직에 대한 인사교체를 마쳤다. 그 결과 군부 내 황도파 세력은 제거되었고 통제파가 완전히 지배권을 확립하게 되었다.

그러나 군부는 자신의 필요에 따라 단행한 숙군의 대가로 대대적인 보상을 원했다. 즉 숙군의 조건으로 군부는 정부에 전시체제 확립을 요구했으며 4대 정강을 중심으로 한 '서정일신'의 단행을 압박했다. 숙군의 목소리가 시대적 요구로 고조될수록, 또 군부가 자신의 구미에 맞게 숙군을 단행할수록 군부대신의 정치와 외교 전반에 대한 간섭은 늘어갔고 발언권도 크게 신장되었다. 히로타 내각 성립 후 군부의 정치적 요구는 특정 주장이라든가 선전이 아니라 직접 내각을 움직여 정책을 좌우하는 힘 그 자체였다. 숙군을 조건으로 군부와 정부는 완전히 일체가 되었고 히로타 내각의 전쟁과 파시즘을 향한 시책은 가속화되었다.

이것은 우선 5월 18일 군부대신무관현역제로 나타났다. 이 육해군대신현역무관제도는 메이지 이래로 군벌 최대의 정치적 무기였는데, 다이쇼 초기 호헌운동을 통해 오랜 기간 투쟁을 거쳐 1913년에 어렵게 폐지된 바 있다.(실제로 예비역이 군부대신에 오른 예는 없었다.) 그런데 2·26사건으로 인한 압력을 배경으로 군부는 칙령 한 마디로 이것을 단숨에 회복했다. 군부대신현역무관제 부활로 인해 내각에 대한 군부의 압박은 법적 근거를 획득하고 정부에 대한 군부의 지도권은 완전히 확립되었다.

## 제2절 준전시체제화와 일독방공협정

### 국책안 결정

　1936년 8월 이른바 '8월 폭동'이라 불리는 '숙군'을 단행하고 황도파를 배제한 뒤 내부 기강을 다진 육군은 정치공세에 박차를 가했다. 그 결과 8월 7일 군부의 요구가 전면적으로 반영된 '국책기준'이 5상회의를 통해 결정되었다. 수상, 외상, 육군상, 해군상, 대장상 5명의 주요 각료로 구성된 5상회의는 사실상 전 각료회의를 대표하는 것이나 다름없다. 대외문제에 관한 중요국책을 토의하는데 대개는 군부의 제안을 원안으로 삼아 토의를 진행했다. 육해군 양 군무국과 외무성 동아국이 중심이 되어 일을 처리해 나갔다. 이렇게 결정된 '국책 기준'은 "외교와 국방이 힘을 모아 동아시아 대륙에서 제국의 기반을 확보함과 동시에 남방 해양에 진출하여 발전해야 한다."는 내용이었다. 말하자면 이것은 일본의 중국 침략, 대소 공격, 그리고 남진을 예정하고 태평양전쟁으로 발전하게 되는 일본 최초의 전략구상인 셈이다.

　이러한 침략방침을 육해군 군부가 결정한 것은 당면한 새로운 중국 침략계획을 세우는 과정에서 도출된 것인데 다음과 같은 저의를 감추고 있었다. 즉 당시 육군 중앙은 만주사변 이래 매우 강대해진 관동군의 권력과 활동을 가능한 한 만주로 제한하고 화베이 방면으로 진출하지 못하도록 함으로써 오로지 대소 국방에 전념시키고자 했다. 이것이 북진론을 주장한 진짜 이유였다.(시게미쓰 마모루重光葵, 『쇼와의 동란』 상) 반면에 해군은 육군과 균형을 맞추려고 오로지 남진론을 주장했다. 이것을 군비 확대의 이유로 내세우며 양보하지 않았다. 이에 5상회의에서 양자가 타협함으로써 육군의 북진론과 해군의 남진론이 중국에 대한 전면적 침략방침과 더불어 결정된 것이다.

이어서 같은 달 25일 '1937년 이후 중점을 두어야 할 사항', 이른바 '서정일신' 7강목이 군부와 기획원의 '혁신관료'에 의해 작성되었다. 내용은 다음과 같다.

1. 국방의 충실
2. 교육의 쇄신 개선
3. 중앙과 지방의 세제 정비
4. 국민생활 안정
   - 재해방제대책
   - 보건시설 확충
5. 산업의 진흥과 무역 신장
   - 전력의 통제 강화
   - 액체연료와 철강 자급
   - 섬유자원 확보
   - 무역의 조장과 통제
   - 항공과 해군사업 진흥
   - 일본인의 해외 진출 조장
6. 만주 중요정책의 확립 = 이민정책과 투자 조장책 등
7. 행정기구의 정비 개선

이상의 '7대 국책'은 이른바 준전시체제의 기본 방향을 나타낸 것이다. 이것은 필연적으로 1937년도 예산에서 군사비의 증대를 초래할 수밖에 없었다.

### '화베이華北 처리방침'

히로타 내각의 '기본국책'에 나타난 중국 침략계획의 기본노선은 이른바 '화베이華北 처리방침'으로 구체화되었다. 당시 이른바 '8·1선언'³이라 불리는 중국공산당의 항일구국선언에 따라 중국 각지에서는 인민대중의 항일운동이 날로 격화되고 있었다. 1936년 7월 10일 상하이에서의 일본인 카야오萱生 살인사건, 8월 24일 청두成都 사건, 9월 3일 베이하이北海 사건, 9월 17일 산터우 사건, 9월 18일 펑타이豊台 사건, 9월 19일 한커우 사건, 9월 23일 상하이의 군함 이즈모出雲 수병 저격사건⁴으로 이어지는 일련의 사건이 발생하자, 9월 15일부터 가와고에川越-장췬張群 간의 협상⁵이 난징에서 시작되었다.

일본 정부의 방침은 히로타 3원칙을 기조로 하여 기찰정권冀察政権⁶을 강화해 화베이특수화를 더욱 확대하고 화베이5성을 만주와의 접경 완충지대로 특수화하고자 했다. 히로타 3원칙이란, 1936년 1월 의회에서 발표한 히로타 외무대신의 대 중국외교방침으로서, 1) 배일운동을 중지하고 구미의존주의를 버리며 일중 협력의 실현을 기한다. 2) 중국은 만주국을 승인하고 특히 북중국에서 일·만·중 3국관계의 조정을 꾀한다. 3) 적화방지를 위해 일중 공동으로 방위를 도모한다는 것이다. 화베이5성의 만주화, 특수지대화 안은 1936년 8월 5성회의에서 통과된 화베이처리요강에 반영되어, "해당 지역에 확고한 방공친일만防共親日満 지대를 건설하고 아울러 국방자원의 획득과 교통시설 확충에 힘쓴다. 이로써 소련 침략에 대비하고 일·만·중의 제휴공조 실현을 위한 기초로 삼는다."는 내용이 결정되었다. 이 화베이처리요강은 화베이5성 전부를 목표로 하여 이들 지역을 분리해 낸다는 것을 명확히 했다. 요컨대 이는 결국 화베이5성의 분할통치 완성과 경제개발을 지시한 것이다.

이 화베이처리요강이 결정되자 이미 관동군은 만리장성을 넘어 화베이를 향해 진격할 태세를 갖추었다. 또 5월 15일 육군성이 발표한 바에 따르면 관동군의 중국 주둔병력은 의회단사건으로 획득한 톈진, 베이징의 영사관, 대사관과 조계의 경비병규정을 훨씬 뛰어넘었다. 즉 보병 2개 연대, 포병, 공병, 기병, 통신병을 포함한 독립병단을 편성할 정도였다. 때마침 만주국 출현으로 자극을 받은 차하얼성察哈爾省 방면의 몽골 민족은 덕왕德王[7]을 중심으로 본거지를 바이링먀오百靈廟에 두고 '자치조직'(중국으로부터의 분리공작)에 주력하고 있었는데 1936년 11월 '관동군 도조 히데키東條英機 참모장의 직접 지휘 아래 다나카 류키치田中隆吉 대좌가 덕왕 등의 몽고군을 꾀어', '몽고인의 몽고'라는 슬로건으로 쑤이위안성綏遠省을 침략했다.(모리시마 모리토森島守人, 『음모·암살·군력』) 그러나 푸줘이傅作儀가 이끄는 쑤이위안군에게 반격을 당했고 때마침 불어 닥친 혹한으로 무참히 패배했다.(쑤이위안사건[8]) 이 쑤이위안사건은 오히려 중국민중의 항일정서를 고조시키는 바람에, 12월에 가와고에-장췬 간 협상은 결렬되고 말았다.

### 일독 방공협정

일본제국주의는 중국 침략을 꼼꼼히 준비하는 한편 소비에트에 대한 침략계획을 추진했다. 이것은 1936년 11월 25일의 일본과 독일 간의 방공협정 조인으로 이어졌다. 조약 내용은 '제3인터내셔널' 활동에 대해 서로 통보하고 필요한 방위조치에 대해 서로 협의하며, 긴밀히 협력한다는 약속이었다.

방공협정을 조인하는 날, 일본 외무성은 성명을 발표해 코민테른의 활동이 일본과 독일을 목표로 하고 있어 위험하므로 이에 대한 방위조치를 강구할 필요가 있다고 말하고 본 협정의 배후에 비

일독 방공협정조인식에 서명하는 리벤트로프 대표(중앙)와 왼쪽의 무사노코지(武者小路公共) 대사(1936년 11월 25일 베를린)

밀협약 등은 존재하지 않으며, 단지 코민테른을 목표로 한 것으로서 소련 그 자체를 대상으로 하는 것이 아니라는 점을 명확히 했다. 그러나 이 방공협정에는 다음과 같은 비밀협정이 부속되어 있었다.(이것은 전후 극동 국제군사재판에서 처음으로 밝혀졌다.)

「공산인터네셔널에 대한 협정의 비밀부속협정」

대일본제국정부와 독일정부는 소비에트사회주의공화국연방정부가 공산인터내셔널의 목적 실현을 위해 노력하고 있으며 이를 위해 군부대를 이용하려 한다고 판단했다. 이 사실은 우리 체약국의 존립뿐만 아니라 세계평화 전반을 매우 심각하게 위협하는 행위라고 확신하며 (일본과 독일) 공통의 이익을 옹호하기 위해 다음과 같이 협정한다.

제1조

체약국 가운데 어느 일방이 소비에트사회주의공화국연방

으로부터 먼저 공격을 받거나 공격의 위협을 받는다면 다른 체약국은 소비에트사회주의공화국연방의 부담을 덜어주는 어떠한 조치도 취하지 않기로 약속한다.

전 항에 언급한 사태가 발생했을 때 체약국은 공통의 이익옹호를 위해 취해야 할 조치에 대해 곧바로 협의해야 한다.

제2조
체약국은 본 협정이 존속하는 동안 서로의 동의 없이 본 협정의 정신과 양립하지 않는 일체의 정치적 조약을 소비에트사회주의공화국연방과 체결할 수 없다.

일독방공협정은 이 '비밀부속협정'에서 명백히 드러나듯이 소련을 가상의 적국으로 삼았고, 당연히 일본과 독일 파시즘이 대소전쟁으로 향하는 길을 준비하는 역할을 했다.

당시 오스트리아 문제를 둘러싸고 대립하던 독일과 이탈리아 양국은 에티오피아 전쟁, 스페인 내전을 통해 서로 가까워졌다. 1936년 11월 이탈리아 수상 무솔리니는 밀라노 연설을 통해 '새로운 시대의 시작'을 선언하며, "로마와 베를린 사이의 수직선은 장벽이 아니라 추축樞軸"이라고 강조했다. 바로 여기서 '베를린-로마 추축'이라는 용어가 탄생했고 유럽의 양 파시즘 국가의 제휴가 성립되었다. 이렇게 해서 독일은 중부유럽과 동유럽을 이탈리아는 지중해를 침략지역으로 분담하고 세계재분할 전쟁으로 치닫는다.

처음에는 일본과 독일 사이에 중국 문제를 놓고 대립의 여지가 있었다. 나치가 정권을 장악한 후 중국에 대한 독일의 경제진출이 본격화되고, 중국 국민당정부와의 정치적 관계도 긴밀해졌다. 이와 동시에 일본과 독일은 함께 국제연맹을 탈퇴해 국제적으로 고립된 상황이었기 때문에 서로 접근하는 경향을 보였다. 특히 반소반공을 표방한 만큼 코민테른의 인민전선전술 결정은 파쇼 체제에 대한 공통의 위협으로 받아들였다. 그 결과 1935년 말부터 군부를 중심으로 한 일본의 친독세력과 독일 사이에 연락이 빈번해졌는데, 그 가운데 독일에 있던 주독대사관 부속 육군무관 오시마 히로시大島浩와 히틀러의 외교고문 리벤트로프 사이의 사적인 회담이 양국의 방공협정으로 결실을 맺게 된 것이다.

　원래 독일 수뇌부와 일본 군부는 대소 '군사동맹'을 기도했다. 그런데 일본 지배계급 내부의 친영미파로 불리는 세력들의 견제 때문에 그 정도의 '방공협정'으로 정리된 것이다. 그러나 군사동맹이 아닌 방공협정이라고 하지만 이 협정의 체결로 인해 일본의 국제적 고립은 더욱 심화되었고, 제국주의 국가들끼리의 세계적인 대립에 휘말려들면서 결국 가장 반동적인 파시즘 진영에 가담한 것이다. 1936년 12월 일본정부의 스페인 프랑코 정부 승인, 다음해 11월 이탈리아의 방공협정 참가로 인해 추축국 3국의 통합은 3국 군사동맹 체결, 태평양전쟁으로 이어지는 미래를 결정지었다. 일독 방공협정이 대소 관계를 악화시킨 것은 당연한 일이었다. 당시 소련에서는 제8회 전 러시아 소비에트 대회가 열려 신헌법(스탈린 헌법) 심의가 이루어지고 있었는데, 11월 29일 리트비노프 외상은 연설을 통해 다음과 같이 일독 방공협정을 언급했다.

　"일독 방공협정은 연맹에서 친구를 찾을 수 없었던 고립된 나라들이 같은 처지의 나라와 손을 잡은 것이다. 이 협정이 단순한 반공협정이 아니라는 것은, 2개조에 불과한 조약을 체결하는 데 15개월이 걸렸다는 점, 교섭에 임한 것은 일본의 주독일 무관이었다는 점만 보아도 명백하다. 반공협정이라는 명목으로 은폐한 반소협정임에 틀림없다. … 일본정부는 일소관계를 완전하게 하고 일소 간 현안 해결을 꾀한다고 말하면서도 독일과 이러한 협정을 맺었고, 현안 해결 차원에서 가능하다고 했던 불가침조약 체결도 이제는 독일의 양해를 얻어야만 하는 형국이 되었다. 일·독·이 3국의 침략적 활동은 점점 노골화하고 있다. 필요한 때가 도래하면 위대한 적군과 함대가 조국 수호에 나설 것이다."

이미 일소 간 협상에서 국경획정위원회와 분쟁처리위원회 설치에 관해서는 두 세 가지 의견의 일치를 보지 못한 점이 있었으나 북사할린석유시굴권 연장 협상과 어업조약 개정 협상은 양 측이 모두 타결을 보았고, 전자는 조인을 완료하기까지 했다. 후자에 대해서도 12월 20일을 기해 조인하기로 서로 양해했으나 소련이 일독 방공협정 성립 사실을 간파하는 바람에 어업조약 조인은 유산되었다. 무릇 방공협정에 대한 지배계급 내부의 위구심은 영미와의 관계를 저해한다는 데에 있었다. 당시 영국의 외교는 파시즘 국가들의 침략을 묵과하는 경향을 띠었고, 이른바 '유화정책'이 점차 강화되고 있었다. 그러나 이것은 한편으로 파시즘 국가들이 소련을 공격하기를 기대하는 동시에 소련과의 전쟁으로 인해 파시즘 국가들의 전력이 약화되기를 바라는 매우 복잡한 의도가 숨겨진 외교정책이었다. 이것은 이미 대영제국이 자국의 권익을 지키기 위해 독일과의 전쟁을 예상하고 1934년 말부터 군비 확장에 나선 것을 보아도 알 수 있다. 그러므로 방공협정은 소련에 대한 대항, 영미에 대한 대항 모두를 겨냥한 것이다. 앞서 '국책 기준'에서도 언급했듯이 북진과 남진 가운데 확실한 방향을 결정하지 못한 상황에서, 일본의 '현상유지파'들은 군부가 지도하는 비밀외교에 대해 불안감을 안게 되었다. 일소 어업조약의 파탄이 일독 방공협정에 대한 비난을 초래했고, 결국 히로타 내각의 명을 재촉하는 원인이 된 것도 이러한 사정이 배후에 깔려 있었기 때문이다.

## 히로타 내각의 붕괴

내정을 보면 30억 4,000만 엔에 달하는 방대한 예산 편성으로 인해 국민생활의 불안이 심화되었고, 외교를 보면 중일관계가 전면적으로 파행으로 치달았으며 일독 방공협정으로 인해 일소관계를 비롯한 국제관계도 현격히 악화되었다. 이로 인해 히로타 내각의 시정 전반에 대한 국민대중의 불만은 곧바로 정당들의 태도에도 반영되었다. 그런데 군부가 주도한 행정기구 개혁, 특히 의회제도 개혁과 관련해 정당들은 엄청난 불만을 품고 있었다. 1937년 1월 20일 민정당과 정우회는 각각 당 대회를 열고 곧 있을 제70회 의회에서 민의를 저해하는 군부와 관료의 독선에 대해 강력히 저항할 것을 천명했다.

이러한 분위기를 눈치 챈 육군은 민정당과 정우회 양 당이 현재의 국제정세에 비추어 볼 때 이번 회기 최대의 문제인 국방 충실화의 필요성을 언급하지 않은 데 대해 유감을 표시했다. 그리고 현재 정당들이 각 정당 출신 인사를 입각시켜놓고 내각을 공격하는 태도를 이해할 수 없다며, 만일 정부를 비난하고자 한다면 우선 각당 출신 각료를 거두어들이고 교체해야 한다는 의견을 표명하며 정당 측의 '인식부족'에 적잖은 불만을 나타냈다.

이렇게 험악한 분위기 속에서 1월 21일 재개된 제70회 의회는 군부 각료를 둘러싼 '혁신파'와 기성정당이 대립함으로써 긴장감이 감돌았다. 정우회의 수장 하마다 구니마쓰浜田国松는 "근래 들어 군부는 스스로 자만한 나머지 우리나라 정치의 추진력은 자신들에게 있고, 자신들이 나서지 않으면 백성들을 어떻게 거두겠는가라는 식의 기개마저 보인다. … 요컨대 독재강화라는 정치적 이데올로기는 항상 군부의 저류를 관통하고, … 국민들로부터 빈축을 사고 있다."고 전제하며, 군부를 강하게 몰아붙였다.

하마다의 연설이 끝난 후 데라우치 육군대신은, "우리나라의 정치는 우리의 흠정헌법欽定憲法에 준거해 그 정신으로 운용해야 한다고 생각한다. … 그런데 여전히 이를 의심하는 것은 무언가 환영에 사로잡혀 있기 때문이 아닌가 생각한다. 방금 하마다 의원이 말한 내용 가운데 군인에 대해 다소 모욕적인 언사가 있었던 것은 유감 …" 이라며 반격했다.

그러자 하마다는 재차 등단하여, 육군대신을 맞받아쳤고, 육군대신 역시 다시 응수함으로써 군부와 정당 간에 돌발적인 정면충돌이 일어났다. 극도의 긴장과 흥분 속에서 하마다는 세 번이나 다시 등단해, "… 속기록을 조사해 내가 군대를 모욕한 말이 있으면 배를 갈라 당신에게 사죄하리라. 만일 그런 일이 없으면 당신이 할복하시오."라고 일갈했다. 가뜩이나 우려되었던 제70회 의회는 재개된 지 하루 만에 정당 대 정부, 특히 육군과 정면충돌을 하게 되었다.

정부는 의회산회 후 긴급 각의를 열었다. 데라우치 육군대신은 정당의 반성을 요구하는 의미로 의회해산론을 주장했다. 다노모키체신대신 이외의 정당 출신 각료(마에다 철도대신, 시마다 농림대신, 오가와 상공대신)들은 해산론에 반대하고 그 사이에 낀 히로타 대신은 결단을 내리기 전에 궁중에 들어가 상신해 보겠다며 이틀 동안정회할 것을 주장했다. 데라우치 육군대신과 정당출신 각료들 사이에 어떠한 타협의 길도 보이지 않는 한 정부는 내각총사직, 혹은 의회해산이라는 중대 양자택일의 기로에 서게 되었다.

5·15사건 이래 군부를 따라가기 급급했던 정당은 이번 공세로 체면을 세웠다고 생각했다. 그러나 이들은 국민의 의지를 대표하고 조직화해서 군부와 싸워야 했으나 사실상 썩을 대로 썩어 있었다. 지배체제의 파쇼화에 그들도 결코 반대하지 않았다. 다만 민의의

동향에 비교적 민감했던 일부 정치인이 권력의 중심에서 밀려난 정치인들의 불만을 솔직히 쏟아낸 것에 불과했다. 말하자면 마치 최후의 몸부림과 같이, 정당인들이 자기주장을 피력한 효과 외에는 아무 것도 남지 않았다.

## 제3절 인민전선운동의 전개

### 노농운동의 고양과 정부의 대응

일본제국주의가 이미 벌인 침략정책을 확대하고, 동시에 독일·이탈리아 파시즘과 손을 잡고 세계사적인 침략 전쟁을 준비하는 '준전시체제'의 모순들이 곳곳에서 파탄을 드러내기 시작했다.

군수 인플레를 통한 군수공업의 대확장은 노동력 수요를 증가시켰다. 특히 증가가 현격했던 부분은 선박제조업을 필두로 기계제조업, 금속품제조업 등 남성노동자를 근간으로 하는 중공업 부문이었다. 이러한 노동력 수요 증가는 실업자의 감소로 이어졌다. 그러나 실수령 임금은 하향곡선을 그렸고 실질임금은 인플레로 촉발된 물가고로 인해 더욱 하락했다. 그 결과 노동자계급의 반항이 거세졌는데, 1936년으로 접어들자 특히 '임시공 문제'를 둘러싸고 중공업부문에서 쟁의가 격화되었다. 노동쟁의는 종래 감소 경향을 보였으나 1936년 급증세로 돌아서 1,457건을 기록했다. 쟁의 건수만큼 참가 인원이 늘지는 않았지만 소규모임에도 불구하고 임금감액 반대, 해고반대, 복직요구 등 소극적이고 자기방어적인 요구에서 벗어나 임금인상을 요구하는 이른바 '적극적 쟁의'가 군수산업 부문에서 일어났고, 여기에 교통산업 부문이 참여하고 노동쟁의가 산업별 지역별로 확산되어 갔다.

농촌에서는 농산물 가격의 상승으로 농업수입이 늘어났지만 농업위기는 결코 해소되지 않았고 오히려 토지문제를 둘러싼 심각한 소작쟁의가 격증하고 있었다. 이전까지 매년 2,000건대였던 소작쟁의 건수는 1931년 이후 상승했다. 그동안에는 소작료 감세 혹은 인상 반대 등 소작료를 둘러싼 쟁의가 대부분이었지만 대체로 1930년 이후로는 지주판매가 농민판매보다 유리하게 유지되면서 그로 인해 파탄에 이르게 된 중소지주의 소작지 회수와 토지 전매에 저항하는 이른바 소작계약의 유지, 소작권 혹은 영구소작권 확인 등 경작권을 둘러싼 농민의 토지투쟁이 격화되었다.

경작권을 둘러싼 소작쟁의 건수(이노우에(井上)·우사미(宇佐美), 『위기에 처한 일본자본주의의 구조』에서)

| 연차 | 건수 | 총 건수에 대한 비율% |
|---|---|---|
| 1927 | 432 | 21.1 |
| 1928 | 461 | 24.7 |
| 1929 | 704 | 28.9 |
| 1930 | 1,002 | 40.4 |
| 1931 | 1,307 | 38.2 |
| 1932 | 1,520 | 44.5 |
| 1933 | 2,275 | 56.9 |
| 1934 | 2,704 | 46.4 |
| 1935 | 3,031 | 44.4 |
| 1936 | 2,644 | 53.6 |
| 1937 | 3,575 | 57.9 |

## 총파업 금지

　이러한 노동자, 농민의 기세에 두려움을 느낀 정부 당국은 1936년 5월 1일 예정되었던 제17회 총파업 행사를 갑자기 전국적으로 금지했다. 나아가 관업노동조합을 금지하는 조치를 취했다. 2·26사건 이래 숙군을 주장해온 육군당국은 '건군정신' 강화라는 명분으로 육군공창에서 노동자의 연대조직 결성을 절대 금지하기로 하고, 1936년 조병창장관 나가모치永持 중장 이름으로 "육군 관내 각 공창 직공의 단체행동을 금하며 노동조합 가입자는 즉시 탈퇴시키라."는 지령을 내렸다. 그로 인해 고쿠라, 오사카, 나고야의 각 공창들은 관업노동조합 측에 위와 같은 취지를 전달하는 동시에 노동자에게 조합 탈퇴를 강요하고 장차 조합 가입을 금지시켰다.

　공창 내 노동조합은 다이쇼 초기 이래 오랜 역사를 지녔다. 이것들은 총 수 8,000명의 조합원을 거느리는 육군노동조합협의회에 통합되어 관업노동총동맹에 속했고 군수공업 노동조합운동의 중핵을 이루고 있었다. 따라서 각 공창의 노동조합 금지 조치는 단지 공창노동자로 국한되지 않고 나아가 다른 관공업에도 영향을 미치고 민간기업, 특히 군수공업도 이에 따라 조합을 인정하지 않는 태도를 보일 가능성이 다분했다.

　총파업 금지와 관업노동조합 금지 문제가 발발하자 당시 전국의 노동단체와 조합회의, 사회대중당과 기타 단체들은 당국에 단체권 옹호, 노동조합법 획득 방침을 세우고 일제히 항의와 요청 운동을 벌여 나갔다.

　그러나 메이데이에 예정되었던 데모는 관헌들의 탄압으로 실행되지 못했고, 조합회의와 사회대중당 간부의 조합 금지문제에 대한 항의는 형식적이었을 뿐 우익 사회민주주의 간부의 파쇼화와 파업 금지령으로 인해 육군 관련 조합들은 궤멸상태에 빠졌다. 그리하여 제17회 총파업의 전국적 금지는 결국 영구금지로 이어졌고, 창립 20년의 역사를 지닌 관업노동총동맹의 뿌리도 흔들리게 되었다. 1937년 봄 총선거 위반사건에 연루되어 내분을 계속해 온 오사카 시종업원조합 내부의 '쇄신파'는 관업노동총동맹 탈퇴를 선언하고 일본주의적 조합 결성을 결정했다. 그리고 오사카, 나고야의 양대 연초공장노동조합도 자멸 끝에 해산하였고, 1938년에는 관업노동 총동맹도 해소 결정을 내렸다.

## 인민전선운동의 개시

마침 1935년 7~8월 코민테른 제7회 대회는 인민전선운동 방식을 채택했다. 회의석상에서 집행위원 피크Pieck는 일본공산당에 다음과 같이 충고했다.

"일본의 당이 향후 부단한 승리를 획득하기 위해서는 분파주의 잔재를 단호히 일소하고 일체의 합법적 기회를 충분히 활용해 노동자 계급의 일상적 이익을 위해 투쟁해야만 한다. 이것은 동시에 당의 정치적·조직적 강화를 위한 선결조건이다. 이 조건이 존재해야만 비로소 반동세력에 반대하는 운동으로 노동대중을 인도할 수가 있다."(코민테른 제7회 대회 보고연설)

이어서 다음해 2월 당시 모스크바에 있던 노사카 산조野坂参三와 야마모토 겐조山本縣蔵는 '오카노, 다나카'라는 이름으로 '일본 공산주의자에게 보내는 편지'를 발표해 반파시즘 인민전선운동을 위한 일본공산당의 임무에 관해 조언했다. 이렇듯 해외에서 보내온 충고와 격려는 인민전선운동의 주체적 존재로서 빈번한 탄압으로 약화된 일본공산당의 활동을 이끄는 힘이 되었다. 그 해 5월 상순 일본공산당 간사이지방위원회 이름으로『통일전선 수립』,『노동자 계급의 반파쇼전선 통일』이라는 팸플릿이, 또한 공산당중앙재건준비위원회 서명으로 '인민전선결집'에 관한 팸플릿이 오사카부 노동자와 농민, 소비조합 등에 배포되었다. 공산당중앙재건준비위원회는 1930년 전협쇄신동맹에서 제명되었던 와다 시사시和田四三四, 오쿠무라 히데마쓰奥村秀松, 미야모토 기쿠오宮本喜久雄 등에 의해 1936년 4월 오사카에서 결성되었다. 이들은 사회대중당, 동경교통노동조합, 신흥불교청년동맹 등의 합법공간에 들어가 활동하면서, 합법적 노동조합, 농민조합의 이용, 해상노동자 그룹 결성 등과 관련된 국제연대를 도모했다. 그리고 문화단체와 당 대행 기관으로서 비합법그룹을 통한 당 재건의 기초를 구축하고 있었다. 그러나 재건준비위원회를 중심으로 한 구성원 천여 명이 그 해 12월 전국적으로 검거되는 바람에 충분한 성과를 거둘 시간적 여유가 없었다.

### 정치통일전선의 좌절

공산당과 그 영향 아래 있던 여러 조직이 탄압의 광풍을 정면으로 받게 되어 차츰 쇠퇴한 이후, 계급투쟁주의를 내걸고 좌익적 대중을 산하에 결집시키고 있던 일본노동조합전국평의회(이하 '전평'全評)[9]과 도쿄교통 등의 합법적 좌익조합도 반동세력의 압력 때문에 차츰 세력을 잃어가고 있었다. 따라서 강력한 반파쇼 인민전선 내지 통일전선 수립에 대한 요구가 이들 하부의 대중들로부터 제기되었다.

전평은 1936년 11월 시바芝협조회관에서 열린 제3회 전국대회에서 다음과 같은 반파쇼투쟁방침을 결정했다. "우리들은 단호히 모든 근로국민대중의 선두에 서서 히로타 파쇼 정부에 대항하는 일대 국민운동을 전개해야만 한다. 이 국민운동이야말로 국민의 생활을 방위하고 헌법에 보장된 국민의 자유와 정치적 권리를 확보하는 길이다. … 따라서 우리 전평은 사회대중당을 무산정치전선통일을 위한 축으로 삼고, 이 중심축을 향해 모든 반파쇼 무산정치세력을 결집시키는 데 우리 주요 세력의 활동을 집중시켜야 한다.”

말하자면 인민전선운동의 중심인 혁명세력들이 모두 약체화되었으므로 일본의 인민전선운동에서 생각할 수 있는 조직적 중심은 사회대중당이라는 것이다. 일본노동조합회 쪽에서는 별다른 방법이 없으므로 일단 사회대중당과 조합회의를 기축으로 삼아 합법좌익조합들과 기타 독립조합, 농민조합, 수평사水平社, 대중적 문화단체를 통일전선으로 결집시키고 광범한 미조직 노동자와 농민, 도시 소시민을 끌어들여 반동세력과 싸우는 것이 당면한 조직적 전술적 과제라고 설정한 것이다.

그런데 중심 세력인 사회대중당과 조합회의는 명백히 좌익사회민주주의자들에 의해 지배되고 있어 이들 조직의 간부들의 노력으로 조직적 통일을 기대하기는 도저히 어려운 상황이었기 때문에 아래로부터의 대중의 요구와 압력을 강화함으로써 이를 달성해야만 했다. 따라서 이 운동의 추진은 전평, 도쿄교통 등의 합법적 좌익조합과 진보적 문화단체가 맡게 되었다. 그러나 당시 합법좌익조직들은 우익조합들에 비해 훨씬 열세에 놓여 있었다. 이러한 조직적 열세에도 불구하고 인민전선운동은 시작되었다.

1935년 4월 오사카항 남부지구의 총동맹·전노 계열의 직장 대중(15개 공장, 4,680명)의 아래로부터의 전선통일 요구는 이 운동의 불씨가 되어 곧바로 전국적인 하부 대중의 요구로 발전했다. 그리고 8월 “사회대중당을 중축으로 선명한 파쇼 반대의 기치를 올리고 사회대중당 이외의 계급적 세력을 모두 모아 통일할 것”이라는 도쿄교통의 제안이 있었으며, 이듬해 2월 총선거에서 오사카 노농단체협의회가 사회대중당 지지를 구체화하고 연이어 사회대중당을 중심으로 하는 정치전선 통일 움직임을 촉진했다.

이렇게 일본의 인민전선 문제는 무산정당의 ‘정치전선 통일운동' 형태로 제기되었는데, 이 문제가 무산운동의 일환으로 결의된 것은 아래로부터의 전선 통일을 주장하며 사회대중당 지부결성 (1936년 5월)을 시작한 오카야마 지방의 무산단체협의회가 지부결 성준비회에서 이를 당면 투쟁과제의 하나로 내건 데에서 비롯되었 다. 그런데 사회대중당 간부는 우익사회민주주의자 내지 사회파시 스트들이었기에 1936년 총선거에서는 파시즘과 군국주의에 반대 하는 국민대중의 광범위한 지지를 얻어 대약진 했지만 반파시즘 인 민전선전술에 대해서는 극히 비계급적 태도를 고집하고 있었다.

이에 1936년 7월 파쇼투쟁을 위한 공동투쟁조직인 '노농무산 협의회'는 스스로 '반파쇼통일전선의 추진세력'임을 자임하고 9월 사회대중당에서 배제된 무산단체를 조직하고 동원할 것, 사회대 중당과 기타 무산단체의 공동투쟁으로 반동세력의 강권과 중압에 시달리는 근로대중의 생활을 옹호하기 위해 과감한 투쟁을 전개할 것, 사회대중당이 문호를 개방하면 언제라도 조직을 해소할 것을 선언했다.

그런데 사회대중당은 이를 거부하면서 "일본의 무산계급운동 이 당면한 문제는 인민전선을 논하기 전에 그 주체적 세력을 완성 하기 위해 싸워야만 한다는 점이다. 따라서 모든 노농단체는 사회 대중당의 깃발 아래 모여야 한다. 그리고 인민전선운동은 우리나라 의 사회세력을 무시하는 비현실적 투쟁"이라고 주장했다.

그로 인해 사회대중당과 노농무산협의회, 혹은 총동맹과 합법 좌익조합들은 공동 투쟁조차 추진하지 못했다. 그러자 노농무산 협의회는 제1회 대회에서 "이 대회를 계기로 우리 협의회를 전국적 정당으로 전환시키고 사회대중당과의 전국적인 공동투쟁을 통해 합동운동을 정치적으로 성공시키자"고 선언하며 이전까지의 통일 전선 결성을 위한 운동방침을 스스로 폐기한 뒤, 일본무산당으로 개조해 새로이 사회대중당과 대립하는 정당을 지향했다. 이로써 정치전선통일 움직임은 좌절되고 말았다.

그러나 이러한 인민전선운동의 좌절에도 불구하고 1937년부터 노동운동의 급격한 고양, 특히 야하타제철소의 임금인상투쟁을 계기로 한 전국적 파업의 고양을 통해 우익사회민주주의자 간부의 반계급적 태도를 극복하는 한편, 자연발생적인 투쟁이 격화되면 이러한 추세에 따라 투쟁 지령을 내리는 합법좌익지도부의 인기영합주의도 극복했다.

## 반파쇼 문화의 움직임

앞서 본 노동전선과 정치전선에서의 반파시즘 인민전선운동과 함께 문화·사상계에서는 더욱 광범위하게 소부르주아 지식인까지 포함한 인민전선운동이 전개되었다. 그것은 처음부터 정치적으로 통일된 것이 아니라 정치의 영향을 받으면서도 일정한 거리를 두면서 논단의 휴머니즘 제창이라든가, 『인민문고』 발간 등과 같이 문화적 영역에서 산발적으로 실현되었다. 이 점에 대해 도사카 준戸坂潤은 잡지 『세루판セルパン』(1936년 9월호) 지면을 통해 다음과 같이 말했다.

"정치상 인민전선이 성립되지 않았으니 진실을 말하자면 실로 인민전선의 유기적인 일익으로서의 문화운동은 불가능하다. 문화활동이 종국에 조직적 정치 활동으로 제약되는 한 그러할 것이다. 그럼에도 불구하고 문화운동이 단편적으로 정치 활동으로부터 비교적 독립되어 있다는 것을 잊어서는 안 된다. 특히 파시즘에 반대한다는 부정적 측면에서 개괄적으로 포괄해 가는 형태의 정치 활동인 인민전선과 관련해서 보자면 문화운동은 특히 독립성의 모멘트를 강하게 유지하도록 허용해야 한다. 원래 인민전선이라는 정치

활동에 대응하는 문화 활동(전선의 일익으로서 혹은 동반활동으로서)의 형태는 적어도 외부에서 보는 한 문화적 자유주의이며, 그것이 최근 휴머니즘이라고도 불리고 있다. 이 문화적 자유주의가 지닌 특징 가운데 하나는 그것이 정치 활동으로부터 비교적 독립적이거나 독자적 활동의 형태로 간접적으로 정치 활동에 참가하거나 동반된다는 점이다."

휴머니즘론의 주창자는 당시 진보적 자유주의 사상가로서 논단의 중심에 섰던 미키 기요시三木清로서 그는 "비문학적인 야만에 대항하는 휴머니즘은 문화를 위해서 뿐만 아니라 실제 휴머니티를 위해서 싸워야만 한다. 그래서 휴머니즘은 특히 오늘날의 파시즘적 야만과 대립할 수밖에 없다."고 역설하고 파시즘과 손잡은 전통주의, 민족주의를 비판했다.(『휴머니즘의 현대적 의의』) 또한 아오노 스에키치青野季吉는 지식인의 사상적 혼란, 허무, 피폐로부터의 탈각을 휴머니즘 확립에서 구하고자 했다.(『현대 휴머니즘 문학』) 한센병으로 고생하던 기타조 다미오北条民雄의 『목숨의 초야ぃのちの初夜』(1936년)와 기타 작품이 큰 반향을 불러일으킨 것도 절망적인 환경 속에서도 휴머니즘을 끌어내고자 하는 격렬한 희망을 반영했기 때문이었다.

한편 1936년 3월에는 정부와 연관되었다는 소문이 돌았던 문예간담회¹⁰의 기관지(같은 이름의 잡지)에 대한 반항 차원에서 잡지 『인민문고』가 발간되었다. 이를 기반으로 다케다 린타로武田麟太郎를 중심으로 한 전향작가들(다카미 준高見順, 혼조 무쓰오本庄陸男, 다미야 도라히코田宮虎彦)은 '산문정신'에 입각한 리얼리즘 확립을 주장하며 문학적 저항을 개진하고자 했다. 약간 색채는 달랐으나 이러한 지향을 표현한 문학작품으로는 시마키 겐사쿠島木建作의 『옥獄』(1934년), 『여명』(1935년), 『제일의第一義』(1936년)이라든가, 야마모토 유조山本有三의 『진실일로』(1935~1936년), 『노방의 돌』(1937년), 그리고 이시자카 요지로石坂洋次郎의 『젊은이若い人』(1935~1937년), 이시카와 다쓰조石川達三의 『일음촌日陰の村』(1937년) 등이 있다.

불안, 동요, 피폐로부터 벗어나고픈 바람은 세계관, 정치적 입장의 차이를 넘어서 널리 자유주의적 문화인의 심리를 사로잡았다. 심지어 퇴폐조차도 "봉건적 잔제에 반대하는 반항의 의미를 포함하고 있다."(오모리 요시타로大森義太郎)라며 그것이 지닌 일정한 진보성을 평가한 것만 보아도 당시 모든 면에서 천황제의 문화 파괴에 대한 저항(비록 수동적이라고 해도) 가능성을 끌어내기 위해 애썼다는 것을 알 수 있다. 실제로 퇴폐 역시 반파시즘으로 변형해 조직할 수 있고, 거기에는 인민전선운동이 가능한 객관적 조건이 있었다. 이런 가운데, 독일 나치스의 분서焚書사건[1]에 항의하는 문화인의 결집이 도쿠다 슈세이德田秋声를 회장으로 한 '학예자유동맹' 성립으로 나타났다. 이 조직은 파시즘의 광풍 속에서 학문과 예술의 자유를 지키고자 한 것으로서 인민전선적 문화운동의 정점을 보여주었다.

이러한 움직임은 평론이나 문학 분야뿐만 아니라 연극과 영화 분야에서도 나타났다. 1936년 6월에 사망한 '사회주의 리얼리즘의 대부' 막심 고리키Maxim Gorky 추도공연 『밑바닥どん底』(1936년 9월 신협극단 상연)은 쓰키지 소극장 창설 이래 최고의 관객 수를 동원했다. 그리고 신협극단, 신쓰키지 극단은 프롤레타리아 문화운동 쇠퇴 후에도 계속하여 활동했고 『동트기 전夜明け前』, 『뇌우雷雨』, 『천우환天佑丸』, 『군도群盗』 등을 상연했다. 그 가운데 『군도』 상연 시 주인공의 "자유를 달라, 아니면 죽음을 달라"는 외침은 관객들에게 큰 감동을 주었다. 1937년 6월 공동생활의 장을 주체로 연극

영화연구소를 설립한 전진좌前進座가 가부키, 신작 상연, 영화연출 등의 부문에서 활약한 것도 주목할 만하다. 전진좌는 쇼우치松竹[12] 자본이 명배우를 통한 대극장주의를 고집한 것에 대항하고 상업연극의 발전에 공헌했다.

이 시기 영화의 진보도 눈부셔서 예술적 성과를 달성했다. 서민의 애환을 그리면서 휴머니티를 끌어내거나 사회의 현실을 사실적으로 묘사하며 사회적 모순을 질타했다. 1936년 성주城主의 적자嫡子라는 지위를 버리고 황야를 떠도는 허무주의자인 사무라이를 주인공으로 한 『전국군도전戦国群盗伝』(PCL[13]과 전진좌 제휴작품, 연출 다키자와 에이스케滝沢英輔)이라든가 오자키 시로尾崎士郎의 작품을 영화로 만든 『인생극장』(우치다 도무内田吐夢)이 상영되었고, 1937년에는 몰락하는 소상인과 그 주변 고리대금업계의 생태를 그린 『헐벗은 마을裸の町』(우치다), 『끝없는 전진』(우치다), 『젊은이若い人』(도요다 시로豊田四郎), 『진실일로』(다사카 도모타카田坂具隆) 등의 역작이 나왔다. 또 만주사변 발발 과정에서 남미로 이주하는 사람들을 다룬 『창맹蒼氓』(구마가이 히사토라熊谷久虎), 소심하고 선량한 실업자 낭인의 비극에 현대 도시 민중의 감정을 그린 『인정 종이풍선人情紙風船』(야마나카 사다오山中貞雄)이 많은 관객들의 마음을 사로잡았다.

이렇게 문화 전 분야에 걸쳐 인간의 선의를 믿는 미래지향적 자세가 투영되었고, 모든 양심적 지식인들은 염세적 분위기가 지배하더라도 마지막까지 저항하고자 하는 의도를 마음속에 감추고 있었다. 그러나 문화계의 자유옹호 움직임은 노동운동과 연결되지 않았고 좌익의 문화운동조직(코프)과의 연계도 이들 조직이 탄압으로 궤멸됨에 따라 이루어지지 못했다.

그것은 소부르주아와 지식인의 반파시즘적 기분에만 의존하는 경향이 있다. 가령 휴머니즘론과 관련 문학작품에 대해 미야모토 유리코宮本百合子는, 이들의 주장이 너무나 관념적이고 '인간성에 대한 추상적 존중', '인간성의 무제약적 승인'에 경도된 나약함이라고 지적했다. 그리고 "독자는 오늘의 현실 속에서 추상적인 양심만으로는 아무 것도 해결할 수 없다는 것을 깨닫고 있다."고 비판했다(『휴머니즘으로 가는 길』). 사실 이러한 움직임은 각 개개인의 선의에도 불구하고 저널리즘 상에서만 논의될 뿐 반파시즘을 위한 구체적 행동을 끌어내지 못했다. 그로 인해 중일전쟁 발발이라는 시류에 굴복해 철저히 짓밟히게 되는 것이다. 그리고 관념적인 희망이 사라진 뒤에는 황량한 현실에 부딪혀 오히려 더욱 깊은 혼미와 도피의 정서가 자리 잡게 되었다. 처녀 단편집 『만년晩年』(1936년)을 발표한 다자이 오사무太宰治, 『설국雪国』(1937년)의 가와바타 야스나리川端康成, 『묵동기담濹東綺譚』의 나가이 가후永井荷風는 이러한 사회적 분위기를 다룬 작가였다.

　　반파시즘으로 조직되지 않은 퇴폐는 파시즘이 뿌리내리기 딱 좋

다자이 오사무의 『만년(晩年)』(1936)

가와바타 야스나리의 『설국(雪国)』(1937)

은 기반이 되었다. 다시 말해 파시즘은 퇴폐를 국민의 '적화'를 방지하는 데에 이용하고, 이제는 군국주의를 불어넣기 위해 이미 용도가 다해버린 퇴폐문화를 금지시킨 것이다. 한 세대를 풍미했던 유행가 『잊어버리자忘れちゃいやよ』의 경우, 너무나 퇴폐적인 표현이므로 가사를 수정하라는 명령[14]은 이러한 분위기를 상징하는 사건이었다.

### 제4절 하야시林 내각에서 고노에近衛 내각으로

#### 우가키 내각의 유산

히로타 내각의 총사직으로 다음 내각은 1월 24일 심야에 우가키 가즈시게宇垣一成에게 맡겨졌다. 중신들은 육군 장로 중의 장로로서 정당과 전혀 관계가 없는 우가키가 필사적으로 대립하고 있던 육군과 정당 사이를 원만하게 중재하리라 기대했다. 그런데 부르주아와 정당은 일단 찬성은 했지만 정작 중요한 육군이 전혀 마뜩찮은 반응을 보였다. 육군 내에서는 '만년후보'로 불리던 우가키에 대해 평소에도 반대 분위기가 강했기 때문에 우가키가 다음 총리가 된다는 소식을 접하자 불만의 소리가 봇물 터지듯 흘러나왔다.

우가키가 상경하는 동안 그를 기다리며 대기하던 헌병사령관 나카지마 게사고中島今朝吾가 내부 정세를 이유로 우가키의 사직을 권고한 것을 비롯해 우가키가 입궐하자 육군대신 관저에서 니시오 도시조西尾寿造 참모차장, 우메즈 요시지로梅津美治郎 차관, 나카무라 고타로中村孝太郎 교육총감부 본부장, 이소가야 겐스케磯谷廉介 국무국장, 마치지리 가즈모토町尻量基 군사과장, 이시와라 간지石原莞爾 참모본부 과장, 나카지마 헌병사령관 등이 '전군의 총의'

를 모아 '우가키 내각의 출현은 군부에 악영향을 미치며 전군의 통제를 위해서 절대 반대한다'며 강경한 의견을 표명했다. 우가키는 이미 맘속으로 인선을 모두 마쳤으나 실패할 경우를 생각해 각료후보자 이름은 한 명도 꺼내지 못하고 육해군 간부들과의 대화에 집중했다. 이어서 그는 데라우치 육군대신을 방문해 추천을 부탁한 후 나가노永野 해군대신을 방문하는 한편, 조선군사령관 고이소 구니아키小磯国昭에게 육군대신 자리를 의뢰하는 등 다각적으로 움직였다.

데라우치나 여타 스기야마·고이소 등은 모두 우가키가 어릴 적부터 키워온 부하 내지 후배나 다름없었지만 이들은 조각을 단념하라고 권했을 정도로 육군 내부에서는 좌관급 중견간부가 강경한 태도를 보였다. 이들은 이미 장군들을 움직여 전군을 통제할 정도로 지도권을 완전히 장악했다. '군의 총의'를 표방한 육군은 "우가키가 3월사건과 연관되었던 책임"을 묻고 "강력한 혁신정치 단행은 기성세력과 인연이 있는 인물로는 불가능하다. 그런데 우가키 대장은 기성 정치상층부, 기성정당, 재벌, 기타 모든 기성세력과 불가분의 관계에 있다."며 우가키 내각에 반대했다.

"대명을 받들게 된 이상 어떤 어려움이 있어도 조각을 완수하겠다."는 결의를 밝히며 우가키는 마지막 수단으로 27일 오전 대권 발동을 유아사 내대신에게 의뢰하였지만, 유아사는 '피를 부를 불상사'라며 머뭇거렸다. 육군의 태도를 대권에 대한 간섭으로 여긴 우가키의 마지막 요구

총리대신 수락을 고사한 경위를 기자단에게 설명하는 우가키 가즈시게(1937년 1월 29일)

도 전혀 먹히지 않았던 것이다. 이로써 우가키의 조각은 완전히 불가능해졌다. 그날 밤 "무언가 타개할 방법을 고심중"이라고 했지만 이미 방법이 없었다. 29일 마침내 5일간의 노력은 무위로 끝나고 우가키는 조각을 단념하게 되었다.

우가키 내각이 유산된 것은 지배계급 내부의 여러 세력 즉 중신, 재벌, 정당과 비교해 군부가 결정적으로 우월적 지위를 점했음을 의미했다. 일본 파시즘 체제의 근간인 천황제, 그 핵심인 군부가 이미 정치 간섭에 머무르지 않고 독재를 직접 이끌어가겠다고 자인한 것이다.

## 하야시 내각의 성립

우가키의 조각이 실패하자 29일 제1후보로 추밀원의장 히라누마 기이치로平沼騏一郎, 제2후보로 육군대장 하야시 센주로林銑十郎가 선택되었는데 히라누마가 승낙하지 않아 그날 밤 하야시에게 조각의 대명이 내려졌다.

하야시는 30일 오전 우메즈 육군차관을 초대해 정보를 입수하고 조각을 위한 내각 인선에 들어갔다. 우가키에게 반대해 불평을 샀던 육군도 하야시에 대해서는 신중한 태도를 보였지만 이번에는 군 상층과 중견층의 의견 충돌로 인해 하야시의 조각참모였던 소고 신지十河信二(흥중공사, 탕구운수공사 사장, 구 만철이사)와 오하시 하치로大橋八朗(귀족원 의원)는 큰 어려움에 봉착했다. 결국 군부와 타협해 31일에 육군과 해군이 추천한 인사를 받아들일 수밖에 없었다. 어려움을 겪은 군 관련 대신들에 비해 경제 각료 인사 영입에는 군의 중견층과 상층부 모두가 찬성의 입장을 보여주었다. 그리하여 2월 2일 정식으로 출범한 하야시 내각은 다음과 같이 13개의 자리를 8명으로 채워 사람들로부터 '2인3각 내각'으로 불리게 되었다.

| 수상 겸 외무대신 겸 문부대신 | 육군대장 하야시 센주로 |
|---|---|
| 내무대신 | 협조회 이사<br>가와라다 가키치(河原田稼吉) |
| 대장대신 겸 척무대신 | 흥은총재 유키 도요타로(結城豊太郎) |
| 육군대신 | 육군중장<br>나카무라 고타로(中村孝太郎) |
| 해군대신 | 해군중장 요나이 미쓰마사(米内光政) |
| 법무대신 | 대심원 검사국차장<br>시오노 스에히코(塩野季彦) |
| 농무대신 겸 체신대신 | 야마자키 다쓰노스케(山崎達之輔) |
| 상공대신 겸 철도대신 | 고도 다쿠오(伍堂卓雄) |
| 내각서기관장 | 오하시 하치로(大橋八郎) |

나중에 육군대신은 스기야마 겐(杉山元)으로, 체신대신은 고다마 히데오(児玉秀雄)로, 외무대신은
사토 나오타케(佐藤尚武)로 바뀌었다.


하야시 내각의 조각에서도 알 수 있듯이 이케다, 유키, 쓰다 등
재계를 대표하는 인사 영입에는 군의 중견층도 상층도 하나같이 찬
성했다. 이케다 등도 전형적인 군부내각에 들어가는 것을 굳이 피
하지는 않았다. 원래 군부 파시즘의 본질은 독점자본의 이익을 배
제하기는커녕 그 계급의 지배를 관철시키는 것이다. 군의 정치패권
확립 과정에서 생긴 독점자본과의
마찰도 표면적인 문제에 지나지 않으
며 그 저류에는 전시경제의 발전을
통해 독점자본이 자신의 지배를 강
화하고자 국가권력을 행사하려는 움
직임이 관철되었다. 이것이 하야시
내각의 특징인 군부·재계 통합 재정

하야시 내각의 각료들

정책이 출현하게 된 배경이다.

유키 대장대신의 취임은 "군부와 재벌 사이에서 양자의 의견을 잘 소통시킬 것"(모리 고조森広蔵)이라는 기대를 모았는데, 독점자본 입장을 가장 잘 대변한 것은 일본은행총재에 이케다 시게아키를 선임한 것이다. 2월 7일 유키는 이케다에게 일본은행총재 취임을 요망했고 그로부터 흔쾌히 승낙을 받아냈다.

전시경제 체제로 정비되지 않았던 재계로서는 미증유의 방대한 군사예산이 여전히 큰 부담이었다. 물가인상을 초래한 바바 재정의 '과도함'을 바로잡기 위해 등장한 것이 유키 재정이었으나 '국방의 충실'이라는 목표는 그대로 계승했다. 유키 대장대신 자신은 "바바 전 대장대신의 예산편성방침에 굳이 반대하지는 않는다. 이러한 정세 아래서는 어쩔 수 없는 측면이 있다고 생각한다."고 말한 바 있다. 국방예산을 바라는 것은 침략주의의 최전선에 있던 군부만이 아니라 군수생산원료의 심각한 위기와 국내시장의 협소화를 만주와 중국시장 독점으로 해결하려는 독점자본가의 야망도 한 몫 했다. 다만 유키 재정의 과제는 독점자본의 요구를 반영하면서 국방예산을 편성하는 것이었다.

자본의 요구와는 어딘지 모르게 상충하는 듯한 어감의 '혁신' 재정은 어느새 실체 그대로 '포합재정抱合財政'[15]이라고 불리게 되었다. 이 '포합재정'의 출발점은 물가인상의 억제였다. 물가인상은 체감의 문제라고 둘러댔던 바바 대장대신의 견해를 버리고 유키 대장대신은 그 원인이 방대한 예산에 있다고 인정했다. 그리고 가능한 한 재정지출을 줄여 3월에 새 예산을 공표했는데, 예산은 28억 7,000만 엔으로서 바바 재정 시기에 비해 약 10%를 줄어든 규모였다. 그런데 수정된 예산의 세부 내역을 보면 축소된 지출내역은 농촌 관계를 포함한 행정비와 국민생활의 안정비였다. 군사비는 육해군성비만 따져도 13억 6,000만 엔으로 전년도에 비해 무려 3억 엔이나 늘었다.

방대한 예산에 따른 물가인상을 완화해야 하는 과제를 안고 있던 유키 대장대신은 재개의 소원대로 군사비에는 손을 대지 않고 그 이외의 경비를 축소했다. 히로타 내각의 '광의 국방'에서 하야시 내각의 '협의 국방'으로 전환한 것이다. 나아가 바바 재정의 6억 엔을 웃도는 대규모 증세에 대한 불평을 시정하고자 세출 감소에 상응하여 약 1억 7,000만 엔을 줄였다. 임시조세증징법안을 통해 주로 소득세를 중심으로 법인영업수익세, 자본이자세, 상속세, 광산세, 주세, 사탕소비세, 거래소세, 임시이득세를 증액하고, 지방세제는 뒤로 미루었지만 전매이익금까지 포함해 보자면 이 세제를 통한 대중과세는 총 세수의 55%에 달했다. 그리고 지방재정조정교부금은 중지하였고 임시지방재정보급금을 증액하는 정도로 마무리했다. 그 결과 지방에 내려보내는 교부금은 바바 재정 때의 2억 2,000만 엔에서 1억 엔으로 줄어들었다. 그런데 공채금수입은 전년도보다 1억 1,800만 엔이나 늘었다. "바바 세제개혁안의 발표로 휴업상태에 빠졌던 채권시장은 유키 세제안 확정과 더불어 화려하게 부활했다."(『도쿄아사히』 1937년 4월 10일) 바로 이것이 유키 세제의 성과였다.

이렇게 유키 대장대신은 '점진적'으로 예산을 편성하고 동시에 생산력 확충으로 물가인상을 억제하고자 했다. 중일전쟁 발발 후 거액의 군수품을 급속히 생산해야만 했으므로 중요 국책 가운데 하나로 손꼽힌 '생산력 확충' 정책은 유키 대장대신에 의해 물가인상 억제안으로 제창되었다. 그러나 이미 유키 재정의 생산확충 정책 아래 군수공업인 화학공업, 금속공업, 기계기구공업 등은 신설, 증자, 사채 발행 등을 통해 자본의 팽창을 계획하고 있었다. 1937

년 3월 무렵 일본경제는 역사상 가장 활황을 보였던 제1차 세계대전 이래 최대로 팽창했다.

그런데 이들 사업자금의 수요 격증은 대출금리를 반등시켰다. 은행, 신탁, 보험회사 등 각종 금융기관의 대출금액이 급격히 증가하자 군사예산을 위해 증발한 공채를 소화하기 어렵게 되었다. 생산력확충정책과 공채정책 사이에 갈등이 생긴 것이다. 그러자 유키 대장대신은 이러한 모순을 일본은행제도 개정을 통해 극복하고자 했다. 이러한 의도 아래 미쓰이 재벌의 베테랑인 이케다 시게아키가 일본은행총재로 임명되어 유키-이케다 재정콤비가 탄생했다. 이케다 총재는 일본은행의 금융통제력을 강화하기 위해 공개시장에 개입해 매입조작을 감행했다. 적극적으로 산업금융에 진출해 경우에 따라 흥업은행에 자금을 공급하고 이사와 감사 일부 자리에는 일본은행 이외의 금융산업계 대표를 영입하기도 했다. 이제 일본은행의 금융통제력은 상업금융에서 산업금융에 이르기까지 전반적으로 확장되었다. 생산력 확충 요구는 일본 경제를 점차 통제의 그물 속으로 몰아갔는데 재벌은 금융통제의 최고기관에 대표를 보냄으로써 재정기관과 강한 유대관계를 맺고 통제경제의 길로 들어선 것이다.

### '먹튀 해산'

하야시 내각은 의회개회 중에 발생한 정변으로 내각을 조직했기 때문에 의회에 대해 충분한 대책을 세울 수 없었다. 전임 히로타 내각이 내건 중요 법안 가운데 증세안, 전력국영안, 의무교육기간 연장안, 지방재정조정교부금 등은 먼저 처리하고 예산안의 경우 수정감액을 실시하기로 한 뒤 15일부터 제70회 의회에 임하게 되었다. 회기가 절반가량 지난 3월 16일 중의원 본회의에서 사회대중당과 기타 군소정당의 반대에도 불구하고 정우회와 민정당이 공동으로 제안한 '중의원 의원선거법 중 개정법안'이 상정되었다. 이 법안은 위원회에서 다수결로 통과되었고 24일 본회의에서 가결되어 귀족원으로 넘어갔다. 이 법안은 혼합개표, 연좌규정 완화, 제3자 선거운동범위 확대, 사전선거운동 완화, 당선자 결원으로 인한 차점자 당선의 폐지 등을 담고 있었다. 이것은 선거과정에서 정당에게 불리한 내용을 시정하고 전년도 2월총선에서 선거법위반으로 걸린 자들의 처벌을 피하려는 의도가 반영된 것이다.

하야시 내각은 이 법안에 대해 반대의사를 표명했다. 그러자 정당 측은 법안이 귀족원에 송부된 뒤부터 법안 통과를 위해 맹렬히 활동했다. 사회대중당은 "선거법 위반자를 위한 선거법 개악을 겨냥한 기성정당의 얼빠진 거래 요구"라고 비판했다. 다시 말해, 이것은 정부가 선거법 개정법안에 동의할 때까지 정부제출안의 심의를 지연시키겠다는 전술이었다. 관세개정안, 은급금고 법안, 제철사업 법안, 군기보호 법안, 농지 법안, 제국연료흥업주식회사 법안, 국민건강보험 법안 등 산적한 중요 법안이 25일부터 6일 동안의 회기연장에도 불구하고 심의가 정체되어 정부를 초조하게 만들었으나 정부와 정당 간의 타협은 이루어지지 않았다.

의회가 정체되자 각계로부터의 비난이 쇄도했다. 회기연장이냐 의회해산이냐의 기로에 선 정부는 30일 심야와 31일 오전에 걸쳐 긴급내각회의를 열어 결국 의회를 해산하기로 결정했다. 그러나 의회해산의 명분에 대해서는 그 누구도 충분히 납득할 수 없었다. 불의의 낭패를 본 정당 측은 사회대중당, 국민동맹, 동방회 등 소규모 혁신 정파가 기성정당을 비난하며 해산을 환영한 데에 분노하고, 정부의 조치는 '먹튀 해산'이라며 비난했다. 정부제출안 83건 가운데 48건이 양 원을 통과했고 가결 가능한 안건이 몇 건 남아있었기 때문이다. 그러자 정부는 '엄벌 해산'이라고 맞받아쳤다. 정부의 해산 이유는 다음과 같다.

"현재 내외의 정세에 대처하며 제한된 시한을 극복하고, 국운의 창달을 기하기 위해 노력하고 있는데 최근 중의원의 심의 상황은 극도로 성의가 결여되어 있다. 게다가 국방, 국민생활 안정과 직결된 중요법안의 진행을 방해하고, 매우 필요하고 절실한 시무에 관해 일부러 시간을 끌고 있다. 과연 이들이 진심으로 중대한 시국을 인식하고 있는지 입헌의 신성함을 구현하고 있는지 의심스럽다. 의회쇄신이 급선무임을 제창하며, … 이를 위해 어쩔 수 없이 중의원 해산을 주청하는 바이다."

생각해 보면 단순히 정당에 대한 엄벌이 아니라 정당과의 대립을 기회 삼아 해산을 단행하고 국민의 지지를 바탕으로 파쇼체제를 구축하고자 한 것으로 볼 수 있다.

제20회 중의원 총선거는 4월 30일로 결정되었다. 4월 5일에 지방장관회의, 6일에 경찰부장회의가 열려 선거에 임하는 당국의 방침이 전달되었다. 구체적 지시사항 중에 군부와 민간을 이간하거나 선동하는 언론에 대해서는 엄격히 단속을 가하고 "인권유린이라는 소리를 두려워한 나머지 경찰정신을 후퇴시키지 않도록" 하라는 데 의견의 일치를 보았다. 정부는 3가지 선거표어로서 '자신의 한 표, 시국의 타개', '시국의 인식, 약진하는 일본', '멸사봉공, 정치의 기조'를 채택하고, 선거정화와 기권방지를 외치며 기성정당을 견제했다.

제20회 총선거 결과(『일본경제연보』 제28집)

| | 당선자 수 | 해산 전 비교 | 득표수(단위: 1000) |
|---|---|---|---|
| 민정당 | 179 | -27 | 3668 |

| | 당선자 수 | 해산 전 비교 | 득표수(단위: 1000) |
|---|---|---|---|
| 정우회 | 175 | +3 | 3584 |
| 사회대중당 | 37 | +18 | 947 |
| 쇼와회 | 19 | -5 | 398 |
| 국민동맹 | 11 | 0 | 282 |
| 동방회 | 11 | +2 | 221 |
| 나머지 정파 | 9 | +5 | 335 |
| 중립 | 25 | +6 | 769 |
| 계 | 466 | | 10204 |

1942년의 익찬선거를 제외하면, 마지막 총선거가 된 제20회 총선거 결과는 다음과 같은 특징을 보였다. (각 당의 의석과 득표수는 위의 표 참조)

첫째, 최고의 기권율을 보였다. 오사카는 51.5%로 이전 선거보다 10% 이상이 늘었다. 교토는 41.4%, 도쿄는 39.1%였다. 전국 총평균은 26.5%로서 5% 남짓 증가했다. 이것은 무엇보다도 총선거에 대한 국민들의 무관심을 보여주며 정쟁에 대한 실망, 나아가 정부에 대한 소극적 반대를 보여주는 것이다.

둘째, 반정부 연합을 형성한 정당 측의 압도적 승리이다. 민정, 정우, 사회대중당 등의 당선자 400여 명, 800여만 표와 비교할 때 정부를 지지한 것으로 볼 수 있는 쇼와회, 국민동맹 등은 채 40명이 안 되었고 150만 표에 불과했다. 이러한 결과는 확실히 하야시 내각에 대한 반대여론을 보여준 것이다.

셋째, 사회대중당의 약진이다. 사회대중당은 '민중이 잘살아야 국방이 완전해진다.'라든가 일본과 중국 간 국제관계의 경제적,

문화적 조정, 일소불가침 조약 체결 등을 슬로건을 내걸었다. 일본 무산당은 파쇼반대, 의회정치방위 등을 내걸었다. 그 결과가 100만 표 가까운 득표수로 나타났다. 일본무산당에서 배출한 당선자는 단 1명 가토 간쥬加藤勘十(도쿄 제5구)였으나 그의 득표수는 5만 4000표라는 최고기록을 세웠다. 국민들의 반군부, 반파시즘 정서가 사회대중당, 일본무산당 양 당에 대한 투표로 이어졌다. 이를 지켜본 이케다 시게아키가 하라다 구마오에게 "엄청난 반군부 사상이 국민 전체에 퍼져 있다. 생각보다 심각하다. 만일 두 번째 의회 해산을 기도한다면 군부와 국민의 관계는 더욱 악화될 것이다."라고 말할 정도였다.(『사이온지공과 정국』 제5권)

제20회 총선거에서 승리한 사회대중당의 당수 아소 히사시(麻生久 (앞줄 가운데)) 등이 환호하는 모습

## 하야시 내각의 총사직

불리한 결과를 낳은 총선거 이후 대책을 논의하고자 5월 3일 중요내각회의가 열렸다. 이때 의회 재해산인가 총사직인가를 두고 의

견을 나누었는데, 하야시는 이참에 사직하고 총리직을 고노에게
양보할 심산이었으나 고노에가 고사하는 바람에 생각이 바뀌었다.
또 곧바로 사직하면 정당에 굴복하는 형세가 되어 모양이 좋지 않
다는 의견도 있어 일단 자리를 지키기로 결정하고 총리가 공식담화
를 발표했다.

"현재 내외의 정세를 보건대 시국이 결코 만만치 않다. 이를 극
복하기 위해서는 원인을 제거하고 정쟁을 경계하며 시세에 적합한
혁신을 단행하는 방법 밖에는 없다고 생각한다. … 정부는 이러한
신념과 시정봉공의 정신으로 정성을 다해 시국에 대처하며 가장 긴
요하다고 판단되는 제반 정책을 수행하고자 한다."

그날 기자단 회견에서도 하야시는 "특별의회에 참석해 각 의원
들의 이야기를 들을 때까지는 물러서지 않겠다."고 했다. 정부가 말
하는 가장 긴요한 정책이란 첫째, 임시물가대책위원회 설치인데, 5
월 10일 각의에서 하야시를 회장에, 유키, 고도, 야마자키를 부회
장에 선출하기로 결정했다. 이것은 준전시체제 정비에 따른 재정의
급격한 팽창이 일반물가의 급등을 초래해 국민생활을 압박하고 나
아가 정부의 재정계획에 큰 영향을 미치게 되자 물가인상 대책 수
립이 요구되었기 때문이었다. 둘째는 이전에 군부가 제안한 국책통
합기관으로서 기획청을 신설하기로 한 것이다. 5월 13일 관제공포
를 거쳐 유키가 총재를, 이노 히로야井野碩哉가 차장을 맡기로 하고
그 다음날부터 활동에 들어갔다. 셋째는 5월 24일 관제를 공포한
문교심의회 건이었다.

총선거 결과로 하야시 내각의 운명이 오래가지 않을 것으로 예
측되었지만, 오히려 정부가 강경한 태도로 나오자 정당과의 대립은
더욱 깊어만 갔다. 정부가 버티기 작전으로 나오자 선거에서 압승
한 정당 측은 내각 타도의 기치를 선명하게 내걸었다. 정우회는 5월

5일 임시총무회와 간부회를 열고 11일에는 의원총회를 열어 "총선거에 의한 국민의 뜻에 따라 비입헌적인 하야시 내각 탄핵의 한 길로 간다."는 뜻을 명확히 했다. 민정당도 7일 의원총회에서 시국 타개를 위한 정책 실행은 하야시 내각의 퇴각을 전제로 해야 한다며 공격의 불씨를 당겼다. 사회대중당도 8일 의원총회에서 하야시 내각의 퇴진과 정국 전환을 주장했다. 그러나 정부의 태도는 전혀 바뀌지 않았다.

14일 정우회와 민정당 양 당의 간사장 회담에 기초해 19일에 양 당 대표위원의 첫 회합이 열렸다. 여기서 내각 타도를 위한 합의문이 결정되었다.

「합의문」

"지금 이 시국을 타개하고 국운의 발전을 꾀하기 위해서는 헌정의 본의를 밝히고 국민의 총의를 기조로 한 진정한 거국일치내각의 출현이 필요하다. 그러나 하야시 내각은 민의를 무시하고 여론을 유린하며 참람하게도 의회에 맹종을 강요하고 있다. 이렇듯 자만과 독선에 빠져 천하의 대사를 그르치고 있으니, 국가를 위해 하루라도 빨리 그러한 존재를 용납해서는 안 되기에 우리는 하야시 내각타도를 위한 연합체를 만들어 천하의 동지들과 함께 이 목적을 관철하고 신속히 소기의 바람을 실현하고자 한다."

나아가 28일 양 당 연합의 주요간부모임(귀족원, 중의원 양원의원과 양 당 전국지부장)에 약 500여 명이 모여 내각 타도의 기치를 올리고 내각타도본부를 설치했다. 그 사이 24일에는 하야시 내각의 유일한 여당인 쇼와회가 모치즈키 게이스케望月圭介의 제안으로 해산하고 모치즈키가 하야시에게 신중한 고려를 촉구하는 등 정세는 날로 불리해져 갔다. 스기야마, 유키, 시오노, 고도 등의 강경파는 총리를 격려했으나 가와라다, 야마자키, 고다마, 요나이 등은 오히려 무리하지 말고 이 정도 선에서 퇴진하는 것이 옳다는 생각을 품기 시작했다. 이렇게 내각 내부에서 동요가 시작되자 정국은 이미 사직만 기다리는 형국이 되었다. 하야시 자신도 29일 무렵에는 사직하기로 마음을 먹고 후임으로 고노에의 출마를 타진했다.(원래 고노에는 들러리였고 그가 고사하면 스기야마를 염두에 두었다고 전한다. 정당에 굴복하면 군의 위신도 문제가 되고 세상에 대한 면목도 고려해야 했다.)(『사이온지공과 정국』제5권)

정우회와 민정당 연대 내각타도실행위원회의 타도내각본부가 닻을 올릴 예정인 5월 31일 임시 각의에서 하야시는 사직의 뜻을 명확히 하고 각료들도 그의 의견에 동의했다. 이로써 내각 수립 이래 3개월, 119일이라는 단기간에 하야시 내각은 막을 내렸다.

### 제1차 고노에 내각의 성립

하야시 내각의 총사직으로는 6월 1일 저녁 내각 구성의 대명을 받은 고노에는 예전부터 알고 지낸 내무관료 출신 가와라다 가키치河原田稼吉를 참모장으로 삼고 고토 류노스케後藤隆之助 등의 도움을 받아 조각에 착수했다.

대략적인 인선이 이루어지자 우선 육해군과 교섭에 들어갔는데, 1일 밤에 스기야마 육군대신이, 2일에는 요나이 해군대신의 유임이 결정되었다. 육군은 국체명징, 국방충실, 정치쇄신, 국민생활 안정 등을 요구했다. 해군은 신보충계획에 대한 동의를 요구했고 고노에는 모두 동의했다. 대장대신에는 처음에 유키의 유임을 고려했으나 육군의 강력한 요구로 바바 에이이치馬場鍈一의 입각이 결정되자 그를 싫어하던 유키가 유임을 거부했다. 그 결과 정금은행 전 대표이사인 고다마 겐지児玉謙次를 섭외했으나 그가 군부의 요구를 따를 수 없다고 거절하는 바람에 결국 차관인 가야 오키노리賀屋興宣로 결정되었다. 그리고 육군이 대장대신으로 밀고 있던 바바는 내무대신으로 돌렸다. 상공대신에는 히라오 하치사부로平生釻三郎를 예정하고 있었는데 그가 문부대신 자리라면 수락하겠다고 해서 동북흥업 총재인 요시노 신지吉野信次를 기용했다. 문부대신에는 지방장관 가운데 뛰어난 재능을 보인 오사카부 지사인 야스이 에이지安井英二의 승낙을 얻었고, 사법대신은 히라누마 기이치로平沼騏一郎를 고려했으나 결국 시오노를 유임시키기로 했다. 농림대신은 이시구로 다다아쓰石黒忠篤에게 제안했으나 그가 고사하는 바람에 아리마 요리야스有馬頼寧로 결정했다.

또한 정당으로부터의 입각도 원활히 진행되어 정우회에서는 나카지마 지쿠헤이中島知久平를 철도대신으로, 민정당에서는 나가이 류타로永井柳太郎를 체신대신으로 입각하도록 했다. 사이온지가 가장 걱정한 것은 외무대신이었는데 전 총리인 히로타広田弘毅가 일종의 부총리를 겸하는 조건으로 입각을 수락하고, 서기관장에는 가자미 아키라風見章가 결정되었다. 이렇게 순조롭게 조각을 마치고 4일 오전에는 고노에, 가야, 요시노가 재정경제정책에 대한 3자 회담을 통해 의견의 일치를 보았으며 같은 날 오전에 취임식을 가졌다. 이로써 고노에 내각이 정식으로 수립되었다.

고노에 내각은 모든 계층으로부터 예상 밖의 환영을 받았다. 이 것은 고노에를 향한 "이 사람이라면 나라를 구할 수 있지 않을까 하는 일종의 신뢰감"(시게미쓰 마모루重光 葵『쇼와의 동란昭和の動乱』상권) 때문이기도 하지만, 각료들의 평균 연령이 54세인 '청년내각'이었고 '국제정의'라든가 '사회정의' 등을 외치는 고노에의 성명이

제1차 고노에 내각의 각료들(1937년 6월 4일 성립)

고리타분한 하야시 내각과 매우 대조적이어서, 신선한 기대감을 불러일으켰던 것이다.

그러나 일각에서는 분명히 의구심을 품기도 했다. 재계의 반감에도 불구하고 방대한 예산을 요구하는 군부가 강력히 추천해 입각시킨 바바 내무대신과, 재정경제정책을 둘러싸고 팽창재정과 건전재정이라는 상반된 성향을 지닌 가야(대장대신)와 요시노(상공대신)가 같이 입각했기 때문이다. 군부, 부르주아, 원로 3자가 동상이몽으로 각각 기대를 걸고 있는 상황에서 국민 일반의 확연한 인기를 바탕으로 성립된 것이 바로 고노에 내각이었다. 3자가 제각기 다른 생각을 품고 있고 서로 충분한 이해와 신뢰를 구축하지 못한 상황에 대해, 이따금 원로들은 불안감을 토로했다. 이러한 불안감은 7월 7일 마침내 군부가 중국 화베이지방에서 감행한 무력행동을 통해 현실로 나타났다. 이것은 강력한 일격이었다.

1 1934년 11월 육군사관학교 생도들이 '국가개조운동'을 명분으로 한 쿠데타 모의 사건, 사관학교 중대장 쓰지 마사노부(辻政信)의 내보로 발각되어 미완에 그쳤다.

2 1935년 8월 12일 황도파인 아이자와 사부로(相沢三郎) 육군중좌가 육군사관학 교 사건을 주도한 청년장교들이 정직 처분을 받은 데 격분하여 통제파의 엘리트 간 부인 나가타 테츠잔(永田鉄山) 군무국장을 살해한 사건. 이 사건은 2·26사건으로 이어졌다.

3 1935년 8월 1일 모스크바 코민테른에 파견된 중국공산당 대표가 중국 인민들에게 항일구국 운동을 촉구하는 내용의 선언문을 발표했다. 정식 명칭은 '항일구국을 위해 전 동포에게 고하는 글'이다.

4 이상 일련의 사건들은 당시 일본인 조계 지역, 또는 점령 지역 등에서 중국인이 일 본인 병사 등을 살해하거나 린치한 사건들이다.

5 일련의 일본인 테러 사건들과 관련해 주중대사인 가와고에 시게루(川越茂)와 국민 정부의 장췬(張群) 외교부장 사이에 전개된 협상. 그러나 일본 육군의 첩보기관의 방해로 협상은 결렬되었다.

6 기찰정권(冀察政権). 일본군부의 화베이분리공작 차원에서 국민정부 사이에 타협 안으로 수립된 완충 지역을 가리킨다. 기(冀)는 허베이(河北) 지역을, 찰(察)은 차 하얼 성(察哈爾省)을 가리킨다. 정식명칭은 기찰정무위원회(冀察政務委員会)이 다. 1935년 12월에 설치되었지만 곧 중일전쟁 발발로 해소되었다.

7 덕왕 데므치그돈로브(德穆楚克棟魯普, 1902~1966) 몽골인 지도자. 덕왕(또는 더 왕)은 청나라 말기 유년 시절의 작위명이며, 청 멸망 이후 몽골민족주의 지도자로 서 중일전쟁 중 몽강국 국가주석을 지냈다. 몽골 독립을 위해 친일적 태도를 보이다 가 일본에 이용당하기도 하고, 국민당과 제휴하여 반공 노선에 협조했지만, 전후에 는 전범으로 체포되었다가 석방된 후 중국공산당에 협조하여 정치협상회의 전국위 원을 지냈다.

8 1936년 내몽골 지역의 독립을 추구하던 덕왕 일파가 일본 관동군의 회유와 원조를 받아 내몽고 자치구 남쪽의 쑤이위안(綏遠)을 침공한 사건. 관동군은 만주국과 비 슷한 괴뢰정부를 수립하려고 했다. 그러나 쑤이위안성을 수비하던 국민정부 소속의 푸쭤이군(傅作義)에게 오히려 참패하고 물러남으로써 일본과 덕왕의 계획은 실패

로 끝났다.

9  1934년 11월 '일본노동조합전국평의회'와 '전노통일전국회'가 통합하여 결성된 단체.

10  전 경보국장 마쓰모토 마나부(松本学)의 제창으로 1934년에 창립되었다. 1937년 제국예술원으로 해소되었다.

11  베를린 분서(焚書) 사건. 1933년 5월 10일 나치당의 선전장관인 괴벨스가 주도하여 '비독일인의 영혼을 정화시킨다'는 명목으로 반나치스 및 반가톨릭 세력, 즉 유태인, 좌익세력, 맑스주의, 자유주의 작가와 지식인의 서적물을 공개적으로 불태웠다. 마르크스, 마르틴 루터, 에밀 졸라, 카프카 등의 책들이 모두 불탔다. 이 사건으로 약 1만 8,000여 권의 책이 불탔다.

12  쇼우치좌(松竹座). 오사카에서 출발해 전국적으로 가부키, 연극, 영화 제작과 배급, 흥행을 주도하는 쇼우치(松竹)주식회사가 경영하는 연극단.

13  PCL영화제작소. 1930년대 도쿄에 근거를 둔 영화회사. 나중에 '토호'(東宝)주식회사에 참여하는 회사 중 하나이다.

14  일명 '고양이 노래 소동'이라고 불린다. 1936년 와타나베 하마코(渡辺はま子)가 '잊어버리자'(忘れちゃいやㅋ)를 발표했는데, 노랫말에 나오는 '고양이' 부분이 너무나 관능적이어서 큰 인기를 끌었다. 그러나 3개월 후 내무성에서 '마치 창부가 눈앞에서 교태를 부리는 듯한 노래. 너무 에로틱하다'며 금지시켰다. 그러자 빅터레코드사는 이 노래의 제목을 '달이 거울에 비치면'(月が鏡であったなら)으로 바꾸고 '고양이' 가사 내용을 다른 내용으로 수정해서 발매를 했고 오히려 더 큰 인기를 끌었다. 그후 군부가 이러한 종류의 유행가를 견제하기 위해 '국민가요'를 만들어 내는 계기가 되었다.

15  1937년 전반기 하야시 내각의 유키 토요타로(結城豊太郎) 대장대신이 추진한 재정정책. 물가를 억제하면서 군비를 증강시키기 위해 군부와 재벌의 이해를 조절하고 뒤처진 중화학공업 발달을 촉진함으로써 군수생산력을 확충하려고 했다.

# 제3장

# 중일전쟁의 발단

## 제1절 전쟁 전야의 중국

1935년 우메즈-허잉친 협정을 경계로 중국공산당은 '내전정지· 일치항일' 노선을 통해 중국 인민을 결집하는 전술로 전환했다. 중국공산당은 1932년 대일선전포고 이래 몇 차례 항일선언을 발표했는데, 일본의 중국 침략이 격화되자 1934년 4월 "망국노가 되지 않겠다는 중국인들이라면 자신의 정치적 경향, 직업, 성별을 불문하고 하나 되어 일본과 기타 제국주의에 맞서자"며 반제통일전선의 결성을 촉구했다. 이에 곧바로 쑹칭링 등 여러 유력 명사들을 포함해 수천 명이 서명을 통해 '중화인민대일작전기본강령'을 공표했는데, 그 내용은 모든 병력과 모든 인민의 총동원, 그리고 인민의 총무장을 요구하는 것이었다. 또 각계각층에서 선출된 '전중국민족무장자위위원회'와 그 산하조직을 결성하고, 이를 통해 항일구국을 위한 민족자위전쟁을 조직하자는 호소가 중국 전역으로 확산되었으며 여기에 수십만 명의 사람들이 호응했다.

그러나 중국공산당 내부에는 좌익적 편향이 주류를 점하고 있었다. 이들은 통일전선의 확대를 방해했을 뿐만 아니라 마오쩌둥의 뛰어난 유격전술을 부정하고, 도리어 제5차 '반反포위 공격 투쟁'을 실패로 이끈 장본인들이었으며, 결국 홍군이 장시 근거지에서 철수하여 6,000마일에 달하는 대장정을 하도록 만든 자들이었다. 불리한 상황을 스스로 극복하고, 화베이지방을 위기에서 구해

내기 위해 9월 말 홍군은 이동을 개시했다. 나중에 신4군新四軍을 조직한 샹잉項英과 천이陳毅 등만 남겨두고 유격전을 벌였는데, 이들의 주력은 적의 3중 봉쇄선을 뚫고 서진했다. 이들은 장시, 푸젠, 광둥, 후난, 광시를 거쳐 구이저우성貴州省 쭌이遵義에 도착했다. 1935년 1월 중국공산당은 여기서 역사적인 '쭌이 회의'[1]를 개최하고 이전까지의 좌익적 편향을 청산하고 마오쩌둥의 지도체제를 확립했다.

한편 우메즈-허잉친 협정 이후 관동군이 만리장성 관문으로 병력을 대거 증파했음에도 불구하고, 국민당 정부는 허베이성·차하얼성察哈爾省 양 지역을 수비하던 수십 만 군대를 철수시켜 중국공산당군을 추격하도록 하고 항일 서적과 신문을 엄격히 단속했다. 나아가 '목린령睦隣令'을 내려 항일운동을 탄압했다. 장제스蔣介石는 여전히 자신의 독재 강화를 위해 대일 타협노선도 불사했다.

특히 장시 지역에서 중국공산당을 몰아낸 이후에는 전국통일을 위해 더욱 힘을 쏟았다. 1934년 2월 시작된 신생활운동은 전국 각지의 시민대회라든가, '기념주간' 혹은 '선전주간'의 축제를 통해 민중을 동원하는 효과를 거두었다. 1934년 말에 만들어진 '중국 문화협회' 등 관제 조직은 유교정신을 강조하는 문화복고 운동을 벌였는데 이는 독재의 강화를 위한 사상동원의 일환으로 기획된 것이다.

1935년 7월 모스크바에서 코민테른 제7차 대회가 열려 반파쇼 통일전선=인민전선 전술이 채택되었다. 이 때 "식민지, 반식민지의 내외 정세가 변했으므로 반제통일전선 문제는 특히 중요하다."(드미트로프 보고)는 테제가 나왔는데, "중국에서 소비에트 운동의 확대와 홍군의 전투력 강화는 전 중국의 반제인민운동의 전개와 연계해야만 한다."고 결의했다.

그 무렵 중국공산당은 힘겹게 북상하고 있었는데, 1935년 8월 1일, '8·1 선언'이라고 불리는 '항일구국을 위해 전국 동포에게 고하는 글'을 발표했다. 이를 통해 전 중국을 향해 전민족적 항일통일전선 수립을 호소했다. 즉 "돈 있는 자는 돈을, 식량 있는 자는 식량을, 그리고 힘 있는 자는 힘을 보태어" 인민 전체의 의지로 국방정부와 항일연군을 조직하고 전국의 민중을 무장시킬 것을 제안했다. 그 후 '내전 중지, 항일 일치'를 요구하는 목소리가 전국으로 퍼져나갔다.

온갖 어려움 속에 대장정은 장궈타오張國燾의 패배주의를 극복해가며 1년 후에는 산시성에 들어섰고, 류즈단劉志丹과 가오강高崗 등이 이끄는 홍군과 합류했다. '역사상 최대의 무장선전여정'이자 '집단적 이주'(에드거 스노우Edgar P. Snow)가 마침내 완료되었다. 홍군의 장정은 장제스의 전국 지배를 촉진하는 결과를 낳기도 했다. 홍군에 고전하던 지방 군벌들은 이들을 추격해 온 국민당 군대로 흡수되었다. 이 시기 국민정부에 의한 중국 통일은 경제적 측면에서도 추진되었다. 가령 리스 로스Frederick Leith-Ross[2]의 화폐개혁이 대표적인 예이다. 그 결과 지방군벌의 기반을 약화시키고 중앙정부의 재정적 기반을 강화시킴으로써 중국 통일을 향한 행보는 급속히 진전되었다. 이와 동시에 영국과 미국에 대한 국민정부의 의존성은 한층 강화되었다.

한편 일본은 한층 더 직접적인 무력지배를 생각하고 있었다. 그전제는 지둥방공자치정부와 기찰冀察정무위원회 설립을 통해 결실을 맺은 화베이분리 공작이었다. 이를 바탕으로 일본은 비열한 공작을 개시했다. '만주로부터의 밀수기관'이라는 비난을 받은 지둥지구를 통해서 "일본은 수백 만 위안의 무관세 상품과 아편, 헤로인을 투매했다."(에드거 스노우, 『아시아의 해방』) 또한 기찰정권을 통해 창석滄石철도를 부설하고 흥중공사興中公司를 통한 개발 등도 추진했다. '이러한 괴뢰정부의 구성원과 지지자들이란, 중국의 한 간漢奸 매국노 그룹의 주요 구성원인 대다수 군벌정치인과 호신豪 紳, 매판은행자본가 그중에서도 특히 친일파들이었다.'(중국공산당 12월 25일 결의)

## 12·9 운동

일본의 중국 독점 야망이 점차 노골화됨에 따라 중국인민은 항일을 향해 결정적인 행보를 내딛게 되었다. 친일파에 대한 배격이 시작되어 11월 1일 그 두목 격인 왕징웨이 汪精衛 저격사건이 발생했다. 문화인들의 애국 발언과 행동도 계속되었다. 11월 말부터 12월에 걸쳐 화베이 분리 반대를 주장하는 화베이 지역의 대학교수와 문화인들의 목소리가 고조되었다.

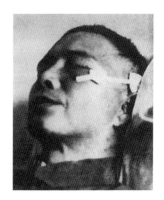

저격 직후의 왕징웨이

학생들도 행동에 나섰다. 화베이 지역의 학생들은 학생연합회를 결성하고 "우리는 평소 독서에 몰두해 국사를 논할 틈이 없지만 국난이 이렇게 심각해진 지금, 나라가 망하는 꼴을 좌시할 수 없다."고 선언했다. 그리고 항일을 위한 청원운동을 개시했다. 12월 9일 화베이괴뢰정권 수립에 앞서 베이징 대학생을 비롯해 소학생까지 수천 명의 학생들이 이에 동참했다.

민중의 소망을 담아 화베이지역에 자치정권을 만들어주겠다는 어처구니없는 이유를 들어 화베이침략을 추진해 온 일본에게 학생

12·9운동, 베이징 대학생들의 데모와 집회

운동은 큰 타격을 주었다. 그러나 그보다 중국 민중에게 미친 영향이 더 컸다. 끝없는 탄압 속에서 산발적으로 이루어져 온 항일운동이 이제 공공연히 전개되고 전국적으로 연계되기 시작한 것이다. 학생운동은 전국으로 파급되어 12월 16일 기찰정무위원회가 성립되던 날 또 다시 대규모 학생 시위가 발생했다. 시민까지 포함해 10만 명 이상의 대중이 이 투쟁에 참여했다. 그로 인해 학생들의 단결은 더욱 견고해졌고 이듬해까지 각지에서 학생운동이 일어났다. 그 결과 상하이, 난징, 우한, 광둥 등에서는 계엄령이 내려질 정도였다.

학생운동과 더불어 문화인들도 구체적인 행동에 나서 12월 중순 상하이부녀계구국회 결성을 비롯해 하순에는 마샹보馬相伯, 선쥔루沈鈞儒, 장나이치章乃器, 쩌우타오펀鄒韜奮 등 300여 명이 상하이문화계구국회를 조직했다. 그 후 구국회 결성은 전국적으로 확산되었다.

1935년 말의 항일데모 후 학생들은 민중 속으로 더욱 깊이 들어가기로 결의했다. 우선 베이징 학생들이 남하확대선전단을 조직해 1936년 1월 3일 귀향운동을 개시했다. 2주간 이상 강추위 속에 경한선을 따라 허베이성의 10여 현을 돌며 농민들에게 항일을 역설했다. 운동 과정에서 군경의 방해를 받았지만 그 와중에도 중화민족해방선봉대라는 단체를 결성했는데 이것이 향후 학생운동의 전위로 발전했다. 톈진, 광둥, 상하이 지역의 학생도 각지에서 활약했고 봄이 되자 우한 지역의 학생도 선전활동에 나섰다. 항일전 발발 후 이들 가운데 유격대를 조직한 자가 많았다.

## 항일통일의 제창

1935년 말부터 이듬해에 걸쳐 진행된 학생운동을 통해 항일의식은 마치 파도처럼 전국으로 퍼져갔다. 그러나 장제스는 2월 19일 '치안유지긴급변법'을 시행하여 이 운동을 탄압했다. 그 후 각지에서 군경에 의한 학교 습격, 항일학생의 대량체포가 이어졌다. 반면에 전년도 10월 대장정을 마치고 서북지역에 도착한 홍군은 급속히 체제를 정비하고 그 해 2월에 "항일을 실현하기 위해 강을 건너 동진한다."고 선언하고 황하를 건너 산시 지역으로 출격했다. 국민당 군대의 방해로 홍군은 5월에 군대를 철수했으나 미묘한 움직임을 보이던 산시군벌은 이를 계기로 완전히 중국공산당 측에 흡수되었다. 홍군은 철병하면서 회사통전回師通電을 발하여 재차 내전의 중지와 항일연합군 조직을 호소했다.

홍군이 산시성에서 전전하며 전투를 벌이는 동안 화베이 정세는 급격히 변화했다. 학생들의 반대로 물러설 수밖에 없었던 기찰정권도 어렵게 발족하였고 5월 들어 일본은 현안이었던 창석철도와 흥중공사 활동을 구체화하고 있었다. 또 화베이주둔군 병력을 증강하여 펑타이豊台를 점령하게 되었다.

한편 치안유지긴급변법 발표 후 군경의 습격을 받아 큰 타격을 입은 학생들은 소규모 활동을 전개하고, 4월에 들어 전 세계 수백만 명의 청년학생들이 '중국 학생 원조주간'을 통해 보내 준 성원에 힘입어 다시 활동을 강화했다. 5월에는 일본의 화베이병력 증강에 반대하는 데모를 조직했다. 이런 가운데 학생과 전국 구국단체의 대동단결이 각각 진행되고 있었다. 5월 29일 상하이에서 각 지역

학생활동의 결집체로서 중국학생구국연합회가 결성되었다. 이를 통해 각 지역의 산발적인 투쟁을 하나의 통일된 지도 아래 추진하게 되었다. 이들은 강령에서 "중화민족 공전의 위기가 학생들을 교실에서 가두로 불러냈고, 공부에서 투쟁으로 이끌었다.", "무엇보다도 먼저 우리 학생들은 우리의 통일전선을 더욱 확대 강화"함과 동시에, "민중을 일깨우고 민중을 교육하며 민중을 조직해야 하는 임무가 가장 중요하다.", "따라서 우리들은 오랜 기간 동안 어려운 투쟁생활을 준비해야만 한다."고 굳게 결의했다. 전국 각계의 구국연합회 역시 상하이에서 5월 31일부터 6월 1일에 걸쳐 성립대회를 열어 60여 구국단체와 18개 도시의 대표가 모였다. 대회는 선언문을 발표하고 각 당과 각 파벌에 군사충돌의 중지, 정치범 석방, 통일적 항일정권의 수립 등을 건의했다.

5월 후한민胡漢民[3] 사후에 움직이기 시작한 서남파는 6월 2일 "일본은 한편으로는 대규모 밀수를 하고, 다른 한편으로는 평진平津에 병력을 증강하고 있다. 전국이 다 함께 일어나 항전하는 길 외에는 민족의 출로는 없다. - 중앙은 의연히 항전하기를 바란다."고 중앙에 타전하고 두 광서파[4] 군대는 후난으로 진출했다. 이것은 종래 반독립 상태에 있던 서남파가 5월 5일 헌법초안은 장제스의 독재를 강화하는 것이라며 이에 반대하던 상황에서 때마침 항일정서가 고조되자 반反장제스-항일운동을 전개하기 시작한 것이다.[5]

서남사건이 벌어진 가운데 7월 15일 전국 각계의 구국회 영수, 장나이치章乃器(전 저장실업은행 부경리), 선준루沈鈞儒(상하이시 변호사회 회장), 타오싱즈陶行知(국난교육사 대표), 쩌우타오펀鄒韜奮(생활일보사 사장)이 공동서명한 '단결하여 모욕을 막아내기 위한團結禦侮 기본조건과 최저 요구'가 발표되었다. 그 내용은 다음과 같다.

"현재 전 인민은 정부와 재야, 중앙과 지방, 좌파와 우파 등에 상관없이 민족의 당면한 적은 하나임을 명확히 인식하고 이에 대해 전 민족이 대동단결하고자 하는데, 이를 달성하기 위해서는 다음과 같은 점에 유의할 필요가 있다. 1) 항일구국을 위해 모든 인력, 재력, 지력, 물력을 집중해 전국총동원을 실행한다. 2) 항일구국에 관한 한 공동일치가 필요하며 사람들은 서로 관용을 베풀어야 한다. 3) 그 위에서 공동전선 안에서는 서로 숨김없이 마음을 열어야 한다. 4) 광범한 구국연합전선을 결성하고 민족자존심을 회복하도록 하는 것이야말로 일체의 한간의식을 극복하고 일체의 한간운동을 소멸할 수 있다. 5) 민족연합전선은 결코 단명하는 과도적 성질의 결합이 아니다. 문제는 사람들의 연합전선 참가에 대한 태도가 어떠한가, 아울러 항일구국의 필연적 승리에 대한 신념이 어떠한가에 있다."

이러한 입장에 서서 장제스, 서남파, 쑹저위안, 국민당, 공산당과 홍군, 일반대중을 향해 각기 희망조건을 제출하도록 하고 내부분쟁을 피해 협동하고 일치하여 항일에 나서도록 호소했다.

마오쩌둥은 8월 10일 이에 답하여 "전국의 모든 역량을 결집해야만 비로소 항일을 실행할 수 있다."고 말한 것은 오류라고 지적하고, 먼저 항전을 시작하고 아울러 전국 총동원을 추진해야 한다고 주장했다. 그리고 "나는 여러 선생의 선언, 강령, 요구에 동의한다. 이 강령과 요구 아래 여러 선생과 모든 항일 구국에 참가하기를 바라는 당파, 단체, 개인에 대해 진심으로 협력, 합작, 분투하고자 한다."고 회답했다.

이렇듯 7월부터 10월에 걸쳐 구국운동이 고조되는 가운데 중국 각지에서 일본이 말하는 '불법사건'이 셀 수 없이 발생하는데 이것은 일본이 중국 각지에 특무기관을 두고 한간을 훈련시키는 등 가는 곳마다 무장도발을 자행한 결과였다. 한편 일본은 중국방적

기업을 빼앗고, 톈진전업공사 등을 세웠으며, 창석철도 대신에 진석津石철도 부설을 시도했다. 그리고 지둥밀무역을 공인하도록 하는 등 권리 획득에 힘을 쏟았다.

이러한 가운데 11월에는 쑤이위안사건綏遠事件이 발생했다. 관동군 참모장 도조 히데키의 지휘 아래 내몽고군이 공격을 가해오자 쑤이위안성장인 푸쭤이가 이끄는 부대가 이에 맞서 싸움으로써 제한적이나마 항일전이 시작되었다. 전국의 민중은 쑤이위안군을 돕기 위해 중앙군이 출동할 것을 요구했다. 그리고 전국적으로 헌금과 구휼운동이 벌어지고 거리에서는 추위를 막기 위한 방한구를 만들고 베이징과 상하이 등지에서는 학생, 청년, 노동자, 문화인들이 위문단을 조직해 북상했다. 심지어 광시 지역에서도 여기에 동참할 정도였다. 11월 24일 푸쭤이 군대는 바이링먀오百靈廟를 되찾았고 내몽고군을 격파했다.

이로써 일본의 무력에 저항할 수 없다는 패배주의자들의 중상모략이 사라졌고 내전 중지, 전면 항전의 목소리가 각계에 울려 퍼졌다. 이에 따라 상하이와 칭다오의 일본방적공장에서 일하는 수만 명의 중국노동자의 항일파업이 이어졌다. 11월 10일 임금인상 요구로 시작된 이 파업은 각계 구국회의 응원에 힘입어 12일에는 2,000여 명의 파업자 전체대회가 열렸다. 17일부터 20일까지 파업이 전 도시로 확산되자 학생과 시민도 참가했다. 17일의 파업은 칭다오로 파급되었고 20일에 본격적으로 확대되자 다음 달 3일에는 일본육전대가 경고도 없이 상륙해 이 도시를 점령하고 파업자를 체포했다. 파업은 톈진과 한커우에서도 일어났는데 이들은 모두 일본과 난징정부로부터 혹독한 탄압을 받았다.

또 22일 상하이에서 집행된 '중국 근대문학의 아버지' 루쉰魯迅의 장례식은 민족통일전선을 위한 대규모 시위로 바뀌었다. 하지만 난징정부는 여전히 일본의 요구에 굴복해 항일운동을 탄압하고 좌익작가동맹과 기타 여러 조직을 해산시켰다. 또 다수의 좌익신문과 잡지 발행을 금지하고 수천 명의 항일운동가를 체포했다. 23일에는 갑자기 전국 구국연합회 소속인 선준루, 장나이치, 쩌우타오펀, 리궁포李公朴, 왕차오스王造時, 샤첸리沙千里, 스량史良 등 이른바 구국 7군자가 체포되었다. 그러자 7군자 구호활동이 전국적으로 확산되었다.

### 시안 사건

일련의 항일운동 사건은 특히 서북 지역에서 큰 반향을 일으켰다. 당시 "중국의 '서쪽 도시' 시안西安에서는 공산당을 소탕하기 위해 당지에 주둔하고 있던 청년원수 장쉐량張學良 휘하에 있지만 극단적인 반일 성향을 띤 동북군 내부에서 중대한 사태가 발전하고 있었다."(『The New York Sun』, 1936.10.25.), "중국에서 중대한 항일운동은 – 만주에서 시안으로 들어온 동북 유민들 사이에서 형성되고 있었다."(위의 기사) 전년도 10월 공산당 소탕작전에서 참패해 붙잡혔다가 풀려난 뒤 시안으로 돌아온 장병이라든가, 혹은 만주를 떠나 베이징에서 12·9 항일운동의 선두에 섰다가 탄압을 피해 시안으로 들어온 동북대학 학생들의 영향으로 가뜩이나 장제스의 대일타협노선에 불만을 품고 있던 동북군 장병들은 점차 '내전 중지, 항일 일치'를 외치게 되었다.

1936년에 접어들자, 비밀리에 공산당과 동북군 사이에 협정이 체결되어 산시 전선에서 양 군이 적대행위를 중지하고, 홍군에서는 대표를 파견해 동북군의 정치훈련에 임했다. 장쉐량도 "외국의 침략에 오로지 저항할 때에야 비로소 중국의 진정한 통일이 가능하다."(님 웨일즈Nym Wales'와의 회견담)고 생각했다. 11월 쑤이위안사건 때에는 부하의 요구로 쑤이위안 출동을 요청하기도 했다. 물론 장제스는 이에 응하지 않았다. 동북군은 홍군과 싸워야만 했다. 11월 말 구국회 7군자 체포 사건이 일어나자 장쉐량은 이에 항의하고 장제스를 향해 "인민의 애국운동에 대해 귀하가 취한 잔혹한 조치는 위안스카이나 장쫑창張宗昌이 한 짓과 다를 바 없다."(『시안민보』 1939.12.17.)고 비난했다.

장제스는 10월에 후쭝난이 이끄는 제1군 정예부대를 공산당 토벌에 앞장세웠다. 그러나 홍군도 "중국인은 중국인과 싸우지 말아야 한다."고 말하면서도 "겉으로는 타협하고, 안으로는 무력을 휘두르는 원흉에게"(중국공산당 12.1. 「쑤이위안항의에 관한 통전」) 철저한 타격을 가했다. "2~3주 사이에 길어도 1개월 안에 비적 잔당을 소멸시킨다."고 장담한 장제스의 호언이 무색해졌다. 동북군은 후쭝난胡宗南 부대의 참패를 방관하면서 냉소를 퍼부었다.

장제스가 전쟁 독려를 위해 시안으로 향했을 때 양후청楊虎城이 이끄는 서북군 장교들도 '내전 중지, 항일 일치'를 요구하고 있었다. 서북 지역에 소비에트가 확산되는 것을 우려해 장제스는 새로운 전투를 준비했다. 10개 사단 이상을 산시로 들어가는 입구인 동관에 집결시키고 포탄과 군수품을 이송했다. 그리고 쑤이위안지역 상공에 유례없이 100기 이상의 비행기를 준비시켰다. 이로써 후쭝난 부대의 참패에도 불구하고 제6차 공산토벌전이 본격적으로 전개될 예정이었다.

장제스가 시안에 도착한지 이틀 후인 12월 9일 수천 명의 학생이 그 지역 구국단체와 함께 장제스를 상대로 반일에 나설 것을 청원하는 시위운동을 벌였다. 이들을 향해 군경의 발포가 있었는데 장쉐량이 조정자로 나서자, 오히려 장제스로부터 '양 측을 대표하려고 하는 불충'을 저지르고 있다고 질책을 당했다. 동북과 서북 양

군의 영수가 모두 공산당 토벌을 바라지 않았고 쑤이위안의 항일전선으로 출동할 것을 요구했지만, 장제스는 끝까지 "빨갱이를 토벌하라!"고 명령했다. 12일, 서북군, 동북군, 간쑤甘肅·산시 지역에 있는 중앙군, 그리고 동관에서 대기하고 있던 중앙군에 동원령이 내려졌다. 장쉐량이 이 명령을 거부하자 군대를 무장 해제시키고 그의 지휘권도 박탈한다는 성명이 발표되었다.

1936년 12월 시안을 방문한 장제스(왼쪽), 장쉐량

그로 인해 갑자기 동북군과 서북군은 쿠데타를 일으키고 12일 시안을 점령한 뒤 장제스를 체포하기에 이르렀다. 같은 날 1) 난징정부의 개조, 2) 내전 중지와 무장항일, 3) 7군자 석방, 4) 정치범 석방, 5) 집회결사의 자유, 6) 애국조직과 정치적 자유의 권리 보장, 7) 쑨원의 유지遺志 실행, 8) 구국회의의 즉시 소집 등 8개 항목에 달하는 항일강령이 발표되었다. 중국공산당과 홍군은 곧바로 이에 대한 지지를 표명했다. 이 강령은 서북에서 곧바로 실시되었다. 한편 시안 사건의 진실에 관한 보도가 전면적으로 금지됨에 따라 여러 억측을 불러일으켜 전 세계가 혼란에 빠졌다.

이 때 난징에서는 군정부장 허잉친을 중심으로 한 친일파가 남의사藍衣社[7], CC단, 황포파 등 파쇼 단체의 지지를 등에 업고 열렬히 서북 토벌을 주장하며 내란을 일으켜 군권을 장악하고자 했다. 그러자 일본은 이들을 적극적으로 원조해 중국을 내란상황으로 몰아가고자 했다. 20개 사단의 중앙군이 동원되고 시험적으로 폭격이 이루어졌다. 그런데 18일 장제스의 '토벌중지' 서한이 난징에 도착하고, 중국공산당은 19일 "만일 내전이 계속된다면 국내는 완전히 혼란 상태에 빠질 것이고 일본 강도는 이 기회를 이용해 우리나라를 침략할 것이고, 우리의 운명은 노예상태로 전락할 것"이라는 전문을 보내 허잉친의 토벌을 강하게 비난했다. 그리고 중국공산당은, 전쟁을 피하기 위해 각 당 각 파를 모아 평화회의를 개최하자고 주장했다.

그 사이 항일연합군과 장제스 사이에 여러 차례 회담이 이루어졌다. 중국공산당은 구원仇寃에 사로잡히지 않고 사태를 냉정하게 판단할 때, 항일통일전선을 이루기 위해 사건을 평화적으로 해결하고 장제스를 석방시켜 지도자의 자리에 복귀시키자고 제안했다. 이를 위해 중국공산당 수뇌부는 철저한 '인민재판'을 요구하는 동북군·서북군의 과격 청년장교들을 설득해야만 했다. 내란상황이 자신들에게 불리하다고 판단한 국민정부 내 친영미파에서는 쑹쯔원宋子文에 이어 장제스의 아내 쑹메이링宋美齡 등이 시안으로 날아갔다. 이들의 설득으로 결국 장제스는 대국적으로 판단해 내전을 중지하고 항일정책을 취하기로 약속했고, 25일 석방되어 난징으로 함께 돌아갔다. 이 시기는 그야말로 내란이냐 통일이냐를 가르는 중대한 기로였다. 장제스의 석방은 중국의 정치와 여론에 결정적인 변화를 초래했다. 12·9사건(시안사변)으로 장제스의 대일정책에 반대한 베이징의 학생들도 '장제스 위원장 귀환 축하'를 외치며 대규모 행진을 했다. 중국인민들은 증오를 기쁨으로 바꾸어 중국의 재탄생을 축복했다.

29일 장제스는 허잉친 등의 토벌사령부를 해산하고 반란군에 대한 군사적 공격을 중지한다는 내용의 4개 항목을 국민당 중앙상임위원회에 상정하고 곧바로 내전 중지에 들어갔다. 1937년 1월 8일에는 친일파 외교부장 장췬을 파면하고 친미파인 왕충휘王寵惠를 임명했다. 그러나 동요는 계속되었다. 중국공산당은 1월 6일 '평화와 내전중지를 위한 통전'을 발표해, 내란을 일으키려는 일본과 친일파를 비난하고, 내전을 벌이지 않겠다고 한 장제스에게 약속을 지키라고 요구했다. 그리고 친일파에게 구실을 제공하지 않기 위해 항일연합군을 시안에서 철수시켰다. 이에 2월 2일 쑨밍쥬孫銘九 등 동북군과 서북군 일부 장병이 반란을 일으켰지만 별 일 없이 잠잠해졌다.

### 제2차 국공합작

2월 10일 중국공산당은 국민당 삼중전회三中全會에 맞추어 역사적인 발표를 했다. 그 내용을 보면 만일 국민당이 1) 내전을 중지하고, 2) 언론·집회·결사의 자유를 보호하며 정치범을 석방한다면, 3) 각 당 각 파의 대표회의를 추진해, 4) 대일항전 준비를 추진할 것이며, 5) 인민의 생활을 개선한다면 중국공산당은 정부타도를 위한 일체의 행동을 포기할 것이다. 또한 1) 홍군을 국민혁명군으로 개칭하고 군사위원회 지휘 아래 두고, 2) 소비에트 정부를 중화민국 특구정부로 개칭한다. 3) 소비에트 구내에서 철저한 민주제도를 실시한다. 4) 토지몰수 정책을 중지하고 민중의 힘을 항일에 집중할 수 있도록 모든 정책을 채택할 용의가 있다고 밝혔다.

이에 호응하여 국민당 중앙위원인 쑹칭링, 허샹닝何香凝, 펑위샹, 쑨커, 리리에쥔李烈鈞 등도 쑨원이 외친 연소連蘇·용공容共·공농부조工農扶助의 3대 정책을 회복하고 항일을 실천하자고 제안했다. 2월 15일부터 열린 삼중전회에서 친일파와 항일파 간에 치열한 논쟁이 벌어졌지만 결국 중국공산당과의 합작을 수용하기로 하고 신중하게 항일을 표명했다. 삼중전회는 국민대회의 개최를 약속하고 화베이의 실지회복과 기찰정무위원회의 폐지를 결의했다. 또 언론과 출판의 자유 및 정치범 석방 등에 관해 약속했다.

시안사건과 삼중전회를 거치며 중국혁명은 크게 변모했다. 중국공산당은 4월 중앙정치회의를 열어 새로운 임무를 정하고 '전국 동지에게 고하는 글'을 발표했다 "중국 내외의 정세 변화와 우리 당의 신정책이 거둔 초보적 승리로 인해 전국 인민과 중국공산당의 '내란중지' 목적은 이미 실현되었다. 중국혁명의 제1단계는 기본적으로 종결되었다. 이제 다음 단계의 임무는 국내 화평의 강화, 민주적 권리 획득, 대일항전 실현이다."라고 규정함으로써 그 중점을 민주주의의 획득에 두었다. 이것이야말로 분산된 중국인민의 힘을 집중시키고 일본의 침략에 반격을 가하며 해방을 쟁취하는 기본적 조건이었다. 그리고 그 실현을 위한 양 측의 행보가 시작되었다.

소비에트 지구에 대한 교통봉쇄가 대부분 해제되어 5월에는 1,000여 명의 청년이 옌안에 가서 항일대학에 들어갔다. 6월에는 국민당이 조직한 규찰단이 소비에트지구를 방문했다. 6월부터 저우언라이周恩来를 루산廬山에서 맞이해 행정원의 각 부장과 여러 차례에 걸쳐 회담을 열었다. 그러나 산시陝西-간쑤甘肅-닝샤寧夏특구정부[8]의 승인은 반공분자의 획책으로 행정원회의를 통과했음에도 불구하고 공표되지 않았다. 긴밀한 제휴를 향한 과정에는 이렇듯 많은 장애요소가 있었다.

그럼에도 불구하고, 중국인민의 항전준비는 계속 추진되었다. 4

월 중국공산당은 청년의용군을 조직하고 5~6월에는 모든 학생의 무장훈련이 시작되었다. 화베이의 학생은 29로군으로 편입되었다. 전국의 각 구국연합회는 7·7사건(루거우차오盧溝橋 사건) 전에 전국 도시에 직업별로 조직된 1,200개의 지부가 고국을 위해 투쟁했다. 7월 4일 쑹칭링 등은 구국 7군자의 재판이 진행되고 있던 쑤저우로 가서 애국자들의 석방을 요구했다. 이 요구가 각하되자 "만일 애국 심이 범죄가 된다면 우리도 체포하라."는 성명을 발표했다. 상하이 와 기타 여러 도시에서도 '7명의 영수를 석방하라'는 슬로건 아래 운동이 전개되었다. 또 6월 베이징에서 조직된 일본 낭인의 '치안교 란' 날조 사건은 29로군에 의해 신속히 마무리되었다. 이렇듯 항일 의 기운이 고양되자 인루겅殷汝耕이 지배하고 있던 보안대조차 항 일로 돌아서게 만들었다.

중일전쟁은 일본제국주의가 이러한 중국 전역, 모든 계층의 항 일통일전선에 맞서 정면으로 도전한 사건이었다.


## 제2절 중일전쟁의 발발

### 루거우차오盧溝橋 한 발의 총성

류타오거우柳條溝에서 발생한 한 발의 폭음이 만주사변의 도화 선이 된 것처럼 8년 동안에 걸친 중일전쟁의 발화점도 어처구니없 이 용왕묘龍王廟에서 들려온 한 발의 총성이었다.

1937년 7월 7일 밤 베이징 서남부 펑타이 지역에 주둔하고 있 던 일본군은 중국군이 주둔하던 루거우차오 바로 옆의 용왕묘 부 근에서 시위하듯 야간훈련을 실시하고 있었다. 긴장된 화베이 지역 의 정세 속에서 야간에, 그것도 무장을 통해 행동에 나섰다는 것은 이미 사건 발발을 예상하고 있었다는 뜻이다. 루거우차오의 중국 군은 준비를 단단히 하고 엄명을 내려 성문 밖으로 한 발짝도 나오지 않았으나 일본군은 다시 도발적인 군사훈련계획을 세우고 있었다. 그런데 연습 종료 직전에 일본군 머리 위로 한 발의 작은 총탄이 날아갔다고 연습부대가 주장하고 나섰다. 총성을 듣고 부대장이 곧바로 부하들을 점호했는데 1명이 행방불명이었다. 이것이 바로 일본군이 완핑현성宛平縣城을 침략한 이유가 되었다.

루거우차오(盧溝橋)의 옛 모습

그러나 행방불명되었다는 병사는 생리적 문제를 해결하기 위해 잠시 대오를 이탈했을 뿐이었다.(모리시마, 앞의 책) 펑타이에 주둔하고 있던 일본군 연대장 모다구치 렌야牟田口廉也 대좌는 이 사건을 구실 삼아 루거우차오의 중국군에게 무조건 즉각적으로 완핑현성을 비우라고 요구했고, 회답이 없자 곧바로 총공격을 개시했다. 일본군은 다음날 루거우차오, 용왕묘 등을 점령하고 베이징에서 톈진, 바오딩保定 방면으로 이어지는 요충지인 융딩허永定河 좌안 일대를 제압했다.

이러한 사건 발생은 평소에도 예상하던 것이었다. 시안 사건 이후 항일민족통일전선 결성으로 화베이에서도 일본의 침략에 대항하는 중국인민의 모든 형태의 저항이 고조되었다. 자신들의 권력 유지를 위해 일본과의 타협마저도 불사한 화베이 일대의 군벌들마저도 이러한 아래로부터의 저항 압력에 굴복해 일본제국주의의 괴뢰군으로 안주할 수는 없었다. 특히 쑤이위안사건 실패 후 일본의 화베이침략 코스는 완전히 난관에 처했다. 일본이 조장한 지둥자치정권은 큰 암초에 걸렸고 기대했던 기찰자치정부의 괴뢰화는 멀어져만 갔다. 1936년 9월 중국파견군(지나파견군) 사령관 다시로 간이치로田代皖一郎 중장과 기찰정권 주석 쑹저위안宋哲元 사이에 맺은 '다시로-쑹저위안 결정'으로 일본이 강탈한 화베이지방에 대한 경제적 특권도 에쯔우惠通항공공사 설립 외에는 진석철도 건설, 탕구항 축항, 롱옌龍烟철광, 징싱井陘탄광 개발 등 어느 것 하나 제대로 추진된 것이 없었다.

이러한 상황에서 베이징, 톈진의 학생과 노동자들의 항일운동이 고조되는 가운데 만주사변 이래로 끊임없이 진행되어 온 침략의 행보가 베이징과 톈진 사이를 잇는 전선에서 처음으로 장애물을 만난 것이다. 중국파견군, 관동군 현지부대를 비롯해 일본 군부는 이러한 화베이정세로 인해 당혹감과 초조함을 느꼈다. 그로 인해 과거 만주에서 했던 것과 같은 방법으로 이러한 정체 국면을 일거에 타개하려 들 것이라는 점은 충분히 예상 가능했다. 1937년 봄 무렵부터 톈진, 베이징에 주둔하는 중국파견군의 군사연습이 갑자기 활발해졌고, 주둔구역을 나와서 맘대로 중국 영토를 휘젓고 다니곤 했다. 주둔부대의 장교들은 중국군에 한층 도발적인 태도를 보이면서 그저 사건이 일어나기만을 벼르고 있었다.

이러한 군사적 난관을 어떻게든 타개해야 할 필요성은 일본 국내정치 상황 때문에 더욱 가중되었다. 2·26사건 이래 바바 재정과 유키 재정을 거치며 전쟁경제체제를 추진해온 결과 군수인플레이션 경향이 심화되었다. 특히 1936년 말부터 인플레이션에 대한 두려움 때문에 외환의 불안정성과 물가인상이 심화되었다. 이에 1937년 1월 외국환관리법으로 외환통제에 나섰지만 수입초과 경향이 심화되고 3월부터 중일전쟁이 발발한 7월 사이에 3억 7,700만 엔의 금이 유출되었다. 물가는 그 사이 점점 더 올랐고 5월에는 임시물가대책위원회를 설치해 응급조치를 강구해야만 했다. 재정과 경제 측면에서 나타난 이러한 경향은 일본자본주의가 이제는 훨씬 더 큰 대규모 전쟁을 일으키지 않는 이상 파산에 이르게 된다는 것을 암시했다.

이러한 경제위기는 정치에도 반영되었다. 하야시 내각이 와해된 후 원로와 중신들의 마지막 보루로서 들어서게 된 제1차 고노에 내각은 오로지 전시체제 확립을 꾀했고 전쟁으로 위기를 극복하고자 하는 기본 방향을 확실히 했다. 군사적으로나 경제적으로나 화베이 침략 전쟁은 일본제국주의 입장에서는 이미 기정 코스나 다름없었다.

### 전쟁의 확대

루거우차오 사건은 그 자체만 보자면 우발적이었다고 할 수 있다. 그러나 앞서 본 정세 속에서 사건은 필연적으로 전면적 전쟁으로 확대될 수밖에 없었다. 7월 7일 밤 충돌에 이어서 8일 일본군이 루거우차오와 용왕묘를 점령하자 중국 측은 일단 융딩허 서쪽 연안으로 철수했으나 10일 다시 양 군이 충돌했다. 그런데 현지의 중국 제29군은 휴전을 바랐고, 21일에는 양 군 사이에 일단 현지 부대 차원에서 정전협정이 성립되었다.

하지만 만주사변의 경우와는 반대로 일본의 경우 군부 중앙에서 애써 사태를 확대시키고자 했다. 정부는 11일 각의에서 일본본토 사단의 파견, 긴키 서쪽 지역에 위치한 사단의 제대연기를 결정했다. 그리고 정부는 "화베이 지역 치안유지가 제국과 만주국 입장에서는 긴급한 과제로 대두했다. 중국 측이 불법행위는 물론이고 일본을 배척하고 모독하는 행위에 관해 사죄를 하고 향후 이러한 행위를 방지하기 위한 적당한 보장 등을 하는 것이 동아시아의 평화유지상 매우 중요하다. 이에 정부는 오늘 각의에서 중대결의를 했다. 북지(화베이, 중국 북부) 파병과 관련해 정부로서 취할 수 있는 모든 조치를 취하기로 결정했다."는 강경한 결의를 담아 성명을 발표했다.

베이징으로 입성하는 일본군(1937년 8월 8일)

이렇듯 일본은 단순한 국지적 분쟁이 아니라 무력에 호소해 오랜 현안이었던 화베이지역 점령을 일거에 해결하려는 의도를 확실히 보여주었다. 중국 측도 이에 답하여 항전의 결의를 굳혔기 때문에 사건의 확대를 피할 수 없었다. 일단 성명을 통해 국면의 확대를 원하지 않는다고 했는데, 특히 화베이 지역의 당사자인 쑹저위안은 자신의 기반 유지를 위해 사건의 확대를 바라지 않았기 때문에 현지에서의 교섭은 그 후로도 계속되었다. 국민당 정부도 전쟁을 바라지 않았고 가능한 한 국지적으로 해결하기를 희망했다. 현지의 일본군도 병력이 적었기 때문에 일본 본토 부대가 도착할 때까지 시간을 벌 필요가 있었다.

18일 쑹저위안이 일본군 가쓰키香月 사령관을 방문해 사태를 설명하고 유감을 표함으로써 19일에는 양 군의 현지협정이 성립되었다. 그러나 일본은 15일 일본 본토 부대의 파견 결정을 발표하고, 17일 임시군사비를 추가예산으로 확정하면서 착착 전비를 갖추어 나갔다. 그리고 7월 20일 영토주권 유지를 중심으로 하는 강경한 성명을 발표하고 현지에서 맺은 협정을 부인했다. 그 사이 일본 본토와 관동군에서 파견된 부대들이 속속 베이징과 톈진 부근에 집결했다. 27일, 이렇게 준비를 마친 일본 측은 그 다음날 정오까지를 시한으로 하여 중국 측에 마지막 통첩을 발하고 베이징과 그 주변 지역을 비우라고 요구했다. 그러나 회답은 없고 일본군은 베이징과 주변 일대를 점령하고 29일에는 톈진까지 점령했다.

7월 30일 베이징과 톈진 점령에 이어 일본군은 화베이 일대의 무력 확보에 나섰다. 그러자 중국 측은 현지의 제29군(쑹저위안의 군벌군)이 단독으로 맞서도록 하고 중앙군을 지원하지 않았다. 그러나 만주사변과 달리 중국 측의 저항은 격렬했다. 제29군 장병 중에는 항일통일전선파의 영향을 받아 구국의 신념이 강한 자가 많았다. 여기에 노동자와 학생까지 의용군에 참가했다. 일본의 괴뢰집단이었던 지둥자치정부의 경찰대마저 반란을 일으키고 일본군에 저항했다.(퉁저우通州사건) 이 때문에 베이징 점령 후 일본군의 공격은 일시 정체되고 베이징 서북방의 남구 지역에서는 의용군과 격전이 계속되었다.

## 상하이전투

화베이의 전황이 정체상태에 빠지자 '속전속결' 방침을 고집하던 일본군은 상하이를 점령해 직접 난징의 국민정부를 항복시키려 했다. 병력을 확충한 해군 육전대가 전시경비에 들어갔고 제3함대는 상하이로 집결했다. 8월 9일까지 양쯔강 유역의 일본인 거류민은 상하이로 집결해 전쟁 확대에 대비했다. 8월 9일 밤 일본해군 장교 1명, 병사 1명이 중국 측의 동향을 시찰하던 도중에 사살된 사건(오야마大山 사건, 중국에서는 훙차오虹橋공항 사건)이 전투의 구실이 되었다. 13일 육전대와 중국군 사이에 전투가 시작되었고 14일 일본정부는 '중국군의 폭거를 응징함으로써 난징정부의 반성을 촉구하고자 이제 단호한 조치를 취할 수밖에 없게 되었다'고 강경한 성명을 발표하고 전면적으로 대 중국 침략 전쟁의 개시를 선언했다.

상하이전투는 제1차 상하이사변과 마찬가지로 중국군의 강력한 저항, 노동자·학생·시민의 하나 된 항쟁으로 인해 처음에 일본군은 고전을 면치 못했다. 8월 23일 육군 1개 여단이 상륙한 데 이어서 8일에서 9일에 걸쳐 몇 개의 사단이 상하이 북방에 상륙했으나 크릭creek에 끼인 상태에서 중국군의 결사항전으로 인해 해안에서 한 발짝도 벗어나지 못했다. 9~10월 동안 약 2개월에 걸쳐 전투가 계속되었다. 이 때문에 일본군은 다시 몇 개의 사단으로 구성된 별군을 편성하고 11월 5일 항저우 만에 상륙해 상하이의 중국군 배후를 공략했다. 중국군이 퇴각하자 마침내 11일 상하이 전 도시를 점령하게 되었다. 그러나 전투에서 일본군은 5만 명에 달하는 사상자를 냈다. 상하이 점령 후 중국군이 계속 퇴각하자 일본군은 난징을 향해 일거에 진격해 12월 10일 점령에 성공했다. 난징에 입성할 때 일본군은 포로는 물론이고 무고한 시민 수만 명을 학살했으며 약탈과 폭행을 자행했다. 그 참상은 미국 신문기자인 에드거 스노우의 사실적인 필치로 다음과 같이 기록되었다.

"일본군은 12월 12일 난징에 입성했다. 그 때 중국군과 시민은 유일하게 남은 성문을 빠져나가 양쯔강 북안으로 퇴각하고 있었다. 극도의 혼란스런 광경이 이어졌다. 수백만 명의 사람들이 강을 건너려다가 일본군 비행기의 기총소사 공격을 당해 죽거나 익사했다. 또 수백만 명의 사람들이 하관의 성문으로 통하는 좁은 길에 갇히는 바람에 그 시체들이 쌓이고 쌓여 그 높이가 4척이나 되었다. … 난징학살의 피비린내 나는 이야기는 이제 전 세계에 알려져 있다. … 일본군은 난징만 보더라도 4만 2,000명 이상의 시민을 살해했다. 그런데 그 대부분은 부녀자와 어린 아이들이었다. 상하이, 난징 진격 도중에 30만 명의 비전투원이 일본군에게 살해된 것으로 추정된다. 이것은 중국군대가 입은 피해와 거의 맞먹는 수치이기도 하다. … 도성 안의 약 5만 명에 달하는 군대는 근대에 들어 그 어느 곳에서도 볼 수 없었던 강간, 학살, 약탈, 기타 온갖 악행을 저지르며 1개월 남짓을 보냈다. 1만 2,000호의 상섬과 가옥들이 모든 상품과 가구류를 약탈당한 후에 고의로 불태워졌다. 시민은 모든 재산을 빼앗겼고 일본 병사와 장교는 각기 자동차, 황포차, 기타 운반도구를 훔쳐 자신의 약탈물자를 상하이로 옮겼다. 외국의 외교관 집들도 약탈했으며 고용된 집사나 관리인은 살해했다. 병사들은 맘대로 활보했다. 장교들도 약탈에 참가하거나 혹은 이러한 부하의 행동을 부추겼다. 피정복민으로서 중국인은 '특별한 고려'를 받을 권리가 없다는 논리로 이 사태를 용인해야만 했다. 스기야마

난징으로 입성하는 일본군, 말을 타고 있는 사람은 마쓰이 이와네(松井石根) 사령관

대장이 말한 대로 '신보다도 위대한 힘이 우리 장병들을 고무했다.' 는 말을 기록하지 않을 수 없다."(애드거 스노우, 『아시아의 해방』)

화베이에서 차츰 병력을 늘리고 있던 일본군은 8월 12일 남쪽 출구를 통해 차하얼성 방면으로 통하는 길을 개척하고 나서 진포 선津浦線을 따라 지난濟南 방면으로, 또 경수선京綏線을 따라 장자 커우張家口 방면으로 3개 부대로 나누어 진격했다. 남하하던 부대 는 10월 말 황하에 도착해 산둥의 한푸주韓復榘를 회유하고자 했 으나 실패했다. 12월 말에는 지난을 점령함으로써 12월 안에 허베 이성과 산둥성의 주요 요충지를 대략 점령하게 되었다. 또 서쪽으로 향한 부대는 차하얼성과 쑤이위안성 남부를 점령하고 10월에 산시 로 진격해 비로소 중국공산당군과 마주하게 되었다. 장성선長城線 의 핑싱관平型關, 옌먼관雁門關에서 중국공산당군을 주축으로 한 중국군의 강한 저항으로 큰 타격을 입은 후 11월에는 타이위안太 原에 도착했다.

1937년 동안 일본은 화베이 5개성의 전략적 요충지와 상하이,

난징학살사건, 트럭에 실려 형장으로 끌려가는 중국인 포로

난징을 점령하고 일단 전쟁국면을 일단락 지었다. 이 제1차 작전에 일본은 육군 6개 군단, 24개 사단, 주력 비행기와 더불어 해군 제2·3 함대를 투입했다. 1만 8,000대의 전차가 손상을 입었고 사상자는 7만 명에 달했다.

중일전쟁 제1기 동안 거둔 일본군의 군사적 성공은 기본적으로 철저히 준비한 일본군의 무력에 기초한 것이지만, 이와 더불어 중국 측 전선의 불완전한 통일과 국제관계도 유리하게 작용했다.

### 항일통일전선 결성

중국공산당은 루거우차오 사건 다음날 곧바로 각 단체와 군대, 국민당, 국민정부, 전 인민을 향해 "우리는 난징중앙정부가 신속히 29군을 원조하고, 전 인민이 애국항일운동을 발양할 것을 요구한다."는 성명을 발표했다. 그리고 베이징과 톈진이 함락된 후 '유격전을 개시하라', '허베이를 지켜라'는 슬로건을 내걸고 베이징, 톈진, 바오딩 등의 대학생과 중학생, 혁명적 청년을 동원해 농촌으로 들어가 화베이 지역에서 유격전을 전개하도록 했다. 그리고 같은 해 7월 15일 중국공산당 중앙위원회는 국공합작을 제안했다. 이것은 마오쩌둥 등이 말하는 '전면항전' 내지 인민전쟁 노선만이 승리의 길이라는 것을 실제로 실천한 것이었다. 이에 따라, 다음의 4개 항목으로 이루어진 구체적인 대안을 제시했다.

1. 지금 중국에는 쑨원 선생의 삼민주의가 필요하며 공산당은 그 뜻을 철저히 실현하기 위해 투쟁할 것이다.
2. 국민당 타도를 향한 일체의 폭동정책, 적화운동을 취소하고 지주의 토지를 폭력적으로 몰수하는 행위를 중지한다.
3. 현재의 소비에트를 취소하고 민권정치를 실행하며 전국 정권의 통일을 기한다.
4. 홍군의 명의·번호를 취소하고 국민혁명군으로 개편하며 국민정부 군사위원회의 총괄적 지휘를 받으며 출동명령을 기다려 항일전선에서 의무를 다한다.

장제스와 국민당은 무너져가는 자신의 권력을 회복하기 위해서라도 전국적인 여론에 떠밀려 자신의 대내외 정책을 약간이나마 수정해야만 했다. 우선 '국민에게 위해를 가하는 범죄의 긴급처벌법'을 고쳐 쩌우타오펀, 선준루 등 이미 체포한 구국회 지도자와 정치범을 대부분 석방했다. 이어서 9월 23일 공산당의 거듭된 통일민족전선 요구에 대해 공식성명을 발표하고 공산당을 합법적 존재로 승인했다. 그리고 일본에 대한 무력투쟁에서 공산당과 합작할 용의가 있다고 표명했다. 이로써 항일민족통일전선이 확립되었다.

그로 인해 중국 홍군은 정식으로 개편되어 국민혁명군 제8로군

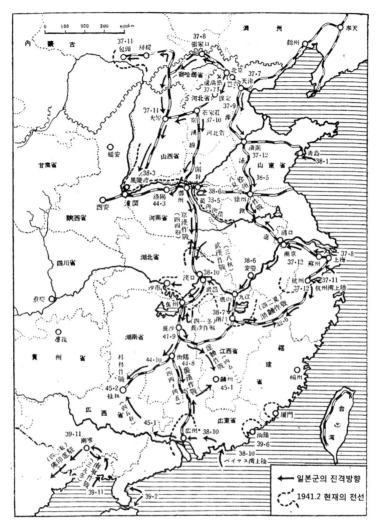

일본군의 중국 침략도(平凡社, 『세계역사사전』)

이 되었다. 총사령은 주더朱德, 부사령은 펑더화이가 맡게 되었고 그 아래에 3개 사단, 즉 린뱌오林彪의 115사, 허룽賀龍의 120사, 류보청劉伯承의 129사가 배속되었다. 8로군은 곧바로 같은 달 25

일 산시성 북부의 제1선으로 진격했다. 그리고 같은 해 10월 12일 화중 지역에 있던 홍군은 정식으로 개편되어 국민혁명군 신편 제4군(신4군)이 되었다. 그리고 예팅과 샹잉이 각기 정군장과 부군장으로 임명되었다. 이 8로군과 신4군은 그 후 계속하여 항일의 주력부대가 되었고 극한의 어려움 속에서도 항전을 이어갔다. 또 이 국공합작으로 소비에트 지구는 중국공화국특별구, 혹은 산시陝西-간쑤甘肅-닝샤寧夏(줄여서 '산간닝陝甘寧변구')로 개칭되었다.

항일민족통일전선이 결성되자 이에 응하여 중국공산당중앙위원회는 8월 25일 '항일구국10대강령'을 발표했다. "일본제국주의 타도, 전 중국의 군인·인민에 대한 총동원 실행, 민주정치의 추진, 가혹한 세금의 폐지, 감조감식減租減息⁹을 통한 인민생활 개선, 인민의 힘을 모아 항일 유도, 국공합작을 기초로 한 전국 각 정당, 정파, 계층, 군대, 부문의 항일민족통일전선 수립, 항일전선의 지도" 등을 주장했다. 그 후 해방전쟁과 국민정부의 정책을 원조하는 다수의 애국적 조직이 나타났다. 또 통일민족전선의 정기출판물이 간행되었다. 이듬해 1월 11일에는 중국공산당 기관지인 「신화일보」가 발행되었다.

대외적으로는, 1937년 8월 21일 소련과 4개조의 불가침 조약을 체결했다. 이것은 중국의 항전을 고무시킨 대단한 일이다. 이 무렵부터 중국에 대한 소련의 군사원조도 활발해졌다. 2년 후인 1939년 2월에는 중소항공협정이 성립되고, 같은 해 6월에는 쑨커와 소련무역장관 미코얀Микоян 사이에 중소통상협정이 체결되었다. 이 협정은 소련의 직접적인 군수품과 중국의 원료 교환을 골자로 한 것인데, 소련이 중국에 2,500만 루블의 차관을 제공하고 무역기금의 신용결제에 관한 바터 협정이란 점이 특징이다.

일본의 제국주의 경쟁국인 영국·미국의 입장은 소련과 전혀 달랐다. 중국에 대한 원조는커녕, 1937년 8월 일본이 중국연안 봉쇄령을 선언하자 미국은 이를 사후 승인했고 그로 인해 중국은 대미무역이 차단된 반면 미국의 군수물자는 일본으로 흘러들어갔다. 파시즘에 대한 영미 열강의 이러한 유화정책이 결국 제2차 세계대전으로 사태를 발전시킨 것이다.

그런데 마오쩌둥도 지적하듯이 항일전쟁 과정에서 중국에는 두 개의 상반된 흐름이 존재했다. 그 하나는 장제스로 대표되는 대지주·대부르주아 노선이었다. 또 다른 하나는 중국공산당으로 대표되는 프롤레타리아와 전국인민 노선이었다. 장제스 등 4대 가문을 비롯한 대지주·대부르주아는 일본제국주의의 침략이 직접 그들의 정책이나 이익을 침해함으로써 타협의 여지가 줄어들고, 전 중국을 정복하려는 일본의 의도가 화베이·화중 지역 내 영미 제국주의의 거대한 이익을 위협하자 이제는 영미 측에 의존해 항일을 계속할 심산이었다. 바로 이러한 배경 때문에 항일전쟁 과정의 정세 변화에 따라 장제스의 모순된 행동과 동요가 계속되었던 것이다. 바꾸어 말하자면, 장제스는 전쟁 초기에는 적극적 항일전을 전개해 신속한 승리를 바랐지만, 다른 한편으로는 인민들이 적극적으로 일어나 항전에 나서는 것을 두려워한 나머지 이들의 항전을 거꾸로 탄압하거나 방해하기도 했다. 즉 장제스는 중국인민의 힘을 바탕으로 한 것이 아니라 외국에 의존해 항일을 추진하고자 했다. 그로 인해 장제스는 철저한 항일에 임하지 못했고 주요 전장이 된 화베이에는 국민당 군대를 보내지 않고 상하이와 난징에 머무르며 시기만 기다리고 있었다. 바로 이 때문에 일본군이 신속하게 화베이를 점령할 수 있었던 것이다.

한편 8로군은 최전선에서 가혹한 조건을 무릅쓰고 항일전을 전개했다. 앞서 본 핑싱관·옌먼관 전투는 린뱌오 장군이 지휘한 8

로군이 일본군 정예부대인 이타가키板垣 사단의 1개 여단병력 약 4,000명을 포위 공격해 약 3,000명을 섬멸하고 전차 100여 대를 파괴했으며 소총 약 1,000정을 빼앗는 등, 일본군이 중국 전장에서 경험한 최초의 충격적 패배였다. 이어서 10월에 8로군은 산시성 중앙부 산길인 싱커우忻口의 배후지에서 결사적으로 항전해 일본군 주력부대를 1개월 사이에 제압했다. 이 때 중국군은 화베이에 있는 모든 일본군을 섬멸할 수 있는 좋은 기회를 잡았다.

그런데 장제스는 무엇 때문인지는 알 수 없으나 철저한 항전을 주저했다. 마오쩌둥은 옌안에서 열린 당 활동가 회의에서 보고를 통해 "항일민족통일전선 내부에서 우익적 집단은 대지주와 대부르주아이며 이들 집단은 민족투항주의의 대본영 노릇을 하고 있다. 이들은 한편으로 전쟁이 자신의 재산을 파괴할까 전전긍긍하면서도 다른 한편으로는 민중이 떨쳐 일어나는 것을 두려워하므로 필연적으로 투항적 성향을 띨 수밖에 없다"고 지적하고, "우리들의 임무는 민족투항주의와 단호히 맞서 싸움과 동시에 좌익적인 집단을 확대하고 강화하여 중간적인 집단을 진보진영으로 이끌어 전환시키는 것"이라며 투항주의자와의 투쟁을 단호히 주장했다.(『상하이·타이위안 함락 후 항일전쟁의 정세와 임무』)

### 난징 함락과 평화협상

처음에는 일본 정부나 군부도 난징 점령의 정치적 의의를 상당히 높이 평가했다. 마쓰이 이와네 대장이 중지군中支軍 최고사령관으로서 도쿄를 출발할 때만 해도 난징 점령이 최대의 목표였고 다다多田 참모차장도 "난징을 함락시키면 강화의 기회가 있다."고 생각하고 있었다. 특히 군부는 수도 점령으로 국민정부에게 중대한 타격을 가해 '치욕적인 항복'[10]을 맛보게 할 수 있을 것으로 생각했다.

그에 앞서 10월 말 독일은 주일대사 디르크젠Herbert von Dirksen
과 주중대사 트라우트만Oskar Trautmann을 통해 화의를 주선하겠
다고 일본과 중국에 제안했다. 그러나 난징 점령을 눈앞에 둔 육군
은 평화협상에 그다지 열의를 보이지 않았다. 이들의 머리 속에는
전년도 5월 달에 이탈리아가 에티오피아 수도 아디스 아바바Addis
Ababa를 점령하고 전쟁에 종지부를 찍은 것 밖에는 떠오르지 않았
다. 그런데 중국에서 벌어진 일련의 사태, 특히 항일민족통일전선
의 발전은 중국에서 에티오피아와 같은 결말을 허락하지 않았다.
트라우트만의 공작으로 잠시 동요했던 장제스, 바이충시, 구주통顧
祝同, 수용창徐永昌 등의 장령將領들은 모호한 태도를 취한다는 공
산당을 비롯한 인민의 통렬한 비판을 계기로 일본과의 정전협상 계
획을 버리고 수도를 한커우로 옮겨 다시 항전을 계속하기로 결정했
다. 그러자 일본은 난징 점령을 통해 보여준 군사력을 이용해 새로
이 장제스와 유리한 조건으로 화의를 맺는 방식으로 후퇴할 수밖
에 없었다. 처음에는 열의를 보이지 않았던 군부도 점차 평화협상
에 적극적 태도를 보이게 되었다. 그래서 난징을 완전히 점령한 날,
즉 1937년 12월 13일 대본영정부연락회의는 평화협상을 정식으로
개시하기로 결정했다.

일본의 태도에 호응이라도 하듯이 중국 측, 특히 국민정부 일각
에서는 화의론이 고개를 들기 시작했다. 난징 점령이 임박해오자
왕징웨이는 장제스에게 열심히 화의를 주장했었다. 그러나 국민당
우익이 일본과 타협해 전쟁을 끝내려 한 것은 단순히 중국의 군사
적 정세 때문만이 아니었다.

1937년 10월 5일 미국 루즈벨트 대통령은 시카고에서 그 유명
한 '격리 연설quarantine speech'[11]을 통해 침략국의 '격리'를 요구하

였고, 나아가 다음날 미 국무부는 일본의 행동이 9개조조약과 부전조약을 위반하고 있다고 성명을 발표했다. 이것은 전 세계를 상대로 미국이 원칙적으로는 일본의 침략을 부정하고 있다는 인상을 심어주었다. 당연히 중국으로서도 그 해 11월 3일 직접 일본의 침략 문제를 다루게 될, 특히 미국까지 참가하는 브뤼셀에서 열리는 9개국조약회의 결과에 상당한 기대를 걸고 있었다. 11월 6일 일본 측의 비공식적인 화의조건이 처음으로 장제스에게 전해졌을 때 장제스는 브뤼셀회의가 아직 진행 중이라는 이유로 수락을 거부했다. 그러나 이 회의의 결과, 중국 측의 기대는 여지없이 무너졌다. 열강의 공동행동을 촉구한 소련의 발언은 처음부터 문제로 다루어지지 않았고, 미국의 태도 역시 일본에 대한 압박보다는 오히려 일본에 '정치적·경제적 안도감'을 부여하자는 쪽에 무게를 두고 있었다. 미 국무부는, "이 회의가 일본의 현재 진로를 멈추게 해야만 한다."고 했지만, "동시에, 이 회의는 일본에 경제적으로나 정치적으로 안도감을 주도록 노력해야만 한다. 이를 위해서는 첫째, 일본에 원료와 시장을 보장해 주어야 한다. 둘째, 소련과 중국이 끼어들어 이 기회를 악용하지 않도록 대책을 수립해야 한다."(Herbert P. Bix, 『태평양전쟁전사』)고 결론을 내렸다. 이러한 미 국무부의 태도는 미국의 극동정책이 오히려 소련과 중국을 희생양으로 삼고 일본에게 원료와 시장(=식민지)을 보장해줌으로서 문제를 해결한다는 '유화정책'에서 나온 것이다.

브뤼셀 회의에 참가한 열강 가운데 영국 이외의 서유럽 국가들은 대체로 극동문제에 개입할 생각이 없었다. 그리고 영국도 유럽정세로 인해 바쁜 나머지 혼자 힘으로는 아무것도 할 수 없었다. 이러한 상황에서 미국이 이러한 '유화정책'을 취했기 때문에 회의를 통해 일본의 침략을 저지할 만한 구체적 대책이 마련되지 못한 것

434

은 당연한 결과였다. 이러한 회의 결과는 중국을 실망시켰을 뿐만 아니라 일본에 대한 '유화적' 분위기가 회의를 지배함에 따라 국민정부 일부세력의 타협을 통한 화의 구상에 힘이 실렸다. 전에 거부했던 일본과의 강화협상을 장제스가 수락하게 된 것은 브뤼셀 회의가 시작된 지 1주일이 지난 12월 2일이었다. 장제스는 독일에 대해 단순한 '중개자'가 아니라 '조정자' 역할을 해달라고 요구했다. 그가 굳이 독일의 중재에 중요한 의의를 부여한 것도 앞서 본 브뤼셀 회의를 둘러싼 열강들의 태도와 무관하지 않았을 것이다.

일본 측의 강화협상도 이러한 열강들의 태도와 연관된 것이었다. 한마디로 말해, 일본은 열강의 유화정책을 이용해 소련을 상대로 한 전쟁 준비라는 명분으로 전쟁을 해결하고자 했다. 그 결과 12월 22일 디르크젠 대사에게 제시한 대 중국 강화의 기본조건은 다음의 4가지로 압축되었다.

> 1) 중국은 용공항일만容共抗日滿 정책을 포기하고 일만 양
> 국의 방공정책에 협력한다.
> 2) 주요 지역에 비무장 지대를 설치하고 핵심 지역에 특수
> 기관을 설치한다.
> 3) 일본, 만주, 중국 3국 사이에 긴밀한 경세 관계를 구축한다.
> 4) 중국은 일본에 대해 필요한 배상을 실시한다.

이 4가지 조건과 더불어 1938년 1월 11일 어전회의에서 결정된 '지나사변처리근본방침'에 명기된 것처럼, 만주국 승인, 내몽고 지역의 '방공자치정부' 수립, 화베이·내몽고·화중의 일정 지역 내 일본군 주둔이라는 조건을 모두 요구했다.

이러한 요구들이 새로운 전쟁 준비와 관련이 있다는 것은 나중

에 똑같은 조건으로 화평공작을 시도한 우가키 외무대신이 '내몽고가 방공의 제1선이며 화베이는 제2선'이라고 한 말을 통해 증명되었다. 이처럼 강화 성립을 대소전 준비에 이용하자는 구상은 특히 군부 가운데 일부 집단이 적극적으로 지지했기 때문에 상당히 현실적이었다. 대소전을 주장하고 있던 참모본부(제1부장 이시와라 간지石原莞爾, 참모차장 다다 슌지多田駿次)는 강화협상을 성립시키기 위해 압력을 행사했고, 협상이 진행되는 과정에 고노에 총리의 태도가 흔들리자 이시와라는 이케다 시게아키를 찾아가 "고노에는 기대에 못 미친다. 한시라도 빨리 만주를 굳히고 소련에 대비해야 한다."고 말했다.(야베 데이지, 『고노에 후미마로』)

　　그러나 군부의 주류인 육군성은 여전히 중국 내에서의 침략을 확대하려고 했다. 일본 측의 공식적인 강화조건이 장제스에게 전달된 것은 12월 22일이었는데, 그 후에 벌어진 사태는 강화가 필요 없게 만들었다. 이미 강화회담 개시가 정식으로 결정된 다음날인 12월 14일 화베이 점령지역에 '중화민국임시정부'라는 이름의 괴뢰정권이 들어섰다. 이 정부의 명칭은 '임시'라는 꼬리표를 달았지만 일본 군부가 장제스 정권과는 다른 별개의 괴뢰정권을 만들어 중국을 직접 지배하려는 의도를 드러낸 것이다. 그 결과 강화회담을 개시할 때 스기야마 육군대신을 비롯해 군부의 주류와 가까운 히로타 외무대신이나 스에쓰구 내무대신도 그다지 열의를 보이지 않았다. 강화조건이 장제스에게 전달되기 하루 전 내각은 "향후 반드시 난징정부와 협상이 성립될 것으로는 기대하지 않는다. …"는 태도를 보였으며, 결국 중국에 괴뢰중앙정권 수립 방침을 결정했다. 이 사실은 1938년 1월 11일 어전회의에서 재차 확인되었고, 같은 날 추밀원회의에서도 "선전포고, 난징정부 부인, 베이징임시정부 수립, 군사행동 계속, 군사행동 지원을 위한 새로운 보급선 동원"을 결의하며, 장제스 정권과의 강화협상을 부정하고, 동시에 무력으로 중국을 '제2의 만주국'으로 만들기로 결정했다.

1월 3일 중국 측이 강화조건의 구체적 내용을 물어오자 이를 기회 삼아 협상의 파기를 통고하고, 동시에 1월 16일 다음과 같은 성명을 발표했다.

"제국정부는 난징 공략 후 중국 국민정부에게 마지막으로 반성의 기회를 주고자 했다. 그러나 국민정부는 제국의 진의를 이해하지 못하고 방자하게 항전을 획책하고 도탄에 빠진 자국민의 어려움을 돌아보지 못하고 있을 뿐 아니라 동아시아의 평화를 돌아보지도 못하고 있다. 이로써 제국정부는 앞으로 중국 국민정부를 상대하지 않고 제국과 진정으로 제휴할 수 있는 신흥 중국정권의 성립과 발전을 기대하며, 새 정권과 국교를 조율하여 갱생을 위한 중국 건설에 협력하고자 한다. 원래부터 제국은 중국의 영토와 주권, 그리고 중국 내 외국의 이권을 존중하는 방침을 취해왔고 이 방침에는 조금의 변화도 없을 것이다. 이제 동아시아 평화에 관한 제국의 책임은 더욱 중요해졌다. 정부는 국민이 이 중대한 임무 수행을 위해 더욱 발전하기를 바라마지 않는다."

이것이 이른바 '(중국) 국민정부를 상대하지 않겠다'는 고노에 성명이며, 중국을 '제2의 만주국'으로 만들기 위해 침략의 확대를 꾀하겠다는 뜻을 밝힌 것인데, 이것은 동시에 중일전쟁의 장기화를 의미하기도 했다. 문제는 이를 위해 일본 국내에서 본격적인 전쟁체제 정비와 강화가 이루어져야만 한다는 것이었다.

## 제3절 전쟁의 전개와 그 영향

### 전시체제의 정비

중일 간에 강화협상이 파기되면서 전쟁을 조기에 종결할 수 있는 길이 막히자 정치, 경제, 문화 전반에 걸쳐 전시체제화가 본격화되었다. 전쟁을 위한 군비는 사건 발발 직후에 9,700만 엔, 8월에 4억 2,000만 엔이 임시로 계상되었고, 1억 2,000만 엔의 북지사건(중일전쟁) 특별세가 새로이 도입되었다. 그러나 전쟁의 확대와 더불어 더 많은 비용이 필요해졌고, 이를 위해 경제기구를 전시체제로 전환할 필요가 발생했다. 9월 4일부터 5일 동안 제72회 임시의회가 소집되었다. 이 임시의회에서 추가예산으로 임시군사비 20억 7,500만 엔이라는 거액의 전쟁비용이 책정되었다.

군사비 전액은 공채 발행을 통해 마련하기로 했는데, 그로 인한 국제 수지의 불안, 국내 물가의 폭등, 악성 인플레이션이 예상되자 향후 더 많은 군비를 염두에 둔 통제경제 강화가 본격화되었다. 전시경제 전환은 수출입 임시조치법, 임시자금조정법(상기 법안은 9월 10일 공포), 그리고 이미 1918년에 공포한 군수공업동원법을 기조로 이루어졌다. 이 전시통제경제의 중추기관으로서 정부는 10월 1일 기획청과 자원국을 통합해 기획원을 신설하기로 결정했다. 경제에 대한 통제 강화와 더불어 기획원은 일종의 참모본부로서 모든 경제 관련 부처를 상대로 막대한 권한을 행사하게 되었다. 기획원에는 관료들 가운데 군부와 친한 인사가 대거 등용되었으며 군부의 강력한 지원 아래 발족하게 되었다.

전시경제체제가 강화되자 군사·정치면에서의 전시체제도 확립되었다. 전쟁이 시작되자마자 고노에는 통수와 국정이 통일되지 않아 고심했다. 내각은 군사행동의 전조도 몰랐을 뿐만 아니라 신문

보도 이상의 전황보고도 받지 못했다. 11월 17일 대본영령이 제정되고 20일에는 러일전쟁 이래 설치되지 않았던 대본영이 만들어지는데, 고노에는 총리대신을 구성원에 포함시킬 것을 희망했으나 통수권의 독립을 어지럽힐 수 있다는 이유로 거부당했다. 그래서 대본영과 내각연락회의를 통해 통수와 국정 사이의 사무적 연락이 이루어졌는데, 정치가 전쟁을 지도하는 것은 꿈도 꿀 수 없었다. 통수와 국정 사이의 연락 조정이란, 사실상 국정이 통수에 일방적으로 종속된다는 뜻이다.

### 국가총동원법의 제정

전시체제화 과정에서 가장 획기적인 것은 국가총동원법의 제정이었다. 1938년 1월 22일 제73회 의회가 시작되었는데 새로운 단계로 접어든 전쟁에 대비해 국내체제의 군국주의화를 추진했다. 전시체제의 근간을 마련하기 위해 국가총동원법이 의회에서 논의되었는데 이것은 군부의 지도에 따라 기획원이 입안한 것으로서 국민경제와 국민생활 전반을 반동적·관료적 통제 아래 두고 전쟁을 위해 총동원하는 것이다. 그 범위는 경제 전반에 미칠 뿐만 아니라 교육, 연구, 언론출판, 집회, 노동쟁의 등에 이르기까지 전 분야를 포괄했다. 즉 이것은 한 마디의 칙령으로 모두를 정부의 동세 아래 두는 것이다. 사실 그 이후의 전시동원법이나 전시 법령은 대개 이 법률에 기초해 만들어졌다. 이러한 총동원법이 지닌 반동성이 "국민에 대해 상당한 불안을 준다"는 점은 고노에조차도 인정할 수밖에 없었다. 의회에서도 정당의 일부 집단은 격렬히 비판했다. 그래서 정부도 이것을 상정하기 전에 특히 반대가 컸던 집회금지와 신문발행 중지에 관한 조항을 삭제할 수밖에 없었다.

그렇다고 정부가 의회에서 총동원법이 통과되기만을 기다리고 있던 것은 아니었다. 정부는 전시체제의 강화를 위해 파쇼적 탄압을 강화하고 모든 민중 조직을 파괴한다든가 반대세력에 대한 억압을 통해 이를 기정사실화해 나갔다. 1937년 12월부터 1938년 2월까지 이른바 '인민전선파'에 대한 대검거가 이루어졌다. 일본무산당과 일본노동조합전국평의회의 결사금지 등 일련의 파쇼정책은 곧 이러한 전쟁체제의 기반을 마련하기 위함이었다. 사회민주주의와 자유주의자까지 가차 없이 잡아들였다. 이미 일본무산당, 노동조합전국평의회 결사금지 때 사법부는 "이제 민주주의와 자유주의 등의 사상은 공산주의 사상 발생의 온상이 될 위험이 다분하다."고 발표한 바 있었다. 제73회 의회에서도 귀족원의 이다 이와쿠스井田盤楠는 여러 교수들의 저서를 공격하며, "오늘날 도쿄제국대학의 법정, 경상 양 학부는 인민전선의 무대"라고 비난했다. 이러한 탄압과 대조적으로 완전한 사회파쇼 정당이 되어버린 사회대중당은 의회에서 노골적으로 정부와 군부에 영합했다. 국가총동원법에 대해서도 무조건 찬성의 뜻을 밝혔고 나아가 군부의 의도를 대변하듯이 심의가 필요없다는 주장까지 했다. 이러한 사회대중당의 반동성은 기성 정당으로부터 반감을 샀다.

이렇듯 파쇼적 분위기 속에서 이루어진 총동원법 심의 과정에서 정부와 군부는 위협과 폭력을 통해 정당에 압력을 가해 무리하게 통과시키려고 했다. 2월 17일 방공호국단이라는 400명의 우익 무뢰배들이 정우회와 민정당 양 본부를 습격해 점령했다. 총동원법 심의가 궤도에 오른 3월 3일에는 사회대중당수 아베 이소오安部磯雄가 폭력배에게 습격을 당하는 사건이 벌어졌고, 바로 같은 날 육군성의 일개 직원에 불과한 사토佐藤 중좌가 의회 위원회에서 질의에 나선 의원에게 "닥쳐!"라고 소리친 사건이 발생했다. 그런데 이른바 이 '닥쳐' 사건은 육군대신의 사과로 모두 해결되었고 사건을 일으킨 사토 중좌는 여전히 의회를 활보했다. 만일 당시 의회에 조금이라도 권위가 남아 있었다면 그마저도 일개 중좌에 의해 짓밟힌 꼴이다. 이렇듯 정부와 군부의 강경한 압력으로 의회의 반대가 완화되자, 3월 24일 총동원법은 수정 없이 가결되었다. 총동원법과 더불어 중요 법안으로 분류된 전력국가관리법도 결국 의회에서 통과되었다. 이로써 제73회 의회는 국내체제의 강력한 군국주의화에 필요한 기초를 완성했다.

제73회 의회에서 정부에 중요권한을 대거 양보하다시피 해서 이루어진 총동원법의 무수정 가결은 곧 의회가 실질적으로 부정되었다는 것을 의미했다. 그러나 이것은 일방적으로 정부나 군부의 압력에 의한 것이 아니었다. 완전히 어용정당이 되어버린 사회대중당은 별개로 치더라도 정우회와 민정당 양 당이 총동원법에 어느 정도 비판적 태도를 취한 것은 사실이지만 양 당 모두 정부와 군부에 완전히 협력해 파쇼적 정치체제를 구축함으로써 자신의 존재 의의를 어필하려는 움직임이 내부적으로 강화되고 있었다. 이것은 당시의 말을 빌자면, 신당운동이라고 불렸다. 각기 다른 구상의 차이로 인해 많은 분파가 생기면서 정당 내부의 사정은 매우 복잡해졌다. 이러한 움직임과 상호 간의 대립은 민정당과 정우회를 하나의 정치세력으로 꾸려나갈 수 없도록 만들었고 군부에 대한 영합적인 태도는 강화되어만 갔다. "전력관리법이 가결된 유력한 이유는 군부가 이것을 뒤에서 밀고 있다는 선전이 주효했기 때문이다. 총동원법 성립도 마찬가지였다."(가자미 아키라, 『고노에 내각』)

## 강화협상의 재개

전시체제 정비에도 불구하고 전란 수습의 전망을 세울 수 없어 지배자들이 초조함을 느끼게 되었을 때 한 줄기 희망처럼 국제정세가 변화했다. 1938년으로 접어들자 유럽 정세는 전쟁의 먹구름이 다가오고 있었다. 3월에 독일은 오스트리아를 합병했고 나아가 체코슬로바키아를 넘보고 있었다. 그 해 1월 히틀러는 국방군과 외무성 인사를 경질하고 전쟁에 대비해 군내 지도체제를 강화했다. 이러한 독일은 전쟁준비의 일환으로서 일본과의 관계를 정비해야만 했다. 이미 강화협상을 파기함으로써 극동에서 전쟁의 장기화가 기정사실화되자, 이전까지 중국 국민정부와 깊은 경제적·군사적 관계를 맺어온 독일이 중국과의 관계를 청산하고 일본과 협력해 중국시장을 확보하는 것이 유리하다고 판단한 것이다. 주일독일대사 디르크젠은 본국 외무성에 보낸 1월 26일자 보고서에서 "우리의 대중국정책에서 경제·정치적으로 더욱 강하게 중점을 둘 곳은 화베이 지역"이며, "화베이에서 이러한 우리의 권익을 구축하는 데 가장 필요한 것은 일본 군부와 민간당국자와의 연계 확립이라고 생각한다."고 했다. 이렇듯 중국시장에 관한 이해관계를 바탕으로 독일은 전쟁준비를 추진할 필요가 있었기 때문에 일본과의 관계를 더욱 긴밀히 하고자 했다. 그래서 독일은 2월 20일 일본과 만주국을 승인했고, 국민정부에 파견했던 군사고문단을 철수시켰으며, 장제스를 원조하던 정책을 포기하는 등 화베이정책을 대대적으로 전환하기로 결정했다. 이 때 이미 신임 외무장관 리벤트로프는 일본대사관의 오시마 주독무관을 상대로 군사동맹-일본·독일·이탈리아 3국 동맹- 교섭을 개시했다.

독일의 전쟁준비에 대응하고자 영국이 2월에 이든 외무장관의 사임을 계기로 파시즘 국가들에 대한 '유화정책'을 더욱 강화하기 시작한 것도 극동에서 일본의 입지를 강화시켜 주었다. 영국 정부는 장제스가 요구한 2,000만 파운드의 차관 요구를 거부하고 특히 일본과 영국의 이해가 충돌하는 상하이에서 양국 사이의 분쟁 해결에 적극적인 열의를 보였다. 한편 미국도 말로만 의사 표현을 할 뿐 여전히 일본에 대해서는 적극적인 행동을 취하려고 하지 않았다. 분명 일본군이 난징 점령 때 양쯔강 위에 있던 미국 군함 파네호를 폭격해 당시 미국 여론을 강하게 자극했고, 미국정부도 주일 대사에게 이 사건의 진상을 천황이 직접 보고하라는 등 강경한 태도를 취했다. 그러나 이 사건이 일본 외교상 예외적으로 신속하게 진행된 사죄와 배상으로 인해 해결되자 미국 정부의 태도는 다시 본래의 '유화정책'으로 돌아갔다. 당시 일본군이 난징을 점령한 후 중국 민중에 대한 대규모 폭행사건에 격분한 세계 민주주의 세력의 여론은 일본의 전쟁수행에 중대한 역할을 하고 있던 미국에 대해 전쟁물자 공급을 중지하라고 강하게 주장했으나 그러한 조치는 전혀 이루어지지 않았다.

이렇게 1938년 초 국제정세는 일본에게 유리하게 돌아갔으므로 고노에는 무력에 의존하지 않는 '사건해결'에 대한 희망을 다시 품게 되었다. 난징 점령 직후 시도했다가 실패한 '강화협상'을 가능하게 만들 수 있는 정세가 뜻밖에도 빨리 찾아왔던 것이다. 그러나 이를 위해서는 우선 앞서 발표한 "(중국 국민정부를) 상대하지 않겠다는 성명"을 사실상 부정할 필요가 있었고, 중국에서 전쟁 확대에 적극적인 군부 주류에 대항할 세력을 결집시켜 강력한 정치적 입장을 획득해야만 했다. 1938년 5월에 이루어진 고노에 내각의 개조는 실로 고노에가 이러한 정세를 배경으로 '상대하지 않겠다'는 기존 방침의 오류를, "어떻게 하면 바로잡을 수 있을까" 하고 고심을 거듭한 결과 단행한 정치적 모험이었다. 내각 개편에서 '상대하지 않겠다'는 방침을 지지한 스기야마 육군대신과 히로타 외무대신은 배제했는데, 이때 군부의 반대를 제어하기 위해 천황까지 동원하려고 했다. 천황은 간노미야를 통해 육군에 압력을 가하고 스기야마를 물러나게 했다. 천황을 비롯한 궁정세력, 독점자본, 군부 일부(참모본부와 황도파 잔당)가 하나 되어 고노에에게 협력했으므로 이 정치적 모험은 크게 성공했고 고노에는 5월 26일 우가키 가즈시게宇垣一成를 외무대신에, 미쓰이의 대부 이케다 시게아키池田成彬를 대상대신 겸 상공대신에, 파시스트 장군으로 유명한 황도파의 아라키 사다오荒木貞雄를 문부대신에, 그리고 조금 지나 '사건 불확대파'로 지목된 이타가키 세이시로板垣征四郎를 육군대신에 임명해 내각을 개편했다. 그리고 강화 실현을 위해 필요한 정치체제를 마련해 갔다.

사실상 새 내각의 면면을 보면 '강화의 실현'에 최적인 인사들이 었다. 우가키는 '중국과의 교섭 개시', '필요하다면, 장제스를 상대로 하지 않겠다는 성명은 취소할 것'을 조건으로 입각했다. 우가키와 친했던 이케다도 영국과 미국으로부터 전쟁물자 공급에 의존해 전쟁경제를 운영하고 있던 일본 독점자본의 입장을 대변하며 '영미에 대한 선처'를 요구했다. 아라키는 '외교를 소련에 집중할 것'을 항상 주장해왔다. 이타가키도 나중에 '육군대신으로서 근본적 태도는 중일전쟁이 전면항쟁의 늪으로 빠져든 상황에서 일본과 대립하고 있는 소련은 몇 차례에 걸쳐 5개년계획을 통해 국력을 비약적으로 발전시키며 극동에서 군비를 압도적으로 확충하여 후방을 위협하고 있다는 점을 고려할 때, 일중간의 대립을 일소하고 대승적 견지에서 국교를 재개하고자 했다.'(도쿄재판, 이타가키 진술) 이타가키가 육군대신에 임명되자 참모본부, 군부 주류에 포함되지 않은 마사키 진자부로真崎甚三郎, 아라키 사다오, 야나가와 헤이스케柳川平助 등의 황도파 군인들이 암약했다. 그리고 이들 세력은 군부의 지도권을 빼앗기 위해 다양한 수단을 동원했다. 이것은 고노에를 선두로 하여 전쟁정책의 주도권을 군부의 주류로부터 빼앗아 오기 위한 경쟁이 지배계급 내부에서 상당히 심각하게 이루어졌다는 것을 보여준다. 이러한 전쟁 정책의 주도권은 새 내각에서도 여전히 강력한 체제를 구축하기 위해 필요했다. 그래서 내각개편 후 각의와는 별도로 총리대신 고노에, 외무대신 우가키, 육군대신 이타가키, 해군대신 요나이, 대장대신 이케다로 구성된 5상회의가 만들어졌고 내각의 최고방침은 사실상 여기서 결정되었다.

　내각개편이라는 정치적 모험의 성공과 더불어 고노에가 구상하고 있던 중국정책의 전환을 촉진하게 만든 또 다른 요인이 중국에서 나타났다. 우선 "우가키 외무대신의 제안에 대해 중국 측이 반가운 답장을 보내왔다. 그것은 한커우 국민정부의 장췬이 보내온 축전이었다. 장췬은 우가키와 예전부터 알고 있던 사이로서 장제스 휘하의 유능한 지일파 인사였다. 그러한 인사가 적국의 새 외무대신에게 설령 그것이 비공식적인 것이라 해도 축전을 보내왔다는 것은, 또 우가키도 장제스와 안면이 있는 사이였던 만큼 무언가 통하는 바가 있어야만 했다."(와타나베 시게키渡辺茂樹, 『우가키 가즈시게가 걸어온 길』)

　이 전보를 실마리 삼아 국민정부 행정원장 쿵샹시를 상대로 강화협상이 비공식적으로 재개되었다. 강화조건은 거의 이전과 같은 내용이었는데, 교섭이 진행될수록 "중국 측의 생각도 우가키의 생각과 거의 일치하고 있었다."(와타나베, 앞의 책)고 한다.


## 장고봉사건張鼓峰事件

　이처럼 '사변해결'을 향한 움직임이 가시화되자 전쟁정책의 무게중심은 이전에 비해 소련을 향하게 되었다. 당시 소련은 유럽의 체코 문제로 정신이 없었고 극동에서 일본과의 충돌을 최대한 피하고자 했다. 이미 1938년 봄 리트비노프 외무장관은 일소 간의 현

장고봉(하산 호) 전투에서 고지에 깃발을 꽂는 소련군(좌), 두만강 남쪽에서 바라 본 장고봉 포격
장면(우)

안 해결을 일본에 요청했으나 일본 측은 이 문제에 열의를 보이지
않았다. 뿐만 아니라 이 시기 일본에서는 대규모 반소선전이 이루
어지고 있었다. 당시 신문에서 하루도 빠짐없이 '일소관계의 위기'
를 다룰 정도였다.

이러한 반소정책은 장고봉사건[12]으로 최고조에 달했다. 7월 15
일부터 8월 1일에 걸쳐 일본 측은 소련과 만주 국경의 장고봉에 조
선군[13]의 1개 사단과 중포대, 관동군 지원병 2,000명 등 약 1만 명
안팎의 병력을 집결시켰다. 그리고 전차와 비행기, 중포 등 근대 무
기를 동원해 적군赤軍과의 전쟁에 대비했다. 일본군 선두에는 사쿠
라 회의 일원으로서 만주와 중국 침략의 첨병으로 활약한 초 이사
무長勇 대좌가 나섰다. 7월 22일 5상회의는 "만일에 대비해 준비를
할 것, 그러나 병력 사용은 관련 당사자 사이에 협의한 뒤에 대명에
따라 발동할 것"을 결정했다. 26일 일본 외무성은 북사할린의 권리
에 대한 소비에트 당국의 압박에 대응하기 위해 정보부장 담화를
발표함으로써 대소전쟁을 시작할 것이라는 것을 넌지시 내비쳤다.

일소 간의 국경분쟁이 본격적인 군사행동으로 발전한 것은 당시 소련 측이 중국에서 추진한 일본의 한커우작전을 견제하기 위한 것이라는 설이 있는데, 만일 소련이 그런 의도를 갖고 있었더라도 체코 문제를 둘러싼 유럽정세 때문에 실제로 그럴 만한 여유는 없었다. 게다가 장고봉은 군사적 충돌의 장소로서 소련에게 절대적으로 불리한 곳이었다. 이러한 사실은 당시에 나온 일본의 출판물도 인정하고 있었다. 『일본경제연보』(제33집)은 장고봉 부근의 지형을 분석하고 "결국 장고봉 부근은 소련 측에서 볼 때 만주국이나 조선 방면으로 침입하기 위한 기지로서 거의 가치가 없다고 볼 수 있다."고 적고 있다. 동시에 일본도 소련을 공격할 의도가 없었다고 주장하는 전 주소련대사 시게미쓰 마모루重光 葵도 "조선군 장교의 태도가 신중하지 못해서 사태를 악화시켰다는 것은 부인할 수 없다."(『쇼와의 동란』 상권)고 적고 있다.

어쨌든 시작된 대소련 군사행동도 결국 8월 11일 무렵 일본의 패배가 뚜렷해지자 8월 12일부터 정전협상에 들어가 일본군은 전쟁을 중지하고 장고봉에 대한 소련 측의 주권을 사실상 인정할 수밖에 없었다. 일본 측은 이 패배를 숨기려 했지만 그 진상은 곧바로 세계에 알려졌다. 이 사건 이후 한 미국인 기자가 외무성의 신문기자회견 자리에서 장고봉 위에 소련 깃발이 나부끼고 있다는 사실을 지적하자, 외무성 대변인은 "그것은 정상이 아니라 정확히 한 쪽으로 치우쳐 있을 것."이라고 궁색한 변명을 늘어놓을 수밖에 없었다.(W. Fleischer, 『Volcanic Isle』)

## 우가키宇垣 외교의 퇴진

장고봉의 패배는 소련과의 전쟁이 어렵다는 것을 여실히 보여주었다. 따라서 전쟁정책의 방향을 소련 쪽으로 전환하려고 애쓴 우가키의 외교체계가 총체적으로 큰 타격을 입게 되었다. 이미 군부의 주류는 우가키 외교에 비판적이었고, 내각 개편 때에도 이타가키 육군대신 취임의 교환 조건으로 일종의 견제 역할을 수행하도록 육군차관에 도조 히데키를 보장하라고 요구한 적이 있었다. 따라서 이 무렵부터 일본군 주류는 우가키 외교에 적극적으로 반대의사를 표명하기 시작했다. 군부와 긴밀한 관계인 우익단체는 "영국에 아첨하는 외교를 매장하라!", "우가키-크레이기Robert L. Craigie[14] 회담 절대반대", '타도 우가키' 등을 외치며 가두시위를 벌이는 바람에 한여름의 도쿄 거리를 오가는 시민들을 놀라게 했다.

군부의 공세는 9월 들어서도 계속되어 내각에 중대한 영향력을 행사하려고 했다. 군부의 의도는 특히 영국과의 타협을 버리고 대 중국 전쟁을 확대하는 것이었다. 따라서 군부의 공세는 대 중국 외교의 권한을 외무성에서 군부로 이관하고, 우가키가 추진하는 평화공작을 봉쇄함과 동시에 독일의 희망대로 3국동맹의 적대 세력에 소련뿐만 아니라 미국과 영국까지 포함시키는 방향으로 전개되

광둥성 정부를 점령한 일본군(1938년 10월 12일)

었다. 특히 전자는 중국정책의 중추 기관을 내각의 직속 기관으로 만들려는 군부와, 이것을 어디까지나 외무성 중심으로 꾸려나가고자 하는 외무당국 사이의 갈등이었다. 그러나 결국 군부가 싸움에서 이긴 결과 흥아원興亞院이라는 기관이 설치되었다.

이어서 군부는 8월에 한커우작전, 10월에 광둥작전을 추진했다. 그런데 이것은 영국의 경제적 이해관계가 첨예하게 결부된 화중·화난 지역으로 전쟁을 확대하는 작전이다. 결국 이러한 군부의 움직임은 장제스 정권과의 평화공작 뿐만 아니라 사실상 내각의 대 영국 접근정책도 부정하는 결과를 낳았다.

이러한 군부의 공세는 우가키 외무대신의 사직이라는 큰 성과를 낳았다. 우가키는 9월 27일 흥아원 문제를 이유로 사직했는데, 그의 퇴진은 전쟁정책의 주도권을 장악하려던 고노에 등의 노력이 실패로 돌아갔다는 것을 의미했다.

### 광둥과 우한 점령

1938년 10월 일본군은 광둥과 우한을 점령했다. 1937년 후반에 일본군이 톈진, 베이징, 상하이, 난징을 점령하고 산시성 철도 연선을 따라 작전을 전개한 것을 되돌아 볼 때, 1938년 10월에야 겨우 광둥과 우한을 점령했다는 것은 1938년에 들어 일본군의 공격 속도가 완만하게 늦춰졌다는 것을 보여준다. 실제로 1938년 말 형성된 중국의 전선은 그 후로도 그다지 변하지 않았다. 그 후 일본군은 이 고정된 전선 안에서 '점과 선'을 유지할 따름이었다. 일본 입장에서 볼 때 중국과의 전쟁은 마치 끝도 없는 늪과도 같았다.

한편 중국과의 '강화협상'이라는 카드를 봉쇄당한 일본 내각은 다시 괴뢰정권 수립이라는 군부의 방식에 찬성을 표할 수밖에 없었다. 11월 3일 정부는 이른바 '신질서 성명'을 발표하고 "중국의 국민정부가 항일용공정책을 고집하는 한 이것이 궤멸될 때까지 우리 제국은 결코 창을 거두지 않을 것이다."라는 결의를 밝혔다. 그리고 "이번 전투의 궁극적 목적은 동아시아의 영원한 안정을 확보하기 위한 신질서 건설"에 있다고 주장하며 '신질서'라는 용어를 공식적으로 처음 사용했다.

이것은 당시 일본이 중국에서 영국과 미국의 영향을 차단하겠다는 의지를 확실히 밝힌 것으로 여겨졌고, 특히 이 성명으로 영국의 유화정책은 실패로 끝났다는 평을 듣게 되었다. 영국은 이 성명을 계기로 미국과의 접근을 시도했고 양국은 공히 장제스에 대한 지원을 강화했다.

이 성명이 지닌 또 하나의 특징은 "원래부터 국민정부라고는 하지만 종래의 지도정책을 포기하고 인적구성을 바꾸어 갱생의 결실을 거둠으로써 신질서 건설에 함께 참여한다면 굳이 이것을 거부할 이유는 없다."며 지금까지의 '상대하지 않겠다'는 방침을 수정하고자 한 것이다. 고노에 자신은 이것을 '상대하지 않겠다'는 성명을 '완화'한 것이라고 변명했지만(『평화를 향한 노력』) 이것이 곧바로 장제스를 상대하겠다는 '화의 노선'을 뜻하는 것은 아니었다.

11월 24일 육군성이 작성한 '지나 신新 중앙정부 수립 공작요령'에 따르면 오히려 국민정부를 단순한 지방정권으로 간주하고 지금까지 일본군이 육성한 지방 괴뢰정권과 함께 이것을 하나의 단위로 삼아 통합적인 괴뢰정권을 만들겠다는 점에 주안점을 둔 것이었다. 물론 이 구상은 당시 진전이 있었던 왕징웨이 빼내기 공작과도 관련이 있었다.

### 총동원법 발동 문제
이렇게 '신질서' 성명은 여전히 군부의 주류가 전쟁정책의 주도권을 쥐고 있음을 보여주는 것인데, 군부의 공격은 우가키를 사직시킨 후 그와 긴밀한 관계에 있던 이케다에게 집중되었다. 이것을 흔히 '총동원법 11조 발동문제'라고 부른다. 국가총동원법은 의회 통과 때 고노에 총리대신이 "중일전쟁에는 이것을 직접 활용하지 않을 것"이라고 했음에도 불구하고 법의 일부는 5월부터 가동되었다. 이케다는 대장대신 겸 상공대신에 취임할 때 "전쟁을 위해 필요하다면 경제통제의 강화는 당연하다."고 말했다. 일본경제의 군사적 재편성은 그 후 급속히 진전되었고, 그로 인한 전쟁경제의 추진력으로서 독점자본의 대표자 격인 이케다의 취임이 필요했던 것이다.

전쟁경제의 진전은 당연히 독점자본의 이익을 노골적으로 옹호하면서 이루어졌는데, 이와 대조적으로 평화산업을 중심으로 하는 중소상공업자와 노동자·농민은 희생을 당했다. 섬유업에서는 대기업 방적회사의 독점으로 영세한 공장이 몰락했고, 군수공업의 번영 이면에는 수출잡화공업의 쇠퇴가 있었으며, 그리고 연동제의 채택으로 인해 미쓰이를 비롯한 대기업 무역상사가 우선적으로 이윤을 보장받았다.

7월 18일 각의는 총동원법 제6조의 발동을 결정했다. 그 결과 노동자의 고용, 해고, 임금, 노동시간 등을 국가가 전면적으로 통제하게 되었다. 이렇게 민중을 희생양으로 한 독점자본을 위한 정책이 추진된 결과 1938년 상반기 산업 이윤은 전년도 같은 기간에 비해 약 20% 늘었다. 반면에 평화산업의 도산으로 인해 실업자가 급증해 1938년 가을에는 실업자 수가 140~150만 명에 달할 것으로 예상되었다. 그리고 군수 인플레이션으로 인한 물가인상은 민중의 생활난을 가중시켰다.

이러한 정세 속에서 총동원법 제6조 시행일인 11일이 다가왔는데 제6조를 발동한다면 제11조에 규정된 주주에 대한 배당액의 제한 규정도 발동해야 한다는 의견이 강하게 대두했다. 내각에서 이 제11조 조항의 발동을 강하게 주장한 사람은 스에쓰구 노부마사未次信正 내무대신이었다. 스에쓰구는 생활불안으로 인해 노동운동이 과격해질 것을 경계하는 경찰의 입장에서 발언한 것이었다. 그러자 이케다는 "생활을 증진하고 수출을 장려해야만 한다고 말하면서 배당을 제한하라고 하니, 나는 자본가적 입장에서 그것이 불가하다고 설득했다."(『고노에 후미마로』) 5상회의도 이케다를 지지했고 제11조는 발동하지 않기로 결정했다. 그런데 이 결정이 내려진 다음날 육군정보부장 사토 겐료佐藤賢了는 "만일 그 조항을 적용하지 않음으로써 총동원법의 부담과 희생을 어느 특정 부문의 사람들이 전혀 지지하지 않는다고 느끼게 된다면 … 이는 결코 가벼이 여길 문제가 아니다."고 성명을 발표하고 스에쓰구의 주장에 동감을 표했다.

이것이 바로 '11조 발동문제'인데, 당시 구구한 논쟁을 벌였지만 실제로는 이케다에 대한 가벼운 비아냥 정도로 끝났다. 그 직후 가게사 사다아키影佐禎昭 군무국장이 이케다에게 사죄하고 그것으로 끝났다. 그러나 이 문제는 경제의 군사적 재편성으로 인한 국내의 모순을 내무성이 제11조 발동을 거론할 수밖에 없도록 만들 만큼 표면화되었다는 것을 보여준다.

이렇게 1938년은 전선의 고착, 난관에 봉착한 대외정책, 국내 모순의 격화 등 침략 전쟁의 앞날에 먹구름을 드리우며 저물어 갔다. 고노에가 내각을 박차고 나갈 때가 다가오고 있었다.

1 1935년 1월 대장정 도중에 구이저우성 북부의 쭌이에서 개최된 중국공산당 중앙 정치국 회의를 말한다. 이 회의에서 볼셰비키 그룹과 친소련파 그룹에 대해 그동안 의 국민당과의 정치와 전투에서 모두 실패했음을 비판하고 그 책임을 물었다. 한편, 이 회의를 통해 농민을 기반으로 한 유격전술을 주장해 왔던 마오쩌둥이 드디어 당 권과 군사지도권을 장악하고 대장정을 지도하게 되었다.

2 영국의 경제자문단으로 1935~1937년 사이 중국에 파견되어 국민정부의 확폐개 혁을 주도했다.

3 후한민(胡漢民, 1880~1936) 중국 혁명운동가. 쑨원 등과 함께 혁명과 국민정부 수립에 활동했다. 장제스와 권력투쟁을 벌이다 뇌일혈로 급서했다.

4 리쭝런(李宗仁)과 바이충시(白崇禧)가 이끄는 신 광시파와 천지탕(陳済棠)이 이끄 는 광둥군의 두 군벌을 일컫는다.

5 일명 양광사변으로 불린다.

6 본명은 헬렌 포스터 스노(Helen Foster Snow, 1907~1997). 님 웨일즈는 필명이 다. 남편인 에드거 스노와 1930년대 중국을 취재하여 여러 저서를 남겼다. 조선인 독립운동가 '김산'을 소재로 한 〈아리랑〉이 유명하다.

7 중국 국민당 산하의 파시즘 비밀조직으로 일종의 정보기관이자 준군사조직이었다. 삼민주의역행사(三民主義力行社)라고도 한다. 중국 공산당 탄압과 국민정부의 권 력 강화를 위해 반대파에 대한 백색테러, 숙청, 암살 등에 관여하였다.

8 중국공산당이 중일전쟁 기간 중 산시성(陝西省) 북부, 간쑤성(甘肅省)과 닝샤성 (寧夏省)의 동부 지역에 설치한 항일투쟁 특별지구. 제2차 국공합작에 따라 국민정 부 행정원의 직할지가 되었다. 여기에는 옌안이 포함되어 있다.

9 중국공산당이 관할 지역에서 실시한 농민정책으로, 지주와 고리대금업자 등이 농 민에게 거두어들이는 소작료(租)와 이자(息)를 부담액을 줄여주는 것이다.

10 '城下の誓い' 적에게 수도까지 빼앗기며 굴복하는 치욕

11 '방역선 연설'이라고도 한다.

12 러시아에서는 '하산 호(Lake Khasan) 전투' 라고 부른다. 1938년 7월 29일부터 8월 11일까지 조선, 만주국, 소련의 국경 지역인 두만강 하산에서 벌어진 소련, 일본 간 전투였다.

13 조선주둔일본군을 가리킨다. 조선주차군에서(朝鮮駐箚軍)에서 1918년 이후 조선군(朝鮮軍)으로 바뀐다.

14 Robert Leslie Craigie. 1937년대 주일영국대사

제4장

# 중일전의 장기화와
# 국내정세

# 제1절 장기전 속의 중국

## 항일통일전선의 발전

　난징 함락, 쉬저우徐州전투 패배 등 중국 측의 군사적 패퇴는 전체 중국 인민의 항일통일을 방해하는 국민당의 정치적 분열과 졸렬한 군사지도 때문이었다. 그래서 중국공산당은 1938년 3월 국민당 임시 6차 전당대회 직전에 3가지 중요한 제안을 했다.

　첫째, 통일 블럭 참가자의 정치적·조직적 독립성을 유지하면서 통일민족전선강령에 기초해 항일 정당들의 혁명적 블록을 결성한다. 둘째, 전 국민의 의견을 표명할 수 있는 전시의회를 창설한다. 셋째, 국민대중의 동원을 행하고 이를 위해 광범위한 대중조직, 노동조합, 청년, 부녀자, 문화종사자의 여러 조직을 결성한다는 것이었다. 그러나 두 번째 제안을 제외하고 공산당의 이 제안은 대회에서 채택되지 못했다.

　인민의 아래로부터의 항일운동에 대한 국민당 지도자들의 공포는 더욱 강해져만 갔다. 하지만 이 국민당 임시 6차 전당대회는 결국 승리를 거둘 때까지 항일전을 계속한다는 가장 중요한 결정을 채택했다. 그리고 '항전과 민족적 재건 강령'이라는 국민당의 신강령을 결정했다. 이 강령의 주된 내용은 "첫째, 쑨원 선생의 삼민주의와 유훈은 무력항쟁과 민족적 재건기의 민족사상을 지도하는 원리가 되어야 한다. 둘째, 적에 대한 민족적 항쟁 노력은 국민당과 장제스군의 지도 아래 결집되어야만 한다."는 것이었다.

국민당대회의 정치결의는 공산당과 다른 모든 항일정당 및 집단에 의해 완전한 지지를 받았다. 중국공산당 정치국원 저우언라이 등은 1938년 4월 28일 공산당 명의로 『신화일보』에 "최근의 국민당 임시대회에서 채택한 선언과 강령은 해방전쟁과 건국에 있어 중요한 의의를 지닌다고 생각한다. 우리의 해방전쟁을 맞이해 대회의 선언과 강령이 제안한 이러한 정치방침에 대해 우리들은 찬성을 표하며 원조를 아끼지 않을 것이다. 그 기본 방향은 중국공산당중앙위원회가 재차 표명한 해방전쟁 시기의 정치 강령과 공통된 것"이라고 밝혔다. 이 성명은 국민당 일각에서 말하는 공산당이 '불성실'하게 국민당과 합작하고 있다는 중상모략에 결정적인 해답을 주었다. 특히 국민당 안에서도 왕징웨이 일파라든가 천리푸陳立夫를 수반으로 한 CC단은 공산당의 진출을 반기지 않았으나 대중의 압력에 굴복해 공산당을 억제할 수는 없었다.

국민당대회 결의에 따라 3개월 후 인민의 의견을 제기할 기관으로서 '국민참정회의'가 결성되었다. 이 회의 구성원은 정부에 의해 정당, 문화, 경제 조직의 대표자로 임명되었다. 이것은 전시 민주주의 발전사업의 뚜렷한 진전을 보여준 것이다. 중국 공산당에서는 7명의 대표자로서 마오쩌둥, 왕밍王明, 보구博古, 우위장吳玉章, 린주한林祖涵, 둥비우董必武, 여성당원 덩잉추鄧穎超(저우언라이의 부인)가 참가했다. 이 회의는 중국 민주주의파 대표자를 위한 연단이 되었다. 덕분에 전국에는 잠시나마 새로운 항전의 기운이 감돌기도 했다. 그러나 다른 한편으로는 국민당정부가 우한에서 14개의 항전구국단체를 탄압하고 파쇼적 '1당, 1주의, 1영수'라는 장제스 독재강화 슬로건을 내걸어 여전히 민족통일전선을 방해하는 움직임을 보이기도 했다.

일본군의 광저우·우한 점령으로 인해 국민당군은 베이징·톈진에서 상하이·난징을 거쳐 우한으로 이어지는 지역에서 일소되었다. 그러나 일본군은 이 광대한 지역 전체를 점령할 수는 없었다. 이 지역 주민들이 8로군과 신4군을 중핵으로 일본군 배후지와 농촌지대에 해방구를 만들었기 때문이다. 그로 인해 초기에 넓은 지역을 빠른 시간에 직진하며 진격하던 일본군은 제자리걸음을 할 수밖에 없었다.

### '지구전론'

공산당은 장기전 단계로 들어가는 중대한 시기를 맞이해 항일통일을 더욱 강고히 하고자 1938년 10월 실질적으로는 당대회 역할을 하는 중국공산당중앙위원회 제6차 확대총회를 열었다. 이 회의는 대일전이 새로운 단계, 즉 전략적 세력균형 단계로 접어들었다는 것을 강조하고 통일전선 문제에서 장제스의 음모 내지 친일적 타협주의 노선을 비판하고 극복하고자 했다. 그 기초는 이 대회가 열리기 4개월 전에 연안의 항일전쟁연구회에서 발표한 마오쩌둥의 『지구전론』이었다. 그는 이 전쟁이 단기전이 아니라 장기전이라는 점을 다음과 같이 말했다.

"일본은 첫째, 강력한 제국주의 국가이며 군사력, 경제력, 정치조직은 동양에서 최상급이다. … 그러나 둘째, 일본의 사회경제가 지닌 제국주의적 성질로 인해 일본이 행하는 전쟁의 제국주의적 성질이 배태되었다. 이들이 행하는 전쟁은 퇴보적인 야만적 행위이다. … 셋째, 일본의 전쟁은 강한 군사력, 경제력, 정치조직력을 바탕으로 수행되고 있지만 동시에 선천적인 맹점을 지니고 있다. … 일본의 인력, 군사력, 재력, 물력은 모두 결핍되어 있고 장기간의 전쟁을 감당할 수 없다. 넷째, 일본은 국제적으로 파시스트 국가들의 원조를 얻을 수는 있겠지만 동시에 차츰 증대하는 국제적 반대세력에 직면할 수밖에 없다. 그런데 우리 중국은 첫째, 군사력, 경제력, 정치조직력 등 모든 면에서 열세이다. … 둘째, 중국의 전쟁은 해방전쟁이고 진보적이며 이 진보성에서 정의성이 나온다. 이 정의성은 전국적 단결을 촉발하고 적국 인민의 동정을 강하게 자극할 것이며, 그로 인해 세계 대다수 국가로부터 원조를 받을 수 있다. 셋째, 중국은 토지가 넓고 생산이 풍부하며 인구가 많다. … " 이렇게 마오쩌둥은 중일전쟁의 특징을 분석하고 모든 정책, 전략을 규정했다. 즉 지구전을 다음의 3단계로 나누었다.

1단계 – 적의 전략적 진공進攻, 우리의 전략적 방어시기
2단계 – 적의 전략적 보수保守, 우리의 반격 준비시기
3단계 – 우리의 전략적 반격, 적의 전략적 퇴각시기

그리고 각 단계에 상응하는 전술형태를 다음과 같이 규정했다.
"항일전쟁의 3가지 전략적 단계의 작전형태는 다음과 같다. 1단계에서는 운동전運動戰이 중요하고 유격전과 진지전이 이를 보조한다. 2단계에서는 유격전이 주된 형태가 되고 운동전과 진지전이 이를 보조한다. 3단계에서는 운동전이 다시 주된 형태로 부상하고 진지전과 유격전이 이를 보조한다."
이상의 이론들은 그 후 중국공산당군의 항일전투에 그대로 활용되었다.

### 중국경제의 변모
전쟁 개시 이래 중국은 광대한 토지를 상실했다. 특히 정치와 경제의 중심지를 빼앗긴 것은 경제상으로도 막대한 손해를 초래했

다. 가령 '7·7사건(루거우차오사건)' 이전 전중국의 민족자본 방직업(만주 제외) 규모를 보면 방직추의 수는 약 300만 개, 직기는 약 2만 5,000대였다. 그런데 전쟁 후 생산이 줄어들자 대규모 유통 상점도 96개에서 60개가 문을 닫았다. 추의 손실은 180만 개에 달했고 직기의 손실은 1만 8,000대로 추정되었다. 여기에 소규모 염직 공장까지 계산에 넣는다면 추의 손실은 200만 개, 총 설비의 70%에 달했다. 제분업의 경우 전전의 생산량은 110톤이고 상하이, 장쑤江蘇, 산둥, 허베이 지역이 총 생산고의 80% 이상을 점했는데 전쟁 개시 후 파괴로 인해 생산고는 약 60%나 감소했다. 그 밖의 목탄업, 제지업, 염산업 등의 손실은 매우 컸다. 또한 상하이의 타격은 국민정부 경제부 조사에 따르면 공장은 2,350개가 파괴되었고 피해액은 5억 위엔에 달했다. 상하이 이외 지역에서도 손해를 입은 공장 수는 2,375개, 금액으로는 약 2억 4,000만 위엔에 달했다. 전쟁의 확대는 농경지에서 막대한 손해를 끼쳤다. 가축과 농기구의 손실도 컸고 농본국 보고에 따르면(1939년 1월) 전국 76억 아르are(면적 단위, 10m×10m=100㎡에 해당한다. 역자 주) 가운데 40여억 아르가 피해를 입었다. 경작용 소는 전국에 2,300만 두 가운데 800만 두가 줄었다. 주요 농산물 손실은 최저 19%에서 최고 80%에 달했다. 일본군의 폭력은 무고한 농민에게도 영향을 미쳤다. 장쑤성 동남부의 난징, 쥐룽句容, 퍄오수이漂水, 챵푸江浦, 루허六合 등지만 보더라도 4만 명의 농민이 살해되었고, 가옥 손실은 2,400만 위엔, 가축은 670만 위엔, 농기구는 524만 위엔 등으로서 평균 1채 당 손실규모는 220 위엔으로 추정되었다.

이처럼 생산기관의 대량파괴와 더불어 일본군에 의한 연해안 봉쇄, 교통·운수의 마비 등으로 급격한 물가인상을 초래했다. 가령 충칭重慶 지역의 물가지수를 보면 1939년 10월 총지수는 1937년 상반기 평균치의 3배를 돌파했다. 이렇게 농산물과 식량 가격이 급등해 민중의 생활은 더욱 어려워졌다. 이러한 상황은 충칭 뿐만 아니라 쿤밍昆明 등지도 마찬가지였고, 일본군이 점령한 상하이와 난징도 다를 바 없었다.

1941년 9월 11일 대공보 사설에서 전시 하 중국경제에 대해 다룬 적이 있는데, "항전 4년 이래로 정부가 발행한 법폐는 이미 포화량에 달했다. 물가급등의 주된 원인은 물자 결핍, 교통과 운수의 곤란에 있다. 그러나 일부는 통화발행 증대로 인한 것이다."라고 적고 있다. 즉 일본과 마찬가지로 중국에서도 군사 인플레이션이 격화된 것이다. 1937년도 예산총액(1937년 7월 ~ 1938년 6월)은 10억 위엔이었는데, 전쟁 발발 후에는 일거에 21억 위엔으로 2배 이상 늘었고 1938년도에는 14억 위엔, 1939년도에는 28억 5,000만 위엔으로 늘었다. 이에 반해 주요 경제 지역을 상실함으로써 조세 수입은 당연히 격감하고 관세수입만 해도 1938년에는 2억 5,500만 위엔으로 전년도보다 8,800만 위엔이 줄었다. 그런데 이 가운데 국민정부로 귀속된 금액은 1억 위엔에도 미치지 못했다. 그로 인해 재정수지 적자는 비약적으로 늘었고 이를 보전하기 위해 공채를 남발했다. 전쟁 개시 이래로 만 2년 동안 30억 위엔의 공채가 발행되었다. 이에 따라 법폐 발행고가 늘고 영국 측으로부터 500만 파운드를 출자 받아 외환유지자금을 설정해 법폐를 유지하고자 노력했으나 화폐위기는 더욱 심화되었다.

이러한 중국경제의 위기에 공업기업의 대다수는 군사행동지대를 떠나 주로 오지로 이전하기 시작했다. 생산시설 이전은 처음에 지지부진했으나 차츰 궤도에 올라 민족자본은 자신의 기업을 멀리 떨어진 후방으로 옮겼고, 노동자도 어려운 상황에서 공장, 광산, 탄광 등 설비들을 서쪽 지역으로 이송하기 시작했다. 그 결과 전쟁 발발 후 1년이 지났을 때에 우한의 공업기업과 철도설비, 한야핑漢冶萍의 모든 기업, 정저우鄭州·난창·창사 등의 도시에 있었던 공장은 스촨과 산시 지역으로 이전했다. 이렇게 해서 공업의 발전은 천천히 민족해방전쟁의 이익과 결부되기 시작했다. 그리고 경제적 기반은 자원이 풍부한 서부지역의 여러 성들과 서남, 서북지구로 이전되어 대규모 개발이 이루어졌다. 광대한 이 지역에서는 각기 지리적 조건에 따라 후방의 공업화를 꾀했다. 가령 윈난雲南, 구이저우貴州, 광시廣西 3성에서는 수출품인 주석과 구리, 차 등을 생산하고, 아울러 국내 국방공업을 육성하기 위한 원료인 구리, 철, 석탄, 아연, 납, 소금 등을 생산하기 위한 기초적인 채취산업의 발전이 이루어졌다. 또 스촨성에서는 자원이 풍부한 지대에 염전을 만들고 감자를 재배했다. 자딩嘉定시 지방에서는 소다, 유산, 유안 등을 생산하는 화학공업이 발달했다. 서북부에서는 바오지宝鷄 시를 중심으로 주로 섬유공업과 화학공업이 발달했고 란저우蘭州 지역에서는 축산물을 1차 가공하는 양모와 피혁공업이 발달했다. 이것들은 합작사공업의 형태로 발달했다. 원래 이들 서북지구의 개발은 관료자본이 지배하는 관영=국영기업이 압도적으로 많았고 중소 민족자본은 희생양이 되었는데, 그렇다고 해도 외국자본의 투자도 없이 기사와 숙련노동자는 모두 중국인이었으며 종래 중국공업에 깃든 식민지적 색채를 일소했다는 것은 주목할 만한 사실이었다. 이것은 또한 항일민족통일전선을 지탱하는 자본의 입장에서는 힘이 될 만한 상황이었다.

## 해방지구의 정황

항일전선을 지탱하는 또 하나의 중요한 기반은 중국공산당 해방지구의 발전이었다. 화베이에서 일본점령군 후방지구를 중심으로 무력투쟁의 중핵이 된 것은 8로군이었다. 8로군은 일본군의 산시 점령 후에도 모두 배후지에 남아있었다. 8로군은 항전의 동력을 광대한 인민들로부터 구했고 농민의 해방과 감조감식(소작료와 이자 인하) 등 토지개혁을 통해 해방구를 확대해 갔다. 8로군은 대체로 전선을 따라 나란히 흐르는 황하 뒤편으로 퇴각하기는커녕 오히려 북쪽과 동쪽의 일본군 점령지대로 깊숙이 들어가 촌에서 정, 정에서 현으로 조금씩 세를 확장하며 빼앗긴 땅을 되찾아 나갔다.

8로군의 전략과 전술은 마오쩌둥 노선의 현상 분석에 의한 성과였다. 마오쩌둥은 1937년 10월 25일 '영국 신문기자 버트램James Bertram과의 담화'에서 다음과 같이 말했다. "우리들은 중국의 다른 군대들이 취한 것과는 다른 행동을 실천하고 있습니다. 주로 적군의 측면과 후방에서 싸우고 있지요. 이 전법은 단순한 정면방어와 비교할 때 큰 차이점이 있습니다. 우리는 일부 병력을 정면에서 활용하는 것을 반대하지 않습니다. 그것도 필요하지요. 다만 주력은 반드시 측면에서 투입하고 일종의 포위·우회전법을 취하면서 독립적으로 또 자주적으로 적을 공격해야만 합니다. 이렇게 해야만 비로소 자신의 전력을 보호 유지할 수 있고 적의 힘을 빼놓을 수 있어요. 게다가 약간의 병력을 적의 후방에 투입시키면 그 위력은 엄청나게 배가되지요. 왜냐하면 그것은 적의 수송체계라든가 근거지를 교란하기 때문이지요. … 지금 8로군이 취하는 전법을 우리들은 독립 자주 유격전과 운동전이라고 부르고 있습니다."

마오쩌둥은 또한 이 기자와의 담화에서 8로군과 신4군의 정치활동과 군대조직에 대해 다음과 같이 말했다.

"일단 8로군 정치활동의 기본원칙은 3가지입니다. 첫째, 장병 일치의 원칙입니다. 이것은 결국 군대 안에서 봉건주의를 일소하고 구타라든가 체벌 등의 나쁜 폐해를 없애고 자각적인 규율을 기반으로 고락을 함께 하는 생활을 실천하는 것입니다 이로써 모든 군대가 일치단결할 수 있습니다. 둘째, 군민일치軍民一致의 원칙입니다. 이것은 조금도 어겨서는 안 되는 민중적 규율로서 민중에 대한 선전, 민중의 조직화·무장화, 민중의 경제부담 경감, 군민에게 위해를 가하는 민족배반자와 매국노에 대한 타격을 가하는 것을 포괄하는 개념입니다. 그래야만 군과 민이 하나가 될 수 있기 때문에 이를 통해 우리는 가는 곳마다 인민들로부터 환영을 받고 있습니다. 셋째, 적군을 와해시키되 포로를 관대하게 다루라는 원칙입니다. 우리의 승리는 단순히 우리 군대 작전의 승리가 아니고 적군의 와해로 인한 것입니다. 적군을 와해시키고 포로를 관대하게 다루는 방법은 현재는 그다지 효과를 거두지 못하겠지만 앞으로는 큰 효과를 거둘 것입니다. 그 밖에 제2원칙에서 출발해 8로군 확충과 관련해서는 인민에게 강제하는 방식이 아니라 인민을 고무하여 전선으로 향하게 하는 방법을 취하고 있습니다. 이 방법은 강제방식과 비교할 때 훨씬 큰 효과가 있습니다."

마오쩌둥의 말대로 전국 각지에서 구국단체가 조직되고 노동자와 농민도 대거 조직되었으며 공산당 지도 아래 투쟁을 수행했다. 가령 산시에서는 동포철도 노동자가 유격대(빨치산)로 활동하였고 산둥 박산탄광의 광부는 노동자유격대를 편성했다. 이러한 노동자 부대는 도청(도구-청화)철도지대에서 활동하였고, 철도종업원이 2개 부대를 조직해 폭파수로서 경한과 진포선 지대에서 활약했다. 그 결과 일본군용 열차를 폭파하거나 전복시킬 수 있었다. 또한 피점령 지구의 금속, 방적, 인쇄 등의 공장노동자는 일본 기업에서 일하기를 거부하고 점령지역에서 후방지구로 이동한 뒤 국방공업에 참여했다. 상하이의 일본공장에서 일하던 노동자는 빈번하게 파업을 조직하고 공장을 버리고 항일투쟁에 투신하기도 했다.

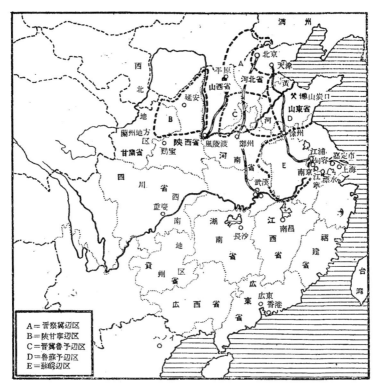

中国 측에서 본 중국정치경제지도(본문 참조)

　　이러한 중국공산당 인민조직의 성공으로 해방지구는 점차 확대
되었고 충실해졌다. 앞서 본 바와 같이 공산당은 1937년 3중 전국
대회를 통해 소비에트 정부를 중화민국특구정부로 개칭하고 국민
정부의 지도를 받겠다고 제안했다. 전쟁이 발발하고 1주일이 지난
시점에서 이 약속을 지켜 산시 소비에트지구는 산시성 북부, 간쑤
성 동부, 닝샤성 남부 등의 30여개 현에 걸쳐 촌·구·현 별로 대표자
선거를 치르고 산간닝특구정부陝甘寧特區政府를 구성했다. 이 선거
에서는 그동안 투표권을 박탈당했던 지주층 일부도 평등하게 권리

를 행사했다. 그리고 일본군 후방의 해방지구가 늘어가자 1938년에는 산시, 차하얼, 허베이를 아우르는 진차지변구晋察冀邊區를 만들었다. 그리고 이어서 화베이에도 진지루위변구晋冀魯豫邊區(산시, 허베이, 허난, 산둥 각 성), 루수위변구魯蘇豫邊區(산둥, 장쑤, 허난)를, 화중지역에서는 수완변구蘇皖邊區(장쑤, 안후이)를 건설했다. 이러한 해방구에서는 인민대표회의인 변구참의회가 설치되었다. 그리고 집행기관인 변구행정위원회가 선출되었다. 또 현 단위에는 현의회를 두었고 간부는 모두 민선으로 뽑았다. 민족통일은 민권주의의 실현을 통해 뒷받침한다는 것이 공산당의 정치방침이었다.

이러한 견지에서 어디까지나 일당독재를 피하고 민족연합전선을 유지하기 위해 취한 정책이 바로 1940년부터 실시한 '3·3제도'였다. 변구에서는 일본군의 공격이 두려워 관료라든가 국민당 요인들이 도망갔기 때문에 의결의회, 행정기관의 결원이 발생했고 그 자리는 자연스레 공산당원이 다수 선출되어 메우게 되었다. 3·3제도는 이러한 경향을 방지하고자 공산당원의 선출은 전체 인원의 1/3로 제한하고, 1/3은 국민당 등의 당파, 나머지 1/3은 무당파에게 할당하는 제도였다. 이 제도의 실시로 국민당원 뿐만 아니라 자본가라든가 지주의 의견도 대변할 수 있게 되었다. 토지개혁 과정에서도 지주 토지의 몰수 정책은 중지되었다. 소작료의 25% 인하를 실행함과 동시에 소작인이 이유 없이 소작료를 체납하는 것도 금지했다. 소작료 인하도 정부의 명령이 아니라 당사자 간의 협의 형식으로 이루어졌고 부농도 어느 정도 보호를 함으로써 농업생산의 증강을 꾀했다. 그래서 항전에 협력한 것은 중농과 빈농이 주력을 이루었는데 부분적으로는 지주라든가 부농의 항일자위대 결성도 이루어졌다. 상공업에서도 개인자본의 활동이 대폭 보장되었다. 그 결과 소규모 기간기업이 생산합작사로 발전하였고 노동자는 경영관리에 참가하여 처우개선과 생산향상을 꾀하게 되었다.

이러한 해방지구의 정책은 요컨대 정치와 경제의 민주화였다. 그런데 이것은 부르주아의 계급적 이익을 위한 것이 아니라 인민 (=전민족)을 위한 새로운 민주주의 혁명이라는 방향성을 전제로 했다.

### 왕징웨이의 탈출

1938년 후반부터 국공관계는 점점 악화되어 갔다. 전국민의 당을 자처한 국민당의 실상을 보자면 이것은 소수의 대지주, 대은행가, 고급관료 등의 이익을 대표할 뿐이었고, 항전 과정에서 장제스를 수령으로 하는 파쇼 독재기구가 되었다. 노동자와 농민, 소시민의 생활을 지키고자 하는 공산당과의 대립은 점차 심화되어 갔다. 1939년 1월 충칭重慶에서 국민당은 5중전회를 열어 정책의 중점을 대외에서 대내로 옮기고, 이른바 '용공容共', '방공防共', '반공反共'을 실천하고자 했다. 국민당 우익은 "공산당과 8로군 세력의 증대를 제한하고" 국공합작을 파기하자고 제안했다. 그리고 '제한이당활동변법制限異黨活動辦法'을 제정해 공산당의 활동을 금지하고 중국공산당을 '제1의 적', 일본을 '제2의 적'으로 간주하며 적극적으로 내전을 준비했다.

예를 들어 1939년 4월에는 산둥에서 국부군의 선홍리예沈鴻烈는 부하인 진계영 부대를 불시에 8로군 후방에 투입해 400여 명을 살해했다. 그 밖에 영웅적 항전을 계속해 온 공산당원과 인민이 장제스 일당의 손에 참살되었다. 또는 신4군·8로군 후방지원 기관이나 가족들을 습격해 부상병과 군인가족이 무참히 살해되었다. 또 국민당 지배구역에서는 일사천리로 파쇼적 특무기구와 특무지배가 강화되었다. 'CC단'이나 '부흥사'가 차츰 조직을 정비하면서 각지의 항일적·진보적 청년들을 체포했다.

1939년 9월 유럽에서 독일과 영국·프랑스 사이에 전쟁이 시작되었다. 영미제국주의자는 유럽에 힘을 집중하기 위해 일본과 타협을 시도했다. 충칭重慶정부는 미국이 조정자로 나서기를 기대하며 교섭을 원활히 하고자 적극적으로 반공공세를 펼쳤다. 1939년 말부터 1940년 초에 걸쳐 국부군은 산간닝 지구로 진격해 5개 현성을 점령하고, 산시성 서부에서는 공산당원이 지도하는 항일결사대를 공격했다. 이로써 일본군과 국부군의 협공을 받게 된 8로군은 단호히 국부군 공격에 맞대응했다.

이러한 항일통일전선의 분열 조짐은 일본정부가 바라던 바였다. 그에 앞서 1937년 12월 베이징에서 왕커민王克敏 등을 내세운 중화민국임시정부가 수립되었고 1938년 3월에는 난징의 량훙지梁鴻志 등을 내세운 중화민국유신정부가 수립되었다. 이것들은 모두 반공과 조국재건을 표방했지만 일본군, 특히 북지군北支軍과 중지군中支軍의 노골적인 괴뢰정권이었다는 것을 중국 민중도 잘 알고 있었다. 따라서 양 정부와 함께 민의를 수렴하는 것은 불가능했고 그로 인해 일본의 점령지 치안유지는 상당한 어려움을 겪었다.

그래서 국민당은 화의공작의 실마리를 풀고자 특무기관을 비밀리에 가동했다. 여기에 깊이 관여한 자가 홍콩의 카오쭝우高宗武, 상하이의 메이샤핑梅思平이었다. 카오쭝우는 외교부 아주국장으로서 장제스의 시종실 부주임 저우포하이周佛海의 계획에 따라 홍콩에서 대일정보 수집에 몰두했다. 그는 1938년 5월 몰래 도쿄로 가 요로에 대일화평 의사를 타진해 보았다고 한다. 그리고 같은 해 11월부터 메이샤핑 등과 함께 일본 측 육군성 군무과장 가게사 사다아키影佐禎昭 대좌, 참모본부원 이마이 다케오今井武雄, 이누카이 다케루犬養健 등과 심의한 결과 '일중 국교조정의 기초조건'이 만들어졌고, 이 문건에 대해 통수부·정부의 승인을 얻어 왕징웨이옹립방침을 결정했다. 앞서 본 11월 3일의 '동아신질서' 성명은 이 공작을 전제로 한 것이었다.

카오쭝우의 공작에 장제스가 얼마나 개입되었는지는 알 수 없다. 그러나 적어도 처음에는 장제스도 어느 정도 이 사실을 알고 있었고 묵과한 듯하다. 그런데 왕징웨이는 국민당 부총재였고 충칭에서 화의파의 수장으로 활동했다. 그는 1938년 10월 일본군의 화난 상륙 소식을 접하고 로이터 통신사 기자에게 "만약 일본이 제출한 화의조건이 중국국가의 생존을 위협하지 않는다면 나는 그것을 접수해 토론의 기초로 삼고자 한다. 그렇지 않다면 조정의 여지가 없다. 모든 것은 일단 일본이 제출한 조건을 보고 논해야 한다."고 말했다. 즉 일본 측 공작에 응할 의사가 있다는 점을 공표한 것이다. 이것은 공산당을 비롯해 천청陳誠을 중심으로 한 국민당 내부 항전파로부터 즉각적인 비난을 샀다. 그럼에도 불구하고 그는 장제스 진영 내 우익, 즉 CC단과 남의사 우파 등 보이지 않는 곳에서 화의를 지지하는 사람들과 연락해 반공화평파를 결성한 후 계속하여 강한 어조로 장제스에게 화의를 권고했다.

장제스는 한편으로 그의 제안에 찬성을 표하는 듯한 태도를 취하면서 다른 한편으로는 항전파에 접근했다. 즉 항일통일전선의 압력이 그를 견제한 것인데 동시에 그의 독재는 항전이 계속되어야만 유지될 수 있었다. 12월 3일 국민당기념주간식에서 장제스는 "중국 항전의 앞길에 점점 더 찬란한 광명이 비치고 있다. … 항전은 전국의 통일을 이루어냈고 성의를 다해 국가와 민중을 단결시킬 수 있다면 어떤 강적이라도 이길 수 있다."고 연설했다.

여기서 왕징웨이는 이미 충칭을 탈출하는 것 외에는 방법이 없다고 생각했고, 때마침 쿤밍昆明에 출장왔던 저우포하이와 내통해 윈난성 주석 룽윈龍雲의 안내로 12월 20일 비행기로 프랑스령 인도차이나(베트남) 하노이로 날아갔다. 마침 같은 달 22일 도쿄에서는 이른바 고노에 3원칙이 발표되었다. 이것은 고노에의 담화형태로, '일중 국교조정에 관한 일본정부의 기본방침'을 확실히 한 것으로서 왕징웨이의 '화평반공구국' 주장은 고노에 담화에 화답하는 의미에서 나온 것이었다. 그러자 장제스는 중앙집행위원회상무위원회임시회의를 열고 왕징웨이를 '반역자'로 낙인찍고 당적을 박탈했으며 일체의 공직에서 영구 추방했다. 중국의 여론은 왕징웨이가 국민당 부총재 자리에 있으면서 탈출을 시도했다며 비난하는 등 최악으로 치달았다. 그 결과 국민당 내 화의파는 도리어 숨죽이며 몸을 사려야만 하는 처지가 되었고 항전파의 기세가 강화되어 왕징웨이 옹립계획의 의의가 퇴색했다. 그런데 일본 측은 가게사와 이누카이를 하노이로 파견해 왕징웨이를 상하이로 데려왔다. 이렇게 왕징웨이는 완전히 일본 측에 빌붙어 가게사가 지도하는 특무기관인 통칭 '매기관梅機関'의 치마폭에 쌓인 괴뢰적 존재가 되었다.

## 제2절 전시경제와 독점자본

### 1937~1938년의 공황

1929년에 시작된 세계대공황 이후 세계 자본주의국가의 경우 공황이 불황으로 바뀌어 약간의 공업 활황과 생산의 상승이 있었다. 하지만 이 활황은 매우 단기간에 끝났고 보통 활황기처럼 이것이 번영으로 이행하지 않고 1937년 후반에는 새로운 경제공황에 직면했다. 미국, 영국, 프랑스와 기타 군소 국가들을 뒤덮은 공황의 그림자는 자본주의의 전반적위기 단계에서 맞이한 세 번째 과잉생산 공황이었다.

이 공황의 특질은 같은 자본주의의 전반적 위기 단계의 과잉생산 공황이지만 이전의 세계공황과는 다른 점이 많다는 데 있다. 특히 나쁜 점이 많았는데 첫째, 다른 공황들과는 달리 그에 앞서 호황국면이 없이 공황이 시작되었다는 점이다. 둘째, 공황이 발발한 시기는 보통 때가 아니라 제2차 세계대전이 이미 시작되고, 일본, 독일, 이탈리아가 전시경제 편성을 마쳤으며, 다른 여타 자본주의 국가가 전시 궤도로 재편되고 있었다. 셋째, 이 공황은 전시경제 편성을 완료하지 않은 경제적으로 강력한 자본주의 국가인 미국, 영국, 프랑스 등에만 영향을 미쳤다는 점이다. 이에 반해 일본, 독일, 이탈리아와 같은 나라는 자국의 군수공업을 강하게 발전시킴으로써 과잉생산 상태에 근접하기는 했지만 아직 과잉생산 공황 단계는 아니었다. 그러나 이 같은 상황으로 미루어 볼 때, 경제적으로 강력한 자본주의 국가들이 막상 경제공황에서 벗어날 때 쯤, 침략을 추진하는 일본, 독일, 이탈리아가 전쟁 때문에 자금과 원료를 모두 투입하게 되면 격렬한 위기에 봉착하게 된다는 것을 예상할 수 있다.

공황이 한창인 미국에서는 1937년 9월에 시작된 주가와 물가 폭등이 불과 2~3개월 만에 반값으로 폭락했다. 연방준비제도의 생산지수(1923~1925년=100기준)는 1937년 5월 최고치인 118에서 1938년 2월 89로 떨어져 불과 9개월 만에 30%가 하락했다. 그리고 공황 직후에는 소비재공업 부분이 직격탄을 맞았는데, 1937년 9월에는 생산재공업 부문에도 영향을 미쳐 생산재 생산지수가 1937년 8월부터 1938년 2월까지 6개월 사이에 57.1%가 하락했다. 그리고 1937년 가을에는 보기 드물게 작황이 좋아서 국제농산물시장이 폭락했다. 이러한 공황으로 산업계는 심대한 타격을 입었고 특히 중소기업은 1938년도 1/4분기에 파산 건수가 3,478건에 달했고 부채총액은 3,400만 달러에 달했다. 또 노동자들의 상황도 악화되어 1938년 3월에 실업자는 1,040만 8,000명에 달해 취업상황이 가장 좋았던 전년도 9월과 비교해 실업자가 434만 3,000명 늘었다. 노동자 1인당 주간 임금은 정액임금의 절하와 조업단축으로 인해 1938년 2월에는 전년도 5월에 비해 20% 가량 삭감되었다. 해고와 임금삭감이 전국을 휩쓸아쳤고, 그로 인해 노동운동이 격화되어 1938년 2월만 해도 쟁의건수는 250건, 참가자 수는 7만명에 달했다. 이러한 공황을 계기로 거대 독점자본에 의한 미국 군수산업이 무기 수출에서 활로를 찾게 된 결과 미국은 '세계의 무기고'가 되었다. 일본과 독일에 대한 미국의 외교가 강경노선으로 선회한 데에는 이러한 경제사정이 작용했다.

미국의 공황은 유럽에 파급되어 주식시장의 경우 1938년 10월 말의 주가는 1937년의 최고시세와 비교할 때 런던에서 22%, 브뤼셀과 파리에서는 20%가 하락했다. 상품가격을 보면 같은 기간 동안 구리는 35%, 납은 60%, 주석은 56%, 소맥은 59%, 면화는 37%가 하락했다. 미국에 이어 공황이 심각했던 나라는 영국이었다. 1938년 중반기에는 캐나다, 벨기에, 스웨덴에서도 눈에 띄게 생산이 감퇴되었다.

주요 국가의 공업생산지수(1929년=100)

| 국가별 | 1934년 | 1935년 | 1936년 | 1937년 | 1938년 |
|--------|--------|--------|--------|--------|--------|
| 미국 | 66.4 | 75.6 | 88.1 | 92.2 | 72.0 |
| 영국 | 98.8 | 105.6 | 115.9 | 123.7 | 112.0 |
| 프랑스 | 71.0 | 67.4 | 79.3 | 82.8 | 70.0 |
| 이탈리아 | 80.0 | 93.8 | 87.5 | 99.6 | 96.0 |

| 국가별 | 1934년 | 1935년 | 1936년 | 1937년 | 1938년 |
|---|---|---|---|---|---|
| 독일 | 79.8 | 94.0 | 106.3 | 117.2 | 125.0 |
| 일본 | 128.7 | 141.8 | 151.1 | 170.8 | 165.0 |
| 소련 | 238.3 | 293.4 | 382.3 | 424.0 | 477.0 |

일본, 독일, 이탈리아 등 파시즘 국가들은 침략준비를 위한 방대한 군수생산으로 공황 발생이 늦어졌으나 이들 나라에서는 파쇼 통제로 인해 국민경제가 독점자본의 전쟁이익에 종속됨으로써 인플레이션이 진행되었고 독점자본의 방대한 이윤과 대중의 극빈화라는 양극화 현상이 발생했다. 전시경제로의 이행으로 이들 나라들은 현상적으로는 어느 정도 생산 상승을 실현했으나 본질적으로는 국가경제에 파멸적 영향을 끼치고 있었다. 독일에서는 식량기근, 원료기근이 확산되었고 준비된 금도 고갈되었으며 대중의 궁핍은 극한에 달했다. 비군사 부문의 생산은 황폐화되고 공채는 누적되어 잠재적 인플레이션에 직면했다.

일본에서는 군수생산 부문이 높은 조업률을 보였다. 하지만 한편으로는 원료부족, 또 다른 한편으로는 평화산업의 현격한 생산 감퇴로 어려움을 겪었다. 공채 누적액이 100억 엔을 돌파하더니 쉴 새 없이 불어났고, 농촌의 소작인은 급등하는 비료 값을 감당할 수 없었다. 미국의 공황은 일본 수출산업에 막대한 타격을 입혔고, 원료수출은 두절되었으며 금 유출은 날로 심각해져 갔다. 식료품과 원자재품의 수입 감퇴는 1938년 1~3월과 전년도 같은 기간을 비교하면 소맥은 97.6%, 양모는 87.3%, 면화는 78.6%, 생고무는 51.9%, 채유원료는 46.7%, 가죽은 60%, 소다는 84.4%나 감소했다. 수입상품의 총 평균 감소율은 38%였다. 수출의 감퇴는 1938

년 1~6월과 전년도 같은 기간을 비교하면 견직물은 34%, 면직물은 32%, 인견은 71.3%, 완구류는 37.2%나 가격이 하락했다. 총수출액은 38.8%가 감소했다. 일본의 금 준비량은 1936년 말 2억 7,300만 달러였으나 1938년 9월에는 약 1/3인 9,700만 달러로 줄었다. 당시 일본, 독일, 이탈리아 등 파시스트 국가가 보유한 금 준비금 합계는 소국인 스위스에도 미치지 못했다.

이러한 상황 속에서 일본은 이미 1938년 4월에 전년도 7월에 비해 소비재 부문은 15.8%의 생산지수 감소를 보이고 생산재 부문은 무기산업을 중심으로 6.9%가 상승했지만, 총생산지수는 2.3%가 줄어 드디어 하향국면으로 접어들기 시작했다.

### 경제통제의 강화와 전시재정

1937년 6월 4일 성립된 제1차 고노에 내각은 전시체제 강화를 위해 생산력 확충, 국제수지 균형, 물자수급 조정을 3원칙으로 내세웠다. 원료와 생산수단을 거의 외국에 의존하던 일본으로서는 '전력증강'을 목표로 고도의 기술과 대량수요를 충족시키기 위해서는 일단 기초공업의 신설과 확충 외에는 방법이 없었을 것이다. 그야말로 "중기계 제조업과 자동차 및 트랙터 제조업, 그리고 근대 화학공업을 갖추지 못한 나라, 공업체계 안에 발전된 금속가공 방법과 정밀작업 훈련이 안 된 나라들은 정밀한 무기를 생산할 기초가 없다고 볼 수 있다."(슈펙트로프Shpektorov N, 『군수공업론』)는 말이 일본의 경우에 그대로 들어맞는 상황이었다. 따라서 군수생산을 위한 생산력 확충과 물자수급 조절을 위해서는 무역에 크게 의존해야만 하는 계획을 세울 수밖에 없는데, 이는 매우 승산이 적은 계획이었다. 이에 정부는 경제 전 분야에 걸쳐 통제망을 구축함으로써 어려움을 극복하고자 했다.

이미 '중요산업통제법'이 시행되었는데, 1936년부터 악화되기 시작한 무역균형에 따른 엔화 외환시장의 붕괴를 방지하기 위해 1937년 초부터 금의 현물수송과 '외환허가제'를 통한 수입통제를 시작했다. 중일전쟁이 확대됨에 따라, 1937년 9월부터 물자에 대해서는 '수출입임시조치법', 자금 면에 대해서는 '임시자금조정법'이 시행되었다. 또 이미 1918년에 공포된 '군수공업동원법'을 이 전쟁에 적용하고 산업동원체제를 정비했다. 그리고 침략의 확대, 전쟁의 장기화에 따라 이들 법률이 '국가총동원법'으로 발전해 나갔다.

　　'수출입임시조치법'은 지금까지 외환을 통한 간접통제를 직접통제로 바꾸어 수출입품 관리에 국한하지 않고 국내생산과 사용제한까지 규정하게 되었다. 이어서 1937년에는 '임시수출입허가규칙'을 시행하여 면화, 양모, 목재, 피혁, 섬유소펄프, 고무 등 6개 품목의 수입을 제한하고, 약 270품목에 달하는 국민의 소비재 수입은 불요불급품으로 분류해 원칙상 금지했다. 한편 군수용 자재 수출도 금지했다. 그리고 수입된 원료, 재료를 오로지 군수품 생산에만 사용하기 위해 1937년 말부터 1938년에 걸쳐 사용제한, 금지, 혹은 배급통제를 실시했다. 중요자재의 배급통제는 독점자본 대표자로 구성된 기관의 '자주적 배급통제'에 맡겼다.

　　'수출입임시조치법'은 말하자면 물자의 통제였고 동시에 시행된 '임시자금조정법'은 금융 면에서 적극적 생산력 확충=군수생산 전개를 도모하면서 다른 한편으로 이와 더불어 필연적으로 나타나는 인플레이션을 가능한 한 억제하고, 공채를 원할히 소화하기 위해 평화산업으로 자금이 유출되는 것을 방지하기 위한 제도였다. 즉 '사업자금조정표준'을 규정해 확충할 산업부문의 순위를 정하고(갑=군수산업과 이와 밀접한 관계가 있는 기초산업, 을=갑과 병에 속하지 않는 산업, 병=생산력 과잉 산업과 사치품 등), 이에 따라 금융기관의 대출을 통제하고 동시에 특례를 두어 군수회사의 자금조달을 쉽게 하고 흥업은행의 채권발행한도를 5억 엔에서 10억 엔으로 늘려주었다. 아울러 1938년 4월 이후 흥업은행이 발행한 흥업채권에 정부의 원리금 지불보증이 첨부되었는데 그것은 흥업은행이 완전히 국가신용을 등에 업고 자금통제의 중핵기관으로 자리 잡았음을 시사했다.

이상의 두 개의 법률과 아울러 시행한 '군수공업동원법'은 인적·물적 자원과 국민경제의 직접 동원을 목표로 했다. 이것은 1938년 5월 '국가총동원법' 시행에 따라 더욱 광범위한 규제로 발전했다. 요컨대 '국가총동원법'은 전시에 급속히 금융, 산업, 국민생활을 총동원체제로 편성하기 위해 노무, 물자, 자금, 물가, 출판 등 모든 통제를 그 안에 규정해두고, 평시에도 국민등록, 기술자 양성, 물자보유계획 설정 등을 포함시킴으로써, 말 그대로 정부에게 모든 권한을 위임하고 국민을 군사감옥에 가두는 경찰국가의 완성을 의미하는 것이다. 그 사이 국민경제의 군사화를 급속히 추진하기 위해 제정한 법률은 '인조석유사업법', '제철사업법', '전력국가관리법', '중요광물증산법', '공작기계제조사업법', '항공기제조사업법' 등 이루 셀 수 없이 많았다.

자본주의 생산의 무정부성을 기초로 한 군수생산의 증대는 단지 독점자본의 최대 이윤 획득 요구와 합치될 경우에만 이루어졌고, 정부는 이러한 경제통제로 국민생활의 희생 위에 물자와 자금을 독점자본에 부단히 제공하고자 했다. 다만 이것은 당연히 생산의 무정부성과 발전의 불균형을 한층 격화시켜 국민경제를 혼란에 빠뜨렸다. 즉 1938년 3월 무렵이 되자 1937~1938년 세계공황의 파급과 더불어 수입수출은 모두 전년도 같은 기간과 비교해 40%나 격감했고 소비재 생산은 15.8%가 줄었으며, 총생산지수는 2.3%가 줄었다. 군수생산 증대와 반비례하여 평화산업은 원료부족으로 인해 대거 단축조업에 들어갔고(제지업은 50%, 방적업은 61.4%, 인견업은 70%) 고정자본 과잉을 적절히 수습할 수 없었다. 국민의 생활필수품은 결국 부족해졌고 암시장 가격이 횡행했으며 인플레이션이 급속도로 심화되었다.

1938년 4월 이후 정부는 이러한 심각한 사태에 경악하고 재차 통제 강화에 나섰다. 5월 제1차 고노에 내각은 내각에 대한 대대적인 개조를 실시하고 이케다 시게아키를 대장대신으로 임명해 군수의 충실, 물가 억제, 수출 진흥 3원칙을 내걸었다. 그리고 무역에서는 '수출입 연동제' 국내적으로는 '총동원법' 발동을 배경으로 하여 물동 계획, 배급 계획, 소비 조정, 노동력 통제를 꾀했다. 그리고 식민지를 체계적으로 착취하기 위해 일만 블록과 일중 블록을 강화했다. 전시경제통제는 새로운 단계로 돌입하고 있었다.

중일전쟁 발발 이후 일본의 재정은 완전히 군사재정으로 변했고 재정정책은 어떻게 하면 국민경제를 방대한 예산 수행에 적합한 구조로 만들 것인가 하는 점에 집중되었다. 1938년도 예산 편성 이래 새로이 '물자 예산'을 각 기관별로 제출하도록 하고 물자수급 조정을 구체화했다. 그 사이 예산은 매년 팽창하고 있있다. 1937년 중일전쟁 발발과 동시에 설치한 임시군사비특별회계를 일반회계와 특별회계에 합하면 1937년에는 121억 3,300만 엔, 1938년에는 198억 6,700만 엔, 1939년에는 230억 8,900만 엔, 1940년에는 277억 2,800만 엔으로 예산이 팽창해갔다.

팽창의 선두에는 임시군사비가 자리 잡고 있었다. 군사비 이외의 예산항목도 결국 따져보면 군사비적 성격이 강한 것들이었다. 한편 국방과 관계가 없는 예산은 매년 없어지거나 축소 내지 집행

지연되어 1938년도 예산의 경우 불요불급사업비 1억 4,000만 엔을 삭감함으로써 내무성 토목건축공사비 항목이 완전히 자취도 없이 사라졌다. 이렇게 불어난 예산 세입은 계속되는 증세와 공채 발행으로 메워갔다. 유키 대장대신 시절에 임시조세증징법이 시행된 이래로 가야 오키노리賀屋興宣 대장대신의 북지사건 특별세, 그 이듬해에는 지나사변 특별세, 그리고 그 다음해에는 특별세개정이 이루어졌다. 국채발행고는 '공채의 점진적인 감소 기조'를 폐기하게 됨으로써 1937년에 15억 엔이었던 공채가 1938년에는 43억 엔, 1939년에는 53억 엔, 1940년에는 68억 엔, 1941년에는 91억 엔으로 늘어나 불과 4년 사이에 6배나 폭증했다. 일반회계와 임시특별회계의 단순 합계만 보아도 세입의 거의 5~60%가 거의 공채로 메워진 셈이다.

이러한 전시재정으로 정부자금이 민간에 뿌려진 규모도 늘어갔다. 대민간 지불초과액은 1936년 15억 엔, 1937년 18억 엔, 1938년 48억 엔, 1939년 53억 엔, 1940년 47억 엔, 1941년 78억 엔으로 늘어 5년 사이에 5배가 되었다. 군사비를 중심으로 한 이 같은 재정지출은 일본경제의 군수 생산력을 높였고 자본의 이윤증대로 이어졌다. 임시군사비 지불내용을 보아도 1937년부터 1941년까지 지불액 가운데 60%가 중화학공업에 집중되었고, 중화학공업은 여기에 시국산업에 대한 과세우대, 각종 경제통제를 통한 보호정책의 도움으로 독점적으로 발전할 수 있었다.

### 재벌지배의 확대

재벌은 전쟁에 반대했다든가, 재벌과 군부·관료의 이해가 일치하지 않았다든가 하는 말은 모두 재벌이 만들어낸 것으로 자신들의 전쟁 책임을 회피하려는 변명에 불과했다. 이들은 침략 전쟁을 최대한 이윤을 뽑아낼 수 있는 일종의 사업으로 여겼다. '왕도낙토'에 꽃피운 만주붐으로 닛시쓰日窒, 닛소日曹, 닛산日産, 모리森 등의 신흥 재벌이 국가신용을 이용하거나 군사발주에 의존하면서 발전하자 미쓰이三井, 미쓰비시三菱, 스미토모住友 등의 이른바 구 재벌군은 신흥재벌이 독자적인 금융회사를 보유하지 못하는 약점을 파고들어 금융을 통해 이들을 예속시키고 직접 막대한 자본을 투입해 거대화학공업을 설립하고 이윤을 독점하려 했다.

미쓰이는 1933년 동양고압(유산 제조), 일만알루미늄(알루미늄과 두랄루민 생산)을 설립했다. 1934년에는 레이온조달(가성 소다), 1935년에는 고속기관공업(자동차)과 이시가와지마 시바우라石川島芝浦 터빈을, 1936년에는 다마조선소玉造船所, 1937년에는 남양알루미늄광업 등을 설립해 군수공업으로 진출했다. 이 가운데 동양고압은 1937년에 미이케三池질소공업을 합병하고 크로드 식에 듀퐁 식을 가미한 신기술을 야심차게 채택해 신흥기업인 노구치 시타가우野口遵의 조선朝鮮질소비료, 모리 노부테루森矗昶의 쇼와비료의 뒤를 바짝 뒤쫓았다. 또한 다마조선소는 미쓰이물산 선박부에서 독립해 1937년 미쓰비시의 나가사키조선소, 가와사키조선소의 뒤를 이어 전국 3위의 조선소로 발돋움했다. 이와 더불어 기존 중화학공업 부문에 대한 증자와 투자도 직극직으로 시도했다. 시바우라제작소는 1932년 1,000만 엔에서 1,500만 엔으로, 일본제분은 1933년 400만 엔에서 1,200만 엔으로, 동양레이온은 같은 해 1,000만 엔에서 3,000만 엔으로, 합성공업은 같은 해 50만 엔에서 500만 엔으로, 북해조달은 1934년 300만 엔으로, 대일본셀룰로이드는 1935년 1,000만 엔에서 2,000만 엔으로, 도요타직기織機주식회사는 1934년 750만 엔에서 1500만 엔으로, 1936년 일만알루미늄은 500만 엔에서 1,000만 엔으로 각각 증자를 통해 군수공업 부문으로 확장해 나갔다.

　기초산업 부문에서 미쓰이는 예전부터 독점 기반을 닦고 있었다. 미쓰이광산, 홋카이도탄광기선, 태평양탄광 등 미쓰이 계열 광산이 생산하는 석탄은 실로 전국 생산량의 30%를 점했다. 미쓰이광산은 석탄 외에도 금과 은 채굴 및 제련을 통해 납(전국 대비 78.8%), 아연(81.5%)을 생산하고 있었고 미이케에 염료공장을 보유하고 코크스와 석탄, 타르, 유산, 염료, 화약, 폭약, 독가스 등을 생산하며 중요한 화학무기공장 가운데 하나로 자리매김했다. 전쟁경제의 진전에 따라 미쓰이광산은 미이케에 인조석유 제조설비를 갖추었고, 홋카이도에 홋카이도인조석유회사, 만주에 합성연료회사(인조석유 생산)를 통해 전시부문 확장에 힘썼다. 또한 일본제강소는 주강, 은강, 합금 기타 소재를 통해 무기생산에 뛰어난 기술과 설비를 갖추었는데 특히 대포의 포신과 전차 제조에서는 타의 추종을 불허했다. 일본제강소의 무로란과 히로시마 공장을 합하면 제조능

도쿄-런던 비행에 94시간을 기록한 『도쿄아사히신문사』의 '가미카제호'

력은 일본해군이 사용하는 거포의 절반을 생산할 수 있었다.

미쓰비시는 도쿄강재가 1933년 2차례의 증자를 통해 40만 엔에서 200만 엔으로, 이어서 1935년에는 500만 엔으로 12배나 성장했다. 미쓰비시조선과 미쓰비시항공기는 1934년 합작하여 미쓰비시중공업(자본금 5,500만 엔)이 되었는데 1935년에는 일본우선계열의 요코하마선거를 매수해 500만 엔을 증자하였고, 1937년에는 다시 총자본금의 2배인 1억 2,000만 엔으로 증자했다. 1932년에는 결손이 발생할 정도였던 이 대규모 군수회사는 1934년에는 10.3%, 1935년에는 13.6%, 1936년에는 16.5%로 군수경기에 힘입어 이익률이 상승했다.

1937년 미쓰비시중공업이 생산한 『도쿄아사히신문』의 '가미카제호神風号'가 도쿄-런던을 94시간 만에 비행하는 데 성공했다. 이 비행기의 엔진은 미쓰이 계열의 나카지마비행기, 기상엔진은 고베제작소(타이완은행계), 기체의 두랄루민과 마그네슘 합금은 스미토모금속공업, 무선전신기는 일본무선전신전화(오쿠라 계열)가 제작했다. 재벌그룹의 협력생산품이었던 이 '가미가제호'의 성공은 실로 근대무기생산체제 확립에 큰 계기가 되었다. 당시 한 잡지에는 다음과 같은 기사가 실렸다. "가미카제의 런던 도착과 동시에 아사히신문사의 사원 보다 군인들이 더 환호했다. 2·26사건과는 다른 의미의 한 무리의 군대가 기염을 토하며 도쿄아사히신문사로 달려와 때 아닌 만세를 강요한 것으로도 당시 상황을 알 수 있을 것이다. 이것은 분명 다가오는 무언가를 위한 준비공작의 하나였다."(『일본평론』 1937년 5월) 또한 미쓰비시중공업의 나가사키조선소에서는 1938년 3월 배수량 6만 4,000톤, 46센티미터 포문을 보유한 세계 최대의 거함 '무사시武藏'가 극비리에 기공되었다. 이것이야말로 곧 다가올 태평양 제패를 위한 준비 작업이었다.

1942년 3월 준공 당시의 '전함 무사시'

기초산업 부분에서도 미스비시광업, 큐슈탄광기선, 유베쓰탄광의 미쓰비시 계열 광산에서 생산한 석탄은 전국 생산량 대비 약 15%를 점했다. 미쓰비시광산은 석탄 외에 주석 생산에서는 전국 대비 96%를 차지해 거의 독점적 지위를 지녔고, 납(21.2%)과 아연(11.4%)도 생산하고 있었다. 또한 미쓰이광산과 마찬가지로 금과 은을 비롯해 전기용 구리, 전기용 주석, 전기용 아연, 정연, 텅스텐, 유화광, 철광, 유산, 코크스 등을 생산했다. 1937년에 중공업과 화학공업 및 해군에 대한 미쓰비시의 투자 비율은 총 자본액의 49.9%, 미쓰이는 30.1%를 차지했다. 기계제작과 조선 부문에서 미쓰비시가 총자본의 12.8%를, 미쓰이는 6.3%를 차지했다. 이처럼 군수부문에서 미쓰비시는 우위를 점하고 있었다.

스미토모는 스미토모비료제조소를 1934년 1,000만 엔에서 2,000만 엔으로 증자하고 스미토모화학공업으로 개칭했다. 1937년에는 황산암모늄 생산에서 일본질소비료, 쇼와비료, 동양고압에 이어 전국 생산량의 10.5%를 차지하는 대형 회사로 성장했다. 같은 해 일본판유리를 400만 엔에서 1,000만 엔으로 증자하고 같은 해 스미토모알루미늄제련(자본금 1000만 엔), 만주스미토모강관(자본금 1000만 엔)을 설립했다. 1935년 스미토모신동강관과 스미토모제강소를 합병해 스미토모금속공업(자본금 5,000만 엔)을 설립하고, 1937년에는 스미토모벳시別子광산과 스미토모탄광을 합병해 스미토모광업을 설립했다. 이 회사는 벳시구리광산을 보유해 구리 생산에서 우위를 보였다.

이 군수생산은 재벌 이윤의 원천이 되었다. 만주사변 발발 직후인 1932년 상반기부터 중일전쟁발발 직전인 1936년 하반기 사이에 재벌의 수입배당을 보면 미쓰이합명회사는 미쓰이광산, 홋카이도탄광기선, 시바우라제작, 일본제강소 4곳만 보아도 3,908만 엔으로, 총수입 배당 대비 34%를 차지했다. 미쓰비시합자회사는 미쓰비시중공업, 미쓰비시광업, 미쓰비시전기 3곳만 보아도 2,996만 엔, 총 수입배당 대비 50%를 차지했다. 이것은 1931년 이전 거의 결손에 시달렸던 이들 재벌기업이 군수산업을 통해 얼마나 이윤을 높여갔는지를 보여준다.

재벌은 전쟁을 통해 최대의 이윤을 뽑기 위해 이에 상응하는 체제를 착실히 정비해 나갔다. 이제 기존 재벌은 신흥 재벌이 첨병 역할을 수행하며 개척한 영역을 자신의 품으로 끌어안고, 국가권력을 전시통제라는 명분으로 활용하며 자신의 이윤 보증수단으로 삼는 것만이 남겨진 유일한 활로였다. 이러한 성향은 1937~1938년 공황의 일본 파급, 능력을 넘어선 생산력 확충=군비 확충으로 초래된 수출입 무역의 40% 격감, 그로 인해 1939년 초부터 나타나기 시작한 이윤율 저하 경향, 여기에 1939년 9월에 발발한 제2차 세계대전으로 인한 원자재와 무기생산용 공작기계 수입의 두절, 1940년 3국 동맹=파시스트 블록 형성에 기초한 연합국의 대일자산 동결, 일미통상조약 파기로 인해 급속히 확대된 모순을 계기로 결국 세계

지배를 꿈꾸며 모험적 전쟁으로 뛰어드는 과정에서 점점 더 노골화되었다.

## 일-만-중 경제블록

일본은 만주점령 이후 만주에 중공업을 건설해왔다. 만주의 경제개발은 '일만경제블록'이라고 불렸는데 1937년 초부터 소련의 계획경제를 본떠 제1차 만주국산업개발 5개년계획이 실시되면서 전시경제체제로 이행해 갔다. 이것의 주된 목표는 군사적 중요산업의 자급자족화, 전략적 견지에 기초한 만주경제의 독립이었으며 광공업부문, 특히 금속공업, 화학공업의 생산 확충에 중점을 두었다.

1937년 7월 중일전쟁이 발발하자 일본은 급속히 군수물자를 조달할 필요가 생겼다. 5개년계획은 다시 수정 확대되어 일본과 만주를 일체로 하는 군수생산력 확충체계가 강화되었고 제1차 계획으로 생각하고 있던 만주경영의 독립은 폐기되었으며 일만 상호의존관계의 확립을 강조하게 되었다. 수정 5개년계획의 주요 목표는 광공업 부문의 대규모 확대, 철과 석탄 등의 원료·액체연료·전력 등의 동력자원 확충, 자동차·비행기·무기 등 군수공업 확립에 두었다.(계획 내용에 관해서는 『만주경제연보』 1938년도 판 참조)

군수 생산력의 급격한 확충 요구는 1933년 만주국 정부가 발표한 '만주국 경제건설 요강'에서 보듯이 자본의 이윤통제를 완화하고 이윤보증을 통한 일본 본토자본의 적극적 도입정책으로 이어졌다. 가령 1937년 11월 만철 대신, 닛산콘체른을 모체로 한 만주중공업이 설립되어 중공업건설의 주축이 되었다. 이 회사를 설립하면서 "주주의 이익을 존중하며 향후 민간자본이 안심하고 만주 진출을 꾀할 수 있도록"(닛산 임시주주 총회안에 부속된 만주중공업 설립이유서) 민간주식 배당이 연 10% 이내인 경우에는 만주국 소유 주식 배당을 항상 그것의 절반으로 하고, 회사 설립 후 10년이 지났을 때 이 회사 사업의 모든 자금에 대해 연 6%의 이자와 원금을 만주국 정부가 보증하며, 여기에 회사의 이익 처분 때의 이익 배당률에 대해서는 어떠한 규제도 하지 않는다는 호의적인 협정이 맺어졌다.(이노우에·우사미, 『국가독점자본주의론』)

종래 만철 산하의 기업들을 종속시키고자 한 '1부문 1회사' 원칙을 폐기하고 '중요산업통제법'에 따라 '특수'와 '준특수' 회사가 설립되었다. 이들 회사의 주요 주주는 일만 정부 소속 기관들과 만주·중국에서 돈을 번 일본 투자자, 육해군 장교 투자자였다. 만주국 정부는 중국인 소유자로부터 무상 혹은 거의 무상에 가까운 값으로 기업을 빼앗아 이들 회사에 '현물불입'을 실시했다. '특수' 및 '준특수' 회사의 수는 1932년 3개에서 1943년 6월에는 69개로 늘었다. 불입자본금도 1,300만 엔에서 36억 5,900만 엔으로 늘었다. 만철 대신 중일전쟁 발발 이후 만주의 중공업 진출에 주도적 역할을 수행한 아이카와 요시스케鮎川義介[1]의 '만주중공업'은 석탄광업, 철강, 유색금속, 기계제작, 화학공업을 지배하였고 자산총액은 1938년 6억 600만 엔에서 1944년 28억 6,300만 엔까지 늘었다. 이를 시작으로 1943년까지 미쓰이는 5개의 만주 소재 회사에 총액 1,320만 엔, 미쓰비시는 4개 회사에 660만 엔, 스미토모는 3개 회사에 350만 엔, 오쿠라는 2개 회사에 720만 엔의 자본금을 보유하게 되었다.

아이카와 요시스케(鮎川義介)

만주 경제개발의 목적은 소련에

대항하기 위한 군사기지 건설이었다. 5개년 계획과 더불어 1939년 5월부터 북변진흥 3개년계획이 실시되었다. 이것은 군비 증강 및 산업개발 5개년계획과 개척정책 수행에 조응하면서 교통통신의 완비 및 수송력 증대, 도시 건설, 농축산 증식, 개척 등을 목적으로 하여 북만주의 국방력을 충실히 하고자 한 것이었다. 만주정부는 소련과의 접경지역에 새로이 동안성東安省과 북안성北安省을 새 행정구역으로 설치하고 이곳을 특수지대로 삼아 진흥계획 담당기관을 확충했다.

일본 국내의 전시 경제체제는 전쟁물자의 총동원과 생산력 확충계획을 요구하게 되었다. 원래 원료를 수입에 의존해 온 일본자본주의 경제는 군수생산을 수행할 경우에도 다량의 군수물자를 수입해야만 했다. 그러나 국제연맹 탈퇴로 일본의 국제적 고립은 영미 의존도를 감소시켰고 아시아 시장으로 눈을 돌리게 만들었다. 1938년 11월 물동계획이 입안되고 중공업 생산력 증강을 꾀하는데, 이 물동계획은 일-만-중을 포함하는 종합적 개발계획을 지향했다. 즉 일-만-중을 통해 철과 구리, 석탄, 경금속, 아연, 소다, 황산암모늄, 펄프, 철도차량, 자동차, 선박 등에 관한 생산의 자급자족 체계를 구조화한 '일-만-중 경제블록'을 형성하는 것이다. 그리고 1940년 11월 '일-만-중 경제건설 요강'을 만들어 일-만-중 경제를 포괄하는 중공업화를 계획했다.

중일전쟁 발발은 만주의 중공업화와 더불어 북한 지역[2]의 중공업화도 촉진시켰다. 만주의 중공업화를 이끈 것은 신흥재벌 닛산이었는데, 북한 지역의 공업화를 이끈 주역은 미쓰비시와 손을 잡고 조선총독부와 제휴한 신흥재벌 닛시쓰(일본질소日本窒素)였다. 부전강수력발전, 장진강수력발전을 통해 독점지배의 기초를 다지고 조선질소, 일본마그네슘금속, 조선석탄공업, 조선질소화약, 조선석유

조선질소비료의 흥남공장

등의 중공업을 지배했다. 바로 이 닛시쓰를 중심으로 나진-청진-흥남을 잇는 북선北鮮중공업지대와, 신의주-평양-진남포를 잇는 서선西鮮공업지대가 형성되었다. 이러한 중공업 건설을 위해서 노동자의 강제징집이 이루어졌다. '내선일여內鮮一如'를 내걸고 조선인은 '일본인'이라고 부추기며 조선인 노동자를 공장으로 몰아넣었다. 그 결과 직장 내에서 마치 노예와 같은 강제노동이 계속되자 도망자가 속출했다.

만주와 조선의 경제개발은 일본 본토의 중공업화 및 군수생산력 확충과 맞물려 이루어졌고 이것은 극단적인 중노동과 저임금으로 식민지 노동력을 군사적으로 착취함으로써, 식민지에 진출한 자본에 방대한 이윤을 보장해주었다.

1933~1935년 화베이 진출에 이어서 중일전쟁 발발과 더불어 일본 자본은 중국 내 외국 자본 축출에 착수했으며 자본투자를 확대했다. 중일전쟁 이전에 투자된 일본 자본은 주로 경공업과 상업 부문이었다. 그런데 '일-만-중 경제블록' 형성으로 일본의 전시경제체제로 편입된 중국경제는 중공업화가 필요했다. 중국의 군수자원을 개발해 일본 군수생산의 원료로 획득하는 것이 곧 '일중경제

제휴'의 본질이었다.

1938년 국가자본과 독점자본의 합작품인 '북지나개발주식회사'와 '중지나진흥주식회사'가 만들어졌다. 이 회사들은 철광, 석탄, 소금 등의 자원을 개발했다. 이 두 회사에는 확실한 이익배당을 보장하고 불입자본금의 10배까지 사채를 발행할 수 있는 권리를 부여했다. 이들은 종래 일본인 지배 아래 있던 중국계 회사를 자회사로 통합하고, 중국인 소유자들은 사업 지도에서 배제되었다. 그리고 이 회사들은 중국인이 경영하는 공장을 하나 둘씩 차례로 탈취해 나갔다. 가령 정펑正豊, 보산博山, 쫑싱中興, 다퉁大同, 바오진保晋, 딩펑定平, 징싱井陘, 쉬안화宣化 등의 탄광들을 흡수했다. 다예·쉬안화 등의 철산, 스징산石景山, 한야핑, 다허거우大河溝 등의 제철소도 이 두 회사의 산하로 편입되었다.(1944년 3월 '북지나개발주식회사' 산하에는 34개 직계 자회사가 있었고, '중지나진흥주식회사'는 산하에 12개 자회사를 보유하고 있었다.) 이 두 회사와 더불어 중국인 공장 탈취에 가장 적극적으로 활약한 것은 가네보, 도요방직, 닛신제분, 다이도전력, 오쿠라구미, 아사노시멘트, 오노다시멘트, 오지제지, 도요타자동차, 조선합동전력 등과 같은 재벌계 회사들이었다. 예를 들어 중국제분 공장의 경우 화베이에서는 동아제분(미쓰이 계열)·닛신·닛토에 의해, 화중에서는 미쓰이·미쓰비시·다이니혼제분연합회가 합동한 삼흥면분에 의해 공유되었다.

중국에 진출한 회사의 이윤은 막대했다. 닛신방적이 칭다오에 소유한 방추 수는 본토에 있던 방추의 6.7%밖에 되지 않았지만 1941년 상반기에 이윤총액의 39%를 차지했다. 총체적으로 보자면 중국에 진출한 방직회사는 불과 2~3년 만에 공장설비의 감가상각비를 회수할 만큼 엄청난 돈을 벌었다.

일본군의 진출과 더불어 일본 상사도 따라 들어왔다. 이들의 선두에는 항상 총검이 따랐다. "북중국은 치안회복, 친일세력의 대두로 인해 이른 시기에 매출 회복의 징후를 보였다. 이 기회를 포착해 각 점포와 관계당국 등에 연락해 적극적 진출방법을 연구해야만 한다."(특수회사정리위원회, 『일본재벌과 그 해체』) 이것은 1937년 9월 1일 미쓰이물산의 대표이사가 사원에게 내린 지시였다. 특히 국내에서 전시경제체제가 진전되면서 찬밥 신세가 된 평시산업 자본들은 대륙으로 진출할 수 있는 창구를 찾고 있었다. 진출회사는 미쓰비시중공업과 같은 중공업을 비롯해 시로키야·고지마야·마쓰자카야·다이마루 등의 백화점, 오다큐·도쿄고속도 등의 교통회사, 노다장유 등의 간장회사, 혹은 맥주회사, 제재공장에 이르기까지 모든 부문에 걸쳐 있었다. 이들 회사의 중국진출에는 노동력도 포함되었다. 대륙에 진출한 일본인 노동자는 중국 공장에서 현장관리자 직급에 배치되었고 봉건적 계서제와 같은 식민지 노동의 감독, 혹은 노동자들을 모집하고 관리하는 오야가타親方 내지 쿨리토苦力頭[3]와 회사 사이에서 청부노동을 통제하는 역할을 했다. 직장 안에서는 헌병과 군속이 들어와 군대식 조직을 직장에 적용했다. 즉 일본인 관리자는 이들과 한통속이 되어 노동력을 강제 징발하고 극도의 과중한 노동을 강요했다. 식민지 노동자의 반항은 무력으로 진압했다. 일화방직 사장은 파업하는 노동자는 곧바로 총살할 수 있다고 공언하며 노동자를 위협하기도 했다.

식민지 농업의 수탈도 극심했다. 가령 쌀의 이출을 보면 조선미는 미쓰비시 상사가 독점했다. 또 중국의 봉래미는 미쓰이가 독점했다. 이런 식으로 만주와 중국의 양곡 3품종(고량, 밤, 옥수수包米), 그리고 대두, 소맥, 쌀, 면화, 골풀, 담배, 아편 등을 매수할 때에는 미쓰이, 미쓰비시, 오쿠라 등의 일본상사가 오지까지 지역을 나누어 들어가 양잔糧棧(식량도매)기구와 손을 잡았다. 미국의 여성 저널리스트는 아편에 관해 다음과 같이 적고 있다. "하얼빈과 다롄의 마취제 공장은 미쓰이와 스즈키 은행가로부터 자금을 지원 받아 독일제 기계를 설비했다. 이윤은 실로 상상을 초월할 정도였다."(Pe-vzner, IA. A, 『일본의 재벌』)

일본의 경제적 지배는 재정과 금융에도 영향을 미쳤다. 점령 지역마다 일본이 그 지역의 재정을 확실히 장악했다. 1938년에는 베이징에 중국연합준비은행이 만들어졌고, 1940년에는 상하이에 중앙저비은행中央儲備銀行이 창설되었다. 이 두 은행은 일본의 완전한 지배 아래 있었고, 직원도 대부분 일본인이었다. 이 은행들은 은행권을 발행했는데 이른바 식민지에서 통용되는 특수발권은행을 통한 발권제도와 마찬가지로 법적 근거가 없는 행위였다. 이들 은행의 발권 기반은 일본은행에 대한 채권 혹은 예치금을 형식상의 근거로 삼았지만 그것은 장부상의 속임수에 불과했다. 실제로는 불환지폐나 다름없었다. 따라서 일본군의 군비 조달을 위해 일본군 사령부가 발행한 군표와 마찬가지로, 모든 회사가 자금 조달을 위해 맘대로 발행한 것이다. 이러한 은행권과 군표의 범람은 중국경제를 인플레이션으로 몰아넣었다. 중국연합준비은행의 지폐발행액은 1938년 말에 1억 6,196만 3,000 위엔이었는데 1939년 말에는 4억 5,804만 2,000 위엔으로 늘었다. 톈진지나문제연구소가 조사한 바에 따르면 톈진 공인工人의 생활비지수는 1937년 평균 123.41(1926년=100)이었으나, 1940년 3월에는 427.20으로 껑충 뛰었다.

경제침략과 더불어 '현지조달'이라는 명분으로 공공연히 군대가 직접 자행한 군수물자의 약탈을 생각할 때, 이른바 '일-만-중 경제블록'이 초래한 것은 식민지 경제의 파괴와 황폐화 뿐이다. 이는 당연히 중국 민중의 투쟁을 불러왔다. 1936년 말에는 상하이에서 만들어진 '상하이공인구망협회上海工人救亡協会' 내부에 중국공산당계 노동조합을 포함시켜 항일통일조직을 정비했는데 상하이가 점령된 후에는 지하조직으로 활동했다. 점령지구 노동자는 비밀리에 중국공산당해방지구, 국민당지구로부터 지도를 받았고 유격대에 참가하거나 구국헌금운동, 태업, 파업을 통해 저항했다. 상하이의 투쟁은 표에서도 보듯이 매년 격화되어 갔는데 1940년 11월에는 경찰관, 소방대까지도 파업에 동참했다.

상하이의 노동쟁의

| 연차(년) | 파업건수(건) | 참가인원(명) | 파업일수(일) |
|---|---|---|---|
| 1938 | 22 | 7,009 | 30,669 |
| 1939 | 112 | 33,314 | 607,357 |
| 1940 | 289 | 24,230 | 658,484 |

## 국민생활의 궁핍

전쟁경제는 거대독점 자본의 최대이윤을 만들어낼 뿐만 아니라 국민 일반을 총체적 궁핍으로 몰아넣었다. 중일전쟁이 진전됨에 따라 진행된 독점자본의 집중은 중소기업의 도산과 폐쇄를 초래해 1938년 여름에는 '실업失業 문제'가 갑자기 사회 이슈로 대두했다. 기획원의 추정에 따르면 1938년도 실업자는 평시산업 공장노동자 약 80만 명, 상점종업원과 자동차 운전수 등 약 50만 명으로 도합 130만 명으로 알려졌다. 한편 군수산업에서는 노동력 보전을 위해 1938년 8월에 군수산업에 12시간의 근로시간 제한(8시간이 아니다)을 실시했지만 정부는 아무런 유효한 실업대책도 강구하지 못했다. 요컨대 실업자를 구제하려는 성의 자체가 없었던 것이다.

노무대책도 빈곤하기는 마찬가지였다. 일본자본주의의 성격은 저임금을 토대로 한 빈약한 자본축적의 결과, 평소에도 중공업 부문에서 숙련노동자가 부족했는데 전쟁경제 수행을 위한 생산력 확충이 지상과제로 떠오르자 만주 붐 이래 단순히 '임시공'에 대한 노동강화를 통해 생산을 강행해 온 군수자본가들 사이에 숙련공 부족 문제가 제일 먼저 대두되었다. 하야시 내각 당시 숙련노동자 부족은 10만 명을 상회할 것으로 추정되었는데, 이 무렵부터 숙련공뿐만 아니라 일반 비숙련 노동자 부족문제도 뚜렷해져 '인간기근'이라는 말까지 돌았다.

인플레는 심화되고 노동자의 실질임금은 점점 하락하는 가운데 정부와 군수자본가들은 노동보호, 노동력 보전을 위해 어떠한 조치도 취하지 않은 채 기존 숙련노동자 쟁탈에 나서는가 하면 노동강화를 통해 이 문제를 해결하려고 했다. 중일전쟁 기간 군수공장에서는 "아침에 나와 밤 늦게까지 일하고 다음날 또 늦게까지 36시간 노동"을 하는 이른바 '연근連勤'마저 도입되었다. 이러한 무제한노동에 대해 한 노동자는 다음과 같이 말했다. "가령 아침 7시 20분에 출근하면 오후 5시까지 일하는 것이 이른바 정시간 노동이고, 그 후로는 잔업이 남아 있고 그 뒤로 다음날 또 정시간까지 집에서 가져온 아침을 먹고 또 저녁 5시까지 일한다고. 그러면 36시간 노동시간이 38시간 8분이 되고 경우에 따라 3시간의 추가수당이 붙지요. 그렇게 하지 않으면 실제 우리들 생활이 유지되지 않아요. 내 몸이 거덜이 나는 것을 알면서도 말해봤자 통하지 않으니 그저 알아서 하는 거지요. 많이 하는 사람은 연근을 주 4회나 하지요. 결국은 쓰러지고 말아요. 우리에게 '쓰러진다'는 것은 결국 죽는다는 거지요."(「공업종업원의 건강문제 좌담회」, 『사회정책시보』 203호)

이러한 과도한 노동은 노동재해만 양산할 따름이었다. 가령 중일전쟁 발발 후 반년 동안 노동재해를 직공의 사상자 수로 보면 전년도 같은 기간에는 4,680명이었는데, 그보다 약 50%가 늘어 7,014명이 되었다. 정부는 이에 대해 "군수공장은 12시간, 그리고 2시간 연장이라는 기준을 권장한다."(제73회 의회, 후생대신 기도 고이치의 답변)는 정도의 대책만 제시했다. 이것은 거꾸로 조업시간이 12시간 미만인 공장까지도 일제히 조업시간을 12시간으로 연장하는 '훌륭한' 효과를 거두었다.

노동쟁의의 변천

| 연차 (년) | 총 수 | | 동맹파업태업과 공장폐쇄 | |
|---|---|---|---|---|
| | 건수 | 참가인원 | 건수 | 참가인원 |
| 1938 | 1,050 | 55,565 | 262 | 18,341 |
| 1939 | 1,120 | 128,294 | 358 | 72,835 |
| 1940 | 732 | 55,003 | 271 | 32,949 |

실질임금의 하락

| 연차 (년) | 실제 임금지수 | 실제소매 물가지수 | 실질 임금지수 |
|---|---|---|---|
| 1937 | 100 | 100 | 100 |
| 1938 | 109 | 111 | 98 |
| 1939 | 123 | 124 | 99 |
| 1940 | 139 | 161 | 86 |
| 1941 | 157 | 188 | 84 |

노동강화와 생활불안 속에서 노동자의 저항은 생산 거부에서 파업 등의 투쟁으로 날로 거세졌다.

이렇게 정부와 자본가는 한편으로는 노동운동을 탄압해 노동자의 정당한 요구를 억제하고 다른 한편으로는 군수산업 노동력을 확보하기 위해 직업소개소를 국영(1938년 7월)에서 전환하여 국가총동원법 발효에 따라 노동동원계획을 실시하고 '학교졸업자사용제한령'(1938년 8월), '국민직업능력신고령'(1939년 1월), '학교기능자양성령', '공장사업장기능자양성령', '종업자고입제한령'(4월) 등의 조치를 연이어 실시했다. 그리고 군수자본가의 최대이윤을 확보하기 위해 1939년 4월에는 '임금통제령'을 시행했다. 노동력 쟁탈을 둘러싼 자본가 사이의 경쟁이 임금인상을 초래해 이윤율을 저하시키는 것을 우려했기 때문이다. 또한 징용을 통한 저렴한 노동력 공급 방법도 채택했다.

실수령 임금지수는 명목적으로 증가했으나 물가지수와 생계비 증가는 그것을 훨씬 뛰어넘어 결과적으로 실질임금은 1937년을 100으로 할 때 1940년에는 86, 1941년에는 84로 떨어졌다. 그런데 임금저하가 과도한 육체적 소모와 노동강화 위에서 이루어졌다는 것이 더 큰 문제였다. 조기출근, 잔업, 휴일출근이 이루어졌고 그로 인한 만성피로 누적으로 재해율과 발병률이 늘었으며 소비생활 억제와 제한이 일상적으로 이루어졌다. 정부의 노동총괄조직인 산업보국회의 기관지조차 1940년의 생활불안, 저임금정책에 처한 노동자들의 고통을 다음과 같이 묘사할 정도였다.

"9·18 임금임시조치령으로 임금은 고정되었으나 물가는 암시장 횡행으로 … 노무자의 생활은 일반적으로 어려워졌다. … 특히 가족이 있는 노동자는 매일같이 물가가 오르므로 실제로 먹고살 수 없을 것이라는 불안 속에서 생활하고 있다. 이 때문에 이들은 무언가 초조해하고 있는 것으로 보인다."(『산업보국』 23호)

소작쟁의 건수와 참가인원

| 연차(년) | 쟁의건수 | 참가인원 |
|---|---|---|
| 1938 | 4,615 | 52,817 |
| 1939 | 3,578 | 25,904 |
| 1940 | 3,165 | 38,614 |

농민의 생활을 보면 다카하시 재정 이래 군수공업의 인플레이션 경기에도 불구하고 오히려 팽창재정으로 인한 농촌공황의 만성화가 여전히 지속되었다. 비료의 독점가격, 일상필수품의 인플레이션으로 인한 가격 상승, 농가의 쌀 부족 등으로 농가부채는 증가했고 소작료 체납도 크게 늘었다. 지주의 토지회수 등으로 인해 소작쟁의가 매년 격화되어 갔다. 2·26사건을 계기로 더욱 노골화된 전쟁준비 파쇼체제는 이러한 농촌의 위기를 우선 탄압으로 잠재우고 대외침략으로 극복하고자 했다. 소작쟁의가 일어나면 2·26사건 때의 '고론告論' 대로 소작인에게 '귀순歸順'을 권했다.

『소작인에게 고함』

지주는 너희들을 결코 쌀이나 재배하는 기계로 생각하지 않는다.

빌리는 자와 빌려주는 자 사이의 계약에서 빌리는 사람에게 불리한 조건은 예전부터 내려온 상례이다. 싸움으로 해결될 것만 같으면 무슨 일이든 싸우면 될 것이다. 우리가 위력을 보여주겠다! 그러나 만일 지주가 토지를 회수한다면 너희들은 어떻게 살아갈 것인가. 당장 처와 자식들이 펑펑울 것이다. 지금이라도 늦지 않았다. 곧바로 쟁의 신청을 취

소하고 종전대로 계약을 체결한 뒤 벚꽃나무 아래에서 술
이나 한잔 들이키지 않겠는가. 빨리 결정하지 않으면 벚꽃
은 지고 말지니.

니가타현 무라마쓰고村松郷 지주동맹회원

사토 고로사부로佐藤五郎三郎

(히라노 요시타로平野義太郎, 『농업문제와 토지변혁』)

정부는 이러한 쟁의를 일으킨 농민조직을 철저히 탄압했다.
1937년 봄 이른바 인민전선 검거로 인한 전농좌파분자 납치에 이
어서 이듬해인 1938년에는 대일본농민조합 창립⁴을 통해 국수단
체농민조직 양성에 힘썼다. 또 생활면에서 농민을 묶어두기 위해
산업조합확충 5개년계획에 이어 산업조합확충 3개년계획을 채택
하였고, 신용과 판매와 관련해 농가의 경영 상태를 파악한 뒤 공출
과 배급기구를 중심으로 농촌의 영세자금을 끌어 모아 군수생산
에 투입하고자 했다.

농촌 물가지수(1937년=100)

| 연차<br>항목 | 1938년 | 1939년 | 1940년 | 1941년 |
|---|---|---|---|---|
| 농촌<br>생산물 | 108.9 | 137.5 | 164.2 | 162.0 |
| 농업용품 | 116.8 | 138.5 | 186.4 | 180.8 |
| 내(內)비료 | 114.0 | 133.0 | 186.0 | 180.0 |
| 가계용품 | 120.0 | 145.8 | 190.2 | 200.7 |

이러한 탄압과 통제 속에서 중국 침략 전쟁으로 인해 농민의 생활이 어느 정도 타격을 입었는지 살펴보면, 군사인플레이션으로 물가는 군수품과 무역품은 물론이고 생활필수품까지 덩달아 올라 농산물과 농촌필수품 사이의 가격차는 점점 더 벌어졌다. 1937년을 기준으로 1941년까지 농촌생산물 가격은 62%가 올랐는데, 비료 등 농업용품은 80%, 가계용품은 100%나 올랐다. 농산물가격은 판매 가격이므로 중간에 상인이 개입했다고 생각해 보면 결국 값싸게 팔아서 비싸게 사는 입장이 되므로 농민의 형편은 점점 더 어려워질 수밖에 없었다. 또한 평시산업의 축소, 농촌구매력의 감퇴는 가뜩이나 빈약한 농업용 자재의 절대 부족을 초래했다. 그 가운데 비료 값의 급등은 세계 제1의 비료농업국으로 불리는 일본 농업에 큰 불안을 안겨주었다.

일본농촌과 같은 반봉건적 고율 지대地代 하의 영세경작에서, 비료는 얼마든지 세분해 사용할 수 있고 또 4~5개월 안에 그 가치의 대부분을 작물로 환급함으로써 비용을 빨리 회수할 수 있는 수단이었다. 그래서 예전부터 면적 당 수확량 증가, 즉 생산량을 늘리는 유일한 수단으로 사용되어 왔다. 이러한 경향은 매년 강화되어 왔다. 따라서 비료 값이 오르면 농촌은 그로 인해 큰 타격을 입기 마련이었다. 이러한 상황에서 전쟁경제로의 전면적 이행이 시작되자 절대적인 비료 부족을 초래해 농촌을 파멸로 몰아갔다.

화학비료생산량(『일본경제연보』 제41집)

| 연차(년) | 질소(천톤) | 인산(천톤) | 칼륨(천톤) |
| --- | --- | --- | --- |
| 1912 | 281 | 187 | 176 |
| 1928 | 477 | 326 | 249 |

| 연차(년) | 질소(천톤) | 인산(천톤) | 칼륨(천톤) |
|---|---|---|---|
| 1938 | 760 | 437 | 392 |

생산수단비 가운데 비료와 농기구의 비용(『일본경제연보』 제41집)

| | 자작(自作) | 소작(小作) |
|---|---|---|
| 생산수단비총액 | 245.10엔 | 206.58엔 |
| 비료비 | 100.25엔 | 116.06엔 |
| 그 비율 | 40.9% | 56.1% |
| 농기구비 | 20.44엔 | 18.69엔 |
| 그 비율 | 8.12% | 9.0% |

비료소비지수(1937년=100), 오우치(大內) 외, 『일본에 있어 자본주의의 발달』

| 연차(년) | 질소 | 인산 | 칼륨 |
|---|---|---|---|
| 1938 | 103 | 99 | 68 |
| 1939 | 84 | 98 | 65 |
| 1940 | 95 | 90 | 48 |

주식(主食) 1반(1000m²) 당 수량변동(1937년=100), 오우치(大內) 외, 『일본에 있어 자본주의의 발달』

| 연차(년) | 쌀 | 보리 |
|---|---|---|
| 1938 | 99.7 | 107.8 |
| 1939 | 105.1 | 114.7 |
| 1940 | 93.4 | 110.0 |

이에 정부는 자급비료증산을 장려했으나 산림은 국유림 내지 지주에게 빼앗기고, 가축 사육 역시 방목지도 없는 영세농들에는

무리한 권고였으며 오히려 산림지주의 권력만 강화시켜 주었다.

인플레이션의 영향으로 농산물 값이 올랐지만 소작료의 급등, 전답매매 가격의 상승으로 인해 지주의 호주머니만 두둑해졌을 뿐이다.

1939년 봄 전국평균 실제 소작료, 『일본경제연보』 제40집

| 항목 | 반(1000m²)당 실제 소작료 | 1928년 대 1929년 | 1927년 대 1929년 |
|---|---|---|---|
| 전 | 1.06석 | 1.0% | 2.0% |
| 답 | 16.94엔 | 5.7% | 14.7% |

전답매매가격(이 소작료는 1920년 이래로 고율에 속했다.), 『일본경제연보』 제40집

| 항목 | 단당(段當) 가격(엔) | 1928년 대 1929년(%) | 1927년 대 1929년(%) |
|---|---|---|---|
| 전 | 576 | 11.0 | 21.4(1924년 이래 고가) |
| 답 | 343 | 12.8 | 22.2(1927년 이래 고가) |

전쟁이 농촌을 파멸로 몰고 간 또 하나의 결정적 요인은 노동력 부족 문제였다. 예부터 농촌은 공장노동자의 공급원이었고 불황 때에는 도시 실업자의 흡수처로서 데카세기出稼ぎ(집을 나와서 떠돌아 다니며 돈벌이를 하는 것) 형태의 노동은 세계 제1의 저임금을 유지하는 주된 요인이었다. 그런데 대륙침략으로 막대한 병력이 필요했고, 또 다시 태평양전쟁 준비를 위해 엄청난 예비 병력과 이를 뒷받침할 군수산업의 급속한 확장 등으로 인해 농촌 노동력이 군인 혹은 공장노동자로 일거에 유출되는 '대동원'(오코치 가즈오大河內 一

男, 『사회정책에 있어 전시와 평화』)이 곳곳에서 강제로 이루어졌다. 그 야말로 농촌은 '강병의 모태임과 동시에 산업노동력의 일대 저수 지'였다.

중일전쟁이 시작되고 약 3년 남짓(1937년 7월 10일 ~ 1941 년 2월 15일) 동안 농촌과 어촌에서 군수공장 등으로 전출된 자 의 수는 2,078,278명이었는데, 같은 기간 공장 종업원의 증가는 1,648,446명이었다. 이 수치는 군수공장 노동자의 수요를 완전히 농촌에서 메웠다는 것을 의미한다.(야마다 모리타로山田盛太郎, 『농지개 혁의 역사적 의의』)

또한 이것은 극단적인 노동력의 유출로 인해 농촌이 큰 타격을 입었음을 시사한다. 이에 대한 해결책으로 특히 여성과 아동, 노인 을 중심으로 한 가족노동의 강화, 그리고 학생 동원을 통한 농촌 근로봉사가 이루어졌다.(학생의 농촌근로봉사는 중일전쟁 기간에 전국 적으로 일반화되었고, 군수공장 동원은 태평양전쟁이 시작되면서 도입되 었다.)

농업노동

| 연차(년) | 능력단위(명) | 농업노동(시간) |
|---|---|---|
| 1936 | 2.94 | 6,232 |
| 1937 | 2.91 | 6,188 |
| 1938 | 2.80 | 5,933 |
| 1939 | 2.85 | 6,028 |
| 1940 | 2.76 | 6,051 |

이처럼 농업노동력의 유괴 및 농업용 자재의 박탈은 그야말로

일본농업의 근간을 흔드는 것이었다. 이러한 모순은 머지않아 폭발점에 다다랐다. 모순은 우선 식량문제로 나타났다. 미곡의 경작면적은 이미 1931년과 비교할 때 1936년에 4만 2,000정보가 줄었다. 수확은 흉작 때와 풍작 때의 편차가 심했는데 이러한 불안정한 상황이 계속되었다. 조선과 타이완에서 약탈한 식량으로 식량위기를 은폐하기는 했지만 이것은 일본의 오랜 지배와 수탈로 식민지의 식량사정을 일본 본토 이상으로 불안정하게 만들었다.

1939년 9월 서일본과 조선에서 큰 가뭄으로 인해 식량기근이 더욱 심각해졌다. 피해면적은 61만 정보, 그 가운데 작물이 완전히 고사한 면적이 11만 정보에 이르렀다. 공교롭게도 이 때 유럽에서 2차 세계대전이 시작되어 식량의 자급자족을 추구할 수밖에 없었던 일본 경제로서는 엎친 데 덮친 격이었다. 이러한 '하늘의 재앙'은 요컨대 수리사업이나 토지개량, 또는 기계화에 대해 전혀 신경 쓰지 않는 반봉건적 지주의 지배와 영세경작이라는 비참한 조건에 처한 농촌이 전쟁이라는 파괴적 사태로 피폐해진 결과 발생한 인재나 다름없었다.

이처럼 식량문제는 그 원인을 제공한 토지문제를 근본적으로 개혁하지 않은 채, 단지 증산을 외치며 농민에게 과중한 노동을 강요함으로써 더욱 악화되어 갔다. 기술적인 해결책으로 농업기계화론과 적정규모론을 거론하기도 했는데 이것은 모두 탁상공론에 불과했다. 어느 하나 실행된 바가 없으며 결국 증산조성금과 식량증산시설비를 조금 지원할 뿐이었다.

### 전쟁과 사회민주주의

중일전쟁 개시와 더불어 추진된 '전시체제화'는 필연적으로 모든 노동운동에 결정적인 영향을 끼쳤다. 1933년 7월 사회민중당과 전국노농대중당이 통합해 결성한 사회대중당은 중일전쟁이 시작되자마자 거국일치에 적극 참가하겠다고 표명하고, "중국의 식민지화와 공산화를 절멸함으로써 일-만-중 3국을 추축으로 한 극동의 신평화기구를 건설하고 인류문화 발전에 공헌하기 위한 지나사변(중일전쟁)은 곧 일본 민족의 성전이다."(1937년 사회대중당 전시 하 운동방침)라고 중일전쟁에 대한 전면적 협력과 지지의사를 밝혔다.

이렇게 합법무산정당은 반군부·반파쇼에 대한 민중의 기대를 순식간에 배반하고 "국체의 본의에 기초해 일본 국민의 진보 발달을 꾀함으로써 인류문화의 향상을 지향한다."면서 '성전'인 중일전쟁 수행을 위해 '거국일치·근로보국'을 슬로건을 내걸고 출정군인의 환영과 환송, 국방기금 모집, 국민정신총동원 운동에 온 힘을 쏟았다.

이 해 10월에는 노동총동맹을 중심으로 한 일본노동조합회는 제6차 대회를 열어 "우리들은 과거 노동계급을 공산주의의 마수로부터 방어하기 위해 과감한 투쟁을 벌여왔다. 이제는 나아가 모든

'파업근절선언'을 하는 총동맹대회

진영을 그 촉수로부터 단절하고 전 대중을 노동보공勞働報公의 정신으로 정화해 결집해야 할 임무를 짊어지게 되었다. … 우리들의 사명은 노동으로 보국을 달성하는 것이며, 우리들이 바라는 것은 만민공영의 거국적 체제 실현이다.'고 선언하며 '우국충정'을 피력했다. 그리고 노동총동맹은 10월 17일 전국대회에서 '중일전쟁 기간 동안 동맹파업의 근절을 기한다.'고 결의했다.

이렇게 이미 만주사변 발발 이래 침략 전쟁을 적극적으로 지지하고 중일전쟁 후에는 급속히 사회파시즘으로 경도된 사회대중당을 중심으로 한 우익사회민주주의 간부들의 움직임과는 달리, 미약하게나마 계급적 기반을 지켜온 일본무산당과 일본노동조합전국평의회는 이른바 '합법좌익'임에도 불구하고 탄압의 철퇴를 맞았다. 이것이 1937년 12월 15일에 발생한 이른바 '인민전선파사건'이었다.

이 사건으로 야마카와 히토시山川均, 아라하타 칸손荒畑寒村(일본무산당결성위원), 이노마타 쓰나오猪俣津南雄, 사키사카 이쓰로向坂逸郎, 스즈키 모사부로鈴木茂三郎, 가토 간쥬加藤勘十(전평위원장), 구로다 히사오黒田寿男(전국농민조합간부) 등 400명이 일제히 검거되었다. 그리고 이를 계기로 같은 달 22일 일본무산당·일본노동조합전국평의회에 대한 결사금지 처분이 내려졌다. 그 이유로 "코민테른의 인민전선전술 이후 모든 공산주의자가 극력 사회민주주의 단체에 잠입하거나 이 운동을 이용하고자 하므로 경찰의 단속 내지 경계 범위도 당연히 이들 단체까지 포괄해야 하는 상황이 되었다. 이제 민주주의나 자유주의 사상은 공산주의 발생의 온상이 될 위험성이 다분하다."(사법성 발표)고 밝혔다.

이렇게 대륙침략 전쟁을 수행하고자 한 일본제국주의는 사회민주주의의 존재 자체를 부인하고, '계급운동을 통해 자본주의를 개혁한다는 사회운동의 과거 이론을 버린' 사회대중당은 '전체주의 이론으로'(1938년 전국대회 일반방침) 제국주의 권력기구 속으로 편입되었다. 총동맹회장 마쓰오카 고마키치松岡駒吉는 1938년 2월 총후⁵산업협력대회에서 "지금은 국민 모두가 동원령을 받들어 용맹하게 전선으로 뛰어들 각오로 진충보국의 성의를 다해야 하는 가을입니다. 우리 모두에게 진충보국의 성의란 곧 산업평화를 확보하고 총후(후방)에서 생산 확충에 전념함으로써 전쟁을 승리로 이끌어 우리 제국을 약진 발전시키는 데에 있습니다."고 인사말을 하고, '노자勞資일체, 사업일가, 산업보국'이라는 슬로건을 내걸고 산업보국운동에 뛰어들었다. 이렇게 노동자와 농민대중에 대한 우익사회민주주의자의 배반으로 인해 침략 전쟁으로 향하는 길은 더욱 분명해졌다.

## 제3절 문화탄압과 저항

### 문화통제

엄격한 전시통제는 국민의 사상, 문화, 오락에도 영향을 미쳤다. 출판물에 대한 검열이 강화되어 1938년 3월 『중앙공론』에 게재된 이시카와 다쓰조石川達三의 『살아있는 병사』가 중국에서 자행한 일본군의 잔학한 행위를 묘사했다는 이유로 발표금지 처분을 받은 것에서 보듯이 출판물에 대한 간섭이 눈에 띄게 늘었다. 같은 해 미야모토 유리코宮本百合子와 나카노 시게하루中野重治는 아예 집필금지 처분을 받았고, 나아가 진보적 문화인에 대한 검거와 투옥이 이어졌다.

1939년 10월 1일부터 나치 독일에게서 배운 '영화법'이 실시되

504

었고, 음악과 연극에 대한 통제도 "전국민에게 건전한 오락과 위안을 전한다."는 명목으로 차례차례 범위를 넓혀갔다. 이러한 통제 속에서 우수한 문학과 예술이 나올 리는 만무했다. 가장 대중적인 예술인 영화를 예로 들어 보아도 영화법이 실시되기 전에 일본 영화는 황금기로 불릴 정도로 명작이 많이 쏟아져 나왔다. 그러나 영화를 국가의지(침략 전쟁수행)에 예속시키고, 사회의 어두운 면을 묘사하거나 연애 문제를 다루거나 개인주의적 사상을 표현하는 것을 억압하는 '영화법'의 영향으로 제작 편수의 제한, 제작 허가제, 시나리오 사전 검열이 도입됨으로써 영화의 자유로운 창조성과 예술성이 사라져버렸다. 심지어 리얼리즘과 극적 성격마저 상실되어 『상하이육전대』, 『토지와 군대』, 『양쯔강 함대』와 같은 작품만 나오게 되었다.

　종교에 대한 탄압도 강화되었다. 신궁과 신사의 신설과 조영계획은 촉진되었고 이를 위해 막대한 예산이 계상되었다. 이에 반해 신흥종교는 황실의 존엄을 모독한다고 하여 이른바 불경죄로 기소되거나 교단의 타락을 이유로 금지되기 일쑤였다.(데구치 오니사부로 出口王仁三郎 「대본교大本教」, 미키 도쿠하루御木德一, 「사람의 길 교단」) 또 구세군의 경우 "일본 구세군의 자주권 확립"을 외치는 우익 성향의 분열파가 나와 분쟁이 일어났다. 1936년 8월 베를린에서 열린 제11회 올림픽대회에서 일본은 300명 가까이 선수를 파견했고 나치독일의 민족주의 과시에 호응해 국민을 민족적 열광의 도가니로 몰아갔으나 이것을 계기로 스포츠는 청소년을 '강건한 군인'으로 만들기 위한 수단으로 매우 중시되어 각종 체육대회가 전국 각지에서 열렸고 또한 장검과 목검훈련이 실시되었다.

　교육은 국민정신 총동원운동과 하나가 되어 노골적으로 전쟁수행을 위해 봉사했다. 1937년 12월 '문물의 진운과 내외 정세에 비추어 국본을 무궁히 배양하고자' 교육의 근본적 쇄신을 꾀할 '교육심의회'가 설치되었다. 표면적으로는 종래의 교육제도를 합리화하고 교육수준을 향상하기 위한 것이라고 했지만, 진짜 의도는 중일전쟁을 계기로 전시체계편성에 호응해 교육을 군국주의적으로 편성·강화하려는 것이었다.

이를 위해 먼저 청년학교 의무제가 실시되었다.(1938년) 이로써 전국 남녀 청년의 약 80% 이상이 여기에 가입해 '산업진흥, 생산력 증강'과 군사교육 강화를 통한 '국방력 증강'에 봉사하도록 하고 동시에 지방 생활의 파쇼화를 위해 '중견인물'로 양성하려 했다. 이어서 1940년 3월 "황국의 길을 따라 초등보통교육을 실시해 국민의 기초적 연성錬成을 실시한다."는 목적으로 소학교령이 제정되었다. 이에 따라 의무교육 연한을 8년으로 연장하고 교육내용을 국민과國民科, 이수과理数科, 체련과, 예능과, 실업과 5개로 대별하고 '황국의 길'로 통합된 교육을 실시했다. 또 같은 해 대일본청년단을 결성해 "고도국방 국가체제 요청에 대응하도록 (중략) 강력한 훈련체제를 확립하기 위한 요강"을 강조하고 청년학교와 일체가 되어 군사적 훈련을 일상화했다. 1937년 4월 문부성에서 편찬해 전국 학교에 배포한 『국체의 본의』는 이러한 천황주의 교육의 경전으로 활용되었다.

이처럼 국민생활 전반에 걸쳐 통제가 강화되자, 이러한 파쇼적·군국주의적 지배에 복종하지 않는 문화계·사상계는 탄압되었다. 그것은 우선 이미 해체된 일본프롤레타리아문화연맹(코프)의 재건활동에 대한 탄압으로 나타났다. 미야모토 유리코와 구보카와 이네코 등이 검거되고 이어서 지방의 좌익문화서클에 대한 총검거가 있었다. 그 결과 『문화집단』, 『사회평론』, 『문학평론』 등 프롤레타리아문화운동의 명맥을 이어 온 잡지들이 차례로 폐간되었다. 프롤

베를린 올림픽 개회식에 입장하는 일본선수단

레타리아문학 출판에 큰 업적을 남긴 나우카 사社도 1936년 7월
에 탄압을 받아 책임자들이 모두 검거되었다. 같은 달 야마다 모리
타로, 히라노 요시타로, 고바야시 요시마사小林良正, 사쿠라이 다
케오桜井武雄, 다나베 고이치로, 김두용金斗鎔[6] 등 이른바 '구 강좌
파' 멤버 33명이 일제히 검거되었다. 당국은 이들이 코민테른의 문
화지도부인 콤아카데미를 조직하려고 했다고 주장했다. 이 사건은
『일본봉건제강좌』 간행을 계획하던 도중에 일어난 것으로서 합법
적 저술활동에 치안유지법이 적용된 최초의 사례였다.

1938년 2월 1일에는 전년도 12월 15일 인민전선파 일제검거에
이어서 제2차 검거가 이루어져 오우치 효에大内兵衛(도쿄대), 아리
사와 히로미有沢広巳(도쿄대), 와키무라 요시타로脇村義太郎(도쿄대),
아베 이사무阿部勇(호세이대), 미노베 료키치美濃部亮吉(호세이대), 우
노 고조宇野弘蔵(도후쿠대) 등 '노농파 교수그룹'이 치안유지법 위반

으로 검거되었다.

이제 탄압의 광풍은 학원으로도 번지기 시작했다. 또 당시 중심적인 역할을 한 마르크스주의 이론잡지인 『유물론연구』를 발행하던 유물론연구회도 1938년 1월 해산당했고, 3월에는 『유물론연구』도 폐간되었다. 같은 해 4월에 『학예』라는 이름으로 다시 발행했으나 11월 관계자인 오카 구니오岡邦雄, 도사카 준戸坂潤, 고자이 요시시게古在由重가 검거되었다. 같은 해 1월 조직이 파괴된 프롤레타리아 문학자들의 유일한 모임이었던 '독립작가클럽'이 해산되었고 같은 해 3월에는 '일본신극클럽'이 해산됨으로써 일상적인 모임마저 차단된 진보적 문화인은 그 후 고립되어 각자 다양한 방법으로 저항하며 자신의 양심을 지키고자 노력했다. 그러나 결국 패배의 길로 들어설 수밖에 없었다.

지배자의 탄압은 날로 광범위해졌다. 심지어 과거에 학생의 '좌경·적화'를 방지하기 위해 문부성에서 펴낸 『학생의 사상선도』를 기획했던 가와이 에이지로河合栄次郎에게도 탄압이 가해졌다. 1938년 10월 그의 저서 4편, 즉 『파시즘 비판』(1934년), 『개정 사회정책 원리』(1935년), 『시국과 자유주의』(1935년), 『제2학생생활』(1934년)이 '안녕질서를 해친다'는 이유로 출판법 제19조에 따라 발행금지 처분을 받았다.

그리고 이듬해 1월에 도쿄대학 경제학부 교수직에서 추방된 그는 같은 해 2월 기소까지 당했다. 이 가와이 사건을 계기로 도쿄대 경제학부 내부에서는 가와이를 옹호하는 '순리파'와 이에 반대해 대학의 파쇼화를 추구하는 '혁신파' 사이에 격렬한 대립이 표출되었다. 이미 야나이하라 다다오矢内原忠雄 교수도 필화사건에 휘말려 학교를 떠나야만 했다. 대학은 외부로부터의 탄압 외에도 내부 구성원의 배반으로 인해 학문의 자유마저 박탈당하고 말았다. 도

가와이 교수 저작물 금지 관련 보도

쿄대 총장 히라가 유즈루平賀讓는 경제학부 내부의 갈등을 수습하기 위해 양쪽 모두에게 책임이 있다며 1939년 1월 가와이 교수에게 휴직처분을 상신함과 동시에 대립하고 있던 히지카타 교수에게도 같은 처분을 했다. 하지만 이 처분이 교수회의 결정에 따른 것이 아니므로 대학의 자치를 어지럽혔다며 '순리파'에서는 야마다 후미오山田文雄, 오코치 가즈오大河內一男 등이, '혁신파'에서는 혼이덴 요시오, 다나베 다다오田辺忠男 등 7명이 사표를 제출해 경제학부는 결국 궤멸상태에 빠졌다.

국민에게 '민족적 자각'을 심어주기 위해 광분하던 정부는 선전기관을 총동원해 '팔굉일우', '동아공영권', '동아신질서 건설'의 슬로건을 외쳤고, 나아가 1939년 9월 1일부터는 '흥아봉공일興亞奉公日' 운동을 벌여 매월 1일에 '히노마루 도시락'이라든가 '음식점 휴업'을 실시했다. 내각 정보국이 선정한 '애국행진곡'(1937년)을 항구마다 틀어놓고 '일본 호(배)를 세계일주에 나서게 하자'(1939년), 혹은 스모를 '국기國技 스모'로 장려하자는 등 온갖 방법을 동원해 '민족의식을 고양'하는 데 힘썼다. 재향군인회나 애국부인회를 비롯해 기타 파쇼 단체의 간부도 대중 속으로 들어가 활약했다. 하지만 국민대중은 겉으로는 통제에 굴종하면서도 내심 침략주의의 예봉을 감춘 '민족주의'에 동의하지 않았다. 이러한 저항적 정서는 당시 유행하던 군가에 스며든 구슬픈 애조라든가, 내 가족이 부디 살아 돌아오기를 바라는 마음으로 바늘땀을 떠 부적으로 만든 센닌바리千人針의 바느질 한 땀마다 서려 있었다. 국민의 저항이 일정한 형태로 불거지지는 않았지만 정부가 기도한 적극적인 아래로부터의 침략적 민족의식 고양은 결코 실현되지 않았다.

그런데 여기서 간과할 수 없는 문제는 국민들이 침략 전쟁에 대해 적극적인 지지를 하지 않았을 뿐, 정작 전쟁 반대운동은 거의 전개하지 못한 사실과 관련해 그 원인이 무엇인가 하는 점이다. 우선 앞서 살핀 바와 같이 광포한 탄압으로 인민의 당과 민주적 조직이 파괴되었고, 지도자는 투옥되거나 학살되어 국민의 요구를 수렴해 조직화하거나 방향성을 부여하지 못한 결과 그 에너지가 모두 분산되어 버린 것을 들 수 있다. 즉 민중의 주체적 힘이 미약했기 때문이었다. 그런데 이와 더불어 간과해서는 안 될 요인으로서 일본의 천황제파시즘이 국민의 잠재적 의식을 교묘히 이용한 측면을 들 수 있다. 이들은 자본주의 사회의 기본적 모순, 즉 부르주아·지주와 프롤레타리아·빈농·소작인 사이의 계급적 대립을 왜곡하고 얼버무리기 위해 천황에 대한 오래 된 국민감정을 이용했다.

'사치는 곧 적이다.'는 슬로건으로 마치 부유한 계급을 공격하는 듯한 행동을 애써 보이기도 했고, 항상 사회 밑바닥에 있는 빈곤한 사람들의 잠재적 불만을 국가시책에 따른 내핍생활을 솔선수범하고 있다는 '우월감'으로 바꾸려 했으며, 노동자에게는 '산업전사'라 하고 출정군인의 가족에게는 '명예로운 집'이라는 공허한 칭호를 부여했다. 또 널리 '일군만민', '일억일심'이라는 미사여구를 동원해 국민의 계급의식을 잠재우고자 했다. 이렇게 침략 전쟁의 '의의'와 '필요성'을 국민 대중에게 납득시키고 지지를 강요하며 전쟁을 통해 자신의 이익을 증대하고자 천황제 파시즘은 탄압과 중상모략으로 국민 대다수를 속여 가며 괴롭혔다.

### 문화인의 전쟁협력

사상, 문화, 오락에 대한 통제와 양심적 문화 활동에 대한 탄압과 더불어 지배자는 침략 전쟁을 미화하고 합리화하기 위해 문화인들이 자발적으로 사상 선전에 협력할 것을 바랐다. 이러한 요구에 응한 사람들 가운데는 어쩔 수 없이 굴복한 것이 아니라 자발적으로 침략의 첨병이 되는 것을 마다하지 않은 문화인도 결코 적지 않았다. 이러한 '문화인'의 자발적 협력이 침략적 '애국심'을 고양시켜 국민 대중을 태평양전쟁으로, 나아가 전쟁과 예속의 길로 몰아가는 데 매우 중대한 역할을 했다.

이 자발적 협력은 우선 작가의 종군과 현지보고라는 형태로 나타났다. 1938년 9월 이시카와 다쓰조石川達三, 니와 후미오丹羽文雄, 스기야마 헤이스케杉山平助, 후카다 규야深田久弥, 사카키바라 준榊原潤 등 22명의 문학가가 내각정보부의 명령으로 '펜 부대'로서 우한작전에 종군했다. 그에 앞서 1937년 8월 『중앙공론』에서 오자키 시로尾崎士郎와 하야시 후사오林房雄가, 『주부지우主婦之友』에서는 요시야 노부코吉屋信子가 각각 화베이과 상하이지역에서 현지보고를 저술했다. 또 『문예춘추』에서는 『분뇨담糞尿譚』으로 아쿠타가와상芥川賞의 수상자로 결정된 히노 아시헤이火野葦平

가 중일전쟁에 출정 중인 관계로 고바야시 히데오小林秀雄와 기시다 구니오岸田國士가 상을 전달한다는 명목으로 대륙으로 건너갔고, 『중앙공론』에서는 이시카와 다쓰조가 난징공략에 참가했다. 이렇게 대형 신문사와 잡지사가 하나같이 저명한 문화인을 현지로 파견해 특파원 르포를 지상에 게재하자 '보고문학'이라는 이름의 장르가 저널리즘에 유행했는데 이것은 오

히노 아시헤이(火野葦平)의 『보리와 군대 (麦と兵隊)』

랜 전쟁기간 동안 침략 전쟁의 한 축을 담당하게 되었다.

이러한 르포르타주를 문학 가운데 국민 대중으로부터 가장 열광적인 환영을 받은 것은 히노 아시헤이火野葦平의 『보리와 군대麦と兵隊』(1938년 8월, 개조사)라는 작품이었다. 이것은 쉬저우徐州작전에 참가한 한 병사의 종군일기로서 행군과 전투 과정의 체험이 생생하게 묘사되었다. 작품에서 묘사된 전쟁의 모습과 전투 부대의 생활상은 당시 중국에서 벌어지고 있는 전쟁의 모습을 궁금해 하던 '후방銃後'의 국민 대중들에게 흥미를 자극하는 역할을 톡톡히 했다. 그는 이어서 『토지와 군대土と兵隊』(1938년 10월, 문예춘추), 『꽃과 군대花と兵隊』(1938년부터 1939년 9월까지, 『도쿄아사히』 연재)를 발표해 일약 전쟁문학의 일인자가 되었다.

그런데 『보리와 군대』의 성공이 내각정보부로 하여금 앞서 본 문화인의 종군계획을 촉발시키는 계기가 되었다. 이시카와 다쓰조의 『살아있는 병사生きている兵隊』(1938년 3월, 『중앙공론』)는 난징공

략에 참가했을 때 자신이 경험한 것을 바탕으로 쓴 글이다. 여기서
는 살아있는 작가의 정신에 포착된 전쟁의 비인간적 폭력성, 그 안
에서 자신의 인간성을 상실해 가는 군인의 모습을 그렸다. 이 작품
은 결국 비인간적인 전쟁의 현실을 어차피 피할 수 없는 필연으로
받아들이고 긍정하고 있다. 그럼에도 불구하고 이 작품이 현실을
제대로 파악하고 있었기에 이를 문제 삼아 발간 금지하였고 작가를
기소했다. 이 사건은 작가들이 저술활동을 통해 적극적으로 저항
한다는 것이 얼마나 어려운 일이며, 무비판적으로 전쟁에 협력하는
것만이 유일한 보신의 길임을 많은 작가들에게 각인시킨 계기가 되
었다. 이 일을 겪고 이시카와 다쓰조는 『우한작전武漢作戰』(1938년)
을 발표함으로써 '필화사건'을 설욕하고자 했으나 결국 군국주의
를 추종하겠다고 충성을 맹세하게 되었다. 그 밖에 우에다 히로시
上田広의 『황진黃塵』(1938년 9월, 『대륙』)과 『포경경鮑慶卿』(1938년 8
월, 『중앙공론』), 니와 후미오丹羽文雄의 『돌아오지 못한 중대帰らぬ
中隊』(1938년 12월, 『중앙공론』), 히비노 시로日比野士朗의 『우쑹크리
크/야전병원 呉淞クリーク/野戰病院』(1939년 2월, 『중앙공론』), 오타케
야스코大嶽康子의 『병원선病院船』(1939년) 등이 당시의 주요 작품
들이었다. 이러한 '보고문학'은 한때 크게 유행했지만 매너리즘에
빠져 독자들에게 외면을 당해 점차 사라져갔다.

많은 문화인이 자발적으로 혹은 강제적으로 '멸사봉공', '국책
협력'의 길을 걸어갈 때 제2『문학계』(1933년 10월 창간)를 중심으로
시국에 편승한 평론이 침략 전쟁을 정당화하고 광포한 침략행위를
영웅시하는 사상적 지주 역할을 한 사실도 주목해야 할 대목이다.
1938~1939년에 걸쳐 아오노 스에키치青野季吉, 하야시 후사오林
房雄, 이부세 마스지井伏鱒二, 나카지마 겐조中島健藏, 미요시 다쓰
지三好達治, 곤 히데미今日出海, 나카무라 미쓰오中村光夫, 히노 아

시헤이火野葦平 등 29명의 동인이 모여 문단의 중심세력이 된 제2 『문학계』는 복고적 민족주의를 강조하는 '일본낭만파' 그룹(카메이 가쓰이치로亀井勝一郎, 아사노 아키라浅野晃, 야스다 요주로保田与重郎 등) 이 활약하는 주요 무대가 되었다. 이들이 주장하는 파쇼적 애국사 상은 『문학계』의 문단적 세력을 배경으로 함으로써 전쟁시대의 주 도적 논조가 될 수 있었다. 이러한 국민사상의 파시즘화를 촉진하 기 위한 적극적인 장을 제2 『문학계』가 제공한 것은 결국 당시의 엄 격한 탄압의 광풍 속에서 마지막 양심 내지 저항선을 지키고자 한 많은 귀중한 문화인들의 작업을 더욱 어렵게 만들었다.

중일전쟁 발발 후 얼마 지나지 않아 발표된 시마키 겐사쿠島木 健作의 『생활의 탐구』(1937년)와 『속 생활의 탐구』(1938년)를 계기 로 문학가들 사이에 농촌과 농민에 대한 관심이 고조되었다. 이 무 렵부터 1940년에 걸쳐 농민문학으로 불리던 일련의 작품이 발표 되었다. 농민문학의 유행으로 당시 저널리즘이 환영했던 와다 쓰 토우和田伝의 『옥토沃土』(1937년, 제1회 신조상新潮賞)라든가 이토 에 이노스케伊藤永之介의 『올빼미梟』(1937년), 『꾀꼬리鶯』(1938년, 제 2회 신조상) 등의 작품이 발표되었다. 아울러 침략 전쟁 수행을 위 한 국책의 일환으로 농촌문제=증산이 중시되었는데, 이러한 '국 책'과의 관계를 둘러싸고 새로운 농민문학의 전개가 요구되는 상 황에서 가장 노골적인 형태로 국책에 협력한 것이 바로 '농민문학 간담회'(1938년 10월 결성)였다. 이것은 당시 농림대신 아리마 요리 야스有馬頼寧가 지도·원조하고 그로부터 보증금을 받아 와다 쓰토 우, 시마키 겐사쿠, 이토 에이노스케, 후지모리 세이키치藤森成吉, 하야마 요시키葉山嘉樹, 하시모토 에이키치橋本英吉, 마루야마 요 시지丸山義二 등 농민문학에 관여했던 30여 명의 작가들이 결성한 모임으로서 농업국책에 도움이 되는 농민문학을 목표로 했다. 이데올로기에 지배된 이 모임의 농민문학은 이것을 전후로 하여 나타난 생산 확충 정책을 위한 '생산문학'이라든가 대륙식민·개척정책을 위한 '대륙문학', 그리고 해양어업의 진흥을 위한 '해양문학'과 더불어 침략 전쟁 수행정책이라는 잘못된 정치에 종속되었다. 이 때문에 리얼한 인물의 전형을 제대로 담지 못했고 그저 '시국'에 맹종하는 백치 같은 낙천적 인물이라든가 현실과는 전혀 다른 밝은 환경, 노동의 즐거움 등으로 뒤범벅된 서로 비슷한 작품밖에는 발표하지 못했다. 이러한 매너리즘으로 인해 이들 작품은 대중에게 예술적 감동을 전달할 힘이 없었고 점차 외면당해 1940년 무렵부터는 쇠퇴하기 시작했다.

전국적으로 침략 전쟁 협력이라는 비문화적 광풍 속에서 이른바 통속적인 대중문학도 통제의 그늘에서 벗어날 수 없었다. 오히려 소박한 민중의 애국심을 가장 노골적으로 자극한 것은 바로 이러한 대중문학이었다. 꿈 많고 감수성 풍부한 청소년층에게는 '신성한 제국군대'에 대한 동경심을 심어주는 수많은 '영웅미담'이 소개되었다. 여성층에서는 모성애와 인간애를 희생적인 '애국심'으로 바꿔치는 수법으로 헌신의 미덕을 조장하는 '군국의 야마토나데시코(현모양처) 이야기'가 넘쳐났다. 이처럼 대중문학은 다양한 형태로 국민생활 속에서 군국주의 풍조를 침투시켜 나갔다.

이러한 상황에서 1935년부터 1937년에 걸쳐 『아사히신문』에 연재된 후에 단행본으로 출간되어 모든 계층으로부터 압도적 인기를 모았던 요시카와 에이지吉川英治의 『미야모토 무사시宮本武蔵』는 검객 미야모토 무사시의 청장년기 수양 편력을 묘사하였고, 다수의 등장인물과 더불어 복잡한 구성을 통해 극적 갈등을 풍부하게 담아 낸 본격적인 대중문학이었다. 오로지 검도에만 정진하는 구도자인 주인공의 모습을 통해 노력하는 정신주의와 정의파 도덕

관을 강하게 담아냈다고 볼 수 있
다. 이 작품에서는 정의파 정신주의
가 봉건제라는 틀 안에서 고뇌하는
인간은 결국 자아를 버림으로써 구
원을 얻게 된다는 작가의 인생론적
논리가 전 편을 지배하고 있다. 이
러한 측면에서 보자면, '멸사봉공'
이라는 슬로건 아래서 개인의 존재
를 파쇼적 전체주의 안에서 해소(희
생)시킬 것을 강조하는 지배자의 이
데올로기와 이 작품은 어찌 되었든
일맥상통했던 것이다.

요시카와 에이지(吉川英治)의 『미야모
토 무사시(宮本武蔵)』

## 양심의 등불

장기간에 걸친 가혹한 지배자의 온갖 형태의 탄압은 국민대중
의 조직적 연대를 파괴하였고 생활은 물론이고 생명까지도 위협했
다. 그러나 이러한 광풍 속에서도 인간 양심의 등불을 끝까지 지키
고자 한 이들의 투쟁은 계속되었다. 그것은 고립된 최악의 상황에
서 이루어낸 투쟁이었고, 혹은 타협(전향)을 가장한 채 비록 미약하
나마 다양한 굴절을 감수하며 표출해 낸 눈물겨운 투쟁이었다. 비
록 힘은 없었지만 마지막 저항의 길을 괴로워하며 걸어간 사람들의
족적을 간과할 수는 없을 것이다.

그 가운데 구보 사카에久保栄의 『화산회지火山灰地』(1937~1938
년, 『신조新潮』)가 의미하는 바는 자못 컸다. 작품에는 홋카이도의
한 농업도시를 무대로 특수 토양인 '화산재 땅'을 일구어 농업생산
을 늘리고 과학자로서 학문적 양심을 주장하며 어디까지나 휴머니

신협극단, 『화산회지(火山灰地)』 제1막(1938년 6월 상연)

즘을 지키고자 하는 농업기술자가 등장한다. 이 작품은 이들 농업
기술자가 그곳 농촌에 강하게 뿌리내린 봉건적 생산방식과 끊임없
이 맞서 싸우며 그 과정에서 겪는 어려움, 억눌린 채 살아가는 농민
의 모습을 생생하게 그려냈다. 1938년 6월 6일부터 26일까지 신협
극단에 의해 제1부가, 그리고 6월 2일부터 7월 8일까지 제2부가 쓰
키지소극장에서 상연되자 관객석에서 '그렇지 그 맘 알지!'라며 호
응하는 환호와 탄성이 끊이지 않았다. 중일전쟁 발발 후 한층 강화
된 통제와 탄압 아래서 한편으로 병마와 싸워가며 주도면밀한 조
사와 작가의 연극에 관한 모든 기술과 정열을 쏟은 이 작품은 많은
문학(희곡)이 군부의 어용도구로 전락하고 비문화적 태도를 보였던
시대에 사회주의 리얼리즘의 실천적 승리를 보여준 기념비적인 희
곡으로 자리를 잡았다.

그 밖에 후지모리 세이키치의 『에도성을 내주다江戸城明け渡し』
(1938년), 히사이타 에이지로의 『도호쿠의 바람東北の風』(1937년)과
『신성가족』(1939년), 미요시 쥬로三好十郎의 『히코로쿠 크게 웃다彦
六大いに笑ふ』(1936년)와 『지열地熱』(1937년) 등의 희곡은 소극적이
기는 했지만 그 나름대로 빈곤한 당시 신극계에서 의미 있는 역할

을 담당한 작품이었다.

이 시기 소설계는 '보고문학'이 권력과 손을 잡고 지배적 지위를 차지했는데 다른 한편으로는 메이지 시기와 다이쇼 시기의 대가들, 즉 도쿠다 슈세이德田秋声, 마사무네 하쿠초正宗白鳥, 고다 로한幸田露伴, 다니자키 준이치로谷崎潤一郎, 시가 나오야志賀直哉 등 자신을 시대의 바람으로부터 차단한 공간에서 예술성을 지키고자 했던 작품이라든가, 가와바타 야스나리川端康成, 호리 나쓰오堀辰雄, 이부세 마스지 등 의식적 조작을 거쳐 예술성을 확보하고자 한 작품 등이 나오기도 했다. 또한 현실사회에서 소재를 찾아 예술적 진실을 담아내기 어렵기 때문에, 혹은 권력이 요구하는 '민족의 전통정신'을 각성시키려는 시대적 풍조로 인해 역사적 과거에서 소재를 구하려는 문학이 이 시기에 융성했다. 역사문학 가운데 혼조 무쓰오本庄陸男의 『이시카리가와石狩川』(1939년)가 소극적 형태로나마 양심적인 문학 정신을 지키고자 하였고 전쟁에 대한 저항을 표현한 작품으로 주목할 만했다. 그리고 도쿠나가 스나오德永直는 1936년 12월 과거 자신의 작품을 절판하겠다고 발표한 후 점차 시대의 압력을 견디지 못해 대륙개척촌 시찰기인 『선견대先遣隊』(1939년, 『개조』)를 쓰기도 했으나, 그렇다고는 해도 완전히 굴복하지 않고 역사문학으로 선회하는 자세를 취하면서 『타인 속으로他人の中』 외에 노동자의 역사를 다룬 작품을 계속해 발표했다.

일찍이 프롤레타리아 문학에서 뛰어난 재능을 발휘했던 사람들이 파시즘의 첨병으로 전락하거나 정신주의로 회피하는 등 자신의 소신에 따라 전향이나 굴복을 택하였을 때 감옥 안에서도 자신의 신념을 굽히지 않고 양심에 따라 투쟁을 계속했던 구라하라 고레히토蔵原惟人와 미야모토 겐지宮本顕治[7] 등 평론가들의 태도라든가 미야모토 유리코百合子와 나카노 시게하루 등의 활동은 오늘

날까지 높이 평가되고 있다. 1937년 말부터 약 1년 반에 걸쳐 나카노 시게하루와 더불어 집필금지 처분을 받은 미야모토 유리코는 그 후 한층 강화된 감시 속에서도 침략 전쟁과 압제의 봉사자로 전락해 가는 보수적 문학계에 항의하면서, 인간성을 필사적으로 지키기 위한 평론과 소설을 태평양전쟁 발발과 동시에 검거 투옥될 때까지 계속 집필했다. 1939년에 집필된 소설 『삼원杉垣』(11월, 『중앙공론』)과 평론으로『풍속의 감수성風俗の感受性- 현대풍속의 해부-』(『미타신문三田新聞』), 『인생의 공감人生の共感 - 요구되는 문학에 대하여-』(『문예』), 『현실과 문학現実と文学 -사의적思意的 생활감정-』(『제국대학신문』), 『오늘날의 문학과 문학상今日の文学と文学賞』(『현상계懸賞界』) 등이 있다. 이 시기 유리코의 심정은 남편 미야모토 겐지와 주고받은 왕복서한집으로서 종전 후 출간된 『12년의 편지』에도 분명히 나오는데, 당시 엄격한 문학적 저항이 얼마나 어려웠는지를 엿볼 수 있다.

　　나카노 시게하루도 미야모토 유리코와 더불어 집필금지 처분을 받았고 '전향'이라는 복잡한 부담을 안고 있으면서도 시인·소설가·

미야모토 겐지와 유리코 부부(좌), 『12년의 편지』 표지

평론가로서 끈질기게 저항을 계속했다. 그는 우선 시인으로서 자부심을 내걸고 안에 잠재된 반항의 정신에 예술적 숨결을 불어넣었고, 일견 난삽하게 느껴지는 그의 문체를 통해 파시즘에 의한 일본 문학의 파괴를 막는 데 기여했다. 1939년에 발표한 소설 『공상가와 시나리오』(『문예』)와 『노래의 갈림길歌のわかれ』(『혁신』)이 있고, 시로는 『개조』 7월호에 발표한 『Impromptu』이 있고, 평론으로는 종전 후 『즐거운 잡담楽しき雑談』에 수록된 몇 가지 「잡글雑文」이 있는데, 마치 짧은 시와 같은 문장이다.

그 밖에 마지막 저항선은 빼앗길 수 없다며 저항한 문학가들이 다양한 방식으로 발표한 업적이 있다. 평론에서는 구보카와 쓰루지로窪川鶴次郎의 『현대문학론』(1939년, 중앙공론사), 시詩에서는 종전 후 『낙하산』, 『도롱이벌레의 노래鬼の子の唄』, 『나방蛾』 등의 시집으로 발간된 가네코 미쓰하루金子光晴의 허무주의적인 반파시즘을 담은 시가 있다. 그리고 오구마 히데오小熊秀雄는 병마와 싸워가며 파시즘에 저항한 노동시인으로서 부끄럼 없는 삶을 살았다. 그는 죽을 때까지 '샤베리(읊조림·지껄임)'를 멈추지 않았으며 그의 시도 이 시기의 대표적 작품이었다. 이러한 파시즘의 광풍에 저항한 사람들의 고난에 찬 투쟁이 하나의 세력으로 규합되지 못한 것은 국민 대중을 마지막 파멸로 몰아간 일본의 불행이었다. 그러나 사람들의 소박하지만 담담한 바람이 저류에 흐르고 있었다는 것은 역사의 수레바퀴를 앞으로 돌리는 데 적잖은 힘이 되었다.

1 　아이카와 요시스케(鮎川義介, 1880~1967) 닛산자동차의 전신인 닛산콘체른의 창립자이다. 히타치 금속, 만주중공업개발 등을 설립했다. 전후 전범으로 스가모 구치소에 20개월 동안 감금되었으나 곧 석방되었다. 50년대 이후 참의원에 당선되어 재계를 대표하는 정치인으로 활동했다.

2 　원문에는 '북선'(北鮮)이라 되어있는데, 이는 당시 '조선'의 북부 지역, 즉 현재의 '북한 지역'을 가리킨다. 원문 작성 시점이 전후이므로 본서에서는 편의상 '북한 지역'으로 번역한다.

3 　인도와 동남아 지역의 식민지에서 고용된 중국계, 인도계 인부를 쿨리(苦力)라 불렀는데, 인부들 즉 쿨리를 송출하고 관리하는 우두머리 업자를 쿨리토(頭)라 불렀다. 일본어의 오야가타(親方) 역시 인부들의 우두머리 또는 작은 조직의 우두머리를 일컫는다.

4 　강령 제1조 "우리들은 근로봉공의 정신에 기초해 덕성을 함양하고 식견을 계몽해 농촌문화의 완성을 기한다."

5 　총후(銃後)는 후방(後方)을 가리킨다.

6 　김두용(金斗鎔, 1903~미상) 일제강점기 사회주의 운동가. 함경남도 함흥 출신. 동경제국대학 미학과를 중퇴하고 1927년부터 사회주의운동에 가담했다. 사회주의 잡지 『무산자』를 발행하고 일본에서 사회주의운동을 전개하며 여러 차례 투옥되었다. 1947년 재일본조선문화단체연합회에 참여하다가 1948년 북한으로 건너갔다.

7 　미야모토 겐지(宮本顯治, 1908~2007) 공산주의 운동가. 전후 일본공산당을 이끌고 1977년까지 당수를 지냈다.

제5장

# 제2차 세계대전
# 발발과 일본

# 제1절 일독군사동맹 문제와 국제대립의 격화

## 고노에近衛 내각에서 히라누마平沼 내각으로

1938년 10월 일본군은 광둥과 우한의 삼진三鎭(우창, 한양, 한커우)을 공략한 후 진공작전을 일단 중지함으로써 중일전쟁은 장기지구전 단계로 들어갔다. 이것은 일본정부와 군부가 당초부터 의도한 '지나사변(중일전쟁)'의 조기 해결이 결정적으로 실패했다는 것을 의미했고, 그 결과 일본제국주의의 모순은 국내외적으로 점점 더 심화되어 갔다. 일본제국주의는 늪에 빠진 중일전쟁을 수습하기 위해 "중국인으로 하여금 중국인을 제압한다는 정치적 공세, 전쟁으로 전쟁을 처리한다는 경제적 침략, 그리고 점령지에서의 광기 어린 군사적 '소탕'(『마오쩌둥선집』 제4권)을 추진했다. 그리고 열강의 대중국 원조를 방해함으로써 중국의 굴복을 유도하고자 했다. 그런데 전쟁이 열강 권익의 중심지인 화중과 화난 지역으로 파급되고, 이 지역에서 경제수탈이 강화되자 중국에서의 권익, 양쯔강 개방, 문호개방주의 실시 등을 둘러싸고 열강과의 대립이 격화되었다.

중국의 항복을 저지하고자 하는 열강의 대중국 원조는 눈에 띄게 강화되었다. 그러자 일본은 이에 맞서 독일·이탈리아와 추축국 관계를 강화하는 계획을 추진했다. 한편 중일전쟁의 장기화와 국제적 대립의 격화를 배경으로 '지나사변 중에는' 발동하지 않겠다고 약속함으로써 의회에서 통과되었던 국가총동원법이 연이어 발동되고 생산력 확충이 추진되었으나, 뿌리가 약한 일본경제는 곧바로 물자 부족, 전업과 실업, 노동력 부족, 인플레이션 등 각종 문제에 직면해 심각한 사회불안이 초래되었다. 이러한 모순들은 고노에 내각 말기에 이미 표면화되었고 수습방법을 둘러싸고 내각 안에서 대립이 격화되었다. 이타가키 육군대신, 스에쓰구 내무대신으로 대표되는 이른바 '혁신파'는 일-독-이 군사동맹의 추진, 총동원법의 전면 발동을 통한 적극적인 정책을 주장하면서 내각의 주류인 이케다 대장대신, 요나이 해군대신 등과 대립함으로써 내각의 시책은 지독한 난관에 봉착했다.

원래 일독 군사동맹 주장은 소련을 제압하고 재만 병력을 중국 전선으로 돌려서 중일전쟁을 조기에 종식하기 위한 것으로 그 해 8월 5상회의에서 결정되었다. 그런데 12월 첫 5상회의에서 이타가키 육군대신은 말을 뒤집어 일독 군사동맹에 관한 결정은 소련만이 아니라 영국과 프랑스도 대상에 집어넣어야 한다고 강경하게 주장했다. 그 결과 5상회의는 거의 개최 불능 상태에 빠졌다. 11월 중순 무렵 이미 고노에 수상이 사직을 결심했는데 12월 하순 왕징웨이가 충칭을 탈출해 화평구국을 선언하자 그의 사직은 기정사실화되었다. 고노에 수상의 사직에 강경하게 반대한 쪽은 이타가키 육군대신으로 대표되는 육군이었는데, 내각 경질이 전선에 있는 장병의 사기를 저하시키고 왕징웨이 공작을 어렵게 한다는 것이 주된 이유였다. 육군은 중일전쟁이 장기화되면서 어려움에 처하자 고노에를 끝가지 이용해 정치력을 보완하고자 했다. 간인노미야 참모부장을 통해 천황에게 고노에의 유임을 간청했으나 결국 실패했다.

후임 총리대신 후보자는 이미 고노에 총리대신과 이케다 대장대신, 유아사 내대신이 추천했다. 고노에는 처음부터 히라누마 추밀원 의장을 생각하고 있었다. 만주사변 전후부터 2·26사건에 이르기까지 추밀원 부의장을 지낸 히라누마는 반동적 단체인 국본사 회장으로서 우익과 군부에 접근해 이들의 혁신운동을 지지한 사람이었다. 그러나 2·26사건 후 추밀원 의장이 되자 국본사와 관계를 끊고 이를 해산시킬 정도로 원래 혁신적 성향이 희박했던 인물이었다.

1939년 1월 4일 고노에 내각은 중일전쟁이 새로운 단계로 접어들었고 정국을 혁신할 필요가 있다며 성명을 발표하고 총사직을 결행했다. 이어서 히라누마가 천황으로부터 조각을 명받고 총리대신에 취임했다. 조각에 착수해 5일에 구성을 마친 히라누마 내각은 고노에 외에도 이전 내각에서 7명을 유임시킬 정도로 고노에 내각의 연장이라는 성격이 강했다. 특히 중국 관련 정책을 계승하겠다고 천명했다. 또 고노에 내각에서 우익운동, 영국 배제 지지자였던 스에쓰구 내무대신은 기도 후생대신으로 교체하고, 아리타 외무대신도 방공협정 강화 대상에 영국과 프랑스를 포함시키지 않을 것을 조건으로 유임을 받아들였다. 그러나 육군에서도 일-독-이 군사동맹에 대한 입장을 굽히지 않아 이 문제를 둘러싸고 그 후로도 갈등이 지속되었다.

히라누마 내각은 '총친화総親和', '만민보필萬民輔弼'을 슬로건으로 내건 데에서 알 수 있듯이 장기전으로 돌입해 발생한 경제적 모순과 정치적 대립에 대해 단호한 해결을 시도하지 않고 여러 세력의 균형 위에서 타협적인 정책을 지향했다. 내각 성립 직후에 제74회 의회가 재개되었다. 히라누마 내각은 주로 고노에 내각의 방침을 그대로 답습하며 의회에 임했다. 이 때 이미 내각의 성격이 그대로 드러났다. 고노에 내각에서는 장기전 단계로 이행이라든가 경제통제의 진전에 대응하여 정치체제의 정비, 국민동원의 강화를 꾀하고자 내각제도와 관리 제도를 개혁하고, 신당운동과 국민재조직

문제를 과제로 삼았다. 그러나 히라누마 내각은 이러한 과제를 적극적으로 추진하지 않았다. 우선 전자와 관련해서는 단순히 문관임용령을 개정해 하급관리의 대우개선을 하는 선에서 그쳤고 신분보장제도의 폐지를 포함하는 관리제도의 근본적 개혁은 전혀 손대지 않았다. 또 후자와 관련해서는 기도 내무대신이 "국민재조직은 국민을 모욕하는 것"이라고 회피함으로써 종래의 국민정신총동원을 강화하고 관료통제를 보완하는 방법을 취했다. 그러나 이것도 4월에 히라누마 총리대신, 아라키 문부대신 등이 히비야 공회당에서 국민정신총동원 강화 대강연회를 개최하는 선에 머물렀다.

이로써 정치는 국민으로부터 유리되어 국민에게 중압감을 가할 뿐이었다. 그러나 정당도 이러한 정부 방침에 대해 어떠한 반발도 하지 않았고 그저 시류를 좇아 '총친화'의 열매만 얻고자 했다. 제74회 의회에서는 미곡법안과 기타 중요법안이 회기 중반 이후에 뒤늦게 제출되었음에도 불구하고, 예산은 물론이고 89건의 정부 제출법안이 불과 11건만 수정된 채 마찰 없이 모두 가결되었다. 또한 그 가운데 57건이 경제 관련 법안이었다는 것은 당시 경제통제의 진전을 반증하는 것이었다. 그리고 의회는 상하이조계문제, 북양어업문제 등에 대해서도 강경한 결의와 발언을 쏟아내며 정부를 채찍질하였고, 정부도 이에 호응해 외교문제에 대한 '거국일치'를 과시한 결과 이 의회는 흥아의회興亞議会라고 불릴 정도였다. 이렇게 이미 의회는 외교방침을 선명히 하기 위한 선전기관으로 전락했다.

## 동아신질서

장기전에 돌입한 중일전쟁을 수습하고자 고노에 총리는 이미 1938년 11월 3일 '동아신질서 건설 성명'을 발표함으로써 '국민정부를 상대하지 않겠다'는 방침을 완화하고, 어전회의에서 결정된

'일중 신관계 조정방침'에 기초해 '선린우호, 공동방공, 경제제휴'라는 고노에 3원칙을 천명했다. 왕징웨이는 이에 호응해 충칭을 탈출, 화의공작을 시작했다. 그 이전의 화의방침은 국공합작을 분열시키고 유화정책을 취하고 있던 영국을 일본 측에 협력하도록 하여 국민정부를 화의로 유도하는 것이었다. 그러나 일본군의 중국 침략이 진전됨에 따라 제국주의 국가들 사이의 대립이 격화되면서 기존 화의방침의 일환으로 추진했던 우가키-크레이기 회담이 좌절되고, 육군의 왕징웨이 공작은 결국 그를 데려오는 데 그쳤으며, 국민정부에 대한 열강의 원조는 더욱 강화되었다. 이러한 배경에서 나온 동아신질서 주장은 교착상태에 빠진 중일전쟁을 수습하기 위한 카드였다. '선린우호, 공동방공, 경제제휴'라는 것은 결국 '정치적 공세, 군사적 소탕, 경제침략'을 뜻했다.

히라누마 내각은 고노에 내각의 중국정책을 계승했는데 당시는 아직 왕징웨이가 정권수립을 결정하기 전이었다. 왕징웨이는 1939년 6월 저우포하이, 카오쭝우高宗武 등을 대동하고 일본을 방문해 히라누마 총리를 비롯해 각 대신과 고노에 추밀원 의장 등을 만나 새 중앙정부 수립에 관해 원칙적으로 합의했다. 이들과의 회담에서 왕징웨이는 외부의 압박으로 정체의 변경을 꾀한다는 개념을 버리고 민심을 수습하기 위해서는 국민정부라고 칭하고 삼민주의를 받들어 청천백일기青天白日旗를 사용해야 한다고 끝까지 주장했다. 그리고 일본 측이 주장하는 화베이와 화중의 분할통치에 강하게 반대해 일본의 양보를 이끌어냈다. 그러나 그 구체적 내용에 관해서는 양자 사이에 이견이 남아있었다. 특히 새 중앙정권 수립에 대해서는 각각 배후에서 임시정부와 유신정부를 주장하던 일본 북지파견군과 중지파견군이 강하게 반대했다.

중국국민의 항전을 전투만으로는 제압할 수 없음을 깨달은 히라누마 내각은 왕징웨이 공작을 통해 정치적 공세를 취하고 아울러 점령지에서 경제수탈을 강화하며 열강의 중국원조를 차단함으로써 난국을 타개하고자 했다.

특히 뮌헨회담에서 확인된 영국·프랑스의 유화정책은 일본의 남진을 유도하는 자극제가 되었는데, 이는 1939년 2월 하이난 섬海南島 점령으로 나타났다. 하이난 섬은 자원 측면에서 중요하지만 프랑스령 인도차이나 공격의 거점으로서도 중요한 의미를 지녔다. 이에 대해 미국, 영국, 프랑스 3국은 곧바로 항의했으나 일본은 3월이 되자 하이난 섬 남방 700마일 지점에 있는 작은 산호초 섬들로 이루어진 신난군도新南群島[1]의 병합을 선언하고 프랑스령 인도차이나를 통한 중국 원조루트에 대해 압박을 가했다.

일본의 점령지 경제수탈 강화로 인해 미국·영국 등 열강들과의 대립이 심화되었는데, 특히 영국 권익의 근거지인 조계지를 둘러싸고 분쟁이 발생했다. 조계지는 항일분자라든가 반일적 경제·정치활동의 근거지이자 중국 원조루트로 활용되었으며, 그 밖에도 중국의 반半식민지 상태를 반영하듯 이들이 경제적 실권을 장악하고 있었기 때문에 일본군의 점령정책은 톈진에서 상하이를 거쳐 구랑위鼓浪嶼에 이르기까지 각 지역의 조계지에서 알력을 빚었다.

일본군은 조계공부국租界工部局의 개편을 요구하며 압박했다. 조계문제가 가장 첨예한 형태로 나타난 곳은 일본이 점령지를 경영하면서 통화의 통일 및 수출관리까지 장악한 화베이 지역의 톈진조계였다. 톈진조계 문제가 불거진 직접적 원인은 조계 내 친일중국인에 대한 테러사건이었다. 1939년 4월 해관감독인 청스궁程錫庚[2]이 암살되었는데, 일본군의 범인 인도 요구를 톈진 영국총영사가 범인의 자백 외에는 물적 증거가 없다며 거절했다. 그러나 이 문제는 단순한 범인 인도에 그치지 않고 톈진 조계를 대표하는 영국의 화베이 내 권익 문제로까지 번졌다. 원래 톈진은 화베이 경제의 심장과 같은 곳으로서 톈진의 영국·프랑스 조계는 화베이의 제3국 및 상하이무역 뿐만 아니라 오래 동안 화베이의 금융과 외환을 지배하고 있었다. 그런데 1939년 봄 임시정부의 중앙은행권이 급락하면서 경제계가 혼란에 빠지자 일본군은 이 기회를 이용해 법폐의 근거지인 톈진 조계에 법폐의 유통을 금지시키고 현은現銀 거래를 비롯한 경제협력을 요구했던 것이다.

## 일독동맹 문제의 분규와 대 영·미 교섭

이러한 정세 속에서 내각이 긴급한 과제로 삼은 것은 일본·독일·이탈리아 군사동맹 문제였다. 이 문제를 둘러싼 육군과의 힘겨루기가 고노에 내각 총사직의 주된 원인이었다. 군사동맹의 적대국으로서 소련만 상정하자는 고노에 총리, 아리타 외무대신, 요나이 해군대신과 달리, 이타가키 육군대신, 오시마 주독대사 등은 영국과 프랑스도 견제대상에 포함시킬 것을 주장하며 맞섰다.

1939년 1월 초순 독일과 이탈리아 양국은 히라누마 내각에게 3국 군사동맹을 정식으로 제안했다. 그런데 그 제안은 육군이 오시마 대사에게 보낸 안을 기초로 한 것으로 영국과 프랑스도 적국의 범주에 포함시키자는 내용을 담고 있었다. 아리타 외무대신은 숙고 끝에 육군 측 의견의 발원지인 육군성, 참모본부의 중견간부들과 흉금을 털어놓고 의견을 교환한 뒤 같은 달 19일 5상회의에 참석했다. 5상회의에서는 독일·이탈리아의 안에 대해 이타가키 육군대신만 찬성했다. 그러나 결국 "소련을 주 대상으로 삼는다. 상황에 따라 영국과 프랑스 등도 대상으로 하되 이 경우 무력원조는 상황에 따르도록 한다. 외부에는 방공협정의 연장이라고 설명한다."는 외무대신이 제시한 타협안도 승인되었다. 이것은 육군에 대한 최대의 양보이므로 더 이상 타협의 여지는 없다는 메시지를 특별히 이토伊藤 공사, 다쓰미辰巳 대좌, 아베阿部 대좌를 특사로 파견해 오시마 주독일 대사와 시라토리白鳥 주이탈리아 대사에게 전하도록 했다. 그러나 오시마 대사는 이 훈령을 무시하고 정부에 재고해 줄 것을 요청했다.

그 후 타협안 작성의 가부, 참전 범위와 정도를 둘러싸고 5상회의에서 분규가 그치지 않았다. 5월이 되자 독일 측은 타협안으로 가우스 안을 제시했는데 다소 표현만 바꾸었을 뿐 본질적으로 종래의 주장을 되풀이한 것이었다. 히라누마 총리는 육군대신을 지지하며 가우스 안을 수락하자고 주장함으로써 아리타 외무대신, 요나이 해군대신, 이시와타 대장대신과 대립하여 분쟁만 되풀이했다. 그 사이 5월 22일 독일과 이탈리아 양국은 군사동맹을 체결했다. 그 후에도 일본정부와 독일 내에서 참전범위와 조건을 둘러싸고 대립이 계속되자, 육군이 측면에서 압력을 가함으로써 정국은 더욱 동요했다.

육군 측의 정치공세는 톈진 사건과 노몬한 사건을 둘러싼 강경한 태도와 영국 배척운동으로 나타났다. 우선 톈진문제를 보면, 현지 군사당국이 5월에 청스궁 암살사건의 용의자 인도와 임시정부 통화대책에 관한 협력을 요구했는데, 영국이 이를 수락하지 않자 6월 14일 드디어 톈진의 영국·프랑스 조계에 대한 봉쇄를 실시했다. 그리고 19일에는 격리철조망에 전류를 흘려보내기 시작했다. 이에 대해 영국 정부는 "일본 현지당국이 영국에 대해 장제스 원조의 포기, 동아신질서 건설에 대한 협력 요구를 철회하지 않는 한 영국 정부는 중국에서의 권익 옹호를 위해 직접적이고 실질적인 조치를 고려하겠다."며 강경한 태도를 보였다. 그러나 유럽의 상황이 여전히 급박하게 돌아가고 있었고, 미국은 적극적 원조의사를 밝히지 않

앞으로 영국으로서는 강경한 태도를 관철하기 어려웠다. 그 결과 19일 영국 외무장관은 이것을 국지적인 문제로 해결하기를 바란다고 표명하고 26일부터 현지해결 방침이라는 명분을 내세우며 아리타 외무대신과 크레이기 주일 영국대사가 도쿄에서 회담을 열도록 결정했다. 7월 15일 제1차 회담이 개최되었고 영국도 처음에는 강경한 태도를 보였으나 양보하여 22일에는 양측 사이에 원칙적인 양해가 성립되어 다음과 같은 각서를 발표하게 되었다.

"영국정부는 대규모 전투행위가 벌어지고 있는 중국의 상황을 확인하였고 … 중국에서 일본군이 안전을 확보하고 치안을 유지하기 위해 특수한 요구를 할 수 있다는 사실을 인정하며, 또한 일본군을 해치거나 중국 측에 유리한 행위를 배제할 필요가 있다고 생각한다. 영국 정부는 일본군의 이러한 목적 달성에 방해가 될 만한 행위나 조치를 가급적 배제하고 중국에 있는 영국 국민에게 이 사실을 명확히 전달함으로써 상기 정책을 인식하도록 할 것이다."

아리타-크레이기 회담 (1939년 7월 25일)

이렇게 영국이 뜻하지 않게 타협적인 자세로 나오자 미국은 갑자기 7월 26일 일미통상항해조약 폐기를 선언했다. 그 목적은 일본의 중국 침략 전에 굴복하려는 영국을 격려하고 일본을 저지하는 세력으로서 미국의 존재감을 다시 한 번 부각시키려는 데 있다. 일미통상조약의 폐기는 그 효력이 발생하는 6개월 후부터는 미국이 일본에 대한 수출입무역을 자유로이 통제하고 중지할 수도 있다는 것을 의미했다. 대일군수물자의 수출금지는 곧바로 일본을 자극하였고 대미 보복조치를 유발할 우려가 있지만 조약 폐기는 6개월의 유예기간 조항이 있어 그 사이 미국 정부는 군수물자 금지 여부를 결정할 수도 있고, 일본으로서도 그 사이에 대미정책을 수정해 타협할 수도 있는 유연한 카드였다. 다시 말해 조약 폐기는 일미 간에 전쟁을 유발할 위험도 적고 적절히 일본을 견제할 수 있는 조치로 인식하고 있었다. 당시 미국 상원외교위원회는 공화당의 반덴버그가 제안한 일미통상조약 폐기안을 심의하고 있었고 미국정부는 이것이 통과되기를 기다려 폐기를 통고할 예정이었다. 그러나 26일 토의에서 심의가 길어지자 위원회 결정을 기다리지 않고 이례적으로 같은 날 오후 5시 이 안을 통고하고 예상 외로 저자세를 취한 영국을 고무시키려고 했다.

한편 일영협상은 같은 날인 26일부터 세부사항 협상에 들어갔다. 당초 영국 측은 대폭 타협할 의사를 보였지만 우선 경제문제로 대립했고 이어서 미국의 통상조약 폐기선언 이후로 점차 강경한 태도로 임했다. 당시 일본 정부 내부에서 3국 군사동맹론이 강화되는 상황과 맞물려 8월 10일 톈진의 현지군 대표가 철수를 통고하자 영국은 저격범을 인도하겠다고 밝히는 등 약간의 유화적 태도를 보이기도 했지만 21일 결국 회의는 중단되어 사실상 결렬되었다. 종래 영국과 미국 양 제국주의국가 사이의 대립을 이용해 중국 침략을 추진해온 일본제국주의는 이 단계에서는 긴박한 유럽정세에 직면한 영국과 프랑스에 압력을 가해 동아신질서에 협력하도록 하고자 했으나 이렇게 실패로 끝나고 말았다.

## 노몬한 사건

그 사이 5월 이후 만주국과 외몽고인민공화국의 접경지인 후룬베이얼시呼倫貝爾市의 노몬한[3]에서 국경침범문제를 계기로 일만군日滿軍과 소몽군ソ蒙軍 사이에 대규모 전투가 벌어졌다. 그 이전에도 소만 국경에서는 장고봉 사건을 비롯해 수많은 국경분쟁이 있었다. 이 때 대규모 전투가 벌어진 것도 우연이 아니었다. 사건 1개월 전인 1939년 4월 관동군은 국경분쟁 처리요강을 하달했는데 다음과 같은 주목할 만한 내용을 담고 있었다.

- 월경할 때에는 이들을 급습해 박멸한다. 이를 위해 잠시 소련영토를 침입하는 것을 인정한다.
- 국경선이 명확하지 않은 지역에서는 방위사령관이 자주적으로 국경을 인정하고 제1선 부대에 명확히 지시한다.
- 분쟁이 발발할 경우 제1선 부대는 단호, 적극, 과감하게 행동해야 하며 그 결과 파생된 사태의 수습 및 처리는 상급사령관에게 믿고 맡긴다.
- 종래의 지시와 통첩 등은 지금부터 일체 폐기한다.

그런데 이 노몬한 지역은 만주-몽고-소련의 국경선 확정을 둘러싸고 항상 잡음이 있었던 곳이었고, 일본군은 할힌골(몽골어 Халх гол, 중국어 哈拉哈河, 영어 Khalkhgol) 강을 국경선으로 주장한 반면에 소련과 몽고는 이 강에서 동쪽으로 약 30킬로미터 떨어진 노몬

한 부근을 주장했다. 쓰지 마사노부辻政信의 『노몬한ノモンハン』에 따르면 사변 이후 국경을 확정할 때 가장 권위가 있는 만철조사부가 발행한 문헌기록에는 간혹 할힌골 강 부분에 관한 내용이 일본에 불리하게 적혀있었기 때문에

노몬한 전투의 일본군

새로 법령을 만들어 이를 없애거나 배포를 금지시켰다고 한다.

노몬한 사건은 5월 12일 외몽고군 기병 약 700명이 할힌골 강을 건넌 것을 일본군이 국경침범으로 간주해 위의 요강에 따라 이들에게 공격을 가함으로써 시작되었다. 그러자 외몽고군이 병력을 증강해 반격해옴으로써 전투가 확대되었다. 당시 관동군 작전참모였던 핫토리 다쿠시로福部卓四郎와 쓰지 마사노부 등은 이것을 트집 잡아 이 사건은 일본의 중국 작전을 견제하기 위한 소련의 음모라고 간주하고, 당시 진행 중이던 일영회담의 결과를 기다려보자는 신중론을 비난하면서 소련에 대한 철저한 응징을 주장했다. 참모본부로서도 장고봉 사건 당시와는 달리 중국 작전이 비교적 숨고르기를 하는 시기였으므로 관동군의 '적절한 조치를 기대'한다며 적극적으로 간섭하지 않았다.

관동군이 톰스크와 산베르 등 후방기지를 폭격한 결과 소련군도 상호원조 조약에 따라 외몽고군에 대한 지원에 나섬으로써 전투는 예상 외로 확대되었다. 참모본부는 국지전으로 한정한다는 방침을 세우고 있었다. 노몬한이 일만 측 철도에서 비교적 가까운 반면 소련 측 철도로부터는 약 150리나 떨어져 있어 사용 병력에 한계가 있을 것이라고 판단해 일본군이 공격하면 쉽게 수습될 것이라

소련군 전차 부대와 일본군 포로

판단한 것이다. 사건 발생 직후 일본군은 제23사단을 근간으로 삼았는데 7월에는 병력을 증파해 할힌골 강을 건너 우회작전을 시도했다. 그러나 소몽연합군의 반격에 부딪혀 일본군은 패퇴하였고 대거 포병과 전차를 잃게 되었다. 8월이 되자 예상되는 소련군의 공격에 대비해 오기스 릿페이荻洲立兵 중장을 사령관으로 하는 제6군을 편성했다. 그런데 8월 20일 시작된 소몽군의 공격은 의외로 대규모로 전개되어 우월한 포병과 전차를 대거 투입해 일본군을 양쪽에서 포위해 결정적인 타격을 입혔다. 소련군의 화포와 전차는 일본군과 비교가 되지 않을 정도로 강력했고 뛰어난 보급능력으로 예상을 뛰어넘는 강대한 군사력과 군수품을 통해 일본군을 압도했다. 이 과정에서 일본군은 궤멸될 만큼 타격을 입어 사상자가 1만 수천 명을 넘어섰다. 관동군은 제2사단, 제4사단을 제6군에 추가 투입해 반격을 준비했으나 이미 전세를 뒤집을 수 없었다.

## 제2절 뮌헨협정

### 독일의 오스트리아 합병

아시아에서 중일전쟁의 포성이 멈추었을 때 유럽에서는 독일의 전쟁준비가 급속도로 진행되고 있었다. 1933~1934년도 독일의 군사비는 30억 마르크였는데 1936~1937년도에는 126억 마르크로 불어났다. 그리고 1936년 독일 공군의 작전용 비행기 수는 2,000기에 달해 영국의 공군력을 능가하게 되었다. 군사용 화학공업의 발전은 매우 급격히 이루어졌다. 이제 나치 독일은 침략을 향해 전력질주를 시작한 것이다. 히틀러의 '나의 투쟁'에 나타난 침략프로그램은 유럽의 약소국을 희생양으로 삼는 확장정책과 소련 특히 우크라이나 점령과 프랑스 격파에 중점을 두고 있었다. 앞서 본 에티오피아, 스페인에 이어 유럽의 약소민족이 먼저 먹잇감이 된 것이다.

때마침 정세는 독일에게 유리하게 돌아갔다. 오스트리아 문제로 인한 이탈리아와의 갈등은 이미 독일-이탈리아 추축 결성을 통해 제거되었다. 1937년 5월 성립한 영국의 체임벌린 내각은 독일에 대해 유화정책을 유지했고 7월에 시작된 극동의 중일전쟁에서도 일본에 적극적인 반대 입장을 취하지 않았다. 이로써 독일의 오스트리아 점령은 초읽기에 들어갔다.

1937년 11월 5일 베를린 총통 관저에서 히틀러와 괴링을 비롯한 나치 독일의 영수들이 비밀리에 회의를 열고 여기서 오스트리아와 체코슬로바키아 점령 방침을 결정했다.(『뉘른베르크 재판기록』) 그런데 19일에는 영국 추밀원의장 할리팩스Edward Wood, 1st Earl of Halifax가 비공식으로 독일을 방문해 히틀러에게 영국, 프랑스, 독일, 이탈리아 4국 협정을 제안했다. 이 당시 할리팩스는 독일이 오스트리아와 체코슬로바키아를 욕심내는 것을 인정했다. 영국은 소련이 가입하고 있는 국제연맹 대신 새로운 자본주의 열강의 국제조직을 원하고 있었다. 반공이라는 명분으로 열강으로부터 자신의 야심을 용인 받고자 했던 독일은 이것이 이득이 된다고 판단했다. 히틀러-할리팩스 회담 자체는 별다른 결론이 없었지만 이를 계기로 독일은 본격적으로 침략을 노골화했고, 영국은 유화정책을 취하기 시작했다.

이듬해인 1938년 2월 4일 히틀러는 국방장관 블롬베르크를 파면하는 등 군부 보직의 대이동을 실시하고 군부를 나치에 종속시켰다. 그리고 외무장관을 노이라트Konstantin von Neurath에서 심복인 리벤트로프로 교체하고 대외정책에서 온건파를 일소해 체제를 강화했다. 이에 호응하듯이 2월 20일 영국에서는 대독강경론자로 알려진 이든 외무장관이 사직하고 할리팩스가 뒤를 이음으로써 체

뮌헨 협정 당시의 유럽지도

임벌린에서 할리팩스로 이어지는 대독유화론자가 외교를 지배하게
되었다. 프랑스에서도 쇼탕Camille Chautemps 내각은 이미 인민전선
을 대표하지 못하게 되었고 그로 인해 외교는 전적으로 영국을 따
라가고 있었다.

1938년 2월 12일 히틀러는 오스트리아 수상 슈슈니크를 불러
오스트리아를 점령하겠다고 협박했다. 슈슈니크는 결국 정치범으
로 수감되어 있던 나치당원들에게 특별사면을 내리고 나치 당원인
잉크바르트Arthur Seyß-Inquart를 내무장관 겸 보안장관에 임명하
여 경찰력에 대한 지배권을 내주는 데 동의했다. 그리고 3일 후 오
스트리아는 내각을 개편했고, 나치 정치범을 석방함에 따라 나치가
주도하는 시위가 이어졌다. 3월 9일 슈슈니크는 오스트리아 독립문
제에 관해 국민투표를 실시하기로 결정하고 3월 13일을 기일로 정
했다. 그러나 히틀러는 곧바로 슈슈니크에게 국민투표 중지를 요구
하는 최후통첩을 보내고 그날 밤 괴링은 잉크바르트를 수상에 앉
히라고 요구했다. 결국 슈슈니크는 굴복할 수밖에 없었다. 그가 사
직하자 잉크바르트가 수상이 되었다.

12일 독일군은 국경을 넘어 오스트리아로 진격했고 다음날 오
스트리아 대통령 미클라스Wilhelm Miklas는 물러났다. 그 결과 잉크
바르트가 서명함으로써 독일과 오스트리아 합병이 발포되었다. 15
일 히틀러는 빈으로 갔고 숙원이었던 오스트리아를 점령하게 되었
다. 서유럽 열강은 그저 침묵을 지키고 있었다. 오히려 영국 보수당
우익 가운데는 오스트리아 합병을 환영하기까지 했다. 이제 독일의
다음 목표는 체코슬로바키아였다.

**수데텐 문제와 뮌헨협정**
나치 독일이 체코슬로바키아를 점령하기 위해 사용한 수단은

수데텐의 독일인 문제였다. '수데텐 독일인'이란 보헤미아 북서부 국경 일대에 거주하는 독일인을 가리키는데 당시 체코슬로바키아 총인구의 약 20%를 차지하고 있었다. 본래 보헤미아 지역에서 독일인 대 체코인의 갈등은 근세 초까지 거슬러 올라갈 정도로 심각했다. 체코슬로바키아는 베르사유체제로 독립할 수 있었는데, 이는 오로지 베르사유회의 지도국의 이해에 따라 이루어졌기 때문에 수데텐 지역의 민족자결 원칙을 저버리고 이곳을 체코슬로바키아로 편입시켰다. 그로 인해 체코슬로바키아는 여러 민족의 갈등으로 몸살을 앓게 되었다.

체코 정부의 민족정책은 비교적 자유로웠고 자국 내 자본주의의 발전은 대중들 사이의 민족적 갈등을 해소해나가고 있었다. 그런데 세계공황은 수데텐 지역에 경제적 불황을 초래했고 이를 계기로 수데텐 독일인의 민족운동이 점차 고조되었다. 동쪽으로 진출하려는 나치 독일이 바로 그 길목에 있는 체코의 이러한 상황에 주목한 것은 당연한 결과였다. 체코에서 나치조직이 탄압을 받게 되면서 콘라트 헨라인Konrad Henlein과 그가 이끄는 '수데텐 독일인당"이 앞장서 수데텐 독일인 사이에 파쇼적인 반체코 운동을 선동했다. 처음에 헨라인은 체코 국내에서의 자치권을 요구했지만 그의 본심은 수데텐 지역을 독일에 병합시키는 것이었다.

독일-오스트리아 합병에 의해 체코슬로바키아는 이제 독일로부터 직접적인 위협을 받게 되었다. 이러한 상황에서 소비에트 외무인민위원 리트비노프는 얼마 전 체결한 소련-체코 상호원조조약을 지키겠다고 밝히고 체코슬로바키아의 위기에 대해 집단보장을 실현할 민주주의 국가들의 회담을 열자고 제안했다. 분명히 체코슬로바키아의 운명은 집단안전보장체제가 얼마나 강력하게 구현될 수 있는가 여부에 달려 있었다.

그러나 3월 24일 체임벌린은 하원 연설을 통해 영국이 체코 방위에 나설 의지가 없다는 것을 표명하며 소비에트의 제안을 거부했다. 4월 16일에는 영국-이탈리아 협정이 체결되었는데 이것은 단지 2개국 협정이 아니라 향후 영국, 프랑스, 독일, 이탈리아 4개국을 아우르는 협정으로 확대할 것을 전제로 한 것이었다. 이 무렵 프랑스에서는 달라디에 내각이 들어서 반소친독 노선을 표명했으므로 수데텐 문제를 둘러싼 국제환경은 영국의 유화정책을 기조로 열강들이 반소노선으로 결집하면서 차츰 파시즘에 대항했던 국제협력체계가 붕괴되는 상황이었다.

　4월 24일 헨라인은 당대회에서 자치권 요구를 연설했는데 이에 따라 수데텐 문제가 본격화되었다. 수데텐 독일인당은 활발하게 자치요구운동을 벌였고 체코정부는 이러한 요구에 대해 교섭을 진행했지만 별다른 진전이 없었다. 9월 5일 체코 정부는 수데텐 독일인당의 자치 요구에 대해 획기적인 양보안을 내놓았다. 그러자 본래 자치를 넘어 독일병합을 기도했던 수데텐 독일인당은 뜻밖의 양보에 당황한 나머지 도발사건을 유발하고 체코정부와 교섭을 단절하고 말았다.

　이윽고 9월 12일 히틀러는 뉘른베르크에서 연설을 통해 수데텐 독일인에 대한 체코 정부의 조치를 '학대'로 매도하고 수데텐 독일인의 '자결'을 요구하며 독일인은 이를 위해 원조를 아끼지 않겠다고 말했다. 이것을 신호탄으로 수데텐 지역에서는 수데텐 독일인당이 주동하는 폭동이 빈발했고 헨라인은 공공연히 수데텐의 독일 귀속을 외쳤다.

　이러한 정세 속에서 9월 15일 체임벌린은 베르히테스가덴Berchtesgaden으로 날아가 히틀러를 만났다. 이 때 히틀러는 수데텐의 자결을 위해서는 세계전쟁도 불사하겠다고 위협했다. 체코슬로바키아는 프랑스·소련과 각각 상호원조조약을 체결하고 있었고, 영국은 국제연맹의 주도국이었다. 따라서 독일의 체코 공격으로 독일과 열강들 사이에 전쟁이 발발해 결국 영국과 독일이 전쟁을 벌이게 될 것을 두려워한 나머지 체임벌린은 곧바로 런던으로 돌아가 내각 회의를 열었다. 그리고 프랑스 수상 달라디에와 외무장관 조르주 보네Georges Bonnet를 초대해 체코정부에게 제출할 영국·프랑스안에 대해 협의했다. 그 결과 9월 18일 체코정부를 상대로 수데텐 할양과, 프랑스-소련-체코의 상호원조체제 폐기를 요구하는 영국·프랑스의 안이 결정되었다.

체코 정부는 이 제안을 일단 거부했으나 결국 영국과 프랑스의 위협적 태도에 직면해 21일 이를 수락하게 되었다. 이로써 체코슬로바키아의 운명은 거의 결정되었다. 9월 22일 체임벌린은 재차 독일로 날아가 라인 강변의 고데스베르크Godesberg에서 히틀러를 만났다. 이 자리에서 히틀러는 수데텐 지역의 즉각적인 할양을 요구하였고 10월 1일 이 지역을 점령하겠다고 말했다. 그러자 유럽은 곧바로 긴장했고 영국과 프랑스는 동원령을 발동하는 등 전쟁이 곧 임박했음을 느끼게 되었다.

뮌헨회담(오른쪽부터 무솔리니, 히틀러, 달라디에, 체임벌린)(1938년 9월 21일)

유럽의 국민들이 숨죽이며 사태를 주시하는 가운데 9월 29일 뮌헨에서 히틀러, 체임벌린, 무솔리니, 달라디에가 만나 4개국 회담을 열었다. 30일 새벽 뮌헨협정이 결정됨에 따라 수데텐 지역은 곧바로 독일에 할양되었다. 그리고 10월 1일 독일군은 수데텐에 진주하여 체코슬로바키아의 요새지역을 무상으로 얻게 되었다. 영국과 프랑스 국민들은 전쟁을 피하게 되었다며 안도했다. 체임벌린은 호기 좋게 이 협정을 '우리 시대를 위한 평화조약'이라고 불렀다.

그러나 이것은 순진한 환상이었거나 의도적 기만 둘 중 하나였다. 뮌헨협정은 에티오피아, 스페인, 그리고 오스트리아와 마찬가지로 영국·프랑스의 유화정책으로 인해 또 하나의 약소국이 짓밟히는 것을 용인한 협정이었다. 그로 인해 뮌헨협정은 세계의 민주주의 세력들로부터 엄청난 비난을 샀다. 마하트마 간디가 "유럽은 1주일 동안의 생존을 위해 자신의 영혼을 팔았다."고 일갈한 것은 너무나도 유명한 일화이다.

그런데 뮌헨협정에서 주목해야 할 중요한 사실은 이를 통해 소비에트에 대한 국제적·외교적 배제가 완성되었다는 점이다. 처칠이 "참으로 여러 일들이 있었지만 소련이 존재하지 않는 듯한 길을 걸어갔다."(처칠, 『제2차대전회고록』)고 평한 것처럼 수데텐 문제를 둘러싼 국제교섭에서 소련은 처음부터 끝까지 철저히 무시되었다. 체임벌린은 체코슬로바키아의 동맹국인 소련을 유럽에서 마치 내쫓듯이 수데텐 문제를 처리했고 뮌헨협정으로 인해 그 전까지 유럽 안전보장체제의 중요한 고리를 형성했던 프랑스-소련-체코슬로바키아 상호원조체제는 완전히 붕괴하고 말았다. 뮌헨협정은 약소국을 희생으로 삼았고 동시에 소련에 대항하고자 하는 4국간의 협정이었다고 볼 수 있다.

이렇게 체임벌린과 할리팩스가 구상한 반소4국 협정안은 실현의 실마리를 찾았다. 뮌헨협정에 이어서 9월 30일 영독 공동성명이 발표되어 양국 사이에 불가침 조약이 체결되었다. 그리고 프랑스에서는 인민전선이 해체되었고 12월 6일 불독 공동성명이 발표됨으로써 프랑스는 독일에 대항할 의지와 능력을 완전히 상실하고 말았다.

이렇게 유럽에서는 파시즘 대 인민전선이라는 대립관계가 서서히 붕괴되어 갔다. 그 대신 영국, 프랑스, 독일, 이탈리아 지배층이 한데 뭉쳐 소련과 각국의 민주세력에 대립하는 새로운 대립구도가 형성되었다.

아울러 자본주의 열강은 각자 전쟁에 대한 충동과 욕망을 지니고 있었는데 영국·프랑스 대 독일·이탈리아 사이의 대립이 뮌헨협정으로 완전히 해소된 것이 아니라 그 저변에서는 오히려 갈등이 심화되고 있었다는 점에도 주목할 필요가 있다. 이러한 정세에 직면하자 소련도 점차 영국·프랑스와의 협력이 무익하다고 생각할 수밖에 없었다.

### 독일의 체코 점령

"제2차 세계대전에 앞서 8년 동안 침략자는 서유럽 민주국가들을 상대로 평화 옹호를 위해 조직하고 실행할 의지가 있는지 여부를 무려 8차례나 시험했다. 그 8차례 동안 소련은 항상 침략에 반대하는 집단행동을 외쳤다. 8차례 모두 서유럽 국가들은 자신의 책임을 회피했고, 침략자에게는 은혜를 베풀었다. 이 8차례라는 것은 곧 만주사변, 히틀러의 재군비선언, 이탈리아의 에티오피아 침략, 독일의 라인란트 재무장, 스페인내전, 중일전쟁, 독일의 오스트리아 침략, 그리고 수데텐 문제였다."(F. L. Schuman, "Soviet Politics at Home and Abroad")

미국의 한 외교사 연구자는 제2차 세계대전 이전에 민주주의 국가들이 파시즘 침략에 맞서 공동행동을 취하지 않은 비극을 위와 같이 적고 있다. 분명 히틀러의 등장 이래로 파시즘 국가들의 진출을 저지할 기회는 몇 차례나 있었다. 그러나 그 때마다 열강의 상호협력은 이루어지지 않았고 그 때마다 파시즘 국가들은 강대해졌으며 전략적 수위를 높여가고 있었다. 뮌헨협정으로 독일은 체코슬로바키아의 국방과 공업의 심장부라고 할 수 있는 수데텐 지방을 획득했고 제국주의적 팽창의 기초를 튼튼히 할 수 있었다. 이로써 독일에게는 동쪽으로 향하는 길이 크게 열렸다.

체코 수데텐에 입성하는 히틀러

뮌헨 협정을 기점으로 파시즘 국가들의 진격이 시작되었다. 1939년에 접어들자 우선 반파시즘 세력의 아성이었던 스페인 인민전선이 결정적으로 패배하고 말았다.

1938년 4월 말 스페인 인민전선 측은 네그린Juan Negrín y López 내각을 개편하고 '민주적인 독립 스페인'이라는 기치를 올렸다. 이들은 단순히 공화국의 방어뿐만 아니라, 향후 스페인 사회의 변혁을 지향하는 민족전선을 결집하여 7월부터 에브로 강에서 인민전선군의 장렬한 반격을 감행했다. 이 작전에서 인민전선군이 보여준 왕성한 사기와 정연한 조직의 위력은 경탄을 금할 수 없었다고 한다. 그러나 파시즘 측의 압도적 무기와 인민전선군의 빈약한 장비로 인해 전투는 열세를 면할 수 없었다.

1938년은 영국과 프랑스의 독일에 대한 타협으로 저물고 1939년에 접어들자 스페인 외무장관 알바레스 델 바이오는 영국과 프랑스를 방문해 무기 구입과 대여 문제를 상의했다. 그러나 영국과 프랑스는 여전히 불간섭 방침을 고수했다. 2월 16일 스페인 인민전선 정부의 마지막 거점인 바르셀로나가 함락됨으로써 스페인 민주주의의 운명은 결정되었다.

네그린 수상과 스페인 공산당은 끝까지 파시즘에 저항하며 전투를 계속하고자 했으나 대통령 아사냐Manuel Azaña Díaz는 항전할 의사가 없다며 파리로 망명했다. 그러자 다른 정당들도 항복을 요구하며 네그린 정부의 타도, 공산당 배격운동을 벌였다. 마드리드

1939년 마드리드를 장악한 후 군대를 사열하는 프랑코

에서는 국방위원회의 카사도Cassadó 대령이 이끄는 반공평화 쿠데타가 일어났고 그로 인해 스페인 인민전선은 분열을 거듭했다.

결국 3월 28일 2년 반에 걸친 마드리드 항전은 막을 내렸다. 이로써 스페인의 반파시즘 전쟁은 비장하게 끝났다. 그런데 2월에 이미 영국과 프랑스는 프랑코 정권을 승인했다. 스페인에는 프랑코 독재 아래 수십만 명의 민주주의자가 사형에 처해지거나 투옥되었다. 그 결과 스페인은 다시 군인의 나라, 걸식의 나라로 전락하고 말았다. 프랑코의 승리 후 머지않아 제2차 세계대전이 시작되었다. 이제 파시즘 국가들은 전력을 다해 유럽을 전쟁으로 몰아갔다.

뮌헨협정 후 체코슬로바키아의 국토 보장은 영국과 프랑스에 달려 있었다. 그러나 독일의 압력은 체코슬로바키아에 너무나도 쉽게 침투했다. 독일은 다시 슬로바키아인 등 체코슬로바키아에 있는 이민족을 자극해 체코의 내부 해체를 기도했다. 수데텐 할양을 묵인한 영국과 프랑스가 이것을 비난할 수는 없었다. 1939년 2월 무렵부터 체코 내의 슬로바키아인들이 독립운동을 벌이기 시작했고 체코 정부는 슬로바키아 자치정부를 억압했다. 이렇게 슬로바키아 독립문제가 불거진 가운데 히틀러는 슬로바키아 자치정부의 요인을 베를린으로 초대해 원조를 약속했다. 그 결과 3월 14일 슬로바키아는 독립을 선언했고 체코슬로바키아는 해체되었다.

이와 동시에 히틀러는 3월 14일 체코대통령 하하Emil Hácha를 베를린으로 초대했다. 히틀러와 괴링 등 나치 수뇌들 앞에서 하하는 보헤미아Bohemia와 모라비아Moravia를 독일에 병합하는 협정에 사인하도록 강요당했다. 거부할 경우 프라하를 공습하여 파괴할 것이라고 위협했다. 그 결과 하하는 어쩔 수 없이 서명하게 되었다. 이튿날 독일군은 보헤미아와 모라비아를 점령하고 16일 슬로바키아는 독일의 보호령이 되었다. 이로써 독일의 체코슬로바키아 점령계획은 완성되었다.

이렇게 뮌헨의 '평화'는 불과 6개월 만에 산산조각이 났다. 독일은 이제 중유럽과 동유럽으로 진출할 수 있는 중요한 전략기지를 얻었고 체코 군대로부터 무기를 탈취했고 스코다 공장 등 우수한 군수공장을 점령함으로써 군비와 전력을 급속도로 강화할 수 있었다.

이어서 3월 22일 독일은 베르사유조약으로 잃어버렸던 실지회복을 외치며 발트 해의 주요 항구인 메멜Memel(현재의 클라이페다 Klaipėda) 항을 리투아니아에게서 빼앗았다. 이것을 본 이탈리아는 일거에 바다 건너편의 알바니아를 점령했다.

5월 22일에는 독일-이탈리아 군사동맹이 체결되었다. 이렇게 파시즘 국가들은 날마다 자신들의 야망을 채워나갔다. 이때야말로 여러 나라가 독일과 이탈리아에 대항해 효과적으로 협력해야만 하는 마지막 남은 기회였다.

### 세계전쟁의 발발

독일의 체코슬로바키아 점령은 뮌헨협정 위반이었다. 그러나 독일군이 프라하를 점령한 3월 15일에도 체임벌린은 "(유화)방침을 바꿀 생각이 없다."고 말했다. 그러나 영국민들 사이에는 이미 반독일 기운이 고조되고 있었다. 독일이 반드시 영국이 기대하는 방향으로 움직이지 않을 수도 있음을 영국의 지배층도 차츰 깨닫기 시작했다. 영국 의회와 언론도 독일에 대한 공격적인 태도를 보이기 시작하자 중대한 결단을 내려야만 했던 체임벌린도 "국민들의 실망과 분노에 나도 공감한다."며 태도를 바꾸었다. 이전까지 독일의 요구에는 무언가 합리적인 구석이 있다는 식으로 국민을 설득하던 그였으나 더 이상 유화정책을 고집할 수 없었다. 이제 영국은 독일 침략에 대항하는 태도를 취해야만 했기에, 3월 31일 독일의 다음 침략 목표인 폴란드를, 4월 13일에는 루마니아와 그리스를 상대로 안전보장을 약속했다.

여기서 주목할 것은 영국이 기존의 유화정책을 버리고 180도 방향을 선회한 것은 아니었다는 점이다. 오히려 영국은 한편으로 거세지는 독일의 침략열기를 여전히 동쪽, 구체적으로는 소련으로 배출시키도록 하는 기존의 정책을 버리지 않았다. 3월 16일 영국생산연맹과 독일의 국가산업단 사이에 카르텔 협정이 체결되었고 5월 23일 영국은 런던에 있던 체코 정부의 돈 600만 파운드를 비공식 루트를 통해 독일에 넘겨주었다. 이러한 영국의 태도는 폴란드 문제를 둘러싸고 파국으로 치닫고 있던 긴박한 정세 속에서 진행된 이른바 영국-프랑스-소련의 교섭과정에서 명백히 드러났다.

나치 독일의 3영수(왼쪽부터 리벤트로프, 히틀러, 괴링)

3월 20일 소련은 독일 침략을 저지하기 위한 마지막 시도로서 영국, 프랑스, 소련 및 폴란드, 루마니아, 터키의 평화회담을 제창했다. 그러나 영국은 '시기상조'라며 이를 거부했고, 소련은 '뮌헨협정'이 여전히 과거의 일이 아니라는 것을 절감하게 되었다. 4월 중순에는 거꾸로 할리팩스가 소련 측에 '평화전선Peace Front' 결성을 제안하면서 영국, 프랑스, 소련의 교섭이 시작되었다. 이 때 소련은 평화전선이 실질적인 효과가 있을 것으로 기대하고 3국의 군사동맹을 제안했으나 이번에도 영국은 아무런 답변을 하지 않았다.

이러한 가운데 소련에서는 외무장관이 리트비노프에서 몰로토프Vyacheslav Mikhaylovich Molotov로 바뀌었다. 소련의 외교적 노력은 이전까지 열강과의 협력, 즉 집단보장으로 제2차 세계대전 발발을 방지하거나, 혹은 최대한 지연하는 방향으로 초점을 맞추어 왔다. 그러나 뮌헨협정 이래로 소련과의 협력을 기피해온 영국과 프랑스의 태도를 확인하고 이제는 어차피 피할 수 없는 제2차 세계대전이 대소전쟁으로 시작되는 것을 방지하고 자국의 평화를 확보하는 데 중점을 두어야만 했다.

"만일 체임벌린이 소련의 제안을 받아들여, '좋다, 우리 3국이 힘을 합쳐 히틀러의 목을 잡아 비틀어 버리자'고 했다면 회의도 원만히 진행되었을 것이고 스탈린도 양해했을 터이다. 역사는 다른 방향으로 흘러갈 수도 있었다. 적어도 최악의 길로는 들어서지 않았을 것이다."(처칠, 『제2차 세계대전 회고록』)

5월 8일 영국은 겨우 소련 측에 회답을 했다. 6월에 영국은 소련과의 회담에 외무부 관료 1명을 모스크바로 파견했는데, "그렇게 2류 관리를 파견한다는 것은 상대방의 기분을 상하게 하는 것이다."라고 처칠마저 인정할 정도로 무성의한 태도를 보였다. 스탈린의 심복인 즈다노프Andrey Zhdanov는 6월 말 『프라우다』에 "영국과 프랑스 정부는 소비에트와 어떠한 평등조약도 맺을 생각이 없다."고 지적했다.(F. L. Schuman, 『Soviet Politics at Home and Abroad』)

이렇게 영국이 여전히 독일에 대해 어떠한 유효한 방지책도 강구하지 않는 사이에 독일은 폴란드 침공을 결정하였고, 영국을 상대로 전쟁을 벌일 각오까지 하고 있었다. 전후 뉘른베르크 재판에서 명확히 밝혀진 바에 따르면, 1939년 4월 3일 히틀러는 독일 국방군에게 같은 해 9월 1일 이후 폴란드를 공격할 수 있도록 준비하라고 수시로 지령을 내렸다. 그리고 5월 23일 히틀러는 괴링, 카이텔Wilhelm Bodewin Johann Gustav Keitel 등과 군사회담을 열어 폴란드 공격의 필요성을 역설했다.

이 군사회담에서 히틀러가 밝힌 폴란드에 대한 관심은, "생활권을 동유럽으로 확장하고 식량 공급처를 확보한다."는 데에 있었다. 이러한 의도는 표면적으로는 베르사유체제로 상실한 단치히(그단스크)와 회랑지대(독일 본국과 동프로이센 사이에 있는 지대)에 대한 요구로 나타났다. 이미 1938년 10월 독일 외무부장관 리벤트로프는 폴란드 측에 단치히의 독일 복귀, 회랑지대에서 치외법권을 지닌 철도 및 철로 부설을 요구했다. 그러나 단치히와 회랑지대는 폴란드가 유일하게 바다로 나갈 수 있는 출구였으므로 이 요구를 가급적 회피하고자 했다.

1939년 3월 체코슬로바키아를 점령한 독일은 본격적으로 폴란드 문제에 착수했고 3월 21일 독일-폴란드 교섭을 개시했다. 교섭은 국제적 긴장 속에서 계속 미루어졌는데 4월 28일 히틀러는 독일-폴란드 불가침조약과 독일-영국 해군협정을 파기했다. 이로써 문제는 더욱 첨예해졌고 폴란드 내부에서도 나치와 독일인의 공작이 활발하게 전개되기 시작했다. 그런데 폴란드 지배층은 한편으로 나치 독일과 타협해 소련을 공격할 속셈을 지니고 있어 1939년 3월에도 소련과 공동행동을 거부하는 태도를 보였다. 그런데 다른 한편에서는 열강의 자본에 기생적인 성격을 지닌 폴란드 지배층이 독일의 위협에 대해 영국, 프랑스의 원조를 부탁하며 전쟁도 불사하겠다는 태도를 보였다. 이렇게 폴란드는 제국주의 진영의 어느 한

쪽으로 스스로 뛰어들고 있었다.

　영국과 프랑스의 대소 교섭은 양국의 애매한 태도 때문에 공연히 시간만 낭비하고 있었다. 7월 말 양국은 모스크바에 군사사절단을 파견했지만 이들은 소비에트 정부와 협정을 맺을 수 있는 권한이 없었다. 이제 소련에게 남겨진 길은 독일의 공격을 방지하는 것 뿐이다.

　폴란드 공격을 결정한 독일에게 문제는 서쪽과 동쪽을 상대로 한 양면 전쟁을 피하는 것이었다. 폴란드가 영국·프랑스에 가담한 이상 소련의 중립을 이끌어 내는 것이 가장 필요했기 때문에 5월 말 독일 외무부는 소련과 교섭을 개시했다. 그런데 당시 소련은 즉시 교섭에 임할 수 없었다. 영국-프랑스-소련의 교섭이 정체상태였고, 6월부터는 거꾸로 영국과 독일 사이에 협정 체결을 위한 교섭이 비밀리에 진행되고 있었으며, 7~8월에는 극동에서 노몬한 사건이 일어나 일소 간에 긴장이 고조되었다. 따라서 이제는 독일의 제안에 응함으로써 불가침조약을 체결하는 것만이 소련의 안전을 보장하는 유일한 방법이었다. 그래서 독일이 폴란드를 공격하기 직전

독소불가침조약 서명 직후의 리벤트로프, 스탈린, 몰로토프

인 8월 23일에야 비로소 리벤트로프 독일 외무장관은 모스크바에서 스탈린과 만나 독소불가침 조약을 체결할 수 있었다. 그로부터 1주일 후 소련의 몰로토프 외무장관은 "이 조약으로 소련은 영국과 함께 독일을 상대로 싸울 의무도, 독일과 함께 영국을 상대로 싸울 의무도 없어졌다."고 말했다.

독소불가침조약은 뮌헨협정 이래 영국·프랑스 대 독일·이탈리아의 대립이 민주주의 국가 대 파시즘 국가의 대항이라는 명분과 의의를 상실하게 됨으로써 초래된 필연적 귀결이었다.


## 제3절 아베阿部·요나이米内 내각의 동요

### '복잡기괴한' 사직과 천황의 의지

독소불가침조약 체결에 이어 1939년 9월 1일 히틀러는 폴란드 진격을 명령했다. 사태가 이렇게 전개되자 그동안 유화정책을 취해온 영국과 프랑스도 독일에게 선전포고함으로써 제2차 세계대전이 발발하게 되었다. 이미 중일전쟁의 장기화로 인해 정치적·경제적 위기가 심화되고 있던 일본은 독소불가침조약 체결로 인해 이제 국제적 고립상태에 빠졌으며, 세계대전까지 발발하자 정부의 외교정책에 대해 반성을 촉구하는 목소리가 고조되었다.

유럽전쟁의 시작은 지난 제1차 세계대전처럼 일본에게 어부지리를 안겨줄 수 없는 상황이었다. 유럽의 전쟁 발발은 일시적으로 중국 문제를 둘러싼 미국, 영국, 소련 등 여러 나라 사이의 긴장관계를 완화시키겠지만, 다른 한편으로는 열강들이 군비를 확대한 결과 장기전 수행을 염두에 두고 있던 일본제국주의의 경제적 곤란이 배가되고 사회적 모순이 더욱 첨예해졌다. 이 무렵부터 이듬해인

1940년 독일이 벨기에와 프랑스로 진격할 때까지는 이러한 전환기에 직면한 일본제국주의가 동요하던 시기였으며, 아베阿部·요나이米內 양 내각이 단명에 그친 것은 이러한 모순이 반영된 결과였다.

독소불가침조약 체결로 8월 28일 히라누마 내각은 "유럽 천지는 새롭고 기괴한 여러 일들이 벌어지고 있으므로 … 종래 준비해온 정책은 폐기하고 새롭게 별도의 정책을 수립해야만 한다. … 국면을 전환하고 인심을 일신하는 것이 초미의 급선무라고 생각한다."며 기존의 외교정책이 붕괴됐음을 자인하고 총사직을 결행했다.

그 후 아베 노부유키阿部信行[5]가 후임 총리대신이 되었다. 그런데 이러한 총리대신의 결정방식은 종래 중신들을 중심으로 한 총리 선임방식이 이미 무의미해졌다는 것을 의미했다. 즉 이것은 "조각을 중신과 장로의 사사로운 일이나 놀이 정도로 여길 뿐, 대신 자리를 일종의 업으로 삼는 사람들 몇 명을 넣었다가 뺐다가 하는 정도에 그쳤다."(『도쿄아사히신문』 8월 30일 사설)는 비판을 받았다. 또 일본의 방향을 좌우하는 이 결정적 시점에 "오지랖 넓은 아베 같은 사람이 새 총리대신으로서 정권을 잡았다는 것은 일종의 아이러니"(『일본경제연보』 제39집)로 간주되었다.

분명 아베를 총리대신으로 선임한 것은 이른바 타협의 소산이었는데 천황은 아베에게 조각을 명하며 다음과 같이 말했다.

1) 헌법을 존중하고 헌법 조규에 따라 정치를 행해야만 한다.
2) 국제연맹에 대해 무리하게 쓸데없는 마찰을 일으켜서는 안 된다.
3) 재계에 급격한 변동을 일으켜서는 안 된다.
4) 영국과 미국에는 협조해야만 한다.

5) 육군대신은 내가 지명한다. 나머지 3장관[6]의 결정은 어떻게 되든 육군대신은 우메즈 요시지로梅津美治郎와 하타 슌로쿠畑俊六 가운데 어느 한 명으로 선임한다.

6) 내무와 사법은 치안과 관계가 있으므로 선임에 특별히 주의를 기울인다.(고노에 후미마로, 『평화를 향한 노력』)

이 가운데 1)부터 3)까지는 2·26사건 이래 수상 후보자에게 조각을 명할 때마다 상투적으로 내린 어명이었다. 그런데 4), 5), 6)의 명령은 처음 등장한 것이었다. 이 시기는 기존의 외교정책을 전환하여 영국과 미국에 협조정책을 취할 수 있는 절호의 기회라고 판단해, 이를 위해 우선 정부의 외교정책에 협력하면서 동시에 육군을 강력히 통제할 수 있는 육군대신을 선임하는 것이 가장 중요한 급선무였다. 그리고 대외정책 전환에 대한 반동적인 움직임을 내무대신과 법무대신이 엄중히 단속할 필요가 있었다. 이것은 특히 일영회담 당시 벌어진 영국배격운동의 경험에서 절감한 것이었다.

아베는 이 어명을 접하고 적잖이 당황했다. 이에 이 지시사항을 고노에에게 토로했고, 고노에는 기도 고이치木戶幸一를 경유해 의견을 전하는 형태로 상담한 결과, 육군과의 마찰이 격화될 우려가 있다는 이야기를 듣게 되었다. 그런데 육군에서는 후임으로 밀고 있던 다다 슌지多田駿次 제3군사령관이라든가 이소가야 겐스케磯谷廉介 관동군 참모장을 이미 퇴직시켰고, 거기에 3장관이 시종무관장이었던 하타를 새로 추천했다. 하야시 내각 이후로는 줄곧 유임된 관료가 많았으나, 이번 아베 내각에 들어서는 이전 내각에서 한 사람도 유임된 경우가 없다는 사실에 주목할 필요가 있다.

## 외교정책의 동요

내각 성립 직후인 9월 3일 제2차 세계대전이 발발하자 아베 내각은 다음날인 4일 "이번 유럽의 전쟁 발발에 즈음하여 제국은 이에 개입하지 않고 오로지 지나사변 해결을 위해 만전을 기하겠다."고 성명을 발표했다. 일본은 교전하고 있는 나라들을 상대로 중국의 일본군 점령지역 안에 있는 선박과 군대를 철수하도록 권고했다. 이 방침은 미국, 영국, 소련 등의 국가들에 대한 '협조외교'로 나타났다. 그러나 미·영과의 대립이 그야말로 중국을 매개로 한 대립으로 엄연히 존재하고 있고, 일본은 동아신질서를 수립하겠다는(즉 중국을 독점하겠다는) 의도를 여전히 버리지 않았으므로 이 '협조외교'는 명확한 한계를 지닌 것이었다.

우선 히라누마 내각 말기에 충돌이 격화되어 심대한 타격을 입은 노몬한 사건에 관해서는 8월 30일 참모본부가 조기 종결을 꾀했다. 공세작전의 중지와 빈번한 전투지역으로부터 군대 철수를 명령하고 모스크바와의 외교협상으로 옮겨갔다. 9월 5일 사건 종결을 발표했는데 이것은 종래의 발표와 전혀 다른 내용을 담고 있었다. 즉 일본군이 입은 타격을 인정했다. 이어서 7일에는 우에다植田 관동군사령관과 이소가야 참모장이 각각 우메즈와 이무라 조우飯村穰로 교체되고 국경분쟁에 대해 신중하게 대처하도록 했다.

노몬한의 처절한 패배는 일본군의 대소전략에 근본적인 타격을 입혀 북진론에서 남진론으로 방향을 전환하는 계기가 되었다. 하지만 동시에 "노몬한 사건에 가장 큰 영향력을 행사했고 실질적인 책임자로 알려진 관동군사령부 제1과(작전참모) 인사들은 대부분 다른 한직으로 발령받는 데 그쳤다. 그런데 그 후 이들 전근자들이 어느 틈엔가 중앙부의 요직을 차지했다. … 적극론자가 과실을 범할 경우 인사 당국은 관용을 베풀었다. 처벌할 경우에도 대개는 형식적이었다. 반면에 자중론자는 비겁자 취급을 당하기 일쑤였다. 만일 이들이 과실을 범할 경우에는 엄한 처벌을 받는 경우가 많았다. … 대본영 작전과에서 일하게 된 이들 노몬한 사건의 책임자들이 태평양전쟁의 유력한 개전론자였다는 것은 이 무렵 중앙부에서 일하던 사람이라면 모두 알고 있는 사실이었다."(하야시 사부로林三郎, 『태평양전쟁육전개요』)라는 이야기도 전한다.

어쨌든 9월 15일 도고東鄉 주소련 일본대사와 몰로토프 외무장관 사이에 정전협정이 체결되었고 이를 계기로 소련의 대일정책은 급속히 협조노선으로 선회했다.

정전협정 체결과 동시에 그 해 6월 이래 공석이었던 주일 소련대사에 스메타닌이 임명되고 몰로토프도 일본과 국교조정을 희망한다는 연설을 했다.

이러한 소련의 대일협조정책의 목표는 일차적으로 극동에서 반소통일전선이 결성되는 것을 방지하고, 예상되는 독일의 대소침략에 대비할 시간을 버는 것이었다. 따라서 대일협조정책이 반드시 소련의 대중국 원조정책을 방해하는 것은 아니었다.

이에 반하여 일본 측은 대소 협조의 강도를 소련의 대중국 원조를 단절하는 수준까지 끌어올리기를 원했다. 소련의 대중국 원조 단절은 중국 공산당과 국민당 내 주의파(용공파)의 정치적 지위를 약화시킴으로써 반공파 내지 화의파 세력을 상대적으로 강화시킬 수 있다고 내다보았기 때문이다. 이에 도고 주소련 일본대사는 이러한 내용을 포함한 일소불가침조약과 통상조약을 체결하여 대소협조정책을 추구하자고 주장하고 미소 양국의 대일연합전선 결성을 막자고 했지만, 미국과의 통상조약 잠정협정 체결에 몰두하고 있던 아베 내각은 대미관계를 고려해 도고의 주장에 그다지 열의를 보이지 않았다고 한다.

그러나 일소 양국 사이에 국경획정위원회가 설치되어 활동을 개시하고, 그 밖에 그 해 말에는 일소어업잠정협정이 성립되었으며 일소통상조약 교섭도 시작되었다. 그리고 1935년 동청철도 대상금의 최종 지불분도 이듬해인 1940년 1월 초까지 지불이 완료되었다.

일본, 독일, 이탈리아의 3국군사동맹 교섭의 파기와 노몬한 사건의 정전 성립으로 일본 외교가 일단 백지상태로 환원된 후인 9월 25일 노무라 기치사부로野村吉三郎 해군대장이 외무대신에 임명되었다. 노무라 외무대신은 1915년 미국대사관 부속 해군무관으로 근무할 때 해군차관이었던 루즈벨트 대통령을 비롯해 미국 지도층 인사들과 두터운 교분을 나누었다고 알려져 있었다. 노무라 외무대신은 유럽대전 발발과 일미통상조약 폐기라는 사태에 대응하여 취임 직후부터 미국, 영국, 소련 3국을 상대로 협조외교를 추진했는데 특히 일미국교 조정에 힘을 쏟았다.

우선 일영회담 도중 미국의 대일통상조약파기에 힘을 얻은 영국은 강경한 태도로 돌아섰는데, 유럽대전 발발 직후인 9월 7일 버틀러Rab Butler 외무차관이 하원에서 일영회담의 재개를 바란다는 뜻을 밝히고 크레이기 주일대사를 통해 이 소식을 전하도록 했다. 그 결과 노무라-크레이기 회담이 열리게 되었다. 그 후 상하이공동조계 문제와 관련해 영국의 양보가 이루어져 10월부터 12월에 걸쳐 중국 내 주둔군의 대부분을 철수했다. 프랑스도 이러한 영국의 방침에 동조했다. 영국과 프랑스 양국은 미국의 극동정책에 의존하면서 일본과 타협을 추진해 방위력이 미약한 극동의 식민지들을 유지하고자 했다.

대미관계는 일미통상항해조약이 폐기된 6개월 후인 1940년 1월 26일 효력이 상실되기 전에 어떻게든 대책을 강구하는 것이 아베 내각의 사명 가운데 하나였다. 이미 독소불가침조약 체결로부터 사흘 후, 히라누마 내각 퇴진 이틀 전인 8월 26일 호리노우치堀內 주미대사는 힐Cordell Hull 국무장관을 찾아가 일본정부는 독일·이탈리아와 어떠한 교섭도 단절하겠다고 밝히고 앞으로는 기존과 다른 방식의 외교방침을 취할 것으로 예상된다고 말했다. 노무라가 외무대신에 취임한 것도 바로 그러한 이유 때문이었다.

한편 미국은 이러한 일본의 정책전환을 이용해 일미관계의 결렬을 피하면서도 위협이라고 느끼지 않을 정도의 범위에서 적절한 압박을 가하고자 했다. 이로써 유럽대전 결과 점차 일본에 대해 저자세를 보이고 있던 영국과 프랑스 양국의 저항의지를 고무시키면서 자국의 지위를 강화하고자 했다. 1939년 10월 본국에서 다시 돌아온 그루Joseph C. Grew 주일 미국대사는 19일 일미협회가 개최한 만찬회에서 "동아신질서는 중국에 확립되어 있는 미국의 권리를 박탈하겠다는 내용을 포함하고 있는 듯한데 … 중국 내 미국의 권리와 권익은 일본 당국의 정책과 행동으로 차츰 침해당하고 있다. 미국 국민은 일본 자신의 이익을 위해 아시아 대륙의 광대한 지역을 통제하면서 이 지역에 봉쇄적인 경제제도를 만들려 한다고 판단할 만한 충분한 근거들을 지니고 있다."고 말했다.(『체일십년滯日十年』) 그루의 의도는 미국 정부와 미국 국민이 결코 물러서지 않겠다는 결의를 지니고 있다는 사실을 일본 정부와 일본 국민에게 조심스럽게 알리려는 것이었다. 그러나 동시에 주목해야 할 사실은 미국 잡지 『아메라시아Amerasia』가 지적한 것처럼, 그루는 결코 일본의 9개국조약 준수를 요구하지 않았고, 중국의 독립과 보전을 옹호하지도 않았으며, 중국에서의 일본군 철수도 요구하지 않은 채 단지 직접적인 미국의 이해라는 견지에서 동아신질서를 비난한 것이었다.

이어서 11월 4일부터 4차례에 걸쳐 노무라-그루 회담이 열렸다. 일본 측은 중일전쟁과 관련된 600여 현안에 대해 구체적 사실에 기초해 대책을 강구할 것이고, 양쯔강(상하이-난징 사이)과 주강(광둥 부근)을 외국선박에 개방할 의사가 있다고 말했다. 그루도 이러한 일본 측의 태도에 보답하고자 일미 간에 무조약 상태는 없을 것이라고 믿고 싶다고 말했다 그러나 그의 말은 상당히 모호한 뉘앙스를 남겼다.

## 왕징웨이정권 수립 공작

그 사이 중국에서는 왕징웨이를 내세운 새로운 중앙정부 수립 계획이 추진되었다. 우선 8월 28일 왕징웨이의 제안에 따라 국민당 제6차 전국대표회의라는 명칭의 회합이 열렸다. 여기서 국민당 정책을 '반공목린反共睦隣'으로 고치고 장제스의 총재직을 박탈하며 왕징웨이에게 권력을 이양한다고 결의했다. 이때까지 왕징웨이를 도운 것은 가게사 사다아키 대좌를 중심으로 스촨북로의 매화당에 본거지를 두고 있던 매기관梅機関(특무기관)이었다. 그런데 10월 1일 임시정부와 유신정부라는 양 지방정권을 각기 지원하던 북지파견군과 중지파견군의 반대를 제압하기 위해 지나파견총군이라는 것을 만들자 매기관은 그 밑으로 들어가 왕징웨이파와 교섭을 계속했다.

원래 군부가 지배하는 지방정권 대신에 일본이 새롭게 중앙정권을 수립하려고 한 이유는 중국의 대지주와 부르주아를 항일민족통일전선으로부터 분리해 전선을 분열시키고, 장기전에 접어든 중일전쟁을 어떤 식으로든 수습하고자 했기 때문이다. 따라서 새 중앙정부에 대해 적어도 겉으로는 정치적 독립과 중국 내정 불간섭을 보장해야 했다. 왕징웨이파는 물론이고 직접 교섭에 임한 매기관도 어느 정도는 이것이 필요하다고 통감하고 있었다. 하지만 10월 초 홍아원 회의에서 결정된 일중기본조약안은 주둔 지역의 광대함도 문제거니와 일본의 특권을 광범위하게 요구했기 때문에 왕징웨이의 바람과는 현격한 차이가 있었다. 교섭은 난항을 거듭하며 결국 결렬되었다가 12월 30일에 겨우 타결을 보았는데, 그 사이 카오쭝우高宗武와 타오시성陶希聖이 일본 측의 태도에 실망한 나머지 충칭으로 달려가 일본 측 조약안을 폭로했을 정도로 화의운동 측에게도 별다른 매력이 없는 내용이었다. 일본제국주의는 왕징웨이 정권에게 단지 신기루와 같은 독립을 부여하는 것조차 불안하게 여겼다. 이 타결안은 이듬해인 1940년 1월 도쿄로 전달되었고 8월 각의에서 정식으로 결정되었다.

### 내정의 교착

아베 내각의 국내정책은 점점 더 깊어가는 위기에 대처하고 전시체제 확립을 꾀하는 데 집중되었다. 내각은 정강에서 '종합경제력 확충 운용, 국가총동원체제 정비 강화, 제도의 쇄신과 운용'을 내걸고 정부권력의 집중강화를 통해 경제적 위기를 극복하고자 했다. 우선 소수 각료제를 채택해 총리가 외무대신을 겸하고 내무, 후생, 농림, 상공, 체신, 철도 등의 기관에 대해서도 겸임제를 대거 도입했다. 정우회와 민정당 등 정당과의 관계도 소원해져 양 당은 '지나사변 처리'에는 전면적으로 지지했지만 내정에 관해서는 시시비비를 가리겠다는 입장을 취했다. 또한 내각은 성립 직후 추밀원의 심의를 거치지 않고 총리대신의 권한을 강화하고 국가총동원법 시행과 관련해 총리대신의 지시권을 인정했다. 총리대신의 권한 강화는 2·26사건 이후 군을 배경으로 한 관료정치가 본격화되면서 관료들의 분파주의가 심화되어 그동안 총리대신의 통제력이 약화되어 있었다는 것을 보여준다.(후카이 에이고深井英五『추밀원중요의사각서』)

소수내각제 역시 정부부처의 통폐합을 통해 각 부처에 할거하는 폐단을 청산하기 위한 첫걸음이었으나 단순히 제도적 조치만으로는 각종 정치적·경제적 이권이 개입되고 복잡한 관청기구를 정비할 수 없었다. 때마침 식량문제가 고조되고 있었다. 그로 인해 10월 16일 정부는 제국농회 회장 사카이 다다마사酒井忠正를 농림대신으로 임명함과 동시에 소수내각제를 폐지하고 겸임이던 철도대신, 후생대신을 정당에서 인사를 영입해 내각의 기초를 강화하고자 했다. 정치권력의 집중화에 실패한 아베 내각은 광범위한 정치세력의 지지를 끌어 모아 권력을 보강하고자 했다. 11월 아베 총리는 마치다町田 민정당 총재의 입각을 삼고초려하며 간청하고 군부도 이를 바라고 있었으나 결국 실패하고 말았다. 이어서 정부는 나가타 히데지로永田秀次郎를 철도대신에, 아키타 기요시秋田清를 후생대신에 임명했다. 그리고 아라키 사다오荒木貞夫, 쇼다 가즈에勝田主計, 고이즈미 마타지로小泉又二郎, 구하라 후사노스케久原房之助를 내각참의로 영입하고, 그 밖에 정우당 우파, 민정당, 사회대중당, 국민동맹과 5당회의를 통해 정당과의 관계를 긴밀히 하고자 했다. 그러나 이러한 고식적인 접근방식으로 위기를 극복하기에는 이미 심각한 상태에 빠져 있었다.

유럽 대전 발발 후 급격히 물가가 올라 가 기존의 통제방식으로는 도저히 감당할 수 없게 되자, 총동원법 제19조 발동으로 상품가격을 지정하고(9·18 정지령), 급료와 임금에 대해서도 이 조항을 준용하도록 했다. 그런데 그 해 여름 조선과 서일본에 심각한 식량부족이 발생하여 쌀값은 급격히 올라 현미 1석에 38엔이 되었다. 그러나 쌀 부족은 심각해져 2개월 후인 11월 6일에는 공정가격을 5

엔 인상해 43엔으로 정하고 강제매입을 실시했지만 결국에는 백미 사용금지령을 내렸다. 그러나 약체화된 정부에 대한 불신은 비축미의 증대, 유통의 악화로 나타났다. 그 밖에도 전력과 석탄기근을 비롯해 많은 모순들이 심화되었다. 특히 임금인상 금지로 실질임금이 대폭 하락했다. 노동력 부족을 메우기 위한 노동강화가 실시되자 노동쟁의가 급속히 늘었다.

## 아베 내각과 요나이 내각의 교체

이러한 국민 대중의 불만과 노동운동의 고조를 반영하듯 정당의 내각타도 운동이 시작되었다. 12월 하순 국민동맹과 동방회 등이 조직한 시국동지회는 정부에 대한 반대를 외쳤고, 이어서 정우회와 민정당 양당의 모임인 월요회도 정부의 대처(즉 내각사퇴)를 요구했다. 제75회 의회가 소집되자 26일 원내에서 내각사퇴를 촉구하는 의원모임이 열렸다. 여기에 240명 남짓의 의원이 출석해 아베 내각의 퇴진 요구를 결의했다. 그리고 이듬해 1월 7일에는 276명이 내각불신임안에 서명을 했다. 이때를 전후해 아베 내각은 완전히 위기에 봉착해 중국 신정부수립 사명을 완수하기 위해 버티고 있을 뿐 존립위기에 처했다.

아베 내각 가운데 아키타 후생대신, 나가이 체신대신 등은 강경하게 의회해산론을 주장했고 아베 총리도 그 쪽으로 마음을 굳히고 있었는데, 1월 8일 현안인 왕징웨이 정권수립에 관한 기본방침이 결정되자 하타 육군대신이 실정으로 인해 인심을 수습할 수 없게 된 아베 내각에게 총사직을 권고했다. 결국 내각은 14일 모두 퇴진했다. 아베 총리의 말에 따르면, 군부는 선거에 의해 반전·반군 기운이 확산되는 것을 우려해 의회해산에 반대했다고 한다.(고노에 후미마로, 『평화의 노력』)

아베 내각의 사직의사가 확정되자 후계 총리대신 후보자 선임을 위한 움직임이 활발해졌다. 내각사퇴에 일정한 역할을 한 시국동지회가 군부와 정당 간 합작을 도모했지만, 정우회와 민정당의 거대 정당이 위협하자 더 이상의 발언을 삼갔다. 한편, 육군에서는 하타 육군대신을 미는 분위기가 지배적이었다. 이에 대해 스기야마 겐杉山元, 테라우치 히사이치寺內寿一 두 대장을 옹립하려는 움직임이 대립했지만 주류가 되지는 못했다. 이에 무토 아키라武藤章 군무국장을 중심으로 고노에 전 총리를 강력하게 옹립하려 했지만, 고노에가 "새로운 내각은 경제와 재정 문제에 중점을 두어야 하는데, 나는 자신이 없다."는 이유로 고사했다. 그러는 동안 유아사 쿠라헤이湯浅倉平 내대신7과 오카다岡田啓介 전 총리 사이에 요나이 미츠마사米內光政 전 해군대신이 물망에 올랐고, 이를 하라다 쿠마오原田熊雄를 통해 사이온지에게 연락했다. 14일 아베 내각이 총사직을 결행하자 유아사 내대신이 히라누마, 오카다, 고노에와 각각 의견을 교환한 후 결국 요나이에게 조각을 하도록 결정했다. 친영미

요나이 내각

파의 대표자인 마키노 노부아키 전 내대신의 의견도 들으려고 했는데, 오히려 의사결정에 방해가 될 수 있다는 사이온지의 의견으로 취소했다고 한다.

당시 요나이는 후시미노미야伏見宮의 뒤를 이은 군령부총장 후보로서 사태를 지켜보고 있었는데 어쩔 수 없이 현역에서 물러나 총리대신에 기용되었다. 하라다의 알선으로 이시와타 소타로石渡荘太郞 전 대장대신과 히로세 히사타다広瀬久忠 전 후생대신이 내각 구성의 참모를 맡았다.

친영미파 성격이 강한 요나이 내각이 들어서자 육군·혁신파와의 대립이 분명해졌고 고노에도 자기를 제쳐두고 오카다와 유아사가 물밑작업에 나선 것을 불쾌하게 여겼다. 그러나 천황이 육군대신에게 조각에 협력하라고 명령한 결과 하타가 유임을 결정하고 내각 선임은 순조롭게 진행되었다. 정당에서는 민정당에서 2명, 정우회 양 파벌에서 각각 1명씩을 입각시켰다. 그런데 대장대신, 농림대신 등 경제 관련 중요 보직을 정당 측에 배려함으로써 기성 정당을 존중하겠다는 의사를 표명했고 상공대신에는 재계에서 후지와라 긴지로藤原銀次郎를 발탁해 기용했다. 이러한 요나이 내각에 대해 육군, 그리고 육군과 손잡은 혁신파가 극심한 불만을 품었다. 내각 참의 가운데도 스에쓰구 노부마사末次信正 해군대장, 마쓰이 이시네松井石根 육군대장, 마쓰오카 요스케松岡洋右 전 만철총재는 요나이의 간청에도 불구하고 사직했다.

요나이 내각은 사회불안을 수습하고 국민생활을 안정시키기 위한 정책을 추진했다. 외국미 수입, 전력과 석탄 응급대책, 정부지출 축소 등 현실적인 대책에 중점을 두었다. 한편 국민정신총동원 운동을 개조하여 시국을 반영한 '물심일여物心一如' 운동을 꾀하고 구체적으로는 소비절약, 저축 장려 강화, 배급표제도, 공출미 강제,

산업보국운동 지지 등으로 국민생활 안정에 기여하고자 했다. 이러한 응급대책의 이면에는 더욱 심화된 일본자본주의의 모순이 자리잡고 있었고 생산은 전면적으로 침체된 반면 정신운동 내지 관료통제를 통해 국민생활의 명랑화를 요구하는 목소리가 점차 고조되고 있었다.

## 남진정책

요나이 내각은 국제적으로는 '중일전쟁의 처리', '자주적 입장의 국교 조정'을 강령으로 내걸었다. 우선 전자의 경우 이미 아베 내각 당시 결정된 기본방침에 따라 중국의 신 중앙정부 수립을 추진했다. 그러나 이것은 왕징웨이파에게도 별다른 매력이 없었고 일본으로서도 그다지 기대할 만한 카드가 아니었다. 군부도 왕징웨이 공작으로 결국 화의를 이끌어내지 못했기에 다른 한편으로는 각종 루트를 통해 충칭重慶공작을 시도하려고 기회를 엿보고 있는 상황이었다. 왕징웨이는 1월 24일부터 3일 동안 임시정부의 왕커민王克敏 주석, 유신정부의 량홍지梁鴻志 주석과 칭다오青島에서 만나 중앙정부 성립 후 임시정부는 중앙정부의 위임을 받은 화베이정무위원회가 되고, 유신정부는 중앙정부로 취급하기로 결정했다. 이어서 3월 20일부터 중앙정치회의를 개최한 후 30일 신 국민정부의 난징 천도식을 거행했다. 이로써 왕징웨이 정권이 정식으로 탄생했다.

일본정부는 아베 전 총리를 특사로 보내 축하의 뜻을 전한 후 조약체결 교섭에 들어갔다. 그러나 왕징웨이 정권 성립은 당일 헐 미국 국무장관이 승인을 거부하는 등 강력한 반대에 부딪혔고, 중국 정부와의 교섭을 더욱 어렵게 만들었다.

또 다른 정강인 '자주적 입장의 국교 조정'을 보면, 요나이 내각은 유럽전쟁 불개입이라는 점에서 아베 내각의 정책을 계승했다. 그

신 국민정부의 난징천도식(맨 앞 줄 왼쪽에서 세 번째가 왕징웨이, 바로 옆이 아베 전 총리)

러나 아베 내각이 일미통상조약 개정 내지 잠정협정 체결에 실패한 결과 1월 26일로 이 조약이 실효되자 새로운 변화를 모색해야만 했다. 아리타 외무대신이 말하길 "요나이 내각은 독일·이탈리아와 동맹을 맺는 것은 … 어떻게든 피하고자 했다. 그런데 방공협정 이래의 관계를 고려하고 국내 정치세력의 동향에 비추어 볼 때 군사동맹 수준에 이르지 않는 수준 범위에서 긴밀한 관계를 맺고자" 했다. 또 '남방으로의 평화적 진출', '경제관계의 긴밀화'를 꾀했다고 적고 있다.(아리타 하치로有田八郎, 『남의 눈의 티끌을 보다人の目の塵を見る』) 이러한 움직임은 4월 독일군의 노르웨이·덴마크 침략, 5월 네덜란드·벨기에·프랑스 제압 후 눈에 띄게 강화되었다.

남방대책을 보면 이미 2월 2일 일본 정부는 네덜란드 정부에 무역과 기타 사항에 관해 제한조치를 취하지 않겠다는 호혜협정 체결을 제안함으로써 석유를 비롯한 군수자원 확보에 나섰다. 이어서 3월에는 군수물자를 미국에 의존하던 상황에서 벗어나고자 자급자족 계획을 세웠고 남방에 관심을 쏟기 시작했다. 4월 15일에는 유럽전쟁의 확대로 아리타 외무대신이 "일본정부는 … 네덜란드령 인도네시아의 현 상황과 관련해 무언가 (노선) 변경을 시도해야만 하는 사태 발생에 깊은 관심을 보이고 있다."는 성명을 발표하였고 영국·프랑스 양국은 이에 거의 동의했다. 미국과 네덜란드도 간섭하지 않겠다고 했다. 5월에 네덜란드가 독일군에게 침략당한 후 네덜란드령 인도네시아 총독은 석유, 주석, 고무 등 기타 원료의 대일 수출을 제한하지 않겠다고 했지만, 일본은 이에 만족하지 않고 다른 중요 물자도 있다며 이에 대한 수출물량을 보장하라고 요구했다. 6월이 되자 일본은 태국과 우호화친조약을 맺어 지위를 강화하고 프랑스령 인도차이나에 대해 대중국 군수품 수송 금지와 감시를 위한 군사사절단 파견을 요구했다. 프랑스령 인도차이나 당국은 프랑스가 독일에 항복하던 날이 되어서야 이 요구를 승낙했다. 이 무렵 미국 정부는 일본 정부에 대해 남태평양에서 일어나는 현상변경現狀變更을 허락하지 않겠다는 공동성명을 제안했으나 아리타 외무대신은 통상조약 실효를 비롯해 일미 간에 해결되지 않은 현안이 산적해 있는 한 이를 수락할 수 없다고 밝혔다.

　동시에 일본은 영국에 대해 상하이에서 철병하고 홍콩 국경과 버마 루트를 폐쇄할 것을 요구했다. 그러자 영국은 미국정부를 상대로 영국으로서는 단독으로 말레이 지역과 네덜란드령 인도네시아를 방어할 수 없다고 고백하면서 미국이 대일강경책을 취하든지, 아니면 유화정책을 취하든지 정책을 결정해 줄 것을 요구했다. 그러면 미국이 결정한 대로 협력하겠다고 말했지만 미국정부는 이를 거절했다. 영국 정부는 3개월 동안 한시적으로 버마 루트 봉쇄를 실시하기로 했다. 바로 이 대목에서도 극동의 뮌헨협정과 같은 움직임이 엿보였다.

이 무렵 육군을 중심으로 한 친영파의 움직임은 다시 활발해졌다. 독소불가침조약 체결 후 육군도 중일전쟁 처리에 전력을 쏟았기 때문에 유럽전쟁 불개입 정책을 지지했으나 어디까지나 이것은 새로운 침략 전쟁 기회를 엿보기 위한 일종의 대기작전이었다. 1939년 12월 수정군비계획에서 군사예산의 40%, 중요자재의 20%는 중일전쟁에 사용하고, 남은 예산은 모두 군비 확충에 돌리고 있었다. 유럽전쟁에서 독일의 약진이 3국 군사동맹론의 기반을 급속히 강화시켜 주었다.

이와 동시에 소련과 제휴하여 남방진출을 꾀하고자 하는 움직임도 뚜렷이 나타났다. 이에 도고 주소련 일본대사는 일소중립조약 교섭에 들어갔는데 몰로토프 외무장관은 북사할린 이권 해소를 전제로 한 중국원조 파기 요구에 응할 의사를 보였다고 한다.(도고 시게노리東鄕茂德, 『시대의 일면時代の一面』)

이러한 정세를 배경으로 아리타 외무대신은 중일전쟁의 완수와 동아시아의 안정 확보를 목표로 한 '동아자주확립선언'의 성명을 계획했다. 처음에 이 계획은 성전관철의원연맹 등이 결의한 외교방침 전환 요구에 호응해 적극적 대외정책 노선을 채택함으로써 요나이 내각의 입지를 강화하고자 한 것이었다. 그러나 이 성명은 내각이 지금까지 취해 온 정책과 모순된다는 육군의 반대로 수정되어 '국제정세와 일본의 입장'이라는 제목으로 라디오에서 방송되었다.

그런데 양자의 의견 차이와 관련해 신문기자에게 자신의 의견을 말했던 수마 야키치로須磨弥吉郎[8]는 얼마 후 헌병대로 불려가 취조를 당했다. 7월 5일에는 요나이 총리대신을 비롯해 친영미파에 대한 신병대神兵隊의 암살계획이 발각되었다. 이렇게 육군을 필두로 군부와 손잡은 우익 내지 혁신파의 내각타도 책동은 바람을 일으키기 시작했다. 또한 이것은 영국과 미국을 상대로 한 전쟁의 위

568

험성을 내포한 남방진출을 위해 결정적 행보를 내딛기 시작한 새로운 시대의 도래를 의미했다.

1  오늘날 남사군도(南沙群島) 또는 스프래틀리 군도(Spratly Islands)로 알려진 곳이다.

2  일본군의 괴뢰정권인 중국 베이핑 임시정부의 해관감독으로서, 1939년 4월 톈진의 영국 조계 안에서 항일운동을 하던 중국인에게 암살되었다. 이 사건은 영국과 일본 간에 외교적, 경제적 충돌로 이어졌다.

3  몽골어·러시아어로는 '할힌골'(Халхын голын байлдаан)이라 한다.

4  처음에는 '수데텐 독일인조국전선'이라고 불렀다.

5  아베 노부유키(阿部信行, 1875~1953) 육군대장 출신의 정치인으로서 제36대 총리대신과 마지막 조선총독을 지냈다. 패전 후 조선에서 할복 자살을 시도했지만 실패하고 항복 문서에 서명했다. 일본으로 송환된 후 전범으로 체포되었으나 무혐의로 석방되었다.

6  일본육군의 육군대신, 참모총장, 교육총감을 3장관으로 칭한다.

7  내대신은 궁중에서 천황을 상시 보필하고 궁정의 사무를 관장하는 기관의 장이다.

8  수마 야키치로(須磨弥吉郎, 1892~1970) 외교관 출신의 정보기관장이자 전후 정치인. 난징총영사 등으로 활동하며 정보수집과 분석, 일원화에 수완을 보여 내각정보부를 수립하고 만주국 정부부장 등을 지냈다. 전쟁 중 '토(東)기관'이라 불리는 정보조직을 운영한 것으로 유명하다. 전후 전범으로 체포되었으나 불기소 처분으로 석방되었고, 그후 자민당 의원으로 활동했다.

# 마치며

　이것은[1] 우리 일본인이 최근에 경험한 세계전쟁, 즉 '태평양전쟁'의 역사이다. 그러나 이 책이 다루는 시기는 태평양전쟁 전후 20~30년에 달한다. 지역적으로도 널리 세계정세를 아우르며 단지 군사외교적 측면 외에도 정치, 경제, 문화 등 제 부문을 다루고자 한 이유는 바로 우리가 다음과 같은 문제의식을 가지고 집필을 시작했기 때문이다.

　우리는 이른바 전쟁의 세기에 살고 있다. 금세기에는 일러전쟁, 제1차 세계대전, 제2차 세계대전이 벌어졌다. 규모면에서나 지역적으로도 광범위하고, 인간의 사회적 희생이란 측면에서도 그로 인한 피해는 막대했다. 따라서 이러한 심각한 사실을 몸소 체험한 세계 인류의 평화를 바라는 목소리는 절실할 수밖에 없고 지금 압도적 다수의 민중은 평화를 유지하기 위해 필사의 노력을 다하고 있다.

　역사가가 전쟁의 역사를 단지 흥미 위주로 기술하는 것은 절대로 용서할 수 없다. 그런데 전쟁의 참화를 보여주며 '평화'가 중요하다고 호소하는 것만으로는 결국 겉도는 이야기로 끝날 수밖에 없다. 그래서 우리는 여기서 한 발 더 나아가 전쟁의 참화가 일어난 근원을 역사적으로 밝혀야만 한다. 그리고 태평양전쟁의 결과는 직접적으로 우리 일본인의 현재와 결부되어 있으므로 태평양전쟁의 역사를 명확히 하고, 나아가 미래를 전망함으로써 현재 당면한 '전쟁과 평화'라는 문제를 국민과 함께 생각해 보고자 한다.

　따라서 이 태평양전쟁사는 전쟁의 전단계인 쇼와공황 이후부터, 이어서 만주사변과 중일전쟁, 그리고 태평양전쟁과 패전을 거쳐 그 결과인 샌프란시스코강화조약을 다루었다. 우리는 국제적이고 세계사적인 시야 속에서 일본의 군사적 파시즘이 어떻게 성립되었으며 또 어떻게 붕괴하여 오늘에 이르게 되었는지를 명확히 밝혀두고자 한다. 우리가 다시 이 가공할 만한 체험을 경험하지 않기 위해서는 어떻게 해야 하는가라는 물음에 대해 역사학 입장에서의 대답으로는 그러한 관점이 절대로 필요하다고 본다. 이 때문에 단순한 군사사라든가 외교사 관점뿐만 아니라 정치, 경제, 문화 각 방면에 걸쳐 종합적이고 통일적인 역사를 그려내기 위해 각 분야의 전문 연구자 다수가 이 공동연구에 참여했다.

현재 태평양전쟁에 관한 저서와 회고록이 적잖이 출간되고 있는데, 이는 사실을 명확히 하고 자료를 풍부하게 만든다는 점에서 보자면 유익한 면도 있다. 그러나 다른 한편으로는 일면적인 고찰에 그치거나 자기변명적 과장과 회고에 빠지거나, 혹은 최근의 역코스[2] 등으로 일컬어지는 풍조에 영합하려는 의도로 쓰인 글도 적지 않다. 이런 류의 글들은 올바르게 과학적으로 정리하지 않으면, 다시 대중을 선동해 전쟁을 되풀이할 위험도 배제할 수 없다. 역사학연구회는 이러한 경향에 대해 올바른 역사를 명확하고 알기 쉽게 기술함으로써 평화와 자유, 그리고 독립을 향한 초석으로 삼고자 하는 마음으로 이 작업을 시작했다.

이러한 의도 아래 1952년 9월 이후 20여 차례에 걸쳐 역사를 전공한 회원 뿐만 아니라 정치, 경제, 문화 각 분야의 사람들이 모여 공동연구회를 열었다. 아무래도 학문적으로는 이론적으로 보나 자료 면으로 보나 아직 미개척 분야이고, 집필자와 감수자의 시간적 여유도 부족해 연구와 집필 모두 어려운 점이 많았다. 마지막 단계에서 완전히 새로 쓴 부분도 한 둘이 아니다.

이제서야 지금까지의 성과를 정리해 어렵게 간행을 맞이하게 되었다. 채 1년도 되지 않는 준비기간의 성과를 가지고 만전을 기했다고는 말할 수 없다. 그러나 현 단계에서 우리로서는 가능한 한 정리에 최선을 다했고 앞으로 이루어질 연구 분야의 발전에 하나의 출발점을 만들어냈다는 점에 자부심을 느낀다.

제2편은 중일전쟁 시기와 1936~1940년 시기를 다루었다. 이 시기에는 세계정세로 보나 일본 국내정세로 보나 파시즘 세력과 민주세력이 격렬한 상호 투쟁을 벌였다. 그리고 그러한 대립 속에서 일본, 독일, 이탈리아 추축세력과, 그 밖의 반추축연합세력 사이의 대결이 이루어져 제2차 세계대전이 발발했다.

따라서 이 시기는 일본 국민 입장에서 보자면 이번 패전과 관련해 필연적 코스가 결정된 시기였다고 볼 수 있으므로 마음 깊이 반성해야 할 역사이기도 하다. 그러한 만큼 그 역사는 복잡 미묘했고, 진실을 명확히 밝히기 위해서는 한층 더 풍부한 사료 수집과 이에 대한 엄밀한 사료비판, 그리고 개개의 사실을 종합해 파악하고자 하는 확실한 역사관을 필요로 했다. 우리들의 성과가 과연 이러한 수준에 이르렀는지 자부할 수는 없지만, 적어도 다각적으로 고찰한 우리의 공동연구가 종래의 제 연구를 어느 정도는 진전시켰다고 생각한다.

아울러 이 책의 간행에 참여하고 집필한 연구자들의 노고에 감사를 표하며, 이들의 이름을 적어두고자 한다.

우선, 제1편의 집필 분담은 아래와 같다.

머리말 - 井上淸
정　치 - 遠山茂樹, 今井淸一, 藤原彰, 犬丸義一
경　제 - 宇佐美誠次郎, 生山良夫, 高橋誠

문 화 - 松島栄一, 島田福子, 草部典一, 大久保和子, 大田捷

중 국 - 野原四郎, 小島晋治

국제관계 - 江口朴郎, 大江一道, 山極晃, 斎藤孝


제2편의 집필 분담은 아래와 같다.


정 치 - 遠山茂樹, 荒井信一, 今井清一, 川村善二郎, 藤井松一

경 제 - 宇佐美誠次郎, 朝田輝彦, 山田勝男

문 화 - 松島栄一, 大久保和子, 島田福子

중 국 - 野原四郎, 中村義, 野沢豊

국제관계 - 江口朴郎, 斎藤孝, 山極潔


역사학연구회(1953년)

1    이 글은 『태평양전쟁사』 제1권과 제2권의 에필로그를 편집한 것인데, 그 내용은 『태평양전쟁사』 5권의 전체 내용에 관한 것이다. 이 책은 제1권(만주사변)과 제2권(중일전쟁)만 합본하여 편역한 것이지만, 향후 이어질 태평양전쟁사 전체에 대한 당시 일본역사학연구회 집필진의 전체적인 구상과 의도를 보여주는 것이 필요하다고 판단하여, 거의 그대로 옮겼다.

2    역코스(reverse course)란 전후 일본에 대해 미군정은 '민주화, 비군사화' 및 개혁적 조치들을 취했지만, 점차 미소 간 냉전이 심화되어감에 따라 일본을 아시아에서 공산주의에 대한 방파제로 활용한다는 전략에 따라 기존의 개혁적 조치들을 하나 둘씩 모두 중단, 후퇴, 폐기시키고, 대신에 친미적 보수정권에 의한 정치안정, 조속한 경제성장을 촉진하게 된다. 기존의 민주화 개혁 조치가 중단되고 정 반대의 조치들이 시작된다는 의미에서 역코스라 부른다. 이로써 구 일본제국주의 시대의 전범 정치인과 군인, 관료들이 다시 정치 전면에 등장하게 되고, 전쟁에 협력했던 구 재벌들과 기업들이 다시 재계에 등장하는 발판을 제공하게 된다.